三国·两晋超有趣

王光波◎编著

Beijing United Publishing Co.,Ltd.
北京联合出版公司

U0896600

图书在版编目（CIP）数据

三国两晋超有趣 / 王光波编著 . — 北京 : 北京联合出版公司 , 2015.8（2021.8 重印）
ISBN 978-7-5502-5683-5

Ⅰ . ①三… Ⅱ . ①王… Ⅲ . ①中国历史－三国时代－通俗读物
②中国历史－晋代－通俗读物 Ⅳ . ① K235.09

中国版本图书馆 CIP 数据核字（2015）第 164914 号

三国两晋超有趣

编　　著：王光波
责任编辑：王　巍
封面设计：中英智业
责任校对：王　宁
美术编辑：宇　枫

出　　版：北京联合出版公司
地　　址：北京市西城区德外大街 83 号楼 9 层　100088
经　　销：新华书店
印　　刷：唐山楠萍印务有限公司
开　　本：720 毫米 ×1040 毫米　1/16　印张：26　字数：620 千字
版　　次：2015 年 12 月第 1 版　2021 年 8 月第 4 次印刷
书　　号：ISBN 978-7-5502-5683-5
定　　价：59.00 元

前言

人性是推动历史发展的动因，以人为本，历史才有意义。每个历史人物身上都有很多可以评说的生动的故事，这些故事组成了丰富多彩的历史。有位西方历史学家说过："所有的历史都是思想史。"他觉得，只有穿过历史事件，进入事件背后所隐含的思想，才能了解历史。我们选取中国历史上最有影响的几个朝代，如汉朝、宋朝、明朝、清朝等进行解读，深入到历史事件内部，用现代的视野，以故事说人物，以人物说历史，以历史说人性，用全新的观点、现代的语言、诙谐的文字，将这些朝代中的人和事真实地展现在读者的面前，以期帮助读者真正地了解历史，并以史为鉴指导未来。

三国两晋是指从东汉末的献帝建安年间形成的魏蜀吴三国鼎立，到刘裕代晋建宋为止，期间经过了西晋短暂的统一和东晋的偏安江左。

三国两晋时代，是一个被中国人所传颂的传奇时代。在这个时代，英雄辈出，烽火迭起。从来没有这样的一个时代，让战争变得如此频繁；从来没有这样的一个时代，让个人才能发挥到如此极致；从来没有这样的一个时代，孕育了那样多的文化瑰宝，留下了无数的珍闻奇趣。在这段时期，中原大地烽火连天，民不聊生，几乎连十年的安定日子都是奢望；然而也正是在这段时期，无数英雄豪杰出现在人们的视野中，指点江山，激扬文字，留下一段段令人心潮澎湃的传奇故事。

一部《三国演义》在中国流传了几百年，从说书人的口口相传，到跻身四大名著。这部小说对中国人产生的影响不可估量，相信大部分人对于魏代汉祚、司马篡魏的故事都是耳熟能详。义薄云天的关云长，鞠躬尽瘁的诸葛亮，罗贯中的一只生花妙笔刻画出的那些个性鲜明的人物让人们念念不忘。但是《三国演义》在中国文学教育中启蒙读物的地位也带来了不少负面影响。那些动人的情节让我们忽略了《三国演义》小说的本质，甚至常常把它和真正的历史混为一谈。当我们真正地读到了三国两晋时期的正史记载的时候，就会发现《三国演义》的可信度并没有通常认为的那么高，有时候甚至到了"七分虚三分实"的境地。那么，真实的历史究竟如何？

这个问题的答案我们就只能到浩如烟海的史学著作中去寻找了。可是纵观我国的史学研究就会发现，在研究成果方面，长期存在着不平衡。史学家大都重视秦汉、唐宋等统一稳定时期的历史研究，而对于国家分裂，战乱频仍的三国两晋南北朝、五代十国和辽夏金元时期却少有提及，其中尤其以三国两晋时期最不被重视。其中的原因恐怕很复杂，但最主要的原因大概是三国两晋的历史过于复杂。从东汉末年天下三分到晋祚被刘裕取代，这短短的几百年不过是历史长河中的一个小小浪花，留给我们的却是不断更迭的政权，朝令夕改的制度和无数历史人物让人眼花缭乱、目不暇接地登场和谢幕。这些林立的政权民族不同、文化不同甚至使用的语言也不同。他们之间的战争兼并使得每个政权都没有固定的疆域和年代，在时间和空间上相互交错，看上去时常让人一头雾水。

记载三国两晋时期历史的史书虽然不算少，但内容却远不如其他朝代的正史丰富，其中还多有重复之处。《三国志》只有六十五卷，正文的内容还不如裴松之注释的一半多。记载了两晋历史的《晋书》共有包括房玄龄、褚遂良、上官仪在内的二十一位作者，众位作者笔法各不相同，所叙述的又是这个国家四分五裂的时代，难免会给普通读者带来不小的阅读障碍。正史都是鸿篇巨制，即便囫囵吞枣也要耗费大量的时间和精力，而面对艰涩难懂的古文和不熟悉的语言表达方式，我们很难读出个什么所以然来，很难了解到历史的真实，更不用说以史为鉴，对自己的人生有所助力、有所启迪了。本书通过对《三国志》、《晋书》等一系列史书的现代化解读，用轻松幽默的语言向读者讲述了三国两晋的那段历史，带领读者走进那个波澜壮阔的时代。

本书共分为“天下骚动：野心是一首送魂曲”“三足鼎立：一个馅儿饼分三份”“司马之路：坚持和谋略一样重要”“血色西晋：奸人当道的小时代”“疯魔东晋：枭雄无数患成灾”五个部分，完整地叙述了东汉末年群雄并起三国并立到三家归晋，再到刘裕弑君东晋灭亡的整个过程与故事，其间不乏穿插着正史与小说的相互比较，并试图通过这种对比进入到历史事件背后，深度挖掘历史人物内在的真实情感，使读者与其产生共鸣。本书运用三维结构，用历史事件来展现人性的复杂和诡秘，透过历史的迷雾，解构历史中的人物，以人性洞察历史，还原历史的真相。

目录

第一卷　天下骚动：野心是一首送魂曲

第二卷　三足鼎立：一个馅儿饼分三份

第三卷　司马之路：坚持和谋略一样重要

第四卷　血色西晋：奸人当道的小时代

第五卷 疯魔东晋：枭雄无数患成灾

第一卷

天下骚动：野心是一首送魂曲

第一章　天下纷纷：玩完是一瞬间的事

东汉末年那些事儿

刘邦一统天下，汉室始建，后经文、景、武三帝，大汉遂成帝国，与西方罗马称兄道弟，被史家津津乐道为“西罗马，东长安”。后虽有宣帝中兴，亦免不了后世不争。元帝时，外戚和宦官两大势力兴起，遂成汉朝之乱的恒久主题。王莽代汉，建立新朝，终被刘秀回收，东汉遂于洛阳而起。明、章二帝共建“明章之治”，使得东汉直逼祖先，大有繁华之象。然而章帝晚年，外戚窦氏嚣张跋扈，至和帝时，又宠信宦官，从此，外戚和宦官彻底成了东汉无法消除的痛。

所谓外戚，顾名思义就是外来的亲戚，简单说来就是皇帝后宫的皇后和嫔妃她们的“娘家人”，这些人与皇帝本不是一家，由于有了姻缘的这种关系，才成为了皇室当中的一员，而这些人由于后妃们的“枕边风”，往往会获得十分重要的权势，这一直是中国王朝家天下的一个重要特征。而宦官由于有身体上的缺陷，因此他们往往在心理发展上很不成熟，存在这样或那样的问题，但是有问题却并不妨碍他们作为亲近之人有机会接近皇帝并影响皇帝作出决策。这便是宦官的可怕之处，他们往往会影响皇帝对一个重大决定所作出的导向。

从和帝开始，东汉每个皇帝在继位的时候年纪都非常地小，而且这些皇帝在上台之后通常也活不了多久就又驾崩，只能再扶上来一个小皇帝，这样就形成了一个十分严重的恶性循环。其中最为典型的是殇帝仅仅出生刚过百日，就成了皇帝，死的时候甚至都不知道自己做过皇帝。

由于皇帝大多年幼继位，于是，就出现了像在晚清时期慈禧太后“垂帘听政”的做法。而这些垂帘听政的太后们，年龄都不大，一般不过二十几岁。她们死了丈夫，精神空虚颓废，无以寄托，把思想感情的关注点，从夫妻生活转移到朝廷大事的处理上来。然而，这些年轻的太后们没有起码的社会经验和统治经验，她们根本没有能力来驾驭国家机器，只好依靠自己娘家的父兄，帮助自己来处理国家大事。这样一来，国家政权便落到了外戚的手中，形成了一个十分强势的外戚集团。于是他们便中饱私囊，完全为了娘家服务，朝政顿时成为了一个实实在在的“娘家政权”。

这种权利的控制只能是暂时的，谁都知道皇帝总有一天会长大，小孩总有一天会懂事，会不再听从摆布，有些外戚为了保留住自己来之不易的位置，便动了弑君的念头，只不过有些时候这种手段相当隐秘不能够被外人发觉，这也是为什么东汉中后期的皇帝多早夭的原因之一。

虽然危机重重，但是也有一部分皇帝能够摆脱外戚的魔爪，在担惊受怕当中成长为一个成年男子。皇帝的自尊心使得他们必须要重新建立自己在政权当中的核心地位，但是外戚的存在让皇帝很难达到自己的目的。由此，皇帝身边最为亲近的人，每天都能见到的宦官，就成为了皇帝选择的唯一选项。正如《后汉书·宦者列传》所说："内外臣僚，莫由亲接，所与居者，唯阉宦而已。"

宦官照管皇帝的日常起居，熟悉皇帝的性情习惯，是皇帝身边的亲信。当皇帝长大成人，要求拿回本来就属于自己的政治权力的时候，必然同企图继续专权的外戚集团产生矛盾。在同外戚集团的斗争中，宦官也就天然地成为皇帝的盟友。

在宦官的协助下，皇帝夺回了政权。夺回政权之后，有功的宦官"遂享土地之封，超登公卿之位"，国家的权力便又落到了这些"有功"的宦官手中。由于他们本来的文化程度较低，再加上长期的压抑,他们的执政手段就是"顺我者昌，逆我者亡"，朝政由此变得更加黑暗。

所谓"树倒猢狲散"，这些宦官的唯一支柱就是皇帝。当皇帝死去，新君继位，宦官由于政治身份卑贱而不能辅政，新皇帝本身又会有一帮伺候他的新宦官，外戚这时候又重新扬眉吐气地走向了"垂帘听政"的老路。其后来便又是外戚来，宦官走，皇帝成人用宦官，外戚走，皇帝驾崩宦官走，外戚来，形成了一个十分严密没有办法破解的恶性死循环。这就是东汉中后期最为显著的一个特点，也是导致东汉末年如此衰微，引发遍及天下的黄巾起义的重要原因。

东汉到了汉桓帝时，一度瓦解了外戚梁冀势力，代之而起的是宦官单超等"五侯"。五侯比起梁冀来有过之而无不及，他们对百姓极尽勒索抢劫之能事，导致民不聊生，人间怨声载道。汉廷经此一乱，国势益弱，衰颓如将逝老妇。后来桓帝去世，没有留下半个儿子，桓帝的亲堂侄刘宏遂在窦武为首的外戚势力拥护下即位，这就是灵帝。

汉灵帝即位之初，窦武就动起了剪除宦官势力的脑子，然而反被宦官的一场政变所反扑，宦官遂再次擅权。又加上汉灵帝这个人昏庸无能，骄奢淫逸，非但沉迷于酒色、公然卖官，更是一味宠幸着宦官，尊宦官张让等人为"十常侍"。

当时一些比较清醒的官吏，早已看出宦官集团这种执政模式的黑暗腐败，即将要导致大规模农民起义的形势。郎中张钧在给皇帝的奏章中明白指出，黄巾起义是外戚宦官专权逼出来的，他说："张角所以能兴兵作乱，万人所以乐附之者，其源皆由十常侍多放父兄、子弟、婚亲、宾客典据州郡，辜榷财利，侵略百姓，百姓之怨无所告诉，故谋议不轨，聚为'盗贼'。"此为后话。但却标志着另外一种政治势力的崛起——满朝的读书之人，大汉的官吏。

东汉末期形成了这样一种景象：在朝的正直官僚、在野名士和京师的太学生结合起来，评议世人，抨击时政，以专权的外戚和宦官为批判对象，亦不乏联名请愿，干预朝政。这就是东汉末年的"清议"。

这场"清议"运动可谓是汉朝统治阶级中关于整个全国政治进行的最后一次内部调节。历来，深受传统儒家文化影响的儒生就是监督国家政治，完善国家体制的重要组成，他们在朝政当中有着举足轻重的作用。只要到了关键时刻，汉代所建立的严密的监察体制就会运行，劝谏皇帝改变现行的不合理的政策为百姓为国家留出一条明明白白干干净净的活路。但是这种监察或者说是调节体系有着十分重大的缺陷，因为它完全是建立在皇帝本人是否能够礼贤下士，是否能够排除谗言而听忠言的基础上。

如果运气好，遇上了明君，也还要看当时真正的实际权力是否掌握在皇帝手中，皇帝有没有能力去实践这些建议。事实上，在东汉末年这种前所未有的朝政极端腐败的情况下，读书人就只能如同飞蛾扑火般为这个即将没落的王朝殉葬，为这个扶不起来的朝廷陪死，而这其中的带头人便是李膺。

桓帝时，李膺任司隶校尉，曾不上报而处死宦官张让作恶多端的弟弟张朔，致使宦官们不敢直着腰板走路，不敢大声说话，也不敢随随便便出宫门玩耍。桓帝见宦官们小心翼翼，于是向他们询问发生了什么事，只见他们都一把鼻涕一把泪地边叩头边哭诉着说："畏李校尉。"（《后汉书·党锢列传》）李膺清正如此，不愧为当世名士。其实如李膺者也不乏其人，其中代表人物就有"三君"、"八俊"、"八顾"、"八及"和"八厨"等当时名士。

只是政治腐败，光靠名人的嘴和正直的性子是无可奈何，有时倒成了大祸的源头，可谓祸从口出。那些宦官们权力在手，又岂能任由这群名人来随性非议自己？于是桓、灵二帝期间制造了两场党锢之祸。党锢之祸使东汉失去大批正直名士，可谓伤及根本。

此时百姓已然被逼得毫无退路，因此，起义成了唯一的选择。汉灵帝中平元年（公元184年），酝酿已久的黄巾之乱爆发了。

汉末大乱的又一个祸源，董卓是逃不掉的。吕思勉先生指出："所以论起汉末的分裂来，董卓确是一个罪魁祸首。"（吕思勉《三国史话·董卓的扰乱》）董卓如狼，入京后上乱汉廷，下残百姓，导致各地群雄蜂起，大打割据战，各霸一方，天下遂成战国故事。汉廷天子成了诸侯的傀儡，汉朝有名无实，灭亡是注定的了。

东汉乱而至亡，若归于一点，也在对于百姓的忽视。无论是宦官、外戚和董卓，其目的都只为自己权力在手，而无暇顾及百姓的生活，更有甚者直接毒害着百姓，所有这一切都令百姓有苦无处申。

东汉末年，因权力而眼红如狼、心狠如虎的人们，无一不忽视百姓的苦，即便有人有心改之，却又因无法步入权力殿堂而毫无施政力量。

"蛾贼来了"

"蛾贼来了！蛾贼来了！"

一群人从城门口狂扫而来，见官杀官，见兵杀兵，而他们的头上都戴着黄巾，大喊着"苍天已死，黄天当立，岁在甲子，天下大吉"的口号，一时间，火焰与烟尘遮蔽了大汉的天空，也许上天就因为如此变成了黄色，苍天真的已经死了，黄天已经开始显现。前所未有的大乱世就这样在外戚与宦官权力的争夺之中突然爆发。

黄巾起义，这就是东汉末年，灵帝和宦官造成的景象。

黄巾起义的首领是充满神秘气息的张角和他的两个弟弟张梁、张宝。张角，巨鹿人（今属河北省邢台市），早年信奉黄老学说，对于流行于汉代的谶纬之学也深感兴趣，对民间医术、巫术更是熟悉无比。当时地方政令混乱不堪，疫病流行，农民生活困苦。张角见势，便认为汉朝已走到了尽头，并且自己就是拥有结束汉朝使命的那个人。于是他开始计划着推翻汉朝，张角的第一步就是创立太平道，自称"大贤良师"。

太平道的主要理论基础直接源于道教经典《太平经》。它以黄天为至上神，认为黄神开天辟地，创造出人类。同时亦信奉黄帝和老子，认为黄帝时的天下无剥削压迫，无诈骗偷盗，无饥寒病痛，唯有此社会方为太平世道，由此而产生的"致太平"思想是太平道的最高理想。太平道是最早的道教派别之一，它可谓东汉末年社会苦难的直接产物。人苦于无助，遂向神求助，这也是情理之中的事了。

当时冀州（今属河北）疫情严重，张角于是带着他的两个弟弟张梁和张宝，在冀州一带通过巫术、符咒帮人治病，趁机进行传教活动。张角的医术不错，医好了许多病人。在这种情况下，百姓自然弃灵帝而跟随他。张角于是大量招收学生、培养弟子、吸收徒众，在十余年间，其追随人数以冀州为中心，辐射至青、徐、幽、冀、荆、扬、兖、豫八州，道徒竟达几十万之多。追随黄天者如此之多，也可见百姓对朝廷之失望。人心向背，又怎么能有不败的道理？

人多了容易混乱，张角为方便统领，根据宗教神话中，黄神分天下为三十六方，而分十万群众为三十六方，各派渠帅统领。再按汉代流行的天、地、人三正观念，自称“天公将军”，其弟张宝为“地公将军”、张梁为“人公将军”。

汉灵帝中平元年（公元184年），张角号召徒众，向徒众表明了推翻汉朝的目标，令三十六方于三月五日同时起义，并喊出“苍天已死，黄天当立，岁在甲子，天下大吉”的口号。根据五德始终说，汉为火德，是为苍天，火生土，土为黄，是为黄天，所以这一个口号令其起义有天道规律之正义。随后，张角派人在京城寺门及州郡官府大门上偷偷写上“甲子”二字作为记认，又令其教徒马元义到荆、扬两州召集数万人做好往邺集合的准备，马元义又到洛阳联络宦官封谞、徐奉，准备来个里应外合。这本是有组织、有计划的一场起义，然而张角的一个叫唐周的弟子却向朝廷告密，致使马元义被车裂于洛阳，朝廷派兵大力逮杀太平道教徒。事出突然，张角不得不提前起义，并飞告各方，三十六方遂“一时俱起”。

黄巾军以头戴黄巾为标志，故时人称为“黄巾”，也被唤作“蛾贼”。黄巾军所过郡县，烧毁官府、杀害兵吏、大肆掠夺。于是整个汉朝州郡失守、吏士逃亡，遂震动京都。

汉灵帝一听造反的消息就慌了，急命何进为大将军，镇守京师。京都各关口亦派兵加重防守，又命各州郡训练士兵，准备作战。此时，大臣皇甫嵩上谏要求解除党禁，以皇宫钱财赠予军士，吕强说：“党锢久积，人情多怨。若久不赦宥，轻与张角合谋，为变滋大，悔之无救！”（《后汉书·党锢列传》）汉灵帝难得英明一回，采纳了皇甫嵩的建议，大赦党人，并命各公卿捐出马、弩，向天下招贤纳士。

另一方面朝廷发精兵镇压各地乱事。卢植率北军五校士与张角主力周旋于北方战线。而皇甫嵩及朱儁亦各领一军，控制五校、三河骑士及刚募来的精兵勇士共四万多人，于颖川一带进行讨伐。朱儁又招募下邳的孙坚，孙坚遂带同乡里少年及募得各商旅和淮泗精兵，共千余人出发与朱儁军联军。汉朝与黄巾军的正面争夺从此展开。

四月，朱儁军败于黄巾波才，皇甫嵩与其一起退守至长社。波才乘胜追击，围住长社城，皇甫嵩陷于困境。时邵陵太守赵谦又败于汝南黄巾军，幽州刺史郭勋亦被广阳黄巾军杀死。黄巾军可谓直破汉军，汉军频频败退。

被困于长社的士兵个个恐慌，皇甫嵩为了不使民心溃散，安慰他们说：“兵有奇变，不在众寡。今贼依草结营，易为风火。若因夜纵烧，必大惊乱。吾出兵击之，四面俱合，田单之功可成也。”（《后汉书·皇甫嵩传》）皇甫嵩打算以火来打败敌人，天遂人愿，傍晚时分忽吹大风，皇甫嵩趁机命精锐手持火把偷偷出城，点着了黄巾军营寨周围的杂草，火势随风燃到了黄巾军营寨，黄巾军遂乱成一团。城外和城内的汉兵内外呼应，趁机进攻，皇甫嵩擂鼓助战，大败黄巾军。恰逢汉廷派来曹操救援，皇甫嵩遂和曹操、朱儁三面夹击，斩杀黄巾军数万人。

皇甫嵩又与朱儁乘胜出兵镇压汝南、陈国地区的黄巾军，并追击波才、进攻彭脱，均取得胜利。时黄巾将领张曼成被南阳太守秦颉斩杀，黄巾军于是改立赵弘为帅，带领十多万人攻占宛城。彭脱余军想逃往宛城，然而却被孙坚登城先入，大破黄巾军。

另一方面，北方战线上，卢植亦大败张角，迫使张角退守广宗。卢植做好攻城准备，将要攻下城池时，却遇小黄门左丰受灵帝之命前来视察军情。旁人劝说卢植贿赂左丰，卢植摆摆衣袖，嗤之以鼻。左丰见卢植不懂官场规矩，竟诬告其作战不力。昏庸的灵帝听信左丰谗言，派出囚车押卢植回京。卢植其人，是一代名士，少与东汉大学者郑玄师从著名经学家、儒家学者马融，可谓通古今学。曾收刘备为徒，后因上谏激怒董卓，被免官，逃隐于上谷。只可怜卢植生不逢时，遇灵帝、董卓此等昏君乱臣。

卢植既罢免，朝廷于是下令派皇甫嵩北上东郡，朱儁则攻南阳赵弘，令董卓代替卢植攻取张角驻守的广宗。

朱儁到了南阳，与荆州刺史徐璆及秦颉以一万八千兵围攻赵弘，从六月攻起，两月间却迟迟不能攻克。京城这边于是又起风波，有人上奏灵帝征朱儁回师，所幸有张温上表说情，灵帝才放弃这个想法。这边朱儁又急攻，赵弘败而被杀，韩忠代之。后朱儁声西击东，掩杀东北偷袭敌人后方，城池遂破。韩忠退守内城。韩忠军向汉军乞降，秦颉等人均认为可以接受，而朱儁以“若接受，则百姓会产生有利为贼，无利乞降的观念”为由，拒绝黄巾军的投降。黄巾军困于内城，毫无退路，因此搏命而战。朱儁于是放开一个围口，韩忠见有缺口，果然出战，被朱儁大败，斩杀万余人，这便是《孙子兵法》里讲到的“围城必阙”原理。后孙夏接替韩忠，亦被朱儁大败，宛城一带遂平。

皇甫嵩到东郡后亦报捷音，生擒黄巾将领卜己，唯董卓一线无法攻克固守广宗的张角，于是朝廷派遣皇甫嵩北上进攻张角。皇甫嵩未至，张角已病死，其弟张梁接替。后皇甫嵩败张梁，破张角棺戮尸，运其首级回京。十一月，皇甫嵩攻下曲阳，斩杀张宝。三大首领至此均亡，黄巾之乱才告平息。黄巾军作战时如散沙一盘，彼此之间无法相援，致使汉朝一一击破，败也是自然的。

黄巾之乱虽已大致平息，然而由此带起的小型势力的起义，却纷至沓来。中平五年（公元188年），黄巾余党再次生乱，声势虽小，却使汉室十分头痛。时任太常的刘焉认为黄巾之乱，无非是由于地方长官权力太小。原来之前每州各设一刺史，然而刺史只有监察权，而无行政权。所以刘焉便向灵帝上书建议，将部分刺史改为州牧，由宗室、重臣担任，并放其地方军、政之权。地方军权大了，实力就大了。

灵帝不傻，但他想的却是另一番道理，这个道理让他想到的并非汉朝的分裂，而是地方军官更有实力来对抗黄巾贼，抓贼的义务交给各地方，中央自然就轻松了。灵帝就是这样，为自己方便，为自己能在皇宫之中安心地玩乐下去，便采纳了这个提议。而这个提议直接导致了地方政权的实力膨胀，助长地方军拥兵自重，后形成群雄争霸局面，致使汉室如同摆设。

黄巾之乱起于外戚与宦官之乱，起于皇帝不治之乱。吕思勉在他的《三国史话》里亦说了：“可见得张角能够发动人民，全由于社会的不安。宗教的本身并无多大力量。”确实，黄巾起义所以聚众万千，并不在于其所奉太平道有何神秘力量。而是人们对于现实的不满，转而向宗教倾述，所以此类宗教的本质更接近于政治，宗教本身只是作为过程和手段。

黄巾起义为后来发生的各种农民起义树立了一个形式，树立了一个利用宗教而进行组织的这样一个形式，如后来的太平天国便也属于此类。同时黄巾起义也创造了在全国地区大规模起义的先河，从此之后的王朝末期的农民起义运动都向着更有组织、蔓延得更迅速、规模更大的方向前进。

黄巾虽终失败，却也给汉室的威信来了个巨大的撼动。在黄巾起义之前如前文所述，东汉王朝早就陷入了宦官、外戚轮流专权的泥潭之中而不能自拔。可以说如果没有黄巾起义，整个大汉的朝廷会像一块腐朽的木头一样慢慢地沉入到无尽的深渊沼泽之中，这个过程可能会十分缓慢，也许这种循环还会经历一段时间，也许也会有所转机。

但黄巾起义就像一个大锤一样将这块本来就已经十分腐朽的木头给敲成了碎末，洒在了泥潭之中。

在征战黄巾军的过程之中，各地的地主豪强逐渐扩张了自己的势力，使得中央集权被极大削弱，地方实力急剧增长，在自己的统治地域形成了一片片的“国中之国”，这为后来的群雄争霸铺起了道路，为三国时代拉开了序幕。

汉灵帝经此一乱，仍旧不思进取，继续享乐，或许他认为汉室伟大，再多来十个黄巾之乱都不足以摇动汉室的根基，当然，一个整日花天酒地的皇帝，自然是不会知道国家此时已满目疮痍。

黄巾起义撼动了汉室的根基，造就了前所未有的大乱世，所谓时势造英雄，乱世自然要用英雄相配，就如江山配美人，美人配英雄。一个英雄辈出的时代即将展开，一些令后世魂牵梦萦的角色即将登场，演出着 幕幕或者激动人心或者感人肺腑的悲喜剧。而这英雄就要先从河北找起。

三个臭皮匠：刘关张

黄沙弥漫，马蹄响起，从黄沙中走出了三个人……

黄巾之乱平定了，自然要数数其间的英雄人物。皇甫嵩、朱儁、卢植等实为汉朝的一批英雄，然而岁月催人，终究老了一辈，东汉末年的群雄争霸已不见他们的身影。要说就要说说黄巾之乱中的年轻英雄，如大耳刘备。

所谓时势造英雄，刘备便是这混乱时势造就的一个英雄。刘备，字玄德，约于汉桓帝延熹四年（公元161年）生于涿郡涿县（今河北涿州）。是汉景帝的儿子中山靖王的后代。这后代也不知后了几代，虽然和当今皇帝的关系有点远，但这个头衔多少还是让刘备吃香的，否则刘备就不会拿来自称了，足见刘备此人懂得利用先天优势。当然，乱世里若纯粹靠个名头，那是撑不起来的。刘备这人有实力，而这实力更远在其名头之上。

刘备少年时父亲便已不在，和母亲靠着编编草鞋、做做席子过日子，简单而又平凡。虽是如此，刘备却从来也不曾灭了他的志气，这与生俱来的志气或许源于一种皇室的矜贵。听过刘备故事的人都知道，刘备房子的东南面上有一棵高约十七米的大桑树，路人看见，纷纷称奇，有人就说了：“此家必出贵人。”（《汉晋春秋》）幼时，刘备和他的小伙伴们在树下玩耍。小伙伴们个个灰头土脸，有的鼻涕流到了嘴巴里，嘻嘻哈哈地打来打去。小刘备偶尔头一抬，望见了大树高耸入云，一股热血直上心头，仿佛要与这桑树比比高低。于是他便指着这棵大树，神气地拍着他的小肚子，大声地对他的伙伴们说：“吾必当乘此羽葆盖车。”（《三国志·蜀书·先主传》）这话一出来，倒将他那个树荫下乘凉的叔父吓了半死。

虽说孩子幼稚，难免说些戏话，但若无梦，又怎么能有如此豪言壮志？至15岁时，他的母亲让他师从卢植。当时，刘备有一个亲戚叫做刘元起的经常资助他学费，刘元起老婆认为各为两家，经常资助是不妥的，元起就说了：“吾宗中有此儿，非常人也！”（《三国志·蜀书·先主传》）不知元起是如何看中刘备的，然而刘备的外貌也确实异于常人。《三国志》里这样记载：“垂手下膝，顾自见其耳。”也就是手很长，耳垂很大。耳垂大是福气的象征，看看弥勒佛也就知道了，也因此，刘备的敌人都称呼他为“大耳贼”。

刘备为人沉默，《三国志》里说“喜怒不形于色”，可见是个有心计之人。当然沉默不代表不和人说话，刘备礼贤下士，能服于人，年少时就好结交英雄豪侠。当时有中山大商人张世平和苏双来到涿郡卖马，就交友于刘备，并给予他钱财。后黄巾之乱起，刘备便用这些资本来招募些兵士，于黄巾之乱中小试英雄刀芒。

刘备的最大特征是“仁”，然而刘备不是宋襄公那类仁而不雄的人。刘备是个英雄，“仁”在他手里不仅是一个目的，还是一个手段，所以“仁”字贯穿他始终，以至于这个特征经由后来的《三国演义》大肆渲染后，倒有了一种讽刺的意味，如鲁迅曾说过：欲显刘备之长厚而似伪。

而《三国志》的作者陈寿是这样评价刘备的，他说刘备“弘毅宽厚，知人待士，盖有高祖之风，英雄之器焉”。陈寿是不偏的，刘备有儒家之仁，却无儒家之腐，所以他能在乱世中立足，继而撑起一个蜀汉王朝。这样的形象和在《三国演义》中所提到的刘备相去甚远，甚至是判若两人。

一般而言，人们一提到刘备就会说他的天下是哭出来的，他与曹操的形象形成了鲜明的对比，当然这其中有着罗贯中故意引起这两人对立的成分在里面。但总体而言，即便是在正史上刘备也是感性而坚忍的，与曹操的霸气、豪气形成了十分明显的对比。通常在形容人的时候，如果他过于感性，我们都会认为他没有机会成大事，这话也许对曹操比较合适，但对刘备来说并不是这样。

刘备是历史上少有的将仁德和霸业共同并重的人物。追随曹操的人基本上都是看重曹操的才情，看重曹操唯才是举一览天下的霸气。而追随刘备的人则基本上是感动于刘备的感性，感动于刘备为了振兴汉室而作出的努力，感动于刘备与下属之间亲如兄弟的感情。所谓天下三分，曹操占据天时，孙权占据地利，而刘备占据人和就是指的这样的特征。这样的特征在那个杀人如麻，为了争权夺利可以不要名节的大混乱时期更显得难能可贵。

时黄巾蜂拥而起，汉室动员各地豪强地主组织武装来共同镇压叛乱。刘备明白他的机会来了，于是也在涿郡招集了义勇军。这招兵不招则已，一招便招来了两大武将，便是关羽和张飞。

关羽，本字长生，后改云长，河东解良（今山西解州）人，因逃亡来到了涿郡。大致古代英雄的外貌都必须有点特征，若说起关羽，自然忘不了他的美髯和红脸。“身长九尺，髯长二尺，丹凤眼，卧蚕眉，面如重枣，唇若涂脂”，这是众多艺术作品对于关羽的经典描写，也作为关羽的一贯形象常驻后人心中。但是，《三国志》里对于关羽的外貌豪无描绘，至于关羽的出身，正史里更是无所记载，直到清朝康熙年间，关羽的墓砖被挖掘出来，其家族情况才大致清晰。

关羽武艺高强，陈寿称他为“万人之敌，为世虎臣”。（《三国志·蜀书·关张马黄赵传》）死后其形象逐渐被神化，成为民间祭祀的对象，被尊称为“关公”，到了清朝被封为“忠义神武灵佑仁勇威显关圣大帝”，甚至在佛教当中被当做释迦牟尼佛的护法神，在儒家文化中更是忠义精神的最高代表。人称“关公”、“武圣”，和“文圣”——儒家的创始人孔子相提并论。无论是在政治还是文化上，关羽都形成了一个特殊的符号，其能够被儒释道三家所推崇更是在中国历史上十分罕见的一个特例。然而关羽性格中也有缺陷之处，那便是他的高傲，陈寿称之为“刚而自矜”。后来东吴正是抓住他的这个性格死穴，致使一代虎臣也难免落入平阳。

关羽的特征是一个“义”字。《三国演义》里，曹操一句“云长真义士也”，明白地点出了关羽的义气，而关羽也因此被称为“义绝”。虽说后代有渲染之嫌，然无风不起浪，历史上的关羽若没有义气，是不会被后人铭记的。

张飞，字翼德，涿郡人。张飞礼贤惜英，大有名士之风。外貌上，《三国演义》称“燕颔虎须，豹头环眼”，纯粹是个莽汉形象，戏曲里的张飞亦经常以黑脸出现。然而根据最新的考古发现，张飞却很有可能是个潘安似的美男子，而且他的两个女儿后来都成了蜀汉后主的皇后，其相貌不会差到哪里。

张飞的武艺和关羽不相上下，“万人之敌，为世虎臣”也是用来评价他的。张飞最大的缺点就是脾气暴躁，不懂得尊重下人，这也成了他日后遇害的原因。陈寿因此评价张飞，说是“暴而无恩，以短取败，理数之常也”。（《三国志·蜀书·关张马黄赵传》）而这样的缺点让人们往前追溯，也许就是张飞后来成为《三国演义》中所描绘的那个被人所熟识的形象的原因。

再说刘备于涿郡招兵，结识了关羽、张飞。三人可谓结识恨晚，其关系亲同兄弟，《三国志》里这样记载：“寝则同床，恩若兄弟，而稠人广众，侍立终日，随先主周旋，不避艰险。”可见三人的关系是休戚与共，患难相携的。这里也从另外一个侧面体现了刘备对于人才的控制与使用技巧。如前文所述，在那个乱世之中，对待人如此亲切而温和，如同手足，情同兄弟，衣则同裳，饮则同食，让自己的手下忠心耿耿地为自己服务，这种驭人能力是世间少有的。对于此，后人大有想象之能力，遂渲染出桃园结义这段佳话来。然而这虽是小说语言，却也反映了动乱时代的百姓心理，因此后世才大有结义起兵的故事。这件事情后来经过《三国演义》无人能比的扩散效应发酵之后，形成了中国社会拉帮结伙的重要典范和学习典型。待到刘备招兵买马够了，恰逢幽州刺史郭勋的校尉邹靖向郭勋提议往民间招贤纳士，刘备于是率众投往邹靖，从此开始了三人的戎马生涯。

刘备随着邹靖，打赢了几场胜仗，因此被封为安喜县县尉。官职虽封，然而接下去的路却不是那么平坦。而后刘备虽几经波折，关羽、张飞以及刘备后来陆陆续续接收的几位有名气的下属却也自愿随着刘备颠沛流离，实在是患难见真情，也可见刘备这个人的魅力确实不容小觑。

后人就这点，将一个刘备拆分成两种人，一种是大善，一种是大伪。其实很大程度上，刘备跟张角一样，利用了同样的工具——民心，但是他们两个打的牌却是不一样的。张角的民心在于信仰，所以他利用宗教来铸牢众人。刘备深沉，他深知民心的意义非同凡响，而他的民心体现为人和，所以刘备利用亲切的态度来凝聚众人。这样看来，刘备的伪善确实是存在的。但是，刘备也绝对不是个完全的伪君子，他还是个性情中人，所以刘备之善也有真善。刘备这人是利用自身本有的善来争取人和，所以刘备是个聪明人，他懂得利用自身的优势来为自己创造机会。

另一方面，刘备这人有时会显露出优柔寡断的性格来，这也是他弱于曹操的一个方面。诚然，曹操无论在成长环境和实力上，比起刘备来说，都上了一个阶层。所以虽然两人同时在平定黄巾之乱中首露锋芒，但接下去的发展却往两极分化，表现为刘备时常被曹操追着跑，从而谱写出一段寄人篱下的辛酸史。而这辛酸史最终却成为了刘备最为后世所称颂的地方，这种坚韧不屈的精神也证明，刘备确实是拥有着大汉皇族的家族基因，帮助其能够成就后来的振兴汉室的大业。这在当时是任谁也想象不到的。

但是英雄自是英雄，便是曹操，也阻挡不了刘备的光芒。而刘备手下的两名大将关羽和张飞跟随刘备走完一生，其英雄事迹也令人唏嘘。

黄巾之乱，从黄沙中走出了三个英雄。一个仁义满天下，一个忠义满乾坤，一个威武满后世，历史选择了这三个人来到这个时代，历史也选择了这三个人因缘际会相聚在一起，历史更选择了这三人成就一番经天纬地的大事业。

昏招之外还有昏招

汉灵帝中平六年（公元189年），荒唐一世的汉灵帝刘宏终了他的一生。刘宏生前给国家带来灾难，这还不够，死后还给汉朝留下个问题。

刘宏生前娶了一个妻子，姓何，南阳宛人，父亲是一个杀猪的，这杀猪的有个儿子，叫何进，字遂高。何进想过上更好的日子，因此想尽办法将他的妹妹送进了宫里。

何氏如果是个单纯的女人，只怕单靠着美貌也无法得到皇帝的宠爱。而何氏这人有点手段，她成功争取到了灵帝的宠爱，还有幸生了一个儿子，取名刘辩。刘宏之前的儿子大多幼年夭折，见何氏得子，龙颜大喜，于是封何氏为贵人。又为了防止新来的儿子早夭，于是将刘辩寄养在道士家。后来何氏更是在后宫争宠中得胜，一步登天，成为国母，是为何皇后。

当时，后宫有一个王美人怀孕了，这本是大喜之事，然而王美人却因为害怕何皇后残害自己，竟吃药想打掉孩子。可见当时后宫妃子都生活在何皇后的威吓之下，过个日子如坐针毡。然而这孩子命硬，或许本已注定大汉江山要由他来拱手让出，所以天意将他留了下来。这孩子就是后来的汉献帝刘协。

刘协出生以后，王美人自然得宠。何皇后醋劲一浓，如何容得下她？因此派人下毒毒死了王美人。刘宏闻知此事，有了废除皇后的想法，后因宦官们的劝阻才作罢。可见这何后在宦官的拉拢方面也是做得不错的。有意思的是，西汉名垂千古的帝王汉武帝刘彻的母亲在当日也贵为美人，同样姓王，而这两个王美人的遭遇却大不相同。这原因就在于刘彻的母亲并没有太过得宠，守着自己作为一个妇道人家的本分，懂得“隐忍”的道理。后来汉武帝继位之后，变成了王太后的王美人便凶光毕露，开始干预朝政，为汉武帝政策的推行造成了不小的麻烦。而刘宏的王美人则太过招摇，竟会在皇后面前不加掩饰，终于得此下场，也足以警示后人。

虽然何皇后位置没失，然而灵帝经此一乱，对其也没了兴趣。非但如此，还将怒气迁到了刘辩身上，对母亲被杀的刘协顿时有了莫名的好感。刘宏怕刘协被何皇后毒害，于是将他交到了董太后手里，由董太后抚养成人。

后来孩子都长大了，刘宏认为刘辩这人轻佻无威仪，加之董太后也多次唆使刘宏立刘协为太子，所以刘宏有了立幼的念头。然而，历来只有立长的规矩，没有立幼的道理，长幼之争看似是皇帝一家子的私事，但是不然。废长立幼是封建时代的一个大忌，因为这涉及到原先皇后的位置，以及一干权臣的安排，如果处理不好这其间的种种关节，往往会使矛盾不断激化并最终出现君臣分裂的大问题。因此如此做法必然会遭到群臣的反对，这是刘宏立幼的一个障碍。

刘宏立幼最大的威胁，其实来自外戚何进。当时何进因破黄巾有功而进封慎侯，更以大将军的身份领兵保卫京城，所以他的势力遍布朝野。如果刘宏不立刘辩，刘辩的母亲何后和舅舅何进势必有所行动，到时宫廷难免又乱。

刘宏一世荒唐，到了最后也难免为汉室计较，看他自己轻佻一世，临死却挑起自己儿子的毛病来。也许他有时也会想过汉室的危机，只是他倒也不曾想过，上梁若不正，下梁又如何不歪？后来直到刘宏病重时，于床榻上唤来平生信任的宦官蹇硕，将刘协托付给了他。刘宏的一生到此结束，无论是将汉室的责任留给自己的后代，还是将自己生前无法解决的后代问题，在死后找个人来替他解决，这样的作风都与其在黄巾之乱中下放地方权力，省得中央操心的做法有着异曲同工。

那这个宦官蹇硕是谁？如何能得到皇帝的信任而受托后事。

当时，大将军何进手握大权，汉灵帝倒懂得吸取前人的教训，设官来分何进的权力。他设的官叫西园八校尉，于中平五年（公元188年）设立。西园八校尉由上军校尉蹇硕、中军校尉袁绍、下军校尉鲍鸿、典军校尉曹操、助军左校尉赵融、助军右校尉冯芳、左校尉夏牟、右校尉淳于琼组成，由蹇硕统领，直接受命于皇帝。八校尉声势浩大，显赫无比，虽这样，蹇硕还是畏惧何进的，可见何进当时权力之大。

蹇硕受托于灵帝，于是制订了一个计划。他打算趁灵帝去世之时，秘不发丧，矫诏请何进进宫，然后杀之，最后权力在手，便可以立刘协为帝。这个计划看似高明，实际上却是一个只能由宦官才能想得出来的昏得不能再昏的昏招，因为当时不但宦官们自己是一个集团，外戚实际上也同样是一个集团。何进只不过是外戚集团的首领，即便把他杀了，外戚依旧有着很强的实力，弄不好会成为一场为了争夺帝位而发生的新一场宫廷战争。

这次行动无疑是这场最终没有发生起来的战争的导火线。这场可以推测出来的战争为什么为没有发生呢？原因就在于这么一个失败的计划还有一个失败的谋划过程。如意算盘算得再好，如若自己手下有了叛徒，那等于将计划明讲给了敌人听，谁在明谁在暗的局面便立即转换了。

蹇硕手下有一个当司马的叫潘隐。这个潘隐和何进是老朋友，私交甚笃，当他得知了蹇硕的计谋后，急忙给何进带去了暗示的话语。这时，诏令来到，这何进撇撇嘴，称病不入宫里，遂躲过了一劫。何进不死，外戚的势力不除，立幼之事就无法实现，蹇硕也只得悻悻作罢，看着刘辩被立为皇帝，看着何进一脸得意的模样。回头再看，刘协只能封个王，于是独自感叹，敢怒而不敢言。

与何进的外戚势力作对的还有一个董太后。董太后此人，史书上没记载其家世、名字，应该是个平民出身，地位不高。她当初嫁的不是皇帝，是汉桓帝的堂兄弟解渎亭侯刘苌。后来刘苌的儿子刘宏被看中，当上了皇帝。董太后于是母随子荣，统领皇室后宫。

当初刘宏为防刘协被害，交由董太后抚养，所以董太后一直站在刘协一边。当然，女人和女人之间的战斗可以轰烈，也可以无声。董太后和当初的何皇后之间就因为立长立幼的问题明争暗斗着。后来何皇后赢了，当了太后，她这个昔日的太后却不能上升为太皇太后。因为何进和三公联名上了一份奏章，奏章上说董太后原是藩王的妃子，不适合长居宫中。遂将董太后赶回了她的家乡河间。若是终老，却也不差，然而过了不久，董太后便毒发身亡了。《三国演义》说是何太后下的毒，可能性很大。

刘辩登基，是为汉少帝，昔日要要小心计的何皇后今天如愿成了何太后。女人欲望一大，什么事都想去做，于是她学着前人一样，临朝称制，当起了幕布后的皇帝。何太后掌权，让何进和太傅袁隗辅政。这袁隗老老实实的，没做什么大事，不过后来他的两个侄子袁绍和袁术却搅进了汉室的混乱，这是后话了。这时，何后掌权，何进辅政，外戚的机会来了。外戚和宦官对斗在汉朝早就成了一种习惯，所以何进刚上任，首要任务自然是灭掉宦官势力。何况此时的天下百姓，都一致口诛笔伐着宦官，于是何进的脑袋动起来了。又一个昏招出现了。

何进要对付宦官，第一个想到的自然是那个想置他于死地的蹇硕。这和当初蹇硕要杀掉何进的整个思考过程简直如出一辙。何进找来西园八校尉排名第二的袁绍，和袁绍一起谋划诛杀蹇硕。蹇硕得知何进要对付他，心里不安，于是去找中常侍赵忠，心想赵忠也是个宦官，也算是一路人。可是当时十常侍中有一个郭胜，这郭胜和何进是老乡，当年何氏能进宫并当上皇后，郭胜是出了点力的，因此郭胜是站在何进这边。郭胜让赵忠别和蹇硕一路，结果蹇硕轻而易举被何进诛杀。蹇硕死后，袁绍统领西园八校尉，听命于何进，何进权力遂更进一步。

就如同刚刚所分析蹇硕那个计划为什么是一个昏招的原因，何进的办法跟那个招数如出一辙，所以可以等量代换。蹇硕虽死，宦官还大有人在，张让等十常侍所领势力依然强大，何况当时何太后和宦官势力关系不错，因此有所迟疑。何进虽有心彻底根除宦官势力，然而宦官此时的势力还是令他不得不有所忌惮。

就在何进犹豫徘徊时，他想到了外面的势力。所谓家丑不可外扬，借外人之手来管理宫中之事，何进此举，愚蠢至极。

一个昏招带出来另一个昏招，昏招之外还有昏招，这就是整个东汉朝廷腐败黑暗的内幕，在这么一个关键关键时刻，身为大将军的何进为这一连串的昏招选择了一个最为昏庸愚蠢的决定，而这决定的提供者竟是后来魏武帝曹操在早年所遇到的一个最为难啃的敌人——袁绍。

沐猴而冠的何进

何进和袁绍为了对付张让等宦官势力，于是给各方猛将豪杰下了勤王的诏令，这四方豪杰包括河东太守董卓、河内太守王匡、东郡太守桥瑁、武猛都尉丁原等。

想来何进和袁绍会做出这等事来，也是自身无谋之故。这何进本来就是个屠夫的儿子，没多少能力，若不是沾了他妹妹的光，皇宫里又怎会有他的足迹？而袁绍是何等人？汉朝有三公，三公地位之高万人俯仰。袁绍就是在这样的家族里长大的。世家大族汝南袁氏，东汉末年那是无人不知无人不晓的，四世中出了五个三公，故号称“四世三公”，门生故吏遍布天下。

袁绍是曾担任过司空的袁逢的庶子，后过继给他的哥哥袁成。袁绍沾着家族的光，又从小喜欢结交名士，所以声望甚大。然而袁绍这人也有很明显的缺陷，这些缺点在后面的官渡之战前由郭嘉等人剖析得淋漓尽致，以至于易中天教授对他是直呼蠢蛋。当然，易中天是夸张的幽默说法，是因为有了一个曹操在前作为比较，所以袁绍就显得蠢了点，这也是事实。

袁绍年轻时好游侠之事，外加相貌出众，礼贤下士，所以结交了一群朋友。有一次，袁绍从濮阳辞官回家乡汝南，一路上呼朋唤友，场面热闹异常。但一踏入汝南界时，袁绍立即将他的朋友们全部遣散。为什么？因为在汝南有一个许劭，许劭是当时品评人物的权威人士，袁绍可不想让他看到自己做事奢华，这会坏他的名声。可见袁绍这人明白形象的重要性，所以后来他母亲死了，袁绍恢复了古礼，服丧三年，又追父亲之丧，服丧三年。舆论一片喧哗，袁绍孝子的名声遂大传天下。

后来袁绍更是四处结交各路英雄豪杰，而以隐居为名不愿到京城当官。他当时就结交了张邈、何颙、许攸、伍琼等人，这一批人都是当时名士。当时宦官赵忠就偷偷地对众黄门说了：“袁本初坐作声价，不应呼召，而养死士。不知此儿欲何所为乎？”（《英雄记》）这话传到了袁绍叔叔袁隗耳里，袁隗大怒，因此将袁绍叫来责骂了一顿。袁绍倒也知错能改，因此让袁隗安排后，跟随了何进。

从袁绍的少年生活来看，倒也称得上豪杰名士。然而袁绍只懂得名望的重要，而无谋略，所以他不具远见，只懂得敌人是宦官，却不知道京外势力才是更大的威胁。所以袁绍和何进碰一头，做出这等事来，也是可以理解的。这也充分证明了袁绍所代表的一干“四世三公”都只是花架子，根本就没有经天纬地、匡扶朝廷的才干，东汉王朝的衰落至此与这帮整天只会纸上谈兵、花天酒地的所谓世卿世禄的大族是分不开的。“绣花枕头大草包”这话形容袁绍是再合适不过了，这么一号人物，再加上上一节所提到的昏庸无能的何进，能想出什么“好主意”来也就可想而知了。

何进的主簿陈琳认为俩人的主意不妥，一直劝阻何进。只是何进的双眼已经被欲望所遮掩，他还能看到什么？所以不管陈琳在旁如何苦劝，何进都一笑置之，他大致认为这是文人的多虑了。不久之后，一份诏令就被快马加鞭地送到了各个地方。当时河东有一个满脸肥肉横行、眉目神情残暴的太守，他接到了诏令后，激动得说不出话来。

这个太守就是董卓，字仲颖，出生于陇西临洮一户殷富的地方豪强家里，也就是今天的甘肃岷县。岷县在当时属于汉朝的边远地区，临近西北少数民族羌人的居住地，因此董卓自幼结交了一群羌族的豪侠。

养尊处优养成了董卓那放纵任性的性子，加之董卓的武艺和马术均是一流，《三国志》里说是“卓有才武，膂力少比，双带两鞬，左右驰射”。仗着这身世和武艺，当地人无不惧他三分，便是周边羌人都得和他攀攀关系。而董卓为人也是豪爽，因此在他的家乡树立起了威望。后来随军董卓也打了不少胜仗，官路亨通，直达河东太守。

董卓在河东太守任上时，边章和韩遂在西凉起事，朝廷派了董卓出兵镇压，结果董卓大获全胜，韩遂等败走榆中。董卓觉得机会难得，必须追剿，因此领兵追到了榆中。而榆中在当时是羌人的势力范围，因此董卓深入西羌，最终被羌人团团包围，直至军粮殆尽，情势危机。此时的董卓并不慌张，他命令士兵在河中筑起了一个很高的堤坝，从而截断了上游的流水。羌人以为董卓是没了军粮，因此捕鱼充饥，所以也不大在意。然而董卓此举不过是为了迷惑羌人，以此来作为掩护，另寻找时机偷偷撤退。等到敌人发现董卓军不在时，被堤坝阻断的上游河水已深至人高，羌人无法渡河，董卓因此顺利退回。这场战斗中，朝廷派出六支军队，结果五支败回，只有董卓带领一路全军而退，因此官拜前将军，封侯，又领并州牧。

此时董卓已然称霸一方，屯兵河东，整个陇西都在董卓的势力范围之内。羽翼日趋丰满，野心也就大了，英雄与奸雄的转变往往就在一瞬间，人一旦拥有了权力和地位，往往就会偏离原先他所奔驰着的那个轨道，就像袁绍。按照他的资质，如果生在一个普通人家，经过风雨的磨砺，绝对不会变成那么一个昏庸无能的庸才，就是因为他家门过高，反而害了他。而董卓，原本只想当一个安守本分的守边将领，老老实实地给大汉的皇帝看家护院，可是谁想到事与愿违，偏偏有这样一个千载难逢的机会放在了董卓面前，他又有实力去摘那会导致罪恶的“胜利果实”，他自然不想放弃。

当时的汉朝之乱，有心人都看得出来，董卓不傻，他也明白。因此他于西凉一带拥兵自重，像一只奸诈的野狼般，流着口水，贪婪地望着汉朝，静静地等待着。而汉朝那边也有人看出了董卓的等待，因此灵帝两次下诏，说是给董卓另安排官职。先是，灵帝征董卓为少府，直属皇甫嵩。然而董卓回他：“凉州扰乱，鲸鲵未灭，此臣奋发效命之秋。吏士踊跃，恋恩念报，各遮臣车，辞声恳恻，未得即路也。辄且行前将军事，尽心慰恤，效力行陈。”（《灵帝纪》）说是凉州未定，不宜调遣而已。而后，灵帝再次下诏征董卓为并州牧，将他的兵拨给皇甫嵩，董卓也找了个借口婉拒了灵帝。后来得知灵帝驾崩，朝廷内乱，董卓于心中暗暗窃喜。董卓是知道自己的机会来了，但他从没想过竟然会来得如此之快。何进的密诏远在他的计划之外，然而它却像神仙一般降临了。当董卓收到何进的诏令时，大喜过望，立即召集人马，马不停蹄地往京城奔去。

只是在董卓的进军路上，汉朝这边却发生了很大的变化。

何进已经谋划好诛杀宦官，然而却迟迟不能实行。这一方面源于张让、赵忠等宦官势力之大一时难以根除之故，另一方面也来自于何太后的从中阻挡。何太后和宦官们是有些交情的，所以她并不赞成何进诛杀张让等人。另外，何进也是比较容易犹豫的人，当时袁绍一直劝说何进应该尽早下手，不然计划泄露可能会令宦官们先下手为强。然而何进还是一直在准备中，迟迟不动手。

这边张让等十常侍已经知道了何进的心，因此集结起众宦官来，进行了一场紧急的讨论。他们决定，与其等人来灭自己，不如自己先下手为强。于是张让便让段珪矫太后诏令，唤何进进宫。当时袁绍在旁，认为这是张让等人的计谋，劝何进不要上当。然而何进不听，竟大大方方地往宫里走去，也不知道是对于自己过于自信，还是对自己的妹妹过于信任。

张让等人在袁绍进宫之前便做好了准备，个个带着兵器在身，并安排了刀斧手埋伏于宫中。何进一踏入嘉德殿，只见尚方监渠穆对面迎来，何进正待打个招呼，渠穆便二话不说亮起了兵器，手起刀落，何进的头便落到了地上。这场宦官精心策划的谋杀终于上演了，主角终于从宦官的自己人变成了外戚集团的最高领导人何进。

但是这又能有什么作用呢？朝内之中已经是人心惶惶，谁都知道这次外戚和宦官还有好一阵需要纠缠，谁都不想蹚这浑水。朝外更是一团混乱，黄巾余党在到处活动，更重要的是西凉的董卓正在气势汹汹地拿着所谓的“檄文”奔赴京城而来。所有的一切都表明，无论是外戚还是宦官，都无法成为这场旷日持久的争斗的最终胜利者。

何进的部下袁绍等人在宫外等候，却迟迟不见何进出来，因此在外面大喊：“请大将军出共议。”里面张让听了，大声回应：“何进谋反，已伏诛矣。”（《后汉书·何进传》）随后拿起何进的头颅，往墙外一甩，何进的头颅被扔到了宫外。在宫外等待何进的部下吴匡、张彰等人一看，知道事情败露，因此厉声大骂宦官，遂带兵冲进皇宫。

何进死了，何进的部下就闹起来了。整个汉宫经过何进部下的清洗，彻底垮了。而压倒大汉朝这个垂死的巨型骆驼的最后一根大稻草无疑是何进，可以说他耽误了整个汉朝的命运，成了黄巾军大锤之后的那个清理战场的小锉刀。

何进本来是想利用他外戚的身份，再加上大将军的官位来匡扶寰宇而定乾坤，这想法本来无可厚非。我们可以想见，即便是再来一次外戚与宦官的恶性循环，最起码汉朝要比以后献帝被当做一个工具一样被人控制要强得多。前面何进所有犯的错都可以避之不提，因为他还属于在外戚宦官争权的这个死循环的历史悖论之中，但是他这最后的一个决定可谓是引爆了当时的政坛，让这个本来在这个死循环范围中的问题突然的变成了一件外地太守前来进京勤王的事件，这样一来，宫廷政变行动就成了一个不在皇家控制之下的外来入侵事件。把朝廷置于外来割据军阀的手中，更何况还是彪悍的西凉董卓的部队。这样的主意是打着拯救汉室的旗号而发出的，但是它却在根本上压倒了大汉朝廷。所以，何进所主导的这个事件成为了以后史书当中最为诟病的一点。

关于何进召进董卓一事，罗贯中在《三国演义》里借曹操之口说：“乱天下者，必何进也。”而历史上的曹操在他的诗作《薤露行》也说何进是“沐猴而冠带，知小而谋强”。另三国时吴人谢承也有评价，引于《匈奴汉国书》，说：“何进借元舅之资，据辅政之权，内倚太后临朝之威，外迎群英乘风之势，卒而事败阉竖，身死功颓，为世所悲，岂智不足而权有余乎？”从谢承的话中可知，权力和能力的协调也是一门学问。再看后来汉朝的整个走向，对何进的指责想来也不为过了。

董卓进京

何进死后，他的部下如虎狼般地闯入了宫里，兵器在宫中耀武扬威，皇宫顿时成了战场。

何进这人，或许无谋，然而素来对部下很好，因此他的部下吴匡、刘璋等人一听何进被宦官所杀，顿时怒从中来，带兵直入宫殿捕杀宦官。然而宫殿此时门已紧锁，张让等十常侍正在里面瑟瑟发抖着。他们派兵紧守着宫门，自己在里面跺脚转圈地想着办法。吴匡等人在外面也是久攻不下宫门，此时恰逢袁术带兵而来，吴匡大喜，两人合兵共同攻打宫门。宫门不久即被攻破，两军直入宫中，到处搜捕，仍然不见张让等人。袁术于是放火烧了南宫九龙门和东、西两宫，想尽一切办法要把张让给逼出来。

可怜宏伟尊贵如皇城，此时已然成了一片火海。张让见大祸已经临头，非常时刻只能用非常办法，因此带领着一伙人面见太后，向太后诬蔑何进反了，在外头烧起了宫殿。太后还没来得及反应，就被张让一伙人架起了胳膊，往北宫走去。张让等人劫持的不仅仅是太后，还有少帝刘辩和陈留王刘协，以及一些官员。

张让等带着皇帝一群人往北宫逃去。当时太后由段珪劫持着，慌乱着往北跑去，却在阁道上遇到了卢植。卢植拿了一把长戈凛然站立在阁道窗下，用一双不容进犯的眼睛瞪着段珪。段珪见状，原本慌乱的心此时更加地恐惧，无可奈何，只有放了太后，自己逃亡而去。

当时吴匡、袁术等人还在宫里四处搜寻着宦官。此时袁绍先是和他的叔叔袁隗矫诏召来樊陵、许相，将他们斩杀，然后和何进的弟弟何苗领兵追到了北宫，赵忠被何苗斩杀。吴匡见何苗前来，怀疑他和宦官同谋。其实本是吴匡和何苗不和，因此利用这一个机会挑起了士兵们的怒火。只见吴匡指着何苗，装着义愤填膺的样子，大声地对士兵们说："杀大将军者即车骑也，士吏能为报仇乎？"（《后汉书·何进传》）士兵们皆呼喝响应，因此吴匡便和董卓的弟弟董旻一起杀死了何苗，将何苗剁成了肉泥。何氏一族倘若安心在家乡做做小生意，想也不至于如此，这便是古人福祸相依的教训。

再说何苗死后，袁绍领兵将北宫团团围住，命令他的士兵们凡是看见没留胡子的，都一并杀绝。袁绍就这样采取了滥杀政策，在北宫里大肆地捕杀宦官，死者竟达两千多人。此时宫内已经乱得堪比一个战国，兼之火势之猛，更将皇宫燃成了地狱的轮廓。张让等人陷入如此困境，也只有出逃了。于是他们劫持着皇帝和陈留王等，从小门逃出，官员们大多追不上，只有卢植和闵贡尾随其后。到了黄河的渡口小平津时，张让一伙人被闵贡追上，闵贡大声斥责张让等人祸国乱政，随后用他的一把剑斩杀了好几个宦官。张让等见大势已去，纷纷跳河而死。

东汉至此，扰乱汉室许久的外戚和宦官两股势力尽皆除尽，可谓是"白茫茫大地真干净"，东汉王朝历时了几代帝王而不断循环着的死循环，终于在这一刻寻找到了这样的一个出口。吕思勉先生在他的《三国史话》里指出："何进的死，虽然京城里经过一番扰乱，恰好把积年盘踞的宦官除掉了，倒像患外症的施行了手术一般。所以经过这一番扰乱以后，倒是一个图治的好机会。"然而历史的前进从来不是直线的，而是循环交替，慢慢地前行。大致而言，结束是另一种开始，又所谓旧的不去，新的不来，外戚和宦官是没了，但东汉并没有开始一轮崭新的清明岁月，因为董卓进京了。

当时董卓接到何进的诏令，便开始整兵出发。兵还未到京城，何进被杀的消息就传来了。得知城里大乱，董卓加快行程，往京城而去。

另外一边，闵贡救回了少帝和陈留王后，便乘着夜色往南徒步而行。后走到了一户民家，找人家要了两匹马，刘辩自骑一马，闵贡和陈留王共乘一马，继续往南而行。过了一天后，接应的官员才纷纷多了起来。

董卓到了京城后，听说少帝已经到了皇城北边，就快要回宫了，于是召集了一批大臣和他的士兵一起到洛阳城北的北芒阪迎接皇帝。当时董卓一行人看到了皇帝归来，急忙迎上前去。皇帝一行人中有一个叫做崔烈的太尉，他看到董卓后面跟着数千名骑兵，心有不安，于是呵斥董卓回避。董卓大怒，回骂崔烈："昼夜三百里来，何云避，我不能断卿头邪？"（张璠《汉纪》）到了这个地步，董卓不需要再装了，不需要再等待了，他把下马威的刀用在了太尉这个大官之上。

之后董卓上前拜见了少帝，对少帝说："陛下令常侍小黄门作乱乃尔，以取祸败，为负不小邪？"（张璠《汉纪》）少帝见了董卓直哭，一句话都说不出来。当时有个大臣就跟董卓说了："有诏却兵。"就是让董卓退兵。董卓反而顶撞他说："公诸人为国大臣，不能匡正王室，致使国家播荡，何却兵之有！"（张璠《汉纪》）众臣见董卓嚣张而来，却也无可奈何。

董卓见少帝抽抽搭搭地，遂不想再问他，于是转而问少帝旁边的陈留王刘协祸乱的始终。刘协回应董卓，从头到尾，娓娓讲来。董卓一听，大喜，便将刘协抱起，和他一起走。董卓因此遂有废少帝立刘协之意。其实如果刘协真比刘辩聪明，董卓又如何会立他呢？董卓是来掌权的，不是来兴汉的，他需要的并不是一个厉害的皇帝，而是一个容易控制的皇帝。《匈奴汉国书》里说因为董卓是董太后的亲戚，而董太后当初是站在刘协这边的，所以董卓自然有立刘协的念头。但是这层关系其实不好考证，董太后是河间（今河北）人，董卓是陇西（今甘肃）人，如果有点关系，怕也只是远亲而已。所以这解释有点牵强。

其实董卓废少帝的念头是很明显的，那就是为了免除何太后的势力。记得死于宫室之乱时的何苗吗？何苗是何进的弟弟，何太后的哥哥。当时杀死何苗，有董卓的弟弟董旻的份，何太后对此又怎么能不记挂着？就是没有何苗的死，少帝若存一天，就意味着何太后的势力存在着一天，这显然不利于董卓的专权。而刘协就不一样了，刘协的母亲王美人在他还没懂事的时候就死了，而抚养他的董太后也死了，所以刘协当时没有靠山。一个没有靠山的皇帝，是最容易控制的。

刘协可谓是真正的"真命天子"、"神龙在世"，本来在自己父皇当政的时候就想立他作为皇位的继承人，只不过有碍于"立长不立幼"的传统，才使得刘协与皇位失之交臂，自己只能够当个陈留王。但是，可谓是"吉人自有天命"，虽然他自己也许不想当这个皇帝，但是偏偏有人希望他能当上皇帝。当初蹇硕就是为了保障刘协能够登上皇位才对大将军何进起了杀心从而导致了后来的一系列悲剧性事件。蹇硕死了，何进死了，董卓却来了，又想让刘协做这个皇帝，历史有时候真的是让人无奈。这么一个孩子，竟然会得到如此多的"赏识"，也就命中注定了刘协坐稳了"傀儡皇帝"的这个悲剧性角色。

我要废皇帝

董卓毕竟是军人出身，他掌控朝廷的第一步，便是将军事搬上了他的政治舞台。

任何一个执政者都需要有自己的靠山来巩固自己的统治，这种靠山可以是虚化的也可以是实际的。在治世时期，皇帝可以说自己的权力是上天赐予的所谓受命于天；而乱世时期，这种空洞的说辞再加上封建的礼教已经很难掌握局势了，在这个时候，无论官位大小还是什么“四世三公”的身世，在强大的军事力量面前都没有用。而董卓恰恰是掌握有兵力的人物，他需要用一个办法让在京城的百官知晓他的实力，从而不敢与这个东汉末年的“窃国大盗”进行抗衡。

进了京城后，董卓所统属的兵力其实不多，他明白，没有掌握强大的军事力量，要想征服百官，威慑朝廷是不可能的。所以董卓想出了一个办法：他每隔四五天，就会派部队偷偷地溜出京都，然后第二天再叫他们浩浩荡荡地开进来。这就给在朝文武造成了千军万马浩荡不绝的错觉，于是整个洛阳遂威慑于董卓的奸计之下。然而，这毕竟不是长久之计，部队在往复表演之时，董卓也趁机在暗中收揽着兵士。

何进、何苗已死，生前所统士兵到最后都给董卓收编了去。另外，当初何进召各方豪杰时，有一个叫丁原的也统兵前来帮忙。董卓看中了他的部队，便有心杀之。当时丁原旁边有一员猛将，名叫吕布，字奉先，臂力过人，武艺高超，号为飞将。吕布见信于丁原，董卓于是便用利益引诱吕布杀了丁原。丁原一死，所统部队遂全部归了董卓。而董卓也收了吕布，“甚爱信之，誓为父子”（《三国志·魏书·吕布传》）。吕布之无信，由此渐显。但是这样的记载也仅仅是显示了吕布此人并没有十足的忠诚感，并不能体现后世所称的吕布“三姓家奴”，因为他并没有将丁原认作“义父”，这样的说法完全是罗贯中艺术加工了这段故事，从而更好地体现出了吕布见利忘义的性格。

收编了何进、丁原等人的部队后，董卓兵力大增，不需要再像以前那样做表面功夫了，也因此霸道得理直气壮了。当时宦官势力已经被袁绍等人尽皆剪除，所以董卓现在若说有点畏惧的，也就何氏的残余势力了。这势力包括何太后和袁绍等。何进死后，袁绍接管了西园八校尉，曹操等人都属于袁绍之下。西园八校尉在灵帝之时虽然显赫，其后几经波折，已经大不如前了，起码较之董卓的势力，是不能相比的，所以袁绍对董卓还是有所畏惧。当时有一个叫鲍信的人就曾劝说袁绍趁董卓势力未发展之机先杀了他，然而袁绍惧怕董卓，不敢乱来。只是袁绍名望最大，所以董卓的算盘就先打在了他的身上。

董卓偷偷叫来袁绍，和袁绍商议废帝之事。倘若袁绍赞成，废帝之事自然顺利许多，袁绍也和他成了一伙。若是袁绍不赞成，当然也阻挡不了他废帝的进程，而他也刚好找个理由和袁绍撕破脸，趁机消除袁绍的势力。袁绍是绝对不愿意刘协成为皇帝的，当时罢免董太后之时，他和何进就是一伙的，刘协虽小，起码能记挂董太后的抚养之恩。刘协成为皇帝，对他是有害而无利。当时袁绍就找了个借口，他说这是大事，要找他的叔叔袁隗商量一下。袁隗在当时还是三公之一的太傅，但董卓又怎么会惧怕他这个名号？

董卓见袁绍找了个借口婉拒，一不能与其共谋，二不能与其决裂，只好将话往里更逼一步，他说：“刘氏种不足复遗。”意思就是刘邦的子孙没有一个能比得上刘协这个人了。袁绍听了这话，无所回应，横刀长揖而去。出了宫门后，袁绍知道董卓这回是要针对自己了，留在京城中只怕夜长梦多，因此逃往冀州投韩馥去了，而董卓果然派人捕抓袁绍。

所幸当时有侍中周毖、城门校尉伍琼、议郎何颙等人，这群人都是袁绍年少时结交的死党，这时又见信于董卓，因此他们就在董卓面前替袁绍说话了。他们说：“夫废立大事，非常人所及。绍不达大体，恐惧故出奔，非有他志也。今购之急，势必为变。袁氏树恩四世，门世故吏遍于天下，若收豪杰以聚徒众，英雄因之而起，则山东非公之有也。不如赦之，拜一郡守，则绍喜于免罪，必无患矣。”（《三国志·董二袁刘传》）

大意是说袁绍因为害怕废立这等大事因此出逃，别无他意，董卓若逼急了反而不好，毕竟袁绍是名家之后，倒不如赦免他，封个小官。董卓一听，倒也觉得有点道理，因此听从了众名士的建议，拜袁绍为渤海太守，封邟乡侯。

这之后，袁术和曹操也因为不想参与董卓的废帝，纷纷出逃。袁术逃往南阳张咨处，而曹操则逃往陈留张邈处。董卓刚执政时，周毖和伍琼就向董卓提出了一个方案：将京内的官员外派到重要州郡担任长官以加强地方控制。随着这个方案上交的是一份名单，这其中就包括了尚书韩馥、骑都尉张邈、颍川名士张咨等人。随后韩馥去了冀州，张邈去了陈留，而张咨则去了南阳。然后看看袁绍三人出逃的地方，都是这一伙人所掌管的地界。而三人出逃以后，不久一众地方官就纷纷举起讨董旗帜来，组成了庞大的讨董联盟。有人根据这样一个线索，认为自从董卓刚执政时，袁绍等人就制定出了一个大阴谋来。诚然，这只能是一个猜测，毕竟后来联盟军之间的互相猜忌难以让人相信他们之间曾经有如此坚定的共同目标。

有志之士尽皆出逃，而董卓仍旧继续着他的废帝阴谋。他召集来一批大臣，对他们说："大者天地，次者君臣，所以为治。今皇帝闇弱，不可以奉宗庙，为天下主。欲依伊尹、霍光故事，立陈留王，何如？"（《献帝纪》）当初太甲荒乱，伊尹放之，刘贺无度，霍光废之，皆是罢得有理有据的。现如今，汉少帝刘辩刚即位不久，事情都还没做什么，何谈混乱无度？而董卓是什么人？无贤之人。无贤之人想效仿先贤，有如东施学西施，自然是不会有人去称美的。所以董卓想废少帝，在众臣看来，自然是野蛮任性之事。

天下换主，是不得已而为之的事，只是董卓蛮横，摆明着废帝之事是必然要做的，跟大臣议论不过走走形式，给大家一个面子而已，因此大臣们都不敢回应他。董卓见无人回应，更加大声地说："昔霍光定策，延年按剑。有敢沮大议，皆以军法从之！"（《后汉书·董卓传》）厉声至此，大臣更惧，为求自保只得唯唯诺诺，任由董卓蛮横而行。只是汉室虽败，也有正直之臣，这时就有人站出来反对了。

"案尚书太甲既立不明，伊尹放之桐宫。昌邑王立二十七日，罪过千馀，故霍光废之。今上富于春秋，行未有失，非前事之比也。"（《献帝纪》）这话是卢植说的。董卓想不到还有不明局面之人敢出来顶撞他，因此大怒，会议不欢而散。事后，董卓想杀了卢植，幸得侍中蔡邕苦苦相劝，得免。卢植被罢官，逃到上谷，从此隐居不问世事。

董卓废帝之事不会就此罢休，因此他又会合百官，对百官说："太后逼迫永乐太后，令以忧死，逆妇姑之礼，无孝顺之节。天子幼质，软弱不君。昔伊尹放太甲，霍光废昌邑，著在典籍，佥以为善。今太后宜如太甲，皇帝宜如昌邑。陈留王仁孝，宜即尊皇祚。"（《献帝纪》）董卓当初被卢植反问了一口，所以这次将何太后毒死王美人的往事也拿出来作为废帝的依据了。卢植走了，这次没人起来反对董卓了，董卓顺了他的意，废掉了何太后和汉少帝，立陈留王刘协为帝，是为汉献帝，时为公元189年。

第二章　两都危急：我们的目标是董卓

曹阿瞒来了

董卓万恶，若无何进诏令，又如何得有机会进京施暴？难怪乎当时何进被宦官所杀，有个人偷偷在后方讥笑着："阉竖之官……当诛元恶，一狱吏足矣，何必纷纷召外将乎？欲尽诛之，事必宣露，吾见其败也。"待到董卓火烧洛阳时，汉朝一副混乱之景又被这个人浓缩到了一首诗歌里，题名为《薤露行》：

惟汉廿二世，所任诚不良。
沐猴而冠带，知小而谋强。
犹豫不敢断，因狩执君王。
白虹为贯日，己亦先受殃。
贼臣持国柄，杀主灭宇京。
荡覆帝基业，宗庙以燔丧。
播越西迁移，号泣而且行。
瞻彼洛城郭，微子为哀伤。

《薤露行》语言古朴简练，采用了汉代以来最常用的乐府诗的形式将大汉的整个形势表述得淋漓尽致。写了汉末董卓之乱的前因后果，读来如浏览一幅汉末的历史画卷。无论是外戚宦官专权，还是君王的昏庸腐朽，无论是对过去汉朝的怅惋还是对现今朝廷的不满，只用了短短几行就娓娓道来。这短短的几行字尽现汉朝动荡，足以体现出作者对于政治的远见与抱负，也足以体现出作者的才情。这个人是谁，有如此才情，将政治远见和文学修养齐收怀中？

正如人们所知，这人就是魏国的奠基者，姓曹名操，字孟德，小字阿瞒。黄沙之中走出了三个英雄，而乱世则造就了这样一个忠奸并立，亦庄亦谐的复杂英雄。

曹操生于汉桓帝永寿元年（公元155年），沛国谯（今安徽亳州）人。其祖父曹腾是东汉宦官，历经四帝，在宫中服侍三十多年，从未有显著过失，更能推荐贤人。后迎立桓帝有功，拜官至大长秋。当时有一个叫种暠的上书弹劾他，他却不以为意，以种暠为能臣推荐给皇帝，后种暠官至司徒，常言："今身为公，乃曹常侍力焉。"（《后汉书·宦者列传》）

曹腾有个养子叫曹嵩，官至太尉，《匈奴汉国书》里说是贿赂宦官而得，也有说是出钱买的。曹嵩出身不详，陈寿说是"莫能审其生出本末"（《三国志·魏书·武帝纪》），也有人说曹嵩本姓夏侯，是后来跟随曹操的大将夏侯惇的叔父，因此《三国志》里夏侯和诸曹共为一传，也是事出有因，而这样也就不难解释为什么后来曹操的大将夏侯惇、夏侯渊等人对曹操的忠心耿耿。

如果说刘备是依靠其人格魅力真诚待人，而让本来是自己的臣下变成亲兄弟一般的战友的话，那么曹操就是真正的有一支属于自己宗族的将领团体帮助其南征北战。这在那个大乱世，人和人之间极度缺乏信任的混乱时代是极为必要的。一方面有共同的利益，同时另一方面又有共同的血缘，这明显比后来附加上去的义气也好友情也好的关系要来得更加紧密一些。再到后来夏侯氏家族的人成为了曹魏政权建立其强大军事能力的中流砥柱，是其他两国都十分缺乏的一个有利条件。

曹操出身富豪之家，从小便有纨绔子弟的习性。裴松之引《曹瞒传》说曹操“少好飞鹰走狗，游荡无度”，因此他的叔父经常告诫曹嵩，让曹嵩好好教导儿子。曹操见他的叔父如此多管闲事，心里便有点不高兴。有一次，曹操在路上遇见了他叔父，曹操立即摆出歪脸斜嘴的模样来，他叔父看见了觉得奇怪，急忙询问曹操发生了怎么事。曹操用他歪了一边的嘴巴口齿不清地说：“卒中恶风。”他的叔父听曹操说他自己中风了，吓了一跳，连忙去问曹嵩。曹嵩听了也吓了一跳，连忙去问曹操。结果曹嵩见曹操面目正常，并无中风迹象，就问：“叔父言汝中风，已差乎？”曹操眼睛一转，用抱怨的语气说：“初不中风，但失爱于叔父，故见罔耳。”（《三国志·魏书·武帝纪》）就是说根本就是他叔父不喜欢他，所以说他坏话。曹嵩一听，竟然怀疑起他的弟弟来了，因此以后曹操的叔父再说曹操在外面怎么怎么胡来，曹嵩都不相信了。

曹操自小便会耍点小聪明，可见此人机灵，有心计。只是曹操自幼不务正业，所以当时的人都不觉得这是一个可以做大事的人。然而千里马有，伯乐自然也会有，在舆论可谓一边倒的时候，有两个人站出来为曹操说话了，这两个人便是桥玄和何颙，均为当时名士。何颙说曹操是：“汉家将亡，安天下者必此人也。”（《匈奴汉国书》）而桥玄见曹操，也觉得他日后必有大为，于是这样对曹操说：“天下将乱，非命世之才不能济也，能安之者，其在君乎。”（《三国志·魏书·武帝纪》）非但如此，他还说：“吾老矣！原以妻子为讬。”可见桥玄对曹操的看重程度非同一般。

桥玄还让曹操去结识许子将，许子将就是那个让袁绍敬畏到遣散众人的许邵。曹操于是去拜访许邵，遂和许邵结为朋友。结交了权威人士许邵后，曹操“由是知名”（刘义庆《世说新语》）。而许邵后来对曹操的一句点评，也就此成为了对于曹操的经典评价。这就是——“治世之能臣，乱世之奸雄”（孙盛《异同杂语》）。

其实这句经典评价在《三国志·许邵传》里是这样的：“君清平之奸贼，乱世之英雄。”这两句话看似有概念的调换，其实如果看做是互文手法，倒也并无矛盾。两句话都说明了曹操这个人有野心，有才能，在清平时能治世，在乱世时能安世。但如果继续按着曹操的性子深究下去，自然是《许邵传》里较为正确。

曹操名声既出，到了二十岁时举为孝廉，被任命为洛阳北都尉。洛阳是都城，皇亲贵族、权势之人聚集之处，要为官公正势必会招惹权势。可是曹操毫无畏惧，一上任就申明禁令、严肃法纪。他打造了二十多根五色大棒，于衙门左右各悬立十余根，明令：有犯禁者，皆棒杀之。当时蹇硕得灵帝宠信，正值显赫之时，他的叔父蹇图违禁夜行，曹操不怕蹇硕在朝的威势，将蹇图抓起，用五色棒活活打死。这事一出，顿时“京师敛迹，莫敢犯者”（《曹瞒传》），然而也因此引来了众多权贵的忌恨。曹操若出身低微，此时只怕权贵围攻，无所遁迹。然而曹操的父亲曹嵩是宫中大臣，碍于曹嵩，曹操明升实降，被调离洛阳，到顿丘（今河南清丰）任顿丘令。后来因其妹夫被诛，牵连曹操被免官。接着又因为曹操有学识，复拜为议郎。

后来黄巾之乱爆发，曹操破黄巾有功，封为济南相。济南地区也是大小官吏权钱交结，贪赃枉法之官四处泛滥。曹操任相时，治事一如洛阳北都尉，严政对之，刚一上任便大力整饬，一下便奏免大量贪官污吏，一时济南震动，“奸宄逃窜，郡界肃然”（《三国志·魏书·武帝纪》）。于此可见曹操和刘备的差别，一人以仁，一人以严，犹如儒与法两家的对立。而后来证明，仁严并施，才是王者之道。

曹操任官期间，见朝廷不明，危害士人，多次进谏却又不被灵帝采纳，因此对朝廷有所寒心，不再进言。后更称病不当官，告归乡里，“春夏习读书传，秋冬弋猎，以自娱乐”。由此可见曹操也曾有心于汉室，只是汉室不争，令臣子失望。

曹操此时虽在家静养，朝廷上下却也还惦记着他的威望。当时有冀州刺史王芬，因皇室混乱，遂和南阳名士许攸等阴谋废掉汉灵帝，换立灵帝的弟弟合肥侯。他们想多拉些人来入伙，就找上了曹操。可是曹操的政治算盘打得精，不是这些人所能比的。他认为废帝之事非同凡比，当年伊尹、霍光能成功换帝，因为有人望，有权势。曹操还列举了西汉吴王发起的七国之乱来作为对比，他认为王芬等人不过地方小官，比起当年的七国，根本不是一个等级，而合肥侯也根本无法和当年的吴王、楚王对比。因此看来，七国之乱尚且失败，何况王芬等人？曹操因此拒绝了他们，后来王芬果然事败自杀。

曹操在家一段时日后，中平五年（公元188年），汉灵帝设立西园八校尉，曹操就任典军校尉。后董卓进京，大乱京城，想要拉拢曹操，曹操认为董卓无道必败，不愿与之共事，因此改名易姓，逃出京城。后世民间演绎出曹操献刀的故事来，表明了百姓对于暴政的憎恶，也寄予了找回明政的希望。

曹操确是个不拘礼节之人，所以他后来的招贤标准是“唯才是用”。或许他认为多余的礼节有时候会成为一种禁锢，如果万事定要顺着一个标准而行，世界难免陷入形式主义的泥沼。这样的人是活在现实之中的，没有太多的原则束缚。可是他不给他自己束缚，社会也会给他束缚，所以曹操这人在一种意识形态非常顽固的社会里，是不会有什么好名声的。

曹操生于儒家为大的封建社会里是不幸的，可是不幸中的大幸，曹操生于乱世，乱世时礼崩乐坏，环境符合于曹操，曹操才能有大展身手的舞台。所以无论是何颙或者桥玄，他们在评价曹操时并不是说这人多有礼节，而是说曹操必是“安乱世”的人，可见他们看中的是曹操的才，而不是曹操的德。再看许邵的那句话，为什么会说《许邵传》里的更为正确？既然曹操是不拘礼节之人，清平之时礼数繁复，曹操自然难于为世人所容。而曹操虽然没有传统意义上的德，却是有才之人，有才之人在乱世必有用武之地，所以许邵说：“君清平之奸贼，乱世之英雄。”

乱世和清平的差别不过说出了曹操不是什么有“德”之人，无怪乎陈寿要说曹操是“非常之人，超世之杰”，而这也是为什么曹操的形象随着时代的逐渐开明而越趋正面。

而且最重要的一点，曹操是真实的而不是虚幻的，是实在的而不是虚伪的，这在当时的士人阶层当中是很少见的。长期以来，由于许多年的和平时光，使得士人们身上缺少了一种真实的性格。在朝堂之上只会发表一些溜须拍马，官样文章的言论，对国家对社稷来说实在是没有什么用途。自东汉以来，外戚和宦官又相互掌权，把整个朝堂弄得更是乌烟瘴气。尽管士子们对这种恶性循环早有认识并且多有非议，但是在强权面前为了维持自己的地位甚至是自己的生命，士子们不得不媚上欺下，被迫成为外戚和宦官集团的帮凶，但这也就导致了整个的官场之上信息更为不灵，更没有人敢说话敢提出相反的意见。

这些人在官场上压抑了，在家中又有一套剪不断理还乱的家中礼仪，有儒家经典的重重道理，整个人活得是大气也不敢出，许多官员就在这种政治空气下、在这种社会环境下，度过了自己碌碌无为的几十年时光，然后向这个世界告别。但曹操是个例外，他不会选择去奉承他人而只会遵从他自己的意志，完成自己心中的那个目标。不像当时的士子般虚伪，只要他想要达到，那么天下人都会知道他的目的是什么。

无论我们对曹操的评价是什么，此时他仍旧是一个初出茅庐的年轻人，仍旧是一个敢于向霸权挑战的反抗者，他需要找到自己的伙伴，实现自己终结乱世的抱负，把这个魔王董卓彻底送进历史的坟墓中去，而董卓的掘墓人正是这个奔逃出京城的年轻人，大汉的基业在未来将与这个人息息相关。

各路英雄齐上阵

曹操逃出了京师，不在董卓眼皮底下了，此时的他犹如猛虎出山，天地之大已足够让他伸展手脚。

此时天下的形势是这样的。

东汉时期，州刺史原本仅仅是一个基于监察功能而形成的一个官位。慢慢地，随着中央集权的加强，这些派驻地方的监察官员的权力越来越大，逐渐形成了这个官员署理整个区域行政、军事的一个制度。州刺史就变成了州牧，州就正式形成了一个独立的行政单位。

由于地方的权力过大过强，在东汉末年，一个地方的州牧通常就成了这个地方封建军阀割据的最高首脑，名义上这些人仍旧是大汉的臣子，接受汉室的册封，但实际上都在各自的区域实行着完全独立的体制。

司州（司隶校尉部）：分置河东、平阳、河内、弘农、河南尹等四郡一尹，下辖55县，约今陕西省、山西、河南省部分之地。

幽州：分置涿郡、代、渔阳、上谷、辽西、玄菟、乐浪、右北平、燕国、辽东等十郡一国，下辖69县，约今河北、辽宁与朝鲜半岛部分地区。

冀州：分置魏郡、广平、钜鹿、常山、博陵、渤海、河间、清河、赵国、中山国等九郡二国，下辖123县，约今河北、山西东部、河南省黄河以北，辽宁省辽河以西之地。

并州：分置太原、上党、乐平、西河、雁门、新兴等六郡，下辖44县，约今山西省与陕西省部分。

青州：分置齐郡、济南、乐安、北海、城阳、东莱、平原等七郡，下辖62县，约于今山东省与辽宁省辽河以东之境。

兖州：分置东郡、济阴、山阳、泰山、济北国、陈留国、任城国、东平国等四郡四国，下辖71县，约今山东省西界与河南省东北。

豫州：分置颍川、汝南、弋阳、陈郡、谯郡、鲁郡、梁国、沛国等六郡二国，下辖94县，约今河南省。

徐州：分置彭城、下邳、东海、琅邪、东莞、广陵等六郡，下辖50县，约今江苏省、山东省南境、安徽之宿、泗二县之地。

雍州：分置京兆、冯翊、扶风、北地、新平、陇西、天水、南安、广魏、安定、武都、阴平等十二郡，下辖70县，约今陕西省、甘肃省东部。

凉州：分置金城、西平、武威、张掖、酒泉、敦煌、西海等七郡，下辖44县，约于今甘肃省。

荆州：南阳、南乡、江夏、襄阳、南郡、武陵、长沙、零陵、贵阳等九郡167县，约今湖南、湖北、广西北境、贵州东北部、四川东部以及广东连县等地，腹地颇大。

益州：分置蜀郡、犍为、朱提、越隽、牂柯、建宁、永昌、汉中、广汉、梓潼、巴郡、巴西、巴东等十二郡，下辖146县，约今四川、贵州、云南及陕西汉中盆地。

扬州：九江、庐江、丹阳、会稽、建安、吴郡、豫章、庐陵、庐陵等九郡160县，约今江苏省南、安徽、江西、浙江、福建数省之地。

交州：分置交趾、九真、曰南、南海、苍梧、合蒲、珠崖、郁林、桂林等九郡，下辖104县，约今广西、广东二省与越南。

在这十三州之中，当时冀州袁绍的势力最大，荆州刘表和益州刘璋都偏安一隅，其他中原各州各有军阀操持，因此很难形成一股真正对抗董卓强权的力量。而曹操的日的就是先自己起兵，培植势力，等到势力强大的时候再联络这些地方的割据长官，共同对抗董卓的暴政，从而实现推翻董卓，重新振兴汉室的理想。但刚刚出逃的曹操是一只惊弓之鸟，刚才的叙述仅仅是曹操镇定之后所要做的事情，现在他正在逃亡的路上。这条道路也为他在后世留下了一句不朽的名言。

曹操带着数骑一路东归，来到了成皋县。成皋县里有他的故人吕伯奢，曹操因此到他家去借住一夜。正巧吕伯奢出行，不在家里，招待曹操的是他的五个儿子。当时曹操是背着董卓的命令出逃的，因此他担心这五个儿子会不安好心，将自己的行踪报以董卓，所以曹操时刻保持着警惕。到了夜里，曹操忽然听见外面响起了磨刀声，还有铁器相撞声铿铿而响。曹操大疑，觉得一定是吕家诸子要图谋杀害自己，因此二话不说拿起了手旁的剑，冲出房去，将所见之人尽皆杀死。待到发现原来是食器的声音时，曹操自责不已。然而大错已成，无可挽回，曹操因此安慰自己说："宁我负人，毋人负我！"（孙盛《异同杂语》）遂带着满腔悔意，黯淡而去。

"宁我负人，毋人负我"的意思乍看之下是"宁愿我辜负别人，不要让别人来辜负我"，这本是一句极其自私自利之徒的言语，再经由后人演绎，更是成了"宁教我负天下人，休教天下人负我"这样一句自大的狂语。后人喜欢拿这句话来攻击曹操，然而曹操真是如此自私自大之人吗？其实，"宁"字有作为难道的意思，而"毋"字也可通"无"，即是没有，所以这句话有另一种解释，就是"难道只有我对不起别人，别人就没有对不起我？"很明显，这是英雄在犯错过后因不愿过于自责而安慰自己的言语，加上当时曹操说这句话时的语气是"凄怆"的，所以后一个解释显然更说得通。其实后来曹操在作战时，胜利也笑，失败也笑，是个懂得自嘲的人，所以后一个解释也更符合他的性格。而很多人用此事和梦中杀人的故事来指责曹操的多疑，曹操固然多疑，然而乱世之中，人人自危，若不谨慎点又如何自保其身？

后来曹操逃到中牟县时，为一亭长所逮捕，送往县里拘留。县里功曹素闻曹操之名，以为乱世之时，不应该拘押当时英雄，因此偷偷将他放走。想一小官也有如此见识，倘若当时汉室不乱，以才举官，民间卧虎藏龙之士自然有舞台可任其发挥，那么汉朝的兴废自是另一番景象了。

上述的这个故事后来在《三国演义》当中被演绎成了当时的中牟县令陈宫把曹操给抓了起来，因为感慨他的情怀于是便和曹操一起出逃。结果在半道发生了吕伯奢家里的那个事件，陈宫问曹操为何如此残忍，曹操便抛出了"宁教我负天下人，毋教天下人负我"的惊世骇俗的言论。结果陈宫认为这个人不可以跟随，于是便弃曹操而去。后来陈宫成了吕布的谋士并多次欲置曹操于死地，曹操在剿灭吕布之后请求他重新帮助自己取得天下，结果陈宫不从，最终被曹操杀掉。

这本来是两个完全不相关的事件，却被罗贯中“别有用心”地联系在了一起，成了曹操手中的又一条罪状，并且还塑造出来了一个有铮铮铁骨的名士形象的陈宫，在小说家看来，这样的塑造和乾坤大挪移是十分成功的，同时也为曹操在后来人们心目中的想象产生了难以估量的影响。

曹操最后逃到了陈留，将他的财产尽数拿出，又得陈留孝廉卫兹的钱财赞助，于是在陈留召起了义兵，合五千人左右，于公元189年十二月正式起兵讨伐董卓。

当时的曹操并不是孤军奋战，在曹操举兵之时，东郡那边也有消息传出。时任东郡太守的桥瑁假借朝廷三公名义，书写董卓的恶状，向各州郡发出兴兵讨伐董卓的号召。

诏令传至各州郡，各路群雄遂陆续起兵，打出了讨董的旗号来。当时这各路群雄除渤海太守袁绍外，还包括以下几人：

后将军袁术。袁术，字公路。袁绍同父异母之弟，后袁绍过继给其伯父，所以史书称两人为堂兄弟。只是袁绍是婢女所出，而袁术是正配之子，因此“四世三公”的称号对于袁术来说更为正统。袁术年轻时也是喜爱游侠之事，和袁绍、曹操是一路人。到了后来被举为孝廉，官至虎贲中郎将。后因不愿与董卓为谋，逃至南阳。

冀州牧韩馥。韩馥，字文节，颍川（今河南许昌）人。当时冀州百姓生活殷富，兵粮充足。袁绍被董卓逼出朝廷，投奔冀州时，韩馥曾对其有所顾忌，毕竟袁绍的实力和名望皆在韩馥之上。这时诏令一到冀州，韩馥就矛盾起来了，他唤来众官，问他们：“今当助袁氏邪，助董卓邪？”（《英雄记》）

可笑韩馥身为大臣，看见董卓如此作乱朝廷，竟然无动于衷，问出“助董卓邪”这样的愚蠢笑话来。当时韩馥的治中从事刘子惠听了这话，心中大怒，直言韩馥说：“今兴兵为国，何谓袁、董！”韩馥知道自己说了一句蠢话，因此面现惭愧之色，向大家询问接着该做些什么。刘子惠继而说道：“兵者凶事，不可为首；今宜往视他州，有发动者，然后和之。冀州于他州不为弱也，他人功未有在冀州之右者也。”也就是让韩馥先静观其变，等待其他州郡先发兵，然后跟随。刘子惠的这一席话正是各路参与讨伐董卓的郡守的心声，大家都不甘当出头鸟，保存实力，静观局面的变化，所以讨董联盟实际上从未存在。当时韩馥听从了刘子惠的提议，写信给袁绍，令其发兵。

豫州刺史孔伷。孔伷字公绪，陈留人。正史对其记载不多，只有《匈奴汉国书》里提到“孔公绪，清淡高论，嘘枯吹生，并无军旅之才，执锐之干”，也就是说口才虽好，却无军事实力，只是文人一个。

兖州刺史刘岱。刘岱，字公山。汉室宗亲，时人称其“孝悌仁恕，以虚己受人”（《英雄记》）。

河内太守王匡。王匡，字公节。《英雄记》里说其“轻财好施，以任侠闻”。当时何进召四路英雄时，他就派出了五百名强弩手往京城相助。后因杀名士胡毋班，被胡毋班的亲戚联合曹操所杀。

陈留太守张邈。张邈，字孟卓，东平寿张（今山东阳谷）人。少年时候也是以侠义著称，和曹操、袁绍等人交往甚密，兼之家中富裕，因此有疏财仗义的豪爽。张邈在党锢之祸中因敢于挺身抨击宦官集团，被天下士人评为“八厨”之一。曹操参与联军时，属于张邈之下。

东郡太守桥瑁。桥瑁，字元伟，桥玄的族子。《英雄记》称其“甚有威惠”。

山阳太守袁遗。袁遗，字伯业，袁绍从兄。其性子“忠允亮直”，又博览群书，曹操曾说过：“长大而能勤学者，唯吾与袁伯业耳。”袁遗被时人张超称赞为“有冠世之懿，干时之量”，可见也是当世之材。

济北相鲍信。当初受何进命，回乡招兵进京援助，于路上时何进已死，直至赶到洛阳时董卓已经进京。当初董卓势力还未坐稳时，鲍信就看出其狼子野心，因此劝说袁绍袭杀董卓，袁绍不从。鲍信只好带兵回乡，在乡征召士兵以待时变。后来天下豪杰都推崇袁绍时，只有鲍信认为统领群雄拨乱反正的只能是曹操，可见鲍信也有识人之明。

广陵太守张超。张超是张邈的弟弟，他的功曹臧洪提议张超加入讨董联军，张超同意，前往陈留和哥哥张邈商量后，举旗讨董。

见于正史记载的参与讨董联盟的就以上几路，当时还有一些较有势力的地方军团因种种原因而没有参与，如公孙瓒等。而当时刘备正投于公孙瓒，所以刘备并没有参与，自然也没有“三英战吕布”、“温酒斩华雄”的故事。至于在讨伐董卓时功劳甚伟的孙坚一军，其在当时率属袁术一路，所以没有单独列出。

各路军团举旗表态后，于汉献帝初平元年（公元190年）正月正式组成联盟，称为关东（汉末时指函谷关以东）军。当时，袁绍和王匡屯兵河内（今河南武徙西南），张邈、刘岱、桥瑁、袁遗、鲍信则屯兵酸枣（今河南延津西南），袁术、孙坚屯兵鲁阳（今河南鲁山），孔伷屯兵颍川（今河南禹县），韩馥则留在邺城（今河北临漳），为前方提供军粮。联盟一成，自然要有盟主，当时除鲍信认可曹操外，各路群雄皆认为袁绍甚有名望，因此均推举袁绍为盟主，袁绍由是统领关东军。

关东军当时因其参与军团之多而声势浩大，乍听之下大有席卷的力量，所以其成立的消息传到了洛阳时，朝野上下是一片震惊。而董卓面对如此巨大的威胁时，自是二话不说，立即着手准备应付。

历史终于走到了这个时刻，“十八路诸侯”的讨伐战争即将打响，在这所谓十八路诸侯当中并没有多少后来成为了名动天下的人物，但是他们的手下当中则藏龙卧虎。他们自己也许都不会想到，这次的群雄集结将决定他们大多数人的命运，随着这次行动的结束，英雄的各自撤离，分道扬镳，他们也奔上了通往自己霸业的路途。

没事放把火

关东军的组成就像天雷一响，轰动一时。然而董卓也不是好对付的，他自有应付联军的准备。而就在董卓做好万全准备后，他才发现原来所谓的联军不过一群乌合之众，想来天雷也不过轰动一时，过后便回归寂静。

联军既成，董卓最先想到的是当时已经被废为弘农王的少帝，因为弘农王的存在会让联军以迎立他复位为名，进行一场代表正义的讨伐战。其实当时无人不想把董卓置之死地，对他的讨伐有没有正名其实都无所谓了，不过既然杀死弘农王可以让他所面对的威胁减少，那又有什么理由不做呢？所以董卓令李儒进献毒酒给弘农王，对弘农王说：“服此药，可以辟恶。”

弘农王自然明白这是毒酒，然而李儒逼迫甚急，抵抗不了，也只有面对。弘农王因此设下自己最后的宴席，唤来妻子唐姬和众妃子。宴席气氛凄凉，过了一半时，弘农王想到自己的一生，悲而作歌曰：“天道易兮我何艰！弃万乘兮退守蕃。逆臣见迫兮命不延，逝将去汝兮适幽玄！”抱头痛哭的弘农王明白此时抱怨已然没用，他令唐姬跳舞给她看，作为给他的送别礼。唐姬于是舞起了袖子，边跳边歌曰：“皇天崩兮后土穨，身为帝兮命夭摧。死生路异兮从此乖，奈我茕独兮心中哀！”

此歌一出，非但唐姬眼泪随之崩落，在席的众妃子、宫女们也抽抽搭搭了起来，整个宴席顿时弥漫了一股哭声。弘农王拿起了毒酒，对众妃子说："卿王者妃，势不复为吏民妻。自爱，从此长辞！"话一说完，举起酒杯一饮而尽，时年十五岁（《匈奴汉国书》说是十八，有误。）。

历史就是这样令人无奈，古往今来有多少的帝王自己可能根本不愿意当这个皇帝，可是当时的形式迫于他必须当这个皇帝，结果做皇帝的时候得听人家的，什么时候坐稳了再听人家的，你还得老老实实地从皇位上滚下来。脱离了皇位想踏踏实实地当个王爷，享受几天平淡的生活，安度晚年，却又被人认为是现在皇帝最大的威胁，于是便只能去死。少帝的一生比自己的弟弟好不了多少，少帝、献帝两兄弟可以说是汉朝历史上最窝囊的两个君主，一个是被杀害，另外一个竟然当了几十年的傀儡皇帝之后还得奉上"献"这么一个前无古人后无来者的谥号，简直是羞辱之极。可怜少帝一生并无大错，可是天命难违，最终只能惨死在残暴的魔王董卓手下。

弘农王死后，董卓又杀死了袁隗等五十多个袁氏族人，随后董卓便做好举大军反击联盟的计划，因此招来众臣，询问计策。当时座下有一位叫作陈泰的大臣就说话了："夫治在德，不在兵也。"董卓军人出身，听了这话当然不高兴了，因此他反问陈泰："如此，兵无益邪？"（张璠《汉纪》）

陈泰口才极好，随即列举了十条董卓不必大举出兵的理由，说得董卓转怒为喜，竟拜陈泰为将军，率军抗击关东联军。后来因为有人向董卓诽谤陈泰，陈泰兵权才被回收。陈泰当初是跟随何进的，何进招董卓时，陈泰就一再制止，怎奈何进不听。因此这次陈泰其实是担心董卓大军集结，实力大增，将来更难以除灭，所以他才诡辩劝说董卓放弃用兵之道。然而董卓除了武力，还能用什么来解决？而到了这局势，大战已然不可避免。

董卓毕竟是外来的军队，前文当中也叙述了他所宣称的掌握多少军队仅仅是一个诡计，实际手中并没有那么多的部队。之所以能够控制朝政这么长的时间，很大的原因是当时的西北只有他这一支军阀，没有任何的外来军队能够与他争夺朝廷的控制权，所以董卓才能作威作福，把持着汉室于股掌之间，这是当时董卓之乱的一个非常主要的因素。废了皇帝并且在京都大大肆烧杀抢掠之后，董卓控制皇帝显然已经没有了任何的合法权。天下人必然群起而攻之，董卓一下子就变成了众矢之的，这也许是董卓当初想不到的。他不会想到当时他在曹操、袁绍面前能够那么不可一世，到后来他们竟然成为自己面前最大的绊脚石，他应该会后悔当初没能杀掉这两个人。

面对关东军的来势汹汹，董卓一没有足够的兵力，二更不能坐以待毙地投降。于是他只有一个选择——逃。但是他逃可以，难道就把他精心制造的这么一个容易控制的朝廷给扔掉？扔掉他作为当朝太师的位置？董卓毕竟还没有慌神，他十分清楚自己能够有今天的这个地位完全是这个在他面前瑟瑟发抖的小皇帝的功劳。如果失去了对皇帝的控制，那么董卓就彻彻底底地失去了合法性，再也不可能回到巅峰时期的状态。所以只有一个办法——带着皇帝一块逃。所以，逃亡就光明正大地成了迁都，于是迁都迁到哪里就是董卓下一步需要考虑的重大问题。而故都长安就成了董卓的不二选择。

当时董卓因长安之地富饶且地处关西，有函谷关之险容易据守，加之又临近他的老巢西凉，因此有了迁都长安的打算，遂唤来大臣们商议迁都之事。他对大臣们说："昔高祖都关中，十一世后中兴，更都洛阳。从光武至今复十一世，案石苞室谶，宜复还都长安。"（《匈奴汉国书》）

西汉自刘邦之后还历十一个皇帝，时都城长安，后刘秀恢复汉朝，建都洛阳。而东汉至董卓时已经不仅仅十一个皇帝了，所以董卓认为应该还都长安，汉朝才能再次兴旺。这当然仅仅是一种说辞而已，毕竟都城无小事。一个国家政治中心的迁移会涉及到这个国家的方方面面，尽管大汉的江山已经被瓜分成了各个小小的区域，但是都城仍旧是这一个王朝最后的尊严。

在座大臣一听要迁都，而且迁都理由又是如此荒唐，尽皆惊愕。然而荒唐归荒唐，惊愕归惊愕，董卓之势，没人敢惹，所以在座一片寂静。过了一会儿，一个声音响起了，时任司徒的杨彪回话了："迁都改制，天下大事，皆当因民之心，随时之宜。……今方建立圣主，光隆汉祚，而无故捐宫庙，弃园陵，恐百姓惊愕，不解此意，必麋沸蚁聚以致扰乱。石苞室谶，妖邪之书，岂可信用？"董卓一听这话，大怒，斥责杨彪说："杨公欲沮国家计邪？"官员们一见董卓发怒，个个为杨彪所担心。这时，太尉黄琬替杨彪说话了："此大事。杨公之语，得无重思！"（《匈奴汉国书》）两个官至三公的大臣一齐发难，董卓在座上也不便再说什么，因此愤而离席，事后立即罢免了杨彪和黄琬。

杨彪和黄琬既已罢免，董卓便开始了他的迁都计划。他首先胁迫汉献帝西至长安，然后命令手下骑兵威胁百万洛阳群众跟着迁移，致使群众被马匹践踏者不计其数。可怜无辜民众，为整个朝廷提供生产力，却被迫离家而走，成了政治需要的牺牲品。非但如此，董卓还燃放大火焚烧整个洛阳宫殿，大火延及整个洛阳城，宗庙、府库和无数民家均被无端波及。是时，洛阳城内焰火燃天，董卓的军队四处趁火抢劫，挖掘皇室陵墓、贵族坟冢，大量搜罗金银珠宝，致使百姓流离失所，骨肉分离，哭天抢地，整个洛阳顿时轰然如山崩地裂。一代名城在狂妄的焰火和野蛮的抢掠下，成了罪恶的代名词，不是地狱，胜似地狱。

迁都成了焚都，为董卓毕生的罪恶再添了重重一笔！但对于董卓来说也这是性格使然，他就是这样的一个霸者，一个魔王，自己无法拥有的东西一定要其他人也无法拥有，东汉王朝历经几百年时间精心修建的洛阳一瞬间化为乌有，这也标志着汉朝永远无法恢复它往日的面容，董卓之乱上演了一个极大的高潮。

董卓将献帝和民众迁至长安后，自己屯驻洛阳对抗关东军，等待着关东军的行动。然而关东军势力虽大，却互相猜疑，无法团结一致对敌，对董卓更是有所顾忌，不敢轻易进军。因此除了在名号上吓吓别人，关东军其实跟各路散军没有两样。其中只有曹操，到底是有才略之人，他认为义军有正义之名，兼之董卓无道，根本不足为惧，又看中董卓焚都的时机，因此向联盟提议说："今（董卓）焚烧宫室，劫迁天子，海内震动，不知所归，此天亡之时也。一战而天下定矣，不可失也。"随后向联盟提出他的作战计划，他认为应该"使渤海引河内之众临孟津，酸枣诸将守成皋，据敖仓，塞轘辕、太谷，全制其险；使袁将军率南阳之军军丹、析，入武关，以震三辅：皆高垒深壁，勿与战，益为疑兵，示天下形势，以顺诛逆。"（《三国志·魏书·武帝纪》）曹操之策固然好，敖仓是当时联络关中和中原的重要粮道，倘若截断，董卓兵粮无法得到补充，洛阳自然可得。然而联盟里却没人听从曹操的建议，只有张邈遣部将卫兹分兵跟随曹操，曹操只好自己带兵往西而行，准备进据成皋（今河南荥阳汜水镇）。

曹操一路往西，进军到荥阳汴水（今河南荥阳西南）时，遭遇董卓部将徐荣，两军遂于荥阳展开遭遇战。然而曹操此时是单独进军，毕竟势单力薄，而敌方部将徐荣也是东汉时名动一时的大将，因此曹操败于徐荣，手下士卒死伤甚多，曹操自己也身中流矢，只好带兵撤退。当时曹操在撤退的路上，不小心从马上摔了下来，曹操有一个从弟叫做曹洪，字子廉，他急忙从马上跳下来，让曹操坐上自己的马。曹操不答应，曹洪因此坚决地说："天下可无洪，不可无君！"（《三国志·诸夏侯曹传》）曹操听了甚为感动，领情取了马，乘夜快马加鞭逃回了酸枣。

此时酸枣里正在举办宴席，宴席上有歌有舞，关东英雄们各各举起酒杯相互敬礼。曹操刚败，又见众人如此不图进取，不由得怒中从来，严厉斥责他们说：“诸君听吾计……可立定也。今兵以义动，持疑而不进，失天下之望，窃为诸君耻之！”

“窃为诸君耻之”，多么严厉的责备，多么无奈的悔恨。而悔恨的又岂止曹操一人！关东之军势力之大，倘若有心歼灭董卓，又何惧做不到？吕思勉先生在他的《三国史话》评价董军说：“这种无谋的主帅，这种无纪律的军队，实在是不堪一击的。至多经过一两次战事，就平定了。”然而联盟军终究各怀私心，导致凝聚众人的“讨董”成了名号，而不是坚定的目标，而一个没有共同目标的联盟，又如何能同仇敌忾？

从根本上来讲，大汉朝已经是不可能再次重振，没有人会去为了一个将死的王朝作陪葬。尽管有曹操这种为了自己的目的而不除董卓不罢休的人在，但毕竟只是少数，并不能形成气候。当时所有的诸侯，起码是大部分，可以说都是眼红于董卓所拥有的权势和地位，都希望自己进入朝廷之后能够在新组建的朝廷中成为护国肱骨，治世之臣，实现自己飞黄腾达的梦想或者说是野心。所以当董卓把皇帝迁到了长安之后，原先的目标就不复存在了，激励着诸侯们向前前进的利益不存在了，那么关东联军又有什么存在的必要呢？

讨董的目标没了，然而联军一开始到底碍于名号，彼此间还处于友好的状态。而到了最后，连讨董的旗帜都倒了，联军之间彼此火并，关东军自此消失于历史之中。

孙坚是个好青年

还是那句话“乱世出英雄”，曹操已经在历史的舞台上登场了，而现在我们将把目光投向南方，在那里又有一位英雄将会发挥自己的才干，在这东汉末年的大乱世中不但为自己，也为自己的子孙后代赢得一席之地。

虽然关东军人人各怀私心，名存实亡，然而如上文所述，还是有一心坚定讨董的人士存在的，比如曹操就是其中一个。然而曹操兵力不足，败于徐荣之后又对联盟失去信心，只好退回后方招兵买马，再等时机，所以曹操对于讨伐董卓不能算是持之以恒的。若要说出一个坚定讨董的人，第一名定是孙坚，有如王夫之所说：“故天下皆举兵向卓，而能以躯命与卓争生死者，孙坚而已矣。其次则曹操而已矣。”

孙坚，字文台，吴郡富春（今浙江富阳）人，生于永寿元年（公元155年），据说是春秋大军事家孙武的后代。孙坚的祖辈世代在吴地做官，有一天，孙氏祖坟上忽然现出奇怪的光来，一共有五种颜色。这五色光透过天空，在高空形成了五束耀眼的光束，照亮了远近数里，引来了众人围观。当时许多老人都说：“是非凡气，孙氏其兴矣！”后来孙家有个女人怀孕了，她曾经做梦梦见她的肠子从腹中拖出，环绕着吴地昌门，待醒后非常害怕，因此去请教邻居老太太。老太太安慰她说：“安知非吉徵也。”怎么知道不会是吉兆呢？结果，后来孙坚也向世人证明了，当初之梦真是吉兆。

孙坚少年时，“容貌不凡，性阔达，好奇节”，在他十七岁的时候，曾经跟着他父亲乘船到了钱塘，正巧当时有个叫胡玉的海盗抢劫了过往商人的财物，正在岸上与众兄弟分赃。岸上来往的行人听闻后不敢前行，过往船只也都不敢往前驰去。孙坚得知，对他父亲说：“此贼可击，请讨之。”可是他父亲却认为贼势之大不是他一个毛头小孩所能对付的。

然而孙坚勇猛志高，根本不把一群小贼放在眼里，所以他不听父亲的劝阻，提起了手里的大刀，迈开大步威风凛凛地向胡玉等人走去，边走边用手左右指挥。胡玉等海盗看见孙坚走来，其架势好似官员派兵来围剿他们，于是个个惊慌失措，遂扔掉财物，四处逃散。孙坚见机追杀，斩得一人而归，看得他的父亲是瞠目结舌。这事一发生，孙坚智勇双全的名声立即传出，郡府里因此召他代理校尉之职。

后来孙坚因平地方叛乱有功，历任三县县丞。孙坚当县丞之时，亲近百姓，因此在官吏百姓中甚有名望，人们均顺服于他。孙坚也因这贤名结交了许多名人侠士，为以后的孙氏江东立下人脉的基础。

如果不是因为有黄巾之乱，如果没有这场大规模的农民起义，也许孙坚只会成为在江东地区的一个小吏，最多作为一郡太守，治理一方人民，除此之外便不大会有其他的建树。然而这个时代不是普普通通的时代，孙坚也不是普普通通的人，时代决定了孙坚必须在这个乱世之中有所作为。黄巾起义实实在在地更改了许多人的命运，而孙坚，甚至是他的一家都在这其中被改变了。

黄巾之乱起，孙坚在家乡招募兵士一千人，随着朱儁前往前线破敌。孙坚作战勇猛，常将生死置之度外，单身直入敌境。有一次他便乘着敌人战败之时，单骑追入，后不小心堕马受伤。所幸他的战马自己跑回军营，士兵随着战马而走，才救回孙坚。孙坚英勇如此，所以陈寿夸其“忠壮之烈”（《三国志・吴书・孙讨逆传》）。后来孙坚因攻占宛城，大破黄巾而被封为别部司马。

当初边章、韩遂在凉州起事时，朝廷派董卓前往讨伐，因久战无功，朝廷便又派张温前往，张温以孙坚有军事能力，于是奏请孙坚随行。张温到了长安后，以诏书召见董卓，董卓却散漫无礼，过了大半天才前往张温处。张温由是责备董卓，然而董卓不仅不认错，还出言不逊地回应张温。当时在座的孙坚看了这情形，自然感觉有所不妥，因此他走到了张温身边，对张温耳语，列举了董卓的三条罪状，建议张温于此时杀了董卓，然而张温没有采纳。后来董卓为乱京师，各州郡兴义兵讨之，孙坚听闻，拊膺长叹，懊恼地说：“张公昔从吾言，朝廷今无此难也。”（虞溥《江表传》）因此也起兵参与关东军的讨董战争。

在讨伐董卓之前，孙坚在进军路上就先做了两件大事。

当时的荆州刺史叫做王睿。王睿曾经和孙坚一起共同讨伐零陵、桂阳两郡的贼寇，因为孙坚身为武官，王睿时常在言谈举止中透露出他对孙坚的轻蔑，因此孙坚对他向来不满。和王睿不和的不仅孙坚一个，还有一个曹寅，时任武陵太守。当时王睿起兵欲讨伐董卓时，就扬言说要先杀了曹寅。曹寅害怕，因此假冒光禄大夫之名，作出檄文命令孙坚杀死王睿。孙坚领受檄文后，立即起兵前往。

孙坚领兵接近了王睿治所，王睿听说前方有军队前来，因此登上高楼观望，派人询问这些士兵为何来到这里。按照孙坚事先的安排，军队前部这样回答王睿：“兵久战劳苦，所得赏，不足以为衣服，诣使君更乞资直耳。”也就是假装要请求王睿赏点东西。王睿倒也是大方之人，他说：“刺史岂有所吝！”说完立即下令打开库藏，让这些士兵们自己进去看看有什么东西可用。等到士兵涌到了城楼楼下时，王睿忽然看见了一个熟悉的面孔，正是他向来蔑视的孙坚。王睿见了孙坚，大惊，立即问：“兵自求赏，孙府君何以在其中？”孙坚回他：“被使者檄诛君。”王睿更加吃惊害怕了，忙问自己犯了什么罪，竟有檄文来讨伐。孙坚对他说自己受命而已，也不知道。王睿自知敌不过孙坚，何况士兵已进城，无奈何只得吞金自杀而死。

孙坚逼死王睿后，引军来到了南阳。当时的南阳太守张咨听说孙坚带领军队而来，却没作出任何反应，待到孙坚下公文请张咨供应粮草时，张咨找来手下询问应该如何回应他。当时他的下属纲纪就说了："坚邻郡二千石，不应调发。"（《英雄记》）就是说你孙坚凭什么我要调发军粮给你。张咨认为这话说的有道理，因此拒绝了孙坚。孙坚见张咨不理睬自己，遂有了杀他的意思，因此为张咨摆起了"鸿门宴"。

先是孙坚去拜访张咨，并送礼给他。第二天，张咨为回礼，也只好带着礼物去拜访孙坚，孙坚于是设酒席款待。酒席到了一半，孙坚的主簿就进来禀报了："前移南阳，而道路不治，军资不具，请收主簿推问意故。"这话是指责了南阳主簿，令孙坚将他拿下。张咨一听，觉得事情不对头，想要离开却发现四周已布满了士兵，因此张咨连动都不敢动。再几杯酒下肚后，主簿又来了，他对孙坚说："南阳太守稽停义兵，使贼不时讨，请收出案军法从事。"（《三国志·吴书·孙讨逆传》）这话直接将矛头对向了张咨，张咨一听，自知大祸临头。果不其然，孙坚随即令人斩了张咨。张咨一死，当时逃亡南阳的袁术便代他当了南阳太守，于南阳作为立足地，发展起了自己的势力。

张咨一事让人们明白了孙坚不仅仅是个武将，还是个政治高手，就这样一个酒局，比起鸿门宴来说，其精彩度并不输之几分。首先孙坚宴请张咨，给自己戴了一个好人的面具，然后令主簿于酒席间来向自己陈述南阳太守的罪行，让自己有理由去杀他。待要杀他的时候，孙坚还可以装出一副不情愿的样子，无可奈何地对张咨说："孙坚别无办法，公事公办而已。"所以说孙坚摆出这酒席，可谓高明。

孙坚杀了张咨后，"郡中震栗，无求不获"（《三国志·吴书·孙讨逆传》），这才是大事。南阳郡属于荆州，当时孙坚一连杀死王睿、张咨这两位荆州高官，所以名声在江东一带难免更加威赫，这为后来孙策打下江东、孙权稳守江东都有基础性的意义。

这之后，孙坚率兵继续前进，来到了鲁阳会见袁术。袁术表奏孙坚为破虏将军，兼领豫州刺史，所以人亦称孙坚为孙破虏。于是，孙坚在鲁阳休整部队，厉兵秣马，做好进攻洛阳的准备。

我就是一个人的战斗

孙坚一到鲁阳后，便和董卓的部将在鲁阳打了一场出色的战争。说"打了"其实是有点问题的，因为在这场战争中，孙坚不费一兵一卒便退敌军之兵，可谓不战而屈人之兵。

汉献帝初平元年（公元190年）冬，孙坚在鲁阳稍事休整之后，便准备出兵攻打董卓。出发前，他派长史公孙称回州郡督促军粮。为送行公孙称，孙坚于鲁阳城东门外搭起了幔帐，在帐篷里摆起了酒宴，邀请众部属前来聚会。众人在酒席上饮酒作乐、谈天论地，幔帐里气氛轻松，一片其乐融融。忽然，孙坚的手下来报，说董卓派兵前来鲁阳迎战，已有数十轻骑兵接近了鲁阳城东。

原来董卓那边听说孙坚准备起兵，因此派遣了数万步骑先进攻鲁阳，打算将其扼杀。这消息一到，帐篷里原来轻松的气氛顿时凝结，仿佛有巨大石头从天而降，众人一听，惊措得脸都绿了，试想，现在正于鲁阳城东设酒席，敌兵却一声不响忽然来到，众人能不能顺利得以逃脱？

可是孙坚当时只是惊慌了一下，随后便立即恢复了他的镇定自若的神情。他命令帐篷外头的部队整顿阵容，没他的命令不得轻举妄动，然后举起手里的酒杯，一副无事发生的样子，笑着让部属们继续饮酒。部属们不知道孙坚心里在计划着什么，也只好一边担心着，一边故作镇定地举起酒杯和孙坚同饮。

外面的敌军陆陆续续而来，越来越多，直至最后已有数万。孙坚这才缓慢地放下手里的酒杯，轻轻地站起身来，不慌不乱地引领着将士们一一进城而去，队伍有条不紊，毫无遇乱之象。待队伍进了城里后，孙坚才对将士们说："向坚所以不即起者，恐兵相蹈藉，诸君不得入耳。"（《三国志·吴书·孙讨逆传》）也就是说，刚才敌军刚到，孙坚若慌忙地命令回军，可能会引起兵士恐慌，队伍混乱，从而造成士兵互相踩踏，难以进城。众将士听了孙坚的分析后，无不佩服。而另一方面，董卓的部将看见孙坚不慌不忙，因此不敢贸然进兵，后又见孙坚的部队兵马整齐、纪律严明，遂放弃攻城的念头，撤兵而走。

此战被称为鲁阳之战，也是历史上的空城计，是见证孙坚用兵之才能和胆略的完美一战。战场上本就变化万千，虚虚实实，将帅对于真假的判定往往是战争胜利与否的关键。而出色的将帅懂得利用战场的虚实特点，来扰乱敌将的判断，令敌将处于犹豫徘徊的状态，从而给自己争取有利的时间，这就是军事上很冒险的心理战。心理战有一定的风险，若没有胆略之人，是不敢冒险而为之的。而鲁阳之战中，孙坚就完美地运用了心理战，足见孙坚此人，非但军事才能高人一等，便是胆略霸气也是不输人下的。

孙坚鲁阳退敌后，便于汉献帝初平二年（公元191年）二月率领了十万豫州兵向梁东（今河南临汝东）进发，准备辗转攻打洛阳，孙坚也从此吹响了讨伐董卓的第一战。

孙坚领兵屯扎梁东时，却遇董卓大将徐荣带兵包围。孙坚敌不过徐荣（徐荣先败曹操，后败孙坚，可见其将帅之能），十万豫州兵全军溃败。孙坚带着数十骑亲信英勇作战，一路杀出，奋力突围。孙坚平常都戴着一顶红色的头巾，因此敌军懂得认人。危机之下，孙坚只好将他的红色头巾让亲信部将祖茂戴上，因此来迷惑敌军。

乱军之中，敌军只辨别红色头巾，因此纷纷进攻祖茂，孙坚得有机会从小道逃出重围。而祖茂则被追兵追逐得困顿不已，劳累不堪，就在几乎被逼入绝境时，眼前的一根烧了一半的柱子让他有了头绪。他于是跳下马来，将红色头巾蒙上了这根柱子，自己寻找了一个安全的草丛，伏于其中，一动不动。待徐荣的士兵远远望着红色头巾，却不见头巾移动，以为孙坚的力气已到了尽头，于是团团包围。直到全军往红色头巾走近时，才发现不过是一根烧柱而已，这才无可奈何地撤兵离去。

孙坚虽成功突围，然而孙军大多兵将却被徐荣所俘。徐荣是董卓部属，对待俘虏自然也如董卓一般残忍，如当时的颍川太守李旻就被丢入锅中活活煮死。

孙坚初战不利，惨遭大败，先前浩浩荡荡的大军现在只剩下数十骑而已。然而生命并不就此为英雄吹起葬歌，因为英雄自是英雄，有坚忍不拔之精神。孙坚重新打起精神，一路收集梁东一战时逃出的散兵，最后来到了太谷阳人县（今山西临县西）。

当时阳人县里有董卓大将华雄督兵，孙坚为夺城池，与之交战。华雄不敌，被孙坚斩杀。孙坚因此成功攻占了阳人县，在阳人县里休息整顿，并做好防守的准备，待时机成熟，再行进攻之事。

董卓这边一听阳人被攻占，都督华雄被斩杀，气恼万分，他立即派出陈郡太守胡轸和吕布带领五千人马进军阳人。胡轸是个性急的人，他出兵前兴奋异常，向部将们自信满满地宣称："今此行也，要当斩一青绶，乃整齐耳。"（《英雄记》）部将们听了这话，大多有厌恶之意。

胡轸部队来到了广城，距离阳人城还有几十里。当时天色已经暗了，士兵一路奔波也显劳累，加上董卓之前也命令胡轸必须先在广城休整兵马后，再乘着夜色进兵，这样可赶在天刚明亮的时候攻城，所以胡轸就打算按董卓的意思行事。然而胡轸的部将大多都对他极其嫌忌，因此没有人希望他成功。于是，吕布等人便对胡轸说了："阳人城中贼已走，当追寻之；不然失之矣！"（《英雄记》）胡轸深信，遂抛开了董卓的叮嘱，率军连夜进发。

部队来到了阳人城下，孙坚早已做好了守城的准备，故阳人城守备严密，袭击不了。军队一路赶来，中途没有休息，早已饥渴困顿，士气低落，因此来不及修筑工事防御，便纷纷卸甲休息。这时吕布又令人传布谣言，大喊："城中贼出来。"（《英雄记》）睡梦中的士兵一听敌军进攻，慌得四处奔逃，盔甲兵器丢了一地，狼狈万分。待逃出十多里之后，才发现原来并没有敌军。士兵们被这一番折腾之后，怨声四起，士气大降，待到天明再返回阳人城攻城时，自然是无法尽全力而为，因此胡轸最终无功而返。

阳人一战中，孙坚再次不战而屈人之兵，然而这主要是因为敌军部将心有分歧，不能统一，因此孙坚得以坐收渔利。而吕布在此战中尽显小人样态，将私怨搬上公事，不懂得顾全大局，所以吕布欠缺霸王风范，虽然武力超群，也难以建立大业。

孙坚阳人斩华雄、退胡轸，因此威望更著。

人一有威望，顾忌他的人也就多了。此时袁术那边就有人对袁术打小报告了："坚若得洛，不可复制，此为除狼而得虎也。"认为孙坚如果顺利攻下洛阳，虽然除掉了董卓这匹狼，却同时养肥了孙坚这头猛虎。袁术听了，由是有点担心，遂不给孙坚发粮。孙坚进军途中的军粮都是袁术补给的，这时袁术不给孙坚发粮了，孙坚军中自然缺粮。孙坚因此多次派人给袁术催粮，袁术不理。军中无粮，孙坚着急万分，因此他只好亲自连夜直奔鲁阳，面见袁术。

在袁术帐中，孙坚心情异常激动，他为给袁术分析形势和各方的利害关系，遂将地当成地图，在地上画来画去。然后对袁术说："所以出身不顾，上为国家讨贼，下慰将军家门之私雠。坚与卓非有骨肉之怨也，而将军受谮润之言，还相嫌疑！"（《《三国志·吴书·孙讨逆传》）接着又举出当初吴起和乐毅均为军粮供应不上因此兵败的例子，认为现在大功已在眼前，希望袁术能顾全大局。袁术见孙坚焦急之状，觉得自己的行为难免小家子气，因此惭愧万分，同意给孙坚发粮，孙坚这才安心回营。从此袁术和孙家的恩恩怨怨就没断过。

英雄是由于众多其他的狗熊而捧起来的，孙坚和孙家父子就是这样的状况。"四世三公"又怎样？"世卿世禄"又怎样？只不过都是一群目光短浅的草包而已。袁家兄弟，一个袁绍为何进提出了让董卓入京这种任谁都出不来一个的"好主意"，而袁术心胸狭窄为人，多疑到了极点，最终让自己走向了灭亡之路。

在这之后，其实孙坚非常清楚袁术心中对他的意见与警惕。尽管十分愤怒，尽管已经造成了这样大的伤害，但是以大局为重的孙坚还是认为应该暂时保持同盟军的这种关系而不应该跟袁术有所冲突。所谓"君子报仇十年未晚"，许多年后孙策在反袁术称帝的过程之中成为了主力，正是历史轮回循环的体现。孙坚回到阳人后，加强训练士兵，这次他势必要直攻洛阳，拿下董卓这个恶贼。

该死的终于死了

董卓霸京师时，手握强大的军事力量，身旁又党羽成簇，加之董卓本人凶残毒辣、武力过人，如果贸然出手，势必以卵击石，自取败亡，如伍孚等人。因此，诛杀董卓一事必须准备周全，而在准备之时，得到董卓的信任不失为一个好办法。王允就如同当年勾践一样，隐忍了一年之多，最终顺利诛杀了董卓，为汉室除了一大祸患。

王允，字子师，太原祁（今山西祁县）人。王允出身官宦世家，是当时的名门望族之后。王允此人资质聪颖，深受长辈们的赏识，被东汉著名学者郭泰夸他说是“王生一日千里，王佐才也”（《后汉书·王允传》）。名门之后，教养自然非凡，在家族的熏陶下，王允自小便意气非凡，立志长大后定要为国立功，因此自小便注重培养自己的能力。他饱读诗书、泛阅经传，非但习文，还坚持练武强身，因此王允也是个精通文韬武略的全才。

王允有能力，有名声，十九岁便开始担任郡吏。担任郡吏时，王允曾捕杀了桓帝宠爱的宦官的手下，正气之名由是而显，于此赢得了众多官吏和百姓的赞赏，所以不久便被朝廷三公同时征召，遂从地方官员到了中央朝廷，这无疑为王允为国立功的政治抱负提供了更为广阔的政治舞台。

后来黄巾之乱起，王允被拜为豫州刺史，率领重兵征讨豫州一带的黄巾军。王允首次领兵打仗，便充分展示了他的军事才能，大破黄巾军，降者以十万为数。当时王允就在降兵身上搜索到了一张书信，这书信是宦官张让的宾客所写，因此王允便怀疑张让串通黄巾。张让是当时的大宦官，谁人敢没事惹他？但王允不怕，他直接上书汉灵帝，陈述张让的罪状。灵帝大惊，立即召张让进宫，愤怒地指责他。然而灵帝终究是昏君，在张让苦苦叩首道歉后，竟然就放过他了。张让因此事和王允结了怨，因此时刻寻思着报复，后来被他顺利找到了机会，上书诽谤王允，结果王允被捕入狱。

王允入狱之前，当时有一个叫做杨赐的司徒，深知张让是有意想置王允于死地，因此他派人劝说王允对张让退让一步，王允的下属也都这样劝说王允，然而均为王允毅然拒绝。王允有一个下属见王允不听，非常气愤，因此他找来一杯毒药，将毒药举到王允面前，让王允与其在狱中受苦而死，不如现在自行了结。王允见状，大声斥责他说：“吾为人臣，获罪于君，当伏大辟以谢天下，岂有乳药求死乎！”（《后汉书·王允传》）说完将酒杯奋力摔在地上，自己走进了囚车。后来何进、袁隗和杨赐联名向皇帝上书，替王允求情，灵帝才赦免王允。王允见张让等宦官凭借权势横行霸道、为所欲为，对其深恶痛绝，然而自己又无力除之，无奈何只好离开洛阳，辗转于河内、陈留之间。

后灵帝驾崩时，何进召见王允，向其表明诛杀张让等宦官的心志，王允自然支持何进，因此又进入朝廷当官，最后官至三公的司徒之位。

从王允的事迹来看，王允是个刚正之人，如曹操一样不惧权贵，是为栋梁之材。董卓为乱朝廷时，王允是看在心里的。可是王允不像当初对张让时一味蛮横而行，他懂得董卓势大，自己必须要有十足的把握才可出手，因此王允在表面上对董卓听任顺从。而董卓是个惜才之人，他见王允不但具有才识，对自己又表示支持，因此便把王允当成亲信，“朝政大小，悉委之于允”。

王允表面敷衍董卓，暗地里却偷偷地动起了手脚。他找来了时任司隶校尉的黄琬和尚书郑公业等人共同商议灭董计策。王允明白武装力量是不可或缺的因素，他们推荐保举校尉杨瓒行使左将军的权力，又举荐了执金吾士孙瑞担任南阳太守，企图在外面掌握一定的势力。然后王允又向上书皇帝，令皇帝命令士孙瑞出兵讨伐袁术，其实王允是打算借讨伐袁术为名，令士孙瑞伏击董卓。然而士孙瑞的行动引起了董卓的怀疑，王允见状，立即擢升士孙瑞为仆射，将其唤回了都城。

时间流逝，董卓继续为乱朝廷，王允等人的计划却一再失败。直到汉献帝初平三年（公元192年）的春天，当时百姓的生活已经被董卓扰乱得难以为继，又值此时天上连降两个多月的雨，民间因此遭受严重的水灾侵害。人祸天灾相继而来，民怨四起，士孙瑞认为这是一个很好的时机，因此他跟王允等人说：“自岁末以来，太阳不照，霖雨积

时，月犯执法，彗孛仍见，昼阴夜阳，雾气交侵，此期应促尽，内发者胜。几不可后，公其图之！”（《后汉书·王允传》）

王允也赞同士孙瑞的意见，认为必须把握天机尽早行动。

然而天机不过妄谈，董卓势力相较以前是有增而无减，若只因老天下两个月的雨便想成功诛杀董卓，那是不切实际的想法。其实，王允得到的时机并非源于天时，而是人和，而这人和的时机，又是吕布送与王允的。

董卓之前收了吕布后，见其英勇非凡，又知道自己凶残，引来不少人的怨恨，因此时常让吕布跟在自己身边来保护自己。有一次，吕布不知道做了什么事令董卓感到不满意，董卓于是直接拿起手边的长戟往吕布射去，幸而吕布手脚灵敏，因此逃过一劫。后吕布向董卓道歉，董卓也因此原谅了他，然而吕布心中已因为此事而留下了对于董卓的厌恶。后来董卓让吕布防卫自己的内室，吕布却和董卓的侍婢有染，因此非常害怕事情被董卓发现，心中十分不安。

吕布向来和王允有交情，此时深感无助之时，便去向王允述说董卓的恶状，说董卓一直想杀了自己。王允一听，立即明白诛董之事有了苗头。他心想，若找得吕布作为同党，不说其武力高强，就是凭借内应的身份，都可令诛杀董卓的事情顺利许多。于是王允便小心地对吕布说了自己和士孙瑞等人的计谋，并表示希望吕布可以加入。吕布当时对董卓是又怕又恶，自然也有除掉他的念头，然而他一开始仍是有点犹豫，他对王允说：“奈如父子何！”王允这时就笑了，他回吕布：“君自姓吕，本非骨肉。今忧死不暇，何谓父子？”吕布见王允这样说了，也不再顾忌什么，遂答应了王允。

汉献帝初平三年（公元192年）月，献帝生的一场病痊愈了，因此于未央宫里大摆宴席。董卓穿好朝服，上了马车，准备进宫去时，却因马受惊而从马车上摔到了地上的泥巴里。董卓回到房里换衣服的时候，他有一个侍妾认为这是不祥的预兆，让他不要进宫，董卓不从，令吕布捍卫，往未央宫而去。

在董卓进宫的路上，未央宫这边早已安排妥当。王允令李肃带领吕布的十多名心腹，个个穿上宫廷侍卫的服装，潜伏在宫殿侧门两边，等待董卓的到来。此时，董卓的马车接近了未央宫，马却无缘无故受惊而不敢往前走去，董卓觉得这事有蹊跷，遂有回家的念头。只是吕布在旁一直劝说，董卓才继续前进。等到董卓一踏进未央宫门时，李肃立即将手中的长戟往董卓刺去，可惜董卓身披坚甲，长戟难以刺入。只是这突如其来的一戟也令董卓有点慌乱，因此他立刻环顾左右，大喊：“吕布何在？”吕布随声应他：“有诏讨贼臣。”（《后汉书·董卓传》）董卓一听，大骂吕布是狗。吕布愤怒不已，拿起长矛往董卓身上用力刺去，董卓遂死。

此时百姓对于董卓的痛恨并不输于当初人民对于桀的痛恨，所以董卓一死，宫廷内外皆喊万岁，民间百姓得知，更是歌舞于道，纷纷用家里值钱的珠玉换来大酒大肉庆祝。举国上下，欢呼连连。王允见董卓已死，令皇甫嵩攻杀其弟董旻，又株连董卓亲人，尽灭其族。据说董卓死后，被暴尸于市，当时天气炎热，董卓身上的脂肪因此流了满地。守尸体的士兵一看，遂将点燃的捻子插入了董卓的肚脐眼里，结果“光明达曙，如是积日”。可见董卓一生，鱼肉无数。

董卓是死了，然而汉朝的威严并没有就此恢复。更确切地说是可能根本没有办法再恢复了。董卓的死跟何进和蹇硕的死不一样，瘦死的骆驼比马大，董卓是死了，可其手下的众多虎狼之将实际上都不在吕布之下，汉廷未来的命运也就可想而知。不说京城后来再次胁迫于董卓部属李傕等人，就是目下，地方之间的争霸便早已轰轰烈烈地展开了。

第三章　烽烟四起：天下是副麻将牌

我也有个梦想

要说天下乱哄哄，首当其冲的就是“四世三公”的名门之后——袁绍。这个袁绍别的本事没有，炫耀自己的实力，扩大自己的影响，扩充自己的地盘方面倒是一个高手。而他周围的一圈谋士也有不少是趋炎附势之徒，就会挑选让袁绍得意的话说，更是助长了袁绍的自信。于是这个“名门之后”开始不满足于祖先给的名头了。

袁绍自被董卓逼出朝廷逃亡冀州韩馥处后，韩馥忌其威望，便对其时刻加以防范。后来袁绍成为关东军盟主后，自视高上，遂日益骄横，竟有欺小之意，因此对于韩馥的冀州更是垂涎三尺。

袁绍当时身边有一个谋士，名叫逄纪，他认为以袁绍之声望，不应该寄人篱下，因此他对袁绍说：“将军举大事而仰人资给，不据一州，无以自全。”（《英雄记》）袁绍自然也有大志，只是苦于冀州兵强，难于下手，担心事情若不成，到时反而没有地方可以立足。这时逄纪就看到了北方的公孙瓒，于是他对袁绍进言：“可与公孙瓒相闻，导使来南，击取冀州。公孙必至而馥惧矣，因使说利害，为陈祸福，馥必逊让。于此之际，可据其位。”（《三国志·魏书·袁绍传》）

此时公孙瓒因对于北方民族的征伐而威震辽东，袁绍若能先利用他的威望，要拿下冀州自然是轻易许多。袁绍听从了逄纪的建议，遂北请公孙瓒进攻韩馥。公孙瓒对冀州之地也是向来有心，答应了袁绍。公孙瓒因此出兵安平，大败韩馥，继而引兵进入冀州，以讨伐董卓为名，虎视着韩馥。

公孙瓒的觊觎果然令韩馥非常不安，看来一切进展尽在逄纪和袁绍的掌握之中。袁绍看此，趁机派出高干和荀谌等人来到了韩馥处，对韩馥说：“公孙瓒乘胜来向南，而诸郡应之，袁车骑引军东向，此其意不可知，窃为将军危之。”（《三国志·魏书·袁绍传》）韩馥本就担心，听了这话，更加畏惧不已，因此他急忙向高干等人寻求意见。

高干等人见韩馥的脚已伸进了他们的圈套，此时要想把他成功拉进，不能急于一把，而要循序渐进，一把一把地将他引进圈套。因此他们问韩馥：“君自料宽仁容众，为天下所附，孰与袁氏？”韩馥自知比不过袁绍，摇了摇头。他们又问了：“临危吐决，智勇迈于人，又孰与袁氏？”韩馥还是自认不比。他们接着逼问：“世布恩德，天下家受其惠，又孰与袁氏？”（《后汉书·袁绍传》）韩馥只是摇头。

荀谌瞅准了韩馥此时的失落神态，立即对韩馥说：“公孙提燕、代之卒，其锋不可当。袁氏一时之杰，必不为将军下。夫冀州，天下之重资也，若两雄并力，兵交于城下，危亡可立而待也。夫袁氏，将军之旧，且同盟也，当今为将军计，莫若举冀州以让袁氏。袁氏得冀州，则瓒不能与之争，必厚德将军。冀州入于亲交，是将军有让贤之名，而身安于泰山也。原将军勿疑！”（《三国志·魏书·袁绍传》）韩馥尚来懦弱，大难临头只想保命，而无争权之欲，因此遂听从了高干等人的建议，准备将冀州拱手让给袁绍，让袁绍来对抗公孙瓒。

韩馥将一州之权如此儿戏地拱手让人，他的手下自然难以服从，纷纷向韩馥进言道："冀州虽鄙，带甲百万，谷支十年。袁绍孤客穷军，仰我鼻息，譬如婴儿在股掌之上，绝其哺乳，立可饿杀。奈何乃欲以州与之？"（《三国志·魏书·袁绍传》）更有屯驻于外的武将一听闻消息，立即赶回请求出兵攻打袁绍，然而均被韩馥一一拒绝。韩馥自觉才德不及袁绍，并觉得让位于贤也是古人所贵，因此将所辖冀州地区完全交给了袁绍，袁绍遂领冀州牧，以邺城为治所，给韩馥一个奋威将军的空头衔。时为汉献帝初平二年（公元191年）七月。

袁绍拿了冀州后，其手下朱汉因曾经受到韩馥的非礼对待，此时遂带兵吏进入韩馥的住所，打断了韩馥儿子的两条腿。虽然朱汉因此事被袁绍所杀，然而韩馥对袁绍却就此留下了阴影，时刻怀疑他想要杀害自己。因此韩馥辞了袁绍，往投张邈。有一次袁绍派遣使者到张邈处谈公事，因事机密，因而耳语。韩馥当时在座，以为是袁绍令张邈杀了自己，竟然畏惧离席而自杀。韩馥此人，一辈子处于担忧之中，最后不仅不战而降，还因无谓的猜疑而毁了自己生命，乱世之中，这种懦弱的性格连保一方都成问题，又何谈成立大业？

袁绍自领了冀州牧后，有了立足之地，归降者也不少，算盘也就打大了。袁绍召来谋臣沮授，这样问他："今贼臣作乱，朝廷迁移，吾历世受宠，志竭力命，兴复汉室。然齐桓非夷吾不能成霸，句践非范蠡无以存国。今欲与卿戮力同心，共安社稷，将何以匡济之乎？"袁绍想立齐桓公、越王勾践之功业，势必要有管仲、范蠡类的人相助。而沮授这人，史载"少有大志，多权略"，在袁绍帐下是一等谋臣，所以袁绍找他来共谋大事。

沮授看得很远，他为袁绍制定了一个长远的战略："虽黄巾猾乱，黑山跋扈，举军东向，则青州可定；还讨黑山，则张燕可灭；回众北首，则公孙必丧；震胁戎狄，则匈奴必从。横大河之北，合四州之地，收英雄之才，拥百万之众，迎大驾于西京，复宗庙于洛邑，号令天下，以讨未复，以此争锋，谁能敌之？比及数年，此功不难。"（《三国志·魏书·袁绍传》）

该战略令袁氏先立足北方四州（幽州、冀州、并州、青州），然后挟天子以令诸侯，虽眼光高远，却不失实际，堪比后来诸葛亮提出的"隆中对"。而且第一个提出"挟天子以令诸侯"的战略思想，沮授实在不愧为三国的一流谋士。这个战略为袁绍展开了一幅波澜壮阔的画面，令袁绍激动不已，高兴地说："此吾心也。"因此任命沮授为监军、奋威将军。

但袁绍终究是那个袁绍，除了大加感激之外，恐怕根本就没有把沮授的这番警世良言放在心上。如果真正按照沮授这样的安排，袁绍很有可能代替后来曹操在中国北方所占据的位置，毕竟此时的袁绍有名望也有实力。但是等到机会真正来临的时候，等到汉献帝真的需要有一个人来"挟持"的时候，袁绍竟然会犹豫不决，最后被曹操占据了先机。

袁绍终究不是一个可以服务的君主，难为了沮授这么尽心尽力地为他提供良策，后来袁绍与曹操在官渡大战，袁绍兵败，沮授被俘，坚决不投降曹操而被曹操处死，可以称之为谋士当中的铮铮铁骨，这样的人才跟在袁绍身边袁绍却不知道珍惜，这就早已经决定了袁绍之后的命运。

当初黄巾之乱后，各种地方小型起义不断，尤以冀州黑山起义军为代表，将所有起义军统称为黑山军。黑山军在北方一带四处扰乱，虽不成大威胁，留着却也是个后患。而沮授给袁绍的战略布局里，第一步就是除掉黑山这些小起义军的骚扰。因此袁绍既领冀州后，第一步就是平定黑山军。当时曹操还无立足之地，因此暂时屈于袁绍部下，此时黑山军频频骚扰兖州东郡，东郡太守无法抵挡，袁绍因此派出曹操前往东郡镇压黑山军。曹操领兵进入东郡，打破黑山军其中一部，袁绍因此表曹操为东郡太守。次年（公元192年），曹操完全平定东郡，遂以兖州东郡为立足地，开始发展势力。

而冀州魏郡一带的黑山军也被袁绍基本击破，沮授战略的第一步便实现了。此时袁绍坐稳冀州后，便向北方四州开始伸出了他的手掌。当时北方势力最大的是公孙瓒。公孙瓒素来征战立功，其在冀州的威望并不下于袁绍，更别说他的军事实力了。因此袁绍要拿下四州，公孙瓒是一个极大的障碍。

公孙瓒这边看自己出兵打败韩馥后，却让袁绍白白得了冀州，心里也是难免不平。另外冀州也是在他的计划之内，而袁氏家族四世三公，故袁绍难免成为他的劲敌。只是袁绍在北方的发展时间没有公孙瓒久，因此公孙瓒的综合实力是大于袁绍的。所以这两个人的战争，公孙瓒处于较为积极的一面，他早就想攻打袁绍，只缺个借口而已。而过了不久，公孙瓒便找到了出兵袁绍的理由，因此，在董卓还未灭之时，一场诸侯间的会战便正式展开。

我要我的地盘

袁绍和公孙瓒两人都对北方四州有所贪图，而彼此又都是对方实现目标的最大障碍，因此，他们两人之间的战争已经不可避免。恰于此时，公孙瓒有理由进攻袁绍了。

当初袁绍和袁术因在对待刘虞一事上立场不一，两兄弟遂结下私怨。袁绍因此乘着孙坚进攻洛阳而未回驻地时，派出周喁袭击孙坚的领地阳人城。孙坚无奈，只得放弃继续西进讨伐董卓，领兵东归，大败周喁。袁术当时和孙坚同一战线，而周喁有个哥哥周昕素来厌恶袁术淫虐，因此袁术派出吴景攻打周昕。

袁术和周昕一打起来，周昕的两个弟弟周昂和周喁便领兵相助，恰逢公孙瓒刚派堂弟公孙越到袁术处结好，袁术因此请来公孙越帮忙攻打周昂。不幸的是，公孙越于战争中被流矢射中而死。公孙瓒得知后，非常生气，认为公孙越之所以会死，都是因为袁绍当初派出周氏兄弟攻打孙坚的结果。公孙瓒不怪直接伤害者周昂，而扯了几层关系去怪袁绍，可见其与袁绍之间的仇怨。

既然公孙瓒已经有了理由，大战也就可以开始了，因此公孙瓒出兵驻扎在磐河（今河北境内），以为弟报仇为名义准备出兵袁绍。时为汉献帝初平二年（公元191年）冬。

袁绍当时的实力弱于公孙瓒，因此对于公孙瓒的准备进攻有所畏惧。袁绍遂将渤海太守的印章交给了公孙瓒的堂弟公孙范，派他到南皮结好公孙瓒。只是公孙范当然倾向于自己的亲戚一边，因此他背叛了袁绍，以渤海的兵力协助公孙瓒。公孙瓒继而大破青州、徐州的黄巾余党，死者数万，血流成河，公孙瓒因此实力大增，名望威震河北，冀州诸城官员多望风归降。公孙瓒接着罗列了袁绍的十大罪状，向其逼近，进驻界桥（今河北威县境内）。

袁绍见公孙瓒攻势凌厉，知道求和已经无法阻挡公孙瓒进攻的决心，只好亲自领兵迎战公孙，屯军于广川县（今河北枣强东北），与公孙瓒对峙于界桥南二十里处。时汉献帝初平三年（公元192年）春。

两军对战，各列一方。公孙瓒以三万步兵排列成方阵，两翼分别配备骑兵五千多，中心为主力“白马义从”。“白马义从”原是公孙瓒所亲自带领的精锐骑兵，因个个跟随公孙瓒骑着白马，故而得名。另一边，袁绍以麴义带领八百步兵和数千弩兵为先锋，迎战公孙瓒，自己则以兵数万在后静待。

麴义身经百战，屡建战功，是战场上的一流将军。然而公孙瓒却轻视麴义带兵之少，直接命令骑兵进攻。麴义见骑兵扬尘而来，命令手下兵士伏在盾牌之下静待不动，待骑兵冲锋到了距离几十步的前方后，再命令士兵同时举起，扬尘大叫，往前冲击。公孙瓒的先锋骑兵被麴义的弩兵射倒无数，麴义又临阵斩将，遂大败敌军，斩首千余。

公孙瓒首战失利，带兵而逃。麴义乘胜追击，赶到了界桥，大破公孙瓒。麴义兵不止步地直攻公孙瓒的营寨，营里士兵尽皆逃亡。麴义一路得胜，连破敌军，消息传到袁绍那里。袁绍此时还未追赶到桥头，听说麴义得胜，便放松戒备，令大军先行，自己只留数十强弩和百余枪兵跟随身边。在袁绍稍事休息之时，不料公孙瓒部下逃散的两千余骑兵突然出现，重重包围了袁绍，外围弓箭直下，袁绍有性命之忧。

袁绍的别驾田丰见势危急，拉着袁绍，要他退入一堵矮墙里。袁绍毅然拒绝，将头盔猛地扔在地上，终于说出了一句符合自己身份的伟大名言：“大丈夫当前斗死，而入墙间，岂可得活乎？”（《英雄记》）袁绍亲自指挥弩兵应战，弩兵见袁绍不惧死，遂士气大增，射杀了不少敌骑。敌骑应不知道袁绍也在其中，因此渐渐散去。后麴义领兵来救，袁绍得以解围。

界桥之战中，袁绍军以少胜多，表现不凡，尤其是麴义，创造了以步兵和弩兵战胜骑兵的经典战例。这战虽没有重创公孙瓒，却也因此成功遏制了公孙瓒的南侵，大大挫败了其进攻冀州的锐气，从此改变了公孙强而袁氏弱的军事格局，打破了袁绍在冀州的被动局面，开始形成了两军均势的局面，为后来袁绍称雄河北奠定了一个很好的基础。

公孙瓒在界桥之战后有所不甘，因此不久后便派兵与袁绍再战于龙凑，终被袁绍所败，只得退回幽州，在蓟县（今北京大兴区）东南另筑小城驻守。袁绍破了公孙瓒后，从邺城南下薄落津，大摆宴席庆贺兵胜。这时，魏郡发生了兵变，造反的兵士和黑山余军联合，占领了邺城。袁绍立即大举进剿起义军，他先围攻黑山军，杀害其首领于毒，然后又凶狠地镇压了多支起义军。

袁绍败公孙，平叛乱后，便开始夺取北方四州的计划，他以他的长子袁谭为青州刺史，进攻公孙瓒所任刺史田楷。田楷多次败于袁谭，令袁氏势力顺利进入青州。不久，汉廷派使臣赵岐来到关东，为袁氏与公孙两家讲和，于是两军遂暂时罢兵休战。时汉献帝初平四年（公元193年）春。

公孙瓒和袁绍近两年的连续争斗扭转了两军实力，公孙瓒由开始的主动转入被动状态，再无力进攻袁绍，只得安分地驻守幽州蓟县。

当时幽州刺史由刘虞担任。之前，刘虞与公孙瓒一起受命平定北方的叛乱。刘虞主怀柔政策，北方民族遂多降他。而公孙瓒对当地百姓却多行劫掠之事，两人政见有所不合，所以之间素有矛盾。后来献帝被董卓迁往长安时，因怀念洛阳，因此偷偷派刘虞在长安的儿子刘和逃到刘虞处，让刘虞率兵前来相迎。刘和途经袁术驻地，袁术得知其事遂将其扣留，然后让刘和写信给刘虞，说让刘虞率兵来为袁术后援，一起进入长安。

公孙瓒认为袁术必定有所阴谋而制止刘虞前往，然而刘虞念子心切，不听公孙瓒之言。公孙瓒担心袁术知道他对刘虞有所劝说后会记恨着他，因此派公孙越率兵到袁术处结好，又暗地让袁术扣留刘和并夺其兵马。因此，公孙瓒和刘虞的矛盾越来越深。

直至公孙瓒逃回蓟县时，自视威望不输刘虞，因此不服从刘虞的管理，常常违抗命令。刘虞因此多次上书朝廷，告发公孙瓒掠夺百姓的罪行，公孙瓒也上表朝廷说刘虞办事不利，两人成见遂日渐加深，到最后也就只有兵戎相见了。只是刘虞常有仁义之心，万事以和为贵，因此手下士兵多不善战，又顾忌着百姓，故久攻公孙瓒的城池不下。

公孙瓒后招募精兵数百，顺着风势放火，趁势杀入刘虞兵营，刘虞遂大败，逃往北方居庸县。公孙瓒追击，不到三天便攻破了居庸城，活抓刘虞及其家人，诬蔑刘虞先前与袁绍阴谋称帝而欲将其斩首示众。公孙瓒押刘虞来到刑场，然后说："若虞应为天子者，天当风雨以相救。"（《后汉书·刘虞传》）可是当时干旱已久，怎么可能下雨？刘虞因此被杀。时汉献帝初平四年（公元193年）冬。公孙瓒杀了刘虞后，遂得到了整个幽州，从此坐拥幽州与袁绍对峙。然而公孙瓒日益骄矜，不恤民情，睚眦必报，加之刘虞之前在北方素得百姓敬仰，所以公孙瓒无法得幽州民心，最后兵败也是必然。

自此，袁绍占据了北部中国的大半壁江山。

前文说过袁绍和袁术两兄弟是直接导致反董同盟军失败解散的原因，而这两个人在盟军解散之后竟然又恰巧一个在南方一个在北方，都在思考着怎么样扩大自己的地盘。就在北边袁绍和公孙瓒忙活得热火朝天的时候，南边的弟弟袁术也没闲着，一场场战争也在南方接连不断地上演着。

恩怨难了

袁术与公孙瓒联合对抗其兄袁绍，袁绍为挟制住袁术，找来了当时位于江东一带大有势力，且因争夺荆州一带而与袁术早有恩怨的刘表。

刘表，字景升，皇室一族，生于汉顺帝汉安元年（公元142年），山阳郡高平（今山东微山北两城镇）人。刘表年轻时便负有胜名，当时著名的名士"八俊"、"八顾"和"八及"里均有他的位置。刘表曾于党锢时期受到讪议而被迫逃亡，后党禁解除，才受何进之命辟为掾，再次入朝当官。汉献帝初平元年（公元190年），荆州刺史王睿被孙坚所杀，董卓因此上书遣刘表继任。

刘表欲赴荆州，然而当时通往荆州的道路贼寇连连，兼之袁术屯兵鲁阳，领南阳之众，所以刘表难以通过。无奈之下，刘表只好隐匿名字，独自一人赶赴荆州，才得以躲过袁术等人的眼线，顺利到得任所。

刘表到荆州后，看江南一带如此不平，贼寇不降，势力割据，想征兵独立一方，又怕无人应征，因此刘表请来了当地名士蒯良（字子柔）、蒯越（字异度）和蔡瑁（字德珪）相助自己，向他们询问对策。

蒯良和蒯越是两兄弟，为西汉初名臣蒯通后代，二人皆是足智多谋之人。

蒯良以仁义一套说法，认为刘表只要以仁义施政，百姓自然来归。但是他的弟弟蒯越有不同的意见，蒯越认为乱世之中不宜一概以仁治之，他愿意带领手下善辩之人往贼寇处诱降，斩其首领而收其众，则可得兵，而荆州八郡亦可定。

两人的提议相较之下，蒯越更合时宜，而蒯良则有长远发展的战略眼光，因此刘表对两人之计并没有顾此失彼，在如今危急之时，他先采用了蒯越的计划，结果一切如计划而行，荆州贼寇遂平，刘表因此以襄阳为治所，雄踞荆州。

然而袁术当时还虎踞南阳，与公孙瓒合作对抗袁绍，袁绍因此南连刘表，利用刘表在南方的势力牵制住袁术。凭袁氏在当时的声望和实力，两兄弟如若合作，难以说无法成就大业，然而他们却"舍近交远"，合外人之兵来掀自家人墙角，本家先不和，又如何和国?

袁术与刘表开战，派出孙坚征讨荆州，攻打刘表。刘表派黄祖在樊城、邓县之间迎战。首战孙坚击败黄祖，乘胜追击至襄阳。刘表襄阳被围，坚守城门，派黄祖乘夜出城调集兵士。黄祖调兵归来，被孙坚发现，两军大战，黄祖败走到岘山，孙坚往前追击，被躲于丛林间的黄祖部将暗箭所伤，一代猛将从此陨落战场。时汉献帝初平二年（公元191年）。

孙坚一生作战勇猛，为孙氏基业奠定了不可磨灭的基础功绩，可惜天妒英才，36岁便殒命战场。然而孙坚向来对儿子教养有方，所以孙坚虽死，天却不绝孙氏。

刘表有效抵挡了孙坚的进攻，虽然从此得罪了江南孙氏，却也就此稳定了荆州的局势。而刘表此人并不好战，只希望能固守荆州，因此，刘表让荆襄八郡成了一个相对当时战乱而言较为安定的地方。在这种平和的环境下，荆州引来了众多名士寓居于此，成了一个才俊聚集的人才之地。

袁术见刘表已经在荆州坐稳了，一时难以攻克，因此将目标转向了当时刚入主兖州的曹操。

曹操自从破了黑山军，领了东郡太守后，便于东郡发展势力。然而东郡终究只不过是一个郡而已，曹操要想让自己跻身诸雄争霸之列，就必须拿下一个州。而这时，曹操的机会来了。

汉献帝初平三年（公元192年）四月，青州一带的黄巾军直入兖州，大破兖州数郡，斩杀了兖州刺史刘岱，整个兖州为之震动。刘岱既死，兖州少了长官，这时曹操的一个部下陈宫就对曹操说了：“州今无主，而王命断绝，宫请说州中，明府寻往牧之，资之以收天下，此霸王之业也。”曹操自然也有心坐领兖州，因此命陈宫前往兖州治中、别驾处劝说他们，陈宫对他们说：“今天下分裂而州无主；曹东郡，命世之才也，若迎以牧州，必宁生民。”（《世说新语》）当时济北相鲍信素与曹操交好，又看重曹操是个人才，因此也十分赞同。兖州治中万潜遂同意了他们的提议，和鲍信亲自到东郡迎接曹操就任兖州牧。

曹操既任兖州牧，第一任务便是平定黄巾之乱。当时曹操兵少，新征的兵又没实战经验，而黄巾军历经沙场，因此首战曹操便败于黄巾军。曹操军士士气大降，曹操于是亲自披坚执锐，到营寨巡视激励将士。士兵们见曹操如此，因此士气大振，奋力击退黄巾军。黄巾将领见兖州军奋起抵抗，因此作书给曹操，写着：“昔在济南，毁坏神坛，其道乃与中黄太乙同，似若知道，今更迷惑。汉行已尽，黄家当立。天之大运，非君才力所能存也。”

曹操见信，大骂黄巾军，遂昼夜与之会战。当时鲍信死于战场，尸体无得，其士兵因此作其木像，祭拜而哭之。后曹操一路败黄巾，黄巾军败退到济北，无路可退，遂降于曹操。降者三十多万，曹操于是收其中精锐士兵，组成军队“青州兵”。青州兵子承父业，随曹操征战沙场多年，是曹操的得力士兵，后到曹操去世，青州兵也随之而散。

击败并收编青州的黄巾军后，曹操实力大为增强，后又击退朝廷所拜兖州刺史金尚，金尚逃往袁术处，曹操遂正式入主兖州。

当时袁术正在豫州南阳与荆州刘表对峙着，见曹操忽然进入了自己北方的兖州，而曹操当时还属于袁绍一方，自然有所顾忌。因此，袁术想趁着曹操刚入兖州、坐镇未稳之机出击曹操，随即带兵进军陈留，屯驻封丘，当时有黑山军余部和南匈奴协助袁术。南面刘表见袁术北上，出兵进逼南阳，切断了袁术的粮道。曹操趁机出兵匡亭，大败袁术部将刘详。袁术得知刘详有失，急忙领兵前往援救，却被曹操所败，退守封丘。曹操军乘胜挥师追击，在襄邑（今河南睢县）、宁陵（今河南宁陵西）连败袁术，袁术节节败退，逃至九江郡淮河流域一带。时汉献帝初平四年（公元193年）初。

曹操与袁术一战，使他得以南除袁术的威胁，更好地在兖州发展，而袁术却因此失掉根据地南阳郡。后袁术集散起败兵于当年三月进攻扬州寿春（今安徽寿州），驱逐了扬州刺史陈瑀，自领扬州。不久，朝廷拜袁术为左将军、假节，封阳翟侯，算是承认了他的扬州刺史职位。袁术因此以寿春为治所，割据了淮南一带。

汉室天下，无论北方、南方均战乱连连，而此时位于西方函谷关关外的长安，自董卓死后，却也不见安静。

西方在群殴

东边天下被袁氏两兄弟领诸群雄闹得乱哄哄的，西边独坐一方的长安，王允成功诛杀了董卓，却也终究不逃居功自傲的常戏，后又因在处理董卓部将的问题上有所失当，导致了长安重新落入了贼寇之手。

董卓被杀后，王允因功录尚书事，总理朝政。因成功诛杀了董卓，王允得到了朝廷大臣的称赞和百姓的敬仰。或许人一老便容易自傲，此时的王允飘飘然了，认为董卓这样的大祸害都让他给杀了，还能有什么问题他解决不了！因此每次朝廷会议时，王允都摆起一副严肃的面孔，缺少温和的脸色，自视功高，不听从别人的意见。王允骄傲至此，宫中大臣遂不像以前那样推崇和拥护他了。

当时曾是董卓部下的蔡邕，听到了董卓被杀的消息，感到很突然，不由自主地发出了一声叹息。在他旁边的王允一听到，顿时勃然大怒，斥责蔡邕说："董卓国之大贼，几倾汉室。君为王臣，所宜同忿，而怀其私遇，以忘大节！今天诛有罪，而反相伤痛，岂不共为逆哉？"（《后汉书·蔡邕传》）随即将蔡邕收下治罪，准备斩首。

蔡邕自己上书，乞求将死刑降为黥首刖足，即刻额染墨，截断双脚，这样可以续写《汉史》。蔡邕是当时名士，士大夫也因此大多向王允说情，时任太尉的马日磾在听到消息后，立即驰车前往王允处，请求他让蔡邕接着写《汉史》。然而王允听不下去，竟然说："昔武帝不杀司马迁，使作谤书，流于后世。方今国祚中衰，神器不固，不可令佞臣执笔在幼主左右。既无益圣德，复使吾党蒙其讪议。"（《后汉书·蔡邕传》）

王允一人独霸，对自己作出的决定不容许别人辩驳，竟然说出这样理由，难怪马日磾退出后要说："王公其不长世乎？善人，国之纪也；制作，国之典也。灭纪废典，其能久乎！"（《后汉书·蔡邕传》）等到蔡邕被处死后，王允才追悔莫及。当时位于北海的大学者郑玄听说蔡邕被杀，深深地感叹道："汉世之事，谁与正之！"（《三国志·蔡邕传》）

王允的居功自傲是导致其后来失败的原因之一，然而最主要的原因还是在于对董卓部将的处理不当上。

董卓既死，然而董卓的旧部牛辅、李傕、郭汜、张济等人还在西凉处握有重兵，因此如何妥善解决这些旧部是一个较为重要的问题。当时有人建议王允赦免他们，王允一开始也有这样的想法。然而过了不久，王允又改变了主意，他认为现在如果特意赦免他们，说不定反而会令他们猜疑恐惧，因此不是个好策略。所以王允又打算削夺这些将领的兵权，取缔他们，并且利用关东军来控制他们。有人听了王允的想法后，劝谏他说："凉州人素惮袁氏而畏关东。今若一旦解兵，则必人人自危。可以皇甫义真（皇甫嵩）为将军，就领其众，因使留陕以安抚之，而徐与关东通谋，以观其变。"（《后汉书·王允传》）但是王允认为采取这个计策，虽然西凉可安定，却可能引来关东军的疑心，所以拒绝了。这实际上等于王允自己关闭了“和谈的大门”。

事实上，董卓死后，旗下的部下大多是董卓自关外所带来的兵士和将领，对于他们来说，恐怕最重要的不是究竟是谁掌握着对他们的指挥权，而是他们自己的生活能够得到什么样的保障。毕竟这些士兵大多数也是穷苦人家的孩子，当兵只不过是为了混口饭吃。那些将领也不过是董卓的旧部，董卓的残暴无道他们也看在眼里，董卓在的时候他们只能成为帮凶，董卓现在不在了，他们完全可以选择自己未来的走向而不至于明目张胆地反抗朝廷。不过这一切都需要一个前提，即对于他们这些将领人身安全的保证。

当时王允如果不这么犹犹豫豫，如果能够采取一些安抚军心的措施，不但他所关心的关东联军不会对他起疑，就算是这些原来董卓的部曲也不会对他有任何疑问。因为当时王允的话就代表了朝廷，代表了皇帝。只要他一句赦免，让这些将领和士兵与董卓所犯下的罪行划清界限，一笔勾销，恐怕事情的进展就不会恶化。只不过，王允并没有这种能力与胆识，命中注定大汉将要遭受到一场新的劫难。

虽然王允还在犹豫之中，然而取缔凉州兵的风声已经在百姓间传播了，一时之间，凉州百姓人心惶惶，董卓的旧部们个个成了惊弓之鸟。加上当时统领牛辅被手下暗杀，李傕等人无所依，因此作出了解散军队，逃回乡里的决定。可是董卓手下有一个官吏叫做贾诩的，他这时站出来阻止他们了。

贾诩对李傕等人说：“闻长安中议欲尽诛凉州人，而诸君弃众单行，即一亭长能束君矣。不如率众而西，所在收兵，以攻长安，为董公报仇，幸而事济，奉国家以征天下，若不济，走未后也。”（《三国志·贾诩传》）贾诩的计策无非为求自保，当时董卓人人憎恨，曾跟随董卓之人又有几个能受人尊崇的？所以李傕等人若解散士兵，自己的性命将危在旦夕。李傕等人都认为贾诩说得很有道理，因此，遂集合凉州兵士进攻长安，一路攻城杀将，到了长安时已聚集十万多余士兵。

李傕等到了长安后，又遇董卓的旧部樊稠等人，遂一起攻城。朝廷不堪一击，李傕等只用了十天便将长安城攻陷。吕布迎战，大败，急忙逃奔，逃到了青琐门下，招呼王允一同逃走。然而王允正色拒绝道：“若蒙社稷之灵，上安国家，吾之愿也。如其不获，则奉身以死之。朝廷幼少，恃我而已，临难苟免，吾不忍也。努力谢关东诸公，勤以国家为念。”（《后汉书·王允传》）吕布遂逃，王允带着汉献帝躲到了宣平城门上。

李傕、郭汜等兵进长安，滥杀无辜，纵兵劫掠，“吏民死者不可胜数”。他们追到了宣平城门，李傕等见皇帝在上，跪拜叩头。献帝质问李傕等人说：“卿无作威福，而乃放兵纵横，欲何为乎？”李傕回献帝说：“董卓忠于陛下，而无故为吕布所杀。臣等为卓报仇，弗敢为逆也。请事竟，诣廷尉受罪。”（张璠《汉纪》）王允看到事情到了这一步，已经逃不过，只好出见李傕，后李傕诛杀王允及其家人宗族十余人，城中百姓得知王允已死，莫不流涕。时为汉献帝初平三年（公元192年）。

王允一生力图复兴汉室的努力终究是失败了，这也是历史趋势，非王允所能阻挡。然而王允的努力对于当时董卓的暴政仍是有缓和作用的，所以王允功不可没。

王允死后，李傕、郭汜和樊稠三人步董卓之后，再次把持朝政，逼迫皇帝对他们封官加爵，又诛杀忠良，搞得京城腥风血雨，朝野大乱。汉朝现在如此，皆因昔日贾诩一句话。贾诩虽是个聪明之人，然在乱世之中为求自保，遂将京城推入另一场风雨之中，所以裴松之说贾诩的罪过——“一何大哉！”

当时长安再遇战乱，而关东军之间彼此征伐，根本无暇顾及汉廷风雨。此时能和李傕叫板的，也必是同为关西势力，拥兵自重的马腾和韩遂了。

汉灵帝中平元年（公元184年），西方的羌、胡等叛乱，其主北宫伯玉和李文侯劫持了边章和韩遂，拥立他们为主帅，割据一方。边章和韩遂多次击败朝廷派来征讨的官员，后韩遂于中平四年（公元187年）杀死了边章、北宫伯玉和李文侯，吞并了他们的部队，攻占了陇西郡。时凉州刺史耿鄙率凉州六郡之兵征讨韩遂，然而耿鄙素来不得吏民之心，后终究被手下杀死。当时耿鄙有一位军司马叫做马腾，是当年东汉著名的开国将领马援的后代，他见耿鄙已死，于是和韩遂联合，占据了整个三辅地区（今陕西中部）。

后董卓进了长安，自然要拉拢西凉这边的大势力，因此他于初平三年（公元192年）初召来了马腾和韩遂。待马腾、韩遂到达长安时，董卓已死，李傕等人专权。李傕见马腾他们前来，于是拜韩遂为镇西将军，令其返回金城，拜马腾为征西将军，令其屯驻于郿城。

后马腾有私事求于李傕，却没有得到李傕的应允。马腾一怒之下，遂率兵相攻，献帝派出使者劝解也无济于事。后韩遂从金城率兵前来，本为劝解，却反而与马腾联合，一起进攻李傕。当时朝中大臣种邵、马宇、刘范早有心诛杀李傕等人，因此秘密与马腾联系，愿作为内应帮助马腾，后来事败，种邵等人遂逃至槐里。李傕令樊稠、郭汜和侄子李利出兵对抗马腾，马腾和韩遂抵挡不住，败回西凉。韩遂因此求见樊稠，因两人是同乡，所以谈笑聊天，关系甚密。后樊稠部队带兵直攻到槐里杀了种邵等人。回到长安后，李利将樊稠见韩遂一事告诉了李傕，李傕和樊稠之间由是开始互相猜疑。后朝廷赦免了马腾、韩遂，并拜官，时为汉献帝初平五年（公元194年）。

东方在乱，西方也在乱，整个汉室已没有平静的地方。而此时曹操领了兖州牧，吕布逃出长安进入了中原大地，孙坚的长子孙策继父之志，因此，原本由二袁领群雄争霸的局势也随之发生了改变。

代表父亲消灭你们

汉献帝初平三年（公元192年），曹操正在春风得意之时——兖州刺史刘岱身死，曹操在济北相鲍信等人的支持下自领兖州牧，取得了一块至关重要的“根据地”。东汉末年，兖州所辖区域虽不大，但其地处中原，四通八达，人才辈出，地理位置是军事上的必争之地，这在东汉末年中原群雄割据的事态下尤更显突出。曹操后来所拥有的众多智囊如荀彧、程昱等人均在这一地区加入到曹操的队伍之中。有道是得民心者得天下，除了掌握人才之外，曹操更重要的动作是掌握了一只由黄巾旧部所组成的“青州兵”。在这一年，青州兵成为了曹操手中最为精锐的一支部队，在那个冷兵器制胜，全靠人口来应战的时代，人是最为重要的资源，《三国志·武帝纪》载：操“受降卒三十余万，男女百余万口，收其精锐者，号为青州兵”。这“百余万口”对曹操来说可谓是如虎添翼，可以将其看做是曹操征伐天下的原始资本。

本就雄才大略，又有智囊、兵士相助，再加上一块梦寐以求的兖州根据地，这时的曹操可谓是天不怕地不怕，占据了中原诸侯的先机。于是，古人所最为敬重的孝道终于得以让曹操有机会展现一番，他想让自己的父亲看看原先的那个不争气的“曹阿瞒”今天在中原大地挥斥方遒的姿态是何等的风光，于是便下达了接父亲来兖州的命令，谁知，这道命令却导致了曹操在官渡之战前最难过的一段时期的开始。

曹嵩于中平五年（公元188年）罢太尉官后，曾回谯县，因躲避兵乱，便和曹操的弟弟曹德移居徐州琅邪郡。父亲在接到曹操的来信时，看到儿子能有今天的成就自然十分欢喜，便欣然前往。

初平四年（公元193年），曹嵩携其一干家眷往兖州出发，曹家的财物装满百余辆车，一路浩浩荡荡，谁想到当车队行到泰山郡时，遭到徐州牧陶谦属下将士抢劫，曹嵩及少子曹德遇害。这成为历史上一个著名的事件。

关于这一事件的前因后果，许多人作出了许多种猜测，而其中尤以《三国演义》的说法最为流行，认为陶谦是想讨好曹操才派自己的手下前去“迎接”曹嵩一行，谁想到自己的手下“见钱眼开”，看到曹嵩一家所聚敛的大量财富，突生邪念，一瞬间的功夫什么忠于主公什么礼义廉耻全都不要了，杀了人抢了钱再说。他们倒是逍遥自在，却使得自己的主公成了曹操的出气桶，于是曹操大兵压境，此为后话。

演义毕竟是演义，正史中的记载却与此有着千差万别，至少不止一本史书证明陶谦就是此“徐州老父惨死事件”的罪魁祸首，曹操为父请命，一点也没冤枉这个白胡子的老陶谦。“为陶谦所害”成为了史书中描述这个事件最常用的一个判断。

描绘魏晋故事的笔记《世说新语》中的叙述更生动也更有意思，虽是野史也颇得玩味。按照《世说新语》当中的记载：那日，曹嵩尚在泰山华县，曹操命令泰山太守应劭送曹嵩前往自己的根据地兖州，应劭在规定的时间之内并没有前来护卫。陶谦秘密派遣了数千骑兵突然进行了袭击。其时，曹嵩一家以为接兵已至便没有任何防备，这就成了惨案的开始。

陶谦的士兵到了之后先杀曹操的幼弟曹德，曹嵩看到这个情况后大为惊慌，于是赶忙从后墙逃跑，他的小妾先逃却因为太胖而不能逃出，于是曹嵩又逃到了厕所，最终和自己的小妾被杀。后来应劭带兵而来，万分震惊，自知自己脑袋难保，于是弃官跑到了袁绍那边。等到曹操占领冀州之后，再想找到应劭，应劭此时已经死了。

这段记载详细地描述了当时案件的种种，可谓是最为详尽的记录，可终究属于野史，只能作为一笑谈而已，否则曹嵩与其妾相拥而亡也可作为古今之悲情往事。但无论怎样，凶手是陶谦这是一铁定的事实，无论如何三军所指都是陶谦，这个实实在在的“奸雄”。

曹操在接到父亲被杀的这个消息之后，原先的种种幻想都成为了泡影，本来是扬威四方的一件重要大事，却成为了这么悲惨的一个结果。过去爱开玩笑的少年，想起曾和父亲的种种，即便真是铁石心肠也应该会留下滚滚热泪。这次事件让曹操意识到，自己还远未达到可以奠定大业的时候。曹操毕竟是曹操，他马上从失去父亲的悲痛之中觉醒过来，他想到这是一个巨大的机会。

古时，孝比天大，至仁至孝之人才可以获得全天下读书人的肯定，即便是放荡不羁的曹操也明白这样一个道理。徐州位于兖州之东，自古以来就是富庶之地，地域面积较兖州来说更为广大，物产资源也更加丰富，更重要的是东临大海，后方有所保证，对曹操来讲，是必须要争取的一块地盘。但是，刚刚那个罪魁祸首陶谦对当地的人民其实不错。史书上记载他“在官清白，无以纠举”，并且在徐州当地广设“屯田”，即命令兵士在当地进行屯垦，一是解决了兵员在非战时的生活问题，二是解决了农民平常耕地劳动力的不足，最重要的是解决了战争对于生产力破坏的问题，“让当地的百姓吃得饱”，这就是一位州牧在东汉末年所能作出的最为值得表彰的贡献。

当时，整个徐州的百姓生活殷实，确实比起临近的兖州和青州来说日子要过的好得多。这也就难怪《三国演义》当中会把陶谦表述成那样的一个老好人。这对于徐州当地的人民来说可以是一件好事，毕竟在兵荒马乱的年代中能赶上这么一位爱民的好官可谓是一大幸事，但是另一方面，这样的仁政，这样的民心对曹操来讲是眼下比十万雄兵更加可怕的障碍，如果在陶谦享有极高的社会声望的时候对其进行打击势必会伤及曹操自己。

人心向背是决定战争胜利的重要因素，一旦战争的一方有了精神力量那是相当可怕，所需要动员的人力物力要比以往所耗费的呈几何级数向上增长。另一方面，对于曹操来说，即便能够夺取徐州，当地百姓也未必会支持曹操继续他的大业。但是由于有了曹嵩的牺牲，事情就发生变化。在曹操看来，更是在全天下看来，曹操跟陶谦无冤无仇，陶谦却诛杀我过路的父亲和兄弟，是陶谦丧尽天良在先，就不要怪曹操不仁不义了。

这在无形中给了曹操进攻徐州讨伐陶谦的一大口实。于是曹操大呼："为父报仇！"开始了征伐徐州的军事计划。曹操以报父仇为名，大兴挞伐之师，接连攻下徐州十几个县城。陶谦退保郯县（今山东郯城），曹操攻之不克，转而攻屠取虑（今江苏睢宁县西南）、睢陵（今江苏睢宁县）、夏丘（今安徽泗县）等县，史书记载"凡杀男女数十万人，鸡犬无余，泗水为之不流，自是五县城堡，无复行迹。初三辅遭李傕乱，百姓流依谦者皆歼"。

熊熊燃烧的仇恨之火燃烧了曹操的心灵，史书上的片片记载，在历史上却是累累白骨如山。"泗水为之不流"可谓是最为令人胆战心惊的文字，整个河道被尸体所堆满而出现断流，这是怎样的地狱景象。两位奸雄的恩怨使得百姓遭此大难不能不使人心生怅惋，但历史就是历史，英雄的功勋无一不是建立在累累白骨之上的，对于奸雄来说更是如此。兴平元年（公元194年）二月，陶谦面对自己一手造成的大祸肯定是万分后悔，但是现在后悔已经晚了，曹操真正已经到了"杀人不眨眼"的程度，于是不得不告急于临近的青州刺史田楷。此时，当时还是非著名的英雄刘、关、张三人应邀来驰援陶谦，于是也开始成就了刘备在徐州的种种渊源。

陶谦表刘备为豫州刺史，让他驻守小沛。历史上被演绎的所谓"三让徐州"的故事在这里就埋下了重要的伏笔。刘、关、张强悍吗？自然十分强悍，但是目前的情况是曹操要比他们更加强悍。刘、关、张很难对曹操有什么实质上的威胁，威胁是什么？产生于曹操自己，因为这次军事行动纯属意外，俗话说"兵马未动粮草先行"，曹操这次远征因为是在十分仓促的条件下进行的，所以在这重要的一点上出了纰漏。这时候已经是"军食亦尽"。不得不退兵而去。

这杀父之仇就这样完了吗？当然没完，这场为父报仇的好戏才刚刚上演，只不过没有曹操所想像得那么简单而已。

徐州轮回坐

历史是胜利者写就的，更是胜利者所彪炳的，曹操成家立业的过程足可以成为我们这些后世看客的典范和楷模。而对于兖州的争夺更是曹操除官渡之战外辉煌灿烂的一笔，个中艰辛实值得玩味。

上节说道，曹操第一次进攻徐州造成了"泗水为之不流"的"人间奇观"。充分体现了其作为一代奸雄所展现的性格。即便出师有名，如此大范围的屠戮百姓也会使当地的民众对家充满愤怒，也使曹操在人性上大为失分，这也就成为后来为什么刘备能够在徐州立足的原因之一。

现在看来小说家所杜撰的"宁教我负天下人，毋教天下人负我"的千古名言对于这样的奸雄来说是具有相当的合理性的。在此后的民间传说中，曹操的形象更是得到了史无前例的破坏与颠覆，这不能不说是曹操自己在对待百姓的这个问题上出了相当大的偏差。但是，这事情还是没完，曹操不能够容忍自己的近旁有这样一个“奸险无义”之徒，更重要的是不能允许在自己的根据地旁有这样的一个掌握民心的军阀政权存在。只要这个地区的民心还在陶谦一边，这场战争就不会结束。

这场战争已经不单单是作为曹操为父亲报仇的战争，更上升为曹操夺取中原霸权的一个非常重要的组成部分。战争意义已经上升到这样的一个高度，就更加说明了第一次退兵仅仅是一次意外，是在曹操准备不足粮草不够的情况下不得不做出的无奈之举，同时更昭示着曹操重返之时将是更加残忍的杀戮与掠夺。复仇成了曹操词典中最重要的文字，徐州成了曹操眼中早已收归所有的一块囊中之物。

汉献帝兴平元年（公元194年）四月，曹操命令其最为看重的两个谋士荀彧和程昱守着自己的兖州治所鄄城，后来的事实证明这是相当重要的决断，这一决定在关键时刻挽救了曹操的命运，此为后话。曹操在这时仍然踌躇满志，期待着这次的徐州之行能够为自己夺取相当的利益。曹操自己率领大军再次出现在徐州的地面上，一时间又是一段腥风血雨。大军所致之处，所向披靡。在徐州地界曹军如入无人之境，大肆烧杀抢掠比第一次更甚。

事实上，经过第一次的征伐，陶谦的徐州早已从人间乐土变成了人间地狱，不但没有办法再调集真正有作战能力的兵员，甚至连陶谦最引以为豪的屯田制度也没有办法推行。兵荒马乱，人人自危，谁还能去管粮食生产？陶谦的部队士气低落，一溃千里。徐州——这个曾经的东汉末年“屯田样板实验区”被糟蹋得不成样子，真正成了“无人之境”。

曹操不断征伐，连下五城，大军一路向东一直扫荡到了琅邪东海两郡。将兖州与争夺到的领地连成一片。徐州成为煮熟的鸭子已经仅仅是时间问题。摆在曹操面前的就是陶谦本部的所在地——郯县，报杀父之仇的机会终于到了，而这时，面对曹操的不单单是那个缺乏仁义的老陶谦，更是有着满口仁义道德的大耳刘备和他的两个同榻相卧的患难兄弟。一场恶战即将打响。

陶谦部将曹豹和刘备屯兵在郯东，拦截曹操兵。这已经是在当时的情况下陶谦所能做出的最为顽强的抵抗。但三个臭皮匠毕竟抵不上一个活曹操，在曹操的精心布置下，刘陶联军原先在郯县东郊阻击曹操的计划完全破产，被曹操完全击破，陶谦只得狼狈地逃亡到还属于自己控制的丹阳。史书记载：此战之后曹操“遂攻拔襄贲，所过多所残戮”。可以想见，这样的大战又对当时的民众产生了怎样的伤害。

《三国志》裴松之注引孙盛曰：“夫伐罪吊民，古之令轨；罪谦之由，而残其属部，过矣。”这样的评价对于曹操这次的军事行动来说是不为过的。无论出于何种理由利用什么手法，这样大范围的杀戮必定会伤及无辜，剥夺无数人的宝贵生命。并且也会让跟随曹操的不少士人寒心，事实也证明兖州后来的叛乱就与曹操在徐州征战的过程当中过于残酷有关。但是生逢乱世，每个人也许都有这样的觉悟与必死的决心，如若没有也就不能造就英雄辈出豪杰并起的三国大势。

陶谦经此一战，元气大伤，即便有刘备在旁也无法阻止其战败的命运。曹操更是要乘胜追击，把陶谦这个奸贼从自己的视线中抹去。正在曹操筹划着如何把他的老仇人给拍死的时候，兖州的烽火燃起，让曹操的徐州之梦再次破灭。此为后话，让我们把当时徐州的故事先给讲完，因为一个重要的事件此刻就要发生了。主角不是别人，正是未来的“刘皇叔”蜀国先主刘备。

刘备自董卓讨伐之战后，一直跟随公孙瓒，在青州刺史田楷手下共同阻挡袁绍的军队。这次是在曹操第一次东征徐州的时候特别受邀而来的。刘备当时有多少资本？据《三国志·蜀书·先主传》记载，当时刘备有一支自己的部队，大概有千余人，同时刘备还领有幽州当时的少数民族乌丸的骑兵若干，最后还有“饥民”数千人。这就是当时刘备所拥有的全部实力。

这是一支真真正正的“乌合之众”，显然不能和曹操的“青州兵”相提并论，即便是和陶谦这样的地方豪强相联合也没有办法实现狙击曹操的计划。但刘备也并不是单有一双大耳别无长处的庸才，他注定是要成为一方豪强的枭雄，从后期刘备所作出的种种表现我们可以推断，刘备当时带兵来援助陶谦不免也有私心在其内，《三国志》中记载：“（刘备）既到，谦以丹杨兵四千益先主，先主遂去楷归谦。”仅仅是陶谦的四千兵士就把仁义至上的玄德公给收买，抛弃了原先的主子田楷而死心塌地地跟随了陶谦。这跟《三国演义》当中的形象有着太大的不同，充分显露了刘备的枭雄性格。

曹操因为兖州老家的叛乱而急转掉头，给了徐州又一次苟延残喘的机会。徐州这时候就像一艘风雨飘摇的大船，不但已经千疮百孔，而且它的船长也已经很难再看到明天的太阳。陶谦本来身体就十分虚弱，再透过这么两番折腾积劳成疾，已经到了积重难返的地步。时日不多的事实已经摆在眼前，就算对这个世界有太多留恋也不可能有太多的时间了。

徐州牧必须要考虑自己的继任者的问题了。当时最重要的选择是自己的孩子。但是陶谦的几个儿子都不争气，没有办法继承这样大的一份家业。何况，自己境内又有刘备军驻扎。陶谦在的时候，刘备尚可流于情面不对徐州有所觊觎，一旦自己不在了。自己的家人将何去何从？这对陶谦来讲是一个非常实际的问题。

俗话说：“不怕贼偷就怕贼惦记。”当时徐州的状况就是这样，经过了曹操两次的征伐，徐州本身的兵士已经是少之又少，可以依靠的只能是刘备所管辖的军队。一旦陶谦有事，很难保证刘备不会夺权。于是出于对自己家人未来的考虑，陶谦作出了一个非常重大的决定——“让”。他对自己的亲信麋竺安排下遗嘱：“非刘备不能安此州也。”便溘然长逝。

麋竺在陶谦去世后便来到刘备处说明来意，刘备这时可能不知虚实于是并没有答应。徐州的另外一名名士陈登此时劝刘备说：“今汉室陵迟，海内倾覆，立功立事，在于今日。彼州殷富，户口百万，欲屈使君抚临州事。”刘备回答：“袁公路近在寿春，此君四世五公，海内所归，君可以州与之。”

这断然不能是刘备的真心话，对于一直漂泊的刘备来说，能有一块自己的地盘是一件梦寐以求的事情，如果没有这层意思他又何必在徐州继续待下去？只不过刘备是相当谨慎的一个人，他在等待时机，等待着能够拥有徐州的最好时机。之后陈登接着说：“公路骄豪，非治乱之主。今欲为使君合步骑十万，上可以匡主济民，成五霸之业，下可以割地守境，书功于竹帛。若使君不见听许，登亦未敢听使君也。”

孔子的后代北海相孔融也在这当中附和道：“袁公路岂忧国忘家者邪？冢中枯骨，何足介意。今日之事，百姓与能，天与不取，悔不可追。”记载到这里，史书之后用了六个字“先主遂领徐州”。这便是演义中“三让徐州”故事的由来，没有当中那么多的让来让去，而只是一个对话这件事情就作出了最终的决定。

“先主遂领徐州”这六个字可谓是字字千金，三分天下之一的刘备终于取得了自己拥有绝对“主权”的领地，中原地区又将经历一次新的洗牌，就在刘备为了到底要不要徐州在“烦恼”的时候，西边的兖州，激战正酣。

吕布是豺狼

在曹操于徐州烧杀抢掠的时候，一场阴谋正在兖州缓缓地进行着。

曹操是很强、很感性、也很有魄力的人，他能够指挥自己的战争机器把整个徐州给蹂躏成一片焦土。但实际上，自己的根据地远没有曹操自己所想像得那样稳固。其实要不是因为老父被杀这个意外状况的出现，曹操的第一个步骤应该在兖州先休养生息，搞好相应的内政以稳固刚刚夺取的地盘，最起码要和当地的士绅交流交流感情，缓和一下因为杀掉刘岱所造成的紧张氛围。但是随着两次徐州攻防战的展开，让曹操没有精力去处理这些事务，这就为刚刚夺取的兖州根据地留下了反叛的空间。

这次反叛的主谋有三人，刘关张也是三人，刘关张没完成的事情这三个人倒是做到了而且差点置曹操于死地。这三个人便是张邈、陈宫和吕布。这三人为曹操制造了他自起兵以来遭遇到的最大的一个危机。

这三人中最为三国迷所熟知的就是吕布，吕布自从“弑父”之后，在李傕郭汜之乱中杀出一条血路逃出长安，先投奔了南阳袁术，吕布觉得杀死董卓，是给袁术报仇，也是个“匡扶汉室”的超大名头。吕布觉得至少可以在袁术处暂留一段时日。不料袁术讨厌吕布的反复无常，不肯收容。吕布就只好向北去找袁绍，袁绍就跟吕布联合在常山（今河北正定一带）攻打张燕。

张燕拥有精兵一万多，骑兵几千人。吕布和他亲近的将领成廉、魏越等冲锋陷阵，就打败了张燕。随后要求袁绍给他增兵，但因官兵纪律坏，常出去抢夺，让本有意收留他的袁绍也忌恨了他，吕布知道袁绍的意思，要求袁绍许他走，袁绍也担心吕布回来害自己，就派了壮士半夜去杀吕布，然而没成功。事情败露了，吕布就逃往河内，跟河内太守张杨合兵。袁绍派兵去追，由于吕布以往飞将军的威名使得大家都怕吕布，不敢接近。吕布就此在河内成为一方诸侯势力。

带兵出征，最害怕的事情便是后院起火，这次让曹操腹背受敌的叛乱主要是由陈留太守张邈发动的。张邈是一个在《三国演义》中名不见经传的角色，但是对于曹操来说有着重要的位置。事实上，曹操所领有的兖州绝不是铁板一块，这其中派系林立，错综复杂，再加上前文所叙述的原因，很难让所有的人都服从曹操的管辖，张邈就是其中的一个。

张邈本来跟曹操相当要好，可以说是患难与共的兄弟。曾经无私地支持曹操在陈留起兵。关东联军讨伐董卓的时候，曹操实际上是张邈的部将，曹操只不过是拥有一支自己的部队而已，在名头上依然还要服从张邈的统御。曹操杀掉刘岱后，自己出任兖州牧，地位突然窜到了张邈之上，张邈内心便对曹操充满了不满。但曹操还是对张邈表示出了充分信任，在第一次东征陶谦的时候曾经对自己的家属说：“如果我死了，你们就去投靠张邈。”但是“功高震主”，张邈始终害怕自己终有一天会被曹操灭掉，毕竟卧榻之侧岂能容他人鼾睡？！

这之后张邈的手下陈宫因为曹操将兖州的名士边让杀了，因此也产生疑惧，便劝说张邈反叛曹操。这就是那个在演义当中因为曹操“宁教我负天下人，毋教天下人负我”的名言而弃曹操而去的陈宫。陈宫对张邈说：“今雄杰并起，天下分崩，君以千里之众，当四战之地，抚剑顾眄，亦足以为人豪，而反制于人，不以鄙乎！今州军东征，其处空虚，吕布壮士，善战无前，若权迎之，共牧兖州，观天下形势，俟时事之变通，此亦纵横之一时也。”这段说辞相当漂亮，充分体现了陈宫本人作为一个谋士所具有的才干。这里面的每一个字都让失落的张邈十分感慨并踌躇满志。于是张邈同意了陈宫的计划，派兵劝迎吕布到濮阳来，并且推举吕布为兖州牧。

张邈和陈宫在兖州早已经营多年，尤其是在陈留郡和东郡有着深厚的潜在实力，跟他们相比，曹操只不过是个外来客。因此他们一起来反对曹操，立刻造成了“郡县皆应”的壮观景象。前文叙述到曹操临从兖州走后，将自己最为重要的两个谋士荀彧和程昱留在了兖州，这在现在成为了一个至关重要的一招。

经过这次叛乱之后，只有在兖州的治所鄄城以及东郡的两个属县范和东阿，还在曹操手中。同时，鄄城城内不少将吏也与张邈通谋，形势对于曹操来说是十分危险。这时候留守鄄城的荀彧，沉着冷静，坚定不移。他一方面派人将张邈叛变的消息通知给了曹操，一方面派人把驻扎在东郡的大将夏侯惇调回到鄄城。在夏侯惇率领本部人马回到鄄城的当夜，他就把在城内通敌的将吏数十人杀掉，安定了军心。荀彧还派程昱到范和东阿，鼓励当地官兵“拒城坚守”，等待曹操回军。

经过荀彧殚精竭虑的努力，终于把消息及时地传到了曹操手中，促成了曹操大军的迅速转移，荀彧不愧是有着“王佐之才”之称的重要智囊。在这样的情形下，吕布军队在鄄城、范、东阿等地的军事行动还没有取得多少进展，曹操的军队便赶过来了。

吕布当然知道治所对于一州的重要性，但是在荀彧等人的精心防守之下，鄄城一直没有办法攻陷，再这样继续攻城下去，势必会对自己产生相当大的损伤，毕竟自己也是一支外来军队，民心不稳士气较低。于是啃骨头啃不动的吕奉先只得先在西边的濮阳屯军以静候时机。

吕布的举动让曹操对他的带兵能力产生了轻视，曹操说：“布一旦得一州，不能据东平，断亢父、泰山之道乘险要我，而乃屯濮阳，吾知其无能为也。”（《三国志·魏书·武帝纪》）战争当中最忌讳的就是过早地对对手进行实力上的判断，曹操在这个战场就吃了亏。

基于刚才的判断，曹操率领自己最为精锐的“青州兵”对吕布展开了进攻。吕布也予以了还击。吕布出兵迎战，先用骑兵冲击青州兵，无论如何青州兵也是一支步兵部队，怎么能够经得起骑兵的冲锋和践踏？于是，青州兵在吕布的铁骑之下四散奔逃，曹操的兵马顿时乱作了一团，曹操骑着马从火海当中突围了出来，从马背上跌落到地上，烧伤了自己的左手掌。司马楼异扶着曹操上了马之后，曹操才逃离了战场。还没有到达军营就停了下来，各位将领都没有见到曹操，十分惊慌失措。

曹操勉强着支撑自己亲自去慰劳军队，下令军中赶紧准备进攻的器械，再次攻打吕布，双方相持了一百多天。老天也终于看不下去了，这一年爆发了严重的蝗灾，史书中称：“百姓相食。”（《三国志·魏书·吕布传》）当时状况之惨烈可想而知。两方的军队这时候更是饥饿无比，这种情况下根本没有办法再继续交战，于是相持的两军各自退兵而去。曹操与吕布的这第一次大规模冲突就这样以两败俱伤的结果告终。

战后，曹操实力大减，最头疼的是，军粮也见了底，北方之雄袁绍此时派人来劝说想让曹操投靠他，要将曹操举家迁到邺县（在今河北临漳县西四十里）当人质。曹操本打算答应袁绍，多亏程昱劝阻，程昱对曹操说：“意者将军殆临事而惧，不然何虑之不深也！夫袁绍据燕、赵之地，有并天下之心，而智不能济也。将军自度能为之下乎？将军以龙虎之威，可为韩、彭之事邪？今兖州虽残，尚有三城。能战之士，不下万人。以将军之神武，与文若、昱等，收而用之，霸王之业可成也。愿将军更虑之！”（《三国志·魏书·程昱传》）曹操才打消这个念头。一代英雄竟落得如此窘境实在是令人怅惋，同时程昱身为谋士能够如此为主公尽力也可谓是经世之才。

但还是那句话，曹操毕竟是曹操，“治世之能臣，乱世之奸雄”的他向来不知道什么叫放弃，他也没有放弃的理由。一边是奸雄，一边是豺狼。这不过是一次大战前的短时休整，真正的双雄相争马上就要来临。

豺狼伤了一根骨头

“千里无鸡鸣，白骨露于野。”这是曹操对于几年之后在征战中他所见到景象的真实记录。事实上在整个东汉末年，除了风光征战的英雄们和掌握大权的各路豪强们能够享受片刻的安宁之外，一般的百姓想要得到哪怕是一分的宁静都是困难的。曹操诗中所描绘的这般景象在中原大地处处上演着，继续着。此时历史的车轮转到汉献帝兴平二年（公元195年）。

这时距离曹操与吕布的初次接触已经过了将近一年的时间，可以想见这次蝗灾对于两军的影响有多么的巨大。在蝗灾发生的时期，曹操为了节省军粮，只好遣退新募的吏兵。曹操在这第一次冲突中可谓丢尽了颜面，严格地说，这是曹操首次承受了失败的果实。曹操虽然曾经动摇，但是在谋士的倾心劝说下，最终还是站稳了阵脚继续把霸业给推进下去。曹操与吕布的巨野之战就是在这种情况下逐步展开的。

经过一番艰苦卓绝的准备，兴平二年（公元195年）春，曹操派兵进攻战略重地定陶，开始了其雪耻的收复兖州计划。济阴太守吴资保守南城，没有攻下，这时遭逢吕布亲率大军到来，所谓“仇人一见，分外眼红”，曹操急命对吕布军主力展开疯狂的进攻，最终大败吕布。这场战役是一场小战，作为曹操向吕布重新宣战的开始。

这场胜利对于曹操来讲是至关重要的。毕竟整支军队已经休整了一年的时间，又是在饥荒爆发的凶年时刻。兵士们连吃饭都吃不饱，又怎么能面对吕布的铁骑？这场胜利恰恰给了曹操的兵士以胜利的决心，相反的，吕布方面同样是经过了一个难熬的年月，在遭受到这样的一个失败之后便一蹶不振开始走下坡路了。这场发生在定陶的战役，可以说是曹操吕布在争夺兖州地区的整个征战过程中非常重要的转折点。在这个转折点上，曹操向收复自己的失地迈出了坚实的一步，而吕布则在兖州战场慢慢地陷于被动。

这一年的夏天，吕布的部将薛兰、李封驻军在巨野，曹操派兵对这一地区进行了攻打。对于曹操来说，迅速寻找敌军主力尽快决战至关重要，因为战争需要给养，每一名士兵都需要补给。越早决战对于曹操的军事行动就越有利。巨野之战就是曹操主动寻找敌军主力进行决战这一战略意图的体现。

得知巨野告急，吕布急忙亲率大军前来驰援薛兰李封所部。但最终的结果仍旧是遭受惨败铩羽而归，吕布再也没有了第一次与曹操对战时以逸待劳冲锋突击的优势，从这两场战役中可以看出，吕布对于这种郊野地区作战的水平明显不足。一旦失去了城墙的屏障，一旦不能够采用骑兵突然从城门当中突出这样一个进攻方式，吕布的军队很难取得在战场上的绝对优势。

就在此时，徐州传来了陶谦病逝的消息。这让曹操心中的“徐州梦”又突然跳了出来。曹操决定先进攻徐州反过头来再解决吕布的问题。对曹操而言，经过上述的两场战争，吕布已经十分虚弱，很难再有所作为，消灭他也仅仅是一个时间问题。但是荀彧在这个关键时刻又为曹操提出了先攻吕布再图徐州的建议。

曹操听从了荀彧的建议，专心地对付吕布。曹操派兵在农田收获的时候抢收小麦，以避免军粮再次用尽这种情况发生。这时候恰巧吕布又从东缗（今山东金乡东北二十里）与陈宫将万人来战，曹操的士兵此时大部分都出去收小麦，大营内所留下的兵士不足千人。大营的西侧有一个大堤，堤南侧树木幽深，于是曹操利用了这样的一个有利地形，在其中设置了相当数量的伏兵，等到吕布派兵赶到，曹操动用了最常用的诱饵法。先用少量的士卒佯装战败诱使吕布军深入其中，吕布大军被引入到伏击位置之后，曹操一声令下，伏兵齐发，吕布大军顿时阵脚大乱，飞将军再也没有了当初在董卓身旁时的神采，只得仓皇而逃。

当夜，吕布趁着夜色逃离战场。这次战争完全奠定了曹操收复兖州所有失地取得胜利的基础。之后曹操趁势重新攻打原先所不能攻下的定陶，直至分兵平定叛乱归附吕布的诸县。完成了消灭吕布主力收复兖州的所有战略意图。最终曹操收复了兖州全部县城。

兖州的争夺就此告一段落，在此后相当长的一段时期之内，兖州从来没有在曹操的手中失去，过去的耻辱已经成了过往，根据地又重新回到了更加强大也更加成熟的曹操手中。这不能不说是一段在挫折之后又重新站起的佳话。从此，曹操可以更为安心地确定自己匡扶整个天下的计划。曹操的事业慢慢地走上了正途。

吕布在失败之后，又回到了出逃长安的那段破落时期。又重新到了选择寄主的时候，可是吕布这个人品行实在是太差，基本上只要他跟了谁谁就不会有好下场，天下诸侯早已经被吕布得罪殆尽。当时局势是南袁术、北袁绍、西李傕郭汜、东刘备、中央曹操，很显然，五路诸侯相较，吕布就只能投奔大耳长臂的刘备了。

本来，吕布的骂名已经是世人皆知，谁都不会收留吕布，但是刘备是个意外，向来以仁德作为标榜的刘备就是要走一条“不寻常路”，他不但接纳了吕布而且还对吕布恭敬有加。这样的态度，当然不能单从仁德这一方面进行理解。对刘备而言，这其实是无奈之举。上述北方诸强中刘备最弱，任何一方的打击都可以让刘备失去这来之不易的地盘，尤其是曹操，对徐州已经垂涎已久。因此刘备万万不能在这样的一个时刻又给自己树立吕布这样的一个新的敌人。

不走寻常路的孙策

同样是杀父之仇，曹操可以用自己的大军给自己的仇人以致命的打击，用上百万人的生命来祭奠自己的父亲，孙策什么都没有，只能寄居在袁术阵营之下，借助他人的力量帮助自己复仇，可以想见这对于孙策来讲是多么难以忍受的事情。但手里没有任何权势和兵力的孙策在这种情况下只能忍耐，像越王勾践一样“卧薪尝胆”，在心中不断坚定着自己为父报仇的信念，寻找着机会能够摆脱袁术的控制开拓自己的一番事业，重现孙家的荣光。

袁术自然也能看得出来孙策的心思。虽然袁术称不上是一位明主，但是毕竟也在群雄割据的乱世当中占有他自己的一方地域，因此，在孙策的使用问题上袁术是相当矛盾的，一方面他希望能够利用较高的权力将孙策长久地留住，另一方面，他又怕孙策在取得了相当大的威望之后会带兵出走甚至是威胁到自己的位置，出于这样的一种矛盾心理，袁术在面对孙策时就经常表现出一种摇摆不定的状态。而这种状态然则更加增强了孙策离开袁术去寻找自身真正价值的决心。

袁术在一开始许诺任用孙策为九江太守，可是不久，就变卦改用了丹阳人陈纪。后来，袁术想进攻徐州在中原分得自己的一杯羹，向庐江（治舒县，即今安徽庐江西南）太守陆康索求三万斛大米，陆康不给，袁术为此大为恼怒。这时候袁术听说孙策以前曾去拜访陆康，陆康只让主簿接待，自己不出来相见，为此，孙策怀恨在心。两个人的仇恨在这里成了一股绳子。于是袁术就派孙策去攻打陆康，并且又许愿说："前错用陈纪，每恨本意不遂。今若得康，庐江真卿有也。"（《三国志·吴书·孙讨逆传》）

孙策在得到了袁术上述的保证之后，便按照袁术的指示去攻打陆康，大胜而归。但是袁术却再一次变卦又用自己的部下刘勋作为庐江太守。俗话说"事不过三"，虽然袁术仅仅变卦了两次但是已经足够挑战孙策的耐心了。这不但会激怒孙策，并且会让孙策明显地感觉到手脚被束缚，不能施展而萌生去意。袁术原先想留住孙策的想法就完全破产了。这当然不是袁术所希望看到的，但是经过这两次事件，孙策对袁术的看法已经有了明显的变化，两人的决裂已经成了必然。

正在这个时候，机会来了，孙策终于可以找到一个突破口。

东汉末年江南的区划当中最大的要数扬州。这时扬州所管辖的地区，除长江以北的九江和庐江两郡外，尚有江南的丹阳、吴、会稽、豫章四郡。汉朝任命的扬州刺史刘繇是兖州刺史刘岱的弟弟，这两兄弟都是当时名士。扬州治所本来在寿春，后来寿春被袁术占据，刘繇就把丹阳郡治所曲阿（今江苏丹阳县）作为州城。

当时吴景还在丹阳，孙策的堂兄孙贲又是丹阳的都尉，刘繇来后，就把他们都强行驱逐了。吴景、孙贲退居到历阳。刘繇派樊能、于麋东屯在横江津，派张英屯驻在当利口用来抵挡袁术。袁术任命自己的旧下属琅邪人惠衢为扬州刺史，把吴景改任为督军中郎将，与孙贲一起攻打张英等人，但是一直都没有攻打下来。朝廷又加封刘繇为牧，领振武将军，有数万人的兵马，一时间成为了在江南地区相当重要的一股势力。

丹阳尉朱治过去曾任孙坚的校尉，他发现袁术政德不立，就劝孙策趁机收取江东。于是孙策就去见袁术。孙策对袁术说："有旧恩在东，原助舅讨横江；横江拔，因投本土召募，可得三万兵，以佐明使君匡济汉室。"这显然只是一个说词而已。东汉末年任何事情最终都得弄一个"匡扶汉室"的名头，实际上汉室的皇帝到现在都被李傕和郭汜所控制着，匡扶汉室也用不着到江东去吸收兵马。这明明的潜台词就是说，你赶紧派我去打刘繇，打完之后我在当地会招募兵马，但是究竟是不是为了帮助你"匡扶汉室"这就难说了。

袁术难道看不出来孙策对自己不满吗？当然不可能，但是袁术是一个目光短浅的人，他虽然知道孙策是个人才必须加以控制和利用，但是他毕竟仅仅是个小毛头孩子而已。当时的江东地区形势十分不明朗。刘繇占据曲阿，王朗占据会稽，都是当地的一霸，更何况连自己的大军攻打刘繇都久攻不下，孙策又怎么能在当地闹出什么大动静？更何况如果孙策战败，反而能让他老实一点，死心塌地地跟着自己。

袁术坚定地认为孙策即便是自己带兵出去攻打刘繇未必能有什么作为，于是就答应了他的请求，并表奏朝廷任命孙策为折冲校尉代行殄寇将军。袁术不曾想到为了这个决定，他自己要付出多么惨烈的代价来弥补这个错误。但袁术一生荒唐事颇多，这次的"放虎归山"仅仅是他的一堆重大错误当中的一个小错误而已。

他犯错误不要紧，孙策在得到袁术的首肯之后肯定是欣喜若狂，他终于可以实现自己独立带兵的愿望，更重要的是，得到了一次绝佳的脱离袁术成就自己的机会。但是，当时孙策的兵力确实不足以对抗刘繇，如果贸然前进肯定会导致袁术心中所盘算的那样的结果。当时，他的兵力仅仅有千余人，军需物资也非常少，加上幕僚宾客等等自愿跟随的几百人，这就是孙策的全部兵力。

这样的兵力条件显然难以支撑大规模的渡江作战。扩充兵员，充实实力成为了孙策首先要的工作。孙策率领着自己的队伍首先到了历阳，在当地招兵买马。一呼响应人马迅速扩充到五六千人。孙策的母亲先是从曲阿迁居到历阳，孙策是个孝子，不能够让自己的母亲担受兵马劳顿之苦，于是他把母亲安置到了阜陵。在这招兵买马安置家眷的过程之中，孙策又等到了他的好兄弟周瑜的帮助，周瑜带来了不少兵马和一些军需物资进一步扩充了孙策的军队。孙策大喜，对周瑜说："吾得卿，谐也。"（《三国志·吴书·周瑜传》）一切都准备停当之后，孙策让大军开拔渡江。由此开始了他事业的原点，展开了针对刘繇的作战。

孙策在短时间内从一名少年成长为一名能够独当一面的将军，这在历史上是相当罕见的。除了有父亲的遗传，母亲的家教之外，孙策自己的个人魅力也是帮助他一步步向自己梦想前进的坚实的基础。如今，江东的土地已经慢慢地展现在他的眼前，这片未来将被称作吴国的土地现在还并不属于孙家。孙策要用自己的双手亲自将这片土地从当地的军阀当中夺过来，成就自己的霸业。

小霸王威力无穷

江东地区，因为其地理位置而得名。长江在今天的安徽境内向东北方向斜向而流，所以在这一区域原先分割南北的长江就变成了纵贯南北分割东西的分割线。长江以东的地域就因此得名为江东地区。这里成为了未来孙吴政权的统治核心。

刘繇，字正礼，是东莱郡牟平县人（今山东省潍坊市一带），在他19岁时因为堂叔刘韪被盗匪所劫持为人质，刘繇为搭救其堂叔，结集十多人混进贼窝，趁隙将盗匪头目斩首成功救出堂叔后而出名。由于其表现深受乡民爱戴，刘繇便被举荐做官并官拜郎中。

当官之后的刘繇由于铁面清廉而深受好评，当时朝廷来派人选拔人才，当地的名士陶丘洪向朝廷官员推荐刘繇时说："若明使君用公山于前，擢正礼于后，所谓御二龙于长涂，骋骐骥于千里，不亦可乎！"也就是把他和他的哥哥刘岱与龙和麒麟相提并论。这是相当高的评价。也因为这些功绩深得当时朝廷重视，于是刘繇奉命接任了由于前任太守死亡而空缺的扬州刺史一职。

这样的记载表明刘繇并不是一名庸才，也不是一个胸无大志的地方军阀，甚至可以被比作"龙与麒麟"，这简直可以和"卧龙凤雏"之论相提并论，而且卧龙凤雏还是小龙小凤，这刘繇刘岱可是成年的龙和成年的麒麟。能得到这样的评价，想来此人必定不俗。但是，就是这样的一位麒麟子，却被袁术给赶到了当时还算偏远的曲阿，有点儿让人无法理解。他的哥哥刘岱也被曹操所杀成为了曹操登上中原霸主宝座途中的一个可悲的牺牲品。这两兄弟实在是有愧于这"龙"与"麒麟"的名号。但是，这刘繇的灾祸还未停歇，真正要夺取他领地的孙策正在率领着军队向江东而来。

孙策到达江东之后首先攻打了刘繇的牛渚营。这一步至关重要，因为牛渚营不是一个普通的军事驻扎所，而是刘繇军队武器库和粮仓的所在。原本孙策所处的地形条件十分不利，背靠大江属于纯粹的登陆作战。不要说能畅快地运送粮饷，即便是向前进攻也存在着相当大的困难。夺得仓库中所有粮食和兵器战具之后，孙策化自己的劣势为优势，占据了相当的战局主动权，抢得了两军对战中的先机。

当时，彭城相薛礼、下邳相笮融等人都依附刘繇，尊奉刘繇为盟主，薛礼占据秣陵城而笮融驻扎在县南。孙策首先对笮融展开了攻势。这个笮融是个反复之人，同时也是一个汉末的佛教领袖，这又是一个纠结矛盾的集合体。当时著名的评论家也是为曹操作出那个著名论断的许劭跟刘繇曾经说："笮融出军，不顾名义者也。朱文明善推诚以信人，宜使密防之。"（《三国志·刘繇传》裴松之注引《献帝春秋》）可以想见此人绝不是个善类。

孙策与其交锋后，初战便告捷，一下子砍掉了笮融五百多名士兵的首级。笮融只得逃到城中，锁闭城门再也不敢和孙策交锋。孙策便继续攻打薛礼所占据的秣陵。这座城池便是以后享誉天下的南京。薛礼并没有恋战，而是迅速突围。正在这个关键时刻，原先已经被孙策打散的樊能、于麋等人又纠结了一些人马向被孙策攻下的牛渚营奔去。孙策听到这样的消息，马上赶回牛渚营，击破了这群乌合之众，还获得了万余人。于是再次去攻打笮融，但这次并没有那么幸运，孙策被一冷箭射中，伤到了大腿，不能再乘马前进，所以乘着车回到了牛渚营。

有叛徒告诉笮融说："孙郎被箭已死。"笮融十分高兴，就派将士与孙策所部相互对峙。孙策先派出了数百步兵和骑兵应战，并且在后方设下了埋伏，等到笮融的部队来袭，连兵器都没有碰上就佯装失败而退兵，笮融追着这些"败兵"径自走到了早已经为他设置好的埋伏之中，一时间孙策的部队从四方杀出大破笮融，斩了千余人的首级。孙策乘胜来到笮融的大营前，让左右大叫："孙郎竟云何！"笮融的部队被吓得心惊胆战连夜逃离了战场。笮融听闻孙策还在世，便挖深沟筑高垒，小心守备。孙策认为笮融屯兵的地势十分险固，于是便不再攻伐，转而攻取其他刘繇将领所管辖的区域如海陵、湖孰、江乘等地，最终都取得了成功。

"农村包围城市"的计划就此完成，现在刘繇只剩下了治所曲阿这一座孤城。刘繇不得不出兵与孙策交战，结果遭到大败，逃往丹徒（今江苏镇江市），孙策于是入据曲阿。进入曲阿之后为了安抚当地民众的心，孙策严明军队纪律，大军所过之处秋毫无犯，给当地的百姓留下了深刻印象，当地百姓十分高兴，争抢着用牛和酒来犒劳部队。由此观之，孙策在江东地区已经算是立住了脚跟。整个曲阿之战大败刘繇主力的过程是平定江东整个任务中的重要部分。

刘繇败逃之后，孙策进入曲阿城犒劳将士，派将军陈宝到阜陵去接自己的母亲和弟弟。发布告令，向诸县宣告："其刘繇、笮融等故乡部曲来降首者，一无所问；乐从军者，一身行，复除门户；不乐者，勿强也。"这样的工作无异于当时刘邦在咸阳"约法三章"的效果，迅速而有效地赢得了当地武装的好感，于是一时间聚集了两万余人马，孙策终于有一支能够独当一面的部队。

击败刘繇之后，江东还有一些小的地方武装，严白虎所率领的一支武装就是其中之一，在吴郡地区十分活跃。严白虎本名应不是此名，白虎仅仅是一个名号而已。但在史籍当中并没有记载他的真实姓名。也确确实实在历史上是一个打酱油的角色，但在《三国演义》中都被描绘成了一个具有相当于一方诸侯势力的人物。

初定曲阿形势尚不是十分稳固，如果允许这种将近万人的武装存在势必会对孙策刚刚建立起来的地盘有所影响。于是吴景建议孙策先攻破严白虎。孙策说："虎等群盗，非有大志，此成禽耳。"遂引兵渡浙江，开始攻打严白虎。严白虎筑高垒进行坚守，有了议和之心。派自己的弟弟严舆向孙策请和。孙策一开始答应了。严舆要求孙策单独会面。会面的时候，孙策突然用自己的兵器向桌上砍去，严舆被吓了一跳，孙策笑着说："闻卿能坐跃，剿捷不常，聊戏卿耳！"严舆说："我见刃乃然。"孙策便据此判断他是一个无能之辈，不能对自己在江东的发展有什么帮助，便用手戟向严舆投了过去，严舆当场被杀。严舆也算是个有勇力的人，严白虎的人看到他都被孙策杀死了，十分惧怕。孙策趁势进攻，严白虎逃到了余杭，也就是后来的杭州。

除了严白虎，王朗还占据着江东的会稽郡，随着孙策势力的扩大，王朗成为了他在江东地区的最后一个障碍。事实上，王朗在会稽的地位以及对孙策的威胁与陶谦对曹操的威胁有点像。王朗同样是由朝廷所亲命的会稽太守，也是一位爱民如子的好官。孙策渡江来袭，王朗当时的谋士虞翻劝告王朗不要和孙策硬碰硬正面作战，王朗的实力根本没有办法和孙策相比，应该暂时到别处去避避风头。但王朗认为，自己身为汉朝的臣下理应保护城邑不能苟且偷生。在这样的乱世还能有如此的表态，王朗无疑是应当被人所敬重的。然而实力终究是差距太大，王朗兵败。孙策也知道王朗为人儒雅并不对其加害，还曾经希望王朗能够加入他的阵营，但是被王朗拒绝了，后来王朗辗转来到曹操身边，成为了曹魏政权中与钟繇、华歆所并列的三位大儒，也属于天命不绝。

在清剿完王朗之后，江东几乎已经没有了任何可以抵抗孙策的势力，这为后来孙吴政权的发展奠定了辉煌的基础。孙策崛起之路与曹操崛起之路相较多了一份人情味道，各种作品演义中，经常会看到百姓为了孙策而欢呼雀跃的描述出现。而曹操则背上了滥杀无辜的骂名，两人相较，明显孙策这条道路更符合传统意义上“仁君”之义，而曹操走的则是“霸道”路线。

正在孙策为了自己的成功而心满意足的时刻，早已经分崩离析的大汉帝国国都长安，一场新的政变又将进行，从没享过几天当皇帝快乐的汉献帝又将遭逢一段逃亡的岁月。

长安大械斗

历史从来不允许人选择自己的命运，刘协偏偏是这种命中注定的“真龙天子”。自从被董卓废立少帝而登上帝位之后，刘协便被当做工具传来传去。不但一刻当皇帝的福气没有享，反而忍受着比常人更大的痛苦。董卓死后，本来盼望能够在王允的帮助之下重新树立朝廷的尊严。可结果随着董卓的部将李傕郭汜的反扑，王允自杀，吕布败逃，献帝再次陷入到了孤立无援的境地，只得在逃离了魔王董卓之手后又坠入到李傕和郭汜这两个饿狼口中。

李傕字稚然，凉州北地郡（今陕西富平）人，史书上评价他性情诡谲能言善辩。是董卓手下的一名重要将领。曾经在反董同盟军讨伐董卓的时候被董卓派往孙坚处作为说客，想和孙坚结为亲家以将孙坚降服，但是被孙坚严词拒绝。试想要是成功恐怕也就没有孙策后来在江东地区的壮举，这是题外话。总之，李傕绝不是一个只会四处征战的西凉武夫，他确实有他的过人之处。更重要的是，他手下的谋士贾诩被世人称之为鬼才。贾诩在当时给李傕所奉献的最重要的一项计策便是前文当中所提到的：“闻长安中议欲尽诛凉州人，而诸君弃众单行，即一亭长能束君矣。不如率众而西，所在收兵，以攻长安，为董公报仇，幸而事济，奉国家以征天下，若不济，走未后也。”正是因为这项计策李傕得以进入长安把持朝政将近四年的时间，享受了一段极为风光的日子。

郭汜又名郭多，凉州张掖（今甘肃张掖西北）人，他的生平与李傕极为相似，都在年轻的时候投到了董卓的门下。在董卓被杀之后，李傕和郭汜按照贾诩的指示组成了一个“反吕布联盟”而攻下长安，和李傕一起把持朝政。

李傕郭汜二人把持朝政之后，朝廷的黑暗状况一点都没有改变。二人都被封为高官，作威作福，根本不把皇帝放在眼里。史书上记载：“傕等放兵劫略，攻剽城邑，人民饥困，二年间相啖食略尽。”（《三国志·魏书·董卓传》）。又一次史书中采用了“人相食”这样一个表述，充分体现了当时朝政有多么的不堪。京畿之地本来应该是一片歌舞升平，但是在这样一个千古未有之大乱世，首都附近竟然有如此惨烈之状况，足以见得李傕郭汜在长安的统治比起董卓有过之而无不及。

对皇上来说，这更是一段不堪回首的日子。那时刚刚迁都到长安，因当时董卓逼迫得相当急，宫人们大部分都缺少平常穿着的衣物。献帝因此想把御府中的缯用来给宫人做衣服，这件事被李傕知道了，竟然不让献帝去做这件事情。李傕说："宫中有衣，胡为复作邪？"又有一次献帝下诏要卖掉厩马百余匹，御府大司农出杂缯二万匹，用卖掉的钱赏赐给公卿以下还有那些生活上有所困难的贫民，李傕竟然说"我邸阁储偫少"，结果把这些东西都搬回到了自己的大营当中，贾诩再也看不下去了，于是说"此上意，不可拒"，但李傕都不把皇帝放在眼里还会听贾诩的话?

原本董卓所遗留下来的这些将领是一个三角制衡的关系，除了李傕郭汜这两个人之外，还有一个樊稠进行制衡。可是，樊稠因为在处理与西凉马腾的关系上被李傕找到了把柄，于是借口把他杀掉。这样就间接影响了当时郭汜的情绪，他很有可能认为下一个该被处置的就是他郭汜了，这样两个人之间的关系就出现了裂痕。而真正使这两人关系全面破裂的竟然是因为一个女人。

那几天，李傕经常请郭汜喝酒，也经常喝到很晚，有时候就让郭汜留下来住在府中。郭汜的妻子因为怕李傕给郭汜小妾而夺己之爱，于是就想挑拨一下他们之间的关系。有一次李傕送酒菜给郭汜，郭汜的妻子就把菜中的豆豉说成是毒药，郭汜食用前郭妻把豆豉挑出来给郭汜看，对郭汜说："一栖不二雄，我固疑将军之信李公也。"这样就使得原本就对李傕有些怀疑的郭汜更加起了疑心。过几天之后李傕再次宴请郭汜，把郭汜灌得大醉，郭汜就怀疑李傕想毒害他，赶紧喝粪汁催吐解酒，两个人的仇怨就此结了下来。

长安由此再次开始了一场劫难。

刚开始，郭汜策划把献帝夺到大营中控制起来，李傕却先他一步指使数千兵士将整个皇宫团团围住，用三辆车来迎接天子。太尉杨彪说："自古帝王无在人臣家者。举事当合天下心，诸君作此，非是也。"前去的军官答道："将军计定矣。"于是献帝一乘，贵人伏氏一乘，贾诩、左灵一乘，其他的人都步行而去。

这一天，李傕又乘着自己的乘舆来到北坞，命令校尉看管坞门，内外隔绝。大臣们都十分饥饿，这时候正是夏天气温很高，但是所有人的心都凉了。汉献帝向李傕求米五斛、牛骨五具来赐给臣下，李傕说："朝餔上饭，何用米为？"给了献帝一些腐烂的牛骨，都散发着恶臭而不能食用。献帝大怒，要诘责李傕。侍中杨琦对献帝说："傕，边鄙之人，习于夷风，今又自知所犯悖逆，常有怏怏之色，欲辅车驾幸黄白城以纾其愤。臣愿陛下忍之，未可显其罪也。"献帝一想，自己根本没有办法对李傕有什么限制，何况现在自己被软禁了起来于是也就罢了。献帝再一次忍辱负重。

皇帝可以忍，但郭汜却不能忍。于是，两军在长安城内展开火并，长安城再次成为了一片地狱火海。李傕不敌郭汜，便让一些公卿去郭汜处求和，谁想到这些公卿刚到郭汜处就被郭汜给关押了起来成了郭汜的人质。哪朝哪代有过如此之乱象，两个权臣一个绑架皇帝一个绑架公卿，大汉江山竟被蹂躏成如此模样实在是古今罕见让人不可思议。杨彪对郭汜说："群臣共斗，一人劫天子，一人质公卿，此可行乎？"郭汜大怒，要亲手斩了他，经中郎将杨密以及左右多为劝谏，郭汜才就此作罢。

两人相持了一段时间，这样下去像小孩子过家家一样终究是不像话，谁对谁也无可奈何，不久之后，张济带兵从弘农赶到劝和，要接汉献帝到弘农，献帝也派使者来劝说，李傕、郭汜二人准备议和，想各自交换儿子作为人质，但李傕的妻子十分爱护自己的儿子李式，不愿交换，这项建议就被暂时搁置了下来。后来李傕答应各自交换女儿作为人质，双方和解。

李傕郭汜火并对汉朝朝廷又是一个致命的打击，在这其中，本来已经十分衰弱的皇权进一步衰弱，汉献帝甚至没有权力决定自己吃什么穿什么等问题。整个朝廷濒临崩溃，大汉按说应该就此终结。可是事与愿违，刘协的苦难还没有结束，这个饱受凌辱的君王又将踏上另一段征程——向着自己的故都洛阳前进。

回家，我要回家

长安，这座西汉时期的都城，现在却成了见证高祖武帝子孙颠沛流离之苦的场所。李傕和郭汜只知道张扬跋扈，根本不知道皇帝对于一个政权的重要性。大汉朝廷竟然被这么两个跳梁小丑控制长达四年之久实在是有些令人不可思议。但乱世毕竟是乱世，只有乱世才能创造英雄，有英雄才能英雄辈出，有英雄辈出才能向我们展现这么一个金戈铁马辉煌瑰丽的历史图景。

兴平二年（公元195年）七月，在李傕郭汜两人议和的情况下，汉献帝得以在掌机的安排之下离开长安。说是离开不如说是逃离长安更加恰当。献帝出走长安那天，首先到达宣平门，正在要过城门前的桥时，郭汜的部队有数百人在桥上向着献帝的车銮发问，大声呼喊"是天子邪"？献帝的銮驾无法继续前行。李傕的部队也有数百人手拿大戟在乘舆车左右，侍中刘艾大声回答道："是天子也。"侍中杨琦也高举车帷。汉献帝对那些士兵说："汝不却，何敢迫近至尊邪？"于是郭汜等人的兵马纷纷让开道路。

刚刚过了桥，所有的兵士都高呼万岁。这也许是献帝在这几月间唯一一次可以高声讲话有皇帝尊严的时刻，却是在别人给的自由尺度之内所作出的一点点无力的抵抗，皇帝的声威已经没有办法再重新树立起来，只能用这些在面子上的礼仪来支撑献帝作为皇帝的那一点点最后的尊严。

虽然这次出走使得汉献帝能够稍微地喘口气，大汉的朝廷也这么苟延残喘地延续了下去，但对李傕郭汜来讲这完全是一个错误的决定。原先李傕和郭汜之所以能够在长安城作威作福完完全全是因为有着皇帝这样一个大靠山。他们自己不清楚，但实际上已经掌握了国家权力最为关键的一点——帝位的正统。即便是东汉乱世，也有相当的人在心中有着匡扶汉室振兴国家的理想，若是能够利用这一点将皇帝作为一面旗帜则一呼百应胜过百万雄兵。但李傕郭汜根本没有能力去考虑这一点。在这之后他们便失去了自己在政治上的保护伞，而与一般的土匪强盗没有什么区别了。当然，他们也不是一直没醒过来，只不过等他们醒过来再想把献帝给要回去的时候，已经不是那么容易了。

汉献帝出长安东归，李傕引兵出屯池阳，张济、郭汜以及原董卓部下杨定、杨奉、董承等人都随着天子的车驾向东都洛阳驶去，汉献帝以张济为骠骑将军，开府如三公；郭汜为车骑将军，杨定为后将军，杨奉为兴义将军。皆封列侯。又以董承为安集将军。沿途诸将屡有争端。又是一段让献帝心惊胆战的行程，对于有些运气不太好的公卿大臣来说这简直是最后的"死亡行军"。

等到队伍到了新丰、霸陵之间，郭汜不知道为何首先醒悟，觉得自己应该把握住天子的控制权。他再一次想把献帝掳走由自己独自控制起来，于是对皇帝的车驾展开了进攻。献帝在仓惶之间没有办法只能选择一个军阀的大营躲避一番，躲到了杨奉的兵营当中。更加显示了献帝的无助。于是杨奉就去攻打郭汜。有可能是因为临时起义准备不足，又有可能是天真地想帮帮汉献帝这个苦命天子一把，郭汜的部队轻易地就被杨奉打散打乱，最终铩羽而归。郭汜看到情况对自己不利便逃到了南山，真真正正上山做起了土匪土霸王。这之后，杨奉和将军董承继续护送皇上按照原定的路线返回洛阳。

到了这个节骨眼，李傕也突然醒悟了，他突然意识到和郭汜反目不但不利于自己的未来，还让自己失去了在政治上的主动权，于是两人“重归于好”继续狼狈为奸，向东直奔皇帝的车驾而去。经过了一段时间的急速冲锋，终于在弘农郡的曹阳地方追上了献帝。杨奉急忙召请河东郡原先白波起义的首领韩暹、胡才、李乐等人进行会合，与李傕郭汜两人交兵。又是一场恶战，结果这次胜利的天平并没有向杨奉这边倾斜，李傕郭汜取得了胜利，又一次掌握了一些公卿大臣的命运。

想起以往的种种情形，李傕郭汜二人心生记恨，一股无名火不知从哪里就冒了出来，一瞬间两个人简直变成了魔鬼，纵容自己手下的士兵大肆屠杀手无寸铁步行的公卿百官，掳掠宫中的女子到弘农郡，许多无辜的公卿和官员刚刚能享受几天自由的日子结果就丧了命，实在是令人发指。最后还是因为贾诩的劝诫才停止了这个疯狂的行为。

皇帝只能逃奔陕县，向北渡过黄河，史书上描绘了当时渡河的状况：刚开始，大家经过商议后认为应该让献帝顺着黄河向东直下，但是太尉杨彪说：“臣弘农人，从此已东，有三十六滩，非万乘所当从也。”刘艾说：“臣前为陕令，知其危险，有师犹有倾覆，况今无师，太尉谋是也。”都表明了自己的相反意见，这个计划就被否决掉了。之后选择了北渡计划，让李乐安排好船。献帝在河岸旁步行，河岸高的不能下去，董承等大臣想用缰绳相连系住献帝的腰让他能够顺利上船。

这时中宫仆伏德拿着十匹绢，用德绢相互连接做成辇。行军校尉尚弘力气比较大，于是让他在前面背负献帝，这样献帝才得以登船。其他不能上船的人特别多，又派人找了几艘船但是仍旧不能把所有的人都带上船，于是这些公卿大臣再加上宫中打杂的仆役宫人都争着爬上船，船上人用刀刃砍掉了这些人的手指头。上岸之后他们只得丢弃了骏马等行军物资，用最简单的交通工具——腿，仓皇逃命。只有皇后和贵人等跟从皇帝，走到大阳，暂时歇宿在百姓家里。

汉献帝兴平二年（公元195年），献帝在杨奉等人的护卫下，在大阳的一个村落暂时栖身，未来究竟向哪去，大汉的最后根基还能否继续生存？这一切茫茫中自有天数。

洛阳，我回来了

汉献帝兴平二年（公元195年），献帝一行人马在大阳稍作停留，这时候在未来道路的选择上，负责护送献帝的几位大臣出现了分歧。如前文所述，原先他们的计划是根据张济的提议开往弘农，之后目标又转向了故都洛阳。谁曾想到这一路上是如此地艰险，不但是公卿大臣一路上被掳去的被掳去，被杀的被杀，甚至连献帝自己都差一点又成了李傕郭汜手中的笼中鸟，再被捉回去重新过着他那个“忍辱负重”的帝王生活。

重新回到洛阳的路是这样地艰难，何况后边还有追兵追赶，原有的计划已经全部被打乱，实行起来相当困难。这时候军中开始有了相反的意见。当时在护送献帝的军中有三个人是掌握主动权的。即杨奉、韩暹以及董承。其中董承是汉献帝董贵人的父亲，也就是汉献帝的岳父，他坚定地支持献帝应该回到洛阳。而杨奉、韩暹等人因为在前面的战斗中多次护驾有功所以也取得了相当的发言权。他们认为根据当时的实际情况应该暂且让皇帝定都安邑县较为稳妥。

当时状况也的确如此，几次逃命，这支“流亡政府”已经很难再坚持着回到洛阳，先在一个地区安下营来最起码不用受劳顿之苦，其他的便听天由命吧。但董承明显也有着自己的考虑，虽然史书当中没有记载，但是我们可以根据董承的身世加以推测。杨奉、韩暹本来就是“白波贼”出身，其本质跟李傕郭汜没有什么两样，如果听他们的话去往一个偏远的地方建立朝廷，等于献帝还要受到这帮土匪强盗的控制。而董承则不同，虽然早年间也是董卓手下的将领，但是既然跟献帝攀上了亲家也就成了一家人。贵为“国丈”，他理应为皇帝的权威以及皇帝的人身安全所考虑。

洛阳虽然在董卓之乱后被烧毁成一片废墟，但毕竟是帝国曾经的首都，一旦天子回到洛阳，就可以发布勤王通告昭告各地前来护驾，就不至于落入这两个贼盗手中。两方互相争执不下，但毕竟董承只是一人没有办法与那两人抗衡，于是大队人马还是按照了两人的计划暂时向安邑前进。但因为此事，董承和杨奉、韩暹之间出现了裂痕。

在去往安邑的路上，皇帝乘坐的是牛车。太尉杨彪、太仆韩融和皇帝的亲近臣子跟随的有十多人，出长安时那么多的公卿大臣现在只剩下了这几个人。汉献帝于是任用韩暹作为征东将军，胡才为征西将军，李乐为征北将军，和杨奉、董承共同组织朝政。而这几人几乎都是当年“白波军”的头目。朝廷的“重臣”已经全部被他们把持。他们便派使者和李傕、郭汜两人讲和，李傕和郭汜见大势已去也不好弄个弑君的骂名，便放了掳去的宫人和公卿百官，以及皇帝的专用马车数套。正在这个时候，当地蝗虫成灾，又遭遇干旱没有粮食，随行的官员也只能吃枣和菜等。皇帝的銮驾就停在荆棘丛生的地上，车门就这样开着。皇帝和群臣讨论事情，士兵就倚在篱笆上看着，互相打闹嘻嘻哈哈。完全没有朝廷会议应该有的庄重感与威严感。各个将领更是专权，有时甚至擅自鞭挞滥杀尚书。朝廷也大肆封官，什么医师、走卒，等等都成了校尉一级的将官，御史代表自己身份的刻印都不能完全供应，就用锥子随意雕刻一个图形，就当做印信用来备用。这已经不仅仅是“卖官鬻爵”而是擅自封官了。

这些水分极大的各位“官员”还互相掣肘，各路军将领又不能相互统属，上下混乱，而这些官员们整天还要“上朝”大摆官架子，等到粮食吃尽，安邑已经没有办法再待下去了。于是他们又重新面临选择究竟去哪的问题。这时候因为普遍出现的混乱状况，连杨奉、韩暹也都没有办法再继续坚持留在安邑的这个方案了。

在董承的安排下，杨奉、韩暹等人只好护送皇帝返回洛阳。经过了萁关，下了积道，河内太守张杨带着粮食在道路上迎接，之后因为有功，张杨被任命为大司马。这张杨也是当时在中原地区重要的诸侯之一，史书上对这一事件另有一番详细记载：“天子之在河东，杨将兵至安邑，拜安国将军，封晋阳侯。杨欲迎天子还洛，诸将不听；杨还野王。建安元年，杨奉、董承、韩暹挟天子还旧京，粮乏。杨以粮迎道路，遂至洛阳。谓诸将曰：‘天子当与天下共之，幸有公卿大臣，杨当捍外难，何事京都？’遂还野王。即拜为大司马。”（《三国志・魏书・张杨传》）

可以看到，张杨是当时少有的不把皇上当做工具，依然认为皇帝是大汉正统天下共主的臣子。这在当时的乱世是十分难能可贵的。并且史书也记载：“杨性仁和，无威刑。下人谋反，发觉，对之涕泣，辄原不问。”（《三国志・魏书・张杨传》裴松之注引《英雄记》）可见张杨这个人性格豁达，也是一个能守一方的人才。吕布就曾经栖身在他的门下，后来曹操为了迎取献帝也需要经过张杨的领地，这其间又有许多波折，此为后话。

献帝经历了重重苦难之后终于毫发无损地进入了洛阳，这期间的苦闷恐怕只有献帝自己才最清楚。可是他们到了洛阳之后见到的却不是前来迎接的诸侯，更不是完好的宫殿与亭台楼阁，而是一片残破景象。宫室烧尽，街道上一片荒凉长满野草，百官只好拔出荆棘荒草，依傍土堆断墙安身。各个州郡的长官都各自拥兵自卫，没有人来洛阳保卫皇帝，饥饿穷困更加严重了，尚书郎以下的官员，都要自己出城砍柴和采摘野菜，试想这些平常作威作福，只会舞文弄墨的王公大臣又有谁能像诸葛亮一样又有才学又能下地种菜呢？最后有的就生生地饿死在了断墙残壁之间。

朝廷向全国各地发布了勤王檄文，要求各地的诸侯来洛阳朝见天子，称臣纳贡，实际上就是在向全国的诸侯求救，再具体一些，就是在向身为“四世三公”后裔的当时北方诸侯当中最为强大的袁绍求救。袁绍到底会不会响应朝廷的号召？献帝会不会继续寄人篱下？大汉的命运又将何去何从？视角再一次回到了群雄割据的中原大地。

皇帝是我的，你们听我的

这时，袁绍的谋士沮授，希望袁绍接汉献帝入邺，于是对袁绍说：“将军累叶台辅，世济忠义。今朝廷播越，宗庙残毁，观诸州郡虽外托义兵，内实相图，未有忧存社稷恤民之意。今州域粗定，兵强士附，西迎大驾，即宫邺都，挟天子而令诸侯，畜士马以讨不庭，谁能御之？”“今迎朝廷，于义为得，于时为宜，若不早定，必有先之者矣。”

但袁绍另外两个幕僚郭图、淳于琼并不同意沮授的意见：“汉室陵迟，为日久矣，今欲兴之，不亦难乎！且英雄并起，各据州郡，连徒聚众，动有万计，所谓秦失其鹿，先得者王。今迎天子自近，动辄表闻，从之则权轻，违之则拒命，非计之善者也”。（《后汉书·袁绍传》）而袁绍此前曾秘谋立刘虞为帝，即有不逊之志，于是没有采纳沮授的建议。而袁绍稍一迟疑，沮授所言“先之者”即接踵而至。此人即是刚刚被任命为兖州牧的曹操。

曹操接受了荀彧为之设计的方案，即遣曹洪率兵西迎天子，却为董承等据险抗拒。此时，已为议郎，处于天子身边的董昭又一次帮助了曹操。他以曹操的名义发给杨奉一封信，信中说道：“吾（曹操）与将军（杨奉）闻名慕义，便推赤心。今将军拔万乘之艰难，反之旧都，冀佐之功，超世无畴，何其休哉！方今群凶猾夏，四海未宁，神器至重，事在维辅；必须众贤以清王轨，诚非一人所独建。心腹四支，实相恃赖，一物不备，则有阙焉。将军当为内主，吾为外援。今吾有粮，将军有兵，有无相通，足以相济，死生契阔，相与共之。”杨奉遂为之所欺，对诸将说：“兖州诸军近在许耳，有兵有粮，国家所当依仰也”。（《三国志·魏书·董昭传》）并表荐曹操为镇东将军，袭祖爵费亭侯。曹操得封以后，连上三表，三让而后受。此后，曹操每遇晋迁，辄三让之，即使日后受封魏公、魏王时，仍经过三让的程式。所谓三“让”，实是曹操通过所上之表，陈述己功，意在服众，表明自己受封无愧。

正当曹操谋划迎帝于许昌的时候，时局又发生了变化，原本恃险拒曹的董承，又因韩暹矜功专恣，遂潜召曹操，而杨奉部将徐晃亦劝奉“令归太祖”。曹操得以顺利进入洛阳，随即表奏韩暹、张杨之罪，并将韩暹赶出洛阳。献帝七月甲子到达洛阳，八月辛亥曹操领司隶校尉，录尚书事，前后不到五十天，献帝便落入曹操的掌控之中。

曹操入驻洛阳后，几经犹豫是否将献帝从洛阳移至许昌，遂问计于董昭。董昭说：“将军兴义兵以诛暴乱，入朝天子，辅翼王室，此五伯之功也。此下诸将，人殊意异，未必服从，今留匡弼，事势不便，唯有移驾幸许耳。然朝廷播越，新还旧京，远近跂望，冀一朝获安。今复徙驾，不厌众心。夫行非常之事，乃有非常之功，愿将军算其多者。”曹操又虑杨奉在左近，其兵精，恐为所乘，董昭又为曹操分析：“奉少党援，将独委质。镇东、费亭之事，皆奉所定，又闻书命申束，足以见信。宜时遣使厚遗答谢，以安其意。说‘京都无粮，欲车驾暂幸鲁阳，鲁阳近许，转运稍易，可无县乏之忧。’奉为人勇而寡虑，必不见疑，比使往来，足以定计。奉何能为累！”（《三国志·魏书·董昭传》）曹操遂坚定迁都许昌之议。杨奉先欲从曹操，至此方才醒悟为曹操所赚，遂与韩暹反，曹操即讨奉于梁，杨奉、韩暹兵败投奔袁术。曹操“移驾”的最后一个阻力业已扫除，便于八月庚申，出洛阳，经轘辕，迁都许昌。

迁都许昌后，曹操为百官总己以听，便对当时于朝野中颇有名望的三公发难。建安元年（公元196年）九月，罢太尉杨彪及司空张喜。后任命自己的亲信荀彧为侍中，授尚书令。尚书令即相当于后世之内阁首辅，其掌管着尚书六曹，六曹即三公曹，掌管州郡官吏的考绩；吏部曹，掌管选举和祭祀；民曹，掌管有关修建和盐池苑囿的管理；客曹，掌管护驾边疆少数族朝贺事务；二千石曹，掌管司法诉讼事务；中都官曹，掌管水、火、盗贼等治安工作。故荀彧实际上全权负责官员考核、财政核算等一切国家事务。而荀彧担任尚书令长达十数年，故有“令君”之美誉。

当曹操迎帝都许之时，前次拒绝挟天子以令诸侯的袁绍方觉不平。曹操对于袁绍遂采取软硬兼施的政策，先以献帝诏书的名义责备袁绍“地广兵多而专自树党，不闻勤王之师而但擅相讨伐”（《后汉书·袁绍传》）。袁绍不能得不反复上表自辩。而后，曹操又以献帝名义拜袁绍为太尉，封邺侯。其时，曹操业已自封为大将军，袁绍不甘心位于曹操之下，怒曰：“曹操当死数矣，我辄救存之，今乃背恩，挟天子以令我乎？”（《三国志·袁绍传》）遂上表请求辞去太尉之职。曹操知道此时尚不能与袁绍抗衡，于是便使孔融持节拜袁绍为大将军，兼都督冀青幽并四州。

打击清除了异己，党旧亲信把持要职，宿敌袁绍亦被稳住，曹操得以进一步控制权力。十月，曹操自封为司空，行车骑将军，至此，曹操集天下大权于一手。

曹操迎帝都许后，作出的另一项重要决策，就是将屯田作为一项国家政策决定下来并付诸实施。曹操这是学习了自己的老仇家陶谦的经验。屯田的提出及实行也是东汉末年战乱频仍的时代背景使然。曹操以枣祗为屯田都尉，以任峻为典农中郎将，主持屯田事务。枣祗劝曹操实行“分田之术”，即把土地分给个人，然后根据收获量官民对半分成，曹操听从了这个建议。这一年，便得谷百万斛。枣祗是个薄命人，早逝，任峻便接了他的班在各州郡置田官，继续大力推行屯田。“数年中所在积粟，仓廪皆满”，故“军国之饶，起于枣祗而成于峻”。（《三国志·魏书·任峻传》）

任峻死后，继任者国渊、袁涣继续不断完善屯田制度。不仅扩大实行范围，还降低屯田的强迫性，不欲屯田者勿强。五年中仓廪丰实，百姓大悦，竞劝乐业。屯田的广泛实行，不仅解除了中原一带的粮荒，并且极大地支援了曹操日后的战争，故曹操“征伐四方，无运粮之劳，遂兼灭群贼，克平天下”。（《三国志·魏书·武帝纪》）

吕布的表演

刘备本想先在小沛安安稳稳干上一阵子，结果屁股还没坐热乎，袁术即发动步骑三万大军，遣大将纪灵为先锋，来攻小沛。刘备前时败于吕布时，丹杨兵背已附吕，刘备已失去对这支军队的掌控；而幽州兵与徐州兵，经历与袁术、吕布两场鏖战，死的死，跑的跑，所剩无几；刘备此时兵不满万，哪里有足够的军队来对抗袁术的三万步骑？既然正面无法对抗，不如去搬救兵。而刘备此时再显枭雄本色，毫不犹豫地派人向前日曾袭夺徐州的吕布求救。

吕布只带了千余人过来，而凭借自己的威名便使对方三万人不敢攻城。吕布看到袁术军不再攻打小沛，便带着人马屯驻在小沛西南附近，而且派人到纪灵那里，请他过来一起吃个饭，解决下小沛这个问题。

吕布有请，纪灵哪敢不去，于是马上跑了过去。宴席上，吕布对纪灵说：“玄德，布弟也。弟为诸君所困，故来救之。”这时候，吕布又拿起了他当大哥的架子，说刘备是我小弟，你们既然这么欺负他，那这事我得管。有我在，小沛的主意袁术是不能打的。接着，吕布又说了句让人哭笑不得的话：“布性不喜合斗，但喜解斗耳。”

既然吕布想让纪灵退兵，那就要拿出一些硬实力。于是，吕布说完话，便带着大家到了军营里，让门侯在营门位置放上一支戟，对周围的人说：“诸君观布射戟小支，一发中者诸君当解去，不中可留决斗。”恐怕当时纪灵诸人都不相信吕布能射中，否则军国大事岂能以射戟一事轻易答应退军与否。而如果不中，袁术继续攻打小沛，沦陷只是时间问题。而小沛失守，则吕布就将落入袁术的包围圈。所以，吕布也不可能以儿戏待之。正是因为吕布对自己的本事有充足的信心才会提出射戟解斗这一方案。

只见吕布“举弓射戟”，结果是“正中小支”，而观众的反应是“诸将皆惊”，大呼吕布“天威”。这一表现无愧“飞将”的称号，无愧“人中吕布，马中赤兔”的美誉。纪灵等见此，一方面因为前时已经答应吕布，射中戟之小支便罢军打道回府；而另一方面，也是为吕布的武勇所震慑，就算开战，自思也无把握打赢这场仗。于是，只能表示不打了。明日又与吕布大摆筵席，后一天就带兵回去了。

纪灵回到袁术那，估计也把吕布的神威跟袁术说了说，袁术此时正心怀鬼胎，欲于寿春称帝，便想拉拢吕布，与其结盟，得到他的支持。于是想和吕布结为儿女亲家，让自己的儿子娶吕布的女儿。吕布多半也想和袁术和平共处，免得受其骚扰，便口头上答应了这门亲事。袁术便派韩胤作为使者，将自己称帝这个想法告诉吕布，和他商量，并且准备将吕布的女儿迎到寿春。这时候，沛相陈珪怕袁术、吕布结亲，则徐州、扬州连成一片，兵势难挡，将成为汉廷的最大隐患。于是跑到吕布那里，劝吕布不要和袁术成为亲家：“曹公奉迎天子，辅赞国政，威灵命世，将征四海，将军宜与协同策谋，图太山之安。今与术结婚，受天下不义之名，必有累卵之危。”（《三国志·魏书·吕布传》）

曹操迎还献帝，迁都于许，在内辅政，海内闻名，这才是吕布该结盟的对象。而袁术，欲行僭号称帝之事，与他结亲，只会给自己背上不义之名，弄得身败名裂，遗臭万年。吕布听从了陈珪的建议，急忙派人把已经在送往寿春路上的女儿给追回来，毁了婚约，而且将韩胤抓起来押送许昌。曹操遂以朝廷的名义，封吕布为左将军，并且亲自写了一封信，好好安慰表扬了吕布一番。信中说，此前封吕布平东将军的绶印，被使者在山阳屯给弄丢了，而现在“国家无好金，孤自取家好金更相为作印，国家无紫绶，自取所带紫绶以籍心。将军所使不良。袁术称天子，将军止之，而使不通章。朝廷信将军，使复重上，以相明忠诚。”吕布受封当然很高兴，而殊不知这是曹操以敌制敌的策略，不仅羁縻住吕布，还成功拆散了袁术和吕布即将形成的联盟。

吕布受封后，又遣陈珪之子陈登为使者，答谢曹操，并且让陈登跟曹操说自己想为徐州牧的打算。但是陈登回来后，并没有封吕布为徐州牧的诏书，反而朝廷“增珪秩中二千石，拜登广陵太守”，给陈珪加了工资，又给陈登升了级。吕布见此当然恼怒，拔戟砍翻几案，责备陈氏父子劝自己绝交袁术，与曹操联合，而自己现在不但没有得到什么好处，而陈氏父子却升官发财，吕布心里怎么可能平衡。

面对吕布的凶相毕露，陈登不为所动，还借曹操之口数落了吕布一顿：“登见曹公言：‘待将军譬如养虎，当饱其肉，不饱则将噬人。’公曰：‘不如卿言也。譬如养鹰，饥则为用，饱则扬去。’”即曹操与吕布，好比猎户和动物，陈登说吕布是只老虎，得每天喂得饱饱的，不然的话就要吃人了。而曹操却认为吕布比老虎活跃得多了，更像一只鹰。而养鹰，就不能喂饱，因为鹰饱了就飞走了，而不喂饱，就会服服帖帖地跟在身边。吕布听了这种比喻，或许是默许了，就没追究陈登的责任，“意乃解。”

实际上，陈登此次与曹操的谈话不仅限于此。陈登知道吕布有勇无计，反复难养，所以，当他见到曹操时，便立即劝曹操早日将吕布铲除。而曹操也清楚羁縻吕布一时可以，但终非长久之计。于是，陈登临走时，曹操握着陈登的手，跟他说：“东方之事，便以相付。”东方即指吕布所在的徐州。曹操在吕布身边安插了一个内奸，而这个内奸还得到了吕布的信任，并且，暗中还在纠合徐州反对吕布的势力。

而此时的刘备，虽然暂时解除了袁术对自己的威胁，但是，好景不长，因为自己在小沛的建设，而又引来了吕布的仇视。

袁术怎么混成这样了

袁术的攻势解除后，刘备于小沛本想搞好建设，种种田养养兵。没过多长时间，就有了一万多人的军队。而当吕布得知这个消息时，又觉得刘备要成为威胁了，“吕布恶之，自出兵攻先主。”吕布既要留住刘备为自己的屏藩，又不想看到刘备在自己的地盘上发展壮大，所以，袁术攻小沛，救刘备的是吕布；袁术撤军，攻刘备的也是吕布。刘备自然无法抵御吕布，这下又只能跑了。东边是吕布的地盘，南边有袁术，北边的袁绍和自己交好，但是得跨过黄河。刘备无奈之下只能投奔和自己没什么过节，又在附近的曹操了。

刘备前次投降吕布时，吕布诸将劝吕布趁机杀了刘备；而这时投奔曹操，曹操帐下也有人劝他杀之以绝后患。而吕布和曹操的区别就是，属下的建议，大多数情况下吕布听不进去，而曹操能听进去。但是，值得刘备庆幸的是，曹操这边有人要杀他，也有人要“救”他。

主张杀刘备的人是程昱。程昱早年为兖州刺史刘岱举荐为骑都尉，但以自己生病为由，没有响应刘岱的征辟。而曹操继为兖州刺史后，程昱知曹操终能成大事，遂投奔曹操，却为乡里人所笑前后不一，程昱不以为意，一笑了之。曹操为报父仇而出征徐州，留程昱与荀彧守甄城。张邈等反迎吕布，得亏程昱率众御敌，得保甄城、东阿、范三城不失。曹操执其手感叹：“微子之力，吾无所归矣。”（《三国志·魏书·程昱传》）曹操与吕布鏖战濮阳之际，甚为困难，赖程昱数进奇谋得以支持。程昱闻刘备来奔，急见曹操，谓刘备有雄才而又能得人心，终究不能为人之下，不如趁此机会杀掉刘备。

而“救”刘备的人为郭嘉。郭嘉为颍川人氏，二十一岁便投身于袁绍帐下。但是，跟袁绍相处没多久，他便看出袁绍的性格特点：“智者审于量主，故百举百全而功名可立也。袁公徒欲效周公之下士，而未知用人之机。多端寡要，好谋无决，欲与共济天下大难，定霸王之业，难矣。”（《三国志·魏书·郭嘉传》）“多端寡要，好谋无决”完美诠释了袁绍的特点。既然认识到无法与其成霸王之业，那可以像荀彧那样从袁绍跳槽到曹操那里，发挥自己的才智。但是，郭嘉并没有这么做，或许是在等待时机，郭嘉直接回家了。

六年后，郭嘉再次出山，而荐举郭嘉的便是荀彧。当时曹操有个叫戏志才的谋士英年早逝，曹操很痛惜，于是给荀彧写信道：“自志才亡后，莫可与计事者。汝、颍固多奇士，谁可以继之？”荀彧便回信给曹操推荐了自己的老乡，郭嘉。于是，曹操召见郭嘉，与其聊了一个晚上，大赞道：“使孤成大业者，必此人也。”而郭嘉也看中了曹操，“真吾主也。”这与其对袁绍的评价真为天壤之别。

曹操随即表郭嘉为司空祭酒，留在身边随时为自己出谋划策。当刘备来投时，曹操很矛盾，便问郭嘉，面对有英雄之志的刘备，到底该杀不该杀。而郭嘉的回答相当简练："有是。"没错，刘备是该杀。但是，郭嘉的话还没有说完，"然公提剑起义兵，为百姓除暴，推诚仗信以招俊杰，犹惧其未也。今备有英雄名，以穷归己而害之，是以害贤为名，则智士将自疑，回心择主，公谁与定天下？夫除一人之患，以沮四海之望，安危之机，不可不察！"简而言之，刘备为人雄，固然当杀以绝后患，但现在还不是时候。郭嘉最后劝曹操"早为之所"。有了郭嘉的话，曹操没杀刘备，刘备再次幸运地活了下来，但是，后来曹操因为没记清郭嘉的话在对待刘备的问题上犯了一个重大的错误。

这时候，曹操也没空搭理刘备这个潜在的危险，因为他业已将吕布，这个宿敌，提到了日程表上来了。

曹操表刘备为豫州牧，派他到小沛附近收集散卒，给他军粮，让他帮着应付吕布。刘备也知道，一旦自己又招起兵来，势必又会牵动吕布的视线，与吕布再战的结果难免。果不其然，吕布立即遣高顺带兵攻打，结果和上次一样，刘关张再次战败。曹操又派夏侯惇增援刘备，亦为高顺打败。但是，这两场仗却都是刘备军充为炮灰，虽然两次皆败北，但也消耗了吕布的一部分主力。在此期间，曹操也与其谋士，制定出最后讨伐吕布的方案。

与此同时，袁术于寿春僭号称帝。袁术因前次吕布自毁婚约，十分恼怒，遂派遣大将张勋等以步骑数万，兵分七路攻击吕布。吕布听从陈珪之计，瓦解袁术诸军，大败张勋，张勋落荒而逃。随后，吕布又进军寿春，水路并进，一直追至钟离附近。所过之处竞相掠夺，并留下书信，对袁术羞辱一番。袁术无奈退守至淮水之南，吕布之军隔水对袁术大加嘲笑。

而远在江东的孙策听闻袁术僭号称帝，便令谋士张纮作书对袁术深加斥责。

就是说，袁术四世三公，本该为朝廷讨逆贼，而献帝也无过错，又没有改朝换代的迹象，却行此篡逆之事，实是不智之举。而曹操又表孙策为讨逆将军，封吴侯，使袁术成了南北无援之势。

建安二年（公元197年）秋九月，曹操亲自率军东征袁术。袁术听闻曹操前来，自知不敌，"弃军走，留其将桥蕤、李丰、梁纲、乐就"，但这四人都不是于禁的对手，于禁连斩四将。此时的袁术，众叛亲离，府库空虚，穷途末路之下，只能烧其宫室，投奔其部下雷薄、陈兰，但二人拒绝接纳袁术。袁术无法，又遣使至袁绍处，书云："禄去汉室久矣，天下提挈，政在家门。豪雄角逐，分割疆宇。此与周末七国无异，唯强者兼之耳。袁氏受命当王，符瑞炳然。今君拥有四州，人户百万，以强则莫与争大，以位则无所比高。曹操虽欲扶衰奖微，安能续绝运，起已灭乎！谨归大命，君其兴之。"（《后汉书·袁术传》），自己做不了皇帝，让给别人不如让给自家人。而袁绍早就向往着自己做皇帝，当他接到袁术这封信时，"阴然其计"。

袁术走投无路之下，想北至青州投靠袁绍的儿子袁谭。曹操派遣刘备及朱灵阻击，袁术不得北行，只能再折回寿春。到了江亭，问厨子现在的粮食状况，被告知只有麦屑三十斛。而当时正值盛暑，袁术想弄点蜂蜜冲水喝，也没法弄到。袁术看到自己现今如此惨状，坐在床上叹息良久，忽而大叫一声："袁术至于此乎！"一头倒在床下，呕血而死。东汉末年的落魄霸主竟是如此下场。

第四章　武力乱相：我们都爱兼并

孙策据江东

汉献帝建安四年（公元199年）冬，江南江北雪漫漫，袁术在贫困潦倒中抑郁而终。袁术的部下长史杨弘、大将军陆勉与孙策交好，又见孙策风华正茂，意气风发，是个成大事的少年英雄，便率领士卒前去投奔。不料，庐江太守刘勋早就盯上了袁术这块肥肉，将他们二人截获，士卒全体被俘获，刘勋将兵马全部据为己有。

曹操虎视眈眈，袁术亲属，浩浩荡荡，在寿春哪里敢待下去，便抬着袁术的棺木，野鬼游魂一般处处打游击。眼见刘勋收编了袁术部属，便去投奔他了。刘勋全盘接收，当然，他看中的不是袁术家属，乃是袁术基业。

这袁术晚年贫困潦倒，士卒兵马无粮可供，自己尤忍受饥饿，实在是支撑不下去，混到要去投奔袁绍的地步了，他能有什么基业。按理说本该如此，事实却大出世人意料。刘勋带领人马，直奔寿春，左搜右刮，竟然找出了一批金银珠宝，其数量之可观，让刘勋这个嗜财如命的太守叹为观止。这袁术真是舍命不舍财，就连刘勋也不禁感叹，自己真是小巫见大巫，这袁术跟自己相比真是有过之而无不及，难不成是怕自己到了黄泉路上无法逍遥快活？刘勋摇头傻笑，这些无关紧要，这些金银珠宝进了自己的口袋，这个最重要。这样想着，刘勋美不胜收，却不料，一场灾难正慢慢向他袭来。

孙策早就眼巴巴等着袁术一命呜呼，好渔翁得利，却不料这刘勋近水楼台先得月，白白捡了个便宜，还把投奔而来的杨弘、陆勉截获，眼看煮熟的鸭子飞了，孙策能不气吗？孙策跟刘勋的仇怨算是结下了。不过尽管咽不下这口窝囊气，孙策却也不敢轻举妄动，毕竟刘勋实力大增，不是孙策能够莫及的。孙策找周瑜商量，如何能惩治一下这个刘勋，最后，他们定出一个声东击西的计谋。这一招声东击西，让刘勋血本无归。

刘勋此人志大才疏，嗜财如命，是个见钱眼开的人物。孙策抓住他这样一个弱点，开始了不间断地糖衣炮弹的轰炸。孙策先是派人带着大批奇珍异宝与自己的亲笔书信去拜见刘勋。使者一番甜言蜜语，归结起来不过是，上缭富可敌国，刘繇余部万人可收编。先将好处亮出，吊起刘勋胃口，接着提出自己要求。上缭曾多次派兵骚扰江东，请求刘勋派兵征讨。若能如此，孙策便会倾全力相助。

刘勋早就听说上缭殷实富裕，想据为己有之心昭然若揭，以前苦于实力不足，未能征服，现下实力大增，当然愿意出兵。刘勋当即表示愿意出兵，听完使者回报，孙策暗中一笑，事情正朝着他计划的方向进展着，成功指日可待。

刘勋利欲熏心，帐中却有人保持着头脑清醒，他的手下刘晔进言道，上缭地方虽小，防御工作却做得相当完备，易守难攻，非一日两日就能够攻下的，大军一走，庐江空虚，怕是有心之徒趁机而入，还需三思。利益在前，刘勋哪里听得进去谏言，一向刚愎自用的他仍然坚持己见，如期出兵。刘勋此次带着志在必得的决心，举全郡之精兵而攻之，城中只剩下老弱残兵，根本无抵挡之力。孙策以小股兵力助之，仅仅是做个样子罢了。刘晔大呼，庐江命不久矣。刘勋前脚刚走，孙策便整装待发，正当刘勋酣战之时，孙策一声令下，千余轻骑如弦上之箭，向庐江飞奔而去。孙策满载而归，刘勋余部均归附，城中金银珠宝，粮草贮存，妻妾美人均被俘获。孙策不损一兵一卒，占领庐江，任命李术为庐江太守，分兵三千，把守此地。

刘勋入上缭，却发现上缭已经成为一座空城，一无所获，正愤怒之时，听闻庐江已被孙策所占，刘勋气急败坏，夜里行军，马不停蹄地往回赶。刘勋所率军队人疲马倦，士气下降，战斗力明显减弱。孙策哪里给他缓冲的机会，立即派出将领孙贲、孙辅二人率军拦截，给刘勋以致命一击。刘勋被打了个措手不及，狼狈而逃，去投奔曹操去了。孙策收编了刘勋残兵，入流沂。黄祖见孙策意气风发，霸气十足，心痒难耐，许是羡慕嫉妒恨作怪，便率领水军进攻孙策。

仇人见面分外眼红，黄祖部下射杀孙坚，黄祖与孙家结下了不共戴天之仇。孙策见黄祖，恨不得“食汝肉，寝汝皮”，心中仇恨的种子被灌溉了，一发而不可收拾，誓要手刃仇敌。有如此动力，孙策作起战来威猛无比，黄祖节节败退，刘表派五千精兵前来支援。

孙策手下将领齐上阵，周瑜、吕蒙、黄盖个个是带兵的好手，分兵多路，齐头并进，团团将黄祖围住，其惊心动魄之场面，无以用语言来形容。黄祖已无反击之力，险些全军覆没。孙策大获全胜，缴获的物资不胜枚举。不过让孙策倍感遗憾的是，黄祖侥幸逃脱。随后，孙策入豫章，豫章太守乃是名声大盛的华歆，孙策亲见华歆，力陈利害，华歆倒是识时务，无条件归附。至此，孙策已经将江东纳入自己旗下，如此气魄，让人佩服，曾有人评价孙策“有吕布之所长，而无其所短，谋略与仁义集于一身”。

孙策以掩耳不及迅雷之势，战群豪，据江东，成为后起之秀，跟他的人格魅力不无关系。孙策为人开朗，性情豁达，在用人上也颇有主见，士民多愿意为之效命，《三国志》记载，“是以士民见者，莫不尽心，乐为致死”。孙策自幼跟随父亲亲征，孙坚去世，便担起镇江东大业。作战有勇有谋，身先士卒，更懂得治军。孙策治军非常讲究策略，纪律严明是一贯准则，曾多次重申，抗敌攻城，不得损害百姓一牲一畜，一田一木，违者以军令处置。孙策作战勇猛，威名远扬，百姓曾经非常害怕他，不敢与之亲近，但其严明的治军，让其与百姓打成一片，后深得百姓爱戴。孙策平定江东，引起了曹操的充分重视。此时的孙策仅仅是还未奔三的毛头小伙子，曹操长叹一口气，无不感慨地说，“猘儿难与争锋也!”

曹操对孙氏父子历来采取宽松的政策，甚至有时候还可称之为纵容。当然，在这里面曹操是有利益可图的。刘表一直是曹操的一块心病，以孙氏父子来牵制刘表是曹操的一个策略，所以曹操远观孙策，任其坐大，却无采取行动进行干预。只是，曹操的意图并未行太远，就因孙策的英年早逝而失败了。

孙策为孙家在江东地区的发展作出了不可磨灭的贡献，最重要的就是在上文中所提到的对于民心问题的掌握。曹操马踏青苗的故事只能够显示出曹操对于军人的掌握，即曹操在领导方面的才能。而孙策在民心上面的把握上则是体现了孙策的政治才能，如果没有良好的民间基础，孙家作为一个外来的军阀家族是不可能在江东地区立足的。这点与曹操在占领徐州之后对当地的百姓实行报复性杀戮的做法是不同的。

国丈的秘密

权力如此诱人心，让人飞蛾扑火而求之。

少年天子汉献帝，年方二十，曹操将其接来许都以后，吃喝享乐样样顺心，但是，荣华富贵若是成了习惯，那也变得无趣。眼见曹操势力逐渐膨胀，已经成长为事实上的一国之主，此时的东汉王朝已经形同虚设，汉献帝更是一个无实权的光杆司令。这日，汉献帝从美人堆里醒来，却发现身边布满曹操密探，处处被监视，被牵制，原来已经久在囚笼里了。曹操取而代之之心，天日昭昭，只是时间早晚的问题罢了。

这位东汉的末代天子，日益表现出了天子的威严，但看东汉王朝成了曹家的天下，再不有所行动，就要改朝换代了。汉献帝人小胆大，谋求自强的决心悄然立下，再看那曹操，更带着仇恨的眼光，一次一次的表现也让曹操受到了威胁。这日，曹操走上大殿，殿下群臣俱在，议事完毕，汉献帝突然冒出一句雷倒众人的话，这话是对着曹操说的："君若能相辅，则厚；不尔，幸垂恩相舍。"群臣均一怔，没有料到汉献帝能出此言，曹操却已大惊失色，冷汗冒出，片刻，汗流浃背，良久无语。

众人都已退去，汉献帝也已离开，曹操仍旧屹立殿上，久久不能平复内心的波涛汹涌。朝堂之上哪一个不是他曹操的人，他当然不是在害怕，他只是惊讶于汉献帝能出此言，那温顺的小猫猛然之间成了小老虎，正张牙舞爪向其示威。

曹操将汉献帝从荆棘丛生的洛阳营救出来，抱着挟天子以令诸侯的打算，让汉献帝荣华享尽，原以为天子清心寡欲，对权力之事并无兴致，却不料，权力真是个稀罕东西。只是，傀儡天子想要摆脱玩偶命运，掌汉朝大权似乎没有那么容易。

身在龙潭虎穴，汉献帝本身就已经身陷困境，一举一动俱在曹操掌控之中，根本就无法伸展拳脚，连曹操的一根汗毛都无法动。当此之时，曹操的身边已经聚集了一批反曹派，以伏皇后的父亲伏完为首，但是汉献帝的这个岳父没有实权，汉献帝就将铲除曹操的重任交给董贵人的父亲董承。

董承本是董卓部下，董卓兵败，董承无处可归，幸得上天相助，董承的女儿成了汉献帝的妃子。董承起死回生，顶着国丈的身份，到了汉献帝的身边，在汉献帝入许都时一直伴随左右，也算尽心尽力。汉献帝几经磨难，身边又无可说知心话的人，便将董承视为自己人，凭着这层关系，董承捞了个卫将军的职务。这夜，汉献帝久久不能入睡，好说歹说，终于将身边的宫女、太监、侍卫都打发干净了，秘密行动就在今晚开始，保密工作要做到万无一失。如此想着，汉献帝再次将四周扫视一遍，确保无人，便坐在案几前，写下那份血诏，回顾种种，汉献帝越发坚定了诛杀曹操的信念。曹操实在欺人太甚，汉献帝因愤然而不禁失声。汉献帝将写好的诏书缝入衣带内，狡猾如曹操，为逃脱他的法眼，唯有此法。真是魔高一尺道高一丈，汉献帝能想出此法，必定是经过深思熟虑，可见铲除曹操决心之大。

汉献帝建安四年（公元199年）阳春三月，董承被提拔为车骑将军，升职令由汉献帝亲自下达。乍看，不过是一件普通的给官员升职事件，却隐藏着汉献帝极大的动机。首先，此事由汉献帝亲自裁断，根本没有征得曹操的同意。其次，曹操正面临着内忧外患，对内，刘备表面顺从，却暗藏野心，始终是一大隐患。对外，袁绍虎视眈眈，大范围调兵遣将，南下之势路人皆知。汉献帝正是抓住了曹操无暇顾及之机，实施自己的计划。

董承得车骑将军之职，喜上眉梢，这一职务，拥有许都最高军事头衔，本归曹操所有。只是，董承虽拥有无上的职称，却根本没有实权，因为部队多是曹操所率，根本不听从他的指挥。董承空有职衔，手中兵力仍然有限。董承势单力薄，但慧眼识人，将反曹操的势力，一一发掘，最后种辑、王服、吴硕，还有似是而非的刘备被拉拢过来，加入谋刺曹操的阵营。

种辑时任长水校尉，王服、吴硕乃是将军，只是这三人虽头戴军衔，却是个空壳，手下士卒少得可怜。刘备虽有些势力，却仍旧徘徊在模棱两可之中。其实，此时的刘备也是自身难保，在曹操的监控之下，处处小心，备受控制，有性命之忧，哪里还有心思去管这些争权夺利的事情。刘备借袁术要去投奔袁绍之机，得曹操应允去徐州拦截袁术，自此一去不复返，参加诛曹操之事也就不了了之了。

董承诛曹操，前前后后准备了一年也没有实质性的进展，所谓夜长梦多，再这么拖下去迟早要败露。汉献帝一遍一遍地催促，一次一次地失望，董承心里也急，整日茶不思，饭不想，夜不寝，一门心思想主意，还真被他想出来一个妙方。

董承想到了太医吉平，吉平乃是曹操的家庭医生，却与董承交好。若是让他下手，在曹操所服药物中，加一剂毒药，就可让曹操一命呜呼。真是天赐良机，董承欣喜若狂，连夜拜访，一番甜言蜜语，将吉平也拉入了谋刺曹操的团队中。董承终于松了一口气，成功指日可待。曹操一除，就是他董承的天下了，这样想着，董承心中已经乐开了花，如同吃了蜂蜜一般甜。

人生不如意之事太多，功亏一篑之遗憾，也常常发生，沉浸在美梦中的董承万万没有想到，事情会落得功败垂成，前功尽弃的结局，而他自己也遭遇了连诛三族的命运。曹操命不该绝，种种迹象都让他起了疑心，也许，在汉献帝不得曹操允许，就任命董承为车骑将军那一刻起，曹操就已经有所警觉。所以，当发现了蛛丝马迹，曹操便将其扼杀在摇篮中，证据是不需要的，手中的权力可以代替一切。

董承、种辑、王服、吴硕片刻之间人头落地，给他们陪葬的还有三族亲属。曹操先斩后奏，汉献帝吓出了一身的汗，当然，曹操明知汉献帝乃背后主使，终究是不能拿他怎么样的，当着他的面将董承怀孕五个月的女儿董贵人一刀杀掉。曹操根本不理会汉献帝的求情，汉献帝泪眼朦胧，双拳紧握，曹操实在是胆大妄为，二话不说，杀了自己的妻子与未出世的孩子，实在是欺人太甚。

此番杀鸡给猴看，让汉献帝更加憎恨曹操，却也不敢轻举妄动了。伏皇后一向支持汉献帝铲除曹操，被曹操得知，曹操想方设法将其打入冷宫，后逼其自缢。衣带诏，随着曹操杀戮的结束而毫无踪影。

衣带诏事件实际上表明了汉室最后一丝反抗外臣专权势力的努力。包括董承在内的一干大臣心中还是有着复兴汉室的梦想，即便是当时请求曹操将献帝接入许都也是为了复兴汉室绝不是为了向曹操谄媚。应该说到了这种程度，无论董承等人是否是在为自己的未来进行盘算，都是需要极大的勇气的。尽管受到当时情形所迫没有办法与曹操相抗衡，最起码在心理上给曹操造成了冲击，曹操的疑心病也许就是这个时刻被激发了出来，让曹操的心中永无平静之日。

事情顺利解决，只是，还有一个人成了漏网之鱼——逃逸的刘备。仇当然要报，只是时机未到。袁绍的大军已经开来，暴风雨之前的气氛渐渐逼近。

咱俩到底谁更好

“使汝百人来，其无如我何；曹公自来，未可知耳。”

曹操的脑海中反复盘旋着这话，心绪难安，辗转反侧，无法入眠。“夫刘备，人杰也，今不击，必为后患。袁绍虽有大志，而见事迟，必不动也”，对郭嘉说过的这话，犹在耳畔。

曹操起身，案几上放的是刘岱、王忠打败的军事情报。以曹操之观察，刘备心怀大志，以其之隐忍，终究会成大事。曹操不禁想起那次与刘备共饮青梅酒，话天下英雄之事来，刘备临危不惊，轻松化解尴尬。曹操心中对刘备的防备更上一层，更为自己放虎归山而后悔不已。此时若不将其剪除，必定后患无穷。

袁绍自从击败公孙瓒后，实力大增，成为北方最具实力的霸主。但是，身边虽谋士云集，智囊团强大，有如许攸、田丰，但袁绍却是一个优柔寡断之人，难以决定，“无断则必将无威，少决则必然被动”，时有人对袁绍出兵作出评价“眼前虽强，却难免后败”。

与袁绍的一战不可避免，但是，刘备不除，当袁、曹大战之时，将是一个重大威胁。后方不安全，哪里有心思奋战在前线。曹操这样想着，心中已经有了定断。袁绍讨伐曹操的檄文已经尽人皆知，曹操看后，非常平静。他的手下将领不干了，要求立即讨伐袁绍，曹操笑着摇摇头，心中波澜不惊，袁绍此举一是求个名正言顺，二是激怒曹操，让其丧失理智，曹操愈是如此想，心中愈宁静。

在与袁绍火并之前，需要解决的是徐州的刘备。但是，心中也不免有所顾忌，袁绍调兵遣将久矣，他若是趁虚而入，许都将岌岌可危。曹操不免陷入抉择两难的困境中，攻打袁绍还是刘备？基于对这二人才智及其性格的分析，曹操准备赌一把，亲率士卒往徐州奔去。曹操亲战，这是刘备万万没有想到的，毕竟袁绍虎视眈眈，刘备错误估计了形势。没有悬念，曹操大胜，刘备再次失掉徐州。

话说，曹操入徐州时，是袁绍进攻的一个好时机。只是，天赐良机却被袁绍的儿女情长给牵挂住了，袁绍宠爱的小儿子袁尚一病不起，让做父亲的袁绍心痛不已，毫无心思领兵出征。袁绍由着性子，将进谏的田丰臭骂一顿，自此疏远田丰。机会转瞬即逝，曹操凯旋。真是儿女情长，英雄气短。

家庭、事业兼得，那固然是好，然而，但凡古今能够成就大事业者，莫不将个人恩怨放置一侧。时张绣第二次投降曹操，曹操欣然接受，以礼相待，绝口不提当年往事。这张绣不仅曾经背叛曹操，还是曹操的杀子仇人。如此看来，袁绍、曹操之差异可见一斑，曹操成大事之端倪已经展露无疑。时人曾称赞曹操，有英雄之才，乃因“宰相肚中可撑船”，对于仇人，也能不失礼节，笼络人心，使用人才，更是高手中的高手，定能成大器。

袁绍十几万大军气势汹汹而来，曹操悉数兵马，仅仅两万有余，敌强我弱，如此大的反差对比，如何取胜，是个让人百思的头痛问题。乍看袁绍势力让人心惊胆战，几十万的大军，这是军事力量上的重大悬殊，另外袁绍筹备多时，可谓有备而来。更强大的力量是袁绍手下人才济济，有文有武，有智有谋，田丰、许攸心思缜密，是智囊团级的人物，颜良、文丑作战勇猛，统领袁军，更有审配、逢纪这样的能臣相助，打败袁绍真是有如登天。

当探得袁绍的军情，曹操陷入沉思，一股恐惧窜上心头。曹营之中有这种恐惧心理的大有人在，时任北海相的孔融便是其一，当然孔融的说辞是从力量悬殊而言，人力之多乃是袁绍最让人无法企及的优势。“绍地广兵强；田丰、许攸，智计之士也，为之谋；审配、逢纪，尽忠之臣也，任其事；颜良、文丑，勇冠三军，统其兵：殆难克乎！”

孔融从人力、物力、统治范围一一加以言说，句句诚恳，句句属实。孔融一遍一遍力陈形势，却次次是在灭自己威风，长他人志气。军中弥漫着浓厚的恐惧气氛，压得人透不过气来。

谋士荀彧、郭嘉与贾诩却认为不然，荀彧、郭嘉都是出自袁绍的阵营，对袁绍斤两一清二楚，这三人列举了一系列理由将孔融所言一一驳倒。

“绍兵虽多而法不整。田丰刚而犯上，许攸贪而不治。审配专而无谋，逢纪果而自用，此二人留知后事，若攸家犯其法，必不能纵也，不纵，攸必为变。颜良、文丑，一夫之勇耳，可一战而禽也。”（《三国志·魏书·荀彧传》）

袁绍兵力虽多，却是有量无质，况且袁绍政令不一，下属多有怨言。对于袁绍手下谋士与将领，个个都是好手，却也不是完人。谋士要么个性刚硬，要么嗜财入命，武将有勇无谋，却又刚愎自用，而袁绍又是个缺乏果断之人，这些人走到一起，难免军心大乱了。

一番激情澎湃的理论，将众人的信心重新调动，曹操也心情澎湃，恐惧的阴霾一扫无余。在这士气大增的节骨眼上，荀彧与郭嘉又献上四胜十胜之说，力主信心战。

荀彧四胜四败说，与郭嘉的十胜十败说，有异曲同工之妙，差别仅在于，十胜十败说，更加全面而完善，所以这里仅给出十胜十败说，其内容如下：

“今袁绍有十败，主公有十胜，袁绍兵虽盛，不足惧也：袁绍繁礼多仪，主公体任自然，此道胜也：袁绍以逆动，主公以顺率，此义胜也；桓、灵以来，政失于宽，袁绍以宽济，主公以猛纠，此治胜也；袁绍外宽内忌，所任多亲戚，主公外简内明，用人惟才，此度胜也；袁绍多谋少决，主公得策辄行，此谋胜也；袁绍专收名誉，主公以至诚待人，此德胜也；袁绍恤近忽远，主公虑无不周，此仁胜也；袁绍听谗惑乱，主公浸润不行，此明胜也；袁绍是非混淆，主公法度严明，此文胜也；袁绍好为虚势，不知兵要，主公以少克众，用兵如神，此武胜也。主公有此十胜，于以败袁绍无难矣。”

郭嘉的十胜十败说，概况来说就是道胜、义胜、治胜、度胜、谋胜、德胜、仁胜、明胜、文胜、武胜这十胜，而荀彧的四胜四败乃是其中四部分，度胜、谋胜、武胜、德胜。这十胜十败，虽看似繁琐，归纳起来，实是言简意赅，可谓是囊括了袁绍的所有劣势，曹操的所有优势。以袁绍之短，比曹操之长，让人看到的却是希望。

这样的一篇宏论注定了郭嘉成为东汉末年顶级谋士的未来，让郭嘉的姓名和曹操的功业永远地相容在了一起，尽管天妒英才，郭嘉在曹操消灭袁绍之子的时候因病去世，但是郭嘉当时给曹操所提供的计策包括这篇著名的十胜十败论都彻底地显示出了他所拥有的极佳才华，甚至有人曾经这样说，如果有郭嘉当时在曹操的身边，后来曹操的赤壁之战也许就不会得到那样惨烈的结果。

曹操看罢，仿佛已经看到了胜利的曙光，心中似有氤氲之气，竟不禁有些飘飘然了。信心真是一个奇妙的东西，他是推动一股让人一往直前的动力，即使希望渺茫，他也能让你看到美好的明天，即使道路坎坷，他也让你欣然上路。此时的曹操，正处于信心十足的时候，袁绍的几十万大军，在他眼中已经无关紧要。

当然，盲目的乐观是可怕的，曹操在信心中并没有迷失方向，积极备战，做好防御工事的同时占据险要地带，不几，就在黄河沿线筑成防守体系。一切准备就绪，曹操顺带解决了袁绍的后援与自身后方安全问题。

安抚是曹操制约小势力的一贯手段，例如，西北韩遂和马腾，让他们的儿子入许都为官，虽说是殊荣，却是实际意义上的人质，如此一来，既保证了他们不会反曹，也保证了他们不会去支援袁绍。总之，种种手段，让曹操没了后顾之忧，放心与袁绍一搏。

开战前紧张的备战就绪，士卒已经各司其职，一场战争一触即发。

扼杀在摇篮

刘备一得曹操应允，便一溜烟连夜从许都往徐州城奔去。重得自由的刘备，面容焦急又有几分兴奋，让在侧的关羽、张飞也摸不着头脑。以曹操对刘备的防备，如今能够让刘备出征徐州，多半是曹操头脑发热，丧失理智。刘备心知，曹操一觉醒来，理智归来，是极可能反悔的，刘备便等不得天亮，唤上二人，率军连夜出发。

果不其然，第二日，曹操见刘备不见了踪影，当即后悔莫及。刘备这一走，无异于放虎归山，后患无穷，曹操眉头紧锁，心中无限感慨。这时，程昱、郭嘉听闻刘备逃逸前来来见，二人力陈利弊，总之一句话，万万不能让刘备逃走。曹操一算时辰，此时若以快马相追，许能赶上，便命百余骑快马加鞭去追，追兵手握军令，令刘备速速归朝。却不料，刘备将来兵敷衍打法，绝口不提回朝之事，仍旧直奔徐州而去。

刘备克袁术，入徐州，总算是舒了一口气，以协助徐州刺史车胄驻守徐州为由打发朱灵回许都复命，朱灵一走，刘备将军权握于手中。不几，刘备又寻得理由，令关羽斩杀车胄，成为徐州实际上的统治者。曹操让车胄杀刘备的计划泡汤，便又派刘岱、王忠二将去征讨，这二人心高气傲，轻敌难挡，刘备不失一兵一卒，就让他们军粮尽失，最后被刘备羞辱一番狼狈而还。

因刘备那句一时得意的话，“使汝百人来，其无如我何；曹公自来，未可知耳”，曹操亲率大军气势汹汹而来。刘备将要为一句得意之话，付出惨重代价，另一场逃亡之路已经打开。

刘备万万没有预料到曹操会亲自出马，他心中清楚，后方袁绍对曹操的威胁久矣，若曹操率军入徐州，就把大好机会留给了袁绍，这是得不偿失之事，智慧如曹操，他绝对不会这么做的。因此刘备自以为可以高枕无忧了，趁着曹操与袁绍对峙，无暇东顾之机，可以好好经营徐州，作为日后光复汉室，重振刘家大业的根基，抱着这样的心思，刘备根本没有做任何的防备措施。

但是，事情就是如此让人措手不及，刘备悠哉乐哉之时却闻曹操来袭，顿时如五雷轰顶一般，傻眼了，事情大出意料，这仗该如何打？

刘备率领五千士卒入徐州，再加上后来收编的徐州兵力，不足九千，刘备一纸救援急报发到了东海郡昌霸那里，这个东海郡昌霸是刘备一入徐州，便带头投诚的徐州一方小霸。昌霸率军来援，刘备兵力增至万余人。

曹操此次前来，率领两万精兵，若以人数来算，刘备的兵力也并不算少，况且自己手下还有关羽、张飞两员猛将作为左膀右臂。但是要人命的是，刘备所带之兵，本是曹操所有，其战斗力当然毋庸置疑，但是难保他们肯为刘备效命，更何况是对抗自己的老主子。刘备反叛曹操，自己背负着背信弃义的罪名，军中士卒也难免有怨言，所以指望他们抛头颅洒热血的可能性微乎其微，刘备所能够仰仗的就仅仅是自己那可怜兮兮的两千亲军而已。

这两千士卒远远不足以与曹操相抗衡，希望渺茫，不是刘备没有信心，实在是不具备支撑起信心的能力。曹军日益逼近，刘备心中只有一个念头，那就是逃。刘备甚至连交战的勇气都没有，撒腿就溜，也许这个决定是对的，所谓留得青山在不愁没柴烧。

曹操大意而放虎归山，刘备恩将仇报，背后插曹操一刀，举起反曹大旗，又参与“衣带诏”谋杀曹操阴谋，旧怨新恨，若得曹操擒拿，肯定命丧黄泉，而且会死得很惨。种种，刘备看得清清楚楚，所以曹军当前，刘备临阵脱逃，即使背负这样的罪名，也要保得性命。见得明天的太阳，才有东山再起的希望，刘备这样想着，脚下逃跑的步伐更快了。

曹操率领军队，气势汹汹，哪里有多少士卒诚心抵抗，刘备的军队一触即崩溃，当真兵败如山倒，况且，将领逃跑了，士卒哪里还有拼命的道理。曹军势如破竹，长驱直入，直奔刘备逃跑的方向而去。

看曹操充满仇恨而锐利的双眼，刘备心中的恐惧一波一波，一浪一浪袭上心头，曹操一声令下，曹军直扑而来，刘备被让人窒息的气场震惊了，一阵厮杀，刘备扬鞭一挥，胯下坐骑，冲出重围，狂奔而去。狂奔百余里地，看那夜幕笼罩，刘备停了下来，再看后面，只有几十名亲兵跟随，人马个个气喘吁吁，神态忧郁。刚刚从鬼门关回来。刘备无语良久，心中却感慨万千，再次失徐州。

败得如此彻底，片刻之间一无所有，刘备越想心绪越难以平定。但是，事已至此，路仍旧要走下去，便强行打起精神为明日之生存绞尽脑汁。多时的狂奔，刘备与仅存的几十名亲军已经累得无法前行，恰见一间破庙，便打算在庙里安歇一晚，准备明早上路。

窗外，月光皎洁，刘备辗转反侧，哪里能够入睡。张飞在战乱中失去联系，现下也不知如何。关羽与妻儿在下邳，下邳本是个安身之所，只是恐怕现在曹操已经布下天罗地网等着自己自投罗网。一边惦记着妻儿与两兄弟的安危，一边为自己明天的路而担忧，刘备思绪万千，却毫无头绪，实在是到了山穷水尽疑无路的绝境。

天下之大，却无立身之地的滋味，让刘备一夜未合眼。清早，在疲惫中起身，刘备感觉全身的力气都被抽空了，却见一双双期待的眼神，刘备羞愧难当，寄托着几十人的期待，总要拿出个主意来。现下，妻儿与两员大将只能听天由命了，刘备自己尚且处于狼窝虎穴，更无暇顾及他们了。心中这样想着，只能走一步算一步了。

庙外，一阵急促的哒哒马蹄声传来，众人的警觉立即被唤醒，莫非是曹操的追兵？刘备立即命人隐匿起来，从窗缝里往外看，却是一列袁绍的士卒飞奔而过，舒了一口气，戒备松弛下来，刘备的眼前却一亮。

刘备踱来踱去，拿不定主意。众人肚子咕噜咕噜直叫，一天一夜，滴水未进，体力又严重消耗，真是饥渴难耐，刘备一声不发，却都看在眼里。还是保命要紧，刘备下了命令，众人便策马往袁绍方向而去。

刘备入袁营，自当感恩图报，知无不言，言无不尽，只是，正如刘备所预言，袁绍终究是难成大事之人。

第五章　官渡之战：头脑发热是会送命的

先打一仗玩玩吧

汉献帝建安五年（公元200年）二月，春节的气息还没有散去，声震日威的袁绍，便按捺不住心中的欲望，要给曹操以致命一击。恰逢刘备狼狈来投，刘备知无不言，言无不尽，将曹军军情一一汇报，袁绍大喜，认为凯旋的把握已经达到了百分之百。袁绍亲率大军进入黎阳，袁绍手下名将颜良独当一面，渡过黄河，以迅雷不及掩耳之势围攻白马城。

出征之前，袁绍集团内部矛盾重重，保守派与主战派争论得不可开交，谋士田丰主张打消耗战、持久战而与袁绍意见相左，被投入监狱。沮授则被踢出政务，实力一分为三，虽有领军之名，手中可用权力却有限，更因袁绍刚愎自用而与之不和。

此次，袁绍命颜良率军入白马，沮授以颜良有勇无谋而进谏，袁绍对沮授早有成见，并日渐疏远，哪里听得进他的谏言，依旧以颜良独当一面。这颜良是一员猛将，以骁勇善战威名远扬，却是一介莽夫，无甚智慧，是个执行任务的好手，却不是当领导的料子。袁绍无视谏言，刚愎自用，注定了白马之战的失败。袁绍在用人上的缺陷，让其虽暂得领先，却终究还是被一浪高过一浪的潮水扑倒在沙滩上，一蹶不振，死后无名。相形之下，曹操与刘备却是用人的高手，终使得他们成为后起之秀。

袁绍出兵部署完全随心所欲，权力完全掌握在独自一人手中，听不得谏言，见不得反对，沮授知凶多吉少，有去无回，便不想随军出征，不料，袁绍以死相逼，强行将其拉下水，沮授大叹一声，感慨万千，其悲，其凄，似是末日来临。事实证明，事情就是一步一步往最坏的方向发展，最终走向末日。

颜良气势汹汹，直奔白马，将白马团团围住。此时驻守白马城的是曹操部将刘延。刘延自知实力不足，更闻颜良大名，士卒更是闻风丧胆，哪里敢出城迎战，而曹操的军马此时距离白马城十几里地，一时远水也解不了近渴。刘延战战兢兢给曹操发去求救军报。这刘延虽不应战，却也尽职尽责，将白马城的防御工事做得十分到位，使颜良久攻不下，终究是等来了援兵，解了白马之围。

曹操接到求救军报，焦头烂额，不能见死不救，却实在是苦于实力不足，如今之计，不能硬拼，只能以智慧取胜。曹操心中焦急，却是越急越乱了方寸，无计可施了。谋士荀攸见曹操眉头紧锁，便献上一计。荀攸一向不鸣则已，一鸣惊人，曹操见荀攸发话，便知他心中已有十足把握，便以信任的眼神示意荀攸继续说下去，荀攸一得鼓舞，也不再卖关子，将心中想法一股脑儿说出来，曹操眉开眼笑，连连点头，对荀攸所说，很是赞同。

荀攸所说这声东击西之策，乃是，曹操率领主力部队攻打延津，并声张造势，入延津，过黄河，攻打袁绍的老家，当然这都是虚张声势，并非实情，以引袁绍分兵来攻打。趁着袁绍分兵之际，派出精锐轻骑兵，转而入白马城，将颜良打个措手不及，然后解白马之围。

曹操听了荀攸之策，喜上眉梢，事不宜迟，恐再生事变，曹操亲率大军往西而去，直奔延津，一路张扬无比，风光无限，生怕不能引起袁绍的注意。事情传到袁绍的耳朵里，袁绍见老巢危险，便率领大军主力赶往延津阻截，半道蹦出一个拦路虎——沮授。沮授见曹操入延津如此张扬，不像曹操一贯作风，怀疑这里面有猫腻，劝谏袁绍不可轻举妄动。

袁绍一听，倍加反感，这沮授一遍一遍出来阻拦，打击袁绍兴致，袁绍心中已是厌恶不已，大丈夫行事本应雷厉风行，沮授却一再婆婆妈妈，简直像老太太的裹脚布，又长又臭。况且，此次曹操攻打目标是袁绍大本营，非同小可，若是让曹操掀了老窝，这谁能负起责任。袁绍看沮授越来越不顺眼，将其臭骂一顿，末了一句妇人之见，把他监管起来。

袁绍执意入延津，跟曹操决一死战，这一天，他等了很久了，怎能轻易放过。只是，他自己却不知道，自己已经掉入一个为他精心准备的陷阱里。好戏马上就要上场，袁绍的大军已经出发，颜良也分兵去支援，时机到了。曹操见袁绍已经中计，便率领张辽、关羽两员大将及其小股精锐士卒，快马加鞭，日夜兼程，往回奔去。

关羽乃是刘备兄弟，此刻怎在曹操营中？原来，曹操破徐州，刘备舍妻儿与关张二人而逃，曹操对关羽从心底赏识，便想招降关羽。关羽是何许人物，自然不肯。曹操便将刘备妻儿擒住，以此威胁，关羽无奈，只得应允，以待时机与刘备会合。

距离白马城越来越近，曹操只希望颜良能够放松警惕，越晚得知救兵来袭越好，如此一来，便可出其不意，攻其不备，将颜良打个措手不及，胜算的可能更大了。

这颜良心高气傲，又是火爆脾气，见白马城久攻不下，心中难免有些赌气，这口气顺不下来，便火气难消。这日，颜良率领亲兵士卒，在白马城外溜达，以寻得个佳方妙计，尽早攻入白马城。当然，大牌自有大牌的待遇，士卒贱者步行，贵者骑马，颜良有专门的旄盖战车，坐在上面威风凛凛，气势压人，能让颜良感觉到高人一等的优势和乐趣。正是这辆旄盖战车暴露了颜良的身份，从而葬送了生命。

坐在旄盖战车，颜良无精打采，猝不及防，却闻阵阵马蹄声，但见一股骑兵以无人能敌之势，直奔而来，是什么人拥有如此天下无敌的气势？颜良从战车上站起，以便看得更清晰些，却见领兵之人是曹操，颜良心中一惊，竟然不知如何是好，片刻才回过神来，急令回营。

说时迟，那时快，曹操已经率军将去路斩断，颜良遭遇曹操，不得不战。毫不含糊，交战双方没有任何的寒暄，就已经乱成一团，此时此刻，唯有手中刀枪最有话语权，除此之外，一切都是枉然。

所谓射人先射马，擒贼先擒王。关羽看那旄盖战车，便策马而去，颜良见关羽直奔他来，却没来得及躲闪，关羽已手起刀落，将颜良斩杀，并割下颜良头颅，献给曹操。袁军无首，成为无头苍蝇，士卒更见关羽斩颜良，恐惧不已，军心大乱的袁军，不攻自破，白马之围顺利解除。

在延津的曹军主力，本就没有跟袁绍对决的计划，见袁绍来袭，撒腿就撤。袁绍知曹操的项庄舞剑，意在沛公，心中懊恼不已，又闻颜良被关羽斩杀，无异于受了当头一棒，心中斗志反倒是被激发了出来，一将不成，再拉出另一将文丑，文丑之名与颜良旗鼓相当，不相上下，文丑率领五千士卒，追击曹操留在延津的主力。

文丑平素与颜良关系亲密，见颜良战死，誓要为颜良报仇，有了动力，就能爆发出令人难以想象的行动力。文丑看中了曹操的辎重部队，作战如果没有物资，就只能等着挨打，刘岱、王忠的结局就是前车之鉴。

文丑这样想着，不禁心中窃喜，却不知曹操将这一切都看在眼里，念在心里，事情朝着曹操预料的方向发展。上行下效，文丑与袁绍犯了同样自以为是的错误，却不知螳螂捕蝉，黄雀在后，误入他人圈套却不自知。

文丑冲着曹操的辎重部队而去，曹操也不奋力抵抗，笑看文丑所带士卒疯抢财物，乱作一团。曹操见时机成熟，一声令下，将乱作一团的袁军围住，一番厮杀，手有物资的袁军哪里肯轻易放弃财物，生命与财物真是难以抉择，在这犹豫踟蹰之际，成了刀下亡魂，英明一世的文丑将军也被乱刀砍死。

斩颜良诛文丑，这本是《三国演义》最为经典的描写，突出了关羽作为一代名将的各种性格特征与威武霸气，成为了世人所传颂的经典三国故事，但又有谁能想到正史当中文丑的死与关羽没有一丝一毫的关系，这只不过是罗贯中为了突出人物性格，讲述人物故事做的又一次“移花接木”罢了。

曹军虽少，却凭其智慧，初战告捷，而狂妄自大的袁绍，连损两员大将，节节败退，曹、袁初战就奠定了官渡之战的基本走向。

谁都不服谁

白马城之战，曹、袁双方小试牛刀，曹操以荀攸声东击西之策，成功解围，袁绍手下猛将颜良被关羽一刀斩杀，文丑则被乱刀砍死，奠定了官渡之战最终的基调。

官渡初战，两军领导者的不一样的魅力一览无余。在实力悬殊巨大的情况下，曹操初战告捷，乃因其出其不意，攻其不备，这里面作战智慧发挥了重大作用，另外曹操能听谏言，更果断下策。再观袁绍，就相形见绌了，疏远能臣，刚愎自用，随心所欲，依仗兵强马壮，狂傲自大，致使连损两将，兵败如山倒。

白马之围的顺利解除，鼓舞了曹军的士气，使曹营之中的恐袁氛围一扫无余，沉浸在一片自信中。更让人来劲的是，曹操一番慷慨激昂的演说，打破了袁军貌似强大的假象，士卒个个跃跃欲试，动力十足。美好的开端是成功的一般，这场战争的凯旋，已经远远超过它实际本身的战果，更是将两军士气来了个大转变，曹军正以充沛的动力迎接下一次的挑战。而与此同时，袁绍的营帐之中，人人铁青着脸，震撼度相当高，锐气大大受挫，实力明明白白摆在那里，却狼狈败北，这哪里是能说得过去的道理。

受到如此屈辱，袁绍在为损失两员大将的伤痛之余，也不免要吸取教训，再同曹操决一雌雄。袁绍接受前车之鉴，认为白马城之战失利原因，乃是中了曹操的声东击西之策而分散了兵力。袁绍整顿军队，率领主力十万大军渡过黄河，在官渡之北的方向阳武驻扎下来，此时，袁绍已经占领了曹操防御的白马、延津、阳武三地，曹操三道防线均被袁绍占领，向曹操步步逼近，直至把曹操赶到许都的家门口。

曹军之中，乐观归乐观，形势还是相当严峻的，曹军虽然初战告捷，但敌强我弱的实力还没有得到根本的转变。延津一战虽然取得小规模胜利，却还是被袁军追赶着走，考虑到这一点，曹操便放弃前线驻守防线，率军撤退到官渡，官渡乃是一线防护，许都的门户，万不可失去，曹操命人在官渡做好了坚固的防御工事。

毕竟面临强敌，曹操若是紧急应战，难免仓促，一旦失利，就很可能面临全军覆没的隐患，曹操虽果断，却也不敢冒这么大的风险，毕竟没有足够让他冒险的实力为后盾，这也可谓是明智之举。

针对当前的情况，双方各自制订出了作战计划。袁绍初战失利，狼狈败北，士气低落，大大受挫，但是却有极其有利的条件，那就是兵多马壮，粮草供应充足，白马、延津、阳武现都已归于自己囊中，成为袁绍的大后方，有源源不断的粮草供应，再加上冀州、并州、青州、幽州，袁绍从不必为粮草而担忧。袁军如此情况，非常适宜打持久战、消耗战，以便将粮草非常有限的曹操拖垮，这不愧是一个良方妙计。

其实，在战争准备阶段，袁绍的大将军兼谋士沮授，就已经提出过此策略，只是当时袁绍求胜心切又心高气傲，刚愎自用的他根本听不进谏言，致使初战败北，两员猛将命丧黄泉。针对当前情况，沮授再提消耗战战略，一般人均能在付出代价后总结教训，但是袁绍他不是一般人，再次将沮授的提议置之度外，汉献帝建安五年（公元200年）八月，袁绍在距离官渡不远处安营扎寨，营寨连绵数十里，曹操在官渡筑成坚固的防御，袁绍见曹操毫无动静，便主动率军出击，连攻数十日，损失惨重，仍不能破，无奈，袁绍只得退回营寨，以等待时机，另寻他策。

面对袁绍的步步为营，曹军倍感吃力。第一，多日行军，士卒疲惫，无法立即迎战。第二，兵力太少，满打满算也只是两万有余，粮草供应仅依赖于许都一处，但是许都存粮严重不足。针对此种情况，速战速决是正确选择。两军完全相悖的策略，只能看谁更有耐心，谁能笑到最后，谁便能赢得最后的胜利。

然而屋漏偏逢连夜雨，本就有压力的曹军，面临的形势越来越严峻，曹操焦头烂额，心烦意乱，一面要抵挡袁绍的步步紧逼，一面还要应对新的挑战。

在白马之围中，挥刀斩颜良的关羽，是一头倔驴，无论曹操如何拉拢，都留不住他要离去的脚步，得知刘备在袁绍营中，便毫不迟疑地带着刘备妻儿，和刘备会合去了。曹操在关羽身上浪费了不少心血，终究是留不住他，关羽忠义之风让人佩服，曹操惜才爱英雄，仗义放行，更让人感叹。

关羽离去，曹操固然伤感，却有更大的挑战正一浪一浪扑向曹操，让曹操应接不暇。江东传来消息，威震天下的少年英雄孙策遇刺身亡，这对于曹操来说，无异于五雷轰顶，曹操的如意算盘被打破了。

曹操对孙氏在江东发展势力一向纵容，并不是对孙策存有好感，深层原因乃是以孙策牵制荆州刘表。孙策一去，刘表毫无顾忌，正值曹操与袁绍打得不可开交，是刘表把黑手伸向许都的绝好时机，如此，曹操前有虎，后有狼，如何应对？许都一失，曹操将面临着灭顶之灾，不仅多年的苦心经营付之一炬，怕是会死无葬身之地。

如此严峻形势，曹操却来不及多想，就面临了袁绍又一次的进攻。袁绍性子急，取胜心切，见曹操始终无举动，便再次主动出击，他命人在曹营外堆砌了一座座土山，高有数丈，士卒居高临下，能见曹营之中人头攒动。这日，曹操正在帐外练兵，一阵箭雨突然袭来，惊慌失措的曹军，顿时乱作一团，挣扎着往营帐中躲去，没来得及躲闪的多被乱箭射死，死伤无数。一时间，曹军中消弭的恐袁情绪重新抬头，并风靡起来，人人自危，出门都得身带盾牌护身。

兵来将挡，水来土掩，曹操紧急召开会议，制定出应对策略。曹操命人与袁绍相对，也同样筑成土山。但是，仅仅筑成土山，只能作为防御只用，还不能对袁绍攻城威胁，曹操命人赶制一批发石车，以发石车的威力将袁军的土山一个一个摧毁，再以其人之道还治其人之身。

曹操的计策无疑十分成功，曹军在发石的同时，更以击鼓助威，士气大增，而袁军土山一个一个被摧毁不说，更是感受到了曹军的威力，在气势上就被压倒了。

在两军对峙中，双方小打小闹，各有胜负，却无伤大局，只是曹操的眉头越皱越紧，唉声叹气的次数也越来越多，曹军中粮草已经不多，这消耗战是打不起的，但是，实力上又难以与袁绍决一死战，真是进退维谷。曹操本就粮草不足，袁绍却命越骑司马韩荀率领精兵偷袭运粮部队，更将许都与官渡之间的运粮通道切断，这对曹操来说无异于雪上加霜。

一路不成，另寻他路，曹操想到汝南，这里是黄巾军刘辟、龚都的地盘。曹操掌握汉室大权以后，这二人均归顺。汝南一块肥田，曹操在这里作为屯田的试验地，初见成效，此时是他们该效忠的时候了。曹操命人去要粮草，却遭遇了闭门羹，曹操气急败坏，大骂刘辟、龚都忘恩负义。当然，不管曹操如何将二人骂得狗血淋头，只能是逞口舌之快，根本是无力征讨的。

兵马未至，粮草先行，多少著名的将领为了吃饱饭的问题伤透了脑筋。如今在官渡的这种窘迫的状况，与当时曹操在兖州与吕布进行鏖战的时候有过之而无不及，何况曹操面对的不是那个有勇无谋的吕布，而是有着极高名望和一大群谋士的袁绍。如若不是这样，始终充满着过于常人自信的曹操肯定不会选择去向那些黄巾军寻求粮食。本来拉下脸去借这就已经是对曹操的羞辱了，却又没有借到，这就更加深了曹操“虎落平阳被犬欺”的尴尬之感。

这样的状况对曹操来说无疑是致命的。本来兵力就没有袁绍那样雄厚，战斗力也比不上袁绍的军队，虽然自己有着“十胜十败”论的理论支持，但是理论永远不能当饭吃，要打仗首先要解决吃饭的问题才成，这样，原本的军事问题就演变成了粮食问题，进一步变成了是去是留的问题。

眼看军中粮草一日比一日少，士卒不堪重负，曹操却无计可施。如此下去，迟早是要败北，曹操如此想着，便萌生了撤兵的念头。留守许都的荀彧不愧跟随曹操多年，在关键时刻挺身而出，给曹操快马寄来鼓舞信，分析形势，将袁绍与曹操一番对比，对曹操一番恭维，却句句属实，句句在理，曹操如醍醐灌顶，茅塞大开，坚定了抗战到底的决心。荀彧在给予曹操信心和鼓舞的同时，更是加强粮草护送人手，历尽千难，将粮草送至军营。

两军相持，均无法占据优势，此时曹军若是撤退，与败北无异，袁绍必定会乘势追击，战争仍难以避免，反倒是落于挨打的被动局面。战争中的成败往往取决于一念之差，两军相持，若能抱着再坚持一下的信念，战局很可能就会扭转。

曹操从踟蹰中走出，以崭新的面目次投入到战争中。然而老仇敌刘备，再次挡住了去路，却成为曹操的眼中钉、肉中刺。

刘备的骚扰

曹、袁对峙官渡，兵力悬殊，袁绍有十几万大军，而曹操满打满算有兵力两万有余。一番小打小闹，战争进行到对峙阶段，曹军十之二三已是伤残。而袁绍则在官渡不远处筑成几十里的营寨。

曹营中笼罩着死气沉沉的氛围，就连曹操也几次欲打退堂鼓，均被荀彧劝阻，军粮短缺仍旧是一个难以解决的问题，为缓解军粮，加重对百姓的赋税负担在所难免，况且连年的战争已使百姓痛不堪言，反叛风起云涌。面临曹、袁力量对比悬殊，曹军之中，更有“识时务者”叛变，加入袁绍的阵营，其中影响较大者乃是刘辟等人的叛乱，致使曹军军心动摇，人心不稳。

刘辟，是东汉末年黄巾军将领，率万余人盘踞在豫州汝南一带曾依附于袁术，袁术大败以后，归降曹操。曹操自此实行屯田制，收效甚好，民富兵强。曹操在官渡之战中甚是吃力，通往许都的运粮路被袁绍切断，便向刘辟征粮，刘辟见袁绍兵强马壮，胜利在即，便反叛了曹操，转向袁绍。

汝南有众多支持袁绍的势力，乃因汝南本是袁绍老家，袁氏家族的关系网密布，更有许多门生故吏遍布，而袁绍的这些关系网无不拥有武装力量，刘辟一反，这些小的武装力量便联合起来，成为袁绍的后方基地，同时也威胁着曹操的后方基地——许都。

刘辟率领游击部队，时不时给曹操后方许都出其不意的骚扰，虽构不成大的威胁，却始终是隐患。袁绍则在前线，率领主力部队与曹操斗智斗勇，曹操本就兵力不足，再加上两者兼顾，更加难以应对，倍感吃力。更让曹操感到火上浇油的是，袁绍命令刘备前往汝南与刘辟会合，以趁曹操无暇顾及后方之时，袭击许都，可与袁绍遥相呼应，形成南北夹击之势。

刘备投奔袁绍以后，为袁绍出谋划策，更将曹操军情以实相报，袁绍甚是得意。但在白马城之战中，关羽杀袁绍大将颜良，袁绍心痛不已，本想斩刘备泄气，但闻刘备可召关羽前来，袁绍想能得关羽也算是美事一件，便让刘备随文丑一同出征，追杀曹操。文丑打前锋，刘备断后，听闻文丑被乱刀砍死，聪明如刘备，哪里还会去送命，于是仓促回营，算是捡回了一条命。

刘备善于煽动民众，又有仁义之名，入汝南以后，深入基层，将众多地方武装纳入自己麾下，当然也有部分人，不为所动，阳安都尉李通就是一个强硬派，无论如何拉拢，就是死扛到底，曹操听说以后，甚是激动。

刘备与刘辟及其袁绍地方门生故吏密切配合，虽实力不大，却足以引起曹操的重视，毕竟许都是曹氏的命根子，命根子毁了，一切都烟消云散了。在刘备的带领下，联合军时不时打游击，威胁许都安全。后院出事，曹操忧虑万分，守官渡还是保许都，这本就是一个问题的两个方面，官渡要守住，许都更不能失，两者若失其一，必定二者皆失。

从弟曹仁见曹操面露忧虑，便主动请缨，去攻打刘备。曹操也毫不犹豫，应允了曹仁。刘备在汝南滞留越久，威胁越大，趁刘备还未在汝南站稳脚跟，一举灭之，以绝后患。况且刘备新入汝阳，还未与士卒打得火热，击败他倒是容易些。

曹仁不愧被称为曹魏开国名将，入汝南，不几就将刘辟的防御击破，刘辟在保卫刘备过程中阵亡。刘辟反叛曹操，却为保刘备而亡，此时的曹操乃是可与袁绍争锋的一方英雄，而刘备却是一个丧家之犬，狼狈投奔袁绍的小人物。所谓士为知己者死，看来刘辟是被刘备的个人魅力所折服。其实，刘辟如何死的，正史中并无记载，说刘辟为刘备而死实为演义中的记载。此为后话，且说曹仁出马，刘备被打得落荒而逃，去袁绍处求救，袁绍派韩荀来救，又被曹仁击败，汝南及其周边个郡县再次投奔曹操，袁绍始专心于前线，不再骚扰许都，曹操的后顾之忧解决了。

若是曹操自认为许都从此可以高枕无忧，那就错了，袁绍安分了，还有一个人，正憋着一肚子气。刘备但凡得意，总是被曹操搅乱，心中与曹操决一雌雄的念头一日比一日强烈，便寻得了一个机会，再次回到汝南，继续在曹操后方作乱。

刘备的这一决定，对曹操来说，无异于厄运降临，后院再次起火，令曹操顾此失彼。刘备回到汝南，但见反曹势力锐减，最后联系上了黄巾军在汝南的另一个首领——龚都。龚都是刘辟的同僚，拥有部众万人，刘备与他汇合后，在曹操的后方不时骚扰，曹操虽有所顾忌，终因要全力与袁绍作战而无法讨伐，所幸刘备势力单薄，虽有攻入许都的野心，却无这个实力。

刘备预想中的对曹操南北夹击的局面终究没有形成，刘备无力入许都，就在汝南驻军，暂时安顿下来，以其仁义之名，笼络兵马。曹操的全部兵力都聚集于官渡，又要武力平定叛乱，见刘备成不了大气候，也就没有放在心上。

曹操统治区域，为征收军粮而使百姓负担加重，闹得人心惶惶，曹操为安定民心，停住正在收缴粮赋的黑手，并将已经收起的多余粮赋归还百姓，百姓既得实惠，便不再作乱，局面很快就稳定下来，曹操的后方得到保障。

话说刘备在汝南的存在，对曹操许都始终是个隐患，曹操稍得空闲，便将兵力分散到汝南，此次入汝南的是曹操手下的一员猛将——蔡阳。

蔡阳擅使大刀，刀法及其精湛，可谓天下用刀名家，更兼力气巨大，有万夫不当之勇。蔡阳入汝南之时已年过六旬，本该颐养天年，但曹军之中兵力短缺，将领也不足，就将退休的蔡阳拉上了战场，但看那蔡阳手持大刀跨于马上，神勇不减当年。只是，任谁也没有想到，这是蔡阳的最后一次威风，他遇到一个强劲的敌手，刚刚从曹营出来的关羽。

关羽身在曹营心在汉时，曹操以上宾待之，以厚礼予之，仍旧不能打动关羽那颗忠义之心。在白马城之战，飞马斩颜良，关羽立下了赫赫战功，算是报了曹操的知遇之恩，留下曹操所赠之物，写下一封辞别信，便保护着刘备妻儿，去袁绍处寻找刘备。

听闻刘备被袁绍派去汝南，关羽马不停蹄往汝南方向奔去，不几，碰到了张飞。关羽、张飞二人分开多时，此时在此重逢，关羽心情特别激动，顿时眼眶泛红，泪水已经泛滥，关羽张开手臂，本想给张飞一个深情的拥抱，不想却被张飞拒绝，眼中满是鄙夷与怀疑的神情，让关羽倍感伤心。

关羽知道张飞心中所想，却百口难辩，归降曹操之事，实属无奈，一遍一遍地诉说，仍难以让张飞信服，恰在这时，蔡阳率领军队来攻，这让关羽的处境更加尴尬，关羽感慨一声，没了法子。倒是张飞想了个法子，城门之上，张飞三击鼓，若关羽能将蔡阳斩杀，便可证明关羽之忠心，若不能，则已入曹操麾下，从此兄弟恩断义绝，他关羽继续走他的阳关道，他张飞还走他的独木桥，从此形同陌路。

既有一线生机，关羽也是不会放过的，关羽以激将法使蔡阳将身边士卒支开，二人单打独斗，平分秋色，但听两通鼓声已过，仍旧胜负难分，关羽也顾不得什么光彩不光彩，以声东击西之策，分散了蔡阳注意力，片刻之间将蔡阳斩于马下。蔡阳既死，张飞便相信了关羽，让其进城，转身却见蔡阳那马，嘶鸣一声，往水塘走去，竟然自杀殉主了，关羽见此，不免心中有愧，后来将蔡阳与马一起厚葬。

这段故事也成了后来的一段佳话，成为了赞扬关羽忠义精神的众多故事当中的重要组成部分。更是在后来在罗贯中的《三国演义》当中被演绎成了“过五关斩六将”的经典故事，最后三人在古城相会相拥而泣，更是在《三国演义》当中少有的关于兄弟情感的表达。这也从另外的一方面说明了古往今来对于忠义的这样一个传统道德的重视程度，关羽也因为他这个“身在曹营心在汉”的举动成了古代中国忠义的典范。

兄弟我来了

人是铁，饭是钢，一顿不吃饿得慌。曹营之中，曹操见粮草日益减少，却无供给，眉头紧锁，如此下去，这仗如何打下去，曹军人少马瘦，一人要承担多人劳动，士卒本就劳累不堪，若是粮草供应不上，不被袁绍攻城而败，军中也会起内乱而散。

曹操退缩了，之前一波一波的打击都被曹操咬紧牙关，挺过去了，但是袁绍截断了许都与官渡的运粮道路，而其他地方的供给又指望不上，此番，曹操确实是无计可施了。荀彧的快马回书，让曹操重拾信心，许都历尽千难送来的粮草解了燃眉之急，但这也是许都的家底了，粮草问题仍是个亟待解决的难题。最后，曹操一狠心，放了一句袁绍逼人太甚的狠话，走上了土匪的道路，竟然打了劫粮的主意。

袁绍后方基地较多，兵多马壮，需要的粮草供给也多，所以运粮之事就更加频繁了。既然起了抢劫之意，曹操就对袁绍的粮草运输队伍上了心，时时派人侦查。这日，曹操手下将领徐晃抓获了一名袁绍的探子，一番糖衣炮弹，此人交代，袁绍大本营邺城方向有一队运粮车马往官渡方向赶来，曹操的警觉性立即被调动起来，在派人抓好官渡防御的同时，立即将注意力转移到这一行运粮队伍身上。曹操派去的侦察兵来报，袁绍军粮车少说有两千辆，负责押送的是袁绍大将韩荀。

曹操大喜，两千余辆粮草，这对将要面临饥饿的曹军来说，无异于是一块大肥肉，曹操立即部署劫粮事宜。

曹军全部集中于官渡防御上，能够派出的不多，所以就要以最小的代价换取最大的胜利。时袁绍麾下有五员大将，被称为四庭一柱，四庭是颜良、文丑、张郃、高览，那一柱就是韩荀。颜良、文丑在白马城一战中毙命，袁绍以韩荀护送粮草，可见对此次粮草运输十分重视。这韩荀，骁勇善战，勇猛无敌，是个难对付的主。

对韩荀，就要找到他的弱点，荀攸一语道破韩荀不足之处，“有勇无谋、恃勇轻敌”，既然如此就要找个有勇有谋之人去应对，荀攸推荐徐晃。

徐晃，是曹操手下的一员经验丰富的大将，战功卓越，智勇双全，熟读兵法，擅长治兵之道，被曹操称为“有周亚夫之风”。更难能可贵的是，徐晃忠心耿耿，对曹操毫无二心，他曾无比自豪地说“古人患不遭明君，今幸遇之，当以功自效，何用私誉为！”

曹操一听徐晃之名，便点头应允，他对徐晃是有信心的。曹操以徐晃及其部下史涣为先锋，率领轻骑兵以迅雷不及掩耳之势，拦截韩荀。韩荀虽武功盖世，心思却极不缜密，根本毫无察觉敌军正在渐渐逼近，等察觉时，已经被打了措手不及。曹操对此次劫粮极其重视，恐徐晃兵力不足，又以张辽与许褚断后，二者互为呼应。史涣则带领小部队在主力部队的掩护下，偷偷溜到韩荀的后方，韩荀大意，只是与前锋徐晃斗争，丝毫没有察觉到后方威胁。

但毕竟袁军众多，曹军若要全身而退并得粮草而归，实属不易，徐晃便命令史涣在韩荀后方放了一把火，韩荀见辎重着火，又无法分身，火势渐大，韩荀见已无法挽回，便寻了个机会，一溜烟跑掉了。徐晃率领部队一番打劫，能带走的就带走，回去复命去了。此番劫粮计谋，虽然没有达到预想中的结果，却也将袁绍的嚣张气焰浇灭了不少，袁绍阵营中更是矛盾重重，面临分化的危机。

袁绍谋士许攸屡屡提议均被扼杀，倍感生不逢时，更无用武之地，又逢家人被收押，一肚子怨气化为仇恨的力量，一怒之下，一不做二不休，投奔曹操去了，袁绍听说许攸投奔曹操，顿感全身无力，悔不当初。这许攸不就是做了第二个刘备吗？当初刘备来投，将曹营之中种种，滔滔不绝，娓娓道来，可谓是让胜算增加了不少，在这官渡之战的关键时刻，许攸愤然离去，对于袁绍来说，真是凶多吉少。

曹操与许攸毕竟有旧交情，曹操对许攸之智谋甚是欣赏，早就有挖墙脚之心，在这曹、袁两军对峙的关键时刻，许攸来投，曹操感动得热泪盈眶，几近泪流满面，光着脚丫子就跑出去迎接，我们暂且不论曹操在礼数上的失态，这足可以看出曹操的欣喜若狂，以至于失了礼数。

曹操对许攸嘘寒问暖，许攸在袁绍处倍感冷落，此时受如此待遇，不免心头一热，当即下定决心要为曹操效犬马之劳。曹操待许攸为上宾，许攸也不让人失望，当即献上了大礼。于是就有了如下一番对话：

攸谓公：袁氏军盛，何以待之？今有几粮乎？

曰：尚可支一岁。

攸曰：无是，更言之！

又曰：可支半岁。

攸曰：足下不欲破袁氏邪？何言之不实也！

公曰：向言戏之耳。其实可一月，为之奈何？

攸曰：公孤军独守，外无救援而粮谷已尽，此危急之日也。今袁氏辎重有万余乘，在故市、乌巢，屯军无严备；今以轻兵袭之，不意而至，燔其积聚，不过三日，袁氏自败也。（《三国志·魏书·武帝纪》裴松之注引《曹瞒传》）

曹操一听袁绍有军粮万余乘，顿时红了眼，这乌巢劫粮之计也妙到好处，曹操见军中诸人对许攸心存芥蒂，也并不介意，他是知道许攸的，更有言，用人不疑疑人不用，曹操断然采取行动。

袁绍这边，韩荀护送粮草，却被曹军烧掉，但是军中无粮，也不是长久之策，便再次派大军运输粮草。此次，粮草供应地是冀州，目的地是袁绍大营以北的乌巢，负担此次护送任务的是淳于琼，袁绍派一万多人马随行，这可是袁军的老本了，若是没有这些粮草将命不久矣。

沮授心思缜密，上次粮草被袭的事情历历在目，害怕曹操故技重施，再次劫粮，便向袁绍提议再加派人手保护，以防万一。袁绍是个很不长记性的人，警戒在他那里鲜有成效，自认为天下聪明为他，将旁人的话均当做耳边风，很快他就尝到了恶果。

曹操预料到此次劫粮对曹、袁二军来说，是一个关乎成败的转折点，只能成功，不允许失败。曹操令曹洪与许攸驻守官渡，亲率五千步兵，在一个伸手不见五指的月高风黑的夜晚，抄近路，往乌巢奔去。

此次入袁营，曹操命令士卒乔装打扮一番，手持干柴与大刀，然后打着袁军的旗帜，在乌巢屯粮地点燃柴草，熊熊大火顿时照亮了漆黑的夜空。睡眼朦胧的袁军惊醒，惊慌失措，一时不知该如何是好，哪里还有救火的心思。

淳于琼片刻镇定，立即率领士卒迎敌，却不知曹军乔装打扮，根本无法辨认，淳于琼只得率领士卒退回营中，另做打算。袁军援兵闻讯赶来，近在咫尺，曹操势在必得的信心，让其仍专注于进攻淳于琼，最终在袁绍的救援队伍赶到之前将乌巢攻下。

火烧乌巢是整个官渡之战当中的重大转折，由于有了许攸，使曹操知道了袁绍军中最为重要的情报——粮草的信息。这正是曹操梦寐以求的一项重要的资源。毕竟如果兵少还可以搏，而如果粮少，那么随着部队士气的下降等待着曹操的不是兵变就是失败的命运。但恰巧这时候袁绍不听他人意见一意孤行的老毛病又犯了，与其说这次火烧乌巢的成果是曹操在战略上的成功，不如说是袁绍在用人方面的失败所导致的。

作为袁绍重要谋士的沮授曾经几次向袁绍说明过粮草的问题，但袁绍却不为所动，而且袁绍的一意孤行也直接导致了许攸的叛变。至此，人心的向背再一次决定了战争的走势，这样的一个战争当中致命的转折点为曹操的胜利带来了曙光，也为袁绍敲响了丧钟。

自此，局势大变，曹操转被动为主动，胜利在即，而袁绍，等待他的是土崩瓦解、命丧黄泉的悲惨命运。

袁绍殒命

乌巢熊熊烈火，火光冲天。金灿灿的粮食瞬间被大火吞噬，曹操被传来的麦香所陶醉，曹军之中粮草如此缺乏，若能够据为己有那该是多么美好的畅想，阵阵厮杀声在曹操耳边响起，瞬间的走神后，思绪立即回来，现在不是想这些的时候，当务之急是把淳于琼解决，将乌巢攻下。

袁绍听闻粮草被烧，仍处在浑浑噩噩的麻木状态，并不认为自己已经大祸临头。对于粮草被烧这么重大的问题并未充分重视，只派一股骑兵前去支援，自己则打起了另外的主意。曹操兵力两万有余，此时正率领五千精锐攻打乌巢，那么驻守官渡的满打满算有一万五千士卒。官渡战线极长，绵延几十里，用这剩余的一万五千士卒防守官渡，势必困难重重，趁此时机将官渡一举拿下，曹操别无他法，只能束手就擒。想到这如意算盘，袁绍不禁窃喜，派大将张郃、高览二人攻打曹营，袁绍坐守大营，满脸挂笑，似是手擒曹操势在必得。

若人人都能够梦想成真，这世间就没有忧伤与痛苦了，但人生十之八九却在不如意中度过，袁绍的如意算盘打得再妙，也抵不过现实的残酷。曹操五千精锐，在袁绍的援军还未到达之前将乌巢拿下，将淳于琼生擒。

乌巢拿下，曹操心中挂念着官渡，袁绍已经派两员大将率领重兵攻打大营，大营人少粮缺，岌岌可危。曹操马不停蹄，迅速往官渡赶去。幸好，曹军在官渡防御做的坚固，张郃、高览攻打官渡，久攻不下，战斗力大大消耗，信心大减，又闻曹操兵马归来，势必对其造成内外夹击之势。继续攻打还是撤退，张郃、高览二人踟蹰难决，就在他们犹豫之时，曹操的马蹄声已经隐隐可闻，这二人进退不得，干脆心一横，投降了曹洪。

张郃、高览二人可谓是袁绍军中除颜良文丑之外数一数二的两员战将。尤其是张郃。张郃曾经应募参加镇压黄巾起义，后来归属冀州牧韩馥作为军司马。初平二年（公元191年），袁绍取冀州，张郃便率兵投归，任校尉。后来又因为在袁绍与公孙瓒争夺北方主导权的时候有重大的立功表现，因此得到了袁绍的重视。张郃也是当时最早提出来应该用重兵守护乌巢这个粮草重地的将领，但是无奈于袁绍的老毛病，建议没有被采纳。如是，这次的投降也可以说是因为气愤袁绍的倒行逆施不听忠言而做出的悲愤之举。

曹操归来，见张郃、高览归降，心中欢天喜地，惜才之情顿时泛滥，亲自接见了二将，礼遇待之。再看那被捕的淳于琼，曹操见他狼狈不堪，鼻子也被人割去，心中不免感慨万千，念及旧情，便想开恩，放他一条生路。

说到这曹操与淳于琼的交情，这还要从汉灵帝中平五年（公元188年）说起。当年，淳于琼被任命为右校尉，与蹇硕、袁绍、鲍鸿、曹操、赵融、冯芳、夏牟并称西园八校尉，只是后来形势所迫，各为其主，淳于琼成了袁绍的部将。

曹操念及此，一时起了恻隐之心，在侧的许攸却是个狠心的主，一句“明旦鉴于镜，此益不忘人”将曹操驳得哑口无言。世道如此，许攸所虑可谓是绝后患，淳于琼遭受割鼻之屈辱，又是刚硬之人，若是饶他性命，日后不知会如何。曹操见如此，也就命人将淳于琼杀掉。而这许攸从这里就显现出他俨然以官渡之战帮助曹操夺得胜利的功臣自居，竟然能够随意地处理以前曾经和自己相共事的将军的命运，只是为了自己能够登上高位，此人心肠之狠毒可见一斑，这也就预示着此人未来不会有什么好下场。

许攸在曹操平定了整个北方之后便屡屡口出狂言，经常大声叫喊，狂放不羁，最终被曹操手下的大将许褚所斩杀，曹操只是“深责”许褚并不以为意。就这样许攸就走完了他的一生。许攸做的事充分警醒着世人，即便是自己有恩于他人但也绝对不能够因为这点恩德就抓住人家不放，希望人家一辈子都来报答自己，这样的恩德并不是恩德，而只不过是自己为了达到目的所作出的施舍罢了，如此品德之人最后是不会被别人瞧得起的，此为题外话。

袁绍营寨中，弥漫着让人透不过气的气息，事情的发展已经超出了袁绍的预期，许攸离去，无以数计的粮草被烧掉，乌巢被曹军攻破，张颌、高览投降曹操，淳于琼被杀，这一连串的打击让袁绍绝望了。曹操弱于袁绍数倍的兵力，将袁军打得兵败如山倒，这是如何的惨败。过去是曹操兵弱缺粮士气不稳，而现在换做袁绍为了自己的饭碗问题而忧愁了。恐慌情绪在士兵当中不断蔓延，毕竟没有人愿意在这种毫无后勤保障的战争当中去进行拼杀。面对这样的败绩，袁绍已经没有作战的信心了。

胜者为王，败者为寇，愿赌服输，袁绍承认了自己的失败，他率军撤退了。但是，曹操的目标却不在此，打败袁绍不是最终目的，让袁绍永无翻身之日才算是最终的胜利。曹操的大军一扫往日的阴霾，个个站得腰板挺直，反攻的时候到了。

曹操制订了乘胜追击的计划，便马不停蹄率军往袁绍撤退的方向追去，袁绍及其子袁谭率领八百士卒渡过黄河逃奔而去，其他人皆被曹操生擒。受降者收纳之，不归降者杀之，袁绍的谋臣沮授被擒，拒不受降，曹操因与之有旧情，便亲迎，想收为己用，沮授大叹一声，“本初无谋，不相用计，今丧乱未定，方当与君图之。”曹操感慨，“孤早相得，天下不足虑也。”沮授虽不肯屈服，曹操爱其才，赦免了他，但是沮授乃是忠义之士，日日寻思回袁绍处，曹操无奈，害怕纵虎归山，终成后患，就把他杀了。

袁绍及其子率领残兵到了黎阳，曹操一时也过不了河，袁绍总算是舒了一口气。但是官渡的惨败，给袁绍留下了阴影，袁绍一生清高自傲，每想及此，心中抑郁不已，不免忧劳成疾，强撑了两年，吐血而亡。

姑且称为是一代英雄的袁绍就这样离开了这个他所征战了一辈子的世界。对于袁绍的评价只能用四个字：“优柔寡断”。袁绍这个人在本质上并不坏，并且在执政方面并没有太多的失误，在他死后甚至出现了整条街巷的人都为袁绍哭泣的景象。

第六章　祸起萧墙：难收拾的烂摊子

暂且放你一马

当日，袁绍率军撤退，曹操乘胜追击，袁绍一路狂奔，渡过黄河，只剩下八百骑兵，狼狈往邺城而去，这里才是避难的港湾。曹操追至黄河岸边，审时夺度，认为此时不是一举灭袁绍的最佳时机，便打道回府了。曹操的考虑可谓细致，一来，士卒连日作战，已经疲惫不堪，况且一再追击，粮草问题难以解决。二来，袁绍虽受到重创，但是饿死的骆驼比马大，曹操北渡取胜的把握并不充足，保守起见，还是将在后防骚扰的刘备解决掉再说。

刘备自从再入汝南，便在此扎根，与当地的黄巾军联合起来，大打游击，骚扰曹操后方基地许都，更是痴心妄想惦记着汉献帝这块肥肉。曹操不扰其烦，令大将蔡阳率军去攻，却不料被关羽一刀砍于马下。因在前线与袁绍的战事连续不断，曹操暂且将精力放在了官渡，刘备却趁此时机，加大了在后方的骚扰力度，是可忍孰不可忍，曹操被惹急了，非要给刘备一点颜色看看。

曹操对付袁绍十几万大军，尚且游刃有余，将他打的狼狈北逃，便认定刘备更是小菜一碟，起初并没有放在心上，便派了夏侯淳和夏侯渊二兄弟去破刘备。这刘备虽兵力有限，智谋却比袁绍高明百倍，身边更有关羽、张飞、赵云三个智勇双全的猛将。再者刘备在汝南扎下根，以刘备之仁义，自然给予老百姓些实惠，把当地百姓哄得乐呵乐呵的，朴实的老百姓最懂得投桃报李，凡是能用得上的地方，任凭刘备一句话，便一拥而上，能被老百姓拥戴到如此地步，可见刘备的能耐确实不一般。

夏侯淳和夏侯渊二兄弟初入汝南，对地形极其不熟悉，不想有个当地百姓自愿做向导，夏侯淳和夏侯渊心地单纯，不疑有他，一口同意，脸上均带着感激的神色，当刘备带军气势汹汹而来之时，才发现已经被包围，中了埋伏。曹军被打得不成形，夏侯淳和夏侯渊快马冲出重围，快马加鞭往曹营逃去。

曹操不愧是大度之人，不但没有怪罪夏侯淳和夏侯渊，反而将责任揽到自己的身上，令夏侯淳和夏侯渊惭愧不已，心中更是洋溢着尽忠报恩的念头。曹操在用人上，堪称一绝，不得不让人佩服。如若袁绍能有此能耐与大度，将天下纳入脚下那也未可知，只怪金无足赤，人无完人。

汉献帝建安七年（公元202年），这年金秋时节，曹操大军粮足马肥，养精蓄锐，终有一用，曹操准备入汝南，亲征刘备。曹操亲征的消息传来，刘备慌了神，想到的只有逃命，溜之大吉。曹操与刘备这一对欢喜冤家，很是有意思，曹操命手下将领率军攻打，刘备总是斗志昂扬，总能打个胜仗，而曹操亲自一来，刘备就连打的勇气都没有了，想到的唯有逃命。

刘备这一招，确实是保存实力的无奈之举，刘备几斤几两自己最清楚，而曹操的智谋、领军，刘备也是亲眼目睹过的，自然也清楚，一旦两军兵戎相交，刘备无异于拿鸡蛋去碰石头，自找苦吃。如此一来，实力大减，更难以预测的是，项上的脑袋能不能保得住还是个问题。曹操对刘备那是痛恨至极，若擒住他，必定不肯放刘备生路。思量再三，刘备不等曹操攻来，便认输了。

袁氏家族内讧风起云涌，以当今之形势，东山再起难上加难，前途渺茫，不是可以与之共事之人。荆州刘表，虽一直沉寂，却也是小有实力。曹操正与袁氏家族干得起劲，一时也不会向刘表下手，逃亡刘表处倒是安全可靠。况且，刘备与刘表又是同宗，刘表应该念及旧情。刘备想及此，又闻曹操大军将至，便不再迟疑，策马带着兄弟往荆州方向奔去。

曹操见刘备投奔刘表，心中对刘备狡猾至极无不感慨，当初一念之差，放虎归山，为自己真是惹了不少麻烦。大叹一声，领兵回家休养生息去了。刘备到处混饭吃，混到了刘表处，这刘表历来不爱惹是生非，曹操又想先将袁绍残余收拾妥当，便不去招惹刘表，暂且放刘备一马。

两个小鬼的斗争

话说袁绍死后，在审配的支配下，伪造遗嘱，将袁绍第三子袁尚推上了正位，众大臣一片哗然。袁谭听闻父亲去世，从青州赶来，满指望接替父亲的职务，却不料已经被弟弟近水楼台先得月，抢了个先。气愤不过的袁谭唯有以不回青州来抗议，最后自封了个车骑将军，率兵把守前线黎阳去了。

曹操休养生息，养精蓄锐，老对手袁绍死了，站出来两个小鬼，还是两个不合拍的小鬼，曹操心中自是看不起，却也不轻敌，毕竟是久经沙场的老手，战场之上，最忌轻敌冒进。曹操整军待发，即日赶往黎阳。袁谭听闻曹操来攻，立即向袁尚请求支援，袁尚既想让袁谭作为抵挡曹操的先锋，又不想增援兵马，这实在是没有道理的想法。袁尚踌躇不定，迟迟不肯发兵，这兵权乃是性命之根本。在袁尚看来，有兵权才有政权。袁尚与支持他的审配当然不乐见袁谭势力坐大，二人一商计，命根子不能丢。大敌当前，一家人本该同仇敌忾，一致对外，这么关键的时刻还想着个人利益得失，所谓唇亡齿寒，曹操攻来，他们面临的结局是，胜了，一荣俱荣，败了，一损俱损。

袁谭的急报一封一封传来，坐镇后方袁尚感到事态紧急，毕竟面临着共同的敌人，况且那么多眼睛都盯着，袁尚勉强让逢纪带了一队兵马过去，袁尚此意还是让心腹逢纪监督袁谭。

袁谭一看袁尚如此寒碜，火暴脾气立马上来，这么少的兵力如何去应对曹操，兄弟二人的矛盾愈演愈烈，一触即发。袁谭再次请兵，不得袁尚回应，袁谭气急败坏，将逢纪砍了以泄恨。此时曹操的大军已开进黎阳，袁谭无奈，只得硬着头皮迎敌，只会逞匹夫之勇的袁谭，哪里是老狐狸一般狡猾的曹操的对手，节节败退，眼见袁谭支撑不住，袁尚又不想给予他过多的兵权，便亲自领兵支援，两兄弟终于联手了。袁军在人数上，仍然有压倒曹军的优势，只是，却无能够拿得上台面的将领，将领无能，士卒只能是一盘散沙，是团结不到一起的，结局似乎已经注定。

联手的两兄弟，宛若同床异梦的夫妻，各自打着心中的小九九，根本无法团结在一起。曹操是何等聪明，一边以分化之策，一边声东击西，弄得这兄弟二人晕头转向，终究是不敌，败下阵来，二人相互埋怨一番，退守黎阳，不敢再出来应战。黎阳易守难攻，兄弟二人虽不敢出来应战，却将防御工事修缮得很完善，曹操见一时难以攻下而士卒已经疲惫不堪，便在此扎营筑寨，做好长远打算。

兄弟二人相对而坐，唉声叹气，却无主意，这么做下去终究不是办法，便将目光转向了众位谋士。郭图一马当先，提出一个办法，就是效仿曹操当日做法，切断粮草供给，让其自主退兵。曹操心思缜密，怎会落到自己设置的陷阱里，早就预料到了兄弟二人会用这招，见招拆招，早就准备好了应对方案。

一计不成，兄弟二人就丧失了耐心，也不作挣扎，只等坐吃空山，曹操哪天能够大发善心，自己离去。就这么着，两军僵持了有半年，期间虽有小打小闹，却无伤大雅，不影响战局。

毕竟是年轻人，心浮气躁，沉不住气，两兄弟死守黎阳半年有余，心中难免焦躁，这一焦躁，就放松了警惕。曹操等的就是这个时机，见袁军松懈，便下令攻打黎阳，这一番下来，竟将城墙攻破。两军相遇，展开激烈的战斗，兄弟二人不敌，只得放弃黎阳，逃命去了。

兄弟二人逃到邺城，曹操乘胜追击，一路相随，准备一举将邺城拿下，两兄弟再次玩起了老把戏，如何挑逗都不肯出城迎战，只是一味防守。邺城是袁家的大本营，要攻下它，恐怕要费一番工夫，眼见袁军支援将至，如此一来，便落入内外夹击的境地，打倒袁家只差一步，将邺城攻下，这是最后的一步棋，曹操心中想着，撤兵竟有些恋恋不舍。

但是曹操并不是一个死心眼的人，他清楚地知道“堡垒要从敌人内部攻破”的道理。既然邺城城大沟深强行攻城只会造成无谓的牺牲，并且很有可能还激发出了袁家兄弟之间的同仇敌忾的兄弟感情，到时候这样的最后一座堡垒就更难攻陷了。所以，曹操选择了静待时机，让这些乳臭未干的小子干着急，给他们一个相对和平稳定的环境，就可以让他们有时间处理他们自己内部的矛盾了，一旦他们的火并一开始，整个中国的北方地区对曹操来说简直就成了囊中之物。

曹操撤兵，袁谭与袁尚的矛盾提上日程，这二人终究是要有一番火并，而曹操只等着鹬蚌相争，渔翁得利，便饶有兴致地坐山观虎斗，好戏马上就要开场。

你是哥哥你先死

蚌鹬相争，渔翁得利；兄弟阋墙，他人欢喜。袁家二兄弟斗得不亦乐乎，兵戎相见，袁谭败下阵来，求救于对手曹操，曹操倒是仗义，二话不说，放弃攻打荆州刘表，就马不停蹄去攻打袁家老巢邺城去了。

曹操将袁尚打得屁滚尿流，攻克邺城，在冀州安顿下来，袁家的天下自此就纳入他曹操的囊中了，曹操转念一想，这袁谭不除始终是个大隐患，袁谭盘踞青州，又在冀州占有一席之地，以其之实力也成不了大气候，况且袁谭的女儿的小命还在曹操手中捏着呢。

要说起此事，还要从袁谭投奔曹操说起，辛毗前往曹营洽谈合作事宜，曹操当即一口应允，为联络感情，曹操还封了袁谭的两个部下为大将军，并做主为自己的儿子娶了袁谭的女儿，自此袁谭与曹操就成了儿女亲家。

历史上，有多少女人被卷入政治婚姻的深渊，以女人来联络感情，这只是在无能为力之下的作为。一旦具备了能力，要分道扬镳之时，女人的死活是不会顾及的，这不得不让人感叹，女人的地位是如此卑微。

袁谭暂且放置一遍，此刻他正忙着享受成为袁家老大的乐趣，沉浸其中，不能自拔，曹操看袁谭乐在其中，眼神不禁变得凌厉，心中道，就让他乐一阵子，等忙完手中工作再去收拾他。

曹操打下邺城，占领半个冀州，这只是表象，毕竟袁氏家族在此统治多年，而曹操初来乍到，民心四起，城中百姓见曹操犹如见了阎王爷一般，均避之不及，冀州地方统治极为不稳。曹操为此事动了一番脑筋，便大大作秀，表面功夫做得甚是到位。

稳定民心，领导阶层要放在关健的第一位，毕竟领导者一煽动，就有些乌合之众站起来，这种聚众心里最为可怕。先稳定了这一帮人，就万事大吉了，一切好商量了。老百姓虽然占据了大多半的数量，但值得庆幸的是，百姓最为朴实，只要给点恩惠，他们就会死心塌地安稳着，绝对不闹事。

曹操深谙其中的道理，先到袁绍的坟墓之前，祭奠一番，遥想当年与袁绍在汉廷共事种种，与在阴曹地府的人共缅往事，不免思绪万千，心中颇多感慨，泪从眼眶忍不住地往下狂飙，看得身边的人，也不免触景生情，大发感叹。

官渡一战，袁绍战败，不几，就吐血而亡，曹操难掩兴奋，而今，能够以如此快的速度入境，也难为曹操了。

曹操在此祭拜一番，便往袁绍遗孀刘夫人住处赶去，一番慰问，让与之有深仇大恨的刘夫人也无言以对，反倒是让曹操处处占尽上风。袁绍因与曹操官渡一战而忧劳成疾，最宠爱的儿子也被曹操赶得上天入地尤不能，这等深仇大恨，在曹操的一番安抚之下，烟消云散，刘夫人乐得自在，安静地颐养天年去了。

这毒蝎心肠的刘夫人被曹操礼遇待之，杀夫之恨，漂泊在外的儿子的安危，一概不顾，不管不问，便只顾逍遥自在去了。曹操如此作为，让人看了，却是是非不分，这刘夫人暴虐狠毒，早该命丧黄泉，向她的夫君袁绍请罪去。

曹操却不管这些，他看中的只是他的统治，稳固统治根基才是根本所在。稳定了统治阶层，曹操便把目光转向了老百姓，能给老百姓的最大实惠就是让他们少交粮赋，曹操正对其胃口，将一年农业税免去，曹操顿时名声鹤起，成了家喻户晓的大好人。曹操心中得意，却又下了一剂更猛的药，抑制豪强兼并。曹操的形象一下子光芒万丈，成了众人心中神一般的人物。

曹操这一仗打得精彩，冀州人人欢天喜地，曹操把局势稳住了，便把注意力转向了驻守平原的袁谭。袁谭反叛之心早就有之，他心中的那点小九九怎能瞒过曹操，曹操心知肚明，只是不点破而已。

在入邺城、破袁尚的之初，曹操就已经嗅到袁谭的不忠之心。袁谭的两名部属，吕旷、高翔是两位识时务的将军，见袁谭投诚，也就跟着投诚了，所不同的是袁谭很快生了二心，而这两人却见曹操是个英雄人物，更懂惜才之道，便从此一门心思认定了曹操，将袁谭这个老雇主晾了起来。袁谭虽粗心大意却察觉出了二人的疏远，此时军中正缺少将才，万不可在关键时刻散了人才，袁谭为了拉拢这二位将领，便授予了他们将军印。

吕旷与高翔一合计，袁谭迟早要被曹操灭掉，还是找棵大树好乘凉，二人去面见曹操，并将袁谭授予的将军印献上。曹操一看，顿时明白了袁谭的心思，这只狡猾的狐狸，狐狸尾巴终于露出来了。曹操控制汉室朝廷，委任官职之职能，当由他来行使，而今袁谭私自授予部属将军印，乃是犯了谋逆的大罪，其代曹操而取之之心由此可见。

袁谭终于在袁家第一人的美梦中醒来，却见形势大变，自己已经处于重重包围之中，不免心有恐慌。再次打起了先下手为强的主意，率军攻占了甘陵、安平、渤海、河间四地，这四地均是属于曹操的领地范围，曹操看袁谭首先发难，下了挑战书，也不再顾忌亲家之谊，率领大军气势磅礴而来。

驻守并州的高干，见大势已定，也不作挣扎，首先向曹操伸出了橄榄枝，表示愿意归顺，曹操当然乐见不战而屈人之兵，欣然接受，并授予名正言顺的并州刺史之职，高干心中顿时踏实了很多。曹操此时也做起了斯文人，跟袁谭讲起了名正言顺，命人送去一封训斥信，信中将袁谭之不义骂得狗血淋头，曹操又将儿媳妇，袁谭的女儿送回娘家，算是正式向袁谭宣战。

汉献帝建安九年（公元204年）正月，天寒地冻，曹操整军待发，军中不赞成出兵者大有人在。北方天气寒冷，河面尽被冰雪封住，可谓千里冰封，万里雪飘，出行尤困难，况且是出兵打仗。士卒个个身穿大衣，臃肿无比，哪里心甘情愿去打仗，另外物资的运输也是一个难题。曹操却是有自己的想法的，正因为值寒冬，袁谭万万想不到这个时候去攻打他，给他一个出其不意的攻击，打他个措手不及，一举灭之。

袁谭万万没有想到，曹操在冬眠的日子里先下手了。曹操冒着冰雪领兵出征，果不其然，袁谭正暖被窝，烤火炉，听闻曹操来攻，大吃一惊，这么大冷的天，如何作战，袁谭连出城迎战的勇气都没有，直接放弃平原，退守南皮。

曹操不伤一兵一卒而得平原，袁绍打下的四州，除去袁熙镇守的幽州之外尽被曹操掌控。逃至南皮的袁谭没有逍遥太久，曹操的大军紧随而至。

袁谭擅长守城，曹操也在一次一次攻城之中得到了经验教训。天寒地冻，不宜久战，必须速战速决，曹操亲自击鼓助威，士气一下子高涨起来，寒冬顿时成了暖春，只消一日便将南皮攻破，袁谭率军杀出，却被等候多时的曹军一刀斩于马下。同时遇难的还有他的妻儿，郭图也不能幸免于难，袁谭的势力斩草除根，处理得干净利落，曹军凯旋，曹操坐于马上，眼神望向幽州方向，那里是袁家的最后一块儿根据地。

壶关是我的

北上太行山，艰哉何巍巍！
羊肠坂诘屈，车轮为之摧。
树木何萧瑟，北风声正悲。
熊罴对我蹲，虎豹夹路啼。
豁谷少人民，雪落何霏霏。
延颈长叹息，远行多所怀。
我心何怫郁，思欲一东归。
水深桥梁绝，中路正徘徊。
迷惑失故路，薄暮无宿栖。
行行日已远，人马同时饥。
担囊行取薪，斧冰持作糜。
悲彼《东山》诗，悠悠令我哀。

——曹操《苦寒行》

曹操破青州，入城后，安抚官民，城中混乱的秩序逐渐稳定下来。在曹操安抚官民的同时，也注重拉拢地方豪杰，各地见袁氏大势已去，曹操当政已成定局，便非常识相地归附了曹操，曹操乐享其成，得意忘形。

拉拢有志之士，是曹操一贯的作为，曹操惜才也是发自肺腑。曹操听从郭嘉建议，在青、冀、并三州召集名士，王修、刘放、王松等人都归于曹操麾下。曹操以礼待之，人心收服顿见效果。

袁谭的谋臣王修名望甚重，曹操破南皮以后，亲自往王修住处拜访，见王修家徒四壁，唯有书万卷充斥其中，曹操不禁感慨，袁谭有如此有为之士，却弃之不用，真是暴殄天物。

以王修之名望，却落得家徒四壁，反观审配、许攸之辈，家财万贯，仍止不住对钱财的欲望，人性之差异由此可见。曹操对人才的驾驭再次让人叹为观止，他以王修为司空掾兼职司金中郎将，负责铸造钱币、兵器事务。王修也不辱使命，干得有声有色，但依旧是常常身无分文，曹操每每赏赐，都被他以“钱乃身外之物”为由推诿。

刘放以其文采见长，被曹操看中。王松是盘踞涿郡的袁谭势力，袁谭兵败被杀后，刘放以其无与伦比的文采，写了一封劝降书给王松，王松听从刘放建议，率军归附曹操。曹操大喜，热情款待。

曹操将青州事宜安排妥当，便将矛头对准了幽州的袁熙与袁尚，曹操北上的决心一日比一日强烈，若死将袁氏家族这最后的一块根据地，那袁绍的统治区域尽在自己的掌握中了。曹操心情浮躁，有些迫不及待了。

曹操这边还未动手，幽州就起了内讧，袁熙、袁尚偏安幽州，统治甚不得人心，统治区内内乱频起，终究是爆发了兵变。袁熙的手下部将，焦触、张南二人因遭袁熙训斥，怀恨在心，又见袁氏穷途末路，已经走入夕阳西下的境地，便攻袁熙于不备，袁熙、袁尚被打了个措手不及，不敌，便投奔乌桓去了。将袁家二兄弟赶走后，焦触见幽州被曹操占领是早晚的趋势，不若投奔了他，兴许曹操一时高兴，善心大发，就能封个官做做。焦触这样想着，就率领大军，去曹操那里报到了。

曹操时刻都在关注幽州方向的变化，做好了坐山观虎斗的准备，此时见焦触来投，不禁喜上眉梢，将焦触、张南二人封了个列侯的名号，不战而收了幽州，捡了个现成的大便宜。

曹操将袁家四州均纳于掌控，只是那逃走的袁熙、袁尚仍然是个眼中钉，肉中刺，不除不痛快。袁熙、袁尚二兄弟实力不在，却懂得挑拨利用，他们时不时给乌桓首领打针兴奋剂，乌桓首领还真一兴奋就率军入幽州，前来骚扰一番。曹操不胜其扰，准备大举进攻乌桓，一举将袁氏势力斩草除根，这时却发生了一件让曹操意想不到的事情，打乱了曹操攻打乌桓的计划。

此次事端是由并州刺史高干引发，高干在袁谭兵败被杀以后，形势所迫，投降了曹操，但是袁氏家族朝三暮四的特征也被他继承下来，高干见曹操忙于攻打幽州，无暇顾及并州，就趁机举起了反曹的大旗。高干是袁绍的外甥，文武双全，跟随袁绍走南闯北多年，袁绍坐拥四州以后，便将二子与高干各守一州，袁绍则与幼子镇守冀州，高干守并州，可见袁绍对这个外甥是相当重视的。

高干到了并州，拉拢名望之士，稳定局面，不负众望，承担起了支撑一州的重任，倒也是干得有声有色。袁谭被曹操打得狼狈而逃，命丧刀下，高干见识了曹操的厉害，知道曹操破并州指日可待，一狠心，投降了曹操。

曹操见高干拥兵五万，兼并州东依山，西靠河，恐一时难以攻下，又害怕并州与幽州联合，对己形成夹击之势，对高干的投诚，便一口应允，并礼尚往来，封高干为并州刺史。但是，海水难量，人心难测，高干投诚曹操乃是无奈之举，见曹操忙于攻打幽州事宜，便起了二心，公开反叛。高干一起，起了个带头作用，归附者众多，不服曹操统治的均站成了一条线，纷纷举起反叛的大旗，一向不关心时事的刘表也坐不住了，禁不住怂恿，加入到反曹的行列中来。

高干派兵攻打邺城，被曹军打败，而此时的曹操将幽州事务处理完毕，赶往邺城救援，准备前后夹击高干，一举将其灭亡。生死攸关，生命岌岌可危，高干破釜沉舟，奋力一击，快马加鞭，竟然逃出了重重包围。逃出的高干自然不会任人宰割，他挟持了上党太守，率领残军往壶关奔去。高干聪慧，选择了壶关这样一个易守难攻之地，此地山川交错，行军极其困难，要拿下它，有番难度。

这年是建安十一年（公元206年），依旧是一个寒冬天气，曹操以曹丕坐镇邺城，亲率大军西征壶口关。曹操以乐进、李典带领两支先行部队，翻山越岭往太行山上走去。这一路，鹅毛大雪铺天盖地，荆棘丛生，挫折重重，行军相当困难，曹操与士卒同甘共苦，一路走来，让众多士卒感动，曹操也不免诗意大发，写下了《苦寒行》一诗，来纪念这难以忘怀的时刻，表达自己心中拔壶关的志向与决心。

到了壶关，见地势崎岖，不知如何布兵，曹操再三查看，让李典从正面进攻，乐进从侧面攻击，攻不下。曹操气急败坏，冰天雪地，远道而来，粮草不多，必须速战速决，以今日之趋势，似是要做持久战的打算。曹操再派两路兵，从四面破壶关，仍旧是攻不下，双方这么对峙着。

曹操心中的自信一点一点被磨灭掉，心中愤恨，发了狠心“城破，皆坑之”，曹操此语一出，众人一惊。曹操无意间的一句狠话，造成了严重的后果，被困于城中的军民，更是鼓足了劲，奋死抵抗，曹操越发是攻不下了。对峙的局面一直持续着，城中粮多草足，可以维持，而曹操这边却支撑不下去了，眼见数月过去，壶关纹丝未动。这可急煞了曹操，旷日持久的战事，要尽早结束才好。

曹仁见曹操急得如同热锅上的蚂蚁，便献上一计。曹操下了死令，城中军民见已无生路，就算是破釜沉舟也要守住城门，否则就是死路一条。如今，若是能够收回成命，并且留下生路，谁还回去冒死呢？曹操心急，走了糊涂路，这下被当头一棒敲醒了，顿时悔悟，收回了成命，放松出入限制。城内固守久矣，守军见有出路可逃，便放松了戒备，更有从城内逃出者。

城内防御工事大大松懈，曹操趁此时机，再次命令军队从四面攻击，一举将其攻破。高干见军心动摇，形势非常不利，便留下守将守城，自己求支援去了。

曹操将城攻破，又是一番安抚，一切尽在曹操的掌控之中，而援军却迟迟未至。原来，高干跑去匈奴单于那里求救，而匈奴单于家事犹难断，便不愿惹是生非，拒绝了高干的请兵乞求，高干无奈，想到了荆州刘表，便率领几名亲兵，往荆州奔去，不料，被上洛都尉王琰抓住，王琰将高干的首级献给曹操，得了个列侯的美誉。

并州完全纳入曹操的统治，自此袁绍创下的基业都入曹操手中，曹操以此为基础，走进争夺天下的日程，但是在此之前，还要先将袁熙、袁尚这两个不成气候的袁家兄弟铲除掉，以永绝后患。

斩草必须除根

东临碣石，以观沧海。
水何澹澹，山岛竦峙。
树木丛生，百草丰茂。
秋风萧瑟，洪波涌起。

日月之行，若出其中；
星汉灿烂，若出其里。
幸甚至哉，歌以咏志。

——曹操《观沧海》

曹操破高干，占据壶关，自此，袁绍创下的四州基业均纳入曹操的统治之下。人的欲望是个永无止境的黑洞，永远也填不满，永远也无法满足。得此业绩，曹操的野心反倒是更大了，统一北方，将天下踏于脚下，是他能够想到的终极目标。也许，这梦想一旦实现，便有新的目标滋生，生命不息，欲望不灭。

在统一北方，争夺天下之前，曹操还有一事未了，那就是远在乌桓的袁氏兄弟，此患不除，曹操难以安心。曹操片刻之间，定下了远征乌桓的决定。

乌桓，又名乌丸，在东汉末年逐渐强大起来，但由于汉室的安抚，一直与汉室保持和睦关系，边境安宁，相安无事。但是，到了汉献帝迁都许都以后，乌桓就逐渐被纳入割据势力争霸的斗争之中，力量虽弱，终究是能够占有一席之地。

袁绍与公孙瓒的争夺中，因袁绍谴兵求救，乌桓首领蹋顿也就顺理成章地进来插了一脚，蹋顿派兵助袁绍，败公孙瓒。袁绍打败公孙瓒，这军功章里有乌桓的一份力量。战争结束后，袁绍为表谢意，与蹋顿和亲，并以汉献帝的名义封蹋顿为乌桓单于。蹋顿毕竟是外乡人，对朝廷之事难以了解，被袁绍这么一忽悠，就乐得屁颠屁颠，哪里还去想着真假是非。

在汉室与乌桓的交往中，有一个人不得不提，此人乃是阎柔。阎柔是汉人，但自幼被乌桓、鲜卑俘获，一直生活于他们之中，因其聪明伶俐，被人喜爱，长大之后，渐渐取信于乌桓，名气在乌桓、鲜卑之中越来越大，后来得到鲜于辅、鲜于银的帮助，被推举为乌桓司马。

从一介俘虏，成为乌桓司马，可见这阎柔不是一般人，正因为他的不寻常，被袁绍看中，百般拉拢，袁绍以其镇守北方。随着形势的发展，袁绍在斗争伊始虽处于前端，却被长江后浪逐渐拍打在沙滩上，丧失了能力，被人一点一点蚕食。阎柔也是识时务之人，便离开袁绍，傍上了曹操这棵大树，为曹操破乌桓立下了汗马功劳。

蹋顿与袁绍关系打得火热，正因为如此，才为他的儿子留下了后路。袁熙、袁尚被曹操打败以后，狼狈而逃，再看中原，已经没有他们的容身之地，便大叹一声，往辽西奔去。辽西有蹋顿这层关系网，况且乌桓之后，蹋顿实力最强。以蹋顿之实力，再加上袁家二兄弟带来的残兵，少说也有五万人马，以此实力，与曹操相抗衡，可再夺四州，重振父亲留下的基业。袁家二兄弟打着如意算盘，企图借蹋顿力量，重振家业。愿望总是美好的，但是，现实却总是很残酷的。

在袁熙、袁尚二人的挑唆下，又有了熟人做向导，蹋顿时常率领士卒骚扰曹操后方。蹋顿率领轻骑兵风速而来，一番劫掠以后，火速而去，神龙见尾不见首，让曹军根本摸不到头脑。北边局势在乌桓与袁氏二兄弟的煽动下，动荡不安，曹操心中也颇不安宁，不征服乌桓，铲除袁家兄弟，曹操寝食难安。

曹操讨伐乌桓的决心已起，便召开军事会议，商讨讨伐乌桓一事。正如曹操所料，众说纷纭，意见纷纷，反对者不在少数。曹操心中也有几分顾及，乌桓远在辽西，这一去不知猴年马月能够回来，若是在这其间邺城发生变故，荆州刘表倒是老实，但是有刘备在那就难说了，若是趁此时机，偷袭邺城，那可就得不偿失了。

然而，从另一个角度想，这种隐患又微乎其微。一来，刘表向来只求自保，趁人之危之事鲜少为之。二来，刘表虽收容刘备，对刘备却用之、防之，刘备是一匹脱缰野马，野心之大，刘表自然看得清楚，必定处处加以限制。再观乌桓，危害之大，让人汗颜。乌桓一出，有袁熙、袁尚二兄弟坐镇，袁绍旧部一呼百应，局势不稳，政局动荡，危害甚大。

曹操不是袁绍，凡事自有主见，在各谋臣畅所欲言之后，曹操已经将利害关系看得清清楚楚，明明白白，心中也下了结论，毫不迟疑，远征乌桓，并且带着势在必得之决心。

出征之决心已定，那么下一步就是制订作战计划了。出其不意，攻其不备的作战策略，是永不过时的妙计，但是，敌人在千里之外，若是劳师动众，必然会被敌军察觉，并做好防御之准备。唯今之计，不若轻装前进，攻敌人一个措手不及。郭嘉的建议，得到了众多谋臣的赞同，曹操点头认可。

曹操入乌桓不仅得到了阎柔的呼应，还得到了徐无山中田畴的支援，田畴智谋过人，小具实力，又熟悉乌桓地形，对曹操帮助甚大。

曹操一路屏气吞声，采取种种手段掩护行军行程，就怕露出马脚，让乌桓骑兵看到蛛丝马迹。到距离乌桓大本营柳城有一百多里的时候，行程终究是掩饰不住了，曹操命令士卒加速行军进程，快马加鞭，直奔柳城而去。

乌桓蹋顿得知曹操来袭，近在咫尺，一时之间乱了方寸，袁熙、袁尚冷静下来，紧急整合军队，抵抗曹操。蹋顿与袁氏聚拢了有万余人，人数上倒是占尽了优势，但是因为是仓猝迎战，军中多是乌合之众，士气不足，军队纪律匮乏。

曹操任命张辽为先锋，张辽是曹操手下的得意将领，后人将张辽与乐进、于禁、张郃、徐晃并称为曹魏的“五子良将”，而陈寿在《三国志》里面评价“太祖建兹武功，而时之良将，五子为先”。曹操无不自豪的称赞他“武力既弘，计略周备，质忠性一，守执节义，每临战攻，常为督率，奋强突固，无坚不陷，自援枹鼓，手不知倦。又遣别征，统御师旅，抚众则和，奉令无犯，当敌制决，靡有遗失。论功纪用，宜各显宠”。

张辽绝非浪得虚名，但见他身先士卒，咆哮着向联军扑去，身后的士卒，深受感染，个个斗志昂扬，紧跟其后，一番厮杀。蹋顿率领一群毫无纪律的联军，尾大不掉，指挥不灵，片刻便被冲散，成了一盘散沙。蹋顿、袁家二兄弟一看形势逼人，再不作抵抗，策马逃跑。

张辽继续与联军周旋，曹操率领士卒去追击逃兵，蹋顿被曹操部下斩首，袁氏二兄弟率领千余骑往辽东郡奔去，投奔了那里的太守公孙康。

曹操在辽西一战中大获全胜，便班师回朝了，公孙康一看曹操的威胁解除，而袁家二兄弟却成了当前真正的威胁，引狼入室，后患无穷。公孙康趁袁熙、袁尚不防备，将这二人的首级砍下，送给曹操，曹操礼尚往来，任命公孙康为左将军，并加封襄平侯，如此一来，辽东也纳入曹操的管辖范围。

从起兵，到讨伐董卓，到成为兖州牧，到战胜吕布、刘备、张绣等等敌人，再直到今天曹操能踏踏实实地享受自己所完成的丰功伟业，这一切都是相当艰难的。只有生在这样的一个乱世，曹操才能够发挥他自己的价值。曹操击败袁绍初步统一中国北方，为将来曹魏的建国打下了十分深刻的疆域基础，也使得中国重新回到统一的局面有了希望。

统一北方的大业完成，曹操距离梦想更近了一步，生命不息，追求不息，班师回朝后，曹操就马不停蹄地向着更远的目标前进了。

第二卷

三足鼎立：一个馅儿饼分三份

第一章　长坂混战：刘大耳朵快跑

还是亲人靠得住

汉献帝建安六年（公元201年），官渡之战已经接近尾声，袁绍节节败退，当初的壮志雄心遭遇了现实中的一次次失败，袁绍心中的骄傲再也燃烧不起来了。自从血吐沙场，袁绍自知凶多吉少，而继承人的候选问题，也一直伤透了袁绍的脑筋。心烦意乱，而又壮志未酬，种种打击，让袁绍的斗志再也昂不起来。

反观曹操，却是从“山重水复疑无路”的困境，走入“柳暗花明又一村”的境地，这其中巨大的反差不得不发人深思。以少胜多的喜悦，让曹操意气风发，一扫战初的阴霾，曹操正雄赳赳，气昂昂，下一个目标就是将袁绍斩草除根，以永绝后患。

瘦死的骆驼比马大，袁绍再如何不济，偌大的骨架还摆在那里，若想速战速决，指日攻之，也不是唾手可得的易事，做好持久战的打算才是长远之策。此刻是一个乘胜追击的绝好时机，曹操不想放弃，但是，胜利的喜悦并没有让曹操丧失理智，对于袁绍的实力，曹操还是看得分外清楚的。

兵力不足，粮草短缺，后勤支援困难，面临种种困境，曹操恋恋不舍地放弃了，放弃了这乘胜追击袁绍的大好时机。曹操的如意算盘是，先回许都休整片刻，等到人壮马肥了，再攻打冀州，将袁绍一举灭之，但是半路杀出了一个程咬金，将曹操的美妙计划打破了，此人乃是曹操宿敌，刘备。

刘备得了时机，向袁绍请命入汝南，自从刘备到了汝南以后，刘关张三人也在此重逢，在刘备的带领下，将此地经营得有声有色。这就是领导者的魅力所在，就如同金子，无论放在哪里总会发光的。

一个优秀的领导固然重要，但是靠实力说话仍旧是不争的事实。刘备趁曹操无暇顾及后方之机，时时骚扰许都，让曹操抓耳挠腮，愤怒无比。曹操盛怒之下，走了一步险棋，挥师远征刘备，留下生死未卜的许都，只盼袁绍大志无谋，不要趁火打劫。所谓一山更比一山高，刘备是一个优秀的领导，当遭遇了颇具实力的曹操的时候，却没辙了。

汉献帝建安六年（公元201年），曹操的大军已接近汝南，刘备万万没有想到，曹操会舍许都而攻汝南，一时之间竟乱了手脚。曹操的实力，刘备心知肚明，若是以实力相碰，无异于鸡蛋碰石头，必败无疑，但是舍弃汝南，刘备心中又万分不舍，犹豫踟蹰，刘备踱来踱去，不知道如何抉择。

曹操的大军越发近了，毕竟是刚刚经历了与袁绍的一场战争，并且是远道而来，士卒疲惫不堪，纵使曹操心中有万般仇恨，也不敢轻举妄动。昔日曹操礼待刘备甚是丰厚，刘备却恩将仇报，屡次与曹操相抗衡，曹操正窝着一肚子火气，要与刘备一争高低，将其斩草除根，了却后患。

是祸躲不过，刘备心中起了逃跑的念头，但是不战而逃，以后如何在军中立威，这不是一个高明的领导者的作为。无论如何，是要与曹操兵戎相见的，刘备先在军中一番慷慨激昂的演说，将汉献帝之委屈，以及曹操盗国之行径，一一灌输于士卒头脑，为自己的应战争得了名正言顺的名分，在士卒士气大振之机，以关羽、张飞二人各领一支军队，出城迎敌。

曹操是用兵高手，以大将夏侯惇为前锋，连日攻打汝南城，曹操此举在于不给刘备以喘息之机。关羽、张飞接二连三狼狈撤回，刘备心中无计，做好了各奔东西的准备。

曹操的连环战术仍在继续着，汝南城中粮草供应的道路已经被曹操切断，城中十室九空，粮草缺乏，已经到了无法支撑的地步。刘备唯有大叹一声，汝南失矣，却毫无他法。如今之势，只能是破釜沉舟各自逃命了。这日，刘备将众人聚在一起，将当前之形势毫不隐瞒地告知众人，众人皆沉默。刘备开口打破这沉默，以无比沉痛的语气，让众人各奔东西，另觅他主。

良禽择木而栖，贤臣择主而事，在这样战乱的年代，有多少人还抱着忠君不事二主的儒家理念；识时务者离去了，忠义之士留下来了，刘备越发势单力薄了。这日，刘备召集忠义之士，商议下一步作为，准备酒饱饭足之后奋力冲出曹军重围，但是，天下之大，何处才是容身之地！

逃是定好的基本政策，但是往哪里逃却是一个让人伤脑筋的问题。天下大势，弱肉强食，弱小的诸侯势力，有的被剿灭，更多的是找棵大树好乘凉，均一一销声匿迹，现今割据一方的诸侯，当数盘踞河北的袁绍、占领中原的曹操，江东孙氏兄弟，还有就是稳坐荆州的刘表。这四大实力集团，人才济济，各据一方，实力均不可小窥。

曹操视刘备为眼中钉、肉中刺，杀之而后快，刘备自是不能投靠。袁绍泥菩萨过江，自身难保，哪里还顾得了他人，也不在考虑之列。江东孙权素来无甚关系，孙氏又得曹操安抚，也不是可容身之地。诚如谋士孙乾所说，唯有荆州刘表可以依附，一来刘表兵强马壮，素来少与人起争端，过着井水不犯河水的小日子。二来毕竟是刘家宗族，可叙同宗之旧情。

城外，曹操的大军正叫嚣着，破城指日可待，已经没有时间犹豫。这日夜里，刘备率领余兵，在夜幕的掩饰下，打开城门，一涌而出。张飞、关羽在前，众人在后掩护刘备，边打边往荆州方向撤退，幸好，夜里曹军防备减弱，刘备得以冲出重围，侥幸逃脱。

逃出的刘备，连夜赶路，快马加鞭，到了荆州边境，曹操追袭不得，又念及许都安危，攻下汝南之后撤回。刘备终于松了一口气，但看士卒，寥寥无几，不禁伤感万分，更为前途未卜忧心忡忡。

刘备率领众人初入荆州，不禁为荆州之景象而惊叹，但见荆州处处洋溢着繁华的气息，环境宜人，土地肥沃，商业繁荣，百姓安居乐业。刘表经营荆州多年，天下多年混乱，刘表却能够按兵不动，坚守荆州这块宝地，始之未受到战争的污染，俨然一片世外桃源。

刘备惊叹之余，不禁心有疑问，刘表能否容人？刘表一向只求自保，能否容得下刘备这还未可知，刘备刚刚放下来的心事再次提了起来，孙乾见主公忧心，倒是仗义，自告奋勇要前去说服刘表。

刘表听闻刘备来投，欣喜万分，但是，刘表部将蔡瑁却站出来，当头给刘表一棒。蔡瑁对刘备甚是不满，刘备先后辗转于吕布、曹操、袁绍，后来均反目为仇，蔡瑁以此论定刘备为人不忠不义，不可与之相处。另外，刘备与曹操正打得不亦乐乎，若是收留刘备，恐怕曹操会增兵荆州，若是如此，那就得不偿失了。刘表听蔡瑁所说，确实有理，不禁有了几分犹豫。

孙乾见刘表面有迟疑，便用了激将之策，道“玄德公闻刘荆州乃天下名士，礼贤下士，故来相投。前者相从曹、袁，皆不得已耳。公若不容，岂不令天下忠义之士寒心。”刘表听孙乾如此说，不禁心中不服，刘表素来注重名气，更以礼贤下士著称，怎会自损名节？便将蔡瑁斥责一番，亲自出城迎接，并礼遇待之，刘备如丧家之犬，在此得到了温暖，不禁感恩戴德。

刘备入荆州，这成为他人生的一个转折点，之前的小打小闹，让他崭露头角，他的人生大业将在此拉开帷幕。一个到处去投奔他人的无名之辈，终究以此为发家之地，成为三国鼎立之一霸。

我也喜欢放火

荆州在刘表的治理下，日渐富裕，曹操看着眼红，早就有了据为己有的念头。况且，荆州地理位置极其重要，地处东西南北交通枢纽，曹操若能攻下荆州江北，便可以此为依托，自由进退，在他占领下的兖州、豫州等地也能够从军事前线转为战略后方。另一方面，荆州刘表不轻易用兵，在这乱世之中算是一方乐土，众多名士云集荟萃，若能得荆州，便可将这些才华横溢之士纳为己用。

曹操打着如意算盘，多次将南征荆州的计划提上日程，但是均因北方的不安定因素未能铲除而导致计划破产。曹操令曹仁屯兵荆州江北，自己率军在北方与袁绍残余周旋，准备一旦将袁氏集团斩草除根就南征荆州。

刘备入荆州以后，走访名士，甚得人心，颇有威望，汉献帝手下大将臧霸率领五千精锐前来投奔，刘备实力一步一步扩充，手下又有关羽、张飞这样的大将。看着刘备一日更比一日得意，长久下去那不是引狼入室？！刘表再也坐不下去了，派出五万大军由大将蔡瑁指挥，屯兵新野南部，作为刘备的后援，当然刘备心神意会，这五万后援兵与其说是前来支援，不如说是刘表派来的耳目，前来监视刘备，以防止他往南发展。

刘备在刘表的控制范围内不敢造次，就将全部精力放在了新野的经营上。对当地有名望之人施以安抚，对百姓则减轻赋税，不出几年，就得到了当地百姓和名士的认可。

在徐庶的帮助下，刘备招募士卒，训练军队，培育出了一支训练有素的亲军。一切都在既定的轨道上运行着，新野城一片繁荣景象。此时刘备心中不安分的因子再次被调动起来，趁曹操无暇顾及荆州之机，不断向北推进，而驻守此地的曹仁兵力有限，更有孙策、刘表的大军虎视眈眈，曹仁不敌节节后退。

北方战事即将结束，可曹操的野心刘表却看得清晰，荆州难免一场战争，但是，刘表不舍荆州的安宁，不肯轻易出兵，便派刘备打个前锋，出兵叶县。刘备既得令，心中不免欣喜，盼望一战久矣，这可是一个扩充实力的大好时机。功业未成，刘备是坐不住的，即刻北进，一路顺利，到了博望坡，闻曹操的大将夏侯惇已经率领士卒往南赶来，便在此修建堡垒，驻扎下来。

曹操早就听闻刘备驻扎新野，日日演练士卒，料到刘备必会北进，只是袁氏余孽缠身，无暇顾及，只等收拾完北方事务再图荆州，不想刘备先下手为强。北方事务还未处理妥当，曹操不便亲征，便命大将夏侯惇为都督，以于禁、李典、韩浩为副将，率领三万大军远征刘备。

夏侯惇，曹操的同族兄弟，英勇善战，为人刚烈，曹操举兵之时就跟随左右，后被曹操任命为司马，在协助曹操攻打吕布之时兵败，被流矢射伤左眼，被人称为“盲夏侯”，此事成为他一生的耻辱。

夏侯惇有着武人的通病，性格刚烈，好刚愎自用，出征之前，荀彧曾劝诫，刘备狡诈，善用计谋，万不可轻敌冒进。可见，荀彧对夏侯惇与刘备还是相当了解的，只是，但凡有点功绩的将领，不免有些心高气傲，听不进劝言，更不把旁人放在眼里，却往往在小人物手中栽了跟头，这真是聪明反被聪明误。

夏侯惇并不把刘备当回事，刘备不过一介匹夫，有什么可以畏惧的。夏侯惇拍着胸脯，口出狂言，向曹操立下军令状，发誓要生擒刘备，摘刘备首级献上。这海口夸得太早，究竟结果如何，战后才能见分晓。

曹操对此役非常重视，刘备驻守的新野，可谓是荆州的门户，若能够破新野，那么攻下荆州则指日可待。正因为这其中的重要性，曹操拨三万大军给夏侯惇去攻打刘备，三万大军，这是一个不小的数日。

刘备没有想到曹操能分三万大军来抗，心中不免凉了一截，大敌当前，此次是无处可逃了，唯有决一死战，以实力相拼硬碰硬，必不能取胜，唯有靠智取。刘备庆幸，领兵前来的不是曹操，不然就毫无回旋的余地了。

刘备与曹操的几次较量，刘备总结出了一个规律。刘备谋略有余，但是对付曹操手下的几员大将还可以，若是曹操领兵亲征，刘备则不能够驾驭，可见曹操更不是一个省油的灯，跟刘备相比，是有过之而无不及。

夏侯惇恃功自大，清高自傲，刘备就针对他的这一性格制订了作战计划。夏侯惇率领大军来到博望坡，此次行军速度颇慢，曹操正率领精兵在黎阳作战，虽然拨给夏侯惇三万大军，数量上是占尽了优势，却不能够保证质量。

刘备以赵云率领一支士卒打前锋，出城迎战，并吩咐且战且退，只许败不许胜，赵云知刘备必定是有取胜计谋，也不多问，率领士卒前去接战。夏侯惇与赵云在博望坡相遇，几个回合，赵云败下阵来，畏战后撤，夏侯惇领兵穷追不舍，赵云看逃脱不了，便又回马迎战。如此三番两次，眼见赵云且战且退，必败无疑。

曹军副将韩浩心有疑惑，听闻赵云骁勇善战，今日一见，不过如此，难道赵云如此，是另有他算，莫非是诱敌深入之策？韩浩将心中所想告知夏侯惇，劝其小心，以免中了刘备埋伏。夏侯惇见赵云胆小如鼠，不免心中飘飘然，又仗着三万大军压阵，哪里听得进韩浩的劝告，领兵便追。果真如韩浩所料，中途杀出了刘备，刘备上前交战，却仍旧是不堪一击，没有挡几个回合，就败下阵来，仓促而逃。

夏侯惇见刘军如此，不禁心花怒放，放声大笑，刘备尚且如此，还有什么可以畏惧的！夏侯惇心中充斥着骄气，不免轻敌，将荀彧所说均抛之脑后。

夏侯惇领兵紧追，追至博望坡乃停，见夜幕降临，天色已晚，便在此安营扎寨，准备明日再战，一举杀到新野城，摘刘备首级。一切准备就绪，夏侯惇命人加紧防备，准备入睡，养精蓄锐，明日再战。

在半睡半醒之间，夏侯惇听闻外面阵阵骚动，起身，却见帐外东方天际已经泛白，刘备屯兵方向火光冲天，烧红了半边天，刘备的营帐着火了，夏侯惇顿时警觉起来，又闻人来报，刘备的军队正连夜撤退。

夏侯惇再看那冲天的火势，不禁明了刘备的心思，刘备见打不过，便将营帐点燃，以此来阻挡曹军的进攻。夏侯惇嘴角划过一丝狡黠的微笑，刘备这样想，就偏偏不让他如愿。

夏侯惇紧急整合大军，急速追赶。博望坡北部宽阔，南部狭小，从北通过不难，从南通过却不易，坡上树木丛生，庄稼旺盛。夏侯惇依稀可见刘军，便打算加快步伐，追袭刘备。

随军副将李典见道路狭窄，四州树木丛生，恐有埋伏，便提醒夏侯惇，此处非常适宜火攻，若是刘备放火，那就在劫难逃，还是先探探路的好。夏侯惇最厌恶婆婆妈妈的耳提面命，不听劝告，仍一意孤行。

曹军刚出南部谷口，一股不祥的预感油然而生，夏侯惇还没有回过神来，就见火光四起，硝烟滚滚，于是紧急撤退，但是因为道路狭窄，谷口太小，撤退十分困难，被刘备的伏兵打得落花流水，幸好李典来救，夏侯惇逃过一劫，捡回了一条命。

“火烧博望坡”同样是《三国演义》中一个非常经典的故事，只不过这故事发生的事件被罗贯中给错后了，并且主导这场奇谋的人也由刘备换成了“近似为妖”的诸葛亮。只可惜这样的一个刘皇叔大显身手的重要战役，就这样被罗贯中不著姓名地转嫁到了诸葛亮的头上。尽管这其中还有着徐庶从中出谋划策，但从这一个事实当中我们可以看到，刘备为什么可以独霸一方？说明他本人是有着相当的实力的，不光在施行仁政这一个方面，在许多方面甚至是以往人们都忽视的谋略方面也都是有着相当不俗的实力。刘备的这场经典战役，应该被正名，受到世人的重视，充分体现了他作为一代枭雄所具有的品质。

见识了刘备的厉害，夏侯惇狼狈而回，当初的军令状犹在，誓言犹在耳边，夏侯惇灰溜溜地在曹操面前抬不起头来，当然曹操肚中能撑船，没有怪罪，对刘备的恨意却是更上一层楼了。

你跟我还是不一样

“天将降大任于斯人也，必先苦其心志。”这话对刘备来说一点不错。自从响应朝廷的号召起兵征讨黄巾军以来，刘备经历了许许多多的战火，这点跟曹操十分相像。但是他们二人的一个显著不同就是刘备一直在走下坡路，而曹操的事业则一直是蒸蒸日上地向上发展着的。天下大乱以后，刘备辗转众割据势力之间，尝尽了寄人篱下的滋味，尽管经历了一次又一次的挫折，刘备仍旧没有丧失斗志，准备东山再起的野心依然蓬勃。投奔刘表以后，刘备被安置在新野，这其中原因种种，这二人均心知肚明，刘备唯有带着感恩戴德之心走马上任新野牧。

新野地处湍水和清水的汇流处，在襄阳东北，距离襄阳有五十公里的距离，可谓是襄阳的门口，作为要冲之地，新野位置极其重要。刘表以刘备驻守新野，表面上对刘备信任有加，其实却是别具用心。

刘备到荆州以后，走访名士，甚得人心，不几，就建立起了风声鹤起的声望。刘表对声望也非常看重，但是荆州虽名士多，能为己所用的却寥寥无几，刘表可望而不可求的名声，刘备却唾手可得。无处容身而来投奔的刘备，刘表是看不上眼的，可是他却得到了刘表梦寐以求的东西，羡慕当然有，更多的却是嫉妒与恨。刘表看似大度的背后，却隐藏着难以察觉的狭隘心胸。

将刘备调往新野，一来可以远离荆州中心，二来可以作为抵挡曹操的先锋力量。曹操与袁绍一战，以少胜多，必胜无疑，如此一来曹操平定北方指日可待，曹操野心勃勃，平定北方之后，必然不会善罢甘休，南征就成了目标，而荆州地处中心位置，是南进的第一道栅栏，曹操必定先取荆州，以曹操之实力，刘表能否抵挡实属未知。刘备可以作为抵挡曹操的第一道力量，到时候刘表可见机行事，若不能抵挡曹操，唯有议和一事，在刘备激战之时，可在背后袭击，将刘备捉拿送予曹操，曹操必定念及刘表恩情，网开一面。

刘表的如意算盘并无重用刘备之意，不过是利用罢了。刘备何等聪明，对刘表心中那点小九九自然明了。到了新野以后，刘备一方面招募军队，一方面征召名士，壮大实力。刘表密切关注刘备的发展，时不时进来插一脚，悄然监视，戒备心昭然若揭，刘备心中郁闷却也无可奈何。

刘备到了新野以后，将新野治理得井然有序，民足粮丰，老百姓编了民谣以歌颂刘备功绩“新野牧，刘皇叔，自到此，民丰足”，关于记载刘备到新野之后采取了何种利民政策，史书中非常少见，但是，从后来新野失陷以后，新野百姓众口一词的一句“我等虽死，亦愿追随使君”，可见刘备的利民政策是非常成功的。

这不得不让人再次感叹刘备的魅力之大，一个领导者，无论走到哪里都能够干得有声有色，并且留下有口皆碑的业绩，这确实是非常了不起的。《三国志》的注中，裴松之也赞扬刘备“虽颠沛险难而信义愈明，势逼事危而言不失道。追景升之顾，则情感三军；恋赴义之士，则甘与同败”。刘备仁义爱民一名不胫远扬。

刘表见刘备光辉熠熠的形象在新野百姓心中树立，不禁心中奇痒难耐，对他的防御之心更大了。这日，刘表宴请刘备，二人饮酒畅谈，一副相见甚欢的模样，席间，刘备出去方便，回来却脸色暗淡，双眼泛红，俨然哭过一般，哪里还有心情喝酒作乐。

刘表心生诧异，连忙表示关怀，这一问不打紧，刘备顿时潸然泪下，似是受了什么委屈，刘表一时无措，竟不知如何是好。一番好生安抚，待刘备心情平静，刘表再问何故，刘备长叹一声，听着让人无比心酸，“备往常身不离鞍，髀肉皆散；今久不骑，髀里肉生。日月蹉跎，老将至矣，而功业不建，是以悲耳！”

刘备其意乃是说，以前经常骑马打仗，终日以马鞍为伴，大腿上没有赘肉，而今没有战事，长时间不骑马，大腿上的赘肉长了出来，白驹过隙，岁月流逝，眼看一日日衰老，却没有建功立业，这不得不让人惭愧。

这段话尽管可能有后人杜撰的成分，因为确实无法证明在当时的那个场景之中，刘备曾经发表过上述的言论，但却是真真切切体现了刘备的心理活动。确实，刘备的年纪跟曹操是相当的，而曹操早已经完成了统一北方的丰功伟业，刘备却只能在南方的一座小城之中寄人篱下看人脸色。这对于一个怀揣着豪情壮志的英雄来说，无异于是把喜爱飞翔的鸟给硬生生得关在了笼子里，何况这笼子之外一只虎视眈眈的猫正在盯着他。这种对于时间流逝而自己一事无成的恐惧通过大腿长没长肉这样的一个再普通不过的问题给表现了出来，也足以见得刘备在交流方面所具有的出色才能。

刘表听刘备所言，良久无语，面露笑色，内心却对刘备有了厌恶之意。

刘表素来不主动生战事，荆州在其经营下，歌舞升平，一片生机盎然的景象，成了名士争相避难之地，这一向是刘表所引以为傲的事情，而刘备此意却是渴望战争。

“日月蹉跎，老将至矣，而功业不建”，刘表反复捉摸着刘备这句话，脸色越发阴暗起来。好端端的日子不过，却老想着东征西讨，如此纵容刘备，恐怕日后养虎为患。刘备毕竟不是刘表，他的野心不是停留在终日饱食，终守旧业上。

由髀肉之叹这件事情上，刘表与刘备二人不同的志向一览无余，这就是成就大事者与墨守旧业者的差距。刘表眼见新野的刘备日益壮大，心有不甘，更有谋臣建议将刘备斩草除根，刘表又想利用刘备加大在与曹操相抗衡中的胜算，因此迟迟不能决断如何处置刘备，对刘备之事也就一直拖延着，刘表的优柔寡断终究是为他带来了无可挽回的灾难。

汉献帝建安七年（公元202年），曹操与袁绍作最后的周旋，袁绍气急攻心，战场吐血，不几就身亡，袁绍的小儿子袁尚即位，但是袁绍临死没有调解好三个儿子的关系问题，致使袁氏集团内部分裂，内讧频发。

曹操采取分化战术，各个击破，袁尚入乌桓寻求帮助，袁尚与盘踞东北的乌桓组成联军，与曹操对抗，曹操远征乌桓，将大本营置于危难之下。

刘备听闻曹操远征乌桓，欣喜若狂，此乃天赐良机，曹操远征，必定是带着必胜之心，主力部队均被带走，大本营空虚，若是此时率军袭击许都，必胜无疑。毕竟在荆州境内，刘表的管制之下，刘备不敢轻举妄动，况且手中兵力有限，刘备马不停蹄亲往刘表处，劝刘表抓住这大好时机。

人各有志，刘表的志向本不在此，唯有让刘备失望了。刘备抑郁而回，一路精神恍惚，马跑得很慢，刘备满面倦色，两眼无神，似乎是对日后丧失了目标。在这乱世之中，不求进步，就会挨打，虽能求一时之安危，却不是长远之计。刘备对此事再明了不过，却无法将自己的意愿强加给刘表。再看刘表作为，前途似乎是一片黑暗，若是一味坐以待毙，只能落得下风。刘备对刘表已经不抱任何希望，在这兵荒马乱的年代有几人能够靠得住？刘备大叹一口气，不禁摇了摇头，既然不能依仗别人，就只有让自己强大起来这一条路可以走了。

想明白这些，刘备心情豁然开朗起来，信心坚定了，目标明确了，扬起马鞭，快马往新野奔去，意气风发的刘备又回来了。

当初刘备访司马徽之时，司马徽曾言，刘备虽心怀大志，却颠沛流离，寄人篱下，多半是因其“左右不得其人”，意思是刘备的身边缺少运筹帷幄的谋士。此番回来，刘备深思熟路，准备招贤纳士，扩充实力。司马徽曾言：“伏龙、凤雏，两人得一，可安天下。”而来投的徐庶，极力推荐诸葛亮，看来，这诸葛亮确有超凡出众的才能，刘备求贤若渴，对诸葛亮萌生了好感，三顾茅庐为求贤。

诸葛亮，我终于见到你了

中国历史上关于求贤纳士的故事比比皆是，成为流传千古佳话的也不在少数，但是如刘备三顾茅庐一般影响深远，并能够家喻户晓、老幼皆知的却是凤毛麟角。刘备在中国历史上的形象也因为三顾佳话而光辉熠熠，成为世人眼中的明主。

刘备投奔刘表之后，暂得一席容身之地，但是寄人篱下，处处看人脸色，还要忍受刘表的监视与牵绊，自认为千载难逢的时机又不被刘表看重，刘备心中抱负得不到伸展而愤愤难平。入荆州多年，刘备仍旧毫无建树，见曹操铲除袁氏集团平定北方，即将完成北方统一大业，日月蹉跎，终日过着看似安定祥和的日子，所谓居安思危，刘备似乎已经看到危机正逐步蔓延。虽说大树底下好乘凉，但是别人终究是靠不住的，唯有自身强大起来，才能顶天立地。

刘备的决心很坚定，虽已到了奔五的年龄，但是能够看清这一点，仍为时不晚。刘备反复揣摩着司马徽那句话“左右不得其人”，再看自己闯荡半生，仍旧颠沛流离，天下之大，却无立锥之地，刘备不得不深思，这其中原因种种，真的就如自己所抱怨的那样，全赖于“命途多舛”四字吗？

刘备思前思后，司马徽所说不无道理，不管如何，要扩充实力，招贤纳士必不可少，前些日子，去拜访司马徽，司马徽称学生诸葛亮为“兴周八百年之姜子牙，旺汉四百年之张子房”，而有卓越的军事才能的徐庶也称赞诸葛亮“有经天纬地之才，盖天下一人也”。在与徐庶的交往中，刘备见识了徐庶的智谋与品行，非同寻常，刘备称其为有王佐之才。徐庶曾将自己与诸葛亮作了一个对比，“驽马并麒麟，寒鸦配鸾凤”。

司马徽与徐庶乃当世名士，有经天纬地之才，而诸葛亮又如此被二人推崇，可见诸葛亮不是一般人物。刘备打算将诸葛亮纳入自己麾下，便将徐庶唤来，让其引见诸葛亮。刘备的想法很简单，“学成文武艺，货与帝王家”是众多士人抱有的想法，诸葛亮有旷世之才，又是识时务之士，自然会乐得出仕。

刘备的想法过于简单，诸葛亮隐居隆中，声名远播，却没有为当政者所用，并非真的避世，而是比较慎重。隐居山林，冷眼旁观，却不是置身事外，看清形势，认准前途，在没有十足的把握之前，怎肯轻易出山！

刘备看惯了那些急功近利之士，而他自己也是一个四处奔走、有利就投奔之人，对于诸葛亮这样心存节操，愿为知己者死的名士很是少见，因为不了解，刘备轻视了诸葛亮的格调。仅仅凭一句“敢劳元直为备请来相见”，就想请得诸葛亮出山，刘备诚意不足，徐庶再言诸葛亮之不凡，刘备终于充分重视，为图霸业，求贤若渴，既然可安天下，亲访又何妨。

诸葛亮，字孔明，琅邪阳都（今山东沂南县）人，生于汉灵帝光和四年（公元181年），父母早死，由叔父诸葛玄抚养长大，十五岁时跟随叔父诸葛玄到荆州避难，在此拜师求学，成为司马徽与庞德公的学生，诸葛玄死后，诸葛亮就结庐隆中，过着半耕半读的日子。

汉献帝建安十二年（公元207年），诸葛亮已经在隆中生活了十年，在这十年里，诸葛亮一边勤奋学习，一边了解天下大势，熟悉政治与军事，成为一个声名远扬的饱学之士。“凤翱翔于千仞兮，非梧不栖；士伏处于一方兮，非主不依。乐躬耕于陇亩兮，吾爱吾庐；聊寄傲于琴书兮，以待天时。”诸葛亮的这段话，反映了他的抱负，十年隆中，只为待天时。

诸葛亮隆中十年，把自己锤炼成一个百科全书般的通才，天文、地理、气象、阴阳、兵法无不通晓，琴棋书画又样样精通。才华上毫不逊色，品行更是让人无可指摘，“淡泊以明志，宁静以致远”，这是诸葛亮一生的格言，锦衣玉食、富贵显达不是诸葛亮所求，他的目标在于更高层次的苍生事业，诸葛亮在这乱世之中仍能够保持中国士人传统的节操，气节、忠义，诸葛亮终其一生都在践行。

当然，刘备现下所知，仅仅是诸葛亮的一丝皮毛罢了，出于对诸葛亮才华的赏识，刘备与关羽、张飞带着厚礼，往隆中卧龙岗去拜见诸葛亮，只是，天不遂人愿，诸葛亮不在，刘备打算在隆中草庐等候，被关羽、张飞劝回。第一次，刘备失望而归，张飞心中的不满情绪已经泛滥。

第一次没有见到诸葛亮，刘备并没有气馁，正值寒冬腊月，大雪纷飞，刘备再次在关羽、张飞的陪同下，前去拜见诸葛亮，不料诸葛亮又外出未归，刘备惆怅不已，却也不敢懈怠，张飞是个直性子，脾气暴躁，没有耐心，见诸葛亮又不在家，心中恼怒，便吵着要回去。刘备见天色已晚，也不便久留，便写下一封信，表达了自己的敬仰之情，以及请诸葛亮出山协助自己救百姓于水火之中的请求。

诸葛亮归来，见了刘备的书信，心中所动，却并未有任何表示。刘备焦急，恐诸葛亮不肯接受出山辅助请求，再次携关羽、张飞来访。此次拜访，三人产生了分歧，关羽与张飞认为诸葛亮徒有虚名，心高气傲，不值得三番两次的拜访，若非要请诸葛亮令人前去差遣即可，何必劳驾刘备多次亲往。刘备将这二人斥责一番，坚持第三次入隆中拜访诸葛亮。

皇天不负有心人，诸葛亮终究是在家了，只是此时正值中午，诸葛亮小童来报，诸葛亮正睡午觉，不便打扰。张飞一听顿时火冒三丈，他一个粗人，哪里懂得这些文人的礼数，便要上前要将诸葛亮唤醒，刘备心细如发，将张飞拦住，与关羽、张飞在外等候，直到诸葛亮醒来。

刘备的诚意，诸葛亮看在心里，终究被刘备精诚之心打动，后来，诸葛亮在《出师表》中描述此事并表达自己的知遇之恩，“先帝不以臣卑鄙，猥自枉屈，三顾臣于草庐之中。”诸葛亮与刘备二人促膝长谈，诸葛亮见刘备心怀天下苍生，实为明主，尽管刘备此时正值潦倒落魄，仍旧毅然决定出山辅佐刘备。

这一年是汉献帝建安十二年（公元207年），刘备已49岁，诸葛亮仅27岁，君臣相见恨晚。刘备“三顾茅庐”开辟了事业的一个新局面，陈寿在《三国志》里记载刘备诸葛亮“君臣相遇，可谓希世一时”，裴松之也说“诚君臣之至公，古今之盛轨也”，可见刘备之“三顾茅庐”看似是一件刘备礼贤下士的小事，却是汉末历史发展进程中的一件重大事件，这主要得益于诸葛亮颇有先见的“隆中策”。

所谓隆中策，就是这次会面当中诸葛亮为刘备所设计的整个成就霸业的路线，原文是这样书写的：“自董卓以来，豪杰并起，跨州连郡者不可胜数。曹操比于袁绍，则名微而众寡，然操遂能克绍，以弱为强者，非惟天时，抑亦人谋也。今操已拥百万之众，挟天子而令诸侯，此诚不可与争锋。孙权据有江东，已历三世，国险而民附，贤能为之用，此可以为援而不可图也。荆州北据汉、沔，利尽南海，东连吴会，西通巴、蜀，此用武之国，而其主不能守，此殆天所以资将军，将军岂有意乎？益州险塞，沃野千里，天府之土，高祖因之以成帝业。刘璋暗弱，张鲁在北，民殷国富而不知存恤，智能之士思得明君。将军既帝室之胄，信义著于四海，总揽英雄，思贤如渴，若跨有荆、益，保其岩阻，西和诸戎，南抚夷越，外结好孙权，内修政理；天下有变，则命一上将将荆州之军以向宛、洛，将军身率益州之众出于秦川，百姓孰敢不箪食壶浆以迎将军者乎？诚如是，则霸业可成，汉室可兴矣。”

这篇对话可以说是《三国志》当中最为翔实的一条记录，在惜字如金的《三国志》当中特别显眼。因为它完整地概括出了三国为什么将要成为三国，而刘备又要往何处走的这样的问题。这篇“隆中策”，主要围绕和针对曹操，当今天下，能够与曹操相抗衡的，有江东孙权，可联合孙权抗曹操。但是在此之前，要先夺取荆州、益州，占有一席之地，荆州乃是用武之地，益州乃是天府之国，以这二地为根据地，南抚夷越，西和诸戎，等待时机与孙权联合，夹击曹操，以图天下。

诸葛亮与刘备一番交谈，感待到天时，觅得明主，便毫不隐瞒，精辟分析当世形势，提出“兴汉室，成大业”的战略。刘备听诸葛亮所言，如醍醐灌顶，敲醒了梦中人，对诸葛亮甚是佩服。

这是一次历史性的会面，它从根本上改变了刘备寻求出路的方式，以前刘备只是想做一个官员为朝廷效力，后来随着黄巾起义刘备走上了争夺中原霸权的道路。总体而言，刘备一直是在硬碰硬，没有想办法进行迂回，与曹操的几次硬碰硬最后的结果都是惨败，而诸葛亮的出现为刘备解决了最为关键的路线问题，其实就是“柿子捡软的捏”这个最简单的道理，刘备被这样的言论提醒了，终于让自己的事业走向了正途。

刘备以诸葛亮的“隆中策”为终极目标，从无立锥之地，一步一步走上三足鼎立的道路，这其中懂得运筹帷幄的诸葛亮立下了汗马功劳。

还是赶紧逃吧

曹操将中原袁氏势力铲除干净，统一北方已是大势所趋，这年寒冬，曹操率领大军远征乌桓，彻底铲除了袁氏残余势力，至此，曹操基本完成了北方的统一。

曹操春风得意，更不将汉献帝放在眼里，汉献帝自从上次衣带诏事件以后，见识了曹操的阴狠毒辣，便也不敢再有花花心思，吃喝玩乐，倒是乐得清闲，也就任凭曹操胡作非为了。

曹操掌握了朝廷的一切大权，虽无皇帝之名，却有皇帝之实。

野心作支撑，曹操终究是闲不住之人，在家闲了几日，便待不住了，有了乏意，肚中起南征的心思。英雄的伟大之处在于，一旦有了想法，便毫不迟疑，立即行动。出征的命令一下，曹操马不停蹄直奔荆州。曹操在北方战事接连凯旋之机，趁士气高涨之时，发布南征命令，想借一鼓作气的气势拿下荆州，但是士卒连日的作战，毕竟疲惫不堪，厌战情绪也逐步滋生，曹操达到顶峰的事业，逐步露破绽百出，走起了下坡路。

曹操在南下之前，做好了充分的准备，首先，荆州不比北方，北方平原顾广阔，而地处南方的荆州河流纵横，曹军不习水战，必定难以应付。曹操命人在邺城挖了渠道，以此来训练水军。另外，更是提拔骁勇善战的年轻将领，并将其家人接到邺城团圆，话虽如此，其本意却是以家人为人质，以扼杀将领的反叛之心。

七月盛夏，骄阳当空，曹操的大军已经到达荆州边境，八月初，刘表因背上毒疮发作突然死亡，其次子刘琮成为继承人，长子刘琦此时据守江夏，囤积力量，正与刘琮闹得不可开交，刘琮任荆州牧以后，授予刘琦侯印，刘琦心中愤恨，作为长子本应继承父亲遗业，却被刘琮篡权，刘琦不服，企图借为父奔丧之机起事，以武力夺权。

曹操用荀彧之计，率领少数先头部队入南阳郡宛城，“今华夏已平，南土知困矣。可显出宛、叶而间行轻进，以掩其不意。”（《三国志·荀彧传》）曹操率领部队以出其不意，攻其不备之气势入宛城，让刘琮无暇备战。

刘琮闻曹操已入宛城，惊慌不已，大敌当前，暂时放下了与刘琦的恩怨，召集心腹，秘密商讨应敌之策。但是，刘琮手握重兵却不敢抵抗，一来初登大业，政局十分不稳定，刘琦正虎视眈眈，打着武力夺权的主意。二来，荆州群臣如蒯越、韩嵩、傅巽等这些主要将领享受惯了安逸，均不想战，主张投降曹操，入曹营为官。荆州的地方势力虽主张抗曹，但是毕竟实力有限，终究是力不从心，只好转而投降。

投降曹操，是刘琮万般无奈的选择，毕竟在别人手下为官，怎么讲都不若自己掌权自在，倘若稍有不慎，还会惹来杀身之祸。面对权臣的劝说，刘琮据理力争，“如今我与诸君共据全楚之地，守先君之大业，以观天下之事，有何不可？何必要降？”（《三国志·刘表传》）

刘琮此语一出，群臣便以三寸不烂之舌句句反驳，傅巽大言不惭，却让刘琮觉得句句在理，心服口服，“逆顺有其大体，强弱均有定势。以人臣而拒人主，是为逆时；以新兴之楚地而御国家，其势必不能当；以刘备以敌曹公，亦不能当。以上三者皆不行，所以要抵抗王兵之锋锐，是必亡之道。将军自料与刘备相比如何？”（《三国志·刘表传》）

此语中所称将军乃是指刘琮，对曹操也是以尊称称呼，十足一个亲曹派的立场，不等刘琮回应，傅巽句句紧逼。在他看来刘备虽寄人篱下，论智谋才华刘琮是不及刘备的，这一点刘琮也曾承认，“若刘备不足以御曹公，虽能保荆楚之地，也不足以自存；若刘备足御以曹公，刘备必不能为将军所驭。”（《三国志·刘表传》）刘备是个坚决的抗曹派，从以刘琮为首的刘氏集团来看，刘备抗曹无论结果如何，都于己没有好处，既是如此，何苦还要作无谓挣扎。

曹操大军已经往襄阳赶来，刘琮也不再挣扎，派特使北上与曹操商议乞降事宜，曹操没有想到入荆州如此之易，更怀疑刘琮假降，虽接受刘琮的投降，却也不敢放松警惕。一路南下，无甚抵挡，势如破竹，曹操入襄阳之日，刘琮亲自率领群臣迎接，让曹操享受到了如沐春风般的喜悦，曹操始相信刘琮乃是真降。

刘备在新野，一边联络刘琮，一边准备抗曹事宜，并不知刘琮投降。刘表临死时，以刘备辅佐幼主，刘备身兼重任，刘琮知刘备定不肯降曹操，因此乞降之事，并不敢告知刘备。

曹操的大军驻扎宛城，往襄阳而去，刘备见刘琮毫无抵挡之意，闻到了不同寻常的气息，隐隐猜测，心中做好了最坏的打算，便遣亲信去刘琮之处询问战情，刘琮见事情不能隐瞒，派了宋忠往刘备处告知实情。

事情应了刘备最坏的打算，刘备愤恨，事情太过急促，根本无法作打算，气愤的刘备丧失了往日的斯文，拿刀架在宋忠的脖子上，愤愤而言，“如今断卿之头，不足以解吾忿，大丈夫临别，亦耻杀卿等之辈！”宋忠畏惧而回。

本来刘备心中是对刘表的儿子还有所期待的，他满心期待着依靠荆州长久以来所积攒下来的实力与曹操再能大战一场，如果荆州军能够守住这块地盘，那么无疑战后刘备所有的功勋一定最多，再加上与刘表之间的关系，荆州很有可能像徐州一样转投刘备门下，到时候刘备再进行进入西川的工作就将变得十分容易。但事与愿违，每个昏庸的主子前面总会有几个进献谗言的。明明是为了将荆州整体打包献给曹操为自己邀功请赏，却把自己说成是关系主公安危的大功臣。刘琮这一降不要紧，把刘备再一次推到了水深火热的境地，而他的对手依然是那个与他青梅煮酒的曹孟德。

刘备心中焦虑，不知作何打算，便召集谋士商讨征集应对之策。诸葛亮劝刘备攻刘琮，取荆州，众谋士也纷纷附和，刘备以仁义严词拒绝，“汝等欲陷我于不义耶”，一句话，将刘备的仁义表现得淋漓尽致，刘备不取荆州，真的就如他所说，“不忍夺同宗基业”吗？

有大智慧之人，尤其是在这乱世之中，但凡能够成就大事业，必定不拘小节，自然非常时期有非常的作为。荆州可谓是膏腴之地，况且又是长江天堑，易守难攻，占据了它，北上、南下无不便利，但凡有野心之人，不能不动心，曹操觊觎已久，刘备也不能不为之倾倒，但是，刘备的高明之处，在于他不张扬，低调入尘埃，这反倒是为他赢得了仁义的美誉。

刘表重病之时，曾试探刘备，以荆州托付刘备，刘备推辞不就，因为刘备知道，刘表对自己一直怀有戒心，不然也不会将其打发至荆州边境新野，刘表此言必定是在试探刘备是否有谋逆之心，刘备没有贪这大便宜，因为他贪不起。

当时荆州望族蔡氏宗族，把持朝政，拥立刘琮夺取了政权，而刘备谨遵古训，一向倾向于立长子刘琦为继承人，刘备夺取荆州，蔡氏宗族是不会袖手旁观的。刘备不能夺荆州，因为就算是他夺取荆州成功，曹军大敌当前，刘备也得不到好处，荆州也只能落得得而复失的下场，所以此时冒天下之大不韪夺取荆州是不明智的。

刘备有座右铭“勿以小利失信于天下”，况且夺荆州小利与否尚且不明，刘备大智若愚，其计谋偶尔让诸葛亮都望尘莫及。毕竟势单力薄，刘备带领举城百姓往当阳逃去。

刘琮投降了曹操，日子倒也安逸，便将乞降的不悦抛之云霄之外，手下将领王威知刘琮始无降意，便秘密进言，刘备出走，曹军放松警惕，不若趁此时机，生擒曹操，以此要挟，便可反败为胜。刘琮严词拒绝，接受了曹操授予的荆州刺史一职务，不管荆州事务，逍遥快活去了。

刘琮投降以后，驻守江夏的刘琦见大势已去，便入江南避祸，以待东山再起，后与刘备一同抗曹，赤壁之战以后，刘琦如愿以偿坐上梦寐以求的荆州刺史一职，只可惜，刘琦任刺史的第二年便死掉了。

张飞爷爷一声吼

话说刘备率领大队人马，准备过江陵，与江夏刘琦会合，共同抗拒曹操。曹操在后穷追不舍，刘备让关羽走水路，分散曹操注意力，张飞带领先头部队入江夏刘琦处请求支援。刘备与诸葛亮一同往南而去，江陵物产富饶，刘备准备在此筹备物资，以供三军。但是，曹操不仅要捉刘备，也看中了江陵这块肥肉，便快马加鞭率领五千骑兵追赶刘备。

眼见曹军距离越来越近，刘备心急如焚，心中挂念关羽，刘琦的救兵迟迟未到，刘备谴诸葛亮亲入江夏，请求援兵。刘备人多势众，行军困难，诸葛亮前脚刚走，刘军就在当阳长阪被曹操赶上，一场恶斗即将展开。

刘备人多，包袱沉重，有生力量却有限，曹操气势汹汹，一顿猛追狠打，刘备无力抵抗。在这形势危急的时刻，刘备也顾不得亲情，仁义道德也弃之一旁，再次将妻儿丢下，更甭说新野、樊城两城的百姓了，刘备准备一拍屁股 逃为上策。但是，曹操围追堵截，哪里能让刘备跑得掉。在战乱中，刘备家小与赵云皆失去音讯。

刘备奋力抵挡，仍不能突破曹操的重围，刘备绝望了，无救兵，无出路，刘备感叹毫无建树，却命不久矣。却在这时，听到了张飞的声音，原来张飞带领人马杀开了重围，前来解救。刘备顿时有了生气，跟随张飞一路拼杀，且战且退，行至隐蔽处，躲藏起来。

稍作喘息，正当刘备无计可施之时，却闻糜芳仓促来报，见赵云策马往北面的曹营方向而去，此去必定是投奔曹操去了。张飞刚刚经历了一场生死拼杀，心中不悦，又闻赵云如此，想到，这赵云必定是见刘备山穷水尽，已经无利可图，很是识时务地投奔曹操去了，赵云为贪图富贵如此忘恩负义，让性情豪爽的张飞脾气大发，也不作思考，便要去寻赵云，扬言要亲自将赵云捉拿。

刘备身处险境，思绪却清晰，赵云乃是患难之交，重情重义，袁绍重金收买，都不为所动，今日怎会为荣华富贵而背叛兄弟情义。刘备听糜芳再三坚持，心中仍没有动摇对赵云的信任。张飞性急，便即刻起身，要去弄个明白，刘备再三叮嘱，不可错怪赵云。糜芳亲见赵云北走，而刘备以对赵云的信任，仍不怀疑赵云反叛，可见对赵云信任如此。《孙子兵法》云，用人不疑，疑人不用，在刘备这里得到了很好的诠释，这也许就是刘备手下能够聚拢一批肝胆之士的一个重要因素吧。

另一头，赵云果如刘备所料，忠心耿耿，并无反叛之心。此时，正与曹军浴血奋战，解救刘备家眷。此事要从刘备退守樊城之时说起，诸葛亮出谋划策，安排好了退守事宜，并将一份重任交给赵云，保护刘备家眷。

刘备年事已高，却仅有刘禅一丝血脉。此次撤退，凶多吉少，刘禅方年少，若是有了闪失，刘备就会断子绝孙，所以此中关系，甚是重大。赵云知道此任务必定要做到万无一失，不然就是刘家的千古罪人。

赵云心思缜密，犹豫片刻，这必须要万中无一的重担，他是否能够担当得起？赵云不怕死，为刘备可肝脑涂地，但是这护送之事，不比打仗，刀枪无情，一旦遭遇曹军，这老幼难以安置，恐怕就只能发生惨事。诸葛亮看出赵云心思，知此事确实为难，但是大敌当前，诸葛亮将其中利害一一讲明，赵云见如此，就只能挑起这重担，并暗下决心以性命保护刘备家眷。赵云对刘备家眷以性命相拼，誓死保护，刘备对赵云深信不疑，这君臣二人建立起来的绝对信任，可谓是肝胆相照，让人无限感慨。

当阳一战，曹军将刘军打得方寸大乱，刘备与妻小走散，赵云不负诸葛亮重托，独自一人寻找刘备家眷，曹军将其重重包围，曹操素闻赵云大名，又见赵云单枪匹马在曹军中厮杀，其气势难敌，便生出了惜才之情，让士卒不可伤赵云，以将其活捉，占为己用。

在曹操不得伤赵云命令的束缚下，曹军不敢放冷箭，又要把握力度，这反倒为赵云逃脱创造了条件，赵云救得刘禅与甘夫人，杀出重围，便寻刘备去了。

张飞率领几名士卒寻赵云，入当阳长坂桥时却闻阵阵马蹄声、厮杀声，见对面曹军正迎面而来，张飞心中一惊，再看身边士卒，寥寥几人，如何抵挡曹军。张飞虽武艺超凡，但也不是一介武夫，也有粗中有细的时候，张飞命人在一片树林遮掩的道路上扬起灰尘，以造成万马奔腾之势，给曹操唱一曲空城计，曹操果真中计，不敢再往前逼进。

张飞心中大喜，却不露声色，威风凛凛立于长坂坡上，横刀在握，严重威严尽显，张飞大喝一声，让曹军不寒而栗，纷纷不敢向前。《三国志平话》中有诗称赞张飞：

长坂坡头杀气生，横枪立马眼圆睁。
一声好似轰雷震，独退曹家百万兵。

曹操裨将夏侯杰，年轻气盛，自动请缨，力战张飞。夏侯杰年方二十一，是西汉夏侯婴的后代，自幼舞刀弄枪，武艺超人，骁勇善战，战功显赫，曹操曾无比自豪赞扬夏侯杰，“夏侯麒麟真乃大将！”麒麟乃是夏侯杰的字。曹操的谋士贾诩也曾赞扬他，“麒麟真乃‘麒麟帝’也”，军中常以“麒麟帝”称呼夏侯杰，可见这个夏侯杰不简单，也算是颇有名气之人。

张飞不怒自威，令曹军中多人丧胆，但是夏侯杰不怕，给张飞下了单挑的战书，曹操倒是乐得看好戏，两军中的勇将一对一单挑，这确实是一出好戏。高手相争，看点颇多，张飞与夏侯杰大战多个时辰，仍不分伯仲，张飞性急，有些耐不住性子了。

赵云寻得刘备，将刘禅与甘夫人送回刘备身边，刘备手握赵云肩膀，良久无语，眼中泪花闪烁，相对无言，心中却感慨万千，这对君臣同心同德，心中对彼此的信任更上一层。

赵云闻张飞在长坂坡，便带领士卒来到长坂坡，见张飞正与夏侯杰酣战，多个回合，仍不分胜负，张飞沉不住气，心中燥气满溢，竟有些不敌。赵云见此，趋马上前，与张飞共战夏侯杰。战争迅速升级，曹军之中顿时沸腾，加入战争行列，赵云负伤，策马而逃，去搬救兵了。

刘备派遣顾博领兵前来解救张飞，却被夏侯杰刺于马下，此役刘军大败，狼狈而逃，夏侯杰却是出尽了风头，立下了大功，曹操喜不胜收，加封赏赐自然不少。

老三惹祸老二救

当阳长坂一战，刘备几乎兵力全失，赵云受伤，张飞打不过，且战且退，将长坂桥拆掉，以阻止曹军前进。曹操见张飞如此，心中不免一喜，原来刚刚是中了张飞的计谋，林子后面的道路上扬起的尘土，不过是张飞的障眼法罢了，曹操知刘备兵力所剩不多，便连日让士卒在长坂河上架起了大桥，过河追刘备。

刘备提心吊胆盼张飞回来，一阵马蹄声，见张飞一身疲惫，飞马回来，心中的大石头终于落地，不禁佩服张飞只身抵挡曹操精锐，却听张飞说，曹军现今已无法过河，再问其缘由，张飞把长坂桥给拆了，刘备心口刚刚落下的大石头又提起来了。张飞勇猛无敌，智谋仍欠一筹，聪明如曹操，必定知道刘备军中无人，定会追来。

张飞后知后觉，听刘备将这其中缘由讲清，不免为刚刚的鲁莽而后悔，但是事已晚矣，自责也无济于事。刘备踱来踱去，心中没了计谋，诸葛亮、关羽不在身边，真是连个可以商讨之人也没有。张飞见刘备如此，心中焦急，自知闯了大祸，却也不敢插嘴。

曹操正连日修桥之事传来，刘备知事不宜迟，必须紧急撤离。在刘备的带领下，张飞、赵云等往汉津方向赶去，现下，唯有立即去投奔刘琦才能保命。只是，刘备心事重重，以今日之落魄，哪里有颜面去与晚辈刘琦相见，回想当时刘琦三番两次向刘备乞保命之策，刘备均以不干预刘表家务事为由敷衍，如今却要夹着尾巴去投奔。真是世事难料。

刘备身骑快马，心中却五味俱全，一阵骚乱，刘备神回当下，原来，江水挡住了去路，江有数丈宽，波涛滚滚，无一船只，纵有天大的本事也无法逾越。前有江水阻隔，后有曹操追兵，刘备让张飞前去探路，自己领兵在此等候，但见江面白茫茫一片，似有将人吞噬之气势。张飞快马十几里，仍不见江水之尽头，如此宽的河面，更不用说是有桥梁了。刘备见张飞那霜打的茄子一般的冷脸，就知一无所获。

上天无路，入地无门，再见眼前这辽阔的江水，听着身后哒哒的马蹄声，知曹操已经到了不远处，刘备绝望了，命运已经将他逼到了死胡同，除非天降神兵。刘备仰天长叹，良久无语，众人皆不知道如何安慰，索性也不言语。如此一来，唯有江面呼啸不停，唯有哒哒的马蹄声不断，死神一步一步向刘备靠近。

刘备放眼望向随从，寥寥无几，却个个都是死士，不禁泪溢眼眶，自从起兵一来，颠沛流离，不曾过安稳日子，更不曾享受荣华富贵，刘备心中满怀愧疚。听曹军越来越近，刘备抱着一死的决心，准备破釜沉舟，背水一战。

刘备的思维快速转动，毕竟是经历了多次生死离别久经沙场的首领，能在这危急时刻迅速冷静下来，做到临危不惧。刘备正打算部署迎敌计划，却见那张飞扔下一句话，跃马而去。原来，张飞拆桥惹来麻烦，心中有愧，便单枪匹马前去会曹操了。

张飞快马加鞭，片刻就闻曹军气息，张飞见曹军行走在飞虎山的山间小路上，便爬上路旁山峰，以大石为掩护。但见山下曹军众多，以刘备的力量根本无法抵挡，但是，曹操在此，狡诈如他，以张飞之谋略，使计谋根本躲不过曹操的法眼。张飞也不再浪费精力去耍聪明，打定主意与曹操决一死战。

张飞怒目而视，眼中的怒火似要喷发而出，大吸一口气，张飞紧握蛇矛，就要冲将下去，却见对面山上隐匿着一支士卒，距离太远，张飞不知是敌是友，便不敢轻举妄为，只等时机，确定对方身份。

张飞目不转睛，注视着这两支军队，不消片刻，却闻对面山上一阵呐喊，直冲山下，但见那领头的，骑一匹快马，再细看之下，见此人正是关羽。张飞大喜，随即冲下山来，与关羽一同抗拒曹操，张飞见曹军在关羽面前不过如此，便大为放心，又想起刘备还在江边等消息，便告别关羽回去给刘备通风报信去了。

张飞多时不回，刘备心中七上八下，听人来报，一飞骑正往江边赶来，便料定是张飞，大喜，亲领赵云迎接，张飞将遇见关羽种种一一汇报，刘备喜不胜收，果真是天无绝人之路，绝地逢生，刘备紧握张飞手，激动万分。刘备见了关羽，千言万语都无以言说心中的喜悦。此次，关羽救刘备立下了汗马功劳，他的功绩簿上又添了一大笔。

鲁肃版的“隆中对”

话不多说，后方还有曹操，逃命要紧，在关羽的安排下，刘备率领士卒往江夏方向而去。刘备到了江夏，见了诸葛亮与刘琦，逃难的日子告一段落。但是，但凡能够称得上英雄的，必然有些共同的特点，大业未成，永远闲不住就是其一。刘备刚刚坐热了屁股，就派诸葛亮前往江东，商议抗曹大事。

此事要从刘表在世时说起，汉献帝建安十三年（公元208年），在江东站稳手脚的孙权年轻气盛，野心勃勃，派大将甘宁领兵攻打江夏，准备以此为基地，夺取荆州。曹操正与刘表周旋，见孙权进攻江夏，知孙权有取荆州之意，便确立了南征计划，将大军屯守南阳。此时，曹操占据中原，一统北方之势已经不可抵挡，孙权虽占据江东，却仍旧不能够与曹操相抗衡。

东吴集团之中分化成两个派别，一个是联合刘备攻曹操，一个是联合曹操攻刘备，军中多数人劝孙权投降曹操，周瑜与鲁肃据理力争，使孙权接受了联刘抗曹之建议。但是，这只是剃头刀子一头热，至于刘备是何种态度，仍需探明。刘表死后，孙权以吊丧为由，让鲁肃北上，以试探刘备心思。

东吴集团中，联刘抗曹主要推动者是鲁肃。鲁肃字子敬，临淮東城人，今定远东南乡人，是吴国杰出的政治家。鲁肃身材魁梧，性格豪爽，熟读经书，智谋颇多，见解独到，又精通骑射。鲁肃少时家境富有，却没有富家子弟的娇气，虽富有，却轻财好施，经常慷慨解囊，仗义疏财，救助穷人，以此声名远扬，甚得乡人敬佩。周瑜为居巢守将时，曾路过临淮，因缺粮少草，无法行军，恰闻鲁肃大名，便抱着一丝希望向鲁肃求救，鲁肃竟以一仓粮食赠送周瑜，其慷慨如此，可见一斑。周瑜感恩于他，便与之结交。

后临淮战乱，鲁肃入江东避难，与周瑜相见，周瑜感恩当日赠粮之恩，又见鲁肃志向远大，谋略有余，便向孙权推荐了鲁肃，自此鲁肃入东吴任职，开始了他的入仕生涯。

孙权与鲁肃相见恨晚，鲁肃为孙权指点江山，提出了有名的可以和诸葛亮的“隆中对”相提并论的“榻上策”，为孙权制定出了鼎立江东之策，可谓立下了汗马功劳。在《榻上策》之中鲁肃为孙权规划了整个的发展前景，许多方面与诸葛亮的不谋而合。鲁肃说：“昔高帝区区欲尊事义帝而不获者，以项羽为害也。今之曹操，犹昔项羽，将军何由得为桓文乎？肃窃料之，汉室不可复兴，曹操不可卒除。为将军计，唯有鼎足江东，以观天下之衅。规模如此，亦自无嫌。何者？北方诚多务也。因其多务，剿除黄祖，进伐刘表，竟长江所极，据而有之，然后建号帝王以图天下，此高帝之业也。”（《三国志·吴书·鲁肃传》）这实际上确定了曹操孙权刘表三分天下的这样的基本态势，而这条建议比诸葛亮向刘备提出“隆中对”整整早了将近八年的时间，足以见得鲁肃具有十分高远的眼界和十分犀利的战略眼光。因此，在刘表去世的消息刚一传到江东，鲁肃便感觉到有必要和流离失所的刘备取得联系共同对抗曹操。

实际上这时的鲁肃非常清楚，他那个初级版天下三分战略当中的刘表将要更换成刘备了。于是鲁肃对孙权进言：“夫荆楚与国邻接，水流顺北，外带江汉，内阻山陵，有金城之固，沃野万里，士民殷富，若据而有之，此帝王之资也。今表新亡，二子素不辑睦，军中诸将，各有彼此。加刘备天下枭雄，与操有隙，寄寓于表，表恶其能而不能用也。若备与彼协心，上下齐同，则宜抚安，与结盟好；如有离违，宜别图之，以济大事。肃请得奉命吊表二子，并慰劳其军中用事者，及说备使抚表众，同心一意，共治曹操，备必喜而从命。如其克谐，天下可定也。今不速往，恐为操所先。”

在这条进言当中，鲁肃十分详细地说明了为什么要与刘备联合，以及进行联合的方式，充分地体现了鲁肃对于未来战略的良好考量。孙权随后同意了鲁肃的这条建议。

之后鲁肃渡江去吊丧，实为了探查刘备的口风，第一次孙刘联合也就由此开始。

第二章　江东固权：孙权不是好惹的

是我的就是我的

孙策占据江东以后，可谓意气风发，人称小霸王，乱世之中，可谓群雄中的佼佼者。有勇有谋的孙策占据江东以后，并不打算止步不前，野心勃勃的他，妄图争夺天下。这一计谋，对于备受拥护而有谋略的孙策来说，不是傲世轻物。

时曹操正与袁绍酣战，为防止腹背受敌，曹操事先将孙策安抚妥当，并与孙策结成姻亲关系。但是，利益面前，亲父子、亲兄弟尚且反目为仇，曹操的如意算盘没有打响。孙策见曹操许都空虚，便想抓住这天赐良机，偷袭曹操大本营许都，而与此同时，袁绍也派来了使者，打算与孙策以里应外合夹击曹操。

孙策袭击许都的消息传来，曹操又惊又怒，兵力不足，本就与袁绍力量悬殊，此时又有孙策来袭，孙策不比袁绍，智勇兼备，更是一大祸患。但是曹操的谋士郭嘉却不以为然，“策新并江东，所诛皆英豪雄杰，能得人死力者也。然策轻而无备，虽有百万之众，无异于独行中原也。若刺客伏起，一人之敌耳。以吾观之，必死于匹夫之手”。（《三国志·魏书·郭嘉传》）

孙策的弱点就是恃勇无备，这一弱点被郭嘉一语点破，正应验了郭嘉这句话，孙策的大军还没有北上出发，孙策就由于自己的疏忽而遭遇了不幸。

汉献帝建安五年（公元200年），孙策意气风发，骑马去打猎，孙策一人快马在前，后面的随从逊色几分，根本无法跟上孙策的步伐。行至茂林处，孙策见一麋鹿，心中不免喜悦，便放松了警惕。茂林中有三个人，正目不转睛地望着孙策，悄悄弯弓上箭，瞄准孙策，三人齐发，孙策正一心一意追赶麋鹿，根本来不及躲闪，仓猝之间，面颊中箭。

孙策手捂面颊，剧痛传来，后面的随从这时赶到，将这三名刺客抓获，经审问，乃知这三人均是许贡的门客，因孙策杀其主公，便潜伏至此，以伺机报仇，许贡与孙策之嫌隙说来久矣。

许贡，吴郡太守，一度依附于刘繇。时孙策在袁术手下当值，袁术命孙策经营江东，孙策入江东，先是平定刘繇，又占领吴郡。许贡身不由己只能听凭孙策指挥，但是表面笑脸相迎的许贡，对孙策并不是真正臣服，口服心不服的许贡伺机向朝廷发去了密函，指责孙策有逆反之心，又兼勇气可嘉，谋略有余，若是任凭壮大，必然养虎为患，为祸朝廷。

许贡与朝廷的密函被孙策截获，孙策表面不露声色，却不料许贡变本加厉，多次与朝廷密谋，并提议将孙策唤回朝廷，严加监视，以绝后患。是可忍，孰不可忍，孙策毕竟是有计谋之人，仍不漏风声，以要许贡议事为由，将许贡唤来，将其杀害。

许贡虽死，但是，孙策与许贡的恩怨却没有随之而去。许贡惜才，爱好招揽有才之士，门下食客多可罗雀，许贡平日对门客也是敬畏有加。许贡死后，这些食客自然不满孙策，时时想为旧主报仇，因此趁孙策打猎之机，埋伏茂林，伺机刺杀，终于为许贡报仇雪恨。

许贡手下这三名门客，为主报仇，虽杀孙策，却也葬送了自己的生命。可以想象，在他们行动之前，就应当已经想到了这样的命运，但是他们仍旧义无反顾，就算是搭上性命也在所不辞。所谓士为知己者死，他们的死就恰当地印证了这句话。许贡能得此殊荣，况又有孙策相陪，在泉下也该瞑目了。

因箭上有毒，孙策中箭以后，自感将不久于世，就将弟弟孙权唤至床前，交代后事，将东吴之事交于孙权，并言，“举江东之众，决机于两阵之间，与天下争衡，卿不如我。举贤任能，各尽其心，以保江东，我不如卿”，孙策一语道破了二人优劣。这年孙权十七岁，承担起了保江东的大业。孙策临死前，交代了东吴以后的发展方向“中国方乱，夫以吴、越之众，三江之固，足以观成败。”并将群臣唤至身边，诚恳而艰难的刀，“公等善相吾弟”。（《三国志·吴书·孙讨逆传》）群臣见如此，莫不为之惋惜，均让孙策宽心。是夜，孙策去世，年仅二十六岁，可谓天妒英才，英年早逝，唯有高唱“出师未捷身先死，长使英雄泪满襟”了。

孙权临危受命，继承父兄大业，成为东吴新主。孙权，字仲谋，生得相貌非凡，人称紫髯碧眼，嘴巴硕大，其形貌不与常人同。孙权自幼习武，又熟读各家经典，多方涉猎，可谓文韬武略，智勇双全。孙权自幼跟随父兄南征北伐，虽不能以久经沙场来形容，却也是履历丰富。其父死后，孙权跟随孙策左右，出谋划策，常常能够语出惊人，让孙策不禁称奇，甚是看好他。

后孙策为锻炼孙权，以望他早日成才，便将一县交给他管制，孙权时年十五岁。孙权性格开朗，不以尊为恃，又有容人之量，虽年幼，却已经建立起了威望，将一县治理得井井有条，不负孙策之望。

创业与守业自古是一个备受争议的话题，至于创业难还是守业难，众说纷纭，但是毋庸置疑，创业难，守业也不易。

孙权父兄打下了江东之地，孙权承担起守业的重任，初任江东，孙权倍感吃力，因基业尚未稳固，而鞭长莫及之地，又多不服，江东豪族不甘居于一个毛头小子之下，反抗之声此起彼伏。

诚如孙策所说，孙权有守业之能。孙权比之其兄，略显优柔寡断，当断不能断，犹豫迟疑之时，往往错失良机。而年轻人所具备的拼搏精神在孙权身上也逊色几分，闯劲不足，这就形成了他甘守父兄基业，而不能有所拓展。

孙权所具备的才能让其成为一个守业之主，首先他能够知人善任，举贤任能，虽生于富贵之家却能够体会民间疾苦，对手下、对百姓和颜悦目，不以威严相逼，甚得人心，人心归附便不成问题。孙权为巩固其统治根基，在用人上下了一番工夫，首先对孙策旧臣仍予以重任，待他们极厚，虽是他们的顶头上司，却仍怀着谦卑心态，虚心请教，真正做到不耻下问。

周瑜是孙策手下的一个重臣，见识非凡，颇有谋略，孙权对他“言必行，计必从”，周瑜感激孙权的知遇之恩，知无不言，言无不尽，将孙权当做至亲，以肝脑涂地之信念为孙权效忠。后周瑜提出招贤纳士之计，孙权欣然采纳，广纳贤士，并诚心相待，善用之，甚得文武之心，个个殚精竭虑为他效劳。

孙权凡事谨慎，每有大事，必然多方听取意见，鲜少刚愎自用，更不会一意孤行，这种谨慎自然有利有弊，群臣均可各抒己见，孙权从来都是捍卫每一个臣子说话的权利，综合群臣所抒，孙权拿定最后主意，这样的谋断，自然含金量就高，万无一失之几率也大。但是，谨慎却也会常常让人迟疑不决，计谋难以早日定下，若是事态紧急，则会贻误时机。孙权在稳固统治之时，也不忘注重发展生产，养精蓄锐，富国强兵。其主要作为乃是效仿曹操，实行屯田，屯田制让大片土地得到开发，士卒闲时耕作，忙时作战，做到两不误，增加了粮食仓储，为战事储备了足够的粮草。

当然，在孙权大力整顿内政，发展生产的同时，也不忘军事行动与外交活动，三伐黄祖，联刘抗曹，乃是其在守业之余，纵横捭阖，力图建立东南霸业的努力。

惹我你就死定了

父兄之仇一直是孙权心头一块病，时刻不忘为父兄报仇，孙权稳固江东以后，便打定主意西征黄祖，以雪家耻。

关于孙坚之死，史书有记载，“坚悉其众攻表，表闭门，夜遣将黄祖潜出发兵。祖将兵欲还，坚逆与战。祖败走，窜岘山中。坚乘胜夜追祖，祖部兵从竹木间暗射坚，杀之”。时孙坚尚在袁术手下任职，袁术命孙坚攻刘表，取荆州。孙坚带领手下所有士卒，准备一举攻下，刘表派黄祖迎战，黄祖佯败，落荒而逃，孙坚不知是计，穷追不舍，却中了黄祖的圈套，行至竹林被黄祖射杀，这年是东汉初平三年（公元192年）。

孙策之死，是为许贡手下刺杀，许贡与黄祖关系密切，许贡一度依附于黄祖。许贡已死，孙权便把这仇恨转嫁于黄祖身上，也不为过。

黄祖此人，在狂人祢衡一节中有提及。祢衡狂傲，动不动就将人骂得狗血淋头，经好友孔融推荐给曹操，曹操不能容，但又不愿意背负杀名士之罪名，闻刘表好士，便将其遣送到刘表处。祢衡乖张几日，本性大露，刘表愤恨，但刘表也不是愚昧之人，便起借刀杀人意。刘表将祢衡转送黄祖，黄祖性情暴躁，以祢衡之个性，刘表是将其推入了火坑。从黄祖杀孙坚，到杀祢衡，可见黄祖虽有些谋略，但与曹操、刘表相比，却明显不足。黄祖杀父，许贡门生杀兄，这份血债，孙权早就憋在心里，想一报为快。

汉献帝建安八年（公元203年），孙权率领大军亲征黄祖，破黄祖船只，入江夏，但是天有不测风云，孙权正一鼓作气之时，后院起火，山越人时时骚扰，政权岌岌可危，孙权迫不得已，江夏未破而还。此次征黄祖不成，但是孙权势锐可挡的气势，让黄祖仍旧心有余悸，在士气上已经居于下风。

山越人是战国时期越国的后代，被楚国灭亡以后，四处逃亡，有些逃至山地，被称为山越人，秦汉时期称为百越，散布安徽、湖南、江西、浙江、福建一带山区。山越人利用山地条件，种植五谷杂粮，自给自足，并逐渐学会了铸造兵器，形成了一支自己的武装力量。山越人长期在山上生活，造就了他们骁勇善战的性情与体格。后来一些外地人因不甘心承担苛捐杂税，就逃亡此地，与山越人结合，形成了一支庞大的队伍，常常伙同山越人下山骚扰。

孙吴不胜其扰，曾多次派兵镇压，但是面对此起彼伏的骚扰，镇压收效甚微。山越人劫掠而走，又凭借山地险峻条件为依托，易守难攻，令孙权实在是头疼。此次，山越人借孙权西征黄祖之机，前来骚扰，让孙权忍无可忍，山越不除，就难以安心对外用兵，必须解除这个后顾之忧。

孙权领兵归来，便即刻准备出兵山越，听从谋臣鲁肃建议，以镇压为主，安抚为辅。孙权举重兵，以大将吕范、程普、太史慈、韩当、周泰分头行动，目标直指山越人首领，所谓射人先射马，擒贼先擒王。五员大将各领一支军队，对山越形成包围之势，包围圈随着行军越来越小，这天罗地网，除非能够飞天遁地，谅他也逃脱不了。

山越首领无飞天遁地之功，被抓获。首领既被抓，孙权将山越人纳入自己的统治之下，将年轻力壮之青年编入军队，余者则从事农业生产，并给予技术上的支持，减免赋税，山越人生活无二至，便也安心。

孙权倾全力解决了山越人这一后顾之忧，对外用兵有了保障。孙权兵锋一转，再次指向黄祖。汉献帝建安十二年（公元207年），孙权第二次领兵西征黄祖，其实在此之前，黄祖已经伺机而动，打着先下手为强的主意，出兵柴桑，但是被孙权大将周瑜击退，捕获黄祖将领邓龙，这年是汉献帝十一年（公元206年）。

孙权二次出兵，俘获了黄祖的众多臣民百姓与粮草，虽胜利而回，却没有抓到黄祖，占领江夏。毕竟是远道而去，士卒疲惫，多日攻城不下，军中已经升起厌战情绪，如此僵持下去，对孙权并没有好处，孙权撤兵。

两次征讨，小有成就，但是孙权目标不只在此，他要灭黄祖，占江夏。汉献帝建安十三年（公元208年），孙权第三次对黄祖用兵，恰在此时，黄祖手下将领甘宁来投，孙权喜不胜收，十分器重他。

甘宁，字兴霸，好义气，年少时便表现出其不同寻常之处，曾在乡里组织一支青年队伍，自认首领，身配铃铛，四出游荡，打家劫舍，成为乡里远近闻名的不良少年，被人以贼相称。但是甘宁所劫多为仗势欺人之豪强，更以劫财救济百姓。仗着年轻气盛，多有义气之交，随着年龄的增长，甘宁思想也在发生变化。劫掠之事鲜有发生，甘宁也开始与书为伴，钻研诸子百家之学，心中萌生了要有所作为的想法。

时刘表占据的荆州颇为繁华，甘宁见刘表能在这乱世之中铸造出如此一片世外桃源，对刘表很是佩服，便率领手下八百名年轻力壮之士前去投奔。刘表一向以儒士自称，奉儒家礼数，见甘宁少时为贼，就颇为看不上眼，就让其驻守南阳。

随着心智的成熟，甘宁对刘表也看得更透了。刘表心无大志，更对用兵无甚精通，只是死守荆州，所谓不进则退，刘表如此想法，只能坐以待毙，被有雄心壮志之英雄吞并。甘宁不得重用，又见刘表无雄心，便萌生了另投他主之心。恰逢江东孙权正招贤纳士，众多有志之士纷纷前去投奔，甘宁便决定前去投奔孙权。

甘宁领兵一路南行，行至夏口时，被拦住，不得通行。甘宁无奈，便暂且依附了时任江夏太守的黄祖。甘宁虽改头换面，不再是以前的不良少年，但是心中侠义之气尚存，见黄祖收留，便忠心耿耿、死心塌地为黄祖效劳，多次救黄祖于水火之中，对黄祖有救命之恩，更是立下了汗马功劳。但是，对于甘宁所做的这一切，不领情的黄祖并没有因此感恩戴德，反而始终心存戒备，害怕甘宁匪气显露，而做出不忠不义之事。

黄祖手下将领苏飞平素与甘宁交好，多次向黄祖推荐甘宁，甘宁仍不得重用。苏飞见甘宁忧愁苦闷，心绪不宁，知甘宁已有去意。苏飞怜甘宁无用武之地，便向黄祖提议将甘宁任职邾长，邾在今湖北黄冈西北。甘宁见苏飞明了自己心意，更为自己谋好出路，感激涕零，带领一支亲兵，去邾上任，却转而投奔了孙权。

甘宁投奔孙权以后，更坚定了孙权出兵黄祖的信心。孙权对甘宁十分器重，待他与旧臣无异。甘宁感恩孙权的知遇之恩，知无不言，言无不尽，又献上计谋，“祖今年老，昏耄已甚，财谷并乏，左右欺弄，务于货利，侵求吏士，吏士心怨。舟船战具，顿废不修，怠于耕农，军无法伍。至尊今往，其破可必。”（《三国志·吴书·甘宁传》）

孙军入夏口，黄祖仓促应战，一场水战拉开帷幕。黄祖命陈就打先锋，却被吕蒙所破，孙权兵分几路，齐而攻之，黄祖命士卒站于船上，准备用弓箭射击孙权船只，却不料箭未射，孙权率领各路将领已经到眼前，其掩耳不及迅雷之势，让人惊畏。

黄祖见抵挡不过，只能连连撤退，却被冯则追上，斩了头颅。夏口已破，孙权凯旋。仇已报，恨已雪，孙权在江东根基更加稳固了。孙权意气风发，曹操大军却一路南来，成了新的隐患，真是一波刚平，一波再起。

鲁肃是个“远视眼”

战乱频发，总有不测风云，福祸总在旦夕之间转换。鲁肃在临淮柬城逍遥快活的日子没有持续太久，战争的火焰就烧到了鲁肃的家乡。鲁肃被迫背井离乡，远走他地，因其名望颇大，跟随鲁肃而走者有三四百人。

鲁肃率领众人到达东城，东城乃是袁术管辖地，此地沃野千里，民富兵强，是个避难的宝地。是金子到哪里都会发光的，鲁肃到此地后，风声鹤起，很快就将名气打响了。袁术闻鲁肃大名，又见其心怀大志，便去拜访他，任其为东城之主。鲁肃辞而不就，他不是没有入仕之心，只是他通过观察，发现袁术军备松弛，法度废弃，实难以成就大事。他的先见之明很快就得到了证实，袁术之小霸瞬间被推翻。此地不宜久留，鲁肃率领众人再次南迁。鲁肃好友周瑜此时正在居巢任职，鲁肃不顾袁术阻拦，率领追随者前去投奔。

袁术见阻拦不成，就派追兵阻拦，鲁肃对追兵晓之以理，动之以情，使得他们打消了继续追赶的念头，鲁肃带领追随者离开东城，顺利到达居巢，周瑜以礼相待。鲁肃与周瑜日益深交，均被彼此的才智所折服，成为管鲍之交。不几，周瑜闻孙策招贤纳士，便去投奔。周瑜劝鲁肃一同前往，施展才华，干一番大业。鲁肃见孙策年纪轻轻便已经占据江东，有初生牛犊不怕虎之势，前途不可估量，便欣然同往。

鲁肃将家人安置在曲阿，便与周瑜南行，渡过长江，投奔孙策去了。孙策见鲁肃，对其智谋非常赏识，留为重用。但是，鲁肃在此还未站稳脚，曲阿就来了噩耗，鲁肃祖母去世，古人非常注重孝字，况且鲁肃自幼丧父，颇得祖母教诲，鲁肃虽想留此大展宏图，但是，这将让他情何以堪？鲁肃马不停蹄往曲阿赶去，孙策不便强留，任他离去。

办理完丧事，又是守丧，鲁肃这一守，就守到了孙策去世。鲁肃的好友刘子扬，想去投奔郑宝，郑宝乃是江东新主孙权的手下，欲邀请鲁肃一同前往，便对鲁肃说，“近郑宝者，今在巢湖，拥众万余，处地肥饶，庐江间人多依就之，况吾徒乎？观其形势，又可博集，时不可失，足下速之”。鲁肃犹豫不决，拿不定主意，便向周瑜征求建议，周瑜义正词严，劝鲁肃前去投奔，“昔马援答光武云‘当今之世，非但君择臣，臣亦择君’。今主人亲贤贵士，纳奇录异，且吾闻先哲秘论，承运代刘氏者，必兴于东南，推步事势，当其历数，终构帝基，以协天符，是烈士攀龙附凤驰骛之秋。吾方达此，足下不须以子扬之言介意也”。（《三国志·吴书·鲁肃传》）

鲁肃听从好友建议便与刘子扬前去投奔，后经周瑜推荐，鲁肃到孙权手下当值。孙权正求贤若渴，对鲁肃推崇至极，见他这样的贤良来投，自是重用。两人相见甚欢，促膝长谈，于是“榻上策”应运而生。这日，孙权会见宾客，等宴席结束，孙权将鲁肃留下，二人对坐榻上，再次同欢共饮。当然，孙权留鲁肃之意并非只是饮酒作乐，酒到兴起之处，孙权将话题转入正轨。孙权望向鲁肃，非常诚恳地问道，“今汉室倾危，四方云扰，孤承父兄余业，思有桓文之功。君既惠顾，何以佐之？”（《三国志·吴书·鲁肃传》）孙权其意乃是效仿齐桓公、晋文公成就一方霸业，请鲁肃给予建议。

见孙权诚恳，鲁肃毫不含糊，将心中酝酿已久的想法悉数说与孙权，鲁肃深刻分析局势利害，以独到的视觉和先见之明，料到汉室在曹操掌握之中，刘氏江山定不可恢复，而曹操手握重兵，除去他实在是不易。现下北方多有战乱，曹操与袁绍打得火热，一时之间无暇南顾。孙权占据江东，可以趁此时机，巩固江东，北征黄祖，占据江夏，以此为据点，占领荆州，步步为营，最后建立霸业。

北方袁绍曾派来使者，邀孙权共同抗曹操，但是，鲁肃认为不可，依北方之形势，俨然已经是曹操的天下，要除去曹操不是一蹴而就之事，若是助袁绍，一旦失败，那就与曹操结下深仇大恨，曹操必定举力灭之，这反倒是得不偿失。

孙权对鲁肃的高见赞不绝口，但是孙权却不太实在，隐藏了其野心，只是无比感慨地说道，“今尽力一方，冀以辅汉耳，此言非所及也”。（《三国志·吴书·鲁肃传》）但是不管怎样，孙权与鲁肃的此次会谈对孙氏集团的今后发展走向至关重要，观孙氏集团以后的发展，确实是依照了这一发展模式，只是，孙氏没有走到最后一步，就一命呜呼，在感慨之余也不禁为鲁肃之谋略所折服。

鲁肃的“榻上策”与诸葛亮的“隆中对”似有异曲同工之处，均是两个运筹帷幄之士，在纵观全局，基于当时形势下，得出的实事求是而又非常有先见的结论。“榻上策”与“隆中对”均成为两国的基本定国之策，“隆中对”使得刘备在落魄之中，崛起于荆州，立足于西蜀。而“榻上策”则使得孙权稳坐江东，又夺荆州，划江而治。

孙权对鲁肃之谋略非常佩服，政务之事，常听鲁肃建议，又常以厚礼赐予鲁肃。而对鲁肃的器重竟让朝中其他大臣心怀嫉妒，张昭就曾在孙权面前多次指责鲁肃不是，劝孙权要慎用之。孙权笑而纳之，但是对鲁肃的器重却依然如故。

在“榻上策”的指导下，孙权安抚山越，三伐黄祖，夺得夏口。夏口是江夏的门户，而江夏又是荆州的门户，夺得夏口，江夏唾手可得，夺得江夏，荆州指日可待。不过此时，曹操的大军已经兵下江南。

曹操与袁绍尚在对峙，本来是无暇顾及孙氏集团的。孙策在世时，曹操就以安抚之策，防止孙氏在背后插一刀，因此，对孙氏大为放任，不曾多加限制。但是，养虎为患的道理，曹操也是深有体会，当日放走刘备，就留下了无穷的后患。孙氏占据江东，眼见一日一日做大，若是再不加限制，恐怕，就是第二个刘备了。

现下，孙权攻取江夏，恐怕下一个目标就是荆州了。荆州是一块肥肉，曹操早就觊觎已久，曹操绝对不允许旁人沾手。汉献帝建安十三年（公元208年），曹操派兵南征，屯兵于南阳。

解决完北方袁绍势力以后，曹操领兵南下，南方战事升级，曹操以不可抵挡之势入江南，刘琮投降，刘备战败。在江南势力之中，孙权成了佼佼者，刘备向孙权伸出了橄榄枝，“会猎江夏，共伐曹操，同分土地，永结共好”。此言论一出，就如石投大海，激起了千层波浪，孙氏集团内部起了争端，大体分为两派，一派主张联刘备抗曹操，一派主张投曹操抗刘备，围绕此，孙氏集团内部展开了一场激烈的争论。

同年八月，刘表病死。鲁肃向孙权提出了联刘抗曹的策略，并且提出代表孙权去荆州吊丧，了解情况。孙权批准了他的请求。

鲁肃刚到夏口，闻曹操已向荆州进兵。鲁肃日夜兼程，等他到了南郡，刘表的儿子刘琮已经献出荆州降曹，刘备准备南撤渡江。鲁肃当机立断，去找刘备。在当阳长阪（今湖北当阳境内），鲁肃与刘备相遇。鲁肃说明了孙权派自己来的使命，然后和刘备共论天下形势，并问刘备准备到哪里去。刘备说想去投奔苍梧太守吴巨。鲁肃说吴巨是个没有作为的庸人，劝刘备不要去依靠他。接着，他详细述说孙权的情况和江东的实力，劝刘备与孙权联合，共拒曹操。刘备听了鲁肃的分析，决定并力抗曹。刘备率部进驻夏口（今湖北汉口），派诸葛亮随鲁肃去柴桑（今江西九江西南）会见孙权。

孙权得知曹操准备渡江东侵，召集众位将领商议，将领们都劝孙权降曹。唯鲁肃不发一言。孙权起身入厕，鲁肃跟到屋檐之下。孙权知他要单独表述意见，就拉着他的手说："卿欲何言？"鲁肃回答说："向察众人之议，专欲误将军，不足与图大事。今肃可迎操耳，如将军，不可也。何以言之？今肃迎操，操当以肃还付乡党。品其名位，犹不失下曹从事，乘犊车、从吏卒、交游士林、累官故不失州郡也。将军迎操，欲安所归？愿早定大计，莫用众人之议也。"孙权听完，叹息道："此诸人持议，甚失孤望；今卿廓开大计，正与孤同，此天以卿赐我也。"（《三国志·吴书·鲁肃传》）

时周瑜正在外地，鲁肃劝孙权将他召回。周瑜归来，更坚定了孙权的抗曹决心。孙权授权周瑜，让他主持战事，任命鲁肃为赞军校尉，帮助周瑜运谋划策。终于在赤壁大败曹兵。

大战结束，鲁肃先行归来。孙权聚集众将，大张旗鼓地迎接他。鲁肃进殿拜见孙权，孙权起身向他示敬，并对他说："子敬，孤持鞍下马相迎，足以显卿未？"鲁肃趋前几步，摇头说："未也。"众人闻之，无不愕然。鲁肃就座后，才徐徐举鞭说："愿至尊威德加乎四海。总括九州，克成帝业，更以安车软轮征肃，始当显耳。"（《三国志·吴书·鲁肃传》）孙权听后，开怀大笑。此后愈加倚重鲁肃，把他称作自己的邓禹。

周帅哥来了

曹操将刘备打得落荒而逃，兵不血刃，轻而易举拿下江陵。江陵乃是荆州的战略要地，拿下它再取荆州就如探囊取物，不费吹灰之力，曹操一鼓作气，气势如虹，横扫荆州，直逼江东。曹操军威大振，意气风发，似有无坚不摧之势。曹操先给孙权送去了一封结盟信，意图招降孙权，信中口气极大，其意乃是给孙氏集团以气势上与心理上的压力，以成不战而败之局面。

曹操一封与孙吴永结同好的书信，犹如一颗地雷，在孙氏集团内部炸开了。孙权见信，霎时惊恐，此刻他正与诸葛亮商讨抗曹之事，聊得正起兴，诸葛亮分析了江东兵力与曹操兵力的力量对比，孙权听了诸葛亮所言非常高兴。但是，这一刻，见识了曹操的能力，孙权犹豫了。曹操的气势猛如虎，以江东之实力，即便是联合刘备也恐怕是难以抵抗。孙权迟疑了，心中抗曹的信念动摇了，事情的发展太出乎意料。孙权当机立断，立即中断与诸葛亮的谈判，召集文武诸臣探讨此事。

当时江东的臣子当中以张昭最为重要。张昭，字子布，彭城（今江苏徐州）人。早年十分好学，少年时就博览群书，同琅邪赵昱、东海王朗等人在当地很有名气。在孙策时期更是成为了相当重要的一位臣子。陈寿在《三国志》当中曾经这样评价张昭，"功勋克举，忠謇方直，动不为己；而以严见惮，以高见外"孙策本人更是曾经说："昔管仲相齐，一则仲父，二则仲父，而桓公为霸者宗。今子布贤，我能用之，其功名独不在我乎！"可见其是一位具有相当才华的人物。

孙策在临终的时候将孙权托付给了张昭，希望他能够尽心辅佐。张昭也确实是忠实地完成着孙策赋予自己的这样一项重要的使命。在面对孙权的时候能够直言相谏。曾经有一次孙权和一帮臣子在饮酒作乐，张昭就曾直接进言："昔纣为糟丘酒池长夜之饮，当时亦以为乐，不以为恶也。"（《三国志·吴书·张昭传》）直接让孙权下不来台，但孙权也只能听着，因此张昭对孙权的影响是相当大的，可是在面对曹操的这个问题上，张昭的态度显然是不能让孙权所满意的。

当时群臣各抒己见，议论纷纷，以张昭为首的投降派人数众多，言论一波一波冲刺着孙权的听觉，所说种种，终归一句话，江东没有生存下去的可能，为保性命，只能投降曹操。以张昭为首的谋士武将，均是跟随父兄打江东的元老级人物，他们的意见孙权不能不考虑。

仔细考虑下来，这些所谓的“投降派”尤其是张昭等人，并不是真正要去害孙权而给自己谋求一个位置，实在是两方的实力差距太大，如果硬碰硬最后战败，恐怕想降曹操都不会再给机会了。

事实就是像张昭所说的那样，曹操势力已经满布江南，挟天子以令诸侯，此次又是“奉辞伐罪”，名正言顺南征，只不过这些都不足以为惧，天下之士，哪一个不知道曹操虽标榜汉相，却实为汉贼。孙权所畏惧的是双方实力悬殊，曹操水陆皆备，又得刘琮相助，敌众我寡，以实力相拼，后果不堪想象。

但是，孙权知道，一旦与曹操联盟江东基业就将毁于一旦，父兄以血汗打下江东，并为此付出了生命，孙权想到父兄艰苦打下的江东基业毁于自己的手中，不免心有不甘而有愧对父兄。将一手打拼多年的成果拱手让给曹操，孙权也是万分不舍。

听着耳边一遍一遍的重复，江东若不投曹操，便无立身之地，孙权内心无比厌恶，但是作为一个优秀的领导者，孙权不露声色，将目光一遍一遍扫视着议论纷纷的群臣，这些臣子，在江东生死攸关之际，只是为一己私利就将江东葬送，实在是令孙权大失所望。

孙权沉默良久，任凭张昭一派侃侃而谈。鲁肃一向支持联刘抗曹，孙权见其一言不发，只是低头沉思，将目光转向他，然后漫长地等待，鲁肃依旧无语，若有所思的样子，孙权明了，知鲁肃心中必定已经有了谋略，只是在这种场合不愿意公开而已。孙权的兴致被调动起来了，迫不及待想要听听鲁肃的高见。鲁肃早就注意到了孙权那满是疑问的目光，但是，群臣在侧，怕是口无遮拦，有所不便，鲁肃只求能够单独与孙权对话。

鲁肃抬头望向孙权，却见孙权那满是笑意的眼神，二人相视一笑，心中已经心有灵犀一点通。孙权借口如厕，鲁肃紧跟而入，君臣相见，孙权也不委婉，单刀直入，鲁肃也不含糊，一一相告。鲁肃所言将众多投降派文武，贬低为没有骨气之人，更以专误主公评价之，确实是不敢在群臣面前直言。孙权听后，深感鲁肃全然为江东利益着想，不若群臣为一己私利。更让孙权茅塞大开的是，鲁肃一针见血指出孙权投降曹操将无路可走，“将军迎操，欲安所归”，所谓一山不容二虎，孙权就是第二个刘备，曹操已经尝到了放虎归山的恶果，难道还会放任孙权，而坐视不管？！

鲁肃能够想到孙权安危，估计江东之存亡。再观殿外诸臣，孙权十分感动，紧握鲁肃的手，眼中充满感激，对鲁肃更加器重。鲁肃此言，甚得孙权其意。信心有了，但是，残酷的现实，仍旧不曾改变，曹操八十万大军如何抗衡。孙权仰天长叹，无言。鲁肃知道孙权心中顾虑，便向孙权建议将周瑜召回，以共商军务大计。孙权也不迟疑，立即命人将驻守鄱阳的周瑜召回。

周瑜骁勇善战，且颇具谋略，跟随孙策，征南伐北，立下了汗马功劳，每每战事凯旋，孙策总是亲自迎接。周瑜之名在江东越发响亮，时人总是亲切地将其称之为“周郎”。后孙策、周瑜得皖城，得乔公的两个女儿，就是当时有名的美人，大乔、小乔。孙策也不独占，娶了大乔，而周瑜娶了小乔，自此结成了姻亲，关系更近了一步。

孙策被刺后，周瑜得孙策所托，一心辅佐少主孙权，手握重兵的他并不倚老卖老，更无反叛之心，对孙权也是以君臣之礼相待。

曹操为笼络人才，不惜挖墙脚。曹操看中有勇有谋的周瑜，想据为己有，便派人前去游说，周瑜不为所动，道“丈夫处世，遇知己之主，外托忠臣之义，内结骨肉之亲，言行计从，祸福共之。即使苏、张更生，郦叟复出，犹抚其背而折其辞，岂足下幼生所能移乎？”将曹操使者礼遇打发，足见其气量不俗。

在孙策死后，曹操为与袁绍死拼而无后顾之忧，更为牵制江东孙权，让其送子入京，以作人质。对于此事，周瑜坚决反对，为举棋不定的孙权坚定了信念，孙权拒绝了曹操的命令，显示了强硬的一面。脱离曹操牵制，为孙权后来不断壮大，出兵江夏免除了隐患。

周瑜被孙权召回，即刻站在了鲁肃这一阵营，一场针对投降派的斗争展开了。孙权再邀群臣议事，投降派仍旧是之前的一番言论，总而言之，就是迎曹操，周瑜忍将不住，拍案而起，厉声道：

“操虽托名汉相，其实汉贼也。将军以神武雄才，兼仗父兄之烈，割据江东，地方数千里，兵精足用，英雄乐业，尚当横行天下，为汉家除残去秽。况操自送死，而可迎之耶？请为将军筹之：今使北土已安，操无内忧，能旷日持久，来争疆场，又能与我校胜负于船楫，可乎？今北土既未平安，加马超、韩遂尚在关西，为操后患。且舍鞍马，仗舟揖，与吴越争衡，本非中国所长。又今盛寒，马无藁草。驱中国士众远涉江湖之间，不习水土，必生疾病。此数四者，用兵之患也，而操皆冒行之。将军擒操，宜在今日。”（《三国志·吴书·周瑜传》）

周瑜在此具体分析了曹操在江南用兵的各个不利之处，总结起来，大致有三点：其一，曹操后患不除，将危及他的后方，曹操无法安心于江南作战；其二，曹军远道而来，在颗粒无收的寒冬打仗，粮草供应不足；其三，曹军擅打陆战，江南多水战，士卒对水战不熟悉，必然会水土不服，产生厌战情绪。他的这一番话，将孙权满身的热血都调动起来，最后周瑜满怀信心，慷慨激昂道：“瑜请得精兵三万人，进住夏口，保为将军破之。”这掷地有声的保障，让孙权更加坚定了抗曹的决心。经历了一番辩论，孙权终于下定了决心，联刘抗曹的好戏就要上演了，赤壁之战拉开了帷幕。

第三章　赤壁之战：鲜血染红的前途

曹操与血吸虫病

周瑜一席话坚定了孙权抗曹的信念，孙权大为振奋，张昭一派当然也不会善罢甘休，一而再再而三进言，孙权对投降之类言语心烦意乱，忍无可忍，毅然拔出所配之刀，将身边的案几砍掉了一角，并斩钉截铁道，“诸将吏如敢有再言迎降曹操者，与此案同。”孙权斩钉截铁的态度，震撼了群臣，纵是张昭这些元老级人物，也不敢多言了，至此，孙氏集团内部关于投曹还是抗曹的争论告一段落。

为免孙权心有疑虑，做到万无一失，是夜，周瑜再见孙权，陈述事实。文武群臣之所以心中恐惧曹操，乃是因为其自言拥有水陆士卒八十万，但是，这不过是曹操傲慢自大的演说而已，细算而来，曹操不过拥兵二十多万而已。曹军战袁绍以后，自有士卒十五六万，又迫刘琮降，得荆州士卒七八万，如此算来，不过二十几万，曹操所说八十万大军，纯属虚报。“甚未足畏”。

当然，曹操二十几万士卒，具体数目虽不祥，但远远超过孙刘联军，这确实不容置疑，仍在数量上占据绝对优势，所以不可小窥。然而，尽管如此仍不足畏惧，曹操自带士卒，多是疲惫病弱之辈，而刘琮之士卒，多持观望态度，并未一心一德，这无异于“以疲惫之卒，御狐疑之众”，曹军之劣势可见一斑。孙权再无疑虑，再约诸葛亮商讨孙刘联合共抗曹操之事，后与鲁肃、周瑜一同制订了详细具体的作战计划。

孙刘联合抗曹的局面形成，曹操这边却仍旧沉浸在凯旋的喜悦中。曹操南下荆州之时，其实并未制订攻打江东的计划，也许在他的心里并未有剿灭孙权的打算，但是胜利来得太快而又巨大，让曹操有些措手不及。这突然的胜利，模糊了曹操的视觉，直接导致他对时局判断的失误。

沉浸在喜悦之中的曹操渐渐滋生了傲慢、轻敌的情绪，过高估计自身的实力，所谓骄兵必败，这种盲目的乐观，后果严重，最终导致了曹操遗恨赤壁。

益州刺史刘璋主动向曹操示好，派特使张松去拜见曹操，张松此人面目丑陋，品德也不过关，但是见识却足够独到，张松见曹操势不可挡，便打算结好曹操，暗中帮其夺取益州。曹操有“任人唯才”的名言，按说见到张松应该赏识，但二人见面，却是另一番光景。

曹操见张松面目可憎，便以傲慢态度相待，更以其容貌相取笑。曹操以貌取人，让张松气愤不已，如此傲慢，在这乱世之中能够嚣张到几时？冷静下来的张松回到益州，力劝刘璋与刘备结好。曹操虽现下势力庞大，但以其极不谦虚的轻敌态度，却是无法长远的。张松劝诫刘璋断绝与曹操的往来，虽然有个人仇怨的成分，但更是看到了曹操在江南无法长期立足的前景。

曹操心有傲慢轻敌的态度，所做事情，自然受其影响，他手下的文武多半也受其影响，滋生了自负情绪。曹操以狂妄自大的口气给孙权送去招降信，信中以极其大的口气威慑孙氏，字里行间都流露着必胜的期望。以曹操之推算，孙权必定步刘琮后尘，夹着尾巴来降。所以，当刘备与孙权结盟的消息传来，曹操仍旧乐得自在，以其之所见，孙权多半会将刘备脑袋奉上，以此邀功。曹操盲目乐观，如意算盘打得正妙的时候，孙权下了狠心，准备破釜沉舟，与曹操一争高低，“老贼欲废汉自立久矣，徒忌二袁、吕布、刘表与孤耳。今数雄已灭，惟孤尚存，孤与老贼，势不两立。”孙刘联军片刻不停，商议共同部署抗曹事宜。

孙权调兵遣将，一时凑足三万人马，将粮草船只准备妥当，任命周瑜、程普为左右都督，又命鲁肃为赞军校尉，协助二人，三人领兵出发，黄盖、韩当、吕蒙、凌统、甘宁、周泰、吕范等将领跟随。孙权继续留在柴桑，招兵买马，置办粮草，作为后援，并叮嘱周瑜若是不能相抗，“便还就孤，孤当与孟德决之”。

曹操送去招降信，迟迟不见回音，听孙权与刘备结盟，并已经出发西进。曹操得如此蔑视，心有不甘，誓要踏平江东。所幸，曹操手下还有几人保持着清醒头脑，力劝曹操不可轻敌冒进。曹操准备进军江东，程昱、贾诩立即站出来劝诫。程昱提醒曹操孙刘联军人虽少，却不可轻视，不可贸然东行，曹操断然否决。贾诩见曹操变得如此专断，毕竟久伴曹操，知曹操脾性，不敢多加劝阻，只是以委婉之词，表达自己看法，荆州虽在握，根基却不够稳固，现下当务之急乃是荆州的重建工作，以确立对荆州的绝对控制，率领疲惫之兵远征江东绝非英明之策。

此时的曹操心情澎湃，头脑发热，任是谁的忠告也听不进去了，在尚未站稳脚跟之下就做出了远征孙权的决策。曹操的一意孤行，令保持清醒头脑的文武不禁皱起了眉头，当年，曹操在官渡一战中，形势危急，却仍能够虚心纳谏，谦虚待人，最终以少胜多，取得绝对性的胜利，奠定了一统北方的局面。而今，想到此，不禁让人叹息。

汉献帝建安十三年（公元208年），曹操从江陵出发，与此同时，周瑜早已率领三万士卒从柴桑出发。此时，刘备正在樊口，拥兵两千有余，闻曹操东进，心中万分焦急，日夜派兵打探孙军消息，终究是将周瑜盼来。曹操二十几万大军，而孙刘联军不过三万多而已，刘备大失所望，对战争的前景几乎是丧失了信心，率领关羽、张飞只是“差池在后”，并不作为主力。

孙刘联军西走，与顺流而下的曹军在赤壁北不期而遇，两军一番火并，曹军初战被孙刘联军大败。遭遇战败的曹操犹如当头一棒，被这不期然的失败晕眩了双眼，毕竟是久经沙场的老手，迅速从战败中清醒，将水师退守乌林，与陆军相会合，休养生息，操练水军，只待与孙刘联军再决胜负。

曹操在与孙刘联军的第一个回合中即告失败，这其中具体的细节，史书并无太多记载，有学者称，记载三国史实的《三国志》，作者陈寿是以魏国为正统，曹操战败，自然就不会多加炫耀，因此将其中种种俱为省略。

追究曹操失败原因，一是曹军虽多，但是战斗力却不足，况且曹操水师以荆州刘琮的降卒为主力，不能为曹操尽心尽力，而曹操新训练的水军又无法及时与荆州水师磨合，士卒不团结，这就造成了各自为战的战局；二来，曹军自北方所带精兵，不善水战，更有晕船情形产生，无法及时支援；第三，曹军之中瘟疫流行，跟随曹操南下的士卒，因不习南方水土，生病者不在少数。

曹军之中瘟疫横流，至于是什么疾病，史书中并无太多记载，无法确切知道，有学者推测可能是“急性血吸虫病”，这种说法不无道理。瘟疫只是在曹军之中流行，即便是交战以后，孙刘联军也没有受其所害，由此可见孙刘联军对此已有免疫力。曹军多为北方士卒，到南方以后多打水战，与水打交道，曹操在秋季训练水军，此时正是血吸虫病易感染季节，极其容易感染血吸虫病。曾经有人撰文《曹操兵败赤壁与血吸虫病关系之探讨》将此论述非常详尽。但种种猜测，仅能自圆其说，并无证据可言。

曹操率领士卒退守乌林，将战船停靠长江北岸乌林，在此练兵，与此同时，刘联军趁势西行，驻扎在乌林对面一侧，长江南岸的赤壁，双方隔江南北对峙。赤壁之战终于进入到了最关键的最后阶段。

各有各的“降龙十八掌”

曹操以全数兵力开赴赤壁，本想以绝对优势渡江，一举攻下江东，却不料初战失利。曹操低估了孙刘联军的实力，更将自己置于不可高攀的位置，踌躇满志的曹操意气风发，却让日益蔓延的独断专行逐渐将其吞噬，骄兵必败，曹操开门即败，这“骄”字可谓是头等功臣。

弱者易虚，强者易骄，自古就是一个难以走出的法则，在曹操身上也不例外。观曹操战官渡，征赤壁，这其中道理被曹操诠释得淋漓尽致。官渡一战，曹操那个谦虚，恨不得将头颅低入尘埃，让众人不禁感叹，希望在即。反观赤壁，曹操高高扬起头颅，就再也不肯低下了，却不料，被脚下的一块小石头绊了跟头。

其实，战争还未拉开之时，曹操的谋臣就曾劝诫过曹操，贾诩曾言，“明公昔破袁氏，今收汉南，威名远著，军势既大；若乘旧楚之饶，以飨吏士，抚安百姓，使安士乐业，则可不劳众而江东稽服矣。”（《三国志·魏书·贾诩传》）然而，曹操将其置之不顾，坚持东征。

战争中，曹操再次将刚愎自用的作风进行到底，西蜀刘璋是个识时务者，见曹操一朝得势，便伸出了友好之手，战争物资供给不说，更派士卒前来支援，士卒虽不多，但足以表明心意，此次刘璋派来的领兵使者是张松，张松其貌不扬，甚得曹操厌恶，曹操又碍于情面，不好将其打发，便给了他一个小差做。

主簿杨修知张松为人，虽腹有才华却心胸狭隘，恐将其冷落，滋生事端，杨修便劝诫曹操重用张松，不要将其懈怠，对以后将西川纳入囊中必有益处。曹操却对张松丝毫没有热度。

诚如杨修所料，所谓无毒不丈夫，张松见如此受冷落，心中便种下了仇恨的种子，自己不自在，也不能让曹操如愿。张松满腹仇恨地回益州去了，见刘璋便无所不用其极地劝其与曹操绝交，刘璋对张松颇为信任，从此便疏远了曹操。由依附者变为隐患，真是一失足成千古恨，纵使高傲的曹操，也不得不为一时的冲动后悔莫及。

战争一开始，曹军就将其弱势一览无余，长途劳顿，不习水战，水土不服，更因疾病流行而无精力作战。一连串的问题远远超出了曹操的预想，而经历了战败的曹操并未从失败中悉心总结经验教训，将战败原因归结于军中蔓延的疾病，依旧一意孤行如故。

曹操仍旧是有信心的，毕竟胜败乃是兵家常事，一次小小的战败对于久经沙场的曹操来说，就是一个小指头的问题。曹操首战伤亡万余，以剩下之兵力横扫江东仍旧绰绰有余，这些曹操并不担心，令曹操眉头紧锁的是，如何能破对岸周瑜的水军。

水军是曹操的一个死穴，曹操在南征之前就在邺城作玄武池，以此训练水军，做好南征准备，但是，毕竟是天生的北方旱鸭子，只能是临时抱佛脚，没有成就大气候。占领荆州，曹操迫使刘琮投降以后，收编了荆州水师，然而，有多少士卒能够为这突降的曹操一心一德，拼死拼活，曹操高估了荆州水师的品行，也高估了自己的魅力。

曹操所带亲兵，在陆上战斗，个个生龙活虎，气势威不可挡，但是到了水中，个个都成了霜打的茄子，再也神气不起来了。荆州水军虽然庞大，但是战斗力却难以让人信服，打仗，这生死攸关的时刻，任谁也是靠不住的，到头来，还是得要靠自己的人马。当务之急乃是，训练出一支足以与孙氏集团相抗衡的水军。

长江水流湍急，船只颠簸，况且是在船只中作战，让北方来的士卒难以适应，如何让士卒快速适应颠簸的船只，曹操可是煞费苦心。这日，曹操令士卒将船只首尾连接，以此加强船只的稳固，也便于训练士卒。

《三国演义》中，这一段被演绎成，曹操乃是听从了荆州名士庞统的建议，然后命令士卒用铁链将战船一一连接起来，人马于其上如履平地，解决了船只颠簸的问题。这一说法，综观史书，并无确切记载，而在《三国志》中，也只是提到曹操将战船首尾相连，紧密联系在一起罢了。其推断原因有二：

其一，曹操善于用兵，这是众所周知，以曹操之谋略，不至于弱智到将船只用铁链固定，他应该能够想到，若是船只固定，周瑜领兵来袭，那将处于非常被动的局面。

其二，假设果真是曹操将船只固定，那么后来的黄盖诈降一事就成了画蛇添足。曹操既是已经将船只固定，那孙吴直接火攻岂不是省事，为何还要冒着这么大的风险去施苦肉计，由此可见，孙吴直接实施火攻的条件还不具备，也就是说曹操并未把船只捆绑，孙吴尚不能一举将曹军歼灭，这才有了黄盖诈降以图近距离接近曹营。

一场一个愿打一个愿挨的苦肉计，在这种条件下上演。黄盖，字公覆，是零陵泉陵人（今湖南永州人），辅佐孙氏父子三代，在孙氏集团内可谓元老级人物。黄盖跟随孙氏南征北战，戎马半生，在孙氏集团有些威望，尤其是在火烧赤壁以后，威望如日中天，成为人人敬仰的英雄，但是在这光鲜的背后，黄盖却有一番不同寻常的奋斗史。

据《三国志》记载，黄盖是南阳太守黄子廉之后，只是因年少丧父，致使家道中落，经历了一番苦日子，更懂得了吃得苦中苦，方为人上人的道理，少“有壮志，虽处贫贱，不自同于凡庸，常以负薪余闲，学书疏，讲兵事”，困境之中，尤不忘志向，终究熟读各家经典，又研习兵家战略，文韬武略，无不齐全。

所谓乱世出英雄，在这乱世之中，但凡有些才华之人，均不愿辱没了自己，黄盖也不例外。黄盖因才华出众，被举为孝廉，入仕为官，担任地方郡吏，后因管理出众，被提拔为地方县令，成为一县之长官。

在东吴初崛起的孙坚，吸引了黄盖的注意，孙坚平叛乱，抗董卓，这为黄盖留下了深刻的印象。怀着赤诚之心，带着敬佩之意，黄盖放弃了县令职务，投奔了孙坚，跟随孙坚“南破山贼，北走董卓”，“擐甲周旋，蹈刃屠城”，战功卓越，忠心耿耿的黄盖，颇得孙氏赏识。

赤壁之战，孙刘联军初战告捷，但是面对气势汹汹的曹军，仍旧十分忌惮。眼见曹操开始训练水军，若是一味拖延战机，曹操水军训练有成，那时取胜的把握就更小了。所以，当务之急，就是主动出击，先下手为强。

如何破曹操，孙吴首领陷入沉思。这时，黄盖站了出来，面见大将军周瑜，谏言道，“今寇众我寡，难与持久。然观操军船舰首尾相接，可烧而走也。”这火攻之策，确实妙，令周瑜不禁拍案叫绝。若这一计谋得逞，破曹操之日可待，周瑜喜不胜收，当即拍案赞同。

问题似乎不是想象中的那么简单，曹操虽将船只首尾相连，要靠近，施火攻之策，也实为不易。周瑜脸上高兴的神色片刻退去，取而代之一脸茫然，黄盖知周瑜心中所虑，便自告奋勇，以诈降投奔曹操，以得靠近曹操战船之机，“先书以曹公，欺以欲降”。

周瑜、黄盖二人商议半日，终得计谋，周瑜令黄盖写诈降信，送予曹操，以得曹操信任，一场针对曹操的计谋展开了。

不睡觉的蒋干

曹操一首《短歌行》，表达了自己对贤才的无尽渴望，在座众人对曹操文采无不惊赞，对曹操求贤若渴之胸怀无不感慨。惊赞、感慨过后，众人也就把这事忘记了。但是，有个很是识时务者洞察曹操哀乐，将此事记在了心上，并为此采取了一些列的举动，正认为如此，此人被后人熟知，名留史书，此人乃是蒋干。

蒋干，字子翼，是曹操手下的名士，《三国志》记载，蒋干有“仪容，以才辩见称，独步江、淮之间，莫与为对”，可见蒋干绝非等闲之辈，蒋干洞悉曹操求贤之心，其实，洞悉二字实在是抬举了蒋干，毕竟曹操惜才已如司马昭之心，路人皆知，只是，心知归心知，行动上蒋干倒是抢了先。

这日，曹操正练兵，前日江东黄盖来降，取江东胜算又增加了一分，但是，毕竟在别人的地盘上，孙权占尽了天时、地利、人和的优势，曹军路上猛如虎，水中却无法施展手脚，直取江东仍旧不容易，曹操这样想着，练兵更加卖力了。

兵罢，曹操入帐休息，手下来报蒋干前来议事，曹操停顿片刻，让人带蒋干入座。曹操对蒋干有种无以言说的感觉，若说才智，蒋干倒是有些小聪明，却终究难以成就大事，好心办坏事的时候也不乏少数。曹操想着不禁摇了摇头，叹一口气，这蒋干有一张利嘴，巧舌如簧，是个外交官的料子。

蒋干见了曹操，将其来意说明，曹操不禁大悦。蒋干之意乃是劝周瑜投诚，以免去兵戈之灾。此举甚合曹操心意，此时军中水土不服，疾病横生，晕船呕吐之情形时常发生，士卒作战的心思不大，若能免去兵戈，这倒不失一个好主意。蒋干与周瑜乃是发小，自幼同窗读书，此次毛遂自荐，担当说服周瑜之任务，就想以旧情打动周瑜，凭借三寸不烂之舌说动周瑜，使其倒戈。

曹操对周瑜之仰慕久矣，周瑜年少貌美，又精通乐器，跟艺术沾上边，苏轼的一首《念奴娇·赤壁怀古》将周瑜之风流倜傥刻画得栩栩如生，“遥想公瑾当年，小乔初嫁了，雄姿英发，羽扇纶巾，谈笑间，樯橹灰飞烟灭。”这一幅栩栩如生的画面，让人记住了这位风流儒雅的江东英雄。

周瑜跟随孙策，有开拓江东之功，孙策死后，竭力辅佐孙权，战功显赫，又不乏谋略，可谓文韬武略。曹操初次见识其谋略是在曹操大军下江南之时，要求孙权送人质，在周瑜的坚决反对下，让曹操牵制孙权的计划落空，曹操心中不悦，却对颇具胆识的周瑜产生好感，有了据为己用的心思，只是不得时机，此事便作罢。此次，蒋干提出招降周瑜之事，正了了曹操这一桩心事。话虽如此，不过，周瑜在江东也算是名利双收，况且，以周瑜之忠心，恐怕是难以说服周瑜归降，曹操心中疑虑，不禁眉头紧锁。

蒋干颇有察言观色之功夫，见曹操如此，便料到曹操是为周瑜能否被劝说归降而疑虑，便轻咳两声，清一清喉咙，曹操见如此，不免心上一喜，蒋干这是有了主意。

赤壁之战，孙权以周瑜、程普为左右都督，周瑜位在程普之上，手握决断权，但是，若是论履历，程普远在其上。程普历经三代，德高望重，可谓是孙氏集团的第一元老级的大将，此时，却屈身于一个小辈之下，心中必然有众多不满，若趁此挑拨二人，以程普之名望，周瑜必然吃不到好果子，在此时机拉拢周瑜，不失一个良策。

曹操听及此，已经喜上眉梢，似乎胜利在望了。蒋干见曹操表情，知其将希望寄托于此，那么他身上的重担实在是太重了，况且，说服周瑜之事并没有十足的把握，周瑜之脾性，蒋干自然了解，此事虽有希望，却是渺茫，不过是暂且一试的主意罢了。

蒋干用其能言善辩之口舌，婉转至极，让曹操明了此事成功的几率微之甚微，也减少了自己身上的包袱。一个智慧的谋略家，在事情之前，已经为自己想好了退路，其谋略可见一斑。依蒋干之计划，曹操趁周瑜接待蒋干之机，散布周瑜投降曹操的动机，使得孙权产生怀疑，而失去对周瑜的信任。招降周瑜之计划就算是不能成功，也起到了离间君臣二人的破坏作用，这对于曹操来说有利无弊，曹操何乐而不为。曹操为其置办酒席，蒋干轻松上路。

关于周瑜与程普二人不和之事，从《三国志·吴书·孙皎传》所记载的吕蒙对孙权说的一段话中，可以略窥一二，“昔周瑜、程普为左右部督，共攻江陵，虽事决于瑜，普自恃久将，且俱是督，遂共不睦，几败国事”。《三国志》中还有一处记载也证实了此事，“是时权位为将军，诸将宾客为礼尚简，而瑜独先尽敬，便执臣节。性度恢廓，大率为得人，唯与程普不睦。”可见，此事确为事实，蒋干正是抓住了这点想大做文章。

周瑜与程普被任命为左右都督，在魏晋之前，均是以左为贵，按此排位，周瑜要在程普之上。程普在孙坚起兵之时就跟随，建立起了个人威望，一步一步看着孙氏集团成长壮大，可谓是元勋级别的人物，《三国志·吴书·程普传》中有记载，“先出诸将，普最年长，时人皆呼程公。性好施与，喜士大夫”。

资格老，战功显赫，军中威望也高的程普却被排在周瑜这个小辈之后，这口气程普如何咽得不下去！程普处处看周瑜不顺眼，自然就有众多不服气之事，这样的抵触情绪，以至于两人因个人恩怨几近坏了大事。

程普要起大牌脾气，以生病为由，拒绝周瑜的领导，更不配合周瑜工作。但是，大敌当前，程普终究是心怀孙氏大业之人，拿得起，放得下，再看那周瑜虽有自己的处处抵触，却处处回避，鲜有计较，再观周瑜之为人与智谋，却有过人之处。程普毕竟也不是心胸狭隘之人，放下个人恩怨向周瑜伸出友好之手，为了共同的目标，二人重修旧好，团结起来，一致对外。后程普有言，“与周公瑾交往，若饮醇，不觉自醉。”（《三国志·吴书·周瑜传》）这日，周瑜正与众谋士议事，却闻人来报，故人来访。周瑜纳闷，又听人报，故人乃是蒋干，周瑜心中已隐隐有了预感。周瑜、蒋干二人相见，各自寒暄一番，周瑜乃是爽快之人，也不婉转，直奔主题，“子翼良苦，远涉江湖为曹氏做说客邪？”

蒋干被周瑜一眼识破，脸色顿变，心中不免心虚，毕竟是见过大世面的人，蒋干发觉自己失态，立即恢复了平静，将话题一转，道，“吾与足下州里，中间别隔，遥闻芳烈，故来叙阔，并观雅规，而云说客，无乃逆诈乎？”

周瑜一听蒋干如此说法，心中顿时轻松了不少，不消片刻，便有了应对之策，周瑜道，“吾虽不及夔、旷，闻弦赏音，足知雅曲也。”二人在这战乱的关键时刻，玩起了雅兴。周瑜设宴好吃好喝，招待蒋干无不周到，又邀请蒋干参阅三军，周瑜、蒋干二人同寝同食数日，周瑜不提孙曹战事，蒋干寻找时机提起战事，却始终无开口之机，心中不免感慨希望渺茫。

这日，周瑜向蒋干展示了孙氏赏赐之玩物，并无不满足地道，“丈夫处世，遇知己之主，外讬君臣之义，内结骨肉之恩，言行计从，祸福共之，假使苏张更生，郦叟复出，犹抚其背而折其辞，岂足下幼生所能移乎？”蒋干听毕，周瑜如此说法，便表明了其心意，希望已经彻底破灭，再说无异，还是赶紧向曹操去交差的好。

周帅哥点火

魏吴争斗决雌雄，赤壁楼船扫地空。

烈火张天照云海，周瑜曾此破曹公。

——李白《咏赤壁》

在使者滴水不漏的回答下，曹操心中的疑虑已经去除了大半，黄盖投降之事十有八九已经被曹操确定为真事。此时的曹操虽然经历了赤壁初战的败绩，但其持续膨胀的激情却未被冲灭。为实现他“山不厌高，水不厌深，周公吐哺，天下归心”的夙愿，曹操头脑持续高涨，久久无法冷却。正是这心中的狂躁，让其一步一步走入失败的深渊。

失败让人意志消沉而难以自拔，成功却往往让人深陷狂躁难以前进，不可一世的曹操，文韬武略，狡猾如狐狸，纵使如此，仍旧没有逃出这成功的后遗症，曹操止步了，狂躁的他终究是被一身的傲气变得飘飘然了，根基不稳，如何努力也是枉然。

就在曹操飘飘欲仙、无法自拔的时候，孙刘联军却扎稳了根基，走得虽慢，却够稳，一步一个脚印，将高高在上的曹操狠狠地绊了个跟头，灰头灰面的曹操吃了苦头，随手抓了个连自己都无法信服的借口，夹着尾巴逃回老家去了，曹操终于是被江南的瓢泼冲醒了。

这日，黄盖遭到周瑜毒打的消息一时之间传开来，消息很快传到了曹操的耳朵里，曹操抿嘴而笑，心中得意，黄盖扑向自己的怀抱确信无疑了。曹操志满意得，再看那江面布满的士卒，急切期待一场战争的到来，再一次的胜利正踯躅而来。

天气放晴了，这在江南实属不易，今日是个好天气，周瑜立于船头，感受着湿润的东南风，心情极其舒畅，一场战斗，决定生死的战斗就要拉开帷幕，尽管实力上与曹军仍旧悬殊，周瑜仍旧不乏信心。

今日不战，更待何时？想及此，周瑜不作迟疑，以黄盖为先锋，准备好十艘轻便的船只，里面满载着干草与膏油，然后用红色帷幕作遮掩，旌旗满布，甚为显眼。周瑜又令人预备了一批小船系于大船之后，以做好逃跑的准备。在东南风的吹拂下，黄盖率领水师，顺江而行，浩浩荡荡往乌林而去。

黄盖立于船头，眼神坚定，面无表情，沉默不语，心中却是犹如这波涛汹涌，七上八下。此战背负着江东的希望，这份重担就压在身上，成败就在这一举之间，江东存亡无时不敲打着黄盖的心灵。看江中波涛滚滚，黄盖思绪万千，这一生经历了这么多，却从未有如今日一般心情沉重。

黄盖的船只距离曹军越来越近，曹操立于船上，威风凛凛，看船只一步一步靠近。手下小将见有船浩浩荡荡而来，紧急来报，不料曹操早就知晓，碰了一鼻子灰。众人见江中船只，不知是敌是友，有谋士劝曹操早早作好打算，曹操却一口断定，船只是来投诚的，也不作打算。曹操心中洋溢着喜悦之情。只等与黄盖能够尽早相见，然后杯酒尽余欢。

曹操目空一切，全然没有防备，一场大的阴谋正铺面而来却不自知，俨然成了任人摆布的玩偶。这不得不让人感慨，曹操雄才大略，自起兵，南征北伐，吕布、刘备、袁术、袁绍父子，荆州刘表父子，先后败于他的手中；此后，曹操北征乌桓，统一北方，南入江南，那时的他将当世英豪玩弄于手中，是何等的意气风发！而今日，周瑜、黄盖略施小计，就能够牵着曹操的鼻子走，此种差异，却是为何？

历史上，总有一些宿命难以超越，纵使曹操这样的英雄人物也不例外。从一个草根人物，到万人瞩目的事业顶峰，这其中艰辛，无不让人佩服，然而，正是在这巅峰时刻，人的心理在这其中悄然发生了变化。

胜利紧跟胜利，曹操在这胜利的光环环绕之下，眼睛高了起来，骄傲自满的情绪一时之间充溢了发热的头脑。曹操的轻敌情绪逐渐蔓延，从统帅到士卒，这种倾向带来了众多不良后果，轻敌则冒进，急躁则求速战速决，骄傲则目空一切，曹操很不幸的，把这些不利形势占全了。

目空一切的曹操，恃兵而骄，当武力上的优势为他带来一次一次的胜利，他开始迷恋于武力解决问题，这种干净利落的处理方式，无异于一介武夫的纯粹做法，只有蛮力而没有智谋，打败袁绍，曹操成了第二个袁绍，步了袁绍的后尘。

曹操见黄盖果真来降，喜上眉梢，黄盖越来越近，只有二里的距离了。曹操正准备率领部下前去迎接，却见那江中，火光一片，船只尽被点燃，情况不明，曹军骚乱起来。曹操迟钝，却已经明白这其中缘故，无奈，全无准备，仓促应战。

装满干草与膏油的船只，借着东南风之气势，越烧越旺，犹如无人驾驭的马匹一般，横冲直撞而来，曹军慌乱，船只首尾相连，一时之间根本无法分散，被点燃的船只，一艘延及一艘，火光冲天，人声鼎沸，东吴水军的那种气势，怎能用一个“磅礴”二字可以描叙。

黄盖其后，周瑜率领水军跟随，锣鼓阵阵，江东将领个个意气风发，士气大振，而曹军慌不择路，一时之间不知道如何应对。曹操见形势大去，已经无法挽回，再也坚持不下去，当机立断，命令士卒点燃剩余战船，引兵从华容道步行后退。

屋漏偏逢连夜雨，曹操领兵后退，刚刚下过雨的道路泥泞，行军困难，曹操又令士卒将甘草铺于地上，方便行路，却耽误多时，而后方，周瑜与刘备联军水陆并举，一路追随曹军，这样一来曹军死伤众多，有一半之余。

曹操率领士卒往江陵方向而去，到江陵以后，曹操恐怕战争失利造成北方政局不稳定，便马不停蹄往老家赶去，赤壁之战，以孙刘联军的胜利告终。

对刘备来说，赤壁之战之后刘备迅速在荆州扩展自己的地盘，终于超过了他在徐州时期所占有的土地，这为刘备完成诸葛亮西进益州，三分天下有其一的战略目标铺平了道路。

对孙权来说，赤壁之战的胜利，让江东摆脱了一次严重的危机。为江东地区经济的开发与发展准备了充足的时间，更加巩固了孙家对于这一地区的控制。

总体说来，赤壁之战让曹操失去了统一南北的机会，终其一生，曹操也没有了了他的这一夙愿，孙刘联军的胜利，开创了三分天下的局面，一个崭新的时代诞生了。

第四章 巧借荆州：借东西的都是老大

先把夷陵围起来

曹军的水寨弥漫在一片火海之中，船只多半被引燃。当曹军在混乱中时，周瑜与刘备的联军已经从江中登陆，各领一支军队，往乌林而去。极度混乱的曹军忙着逃命者居多，哪里还有心思去迎战，弃船而逃者不在少数。丧失了抵抗力的曹军，损失过半，烧死、淹死者数不胜数。

面对这样一支残军，曹操已经无计可施，往日的威严瞬间失去了功效，纵使喉咙喊破，恐怕也难以制止这样的混乱。曹操带着残军沿着长江北岸后撤，一路狂奔，水陆军会合以后，曹操命水师舍弃船只，并一把火引燃，与陆军一同经华容道，往江陵方向逃去。

下过雨的道路泥泞不堪，又兼大雾弥漫，行军十分困难，曹操命人在道路上铺上干草，这样行军速度大为减慢，孙刘联军却紧追不舍，逃亡路上，时有自相践踏出现，生死攸关，谁不为己，就连曹操这样的硬汉，也不免感慨万千。

曹操退守江陵，孙刘联军乘胜追击，紧随其后，一直追到南郡境内。此时，南阳、南郡仍然在曹操的掌控之下，以曹操之实力，若是整装旗鼓，仍然能够与孙刘联军相抗衡。但是，挫败已经将曹操打击得丧失了斗志，多日的战争，曹军之中，失望情绪日益蔓延，况且，赤壁之战的战败，对北方格局也产生了影响，曹操害怕不轨之徒趁此作乱，便不敢在江陵久留。

曹操以曹仁、徐晃驻守江陵，自己率领部队北归，镇守北方去了。关于曹操这一决定，众史学家众说纷纭。有学者认为，曹操在兵力上仍然具备战胜孙刘联军的实力，另一方面，曹军善打陆战，这正是发挥优势的绝好时机，若是能够调兵遣将，再与孙刘联军一战，胜负将未可知，克联军，保荆州，不在话下。

曾有史学家表达过类似的观点，“昔齐桓一矜其功而叛者九国，曹操暂且骄伐而天下三分。皆勤之于数十年内，而弃之于俯仰之顷，岂不惜乎！”以这种说法，曹操一念之差而错失了一统天下的大好时机，这不得不让人惋惜。

对于曹操撤兵乃是大错特错这样的观点，有学者则提出了反对意见。赤壁一战，曹军接连战败，与先前的连战连捷形成巨大的反差，此中差异，造成士气低下，斗志全无，况且，北方听闻赤壁一战曹军战败，骚乱迭起，政局不稳，当务之急乃稳住北方根基，再做他图。矛盾处处不在，满手抓，到头来都成空，曹操正是抓住了这关键一点，这才是保大局的智者作为。

历史随风而去，只能留下无尽的空间让人遐想与猜测。

赤壁之战，以孙刘联军的胜利告终，这一胜利，不能不归功于孙刘联合抗曹这一先见的实践。火烧赤壁一战，黄盖功不可没，以诈降为起点，充分利用曹操轻敌冒进之情绪，谋略得以成功实施。孙刘联军自始至终和衷共济，同仇敌忾，终于打得曹操烧战船，丢士卒，狼狈而逃。

赤壁之战胜利以后，孙刘联军的矛盾浮出水面，当诸葛亮的“隆中对”遭遇鲁肃的“榻上策”，双方有了共同的终极目标，那就是一统天下。同舟共济终究是要分道扬镳，甚至会反目为仇。

首先，让孙刘起冲突的是荆州问题，荆州均在他们的战略目标之内，矛盾就变得不可调和。但是当务之急却不是解决矛盾的最佳时刻。因为曹操走了，曹操势力却没有彻底消除，江陵是一个重要的战略基地，曹仁与徐晃据守江陵，就存在绝地反击的隐患，必须除之，方能巩固赤壁之战的胜利。因为曹操的牵制，孙刘双方在处理这一矛盾时不能不有所克制，矛盾才避免了尖锐化，但是，孙刘相争是迟早都要面对的问题。

曹操北归，曹仁与徐晃在江陵防御，周瑜与程普率领数万之众乘胜追击，两军交战，周瑜不敌，败下阵来，被迫退守长江南岸，孙刘两军再次隔江对峙。江陵攻防的天平，两军一时之间难以打破平衡。

孙刘两军久持不下，江陵一时之间难以攻下，这时，甘宁向周瑜献计。江陵上游有夷陵，若能将夷陵攻下，然后东西夹击曹军，瓮中捉鳖，手到擒来，攻下江陵不在话下。周瑜听后，甚是赏识，命甘宁率领数百名精锐去取夷陵。

甘宁率领士卒，日夜兼程，靠着夜幕的掩护，以出其不意，攻其不备之势，一举将夷陵拿下，并做好防御工作，然而，毕竟士卒有限，夷陵的防御并不坚固。曹仁得知甘宁攻战夷陵，立即调兵遣将，亲自率领六千余士卒来攻。曹仁到夷陵以后，将其团团围住，并在城外筑成高台，高台之上，众矢齐发，飞入城中，城中一片恐慌，士卒躲闪不及则被乱箭射伤、射死。

连续几日，曹仁借着乱箭的气势，取得了夷陵之战的绝对主动权，但是，夷陵城仍旧不能破，夺回夷陵这一战略要地的计划仍毫无头绪。夷陵城内，甘宁所带士卒不过数百，加上新增投诚士卒不过千人，士卒惊慌失措在所难免，但是，甘宁仍能够镇定自如，谈笑自若，只是命令士卒加强防备，这就如同给属下吃了一颗定心丸，士卒也有了信心。

周瑜在江陵与曹军对峙，接到甘宁的求救，便要去营救，这一决议，遭到诸将的反对。江陵曹军乃是主力部队，周瑜兵力本来就难以与曹仁抗衡，现下若是再分兵入夷陵，恐怕曹军会乘机进攻。面对诸将的反对，周瑜迟疑了。这时，吕蒙站了出来，力辩诸将，并毛遂自荐愿意领兵前去营救，周瑜应允。周瑜以凌统守江陵，亲与吕蒙前往夷陵营救。

在入夷陵之前，周瑜还接受了吕蒙的意见，派遣三百士卒将夷陵入江陵的必经之路，采取各种手段，将其堵塞。这样一来，曹仁一旦败退，将不能迅速逃奔，以吕蒙之推断，曹军很有可能舍马而走，孙吴士卒可以趁此追击，并可截获曹军物资。

周瑜、吕蒙入夷陵，鼓舞士气，与甘宁内外夹击，曹仁大败，仓促而逃。正如吕蒙所料，曹军慌不择路，在阻塞的道路上，舍弃马匹，步行而逃，损失更加惨重。甘宁则乘胜追击，曹仁败得惨不忍睹，这一仗周瑜率领士卒凯旋。

当周瑜在江陵奋战的时候，孙权也没有闲着，他亲领士卒北攻合肥，攻城数月，仍旧没有攻下。这时，曹操赤壁战败，率领主力部队北归，孙权听闻曹操派张喜领兵援救合肥，便主动撤兵，途中与张喜遭遇，太史慈战死。

太史慈，字子义，今山东龙口人，本是扬州刺史刘繇的武将，后被孙策招揽，投入其营下。孙策死后事孙权，对孙氏忠心耿耿，屡立战功，死时仅仅四十一岁，临死前，大叹，“大丈夫生于乱世，当带三尺剑立不世之功；今所志未遂，奈何死乎！”这样的感慨与“出师未捷身先死，长使英雄泪满襟”同样让人无奈。后有人作诗称赞太史慈，诗曰：

矢志全忠孝，东莱太史慈。
姓名昭远塞，弓马震雄师。
北海酬恩日，神亭酣战时。
临终言壮志，千古共嗟咨。

曹操很不服气地北归，却也清楚地认识到，南征不是轻而易举能够做到的，认识及此，曹操也就对南征之事释然了，转而专心经营北方事宜。

四郡入手，我很欣慰

曹仁狼狈而逃，周瑜救甘宁，得夷陵，以士卒防守，便率军横渡长江，驻扎在进逼江陵的长江北岸，准备与曹仁再决雌雄。将领意气风发，士卒斗志高涨，周瑜准备乘胜追击，做好了攻打江陵的准备。

周瑜紧张忙碌着，他的盟军刘备也没有闲着，刘备率领主力在荆州游荡，得荆州四郡，轻而易举占领了胜利果实，可以说，刘备在赤壁之战中大获其利，河蚌相争，渔翁得利虽不恰当，却是刘备的真实写照。

从被曹操打得毫无还手之力，狼狈如丧家之犬，到成为占有一席之地的荆州牧，刘备几起几落，却最终在赤壁之战中成了最大的赢家。自此，刘备走入风水宝地，踏上发家致富之道。江东士卒的尸体，为刘备铺好了前进的道路，刘备不得不感谢周瑜的恩赐。

周瑜意气风发，连战连捷，与曹仁作最后的较量，刘备则步步为营，为铺后路而奔波。刘备先是上表朝廷推荐刘琦为荆州牧，刘琦作为刘表的长子，在荆州的影响与势力是无人能够取代的，这一步棋，刘备走得恰到好处。

刘备派遣诸葛亮与关羽、赵云领兵打着刘琦的名号四处游说。在其说服之下，长沙太守韩玄、桂阳太守赵范、零陵太守刘度归降，不够识时务的武陵太守金旋则宁死不降，最后命丧黄泉，四郡均归于刘琦的名下。令刘备欣喜的是，这时刘琦病死了，这真是死得恰到好处。刘琦死后，在刘备与诸葛亮的共同操纵下，荆州将士推举刘备为荆州牧，刘备顺理成章地接管了四郡。

在收降桂阳时，赵云拒婚的故事成为传诵一时的一段佳话，并为后人津津乐道。刘备命赵云取桂阳，赵云雄赳赳气昂昂领兵往桂阳而去。此时驻守桂阳的是太守赵范，赵范早已耳闻赵云大名，心中惧怕，兵力又不足以与之相对抗，又不愿意真心归附，便以诈降为计，以作他途。

赵范此人诡计多端，为表投诚诚意，亲自到赵云的营寨中自愿投降。赵云是个实在人，投桃报李，对赵范以上宾相待，二人相谈甚欢，又是老乡兼本家，便结拜为兄弟，从此兄弟相称。

赵云、赵范兄弟二人关系持续升温，相处得和睦融融。然而，赵范虽面带喜色，却暗渡陈仓，背地里搞起小计谋，幸得赵云大义凌然又明察秋毫，才躲过陷阱。

这日，赵范宴请赵云，赵云不疑有他，前来赴宴，二人把酒言欢，酒到酣处，赵范神神秘秘，入内请出一妇人，但见那妇人生得眉目如画，唇红齿白，倾国倾城，有闭月羞花之貌，身穿一身缟素，更有古色天香之美韵。

赵云乃真英雄，微醉之下，见如此天仙，仍不失态，镇定自如，向赵范询问所谓何意。赵范不紧不慢，面露无奈，假惺惺地大叹一口气，娓娓道来。此妇人是赵范寡嫂樊氏，其兄过世有三年之久，樊氏孤苦，本想为其另寻夫婿，但樊氏眼高，未有入其法眼者。

赵范言，其嫂樊氏择夫婿条件有三，其一，文韬武略，才华出众，名誉在耳。其二，相貌堂堂，有潘安之貌。其三，必须是赵氏家族之人。以此条件择夫婿，实属不易，当世之中，或能具备其中一两条者，不在少数，若三条都具备，那就凤毛麟角了。然而，踏破铁鞋无觅处，得来全不费工夫，现在就有这么一个完全可以过关的人在眼前。赵范定眼望向赵云，眼中意味深长。赵云却泰然自若，起身向樊氏行礼，以兄嫂相称，礼节无一遗漏。

赵云望向赵范，心中已经明白了赵范的用意，却也不点破，继续装糊涂，饮酒畅谈。赵范见赵云对此不言不语，心中没底，便不再打哑谜，敞开天窗，说起亮话，将以其嫂许配赵云，以结累世之好的意思摆上桌面。

话已经挑明，赵云这糊涂就装不下去了。赵范见赵云脸色顿变，心中不禁叫道，大事不妙，果听赵云厉声拒绝，其后便愤然而出，策马而去，其坚决的态度可见一斑。

如此一个绝代美女被赵云一口拒绝，不得不让人惋惜。诸葛亮听闻此事以后，也来凑热闹，“此亦美事，公何如此？”根据罗贯中的记载，赵云当时是这样回答的：

“范既与某结为兄弟，今若娶其嫂，惹人唾骂，一也；其妇再嫁，使失大节，二也；赵范初降，其心难测，三也；主公新定江汉，枕席未安，云安敢以一妇人而废主公之大业？”

参照《三国志·蜀书·赵云传》，罗贯中先生记载属实，但是关于赵云所说其二，似乎与当时风气不符。东汉末年以及三国时期，战乱频发，思想控制减弱，寡妇再嫁并不是什么见不得人的事。就连刘备、孙权、曹丕均娶过再嫁寡妇，所以，在赵云所处时代，寡妇再嫁有失大节这种话是不能从他口中说出的。

罗贯中是元末明初人，那个时期思想控制极为严格，儒家思想深入人心，烈女不嫁二夫已经成为众人心中的一杆无形的秤，很自然的，罗贯中在写作的过程中也会受到这种思想的影响，说出寡妇再嫁有失大节这样的话也不足为奇。

却说赵范贼心不死，美人计不成，又施一计。这日，赵范将两心腹陈应、鲍龙唤来，商讨生擒赵云之事。陈应、鲍龙二人提议再施诈降计谋，以他们二人前去投奔赵云，然后与赵范里应外合，将赵云擒拿。赵范依计行事，让这二人领五百士卒前去投奔赵云。

陈应、鲍龙引兵来降，赵云已经看出端倪，但是仍面不露色，欣喜相迎，并置办宴席以礼相待，这二人毫不知情，只管饮酒作乐，这二人大醉，被赵云捆绑。赵云对陈应、鲍龙带来的五百士卒，仍旧以礼相待，士卒感其恩，将实情相告，陈应、鲍龙在醉酒中就掉了脑袋。

陈应、鲍龙事情败露，赵范仍不知情，只管在军中等好消息。这日夜里，趁着月色，赵云以陈应、鲍龙领来的五百士卒为先锋，自领千余士卒断后，往桂阳城而去。城门士卒以为陈应、鲍龙擒赵云而归，紧急报告赵范，赵范喜不胜收，亲往城门迎接，被赵云一举拿下，胜利收复桂阳。

赵云不贪美色，而躲过一劫，明察秋毫而免于一难。可见赵云是一个谋略有加而又不失精细之人，如此才成为一个让人津津乐道之英雄人物。

刘备实力坐稳以后，就领张飞入江陵协助周瑜，周瑜得夷陵，与曹仁对峙，虽然有先前取得的胜利可以鼓气，但是，要拿下江陵也不是轻而易举。刘备到了以后，便献上计谋。江陵城内粮草众多，曹仁防守江陵可旷日持久，长此下去对孙刘联军有弊无利，不若横渡夏水，从曹仁的背后骚扰，以分散他的注意力。

周瑜采纳了刘备的建议，分兵两千于他，让刘备按计划行事。刘备这一计谋确实高明，曹仁背后受敌，必然会领兵防御，周瑜趁此袭击，必然大获全胜。但是，天有不测风云，理想总是美好的，现实却是残酷的，就在刘备领兵北去的时候，遭到了汝南太守李通的阻拦，刘备兵力不足，难以与之对抗，刘备北上的计划被迫流产了。

曹仁一败再败，优势丧失殆尽，恼羞成怒的他向周瑜下了战书，两军一决雌雄的激战就要上场了。

带病坚持工作

刘备遭到汝南太守李通的阻拦，李通在赤壁之战中为曹操平定淮、汝之地，被曹操安置于此。刘备区区两千士卒，不能独挡李通，渡夏水，截断曹仁退路的计划眼看就要流产了。刘备遭遇挫折，一时不能分散曹仁注意力，这就使得曹仁得以专心与周瑜抗衡，周瑜面临重重压力。曹仁一次一次遭遇挫折，又刚失夷陵，心中窝火，恼羞成怒，向周瑜下了战书，誓要与周瑜一决高低，周瑜爽快应战。

以周瑜所处境地，形势对他是十分不利的。无论兵力还是财力，曹仁均占有优势，况且，守城容易，攻城难。周瑜的优势就是将士士气饱满，个个奋勇争先，有这样一支军队，周瑜满怀信心，才会毫不犹豫接下曹仁的战书。

周瑜、曹仁紧张部署战争事宜，只等交战日一到，大战到昏天暗日争出胜负。一切准备就绪，这日如期而到。周瑜亲自骑马领兵走在队伍最前线，浩浩荡荡往江陵城下而去。曹仁与将军徐晃早已在城楼上等候，这二人也不是吃素的，是曹操手下赫赫有名的大将，曹操能够放心将江陵事务交给二人，足见二人是有些非凡本事的。

周瑜领兵一到江陵城下，两军没有任何寒暄，一场大战就拉开了帷幕。周瑜亲自披挂上阵，身先士卒，一马当先，奔驰而去，江东士卒见将军如此，个个意气风发，紧跟其后，卯足了劲要与曹军一争高低。曹仁当仁不让，看到周瑜就红了眼，恨不得杀之而后快。这样两支军队相遇，其战况可想而知。正当曹仁一心与周瑜激战之时，曹仁后方冷不丁冒出一支军队，受到出其不意的一击，曹仁气急，却闻手下来报，乃是刘备的千余士卒。

原来，刘备与李通一番激战，终究是过了夏水，率领剩余的千余士卒，从曹仁后方而来。刘备虽仅仅有千余士卒，但跟在屁股后面，终究是隐患，曹仁背腹受敌，不得不分兵抵挡，这样一来，就给了周瑜以喘息之机，周瑜趁此猛攻，曹仁前进不得，后退不得，进退两难。

曹仁没有三头六臂，只能是顾此失彼，在与周瑜、刘备的周旋中，处于被动的挨打局面。在背腹作战的情况下，曹军乱了阵脚，失了方寸，混乱起来，曹仁见如此，再战已经毫无优势可言，便鸣锣收兵，退到江陵城内不出来了。

周瑜率领士卒继续攻城。曹仁城门大关，在城墙之上布满弓箭手，万箭齐发，乱箭从城墙上雨点一般落下，江东士卒顿时乱了方寸，走在最前线的周瑜被乱箭射伤，伤势严重，无法领军，孙刘联军无奈撤兵。

曹仁躲入江陵城，时刻关注周瑜情形，对周瑜中箭一事，起初并不知情，闻周瑜仓促撤兵，并多日不见有动静，心中诧异，便派人前去打听，探子带回的消息让曹仁精神一振，心中大喜，已经熄灭的希望又重新燃烧起来。

周瑜中箭，卧病不起，自然不能领兵打仗，江东士卒没有了周瑜的领导，就成了一盘散沙，若是趁此时机，主动出击，战胜的几率就大大增加，曹仁打着如意算盘，便立即部署起来。曹仁整军待发的消息传到周瑜的耳朵，周瑜在床上再也躺不住了。他一身戎装，出现在士卒面前，威风凛凛如昨日，士卒哪里还看得出周瑜身负重伤，但是，周瑜身边的人却清楚，周瑜是强撑着负伤的身体。周瑜检阅士卒，鼓舞士气，看士卒斗志昂扬，周瑜一颗悬着的心，总算是重归原位。

周瑜做好了迎敌的准备，曹仁却畏惧了。原来，曹仁对周瑜十分忌惮，便再次派人打听周瑜近况，却闻周瑜检阅士卒，知周瑜伤势并不严重，周瑜仍能够亲领兵，又听说江东士卒在周瑜的鼓舞下雄赳赳，气昂昂，便不敢轻易开战，取消了主动出击的计划。曹仁不来攻，正合了周瑜的心意，周瑜伤势未愈，正期待能够有机养病，曹仁为其创造了这么一个机会。周瑜安排部署好防御事宜，又重新回到病床，专心养伤，没有几日，箭伤基本痊愈。

一个意气风发的周瑜回来了，曹仁的安稳日子再次动荡起来。周瑜整军，有破江陵之气势，曹仁不得不做好迎战的准备，两军对峙一年之余，正当待发之时，北方的曹操却来了命令，令曹仁从江陵撤兵，退守襄樊。

赤壁一战，曹操战败，虽不服气，却也不得不承认一个事实，那就是，荆州已经失去，面对团结的孙刘联军和野心勃勃的孙权、刘备，要想重新夺回对荆州的控制权，不是轻而易举能够办到的，也是不现实的。继续据守江陵，持续打下去，会有未知的牺牲，只会增加军事负担，长此以往，不仅得不偿失，对曹操也十分不利，况且北方的战线巩固也是亟待解决的问题。面临北方层起彼伏的起事，曹操认为有必要收缩战线，将兵力集中于北方事宜。

曹操下达了放弃江陵的命令以后，曹仁马不停蹄地往襄樊方向退去。周瑜这个瘟疫，终于可以摆脱了，曹仁对周瑜的忌惮到了无以复加的地步，正盼着能够早日从江陵脱身，盼望着，盼望着，就盼来了曹操撤兵的命令，正合了曹仁的心意。

曹仁放弃江陵，退守襄樊，周瑜顺理成章地接管了江陵，得江陵对据荆州有着至关重要的作用。周瑜拿下江陵，这正弥补了孙权围攻合肥失败的失落。孙权分外高兴，便将周瑜提拔为偏将军，兼职南郡太守，镇守江陵重地。跟随周瑜打仗的元老级大将程普被任命为江夏太守，程普心中不平衡感无论如何也压抑不住了，再次爆发。

程普不服周瑜由来已久，在二人的交往中，周瑜表现出了大度的胸襟，这与演义小说中的描述是截然不同的。周瑜不仅大度而且谦让，有容忍之量。

当世之人，对于周瑜的印象颇多受到东晋以来的史书与明清演义的影响。东晋以后，颇多史书均是以承接汉室姓氏的刘氏蜀国为正统，对于曹氏之魏，孙氏之吴，自然有众多贬低之处，有如诸葛亮被写成集智慧与谋略于一身的神机妙算般的神仙人物，曹操则被刻画成一个十足的奸雄形象，而周瑜则被描述成一个小肚鸡肠，被诸葛亮三气而英年早逝的满腹嫉妒心思的小人物。

周瑜作为孙权手底下第一号大将，不仅品行高尚，更能平易近人。程普历任三代，是孙氏集团中的元老级人物，德高望重，被人尊称为“程公”，这位“程公”依仗资历深，多次不把周瑜这个年轻的上司放在眼里，并多次恶言凌辱。

面对下属对自己能力与名誉的质疑，周瑜一笑而过，并没有放在心上，能够做到如此，周瑜的大度可见一斑。周瑜一如既往地与程普相处，不曾因为恶言而有所嫉恨，如此以往，程普便对周瑜这种顾全大局，大公无私的作风感动了，放下心中不平，与周瑜同心同德，取得了赤壁之战的胜利。

江陵一战，程普出力颇多，但仍旧位居周瑜之下，心中的不平再次显露，但见周瑜并没有恃宠而骄，依旧一如既往待人接物，对己一没有任何怨言，程普心中的愤怒也就渐渐冷却了，这就是周瑜品行的魅力，就如春风沐浴，能够抚平心中的寒冷。

荆州先借用一下

孙权将其妹孙夫人嫁给刘备，以“和亲”政策换来了暂时的同盟。众多演义类史书中，将此事与周瑜和诸葛亮扯上关系，综观史书，此事与二人根本沾不上关系，所以关于周瑜“赔了夫人又折兵”的谚语纯属虚构，无史料可查。此事完全冤枉了周瑜，夸大了诸葛亮，这与史书著者所处的环境与背景不无关系。

刘备娶孙夫人之后，孙刘集团在一段时间内相安无事。刘备以荆州四郡为发展基地，因为江陵的阻挡，却难以向外扩张。荆州有八郡，南阳（今河南西南）、南郡（今湖北西部）、江夏（今湖北东部）、长沙（今湖南东北）、桂阳（今湖南东南）、武陵（今湖南西北）、零陵（今湖南西南）。

当时的形势是，曹操占据南阳，以及南郡北部的襄阳；孙权占据南郡大部分与江夏，荆州重地南郡首府江陵也在孙权手中，由周瑜坐镇。刘备则占领荆州四郡，零陵、武陵、桂阳、长沙。刘备被推举为荆州牧，并且占领荆州大部分地区，荆州之地可谓是刘备的天下，但是，江陵被周瑜镇守，这就阻挡了刘备的扩张。刘备向北不能进，向西则不能占益州，因此夺取江陵至关重要。

汉献帝建安十五年（公元210年），大婚之后的第二年，刘备以省亲为名义，离开荆州前往江东，面见孙权，请求借荆州，这里说的借荆州其实是借周瑜镇守的江陵。然而，雄才大略如周瑜，刘备野心勃勃，满心扩张，周瑜又何尝不想？刘备的这一请求，立即得到周瑜的反对。周瑜置孙刘姻亲这层关系于不顾，高瞻远瞩，提出将刘备拘留，以免放虎归山，留有后患。然而孙权出于种种考虑，没有采纳周瑜的建议。孙权步了曹操的后尘，犯了与曹操同样的错误，也许不久以后的某一个时刻，孙权想起此事，不得不为这一决定而后悔莫及。

孙权没有软禁刘备，当然不完全是出于道义上的姻亲关系，毕竟成就大事业，儿女私情已经不在考虑范围之内，也许这样的说法，有些武断，但是，至少孙权的策略之中并不把与刘备的姻亲关系作为重点考虑。

正当江东将领为刘备借荆州一事众说纷纭之时，曹操又有了新的动向。赤壁之战以后，曹操虽然有所收缩，然而毕竟饿死的骆驼比马大。贼心不死的曹操仍在四处张望，看准了四川这块宝地。然而，周瑜已经有了取四川并张鲁，然后占据曹操防御前线襄阳的计划，襄阳一破，中原的门户就大开，这样一来，破曹操就指日可待了。

周瑜计划周密，如意算盘打得也很妙，此计划一出，孙权不得不为周瑜的气魄所折服，满口支持周瑜计谋，并委任周瑜全权处理此事，然而，天有不测风云，人有旦夕祸福，就在周瑜意气风发，去往夺取四川的路上，周瑜箭伤复发，不幸身亡。

周瑜死时，年仅三十六岁。周瑜死后，孙权痛哭流涕，不禁感慨，“公瑾有王佐之资，今忽短命，孤何赖哉！”孙权穿上素衣，亲为周瑜奔丧，君臣关系可见一斑。周瑜乃是孙权的左膀右臂，他的英年早逝，对孙吴集团的走向产生了重大的影响。

孙权以鲁肃接管周瑜事务，领江陵事务，又任命程普为南郡太守，局势暂且得到稳定。刘备借荆州之事再次提上日程，周瑜是坚固的强硬派，对此事坚决反对，他这块绊脚石消失以后，事情的发展有了转机。

接任周瑜事务的鲁肃，在赤壁之战前夕，曾亲手促成孙刘联盟，此刻他仍旧是孙刘联盟的强力支持者。“备诣荆州见权求都督荆州，惟肃劝权暂借之共拒曹公。”（《三国志・吴书・鲁肃传》）周瑜去世以后，鲁肃的意见就显得格外受到重视。鲁肃进谏孙权道，“将军虽神武命世，然曹公威力实重。初临荆州，恩信未洽，宜以借备使抚安之。”

孙权接受了鲁肃的意见，把江陵借给刘备。孙权是出于什么原因将江陵重地借给刘备，有众多猜测。有学者称，天下没有免费的午餐，刘备借荆州必然是有付出的，那就是割让自己占有的部分土地作交换，换取了江陵，这种说法合情合理，颇能让人信服，只是没有能够让人确信的证据。

还有一种是大众化的观点，当时形势严峻，曹操虎视眈眈，孙权还需要刘备对曹操的牵制，不敢与刘备为敌，孙权曾经说过，“非刘豫州莫可以当曹操者”这里面虽然有对刘备的奉承，却也是事实。毕竟老虎在侧，有个小伙伴，终归是个依托。

其实，以当时之形势，就算是以武力相见，孙权也未必能够占尽优势。刘备占有荆州四郡，这是荆州的大部分，刘备自己驻守公安，与驻守在江陵以西的张飞和长江以北的关羽形成犄角之势，江陵已经在三人的包围之中，迫于这种形势与北方曹操的压迫，孙权将江陵交给刘备。

刘备势力日益膨胀，告别寄人篱下的流亡岁月，步步为营，走上称王称霸的道路。这些曹操看在眼里，露出狡黠的眼光，嘴角藏不住的冷笑，让人不寒而栗。诚如曹操所想，刘备的日益强大，对孙权来说，终究会成为威胁。按照常理推论，刘备去孙权处，无异于羊入虎口，有去无回。曹氏集团中多数人抱着这样的心态，这其中包括曹操，他们只等看好戏上演，然而，孙权的决定，让曹操大吃一惊，事态的发展太突然，结局太出人意料。这日，曹操正在书房练笔，忽闻孙权将荆州借给刘备，曹操不禁失态“笔落于地”。其实，在此之前，曹操的谋臣程昱就已预料到这样的结果，他曾对曹操道，“权所惮者曹公无敌于天下……权虽有谋，不能独当也。刘备有英名，关羽、张飞皆万人敌也，权必资之以御我。”曹操对此不屑一顾，并没有放在心上。

孙权“以土地业备”，这对曹操来说，倍感压力。一个劲敌的出现，使得曹操在以后的策略中不得不在思想上有所顾虑，行动上有所收敛。刘备悄然崛起，加入到称雄争霸的行列中，三国鼎立的局面，正一步一步走向成熟。

第五章　权力为王：一切尽在阿瞒的掌控中

被“小毛贼”算计了

潼关是陕西、河南、山西的屏障，其中只通一条狭窄的小道，被誉为“三秦锁钥”，乃古来兵家必争之地。公元211年3月~9月，发生在潼关的一次战役，间接改变了刘备围攻成都不下的战局。猛将马超投向刘备，刘璋惶恐出城纳降，刘备兵不血刃取得川蜀险要之地，基本奠定今后蜀国的版图基础，天下三分的局面即将开始。

汉献帝建安十三年（公元208年）秋七月，曹操南征刘表，进军神速，势如破竹。八月刘表去世，其儿刘琮继位，并于九月曹操刚抵新野，即望风而降。原依附于刘表的刘备和孙权结盟，两家合拒曹操。接下来发生的故事是大家都熟悉的，上文已提到的“赤壁之战”。

按曹操征讨刘表的进军态势，曹操拥数十万大军，若能一举攻克孙刘联军，则南方广阔疆土可并，天下基本已定，历时已久的战火也会稍为弥息。然而历史并不会沿着后人的想象发展，赤壁一战，曹操战斗失利，军队溃散，天公亦不作美，时发大疫，官吏和士兵病死者盈野，曹操被迫率军回撤。也幸好，历史没有沿着我们的想象发展，这才有了战况虽无“赤壁之战”激烈，但于历史意义方面不曾逊色半分的“潼关之战”。

曹操自南征失利后，决定向西拓展。汉献帝建安十六年（公元211年）三月，作为丞相的曹操派遣司隶校尉钟繇，进攻盘踞在汉中的张鲁，同时，曹操又派出大将夏侯渊等人率军取道河东郡与钟繇会合。曹操想取汉中的如意算盘打得很好，但是他忽略了一点，在战乱纷纭，群雄逐鹿的时代，弱肉强食，各地割据诸侯时刻盯着其他诸侯的举动，生怕自身被吞并。曹操如此大规模的军队调动，自然难逃关中诸将的眼睛。关中诸将都怀疑钟繇要害自己。“是时关中诸将疑繇欲自袭，马超遂与韩遂、杨秋、李堪、成宜等叛”（《三国志·魏书·武帝纪》）。

所谓先下手为强，后下手遭殃，马超、韩遂、杨秋、李堪、成宜领兵反抗，集结了十万羌、胡、汉人混杂的军队，屯于潼关，准备进攻，弘农、冯翊多个县邑起兵响应，百姓都逃入汉中。对于马超等人的反叛动作，曹操的回应态度是派遣大将曹仁征讨。

在述说潼关之战的交战情形前，有必要交代下马超其人及其家庭关系，因为这实在本应该是场发生不起来的战争。

马超字孟起，扶风茂陵人（今山西兴平市）。他的父亲马腾，字寿成，是汉伏波将军马援的后代。灵帝末期，马腾与边章、韩遂等人一同在凉州起兵讨伐董卓，后因功受封镇西将军。因此，马超也算得上是名门之后。马腾父子在关西经营多年，甚得当地民心。建安十三年，钟繇为了避免关西军阀割据的混乱局面再次出现，将马腾召入京师，马腾受封卫尉，马超的亲弟弟马休和马铁分别被封为奉车都尉和骑都尉，随马腾及亲属留在邺城居住。而马超以偏将军之职独留关西统领马腾部众。“及腾之人，因诏拜为偏将军，使领腾营。又拜超弟休奉车都尉，休弟铁骑都尉，从其家属皆诣邺，惟超独留”（《三国志·蜀书·马超传》）。

马超起兵反叛的时候，不知是否想到过身在邺城的老父和两个亲弟弟以及在那的所有马氏家族成员的安危。马氏一门，留邺之人虽高官厚禄，但也有着人质的意味。马超留在邺城的亲属，生死予夺全掌握在曹操之手，马超本应该老老实实地、服服帖帖地小心翼翼为曹操服务，为其“代表”的东汉政权服务。然而建安十六年（公元211年），马超竟然不顾及老父马腾及亲兄弟马休、马铁等众多亲属的安危，悍然起兵了。马超为了什么原因，不顾亲情人伦，敢于如此，我们现在已无从考究了，但是不管什么原因，一场本发生不起来的战争确确实实因为马超的反叛发生了。

再回到潼关之战上来，马超等关西将领屯驻潼关，联合起来抗御曹操。其麾下关西铁骑，善于用矛攻击，长于野战。兵法有云“知己知彼，方能百战百胜”，曹操早闻关西铁骑的厉害，因此告诫将领们说“关西兵精悍，坚壁勿与战。”在经过数日的对峙后，曹操坐不住了，亲自领兵西征，与马超等人隔着潼关驻扎。

在曹操军与关西联军对峙的日子里，有一个细节很值得注意，每当关西联军一部一部到来的时候，曹操总是表现得十分高兴，“始，贼每一部到，公辄有喜色”。照理说，关西联军每到一部增援，敌军则增一方实力，敌实力强，则于曹操军攻战不利。然而，曹操竟欣欣然，表现得十分高兴，这于兵家常理相悖，莫非曹操已经有了什么克敌制胜的绝招了？

经过数日的坚壁不战，终于，曹操有所行动了！曹操经过与谋士商定后，一边派主力猛烈攻打马超以牵制他，而暗地派徐晃、朱灵等趁黑夜从蒲阪津渡过黄河，占据河西扎下大营。曹操的最终目的是两面夹击，对马超等关西部队形成合围之势。曹操的动作深刻地印证了一句话“兵者，诡道也”。

曹操的计谋很好，但是，马超也并不笨。马超看出了曹操举动的目的，跑去和韩遂商量。马超的意见很精辟，要是关西联军真的按照马超所说的去做了，只怕潼关之战失败的一方是曹操。然而，韩遂却否决了马超的意见，徐晃和朱灵等人得以率军顺利过河，占据河西扎下大营。

双方交战天平上的砝码开始向曹操一方倾斜了。闰八月，曹操率军从潼关背面西渡黄河，他令部队先行渡江，自己与勇士百余人留南岸断后，曹操若全军渡过黄河，则胜利指日可待了。可历史又跟曹操开了个小小的玩笑，虽然是小小的玩笑，也差点要了曹操的命。

就在曹操令大军渡江之时，马超率领步、骑兵万余人向曹操发起了进攻。马蹄扬尘，遮天蔽日，万箭齐发，势如暴雨。而曹操此时正坐在胡床上，安如泰山。我们试图揣测一下曹操当时的心理，当此生死存亡系于一线之机，也许早已心如沸汤，翻滚不已，但又不得不保持主帅临阵不乱的风范来稳住军心。曹操坐得很安稳，在一旁担当护卫之职的许褚却急了，“褚白太祖，贼来多，今兵渡已尽，宜去，乃扶太祖上船”。

敌军见到曹操，追杀更急，士兵争着上船，船超载都快沉没了。在这样危机的关头，“褚斩攀船者，左手举马鞍蔽太祖”，许褚右手挥刀砍杀攀附上船的士兵，左手举着马鞍挥舞遮蔽曹操挡住敌人射来的箭矢。一边要砍杀攀附上船的士兵，一边还要护住曹操不受流矢所伤，可以想到，许褚着精盔良甲，站在船头，力战不已的神勇形象。

敌军追来的越来越多，校尉丁斐想出一条计策，放出牛马来引诱敌人，敌人乱抢牛马，追杀之势大减。可是，敌军射来的箭矢还是太多，最后船工也被流矢射中，伤重而亡，许褚又用右手撑船，船才勉强得以渡河。曹操部下诸将见曹操平安渡过黄河，悲喜交集，曹操却大笑“今几为小贼所困乎”。曹操还笑得出来，还能发此豪言壮语，实在够洒脱！这一天，如果没有许褚神勇拒敌，没有校尉丁斐的妙计，曹操只怕难以存活，三国鼎立的局面也不会出现了。

潼关一战，曹操麾下军队与以马超、韩遂等人为代表的关西联军对峙数月后，终在渡过黄河的时候被马超奇袭了一把，曹军丢盔弃甲，曹操本人也狼狈不堪，险些葬命当场。光从战役的角度来看，潼关之战，曹操军失败了，但是从长远战略的角度的来看，曹操率军成功渡过了黄河天险，为今后的胜利奠定了坚实的基础。潼关战后，马超军正在宴饮高歌，欢庆胜利，曹操却在暗下工夫，整顿军备，另一场战争即将拉开帷幕。

打回西凉去

丢盔弃甲，狼狈而逃，潼关之战，曹操就这么败了吗？不，还没有，这还只是一个开始，好戏还没正式上演。汉献帝建安十六年（公元211年）闰八月的一个夜晚，月色深沉，曹操的卧室里却还亮着灯，他在思考着克敌的办法，怎样将马超的关西联军赶回西凉。

话说曹操渡过黄河与徐晃的军队会合后，沿着黄河边的夹道向南推进，关西联军退至渭口防守。曹操设置多队疑兵迷惑敌人，暗中却派出另一支部队乘船渡过渭河，在河上架起浮桥，于夜晚在渭河南岸扎营。曹操的疑兵计虽然暂时迷惑了敌人，使得部分部队顺利渡过渭河扎营，可最后，还是被关西联军的哨探发现了。“贼夜攻营”。不管攻营的命令是关西联军中的哪位首领下达的，估计他下令的时候一定是心中窃喜的。

伟人和常人不同的地方是，常人只能想到短期的部署，而伟人却能比常人多想那么几步，虽然只有几步，却有了本质的差别。曹操作为东汉末期杰出的政治家、军事家、文学家也当得起伟人的称号。因此，曹操就比常人多想了那么几步。事实上，曹操不仅想到了设疑兵以在南岸扎营，还事先预料到了敌人会趁夜偷袭，因此，渭河南岸扎营的曹军早已布下了口袋，就等着关西联军进套。《三国志》中关于关西联军偷袭的结果有这样一句描述“伏兵击破之”，即埋伏的曹军打败了偷袭的关西联军。

关西联军夜袭曹军被打败后，又退回渭口。曹军防守益发严密，双方再次进入僵持状态。屯兵日久，粮草供应等日常开销巨大，且剑拔弩张的氛围令人十分压抑，交战双方终有一方会撑不住的。曹操在等着，马超等关西将领也在等着，他们都期望看到对方耐不住的一天。对峙到最后，实力相对雄厚的曹操笑了，因为，马超等人终于耐不住了！

“超等屯渭南，遣信求割河以西请和”，马超等人驻扎在渭河南岸，派人送信请求割让黄河以西的地方与曹操和解。对此，曹操的反应又是如何呢？“公不许”，曹操没有答应。伤敌一万，自损三千，曹操为何没有同意马超等人的请和要求呢？他的心理可以从这段话中一窥究竟：“关中长远，若贼各依险阻，征之，不一二年不可定也。今皆来集，其众虽多，莫相归服，军无适主，一举可灭，为功差易”。意思是，关中地域辽阔，如果敌人各自依仗险阻自守，没有一两年的时间不能把他们全部平定，如今他们全都汇集到一起，兵众虽多，但是互相不服从，军队缺乏统一的主帅，一战就可消灭他们，这样成功比较容易。对于意在一统天下的曹操来说，他是不会因为短期的兵员损伤而放弃这样一个扫平关西军的大好机会的。

建安十六年（公元211年）九月，曹操按着既定规划，开始将大本营向渭口推进，率大军渡过渭河。马超等人上次请和未得曹操同意，如今又见曹操大军渡过渭河，更是焦急。“超等数挑战”，马超等人想要速战速决，和曹操一战定输赢，因此屡次派人前来向曹操挑战。经过数月的对峙，曹操军中只怕也是人心浮躁。如今，马超等人主动挑战，若是应战，可解军士思战之心。曹操毕竟是曹操，没有必胜的把握他就是不出手。每天，马超等派出的挑战之人在阵前骂阵，指着曹操要他出战，想必激将的话中定然有“龟缩军营里，不敢一决生死，算不得大丈夫行径”之类，更毒的话只怕也有。不管如何，就是不战，不英雄又何妨，大丈夫不以一时之成败论英雄，坚壁不战！曹操当真是人杰，乱世之奸雄，所作所为深符主帅沉稳之法。

派出骂阵挑战的人骂战不成，那就亲自上。不应战，谈谈总可以吧，经过一番会谈前的准备工作，“其后太祖与遂、超等单马会语，左右皆不得从”，曹操和韩遂、马超等单马会谈，左右都未跟随，只带了许褚一个人。马超、韩遂等人是想谈谈的，但见到曹操只带了一个随从就来会谈，就又起了坏心思。马超估计心想着你就只带了一个随从，我把你活捉过来，主帅被擒，这仗还不是我们胜了吗，到时候拿你做人质还能要求不少好处，“超负其力，阴欲前突太祖”。

马超想活捉曹操，可见曹操随从之人有点像许褚，琢磨了一下决定慢点下手，于是问曹操：“曹公手下有个称作虎侯的人在哪儿？”许褚力壮如虎，在曹操军中是出了名的，上次潼关之战全靠他救了曹操性命。照这样看来，许褚的勇名传到马超军中也是很正常的。马超畏惧许褚神勇，怕万一活擒不到曹操反而坏了事，故有此一问。曹操听马超一问，回头用手指指许褚，马超顺着曹操的指向一看，只见许褚圆睁双目，怒视着他，心里一惊，就把活捉曹操的想法给打消了，于是各自回营。

曹操不应战，马超等人即使在肚子里把曹操的亲属都问候一遍也是无济于事。上次求和不受允，转而求决战又不可得，马超等关西将领的耐性实在是被消磨殆尽了，他们不想再耗下去了，只得又乖乖地向曹操请和。马超一再请求割地，又请求送儿子充当人质。仗打到这个份上，马超也算够委屈的了，曹操的面子也有了。那么总该和了吧，俗话说的好，兔子急了还咬人呢，何况曹操面前的关西联军不是兔子，而是一群恶狼，马超更是恶狼中的狼王，两次求和不允，真惹得他们彻底翻脸，只怕损失颇大。于是，曹操接受求和了。真和了吗？不是，曹操是诈和。曹操要的不是面子，他要的是胜利，打败关西联军！

马超第二次请和，既愿割地，又求将儿子充当人质，求和的心情可谓迫切。也就在这时候，曹操的谋士贾诩向曹操献计，利用马超求和的契机，用反间计在关西联军内部制造矛盾。曹操采纳了贾诩的计策，在马超派遣的第二批使者请和之时，非常爽快地答应了。曹操既然同意请和，关西联军的重要头领总得出来一个表示下礼节吧，同时也商讨下和谈的具体细节，是否需要什么其他条件。要是与曹操正式和谈的人是曹操旧识那就更好了，双方方便联系感情，碍于人情，曹操的和谈条件也自然苛刻不起来。关西联军的首领们经过一番商讨，抬出了韩遂担当正式和谈代表。

韩遂何许人，他和曹操又有什么关系呢？韩遂是马超父亲马腾的好友，关西诸侯中资格非常老的人物，曹操与韩遂的父亲是同一年的孝廉。但是论起辈分来，曹操却与韩遂是同辈之人。关西联军推出韩遂作为和谈代表，满以为能够促成和谈的圆满结束，却想不到正好被曹操给利用了一把。

韩遂请求与曹操相见，于是，两人马靠着马交谈了很长时间，但是，曹操就是不和韩遂谈和谈的细节问题，他只和韩遂一起回忆京城中的老朋友，谈起以前的旧事，谈到兴头上更是拍着手大笑。关西联军其他首领们在阵前观望，只见韩遂与曹操相谈甚欢，只是听不见他们在说什么。韩遂回到关西联军营帐之中后，关西联军的其他首领们都围上来问韩遂，曹操和他说了些什么。韩遂回答说没什么重要事。韩遂的回答并未能令马超等人满意，他们只相信自己亲眼见到的，韩遂和曹操在阵前言谈甚欢，于是，马超等人对韩遂产生了怀疑。

反间是个逐步的过程，韩遂与曹操的阵前会谈过后几天，曹操估摸着时间差不多了，又给韩遂写信。信上，曹操又设置了一道“机关”，这道“机关”还是给除韩遂外的其他关西联军将领看的。曹操故意在信上涂涂改改，派出使者给韩遂送信的时候，又大张旗鼓地通报，唯恐马超等其他关西联军将领不知道。韩遂看曹操的信自然看不出什么玄机来，涂涂改改实在有碍观瞻。马超等人知道韩遂收到曹操的信，就向韩遂借阅。他们看到信上涂涂改改的痕迹很多，却不怀疑到曹操头上去，只以为韩遂涂抹了信中内容，与曹操密谋什么事情，不想让他们知道，对韩遂的怀疑之心也就更重了。

曹操的反间计用得十分成功，关西联军内部议论纷纷，军心不定。这么好的时机，曹操是不会放过的，他决定出手了。旌旗招展，士气昂扬，暗施反间计的日子里，曹操并没有闲着，他早已下达了养精蓄锐，准备决战的命令。如今，关西联军人心惶惶，而己军斗志激昂，正是一决生死的好时候。曹操派出了使者，与关西联军约定日子决战。原来不战，现在战，是谋略。

决战的日子到了，关西联军虽然军心不稳，可善于野战的特点还是不容忽视。曹操先用轻装部队向敌军挑战，双方杀得昏天黑地，流血漂橹之时，再派出精锐骑兵夹击，将关西联军打得大败。成宜、李堪等关西军将领被斩杀。韩遂、马超逃往凉州，杨秋逃奔安定后又投降，于是，关中被平定。

高位不是那么好拿的

曹操打着拥护汉室的旗号东征西讨，建立不朽之功业，曹操的地位逐渐巩固，而此时的他志得意满，渐有骄横之心。赶走董卓，击溃袁绍，打败刘表，放眼天下，可为对手者尚有几人？曹操功高盖主，权谋过人，属下人心服膺，但知有曹操，不知有献帝。

建安十七年（公元212年），曹操潼关之战，击败马超等关西联军，回到邺城，便被汉献帝敕封三项特权，“天子命公赞拜不名，入朝不趋，剑履上殿”。在朝拜时，赞礼官不称呼曹操的名字；进入朝廷时，曹操可以不小步快走；上殿堂时，曹操可以佩剑穿鞋。曹操的这种待遇，昔年萧何曾经享受，董卓也享受过。

“赞拜不名，入朝不趋，剑履上殿”，这虽然不是良田万顷、金银珠宝、高官厚爵的赏赐，却更显荣耀，它代表着一种身份与地位，曹操能得享如此尊荣，一方面由于他讨平关西叛军，确实劳苦功高；另一方面，曹操把持朝政，献帝只是傀儡，朝中大臣，一人提议，应者云集，献帝只有点头同意的份。

建安十七年（公元212年）五月，曹操诛杀马腾全家，灭其三族。该年七月，马超驻守蓝田的残部，也被夏侯渊讨平。至此，曹操基本消除关西叛军威胁中原的忧虑。经过短暂休整，其年十月，曹操又欲率军南征孙权。

曹操戎马征战，鞍马劳顿，的确凸显英雄风范，但曹操为的不是汉室，他为的是自己，一尽平生之志。曹操欲南征孙权之时，已是丞相职位，位极人臣，备极荣耀。因此，曹操功劳虽大，却无法再行在职位上晋升，但是在名位上，曹操却还有向上的空间，只是，曹操本人不好表示，而曹操的下属，已将此点想到了。

董昭，字公仁，济阴国定陶县（今山东定陶县西北）人。他曾在劝张杨、杨奉交好并举荐曹操的事情上立下汗马功劳，又曾在曹操攻打刘备、袁绍、袁尚时献良策，颇受曹操器重，为曹操屡次举荐担任朝中高官。董昭感激曹操恩德，因此建议曹操依照古法建立公、侯、伯、子、男五等封爵制度。曹操有疑虑，矜于名节，且事关个人，不好表态。

为了打消曹操的疑虑，董昭继续委婉地劝说："自古以来，人臣匡世，未有今日之功。有今日之功，未有久处人臣之势者也。今明公耻有惭德，乐保名节；然处大臣之势，使人以大事疑己，诚不可不重虑也。"

董昭先从旁人容易胡乱揣测的角度打消曹操对接受更高名位的抗拒之心，接着又从服务苍生的角度来劝告曹操做好接受更高名位的准备。"明公虽迈威德，明法术，而不定其基，为万世计，犹未至也。定基之本，在地与人，宜稍建立，以自蕃卫。"曹公您虽然具有威德，又懂得法制策略，却不奠定根基，为子孙万代考虑，这是没把事情做到底。奠定根基的根本，在于土地和人民，应该把这两方面逐渐建立起来，用以保护自己，您只有接受更高的名位，才能合理地为天下苍生服务。

董昭的这句话，是从理的角度来劝说曹操。最后，董昭再从情感的角度，消除曹操对他说出这番话的疑虑，曹公您的忠诚节操已经显露，面带天威，耿弇在光武帝床前所说的话，朱英劝春申君取代国君的建议，都比不上我今天所说的话。我董昭因为受了您的大恩，所以才不敢不说出心里话。

曹操听取了董昭的建议，董昭便在背后策划为曹操晋爵之事。董昭先于朝后联系一干拥护曹操的大臣，大家一起商议，都决定上表加封曹操为魏公。但是，曹操并非汉宗室成员，却循照古法，晋爵魏公，外界反响不知如何。董昭无法估计外界反应，又想把曹操晋爵魏公之事办的顺利妥当，他顿觉为难。董昭经过一番思索，决定找才智突出的谋略之士商量一番，而且这样的人得是曹操团队的，不会反对曹操晋爵魏公。于是，董昭想到了荀彧，他和一干大臣就此事秘密咨询荀彧，欲得到荀彧的建议。

荀彧一直是曹操的得力谋士，曹操能够称霸北方，他功不可没。荀彧在战术方面曾从容应对吕布、陈宫、张邈勾结叛乱，以少量兵力保全兖州三城；在曹操与袁绍作战时，判定曹操作战有四利，在官渡之战中挫败袁绍，并曾献计掩其不意奇袭荆州，建树颇多。在政治方面，钟繇、荀攸、陈群、杜袭、司马懿、郭嘉等人都是荀彧举荐的。曹操认为荀彧谋略突出，又善于知人，他推荐的人才全都很称职，因此，对荀彧十分重用。曹操甚至将女儿嫁给荀彧长子。荀彧官至汉侍中，尚书令，居中持重执掌中枢数十年。荀彧一门尽管地位尊贵重要，但他们全都谦虚节俭，所得到的俸禄、赏赐全都分给宗族好友，家里没有多余的财产。

荀彧受曹操信任，担任侍中、尚书令之职，承担重任，与曹操共同筹划军国大事。董昭大概以为，荀彧得曹公信任，身担要职，又是曹公首席谋士，一定能给出应对可能出现的反对曹公晋爵魏公现象的建议。但是，董昭失算了，他没想到，荀彧从骨子里是个坚定的拥护汉室，尊崇汉帝者。

他第一个跳出来反对曹操晋爵魏公，荀彧认为曹操兴起义兵的本意是为了匡扶朝廷、安定国家，怀着忠贞的诚心，保持谦让的品质；君子爱一个人表现在品德的培养上，所以不应该这样做。"曹公本兴义兵以匡朝宁国，秉忠贞之诚，守退让之实；君子爱人以德，不宜如此。"荀彧首先给曹操戴了一个高帽子，曹操是为拯救朝廷，安定天下而兴起义兵的，又对汉室怀有忠贞的诚心，肯定不会要求晋爵魏公的。曹操被荀彧冠以兴义兵匡朝宁国的君子头衔，自然不好表示反对，只是心里从此对荀彧埋下恨意。

等到曹操南征孙权之时，曹操上书朝廷请求献帝派荀彧到谯县来慰劳军队。荀彧到达后，曹操就借参谋军事的理由留下荀彧，让他以侍中、光禄大夫的身份，持符节，参预丞相府的军事。后来，曹操大军开赴濡须口，荀彧因病留在寿春，《资治通鉴》中记述荀彧在寿春期间“饮药而卒”，即服下毒药身亡。荀彧品德高尚，行为端正，而且有智谋，喜欢推荐贤能的士人，因此，当时人对他的去世感到很惋惜。

对于荀彧拥护汉室、尊崇汉帝，而又曾把曹操比作高祖刘邦与光武帝刘秀，把官渡之战比作楚汉相争的行为。杜牧觉得荀彧有点做作。但是，在东汉末年，天下大乱，百姓灾难深重，假如没有决定的才能，便不能拯救百姓，在这样的情况下，荀彧不去辅助曹操，又去辅佐谁呢？况且，荀彧是曹操平定北方的首席功臣，如果曹操称帝，荀彧获利最大，将会得到与萧何一样的赏赐。荀彧没有贪图这样的富贵，却牺牲生命换取名声，这不是人之常情，因此，拥护汉室、尊崇汉帝的理念一定是来自荀彧的内心。

荀彧死后，曹操在进军濡须口的过程中，历时良久却没有取得突破性的进展，于建安十八年（公元213年）夏四月回到邺城。其后，朝中群臣上书献帝要求曹操晋爵魏公的奏章如雪花般飞来，迫于压力，五月初十日，汉献帝宣布封曹操为魏公。

曹操得封魏公，可以在自己的属国设置百官，其狼子野心，昭然若揭。此后，曹操可以名正言顺地任命贤能担当属国之职，拥有归属于自己的忠诚党翼。可惜荀彧当年建议曹操奉迎献帝定都许昌，本是秉着拥戴主上以顺从民众，扶持大义来招收天下英才俊才的心思，意图扶持汉室，振兴朝纲，却被曹操打着“奉天子以令不臣”的旗号行“挟天子以令诸侯之实”。想必荀彧死后，也会感慨识人不明吧。

曹丕出头了

煮豆持作羹，漉菽以为汁。
其在釜下燃，豆在釜中泣。
本自同根生，相煎何太急。

——曹植《七步诗》

这首诗传说是曹植所吟，曹丕在成为魏王后，仍然担心曹植威胁其地位，因此，命令曹植成诗，否则处死，而曹植在规定时间内完成此篇名作。《七步诗》为曹植博取了无限同情，却也反映了曹丕和曹植争夺储位的激烈。为了继承曹操储位，曹丕、曹植兄弟睨于墙，而曹丕无疑是最后的胜利者。

曹操进封魏公后，继承人问题就初见眉目，然而曹操迟迟不立储，到曹操授爵魏王之时，曹操益发老迈，储位问题逐渐成为头等问题。曹操寻找继承人，自然不会将辛辛苦苦打下的天下让与他人，理所应当会选择自己的儿子。

曹植十多岁时，就能诵读《诗经》、《论语》及辞赋数十万字，并且擅长作文章。曹操曾经看到过曹植的文章，觉得太过优秀，不像是曹植这个年龄的人写的出来的，因此询问曹植是否是请人代作的。对此，曹植回答道：“言出问论，下笔成章，顾当面试，奈何倩人？”“我出口就是议论，下笔就是文章，哪里还用得着请人代答，希望您当面考试”，曹植的答复很有豪气，也正证明曹植肚中有才。当时邺城铜雀台新建成，曹操带着几个儿子登台，让他们各自作赋。曹植拿起笔，略为沉吟，便一挥而就。曹操一看，只觉文采斐然，辞藻华丽，因而十分惊异于曹植的才华。

曹操感叹儿子曹植的才华，经常在曹植进见他时，提出难题考验曹植。而曹植每次都应声而答。对于曹植的聪慧，曹操从父亲的角度来说，觉得十分满意，故而特别宠爱他。在建安十六年（公元211年），曹植就被封平原侯。曹操后来在征伐孙权时，让曹植留守邺城。

曹操偏爱曹植，曹丕虽然身为长子，却不得立。曹丕为巩固自己的地位，消除曹植的竞争威胁而与曹植暗中对抗。而曹植恃宠而骄，也积聚起一班人马，意图夺取储位。当时，曹植因文名集聚了一批文士，形成文人集团，其主要智囊有三人：丁仪、丁廙、杨修。丁仪加入曹植队伍，是因为和曹丕有私怨。曹操曾为感激丁仪父亲劝自己迎汉献帝入许而想将女儿嫁给丁仪，但是，曹丕在中破坏，他劝说曹操，丁仪眼睛有疾，将魏公女儿嫁与这样一个人实在不般配，丁仪因而未能取得魏公主。他从此对曹丕怀恨在心，领着弟弟丁廙投向曹植，一门心思与曹丕作对，一有机会就在曹操面前说曹植才干突出，可立为世子。至于杨修，担任曹操主簿之职，主管内外，是曹植和曹丕竞相结交的对象，而杨修与各位公子的关系都处的不错。杨修最后在曹植和曹丕的政治斗争中选择了曹植，他觉得曹植特受宠爱，又有文名，更具优势，同时更符自己胃口。

曹丕其人，虽没有弟弟曹植那样高的文学才华，但心机深沉，政治才华、谋略更胜一筹。在曹丕周围也集聚着一批谋士，这些人主张立长子为世子，其中的代表有吴质、陈群、司马懿、朱铄。据《晋书》记载，这四人在曹丕身边号称四友。

比较曹植与曹丕手下智囊，杨修等人带有典型的文人气质，舞文弄墨、口角之争擅长，但缺少谋略和城府。而曹丕手下的司马懿和陈群无论谋略还是政治才能都是魏国群臣中的佼佼者，吴质其人尤擅心机，而朱铄担任中领军一职，亦不是轻易相与的角色。文人和政治家玩手腕，是注定要失败的。

论谋略，曹植手中智囊不及曹丕门下四友，而曹植本人在这方面也不是曹丕对手。曹植不注重细节，“任性自行，不自雕饰”，且以才之傲，瞧不起曹操属下一干大臣，他所依仗的仅仅是“性机警，多艺能，才藻敏赡”暂时受曹操喜爱罢了。而曹丕为人深沉，颇有心机，善于使用手腕，掩饰自己本性。据记载，曹丕“御之有术，矫情自饰”，他很注意处理和曹操左右侍臣及宫人的关系。

曹植和曹丕的世子争夺战，自曹操进封魏公后，逐渐凸显，而在曹操授爵魏王后达到高潮，经过数次斗争，曹植败下阵来。

有一次，曹丕、曹植送曹操出征。曹植当场发挥他的文学才华，为父亲歌功颂德，出口成章，文辞华丽，在场所有人听了无不叹服，曹操也显得十分高兴。曹丕看到这样的场面，自觉在辞藻上不能与曹植相比，感到很是失落，不知道怎样表现才能压过曹植赢得父亲的欢心。这时吴质开始发挥他智囊的作用。吴质悄悄附在曹丕耳边说：“王当行，流涕可以。”曹丕顿时醒悟，在曹操出发辞行之际。曹丕依依不舍，非常悲痛。在场所有人都为之动容。“操及左右咸欷歔”，因此，大家都觉得曹丕比辞藻华丽的曹植更真诚。

吴质不愧为心机深沉的高手，他深深地洞察了曹操的内心，曹操虽然喜欢华丽的辞藻，欣赏曹植的才华，但更加需要儿子的一片诚心。

曹丕在送行一事上，压过曹植。而曹植方面亦很快还以颜色。有一次，曹丕请吴质到家中商量对付曹植的策略。曹丕为了不引起曹操的注意，叫人把吴质偷偷摸摸地藏在车上的大簏里带回家中。然而，曹丕的行动虽然小心翼翼，还是被杨修看见了。杨修马上跑到曹操面前打曹丕的小报告，大意是曹丕居心不良。杨修以为这次可抓住曹丕的把柄了，却不料算错了一步，这次曹操可能工作繁忙或者不当回事没有派人去追查真假。

曹操虽然没派人追查，可曹丕结好曹操左右侍臣及宫女的良好效果却得以凸显，很快有人将杨修告密的事情告诉曹丕，曹丕对此感到心中忧虑，很是害怕。吴质又果断地站出来安慰曹丕。第二天，吴质让曹丕把大簏装满绢，再次拉进曹丕府中。杨修瞧见曹丕再一次行动，将告密进行到底，非要让曹丕原形毕露，便再次向曹操报告。曹操见杨修两次报告，不得不予以重视，马上派人搜查，结果发现车里只有绢没有人。于是，曹操怀疑杨修有意陷害曹丕，进而对曹植的信任度降低。

仅此两事，便可看出，吴质深深洞悉曹操心理，杨修等人在玩弄阴谋方面远远不是吴质的对手，更不用提曹丕手下的司马懿、陈群。

曹操对曹植信任度有所降低，而曹植却不自知，表现得纵性妄为，饮酒无节，更加减轻了曹操对曹植的喜爱度。曹植曾经有一次酒喝多了，乘车马在驰道上行驶，行至邺宫司马门，强令守门者开门而出。驰道是曹操作为魏王的专用车道，曹植此举有以魏王自居的架势，曹操为此大怒，处死主管宫门的公车令，并加重了限制诸侯的法令条文，对曹植的宠爱也日益减轻。另外，曹操提倡节俭，不准妇女穿绸衣，曹植的妻子曾经穿稠衣被曹操撞见，立即被赐死。曹操也责备曹植不够严格。

曹植表现得纵性妄为，而此时的曹丕却表现出一副温良、勤奋、忠孝的样子，颇得人心。曹操未立太子前，曹丕心中担忧，曾派人向贾诩问计。贾诩告诉曹丕："愿将军恢崇德度，躬素士之业，朝夕孜孜，不违子道。如此而已。"贾诩的话看似是空话，套话，其实细思却是争夺储位的最好办法，曹丕看懂了其中的意思，每天休养品德，勤奋学习，表现出做儿子的道义，他的这一行为得到了众人的交口赞誉。

曹操在对曹植特别宠爱时，曾秘密征求大臣的意见，想获得他们对立曹植为世子的支持。可是尚书崔琰公开表示，立长子是《春秋》中的大义，曹丕仁孝聪明，应该继承大统，我誓死维护我的话。尚书仆射毛玠认为："近者袁绍以嫡庶不分，覆宗灭国，废立大事，非所宜闻。"东曹掾邢颙也说："以庶代宗，先世之戒也，愿殿下深察之。"

后来，曹操招来重量级人物太中大夫贾诩，贾诩其人智谋独到，颇受曹操重视。曹操屏退左右，问贾诩应立谁为太子。贾诩明知曹操喜爱曹植，故意默认不对。曹操对于贾诩的行为感到很奇怪，就问道"与卿言，而不答，何也？"贾诩回答说，我刚才有所思，所以没有回答您的问题。曹操因而继续发问贾诩在想些什么，贾诩淡淡地说道"思袁本初、刘景升父子也。"袁本初和刘景升即是袁绍和刘表，袁绍和刘表没有及时立嗣，更没有立嫡长子，因而造成二人死后，儿子为争夺储位互相残杀。曹操是个聪明人，一听贾诩的话，便知道贾诩倾向于曹丕，哈哈大笑，不再发问。

群臣中大多数表示支持曹丕，而曹操在考验两个儿子的过程中，也逐渐觉得曹植轻浮，不稳重，虽有才华，但不具备为君的能力，而曹丕却稳重，又得群臣之心，具备作为君主的条件。于是，建安二十二年（公元217年），世子之争尘埃落定，曹丕战胜曹植被立为王世子。

曹操寻找继承人，先前属意曹植，故而迟迟不立世子。然而曹植虽然有文学家的惊人才干，却缺乏政治家的手段和谋略。曹植以才自傲，不知汇聚群臣之心，手中智囊尽是文人雅士，难以与曹丕抗衡。曹丕矫情自饰，赢得曹植，夺得储位。从政治的角度来说，曹丕比曹植更适宜担当重任，曹丕的深沉与谋略正是政治家所必需的。而曹植虽然在竞夺储位的过程中失败，却为后世留下众多千古名篇，换得后世的一片同情。

第六章　进军益州：在别人的土地上写自己的发家史

益州是块好地方

益州险塞，沃野千里，天府之土，高祖因之以成帝业。刘璋暗弱，张鲁在北，民殷国富而不知存恤，智能之士思得明君。

——诸葛亮《隆中对》

益州，是西汉时期开始设置的行政规划，其范围包括今天的四川盆地和汉中盆地一带。秦朝时，郡守李冰在此修建都江堰，所以益州属地又有天府之国之称。汉高祖刘邦据益州取得天下，三国时，诸葛亮作《隆中对》提及占益州而三分天下。刘备就在此建立蜀国，成就帝王之业。

元封五年（公元前106年），汉武帝在全国设13刺史部，云南地区为益州部。东汉时，中央对全国的行政区划作了一点改动，把四川也纳入了益州的范围内。因此，在东汉后期，益州的管辖范围是非常大的，益州是当时天下十三州最大的三个州之一。

谈到益州，便不得不说起刘焉。刘焉字君郎，江夏郡竟陵县（今湖北天门市）人，是西汉鲁恭王刘余的后代。刘焉年轻时在州郡中做官，因为是皇亲，官拜中郎，后来因为老师祝公去世而辞官。他住在阳城山，钻研学术，教授学生，后被举为贤良方正，被司徒府征召，在灵帝时官至太常。刘焉目睹灵帝时政治衰败、王朝多变故的景象，上了一道很有名的奏折："刺史、太守，货赂为官，割削百姓，以致离判。可选清名重臣以为牧伯，镇安方夏。"意思是，刺史、太守当官收受贿赂，剥削百姓，致使他们背离叛乱，可以挑选有清名的重臣任州牧，镇守全国各地。刘焉上书后，暗地请求出任交阯刺史，想以此避开社会动乱。刘焉的建议还未实行的时候，侍中董扶私下里对刘焉说："京师将要大乱，益州的分野有天子气。"刘焉听了董扶的话，就想改到益州任职。

恰好，益州刺史郤俭在当地横征暴敛，百姓对其相当不满，创作了不少民谣来表达内心的怨愤。这些民谣甚至都传到京师来了。与此同时，并州人和凉州人把两州的刺史都给杀了。这些情况恰好验证了刘焉的说法，刺史与太守腐败，剥削百姓，激起民愤。于是，刘焉挑选重臣担任州牧镇守各地的主意得以实施。朝廷命刘焉出任建军使者，兼益州牧，封阳城侯，逮捕郤俭治罪。

刘焉的运气还真是够好，先是他的建议被采纳，得以出任益州牧，到益州后，都不用他逮捕郤俭，已经有人帮他解决了。当时益州的反叛势力马相、赵祗等人在绵竹县自称黄巾军，聚集疲于劳役的百姓起义，杀了绵竹县令李升，很快起义的官民达到一万多人。这一万多人攻破益州首府，又把郤俭杀了。起义军纵横三郡，马相自称天子。可仓促凑集的起义军到底是乌合之众，益州从事贾龙率领家兵数百人，又召集官吏百姓，一共才一千多人，只花了几天时间就把马相赶跑了。贾龙还是个很实在的人，他把马相赶跑后，并没有拥兵自立，而是选派手下迎接刘焉。刘焉没费什么劲便大摇大摆地进了益州上任。

刘焉上任后，把州府治所迁移到绵竹县，抚慰叛离民众，努力实行宽大优惠的政策，而其在暗中却打算割据称雄。

在东汉时代，中原和益州的连接通道只有两条，第一条是从汉中至剑阁的山路，第二条则是从荆州顺长江而上到江州（重庆）的水路。只要中央和益州还有消息上的往来，刘焉作为朝廷任命的益州牧，就不得不表示面子性的归属，可刘焉连这点面子都不想给朝廷，直接省了。

刘焉派传播五斗米道的张鲁为督义司马，驻守汉中郡，截断秦岭山谷的通道和栈道，封锁了关中到蜀郡的必经之路。朝廷发现益州和长安的联系断了，就派出使者过来查询，刘焉一不做二不休，干脆又把朝廷派来的使者给杀了。随后，刘焉上书朝廷，书中写的冠冕堂皇，只说是米贼截断了通往关中的道路，以后甭想联络了。

朝廷与益州的联系道路被刘焉给封锁了，刘焉更无所畏惧了。他假借其他事情杀掉州中豪强十多人，以此树立自己的权威，犍为太守任岐以及贾龙因此反攻刘焉，都被刘焉击杀。得不到有效监督的刘焉，制造皇帝专用的礼仪车队一千多辆，称帝的欲望可见而知。刘焉胡作非为的事情不知道怎么被荆州牧刘表知道了，刘表上书朝廷揭露刘焉这老小子的狼子野心。当时，刘焉的四个儿子中，三个儿子刘范、刘诞、刘璋都在长安任职，只有三儿子刘瑁以别部司马的身份一直跟在他身边。汉献帝看了刘表的上书，顾及皇室情义，就派出刘璋回去劝告他的父亲，刘焉乘机把刘璋留在益州。

时值征西将军马腾造反，刘焉让在长安担任左中郎将的儿子刘范与马腾合谋，让马腾领兵袭击长安。结果事情败露了，刘焉的儿子刘范和刘诞都被杀了。屋漏偏遭连夜雨，刘焉的好运气到头了，就在刘焉的两个儿子被杀的同时，刘焉所在的绵竹城又发生了火灾，他制造的礼仪车具等物俱被烧尽，还殃及百姓家。绵竹大火后，刘焉把治所迁到成都，这时的刘焉既痛惜两个被杀的儿子，又受到火灾的打击，急火攻心，皇帝梦还没圆，便在兴平元年（公元194年），背生毒疮死去了。

刘焉死后，继承权便成了问题，这时的朝廷正被李傕和郭汜两个小人操控，益州的官僚们自然不会傻到要求中央另行任免益州牧。经过一番思索后，刘焉的儿子刘璋被推选出来继承刘焉的职位。史书上是这样记载的“州大史赵韪等贪璋温仁，共上璋为益州刺史”。朝廷呢，也就顺水推舟，同意了益州官僚们的请求。

刘璋就这样继承了父亲刘焉的职位，成为了第二代益州牧。刘焉在益州经营多年，为刘璋打下了深厚的基础，刘璋如果在太平之世继位，自然能安安稳稳地当他的益州牧。但是，东汉末年，各个地方诸侯都在为自己打算，谋划消灭他人，一统天下，刘璋要坐稳益州牧的位置，还是需要一点能耐的。可惜，刘璋没有继承刘焉的基因，他没有刘焉该出手时就出手的魄力和狠劲儿。事实上，刘璋是个温和仁慈的人，这样的人遇大事则徘徊不决，优柔寡断，妇人之仁。

如果放在今天，刘璋倒可以算得上是个好人。只是，在东汉末年那个特定的时代，需要的不是好人，需要的是能成大事的英雄。刘璋没有英雄的才干，却在乱世割据一方，坐拥益州，旁人看了是会流口水的。很快，就有人打起刘璋的主意来了，因为，益州实在是块好地方。

刘璋承袭刘焉之位，驻守汉中的张鲁却不将刘璋放在眼里，骄傲放纵，不服刘璋指挥，刘璋因此杀了张鲁的母亲和弟弟，两人因此成为仇敌。刘璋的部队屡次被张鲁打败。张鲁不服刘璋指挥，两人成仇，这可谓是内忧，可就在这节骨眼上，孙权也瞄上了刘璋，欲取得益州。

刘璋任益州牧时，赤壁之战刚发生不久。周瑜见刘璋受到张鲁侵扰，就去拜见孙权，向孙权建议夺取益州。孙权考虑，益州险要富饶，自己不取，别人就取了，要是曹操修整好，攻取下汉中、益州，那么自己恐非其敌，迟早会被吞并，于是就同意了周瑜的建议。孙权同意出兵益州后，为了保险起见，邀请刘备共同出兵。

诸葛亮曾在其著名的《隆中对》中帮刘备分析天下形势，里面有这样一句“益州险塞，沃野千里，天府之土，高祖因之以成帝业。刘璋暗弱，张鲁在北，民殷国富而不知存恤，智能之士思得明君”，意思是，益州地理位置险要，肥沃的土地绵延千里，汉高祖刘邦依据它成就帝王之业，如今，刘璋实力薄弱，张鲁又在北面侵扰，百姓殷实国库富足却不知道体恤珍惜，有才能的人都希望有明君过去统治。刘备听过诸葛亮的分析，当然知道益州的价值，如今，孙权邀他共同攻打益州，理应同意才是。但是，刘备却拒绝了，他心里有着自己的打算。

荆州主簿殷观在孙权遣使邀刘备共取益州的时候，向刘备进言，帮刘备分析和孙权出兵共取益州的不利之处：现在益州刘璋虽然无能，但两代经营多年，还是有着雄厚的基础。如果接受孙权的邀请，作为前驱攻打益州，益州未必能攻打下来。这时孙权出兵在后，如果被刘璋的军队和孙权的军队乘机夹击，那就太不划算了。现在的办法是假意同意孙权攻打益州，但我们不出兵，只说刚占领许多州县，社会不稳，还需要时间调整，不能轻易出动。孙权离益州比较远，他一定不敢独自攻打益州，如果这样行事的话，就算孙权攻打益州，我们也能坐收渔翁之利。刘备一想，殷观说的很对，孙权和益州之间夹了一个荆州，他如果攻打益州，一定要先越过这道防线，就算他打下益州，自己可以近水楼台先得月。利害关系一想明白，刘备就有了主意了。

刘备给孙权回了一封信，“备与璋托为宗室，冀凭英灵，以匡汉朝。今璋得罪左右，备独竦惧，非所敢闻，愿加宽贷。若不获请，备当放发归于山林。”刘备实在是说得很动听，自己与刘璋都是汉朝宗室，希望凭借先辈英灵，努力使汉朝复兴。现在刘璋得罪了您，我只有感到惊惶恐惧，不愿听到这种事，希望您能宽恕他。如果我的请求得不到您的允许，我只好逃到山里当隐士去。刘备拒绝孙权共同取益州的邀请后，原来到江陵准备出征装备的周瑜也病逝了，孙权十分伤痛，便取消了攻取益州的计划。

此时的刘璋，正在成都城内怡然自乐，却不曾想到自己的地盘已经被孙权和刘备给惦记了一回了。一个小孩子拿着珍宝在闹市上晃悠，是要被他人觊觎的；才能普通的人拥有不符合自己身份的地位，是要被他人惦记的。而才智平庸的刘璋，手握着益州这块美玉，周围列强环伺，他当益州牧的日子也快到头了。

两兄妹的计谋

刘备进入益州，得刘璋补给，实力大增，却惹恼了江东孙权。孙权邀刘备共取益州，被这位妹夫以礼信等一套冠冕堂皇的话拒绝，如今，刘备引军自进益州，无疑是在孙权心头燃起一把怒火。孙权将妹嫁给刘备，不过是一场政治联姻，孙夫人刚毅好武，刘备患其“生变于肘腋”，一直心存提防。果然，在刘备屯驻益州的时候，孙权和孙夫人兄妹联手，上演了一出孙权荆州迎妹，孙夫人欲带刘禅归江东的好戏。

刘璋将刘备迎入益州，想要刘备去攻打张鲁，刘备却先向刘璋要军备、物资补给，暗中积蓄实力，过了许久才带领军队向北开拔，到达葭萌。刘备到达葭萌后，也并不立即讨伐张鲁，而是在当地广施恩德，以收取人心。刘备的这点小动作，背后隐藏的意思能瞒得过刘璋，却瞒不过政治经验丰富的孙权。孙权一眼就看出，刘备在等待时机，保存实力，企图独取益州。孙权对妹夫的这种行为感到愤恨。孙权觉得，刘备满口仁义道德，拒绝他合取益州的建议，如今却独自进军益州，收买人心，是很卑劣的行为。

想到刘备在益州实力逐渐扩大，孙权就觉得不快，因为益州也是孙权一直盯着的一块肥肉，而今，这块肥肉就快被刘备取去，孙权无论如何咽不下这口气。另外，孙权又想到，刘备借去荆州数郡迟迟不还，反而招兵买马，囤积粮食，修高城墙，大有据为己有之意，就觉得更是难受。孙权并不是个只会受气的人，他决定采取行动，来警告一下刘备。可是，荆州有诸葛亮和关羽等人牢牢把守，孙权无从下手，此外，不到万不得已时，孙权也不愿意和刘备彻底闹翻，还不到派兵攻取荆州的时候。孙权反复思考，决定动用一枚棋子，一枚重要的棋子，他的妹妹，刘备的夫人，孙夫人。

孙夫人嫁给刘备，带有一定的政治联姻性质，孙权企图借此稳住刘备，谋取荆州，抗击曹操。而孙夫人此人，巾帼不让须眉，《三国志》上记载，她身手敏捷，刚强勇猛，颇有其兄风范。孙夫人手下有一百多个侍婢，个个都持刀守卫在她身边，以致于刘备和孙夫人完婚后，每次进入内室“衷心常凛凛”，心中惴惴不安。

孙夫人和刘备成亲，刘备却反而感到不安，还时刻提防着孙夫人。夫妻同榻却有异心，也是相当的可悲。孙夫人要是娇弱无力，或者是来自普通家庭的女子，刘备也许会很放心，可是孙夫人是孙权的妹妹，且爱好舞枪弄棒，这让刘备感到很不安全。刘备始终觉得，孙夫人就是孙权安插在他身边的一颗定时炸弹，而且还是一个监视器，始终盯着他的一举一动，说不定什么时候一爆炸，就会把他炸得粉身碎骨。

刘备在进益州的时候，曾有过妥善的安排，就连内务方面，都有专人管理“先主以云严重，必能整齐，特任掌内事”，刘备认为赵云严谨持重，小心细致，让他管理内务最好不过。派出彪悍的大将赵云管理内务，这实在有点大材小用。其实，刘备的深层含义是派赵云盯住孙夫人，让她不敢轻举妄动。从这点看，刘备也是个很小心的人。

进军益州，刘备并未把孙夫人带去，不知道是不是因为怕孙权辗转从孙夫人口中得知他在益州的一举一动的缘故。这点，历史无所记载，我们也无从考究。但不管怎么说，刘备走了，孙夫人在荆州的地位也陡然提升，无人再能约束她。此时的孙夫人，史书上记载“先主孙夫人以权妹骄豪，多将吴吏兵，纵横不法。”孙夫人大致是依仗自己是孙权的妹妹，带领着东吴的吏民，嚣张跋扈，横行不法。由于孙夫人和刘备政治联姻的特殊性质，史书上的记载是否完全真实，不得而知，只是考虑到孙夫人喜武之性，及颇有其兄风范的特点，表现得出格一点也是很有可能。

刘备对孙夫人并无真正感情，且时刻提防着孙夫人，连进入内室都是胆战心惊，对孙夫人自然亲近不起来，就算有，也顶多是形式上的客气。另外，刘备戎务繁忙，政事繁杂，肯定不会有太多时间陪伴孙夫人。此时，刘备更是进军益州，独留孙夫人在荆州。考虑到刘备与孙夫人年龄相差很大，孙夫人此时正值妙龄，正是好动的年纪，而久居荆州，思乡之情必切。就在这样特定的时刻，孙权派出使者和孙夫人联系，让孙夫人返归江东。

《三国演义》对孙夫人回江东的经过是这样描写的，孙权派出周善，将孙国太病危的假消息告诉孙夫人，谎称国太病危，思念女儿，想让孙夫人带阿斗回江东一见。孙权利用妹妹的孝心，将孙夫人骗回江东。而《三国志》等历史著作里，对孙夫人为何带阿斗返回江东的过程没有丝毫交代，《三国志》里仅有一句“权闻备西征，大遣舟船迎妹，而夫人内欲将后主还吴”，《资治通鉴》里也仅有一句“孙权闻备西上，遣舟船迎妹，而夫人欲将备子禅还吴”，两本著作，表述大致相同，唯用词上有所区别，如西征和西上，但意思基本都是一样的。孙权听说刘备到益州去了，于是派出船只接妹妹回江东，而孙夫人想要把刘备的儿子刘禅一起带回东吴。

《三国志》等历史著作既然对孙夫人为何带刘禅一起回东吴的原因没有述说，我们大可以作一番推测。也许是，孙夫人感觉出刘备对她的冷淡和提防，在荆州待得毫无趣味，于是写信给孙权，让孙权趁刘备进军益州之时接她回娘家。但是，孙夫人把刘禅也带回东吴的原因是什么呢？可能是孙夫人将刘禅带在身边久了，彼此产生感情，舍不得刘禅，因此想把刘禅也带走，另一方面，也许是孙夫人还想再回到刘备身边，因此把刘备唯一的骨肉刘禅带上，想增加重回荆州时被刘备接受的筹码。这主要是从人情的角度去揣度，缺少政治的成分。若是从政治的角度考虑，孙权想要给刘备一点警告，他又自知把妹妹嫁给刘备是一场政治联姻，孙夫人过的肯定不会太幸福，因此派遣使者告诉孙夫人，让她带着刘禅到荆州乘船返回江东。

以人情的角度看，我们将孙夫人也看做是感情大于政治目的的，她缺少刘备的关爱，就想回江东娘家小住，调剂自己的心情，同时舍不得身边已带养几年的刘禅，故而欲带刘禅一起返回江东，这样的孙夫人是还想回来的。但是，历史毕竟是历史，政治毕竟是政治，从孙夫人与刘备这场婚姻的性质，使得我们更愿意从政治利益的角度分析，孙夫人有乃兄之志，说明见识高远，非一般常人女子，且出身世家，受父兄熏陶，定然不甘于深居闺中。孙权素知其妹性格，故而遣使密告，让孙夫人带着刘禅返回江东。刘禅，这时是刘备唯一的骨肉，而刘备已年过五十，在三国时期已算老迈了，此时的刘备自然会疼惜唯一的儿子。孙权将刘禅操控在手中，这是对付刘备的极好的政治筹码，可以利用刘禅，取回荆州数郡或是要求其他利益。

《三国志》等正史对于孙夫人带刘禅返回江东的过程虽然没有详细描写，只是一笔带过，但是，可以判断，孙夫人在走之前，一定经过一番复杂的心理斗争，下定决心后，又周密部署，这才出发的。

孙权和孙夫人密谋，将刘禅带走，可是这番计谋却没有得逞，因为，有管理内务的赵云在一旁盯着。孙夫人带着刘禅赶到江边的时候，赵云和张飞领着军队追来拦截，又将刘禅给抢了回去，孙夫人只能独自返回江东。《三国志》中的记载是“云与张飞勒兵截江，乃得后主还”，《资治通鉴》中的记载是“张飞、赵云勒兵截江，乃得禅还”，两句话表述的还是一个意思。

孙权和孙夫人两兄妹劫持刘禅作为人质的阴谋失败，此后，对于孙夫人返回东吴的行踪所知寥寥，但是，孙夫人在《三国志》中并无单独传记，而刘备的其他两位夫人都得列皇后，从这点可判断孙夫人没有再回到刘备身边。正史中没有孙夫人行踪记载，野史和民间演义中却有相关记述，如《三国演义》描述“刘备虢亭兵败之后，时孙夫人在吴，闻虓亭兵败，讹传先主死于军中，遂驱车至江边，望西遥哭，投江而死。后人立庙江滨，号曰枭姬祠。”而朱国桢的《涌幢小品》也是和《三国演义》类似记载“孙夫人至此矶，闻先主崩殂，哭自沉。”野史和民间演义将孙夫人写成是自杀的烈女。

两个死对头

汉献帝建安十八年（公元213年），江东濡须口，河中江帆如云，岸上战甲生辉，帐连百里，曹操正在展开第二次大规模的南方攻势。夜深时分，一百壮士在一位勇将的带领下悄无声息地向曹营靠近，寒刀一闪，曹兵人头纷纷落地，勇将一声冷笑，右手一挥，数十支火把划过夜色，飘落到曹营帐篷，顿时，呼救声连天。

这年正月，曹操经过充分的准备和赤壁之战后四年多的休整，再次率领大军进犯江东，攻打孙权，欲一雪前耻。而这时的孙权也已做好准备，没有赤壁之战时应敌的仓促与惶恐。

建安十六年（公元211年），孙权看重秣陵地势险要，将都城迁到秣陵，并于第二年在秣陵修筑石头城，改秣陵名为建业。孙权部将吕蒙，事先就听到曹操将再度东征的消息，建议孙权在濡须水口两岸建立城寨。孙权觉得很有道理，于是下令修筑营寨，就叫做濡须坞。应该说曹操来得很不巧，隐秘工作做得不到位，在孙权迁都并加固秣陵，于濡须口修建好城寨之时再前来攻打他。兵法上讲究乘敌不备，出其不意，曹操没有将军事情报保密工作做好，以至于江东提前数月就得知他将领兵来袭的信息，不能说不是一次失误。

濡须口是濡须山和七宝山之间的水口。地势奇险，是曹操率兵东征的必经之处，孙权选在此处修筑营寨，十分恰当。

曹操率领步兵、骑兵人数甚众，号称四十万，进攻濡须坞，孙权率领七万人抵抗曹操，双方在濡须口对峙。曹操兵力是孙权的三倍有余，孙权在兵力上处于劣势。但是曹操乃远道来征，粮草供应麻烦，且北方军队水战不熟，而孙权父子三代经营江东，得民心拥护，又是本土作战，早有准备，粮草供应方便，兵力补充快速。这样一对比，双方胜负，尚未可知。

濡须口之战，以曹操退兵而告终，因为孙权拥有董袭这样的忠义之士和甘宁这样的英勇之士。

董袭，原是孙策的部下，孙策死后，董袭又专心辅佐孙权。曹操率军进攻濡须口的时候，董袭随孙权前往迎击，孙权让董袭指挥五艘楼船镇守濡须口。夜间，濡须口突发暴风，五艘楼船倾倒下沉，董袭身边的人都撤离到快船上，请求董袭也一块撤出。董袭怒而杀之，于是没有人敢再请求，当夜楼船沉没，董袭殉职。孙权亲自穿丧服收殓他，并赐予丰厚的安葬物品。

大战光靠忠义人心并不能取得胜利，也不能让曹操退兵。可是不要忘了，孙权手下还有智勇双全的大将甘宁。甘宁年少时，便有侠义行为，在投奔孙权后更是屡建奇功，因甘宁所辖船队其帆以蜀锦制成，故甘宁又有“锦帆贼”的外号。曹操进攻濡须口时，甘宁正担任前部督之职。他受命前往袭击敌军前锋部队的营地。孙权特地赏赐米饭酒水及各种菜肴给甘宁，甘宁于是挑选了一百多部下与他们一同分享。吃完时，甘宁先用银碗盛酒，自己喝下两碗，然后盛酒让他部下的都督喝。

甘宁亲自给部下盛酒，大有饮完此酒，便得以性命相酬之意。甘宁虽然英勇不畏死，却无法保证手下的都督不怕死。都督清楚此次奇袭行动很可能一去不归，因此匍匐在地上，不肯立即喝下甘宁盛的酒。都督没有舍生取义，用性命守疆卫土的情操，甘宁十分生气。甘宁抓起一把快刀放在膝上，呵斥都督道：“卿见知于至尊，孰与甘宁？甘宁尚不惜死，卿何以独惜死乎？”甘宁的意思是，你受主上知遇的程度，怎么能比得上我甘宁，我甘宁尚且都不怕死，为什么单单你怕死。都督见甘宁面色严厉，便起身道谢喝下那碗酒，都督以下所有的士兵也都喝下一碗酒。到了二更天，甘宁领着百名手下，分乘百骑，前往曹操前锋军队营垒偷袭。

曹操率领着四十万军队屯驻到濡须口，旌旗蔽天，盔甲如云，营帐连绵直到数里之外。二更以后，正直夜深，曹操的前锋军队守卫也已松懈，没想到甘宁居然敢仅率百名骑兵前来偷袭。甘宁带领士兵顺利地进入营帐，百余骑兵小心谨慎，下手轻快，斩杀曹操前锋部队千人，又放火燃烧曹军帐篷，大造声势，曹操的前锋部队惊起，不明所以，只以为敌军来袭部队众多。甘宁等人趁乱退走，回到驻地清点人数，仅折损几人而已。曹操攻取江东时，不忘在民间大造舆论，宣扬孙权必败，对江东士气产生一定影响，而之前，曹操部队又打赢几次胜仗，江东士气益发低落。甘宁偷袭曹操前锋部队成功，又使士气回升，将士奋勇争先，抵御曹操。

曹操四十万大军在濡须口与孙权七万军队相持一个多月，始终不能取得决定性的胜利。劳师远征，开销巨大，曹操逐渐萌生退意。此后，曹操日常巡视时，观望孙权水路诸军阵容，只见孙权的战船、武器精良，军队严整，叹息道："生子当如孙仲谋；如刘景升儿子，豚犬耳！"曹操是三国末期的奸雄，如今，他却将孙权大大称赞了一番，认为有儿子应该像孙权一样，足见孙权的才能的确出众。

曹操看到孙权军队齐整，武器精良，进攻一月未果，江东士气益发兴旺，逐渐气馁，属下部队攻击孙权部队的次数也减少。孙权观察到曹操的变化，他也不想和曹操继续对峙下去，就写了一封信给曹操，说："春水方生，公宜速去。"孙权告诉曹操，春天到了，冰水消融，江水就要上涨，您应当赶快撤兵。孙权的言外之意是，江东精悍的水军很快将能大展所长，您啊，还是从哪儿来回哪儿去的好。

孙权一方面警告曹操，另一方面，也表达出他对曹操军事、政治实力的敬佩，他另附了一张纸和信一同送给曹操，上面写着："足下不死，孤不得安。"孙权认为，只要曹操不死，他就不能得到安宁，可见孙权将曹操视为头号劲敌。曹操见了孙权的信，对部将们说："仲谋不欺我。"曹操的话，也有两层含义，一层是他意识到了春水上涨对己方不利，的确是退去的好，另一层是认可孙权"足下不死，孤不得安"这句话，自觉自己是孙权的强劲对手。曹操既自负，也有自知之明，率领军队撤回北方。

濡须口一战，是曹操和孙权两位老对手的第二次交战，曹操率领大军来袭，攻破孙权设在长江西岸的营寨，孙权部下公孙阳都督被擒。却在濡须坞被阻月余，不得前进，最后无功而返。吕蒙远见之明，董袭伺主之忠，甘宁奇袭之勇，都在此战中得以凸显，由此可见，江东虽小，但人杰地灵，曹操想要在短期内攻下东吴绝无可能。

怪我眼瞎看错了人

汉献帝建安十八年（公元213年），刘备率领刘璋补给的部队，回转头来袭击刘璋，要塞白水关毫不费力即被刘备凭借白水关军队督统的身份取去。此时，成都，益州牧府，刘璋正在内室来回踱步，脸上布满仇恨与狰狞，他未曾想到，他所看中并资助的刘备竟然不顾信义反噬于他。

益州葭萌，刘备已经在此收买人心，保持实力一年有余了，依照手下谋士庞统等人的帮助，刘备广结当地贤士，摆出一副仁政爱民的架势，逐渐扎稳跟脚。刘璋授予刘备白水关督统的身份，令白水关诸将听命于刘备，这给予刘备相当的便利。刘备经常设宴款待白水关诸将，使得白水关守将杨怀、高沛信服。刘璋"速攻张鲁"的托付，刘备一点都没办到，一年有余，没与张鲁大战一次，只是以各种理由向刘璋要求补助，刘备部下军队万人的给养，数目相当庞大，极大地增加了益州人民的负担。

刘备在葭萌，虽然未攻张鲁，但也不至于掉过头来攻击刘璋，至少，刘备和刘璋还保持着表面的友好。但是建安十八年（公元213年），曹操率领步、骑军队号称四十万，第二次大规模的征讨江东，这件事间接加速了刘备和刘璋的交恶。

曹操再次征讨孙权，孙权派遣使者向刘备求援。此时，刘备还是孙权名义上的妹夫，碍于面子关系，刘备本想形式上地表示一下。可是，刘备转念一想，曹操大军征吴，往返路途路经荆州，若是孙权被打败，荆州就危险了。退一步说，曹操若是以攻打孙权为幌子，突然改为攻打荆州，荆州就更危险。通过赤壁之战后的经验，刘备已清楚孙权和自己是唇齿相依的关系，孙权不保，荆州这块肥肉也将很快会被曹操吞入腹中。刘备虽然不关心孙权的死活，但却在乎他自己目前唯一的一块地盘，荆州。

刘备想向东进军，回援江东，守住荆州，但是，军队补给尽靠刘璋，刘璋交代的任务却尚未完成，刘备还得拿出一套好说辞。刘备派人告诉刘璋说："曹公征吴，吴忧危急。孙氏与孤本为唇齿，又乐进在青泥与关羽相拒，今不往救羽，进必大克，转侵州界，其忧有甚于鲁。鲁自守之贼，不足虑也。"这段话的意思是说曹操征讨东吴，孙吴忧患危急，孙氏和我刘备是唇齿相依的关系，再加上乐进在青泥与关羽相持，如今不前去救援关羽，乐进一定大胜，得胜后转而侵扰益州边界，这种忧患超过了张鲁。而张鲁是个自保自守的贼寇，不值得忧虑。

明明是放心不下荆州，却偏偏要表现得处处为刘璋着想，说什么之所以回去救援关羽是为了乐进不得胜从而无法侵扰益州。刘备一方面将刘璋恐吓了一番，您要是不允许我回救关羽，关羽被乐进打败了，曹操军队就会借机侵扰益州，曹操的实力您是知道的，您对他的忧患想必超过张鲁吧。另一方面，刘备又宽慰刘璋，张鲁是个只知自保的贼寇，我就是回军向东，他也侵扰不了您，您不必为此忧虑。

刘璋又被刘备的满篇谎话骗住，同意了刘备回军东拒曹操的请求。但是，刘备不满足于此，他还向刘璋要求一万兵众及若干军用物资。刘璋虽然觉得刘备未曾给他扫平张鲁，如今又向他要兵要钱要粮，有所不妥，可是鉴于刘备是打着为益州安危着想的旗号，也不好意思拒绝，就仅将兵众数量打了折扣，物资减半，交给刘备。刘备未替刘璋办实事，却又凭白获得四千兵众，众多物资，十分满意。

刘备遣使向刘璋要求回军东拒曹操的事情被张松知道了，张松就给刘备和法正写信，劝说刘备，"今大事垂可立，如何释此去乎!"刘备要回军荆州，张松立刻劝谏，可以看出，张松已完全将一片忠心托付给刘备。张松的哥哥是广汉太守张肃，张肃知道了张松给刘备写信的事，他害怕祸患殃及自己，就向刘璋告发张松的阴谋。

刘璋得悉张松密谋事刘备，心中很是痛苦。刘璋自知才干不足以守土，因此将仁德著于天下的刘备请进益州，指望刘备帮他攻打张鲁，抵御曹操，镇服蜀中诸将。刘备进入益州后，要兵给兵，要粮给粮，补养特别丰厚，可是刘备却屯兵不前，暗地收服人心，还与张松秘密联系，原来图的是益州！刘璋认为刘备同为皇室一脉，值以托付大事，对待刘备可谓是恩深义重，虽然这其中夹杂了利益的成分，但刘璋自认是对得起刘备的。然而，刘备，刘璋相信的人，以仁德信义著于天下的人，竟在背后筹划着如此巨大的阴谋。刘璋的内心煎熬不已，难以平静，更让他生气的是，益州别驾从事张松，自己身边的亲信、谋士，去卖主投敌。邀刘备进益州可是张松出的主意，张松蓄谋如此之久，刘璋却被蒙在鼓里，他实在难以忍受。

刘璋是个沉不住气的人，他并没有采取与刘备虚与委蛇，继续假装交好，暗中收拾刘备、张松的方法，而是选择将自己的心思摆在明处让人看。刘璋将张松逮捕斩杀，并下令给戍守白水关的诸将，不要给刘备发送文书与他联络通信。张松被刘璋斩杀，消息很快就传到刘备处，刘备知道刘璋已经得悉自己欲图益州，再好的掩饰也无济于事，再用仁义道德一类的话来欺骗刘璋来图谋更多的利益已经不可能了。刘备刚到益州时，法正、庞统等人劝他直接挟持刘璋，刘备一方面碍于仁义之名，另一方面害怕事情未成没有出手。可如今，刘璋已知悉事情的全部经过，面子既然已经撕破，刘备也就不再假装做作。刘备决定有所行动。

关于刘备开始正式与刘璋为敌的记述，《三国志》将它归结为刘璋斩杀张松，让刘备感受到威胁，与刘璋的矛盾开始形成，“于是璋收斩松，嫌隙始构矣”。其实，刘备与刘璋的矛盾早就有了，诸葛亮曾经为刘备写《隆中对》分析天下大势，将刘璋贬低了一番，称刘备应替代懦弱无能的刘璋取得益州，从而拥有三分天下，逐鹿中原的资本。刘备是曹操口中的天下英雄“今天下英雄，唯使君与操耳”，其志非小，自己也能看出益州的重要性。刘备要想取得益州，就必须驱逐刘璋，刘璋自己肯定是不会自动让位的。刘璋不愿让位，刘备要取得益州，这就是矛盾。矛盾从刘璋继位后，刘备要取得益州的那一天就开始了。只是，刘备一直将野心深藏在心里，而张松被斩杀这一事件，将刘备的野心激发出来，使矛盾彰显天下。

刘璋下令戍守在白水关的诸将，不要给刘备发送文书与他联络通信，白水关的将领依照刘璋的旨意行事。刘备借口此事，大发脾气，召见白水关军督杨怀，责备他对自己无礼，将杨怀斩杀。然后，刘备派遣黄忠、卓膺统兵杀向刘璋，刘备自己直接进入白水关内，以守卫白水关的刘璋将士的妻子为人质，领兵与黄忠、卓膺等人进军至涪城，占领了该城。“乃使黄忠、卓膺勒兵向璋。先主径至关中，质诸将并士卒妻子，引兵与忠、膺等进到涪，据其城。”

庞统在刘备驻守葭萌的时候，向刘备献策取益州，计分上、中、下三种。上策是，暗中挑选精兵，偷袭成都。刘璋缺乏军事才干，对刘备又没防备，如果大军突袭成都，就可以一举拿下益州；中策是，利用白水关守将杨怀、高沛对刘备英名的景仰，智擒二人，进而兼并白水关守军，回军攻取成都；下策是退守白帝城，联合荆州再慢慢为夺取益州做准备。刘备觉得中策更具可行性，也较为稳妥，他胜利占领涪城，正是靠的庞统提供的中策。

刘备既有张松做内应，又有庞统出谋划策，从而在益州扎稳跟脚，最后因为张松被斩杀，阴谋败露而与刘璋彻底决裂，并凭借刘璋提供的补给和授予的身份，顺利占领白水关，最终攻下涪城。可叹刘璋没有识人之明，才会被张松、法正蒙蔽，相信刘备。刘璋得悉刘备欲图取益州的阴谋，却不能沉住气，直接斩杀张松，使得刘备警惕，加速决裂的进程。刘璋既缺少才干，又少涵养，更有手下谋士的背叛，这大概是天意要让刘备取得益州。

凤落落凤坡

雒城外的一条小路，数千军队缓缓行进，当前一匹白色骏马，坐着一位神情倨傲之士。军队前行至一处坡前，突然路旁的杂草堆和乱树丛中万箭齐发，如雨而至，战马受伤，嘶鸣不已，就在一片惊呼声中，白色骏马上的倨傲之士身中数箭，跌下马去。汉献帝建安十九年（公元214年），刘备围雒城，谋士庞统死于流矢，时年三十六岁。

刘备顺利攻取涪城，继续向成都推进，沿途各地诸将望风而降。刘璋派出冷苞、张任、邓贤等将在涪县南抵御刘备，全被刘备军队打败，退守绵竹，刘璋又派李严、费观督统绵竹诸军，李严、费观却又率众投降刘备，刘备的军力更加加强。刘备进而派出属下诸将平定益州下属各县，其他各县大都顺应形势，投降刘备，只有广汉县黄权闭城坚决抵抗。

益州从事郑度在听闻刘备起兵的时候，曾经对刘璋献计。郑度的计策十分毒辣，刘备听到郑度如此献计后，感到很是忧虑，向法正请教意见。法正在刘璋手下任职数年，对刘璋的性格捉摸得很清楚，宽慰刘备："璋终不能用，无忧也。"刘璋的反应果然如法正所说，他并没有采取郑度的说法，《资治通鉴》上记载，刘璋对他的部下说："吾闻拒敌以安民，未闻动民以避敌也。"刘璋认为，抵挡敌人以保护百姓才是正理，而迁徙百姓来躲避敌人，使得百姓不能安居乐业，这样做是不应该的。由刘璋的话可以判断，刘璋对待百姓还是很仁德的，这在天下安定之时是美德，但在三国末期却成了刘璋的死穴。刘璋拒绝了郑度的建议，也失去了打败刘备、把刘备赶出益州的唯一机会。

绵竹告破后，刘备率领大军直抵雒城，开始了长达一年的雒城攻坚战。雒城是攻破成都的最后关卡。刘备若攻破雒城，成都便告危机。因此刘璋在雒城投下重本，当时守卫雒城的是刘璋的儿子刘循。刘循清楚，能否守住雒城直接关系到他是否能继承刘璋益州牧之位，因此守卫相当卖力，督促部下十分勤奋。辅助刘循守城的还有刘璋手下的名将张任。据史书记载"张任，蜀郡人，家世寒门，少有胆勇，有志节，仕州为从事"。

此时，雒城的形势相当严峻，可谓是四面楚歌。刘备在率军攻打刘璋后，遣使要求诸葛亮入蜀支援。诸葛亮独留关羽镇守荆州，带赵云和张飞等一干猛将一起逆长江而上，平定沿途郡县。诸葛亮等人带领军队达到江州。在江州张飞生擒巴西太守严颜，严颜坚贞不屈，拒不投降，张飞佩服严颜胆魄，以礼相待，严颜最终归附。此后，诸葛亮派遣赵云平定江阳、犍为，从南面迂回包抄成都，命张飞北上，平定巴西、德阳同时防御汉中张鲁，诸葛亮自己则取道德阳直奔成都。益州各地军情吃紧，雒城若能挡住刘备的猛烈攻势，则能振奋益州军心；雒城如果挡不住刘备攻势，则成都破城之日指日可待。

刘备在雒城附近扎下营寨，经过缜密部署，向刘循和张任挑战，但张任深明兵法之要，他知此时，刘备刚胜利取得涪城、绵竹等城池，手下部队士气正旺，现在还不是与刘备正面交锋的时候，因此，紧闭城门，坚守不出。雒城城墙高大，很难攀爬，对防守非常有利。且张任又派兵在城墙四面轮班严密防守，加固城池。刘备一时攻取不下，双方顿时形成对峙状态。在相持期间，刘备使用投石机，云梯等多种工程器具攻城，都被张任抵挡住，双方死伤惨重。

就在刘备攻取雒城数月不下之时，诸葛亮、张飞等人却进展迅速，攻营拔寨。法正借机给刘璋写了一封信，劝降刘璋。法正告诉刘璋："雒下虽有万兵，皆坏陈之卒，破军之将，若欲争一旦之战，则兵将势力，实不相当。"雒城的万人大军多数是败兵，士气低落，实在不能和刘备抗衡。法正将雒城的军队形容为败兵败将，接着又从粮食储备对比的角度来打击刘璋的信心，他写道，如果要根据粮草储备的多少来计算守城时间长短的话，那么刘将军一方营垒已经坚固，粮食储备已经充足，而刘璋这一方土地日益减少，百姓一天天陷入困境，后勤补给一天天困难。接着，法正又将诸葛亮、张飞等分三路进军练下巴东、犍为、资中、德阳的形势分析给刘璋听。总之，信中的内容全是彰显刘备一方神勇，刘璋一方衰颓，希望刘璋能够乖乖地出城纳降。

对于法正的劝降信，刘璋没有回应，他还在观望，雒城未破，刘璋还存着最后一丝希望。刘璋期待着，刘备折羽雒城。

实际上，法正将雒城的士兵形容为被击溃的士兵，将雒城的将领形容为败退的将领未免过于夸大。刘备率领斗志昂扬的军队，进攻被击溃的士兵和被打败的将领，却仍连攻数月不下，这不但不能说明雒城士兵和将领的无能，反而证明他们是很有实力的。就在法正的劝降信发出不久，刘循和张任再次用事实回应，雒城的将领是优秀的将领，雒城的士兵是精锐之师。

刘备久攻雒城不下，心中焦虑，庞统为解刘备之忧，督军死战，就在又一次进攻雒城的攻城中，庞统被乱箭射杀，含恨身亡。“进攻雒县，统率众攻城，为流矢所中，卒，时年三十六岁”。庞统在刘备进军益州的过程中，为刘备提出不少好的建议，对刘备建立蜀国王朝居功至伟。只可惜号称“凤雏”的庞统，未能亲睹刘备取得益州，三分天下，英年早逝。刘备对于庞统的死感到非常痛心和惋惜，每提到庞统都止不住涕泪涟涟。“先主痛惜，言则流涕”。

《三国志》等著作中，没有庞统被乱箭射伤的详细细节。罗贯中却在《三国演义》中，将庞统的死写得精彩绝伦。《三国演义》中，记述诸葛亮观星预知不详，遣使告知刘备，刘备欲自回荆州，庞统认为诸葛亮怕他独得攻取益州的功劳，因此力阻刘备，刘备遂打消回荆州之意，同庞统率军攻取雒城，庞统让刘备行大路攻雒城，自取小路，在行军时，庞统所乘战马失足，刘备因此将自己所乘的卢马换与庞统。庞统取小路，行经落凤坡，自觉道号“凤雏”与地名相冲，急令退军，久久埋伏在此的张任见庞统所乘战马，以为是刘备，下令放箭，乱箭如雨，庞统退避不及，中箭身亡。庞统在落凤坡中箭身亡，凤落落凤坡，正应了该处地名。

《三国演义》属民间演义，庞统凤落落凤坡的记述未必属实，但是根据正史，庞统在攻取雒城时，中箭身亡是可以肯定的。庞统，与诸葛亮并称“卧龙凤雏”，在辅佐刘备攻取天下方面，尽其所能，是刘备的左膀右臂。庞统在奇谋方面更胜诸葛亮，庞统于雒城中箭而卒，对于刘备来说是巨大的损失，间接推迟了刘备建立蜀国王朝的进程。

成都是我家

汉献帝建安十九年（公元214年），成都城外，数万军队排列得整整齐齐，铁甲在阳光的照耀下熠熠生辉，刘备站在军前，下马倚剑而立，他神情严肃而又透着喜悦，炯炯的双眼凝视着高大雄伟的成都城，渐渐陷入沉思。成都城头，站满手持弓箭、长矛及盾牌的军士，空气中一片肃杀。

庞统雒城中箭身卒后，刘备气愤，攻雒城益急，雒城守军疲于防御。此后，雁桥一役，雒城守军两次战败，勇将张任被擒。“任勒兵出于雁桥，战复败。擒任。”刘备早闻张任忠诚勇猛之名，派人劝降张任，张任高呼忠诚不事二主，宁死不降，刘备不得不斩杀张任。张任一死，雒城士气衰退，很快被攻破。经过将近一年的围攻，刘备终于扫除成都的最后一道屏障。刘备攻破雒城，经短暂调养，率军复向成都进发，诸葛亮、张飞、赵云也先后领兵与刘备在成都相会。此时，刘备已占领益州大部分区域，又得诸葛亮此等谋士相助，更有张飞、赵云此等有万夫不当之勇的猛将相助，可谓志得意满。对于刘备而言，攻破成都只是时间早晚的问题。

刘备能够顺利抵达成都，固然与张松、法正做内应，庞统献奇谋，诸葛亮、张飞、赵云三路进军扫除障碍有关，但刘备还需要感谢一个人，那就是中郎将霍峻。霍峻严守葭萌城，拖住刘璋部下大量生力军，为刘备保证了后方的稳固，使得刘备无退路之忧。同时，霍峻有效地遏制住了张鲁乘机进军益州的企图。

在袭击刘璋的时候，刘备以中郎将霍峻守卫葭萌城。张鲁看出刘备与刘璋作战正是浑水摸鱼的大好时机，就派出部将杨昂欺骗霍峻，以帮助霍峻共同守城的理由要求进入葭萌城。霍峻看出了张鲁的企图，他回答道，我的头你可以得到，却别想进入葭萌城一步。葭萌城位置险要，杨昂也看出攻击伤亡必大，只得就此作罢，打消进入葭萌城的想法。后来，刘璋的部将扶禁、向存等人，率领一万余人向葭萌城挺近，围攻霍峻。葭萌城是刘备退出益州的通道，如果刘璋部将攻下葭萌城，刘备就被封锁在益州，这自然会影响刘备专心攻打刘璋。而霍峻竟然只凭借城中仅有的数百名战士，足足抵御一万多敌军近一年，并且窥伺敌人疲惫的机会，挑选精锐出击，打破敌军，斩杀向存。这简直就是东汉末期军事上以弱胜强的经典案例。

刘备抵达成都外，诸葛亮等率军会合后，便增兵驻守进入益州的通道，防止张鲁等人进入益州抢夺地盘。一切工作就绪，刘备开始一心一意围城。此时，刘璋在成都城内的益州牧府，内心焦急如焚，他犹豫着是战是降。城外的刘备却保持着表面的镇静，即使他几乎抑制不住激动。而今，只剩下城墙的阻隔，刘备麾下铁骑就能踏入成都城内，很快就要得偿夙愿夺得益州，刘备却不那么急躁了。刘备没有下令尽快攻城，而只是将成都城围得密不透风。胜券在握，刘备不愿再徒添伤亡，他在等，等着刘璋投降。

围城却不急攻，大兵压境，人心惶惶，此时正值夏季，闷热和焦灼一起压在刘璋的心头。只是，刘璋还是愿意再熬下去的，但一个人的到来彻底压垮了刘璋的心理防线。他就是马超。

曹操在潼关将马超打败后，只追至安定便行撤军。马超深得羌人和胡人的支持，卷土重来，陇右郡县纷纷归附，只有凉州刺史韦康在冀城坚守不降。马超收拢陇西部队，又得到张鲁部将杨昂的帮助，集中一万余人进攻冀城，从正月直攻到八月，朝廷救兵也没有到。

凉州刺史韦康派别驾阎温出城，到夏侯渊处搬救兵。由于马超在城外守卫森严，阎温只得从水里游出去。马超士兵循着足迹抓住阎温，令阎温告诉里面的人，不会有救兵来。阎温却喊道："你们一定要坚持，救兵三天内必来。"城中士兵都十分感动，而阎温因为拒不投降，被马超杀害。冀城守军待援无望，于是，刺史韦康及太守不顾杨阜的劝阻，向马超献城投降。马超入城后，杀死韦康及太守，自称征西将军、凉州牧，掌管凉州地区的军政大权。

韦康投降后，夏侯渊率救兵方至，马超在距冀城两百余里的地方击败夏侯渊，此时，兴国的氐人首领起兵响应马超，夏侯渊惧怕，领兵撤退。原冀城属吏杨阜不满马超的残暴、逃出城投奔驻军历城（今甘肃西和北）的表兄抚夷将军姜叙，他们联络赵昂、尹奉、李俊等人，商量着合力消灭马超，为韦康等报仇雪耻。他们联系梁宽、赵衢做他们的内应。九月，杨阜与姜叙率兵袭击卤城，赵昂、尹奉进兵占据祁山城。在赵衢的怂恿下马超亲自带兵还击。等他一出城，赵衢和梁宽立刻紧闭城门。马超无路可退，杀到历城，并杀害了姜叙的老母和赵昂之子赵月。杨阜虽然受重伤，但终将马超击败。马超向南投奔汉中张鲁。

张鲁任命马超为祭酒，并有意收他为女婿。经人劝说才打消嫁女的念头。马超一直未被张鲁重用，又遭到张鲁部将杨昂等的嫉妒，一直试图谋害他，心中很是抑郁。此时刘备对成都久攻不下，得知马超被张鲁冷落，派李恢前去劝说。李恢对马超说："张鲁非明主，其臣亦不贤，且偏安苟且，不图进取，不值得与之谋，尔仇终不能报。而我主素有大志，且内心十分渴望招引将军这样的英才。若将军肯屈身侍奉我主，必将得以重用。"马超心中自有思量，权衡再三，觉得张鲁难成大事，不若早作打算，另觅贤主。于是逃到氐中，密信刘备，向其请降。

马超请降，刘备心中暗喜，刘备清楚，他的机会来了，刘备暗中派出许多士兵给马超，让这些士兵换成胡人服装。一切准备妥当，马超择日带领数千军队浩浩荡荡地开往成都城外。"超有信、布之勇"，马超有韩信、英布那样的勇猛，而胡军善于野战也是天下闻名的。马超归降刘备，成都城内为之震动惶惧，刘璋当即投降。

刘备进围成都数十日，当时城中还有精锐部队三万人，积蓄的粮食衣物也可供支持一年，成都城内官民还都想与刘备军死战。刘璋却拒绝了，他说，我们父子在益州二十多年，没有什么恩德施给百姓，如今百姓与敌人攻战三年，尸体养肥了长满青草的原野，这都是为了我的缘故啊，我于心何安呢！于是，刘璋打开城门出来投降，群下都留下眼泪。刘备把刘璋迁到南郡公安县，归还他的全部财物，依旧让刘璋持有振威将军印绶。

刘备进入成都，设酒宴犒劳将士，把蜀城中的金银分赐给他们，接着给功臣加官进爵，同时授予有才能的降将职位。刘备兼任益州牧，任命军师中郎将诸葛亮为军师将军，益州太守、南郡人董和为掌军中郎将，并且代理左将军府事，偏将军马超为平西将军，军议校尉法正为蜀郡太守、扬武将军，裨将军、南阳人黄忠为讨虏将军，从事中郎麋竺为安汉将军，简雍为昭德将军，北海人孙乾为秉忠将军，广汉长黄权为偏将军，汝南人许靖为左将军长史，庞羲为司马，李严为犍为太守，费观为巴郡太守，山阳人伊籍为从事中郎，零陵人刘巴为西曹掾。连刘巴这种刘备当初嫉恨的人，都被安排在显要的位置，于是有志之人，无不竞相努力，发挥自己的才干。

在犒劳将士之时，有人建议刘备把成都有名的肥田沃土和住宅分给将领们。赵云劝告说："霍去病曾认为匈奴尚未消灭，不应考虑自己的家业。现在的国贼远非匈奴可比，我们不能贪图安乐。只有等到天下都安定以后，将士们重归故里，在自己的田地上耕作，才会各得其所。益州的百姓，方遭兵灾战祸，土地、田宅俱应归还原来的主人，使百姓平安定居，恢复生产，然后才可以向他们征发兵役，收取租税，以获得他们的好感；不应该夺取他们财物，以私宠自己所爱的将领。"刘备觉得赵云说得很有道理，接受了赵云的意见。

刘备在成都选贤任能，又有诸葛亮帮助治理益州，局势逐渐稳定。

刘璋投降，刘备占领成都，控制益州全境，实现了《隆中对》"跨有荆、益"的描述，刘备从此依据益州险塞，彻底摆脱东窜西逃，没有固定地盘的状况，并在这里开创了三分天下的局面。

你的就是我的

民间有句谚语"刘备借荆州——有借无还"，以此形容不讲信义的行为。民间谚语中指的荆州，是荆州全境，然而，实际上，荆州有八郡，孙权借给刘备的只是南郡首府江陵。因此刘备借荆州指的就是借江陵。孙权将江陵借给刘备，目的是借刘备之力抵御曹操，一旦形势稍为稳定，孙权是要索回江陵统辖权的。但是，孙权没有想到，他要索回江陵统辖权的时候，刘备却言而无信，抵赖推脱。

江陵南临长江，北依汉水，向西可以控制巴蜀地区，往南可以通向湖南、广州，是通向七个省份的重要地区。它的地理位置十分重要。关于江陵的重要性，历史文献中有不少记载。著名地理学家顾祖禹在《读史方舆纪要》说道："湖广之形胜，在武昌呼？在襄阳呼？抑荆州呼？曰：以天下言之，则重在襄阳；以东南言之，则重在武昌；以湖广言之，则重在荆州。"南宋吕祉在《东南防守便利》中论到："不守江陵则无以复襄阳，不守江陵则无以图巴蜀，不守江陵则无以保武昌，不守江陵则无以固长沙。"

上述都是后人对于江陵地理位置重要性的描述，但是，在三国末，也有人认识到江陵地理位置在军事上的重要意义。诸葛亮在《隆中对》中认为：荆州北据汉沔，利尽南海，东连吴会，西通巴蜀，此用武之国也。荆州名士蒯越也建议刘表曰：南据江陵，北守襄阳，荆州八郡可传檄而定。

分析顾祖禹、吕祉、诸葛亮、蒯越的言论，结合当时实际情况，可得出江陵在东汉末年于战略上有四点意义：如果向北攻占襄阳，就可以控制江汉地区，那么曹操所控中原地区将受到严重威胁。并且如果长据在此，可以保护下游的整个东吴地区的安全；可以作为进军益州的基地，为日后占据巴蜀、汉中，形成割分天下的局面打下基础；占据江陵，可以轻易切断荆州其他数郡与中原的联系，从而平定。

江陵的战略意义决定了它无论对于孙权还是对于刘备都是同等重要的。孙权因为要联刘拒曹，所以接受鲁肃的建议，同意刘备请督荆州的请求，让刘备驻兵江陵。而今，刘备已经取得益州，身兼荆州牧和益州牧两职，孙权觉得，刘备获得的利益过大，对于东吴构成威胁，况且他已经占领益州，有了自己的根据地，也应该将江陵还回，因此，派遣诸葛瑾向刘备讨还江陵。

“权以备已得益州，令诸葛瑾从求荆州诸郡”，孙权派诸葛瑾要回江陵，刘备的回答是“吾方图凉州，凉州定，乃尽以荆州与吴耳”。刘备没有直接拒绝诸葛瑾，而是借口拖延，谎称正在谋取凉州，等到凉州平定，再把荆州还给孙权。

从刘备的角度分析，他认为荆州是刘表的地盘，其后，虽然被曹操攻取得数郡，但又收复不少。此后，刘备上表朝廷，任命刘表的儿子刘琦继任荆州牧，刘琦死后，又将荆州牧的头衔让给刘备，对此，孙权当时也是认可的。刘备因此认为，他作为荆州牧，都督荆州各郡是合理合法的。当然，从孙权的角度来看，在皇帝被曹操控制的东汉末年，谁有实力，谁就是天下领土的主人，江陵是周瑜带领东吴军队浴血奋战一年从曹操手上夺下来的，因此是属于孙权的。

从孙权的角度分析，孙权向刘备索还江陵不无道理，况且孙权当年将江陵借与刘备是应了刘备“请督荆州”的请求。可是，刘备是个凡事先考虑自身利益的人，他觉得他当年用“请督荆州”的措辞，是迫于形势，实际上是想夺取益州荆州。如今，事随心愿进可出江陵上取襄阳威胁中原地区、下震慑长江下游，退可经江陵固守益州天险。如此好的地盘，刘备岂舍得轻易让人。

刘备婉言拒绝孙权索还江陵的要求，孙权听了很生气。孙权很清楚，刘备这是用虚词拖延时间，不愿归还江陵。刘备虽然不愿意归还江陵，孙权却没有选择彻底决裂与刘备兵戎相见。孙权只是任命荆州南部三郡（长沙、零陵、桂阳）的郡县行政长官，让他们拿着委任令前去荆州上任。此时，刘备还在益州处理战后政务，驻扎荆州的是勇将关羽，关羽将孙权任命的官吏全部驱逐出境。孙权觉得，这是对他最大的侮辱。于是，孙权派遣吕蒙统领鲜于丹、徐忠、孙规率领二万军队攻取长沙、零陵、桂阳三郡。

吕蒙其人，少有胆气，精于谋略，是东吴一代名将，他亲率大军征伐三郡，三郡人心惶惶。当时，诸葛亮等人协助刘备攻取益州时带去不少军队，荆州城内除关羽亲自驻扎的江陵城外，其他地方驻守兵力不多。因此，吕蒙到荆州后，向桂阳、长沙二郡发放招降文书，二郡太守慑于吕蒙威名，迫于形势，都向吕蒙投降了，只有零陵太守郝普据城固守，不愿纳降。

刘备在益州，听到孙权派遣大军攻取荆州的消息，急忙从益州带兵赶回公安，命关羽率大军三万进至益阳，对抗孙权，争夺三郡。当时孙权驻扎陆口，亲自指挥调度各军，孙权让鲁肃率领一万人驻扎在益阳城抵御关羽。但是鲁肃一万军力相对关羽三万兵力薄弱，且鲁肃勇武不敌关羽。因此，孙权见零陵固守，恐怕一时攻取不下，就用快信急召吕蒙，让他放弃零陵，返回援助鲁肃。

吕蒙接到孙权急信时，刚刚平定完长沙，正向零陵进军，此时的吕蒙已经有了不战而攻取零陵的良计。吕蒙在向零陵进军的过程中，经过酃县。在过酃县时，吕蒙停留了一段时间，吕蒙在酃县停留，并不是因为酃县地理位置重要，要来攻取它，吕蒙只是想找一个人，南阳人邓玄之。邓玄之此人，并不是吕蒙的老朋友，但吕蒙特意来拜访他，并带着邓玄之一起进军零陵，还让邓玄之与自己乘坐同一辆车。

在战争中，速度是影响胜利的重要因素，吕蒙欲取零陵，不乘胜直进，径直奔向目的地，却在无关紧要的地方停留，拜访并不深交的邓玄之，这是什么原因呢？吕蒙作为江东的杰出将领，有其过人之处。他在攻取零陵之前，先行调查了零陵太守的社会关系，将郝普的亲朋好友掌握得一清二楚。邓玄之就是郝普的知交，吕蒙将邓玄之带到零陵只有一个目的，让邓玄之劝说郝普投降。

吕蒙接到孙权的急信，本该速回益阳，但吕蒙觉得零陵唾手可得，先取得零陵，再回程益阳绝不会耽误时间。因此，吕蒙对孙权的急信秘而不宣，在夜间召集诸将，向他们部署任务，准备第二天早晨攻城。吕蒙部署完毕，转而做邓玄之的心理工作。吕蒙对邓玄之说的话有两层意思，一是，提醒郝普无援可待，让郝普打消期盼援军的念头，从而消磨其斗志；二是，夸大吴军实力，警告郝普，他只有投降一条路，否则就会陪上自己和老母亲的性命。

恐吓完毕，吕蒙又表示出仁德的一面，显示出他对郝普的理解，“度此家不得外问，谓援可恃，故至于此耳”。吕蒙提出，郝普大概是没有得到外面的消息，认为可以依靠援兵，所以才这样据城固守。吕蒙自己将郝普拒不纳降的罪名洗刷干净，只说郝普是不明形势，从而消除郝普的戒备心和恐惧心理。吕蒙用假话将邓玄之套住，然后阐明真正的主题，希望他可以去见见郝普，给郝普讲讲其中的祸福利害。邓玄之听了吕蒙的话，只觉分析得很有道理，又关心朋友安危，就进入零陵城，向郝普讲了吕蒙的想法。郝普不明就里，只以为吕蒙说的都是真的，就同意向吕蒙投降。

邓玄之出城向吕蒙报告，说明郝普很快就到。吕蒙听了，心中暗自得意，仅以一番诓骗便可轻易得到零陵，但是，他表面仍装得不动声色。吕蒙担心郝普临时反悔，因此预先告诫四位部将，各自挑选一百名勇士，等郝普一出城，立即进城守住城门。过了一会，郝普果然出城，吕蒙大步迎上，像老朋友一样握住他的手，邀郝普一起上船宴饮，然后和郝普寒暄。就在此期间，吕蒙的部将已经把守住城门，吕蒙的军队也渐渐进城。直到这时候，吕蒙才拿出孙权的信给郝普看，并且拍手大笑。郝普看了孙权急信，才知道刘备驻扎在公安，关羽驻扎在益阳，领军数万，与江东争夺三郡，顿时愧悔交加。

吕蒙施诈计，兵不血刃取得零陵，最终夺得荆州三郡。他派孙皎留守，处理善后事宜，然后于当日马不停蹄直奔益阳。

江陵乃军事要地，进可攻、退可守，刘备得江陵还想独得荆州，不还借取孙权之地。关羽处事不当，驱逐孙权任命官吏，凌辱孙权颜面，使得孙权气极，因而引发孙权、刘备反目，双方大军相持，孙刘联盟暂告崩裂，利益的威力可见一斑。

鲁肃的单刀会

孙权派大军攻取荆州，刘备从益州返回公安，派出关羽率三万大军屯扎益阳，与孙权对抗。双方大战一触即发，这种战争，无论谁胜谁败，都将大损实力，此种结果无疑是曹操所喜闻乐见的。一向主张联刘抗曹的鲁肃，建议孙权将江陵借给刘备的鲁肃，却被孙权委以重任，与关羽在益阳对峙。此时的鲁肃，却也不知道如何对待孙刘的决裂。益阳，正细雨如丝，却仿佛连绵的愁绪压在鲁肃心头。

在江东阵营中，周瑜是坚决的倒刘派，他一直认为让刘备屯扎在江陵，犹如猛虎环伺，所以即使不得已联合刘备抵御曹操，也不忘提防刘备一手。周瑜在攻打江陵时受箭伤，不久辞世。接替周瑜位置的是鲁肃，而鲁肃是联刘派，他是主张联合刘备抗击曹操的核心人物，赤壁之战时，正因为鲁肃的坚持和建议，孙权才会与刘备达成联盟，最后打败了曹操的进攻。也正是鲁肃，主张将江陵借给刘备，从而为刘备西进益州，取得益州牧的职位创造了条件。因为孙权借刘备江陵，才有了今日刘备与孙权的纷争。

孙权将鲁肃放置在益阳前线统帅的位置，与关羽对抗，是否因为鲁肃稳重，不至轻起战端，只是借大军压境威吓刘备，让刘备让出既得利益分与孙权？史书上未见记载，我们不得而知。假如孙权将吕蒙安置在益阳前线与关羽对抗，而让鲁肃去收取长沙、零陵、桂阳三郡，那么双方有可能迅速开战，因为吕蒙也是个倒刘派。

吕蒙认为，将刘备势力赶出荆州，占领该地，东吴单方面也能抵抗曹操。据《三国志》记载，早在鲁肃代替周瑜去路口驻防，经过吕蒙军营之时，吕蒙就已向鲁肃提出对付关羽的办法，鲁肃听了，赞曰："吕子明，吾不知卿才略所及乃至于此也。"鲁肃虽然赞叹吕蒙主意高明，却因为坚持联合刘备的政策没有采纳。

假想终归是假想，吕蒙并没有作为益阳主帅，因此，孙刘双方未快速进入作战状态。鲁肃驻扎益阳抵抗关羽，他仍然秉承一贯的连刘主张，想办法阻止孙、刘两家彻底决裂，故而用温和的态度对待关羽，邀关羽会面缓和紧张的气氛。

兵家作战，最忌主将先行折羽。鲁肃欲邀关羽会见，他手下将领纷纷反对，担心鲁肃会被关羽伤害。诸将的理由是孙、刘两家如今交恶，战争一触即发，关羽有万夫莫当之勇，曾于万军丛中去颜良首级，要是他趁机伤害，这不仅对将军不利，而且会损害我军士气。鲁肃回答说："今日之事，宜相开譬。刘备负国，是非未决，羽亦何敢重欲干命！"

鲁肃遣使邀请关羽相会，双方协议各自把兵马停在一百步以外，只有双方将军带随身单刀相会。"肃邀羽相见，各驻兵马百步上，但诸将军单刀俱会"。《三国演义》中，将关羽描述成单刀直入东吴赴会的大英雄，气压东吴百官，这种说法是错误的。鲁肃在会谈中指责关羽。关羽却狡辩道："乌林之役，左将军身在行间，戮力破敌，岂得徒劳，无一块土，而足下来欲收地邪！"关羽的意思是，乌林那次战役，左将军刘备直接参战，竭尽全力打败了敌人，难道以这样的战功，却白白辛苦，不能拥有一块土地？而今，你却要来收取土地了吗？

在关羽的话中，刘备取荆州是战功辛苦所得，天经地义，而鲁肃你来收取就是无理的行为。鲁肃虽然是坚定的联刘派，但听了关羽的话也不免生气，于是声色俱厉质骂关羽，关羽自觉理亏，被鲁肃骂得无法反驳，"羽无以答"。

鲁肃与关羽的单刀会，以关羽无以答而告终，谈判未能得到实质性的进展。鲁肃始终愿意保持孙权与刘备的联合关系，不愿意加速决裂，而关羽自知理亏，对方不先出手，也坚守不战。双方虽然暂未交战，但只要刘备不愿意让出既得利益，双方早晚会大战。但是，曹操的行动却打破了双方将战未战的僵局，孙权和刘备的这场荆州争夺战没能打起来。

汉献帝建安二十年（公元215年）三月，曹操亲自率兵攻打张鲁，途中受到了氐人的阻拦，曹操派朱灵将其打败。四月，曹操在河池受阻，氐王窦茂拒不投降，五月，曹操打败了氐人并大开杀戒。西平、金城的将领共同杀死韩遂，把他的头颅献给曹操。

曹操的军队离汉中越来越近，在成都镇守的诸葛亮派人将消息传递给刘备。刘备得悉曹操大军来攻汉中，顿时坐不住了。汉中是益州的屏障，曹操如果夺取了汉中，则扼断了蜀地出关的唯一陆路，刘备从今往后只能偏居在益州一隅，再也无法进取天下。如果刘备继续与孙权交战，万一曹操隔断进益州的道路，刘备都无法返回成都。曹操若在汉中屯驻数月，部署完毕，以其作为攻取益州的前哨，那么益州将会十分危险。

战场上没有永远的敌人，只有永远的利益。刘备心知，荆州虽然可贵，但如果不让出点土地给孙权，孙权是不会罢休的，那么他自己就会陷入两线作战的危局，最坏的结果是，荆州没有保住，连刚取得的益州都被曹操攻占。刘备权衡利弊，决定与孙权议和。议和是要讲条件的，刘备派出使者送信与孙权时，首先讲好利益均分之事。

孙权不是意气用事之人，他举兵数万取荆州，却未下令正式交战，即可见一般。曹操进取汉中，直逼益州的讯息，孙权也已得到，因此，他更不急于和刘备交战。孙权知道，刘备不放心益州后方，必然会派人前来请和。请和之时，决策权在孙权一方，孙权这时想开多大筹码便开多大筹码，兵不血刃就可以得到利益，何乐而不为？更何况，在孙权眼中，刘备虽然对于江东是一大威胁，但是，曹操两次攻伐东吴，素有兼并天下之志，他的威胁比刘备更大。刘备虽然占据益州，但人心未稳，旁边又有曹操虎视眈眈，自然短期内不会有鲸吞江东之心。如果不同意刘备请和，与刘备作战，关羽等将也非等闲之辈，无法快速取得荆州，而刘备腹背受敌，不能回援益州，曹操就很有可能攻下益州。曹操消灭刘备，势力坐大，则江东亟亟危矣！孙权经过慎重考虑，决定同意刘备请求，双方息兵，掉转矛头指向曹操。

刘备请和，孙权愿和，两方夺取荆州之战终究没打起来。孙权派出诸葛瑾回报刘备，双方再次结为盟友。经过协商，孙权、刘备两方分割荆州，长沙、江夏、桂阳三郡以东地区归孙权所有，南郡、零陵、武陵三郡以西地区则在刘备的掌控之下。荆州分割完毕，刘备率领军队迅速开赴益州，抵挡曹操。

孙权与刘备的第一次荆州争夺战，鲁肃欲保持孙、刘联盟，邀关羽相见，双方单刀赴会，谈判未果，而曹操进攻汉中却使得孙、刘两方再次由敌对重归于好，又一次缔结联盟关系。刘备分出荆州数郡与孙权，以利益的割舍换得巩固益州后方，双方重新结盟抵御曹操的机会。孙权与刘备第二次联盟，阻碍了曹操的强劲攻势，延缓曹操取得天下的进程。曹操、孙权、刘备三分天下，孙权、刘备时盟时敌的局面越趋明显。

第七章　汉中称王：这块肉我吃定了

先下手为强

刘备领益州牧后，曹操惊惧，不欲刘备坐大，因此，急忙率军亲征汉中，意欲切断刘备出益州的通道。其时，曹操军队为氐人所阻，而刘备进军江陵与孙权争夺荆州。建安二十年（公元215年）七月，曹操大军突破氐人堵塞达到阳平关，经过交战，张鲁投降，此时，刘备尚在江陵与孙权僵持，益州人心未稳，曹操本可趁此契机再进军益州，可是，曹操却盲目认为赤壁之战因为轻敌冒进失败，息兵不前，从而错失良机。

刘备击败刘璋，取得益州后，曹操夙夜不安，他担心刘备凭仗益州天险，再攻破张鲁，取得汉中，从此难以收拾。张鲁无雄心壮志，守土不及，而汉中却是益州屏障，进军中原的唯一出口，这块军事险塞，曹操垂涎已久。如今刘备已经取得益州，若是再从张鲁手中得到汉中，则以刘备之能，遣良将驻守汉中，从益州内部调运兵马、粮草支援汉中，曹操便更难以有机会打败刘备，一统天下的愿望愈难实现。

曹操若是趁刘备整顿益州内政之机攻打汉中，那么张鲁以平庸之才智，又绝外援，定然难以抵挡。取得汉中，则掐住刘备出入的咽喉，刘备只能偏居于成都，更可进而作为夺取益州的前哨。先下手为强，曹操决定，亲率大军攻取汉中。

建安二十年（公元215年）七月，曹操大军突破氐人军队的阻击，抵达阳平关。阳平关地势险要，是关中和汉中盆地的门户，地理位置十分险要。

曹操率大军来攻，张鲁本想就此投降，但他的弟弟张卫不同意。张卫认为，投降曹操便得为曹操门下之臣，不投降曹操却是一方霸主，两者的差别何其巨大，况且如今尚未交战，胜负尚未可知，仅仅因惧怕曹操军队的声势就投降并不明智。张卫打算依托险要的阳平关固守，挡住曹操的攻击，曹操久战不下必然退去。

大兵压境，是战是降本就是难以抉择的问题，张鲁本人并没有太多主见，他听弟弟讲得在理，就同意了他的建议。于是，张鲁派出弟弟张卫及部将杨昂等人带领军队据守阳平关。张卫到达阳平关，略为观望地势，决定修筑城墙来防卫自己，他调遣军队沿着山势修筑了十多里长的城墙。

曹操在抵达阳平关前，曾询问过凉州从事及从武都投降过来的兵将，他们都告诉曹操，阳平城外的南、北两山相距甚远，无法防守，很容易被击败。曹操听了这些人的话，十分高兴，自己也觉得击败张鲁轻而易举。然而，曹操率领大军直达阳平关前时，曹操骑战马实地观察敌情，只见周边山势陡峻，而环山兴建的城墙极其坚固，明显是易守难攻之处，因此，曹操万分感慨“他人商度，少如人意”。

阳平事实上是极其险要之处，若要攻取，军队伤亡必大，但军队远途跋涉来到此处已如箭在弦上，不得不发。曹操略为休整便寻思攻破阳平关的良法，可久思不得。军队耗费，日用万金，现实不容许曹操再思考下去。一支令箭扔出营帐，攻击的口令响彻苍穹，曹操终于下令了。

身着铠甲的战士接连不断地往阳平山上冲锋，但是山势陡峻，难以攀登，张卫命令军队在山上往下射箭，且投放滚石，不断有士兵被敌军的乱箭或滚石所伤。一波数千军队冲锋，可能攻到城墙前的不到百人，此时早已精疲力竭，很快便被张卫的部下剿灭。曹军后又改变作战方式，派出小撮军队拿着盾牌吸引敌人，其他军队从侧面进击，但很快又被张卫手下士兵发现。

曹操攻打阳平关数日，可始终攻取不下，曹操属下士兵死伤很多，军粮也快用尽。曹操心情十分沮丧，他望着阳平关徒叹奈何，可惜士兵没有猿猴般矫健的身手，飞鸟般敏捷的翅膀，无法逾越阳平山。

一座小小的阳平关就此阻挡了曹操夺取汉中的攻势，此时，张卫隔着城墙望着关下因久战不下神情萎靡的曹操军队，心中窃喜。而张鲁在汉中，听闻张卫的报告也是欣慰不已，幸好听取了弟弟的意见，曹操连阳平关都攻取不下，数万铁骑踏不进阳平关薄薄的城墙之内，看来也不过如此。然而，张卫和张鲁笑得太早了，数天后，曹操终于奇迹般地啃下阳平关这根硬骨头，而他的下一个目标就是张鲁在汉中的府第，曹操要在张鲁在汉中的府第宴饮诸将。

关于曹操夺取下阳平关的历史记载，有两个不同的版本。

《三国志》中的记载是，曹操进攻阳平关久久不下，便领兵退回，敌人见大军撤退，因此撤出守备。而曹操便悄悄派遣解高祚等人利用险要地势在夜里发动袭击，大败敌军，斩杀张鲁的将领杨任，又进而进攻张卫，张卫等人趁夜逃跑。

《资治通鉴》中的记载却有点神乎其神的感觉，曹操攻打阳平关受挫，不得不沮丧地命令军队撤退，他命山上的士兵返回，谁知军队迷路来到了张卫的下属军营，张卫的士兵正因阻击曹操成功暗自得意，如今却见曹兵突然来到自己的军营之中，以为神兵天降，又不知曹军有多少人马攻入，吓得都逃走了。此时跟在军队后面的侍中辛毗、主簿刘晔等人见此情景，命令拿下敌人的据点。许褚等人开始还不相信，亲眼目睹后，便兴奋地回去报告了曹操。曹操正为大兵撤回而感到伤心懊恼，如今听说这样的好消息，大喜过望，立即命令回撤的军队，后军变前军，重又杀向阳平关，张卫等人只得连夜逃走。

不管曹操是如《三国志》中的记载，施奇计攻破阳平关，还是如《资治通鉴》中的记载，回撤的山中前锋部队迷路误入张卫军营，使张卫部队受到惊吓，从而因该意外事件取得阳平关，总之，曹操胜利了。曹操大军突破阳平关阻碍，张卫溃逃，汉中唾手可得。

张鲁看到阳平关失陷，自觉再也无力阻挡曹操铁骑，便准备投降，他手下的谋士阎圃对他说：现在因为受到曹操军队的压力而被迫投降，一定没有什么功劳，不如逃往巴中，等待时机，再归顺不迟。张鲁认同了阎圃的说法，于是逃奔南山进入巴中。张鲁逃跑时，他的部下建议他烧毁汉中的全部宝物和仓库，张鲁没有同意，派人将府库都封存好以后才离开。曹操进入南郑后，对张鲁的做法非常赞赏，他觉得张鲁的行为有投诚的善意，因此派人前往安慰晓谕，稳住张鲁之心。

建安二十年（公元215年）十一月，张鲁从巴中率领残部投降，曹操借朝廷之名义，就将张鲁和他的五个儿子都封为列侯。张鲁盘踞汉中数年，自封汉宁郡王，曹操击败张鲁后，恢复汉宁郡为汉中郡，将安阳、西城设为西城郡，任命了郡太守，另又分出汉中郡的锡县、上庸县，设置都尉来管辖。

曹操在取得汉中后，丞相主簿司马懿向他建议："刘备以诈力虏刘璋，蜀人未附，而远争江陵，此机不可失也。今克汉中，益州震动，进兵临之，势必瓦解。圣人不能违时，亦不可失时也。"司马懿觉得，刘备靠奸诈动持刘璋取得益州，蜀人还没有归附他，而刘备却远途跋涉去争夺江陵，现在，曹操军队刚攻克汉中，益州受到震动，趁着这样的好时机进攻益州，那么益州军队必将土崩瓦解，圣明的人不违背天时，曹操不能错过这样的好机会。

谋士刘晔也劝告曹操说：刘备虽然是个人才，但做事慢热。他刚占据蜀地，百姓还不信服。而曹军刚刚拿下汉中，蜀人很受震撼。以您这样的英明才干，趁着益州军民崩溃之时率领大兵进军，一定能获得胜利。如果您迟延不决，放弃这次机会，就再也难以取得益州了。诸葛亮擅长为相治理国家，而关羽和张飞都是勇冠三军的杰出将领，蜀地人民安定之后，刘备派出将领据守险要之处，我们便难以进攻，而他们亦将成为我们的大后患。对于司马懿和刘晔的建议，曹操的答复是"人苦无足，既得陇，复望蜀邪！"

曹操放弃司马懿和刘晔的好建议不用，却对大家说，人啊有个毛病，就是不知足，既然得到陇地，又想得到蜀地。此时的曹操，一派知足常乐的架势。大概是曹操赤壁之战受挫后将失败的原因归结为轻敌冒进，因而此次攻取汉中后，便只想先稳固汉中，此后再图谋益州。然而，曹操才说完这句话不久，他就后悔了。

在他取得汉中没几天，有部分人从蜀地跑来投降，他们描述蜀地人民在得悉曹操取得汉中时的情形："蜀中一日数十惊，守将虽斩之而不能安也。"曹操一听，原来蜀中一天发生数十次惊扰，守将以斩杀来弹压都无法使人民安定，这不正是司马懿和刘晔建议中所说的情形吗？因此，曹操觉得很是后悔，后悔当时没有听取司马懿和刘晔的正确建议，进军益州，否则，只怕益州也已是曹操的了。曹操一后悔，便想法补救，他找来刘晔，主动向刘晔咨询进攻益州事宜，刘晔答复曹操，现在蜀地已经初步安定，不能再行进攻。"今已小定，未可击也"。曹操攻打汉中良久，益州既不可取，又担心后方安定，于是撤军。曹操返回邺城前，任命夏侯渊为都护将军，率领张郃、徐晃等人守卫汉中，又任命丞相长史杜袭为驸马都尉，掌管汉中政务。

曹操行事，大开大阖，带兵行军，果断决绝，然而却在取得汉中后立即进攻益州事件上稍为犹豫，拒绝了司马懿和刘晔的良好建议，从而为诸葛亮稳定益州民心赢得时间，而刘备听闻曹操取得汉中，割舍荆州利益与孙权再行联盟，孙权在江东拖住曹操大批生力军。曹操失去取得益州的良好时机，从而使刘备得以在益州建立蜀国与其对抗，这是他一生中所犯的极大战略失误。

不平静的合肥

军事上，战略要地是兵家必争之处。合肥南北都靠江，是巢湖的门户，曹操可随时从此处调集水陆军队攻击江东，对建业构成严重威胁。从曹操的角度来说，此处是南征孙权的重要前哨，不容失去。而从孙权的角度来说，若取得合肥，既可消除曹操对建业的直接威胁，又可将其作为北伐的集结地。因此，双方为争夺合肥展开近五十年的漫长战争。就在此处，张辽以区区七千之众抵挡孙权十万大军，威震逍遥津。

赤壁之战后，曹操集团和孙吴集团并非完全划江而治，孙吴集团亦占有不少江北的土地。如孙权在濡须口建立军事据点。合肥和孙权的濡须口中间只有巢湖。曹操占据合肥，可以一边在合肥屯田戍边，一边自淮河调集水军至巢湖集结然后行经濡须口沿长江攻打江东。正因为合肥离孙权的领地如此之近，孙权时时感到曹操的威胁，不得不在濡须口沿岸驻扎重兵防守。此外，对于孙权来说，合肥是孙权北上的必经之处，孙权要想往北扩展领土，攻取徐扬，就得突破合肥对自己的钳制。

汉献帝建安十三年（公元208年），曹操刚于赤壁之战中败退，孙权就派周瑜攻打江陵，自己却亲自率领大军攻打合肥。当时守卫合肥的是扬州太守刘馥，合肥城经过数月的攻击，又接连下雨，城墙即将崩塌，刘馥眼看合肥难守，便施巧计，派守将带着张喜率四万援军到来的信出城再进城，并故意被孙权部下擒获，孙权看到信，以为曹操派来的救兵真的赶到，便就此撤退。

汉献帝建安二十年（公元215年），曹操亲征张鲁，合肥防备空虚，而刘备担心益州安危，割弃荆州数郡与孙权，和孙权言和。孙权不用再与刘备作战，便想趁着曹操西征，无暇东顾的良好时机取得合肥。八月，孙权率领十万大军第二次攻打合肥。

孙权第一次带兵攻打合肥时，就因为久攻不下，颇感烦恼。若不取合肥，则无以北上，难遂争雄天下之心，孙权一想到这，就心中急躁，打算率领轻骑亲自突击敌人。但是张纮劝诫他说："夫兵者凶器，战者危事也。今麾下恃盛壮之气，忽强暴之虏，三军之众，莫不寒心。虽斩将搴旗，威震敌场，此乃偏将之任，非主将之宜也。愿抑贲、育之勇，怀霸王之计。"张纮认为，战争是件危险的事，主公亲自领兵攻击，虽然可能威慑敌人，但风险实在太大。孙权应该居中指挥，以安军心，而不应以身涉险，因此，希望孙权能够抑制心中的豪勇之气，而秉着霸王的计谋来争夺天下。孙权听了张纮的劝告，才打消亲自突击的想法。

在第一次合肥之战中，孙权竟然不顾主公的身份准备亲身涉险，突击敌人，后来虽然听取张纮的建议，打消突击的想法，却也反映出孙权想要取得合肥的急迫心情是何等地强烈。此次，曹操主力讨伐张鲁，夺取汉中，孙权趁良机欲图合肥，更是几乎倾国之兵出动，十万大军直指合肥，天下震动。

建安十九年（公元214年），曹操在南征孙权时，被阻濡须口，回师邺城时留下张辽、李典、乐进等人带领七千余士兵防守合肥。此次，孙权率十万大军攻打合肥，而曹操主力遥在千里之外的蜀地夺取汉中，中原防备空虚，合肥可谓绝无外援。而张辽等人却要依靠区区七千余人，对抗孙权十万大军，兵力比约为1∶14。七千余人对抗十万人，如果要硬碰硬，这真的是以卵击石。

孙权的十万大军，声势浩荡，其前锋部队很快便到达合肥城下，从城墙上望去，只见锦旗蔽天，战甲如云，长矛如林，营帐连绵不绝。合肥城中顿时弥漫起一股恐慌的气息，百姓在街头相会，首先讨论的就是合肥是否可保。合肥守将李典、乐进等人也是心中焦急，不知道以七千余人对十万大军的仗该如何打，这几乎是必败的一场战争。

然而，李典等人还没有完全绝望，因为护军薛悌想到合肥还有一件秘密武器，这件秘密武器就是曹操的一封手谕。曹操在征讨张鲁时，预料到孙权可能会派兵攻打合肥，因而交给薛悌一封手谕。这封手谕甚是神秘，它的封袋边上写着四个大字"贼至乃发"，只有等到敌人来到时才能打开。李典、乐进、薛悌、张辽等人经过讨论，觉得曹操如此慎重地将手谕交给薛悌，一定有退兵良谋，心中略微安定。然而，等到拆开手谕看后，李典等人顿时面面相觑，大眼瞪小眼，脸上写满惊疑。

曹操的手谕上写着"若孙权至者，张、李将军出战；乐将军守，护军勿得与战。"李典等人本来对曹操的手谕充满希望，如今一看，只是写明："孙权来到时，让张辽、李典两位将军出去迎战，乐进将军守城，护军薛悌不许参战。"本来，敌军的数量就是我军的数倍，不去出战，能期望守住城便算不错了，如今，还指定让张辽、李典主动迎战，这不是羊入虎口吗，算哪门子的守城良法。

就在李典、乐进、薛悌认为敌众我寡，对曹操手谕表示质疑时，张辽勇敢而又坚定地站了出来。张辽对曹操看似荒谬的手谕作出了一番个人的合理解释“公远征在外，比救至，彼破我必矣。是以教指及其未合逆击之，折其盛势，以安众心，然后可守也”。

张辽认为，曹操远征在外，如果合肥城只是闭门不战，等待救兵来援，则救兵还未到，敌人都已经攻破城池了。而手谕指示我和李典将军迎战，是让我们在敌人还没有集合前迎头痛击他们，挫败他们的锐气，从而安定我军的军心，只有这样才能守住城池。曹操看似荒谬的手谕经过张辽的一番解释，霎时变得合乎情理。

张辽虽然说得热血激昂，可是李典等人并不回应。张辽的这一套说辞，哄哄小兵还可以。主动迎击，挫敌锐气，说得好听，可是该采取什么样的措施来挫败敌人呢？在张辽没拿出实际性的措施前，李典等人不愿表态。张辽见到李典等人不表态，只以为乐进等人因与他一向不和睦，故而不愿跟从他出战，于是加大声音，严厉地吼道：“成败之机，在此一战，诸君何疑？”李典等人仍没有实质性的表示，只是用目光望着张辽。张辽顿觉胸中热血沸腾，烧得周身火辣辣的痛，气愤地说若还有疑问，将独自出战，以决胜负！

素与张辽不睦的李典，听完张辽的话，却并未以个人恩怨损害国家利益。他凝视着张辽深邃坚定的双眼，表示愿意跟随张辽力战。李典表态完毕，乐进、薛悌也表示赞同张辽的意见。四人决定同心协力，牢牢守卫住合肥。头可断，血可流，然而只要一腔豪气仍在，合肥决不能丢！合肥城中，四双粗犷的大手紧紧握在一起。

就在张辽鼓舞起李典等人与孙权作战的勇气之时，孙权正在合肥城下，看着高耸的城墙，他正暗中得意，绝对没有想到，合肥城中七千余兵力，守城尚且困难，而第二天张辽竟然敢来偷袭。

当夜，张辽募集敢于追随他出击孙权的士兵八百人，杀牛设宴犒劳将士，准备第二天大战。次日清晨，天刚蒙蒙亮，张辽便起身带领八百死士准备出击。他穿上铠甲，手持战戟，身先士卒直冲入孙权阵中，此时，孙权属下士兵尚未集结，张辽左突右杀，冲锋陷阵，显得勇猛异常。而孙权属下部队，未料到张辽竟敢攻营，准备仓促，被张辽杀死数十士兵，斩杀两员大将。

张辽武艺高超，又存威慑孙权之心，因而大喊着“我是张辽”，猛拍胯下战马，直取孙权中军。沿途拦截将士不是被张辽战戟戳伤，便是被他戳死，又担心张辽胯下战马践踏，纷纷闪避，最后，张辽冲破孙权扎下的数重营垒，直杀到孙权的大旗之下。孙权眼见一员大将，威风凛凛，挥舞战戟，迅猛地朝自己冲来，而属下将士无人敢挡，惊慌失措，吓得冷汗直冒，连忙退上一座高山，凭高固守，而孙权周围的卫士及护军将领则手持长戟、刀剑等各种兵器将孙权团团围住。张辽在山丘下高呼孙权与其一战，其声如洪雷，孙权吓得不敢动弹。

经过短暂修整后，孙权在山丘上看到张辽所带人马并不多，于是安下心来，传出命令将张辽重重围困。张辽眼见要被包围活捉，连忙指挥左右将士突围，厮杀片刻，便已冲破孙权的包围圈。张辽冲出重围后，环顾四周，跟随自己的仅几十人，而其余的部下仍在孙权的包围圈中，略微皱起了眉头。被孙权包围的张辽部下眼见张辽突围而出，大声疾呼“将军弃我乎”。张辽于是又返身杀回，再度突围，救出其余的战士。

张辽突袭孙权，战斗一直从清晨打到中午，张辽威风八面，而孙权属下“人马皆披靡，无敢当者”，江东的士兵都丧失了斗志，张辽才重新回城，部署守城事宜，合肥城中因此一战，人心安定，李典等人对张辽万分佩服。

孙权包围合肥十余天，无法攻下，又因为时发瘟疫，士兵伤亡惨重，决定撤军返回。孙权属下部队按照孙权的命令先后退走，而孙权与吕蒙、凌统、甘宁等人率近卫军千余人，在合肥东边的逍遥津北岸召开军事会议。

张辽以八百士卒突袭孙权大营，横冲直撞，左挡右杀，如入无人之境，张辽第一次突袭成功，可归结为孙权的轻敌。孙权此次在逍遥津北岸召开军事会议，显然还是没有吸取轻敌的教训。军队主力撤走，身为主帅，却未意识到善后问题，仅留千余卫士护守，这是孙权的又一失误。很快，孙权将为他的再次轻敌付出更为沉重的代价。

张辽在合肥探听到孙权仅带领千余卫士停留在逍遥津北的消息，十分兴奋，立即带领步、骑兵直杀过去，准备活捉孙权。张辽带领部队还未到孙权面前，孙权就已经听到震耳欲聋的喊杀声，看到战马疾驰激起的漫天扬尘。孙权见势不妙，急忙命令卫队速追前方撤退的军队，然而实在是相距太远，已追赶不上。

孙权赶不上前方撤走的主力军队，而张辽却带领部队追杀过来，形势可谓相当紧急。甘宁与吕蒙奋力抵抗，浴血奋战。在激战中，将军陈武战死，而宋谦、徐盛等部等退却，眼看近卫军溃不成军，孙权就要被张辽擒获。幸好潘璋带领部队驻扎在后，他策马直冲向前，横马当道，亲手杀死宋谦、徐盛部下两个逃跑的兵士，士兵们才又往回跑去参加战斗。甘宁等人在前方抵挡张辽的追杀部队，而凌统则带领亲兵扶着孙权跌跌撞撞地冲出包围。

凌统见孙权暂时已无危险，怕甘宁等人抵挡不住张辽追击，又杀回重围与张辽奋战，他身边的战士全都战死，而凌统自己也身负多处创伤。凌统战到最后，估计孙权再无危险才退回。孙权乘着骏马狼狈不堪逃到逍遥津桥上，却见桥南部的桥板已被敌军毁坏，有一丈多宽是空荡荡的。孙权自觉难以渡过。当时亲近监谷利在孙权马后，他让孙权抓住马鞍，放松缰绳，他在后面用鞭猛烈地击打骏马，加强马的威势，这才飞跃过去。

贺齐率领三千人在逍遥津南岸迎接住孙权，孙权方得幸免于难。贺齐在设宴为孙权压惊之时，从席间走出，哭着对孙权说“至尊人主，常当持重，今日之事，几致祝败。群下震怖，若无天地，愿以此为终身之诫！”

合肥一战，是张辽一生中的巅峰之战，在这场战争中，张辽冷静果断、勇猛刚毅、谋略突出的特点全都凸显出来。面对孙权率十万大军攻城的紧迫形势，张辽没有像他人一样慌乱，他保持着镇定，因此才能看出曹操手谕中的不平常之处。而面对李典等将的怀疑，张辽以情动之，显示出他的果断刚毅。在对曹操手谕的执行上，张辽第一次突袭率八百士卒横扫孙权军营，纵横无敌，将孙权全军的斗志都给压了下去，第一次突袭如同给整座合肥城的军民打下了一针强心剂，稳住合肥军民之心。正因为张辽第一次突袭的成功，才使合肥军民获得极大的信心与勇气坚守城池十余日，而孙权最后不得不撤走。孙权撤走也就罢了，张辽却再次显示了他的勇猛与谋略，第二次突袭孙权，几擒孙权，群下人人震怖，拼死奋战，才保住孙权性命。

孙权狼狈奔逃，张辽威震逍遥津。曹操后来再次南征孙权时，经过合肥，重走张辽当年抗敌之路，每至一处，都叹息良久。曹丕在后来追念张辽、李典战功的诏书中也写道“合肥之役，辽、典以步卒八百，破贼十万”。孙权的第二次合肥之战，以败退告终，张辽的英勇在其心中留下长久的梦魇，当多年后张辽抱病随曹丕南征时，孙权依然忌惮，告知诸将“张辽虽病，不可当之，慎之”。

率领十万大军攻打合肥时，孙权可谓志在必得，却败在张辽手中。曹操主力西征张鲁，孙权却没有在如此良机下夺得合肥。此后，曹操主力回师，加大对合肥的驻防兵力，双方又发动过三次战争，孙权始终被牵制在合肥南部一线，不能遂北上之愿，实在令人叹息。

汉中是个好地方

曹操占领汉中后，刘备念念不忘收回之意，若不取汉中，刘备只能偏安益州一隅，难以实现“亲率益州之众出于秦川”，伺机谋取天下的愿望。因此，刘备接受法正的建议，统帅大军，展开夺取汉中的猛烈攻势，与驻守汉中的夏侯渊等人大战。

汉中是益州的门户，对于刘备和曹操的军事意义都极其重大。曹操击败张鲁后，取得汉中，却没有乘势直取益州，反而将大队军马撤走，仅留下夏侯渊等人驻守。曹操的目标，似乎仅仅只是防止刘备进入关中。然而，以曹操的雄才大略，不可能看不到汉中的重要性，他退兵的原因，史书上未有明确记载，很难把握。

当时，孙权向合肥方向发动进攻，这也许是曹操的退兵原因之一，但不会是唯一的原因，最大的可能性可能如刘备的重要谋臣法正所说，一定是朝中有什么重大问题，因而急于快速赶回，亲自处理。

汉献帝建安二十二年（公元217年），法正建议刘备趁着曹操不在汉中的良好时机，发动大军讨伐，定可一举夺得汉中。“今策渊、郃才略，不胜国之将帅，举众往讨，则必可克”。法正认为，夏侯渊、张郃虽然是一代名将，但他们的才能谋略比不上我们倾国而出的将帅实力。汉中守兵人数不及益州兵力，曹操还在邺城，赶不及救援，如果能发动益州的全部兵力前去讨伐，就一定能够占领汉中。

接着，法正从占领汉中后的积极意义入手，坚定刘备夺回汉中的决心。刘备听了法正的建议，觉得很有道理，就开始着手准备进军汉中事宜。

建安二十二年（公元217年），刘备派出吴兰、张飞、马超等将进攻下辨，以便切断曹军从陇右地区向汉中增援兵力和粮草的通道，同时保持刘备攻取汉中主力部队的侧翼安全。刘备本人则筹集主力部队，带领法正、黄忠、魏延等将领准备进攻夏侯渊军据守的汉中要隘阳平关。阳平关是进入汉中的重要通道，刘备想要先期夺取阳平关从而将曹军驱逐出汉中地区。

刘备派去占领下辨的军队先期很是顺利，很快就夺取了下辨地区。而该年十月，下辨被刘备占领的消息传到邺城。曹操对此迅速作出反应，他派遣都护将军曹洪率领大军前去收复下辨。曹洪家境优越，自曹操晋升魏王后，位居显职，身为魏王曹操至亲，权势熏天。随着曹洪职位的不断升迁，曹洪已习惯于在温柔乡里过日子，而早年冲杀的锐气早被磨灭。对此，曹操亦有所知，因此，在出行前，曹操又任命曹休以骑都尉的身份，出任曹洪参军。曹操甚至特意叮嘱曹休“汝虽参军，其实帅也”。

建安二十三年（公元218年），曹洪兵至下辨城外后，张飞分兵，假装要率兵向固山前进，包抄曹军后路的样子。曹洪手下诸将对此议论纷纷，曹洪亦担心后路被断，因此，不敢一心攻击下辨守将吴兰的军队。而曹休却明智地识破了张飞的诡计，他分析说“贼实断道者，当伏兵潜行。今乃先张声势，此其不能也。宜及其未集，促击兰，兰破，则飞自走矣。”曹休看出张飞不过是虚张声势。于是，曹洪听取曹休的判断，决定讨伐下辨守将吴兰，吴兰部大败，雷铜、任夔两个将领被斩杀。吴兰在逃亡途中被当地的氐人杀死，他的头被献给曹操。三月，张飞与马超撤走。

张飞与马超率领大军向汉中撤退，这本是个危险的信号，然而，曹洪占领下辨后，却再无进一步的军事举动，他没有派兵追击张飞、马超所部，却开起庆功酒会。酒席中，难以忍受军营枯燥生活的曹洪，竟然让一班女艺人只穿极薄的纱衣，近乎裸体地跳舞助兴，其好色下流的丑态令在席之人都看不下去，而任武都太守的杨阜即席斥责曹洪，并拂袖而去。

曹洪在下辨饮酒作乐之时，刘备正与夏侯渊、张郃军在阳平关一带对峙。曹操当年攻打阳平关损失惨重的现象在刘备身上重演。刘备虽驱动主力部队向阳平关发起猛烈攻击，但屡攻不下，伤亡颇大。

汉中是刘备拼了命也要得到的地方，伤亡再大还得继续打。汉中此时只有夏侯渊等少数将领驻扎，而曹操正在忙于处理内部事务和平息许都叛乱的善后事宜，如果曹操带领大军亲征，那么再取汉中就十分不易了，刘备决不能错过这次机会。因此，建安二十三年（公元218年）七月，刘备派遣陈式带领十余营军队攻击马鸣阁道，试图切断阳平关的北面道路，从侧后方威胁阳平。

马鸣阁是连结武都和汉中的一条重要通道，地势十分险要。它并不是一条真正的路，而是人工修建的盘踞在崇山峻岭间的阁栈。当时，人们在山壁上铺好木板供人马通行。马匹经过时，由于恐惧下面的万丈深渊，会发出嘶鸣，所以这桥又名“马鸣阁”。刘备派陈式攻取马鸣阁道，为的就是切断汉中与曹洪军队的联系，同时防止主力部队被曹军两面夹击。陈式自信满满地接受刘备任命，他只以为带着近万大军攻取一条小小阁栈，唾手可得。然而，陈式没有想到，他将会在马鸣阁铩羽而归，因为，驻守马鸣阁的是大名鼎鼎的猛将徐晃。

徐晃带领的军队是一支机动部队，他根据实际需要采取适当手段，防御马鸣阁至阳平一带不被刘备军攻取，以保障阳平关侧后的安全。陈式带领大军来侵袭，徐晃迅速地将部队拉到马鸣阁防守。陈式写下挑战信，约徐晃离开马鸣阁决战，徐晃冷笑，放弃有利地形和你陈式决战，这是匹夫之勇。徐晃默默地等待陈式出击，而陈式终于耐不住，指挥大军掩杀，可是在地势险要的栈道，兵马虽多也不能发挥作用，徐晃沉着地应付，有力阻击，大破陈式，而陈式属下的十余营部队大败后，竞相逃往，不少人在逃跑的过程中因为道路狭窄，掉进山谷而死。《三国志》中对于陈式攻取马鸣阁的记载是“备遣陈式等十余营绝马鸣阁道，晃别征破之，贼自投山谷，多死者。”

徐晃在马鸣阁大败陈式军队，捷报传到曹操手中，曹操十分高兴，他特意授徐晃假节，并在给徐晃的嘉奖令中写道“此阁道，汉中之险要咽喉也。刘备欲断绝外内，以取汉中，将军一举克夺贼计，善之善者也。”

刘备派遣杨式攻取马鸣阁失败，与此同时，他率领的十部精兵也不能攻克屯兵广石的张郃。大军出征，粮草、军饷开销巨大，而战死的士兵众多又需要新的兵员补充。刘备的后勤补给全靠留守成都的诸葛亮供应。此时，刘备已与夏侯渊在阳平关对峙将近一年。刘备正处于比较危险的境地，下辨的曹洪军队已威胁到其主力的侧翼安全，而军队损失惨重，再度用残余的部队攻取阳平关已无可能，甚至会遭受到夏侯渊等人的反击。因此，刘备急忙发出调动令，将成都的部队调到汉中。刘备不断地催讨粮草和兵员，远在成都的诸葛亮都感到有点吃不消。诸葛亮难以排解后勤补给的巨大压力，他心中觉得夺取汉中是否有点不太必要，劳民伤财，便向部下发牢骚，征询蜀郡从事杨洪的意见。杨洪鼓励诸葛亮道“汉中则益州咽喉，存亡之机会，若无汉中则无蜀矣，此家门之祸也。方今之事，男子当战，女子当运，发兵何疑！”杨洪认为汉中是益州咽喉，直接关系到益州的生死存亡，如今夺取汉中，应当男子出战，女子运输，尽出益州之兵，还能有什么迟疑。诸葛亮听取了杨洪的意见，顶着巨大的压力，再次向刘备输出益州的几近全部留守兵力。

夏侯渊能够抵御刘备近一年之久，与他占据阳平关有利地形有着莫大关系。然而，刘备倾尽益州兵力、物力，不顾巨大伤亡，誓取汉中。与刘备属下几近所有武将、谋臣为敌，夏侯渊面临着战斗生涯中最大的挑战，此时的曹操却被叛乱等事情羁绊，汉中失守仅仅是时间问题。

定军山丢了

夏侯渊在无曹军强大外援的情况下，坚守阳平关近一年，刘备虽率军亲征亦不能克。两军的营帐相隔不到数里，对峙的焦躁和战争的死亡气息笼罩着阳平关。刘备决定改变作战方式，率领大军向定军山转移，吸引夏侯渊带领军队离开牢固的阵地，以期取得战争胜利。

刘备为取得汉中，尽出益州之兵，以至于负责后勤补给的诸葛亮都感觉到压力巨大，由此可见，刘备在攻打汉中过程中的兵力、财力消耗之大。夏侯渊凭险固守，仅仅依托汉中的财力物力抵御刘备一年之久，可以看出，夏侯渊的作战能力非常强劲。然而，刘备在得到诸葛亮再次派出的援兵后，实力补充迅速，夏侯渊所期待的援兵却迟迟不来。对比双方实力，刘备军团强，夏侯渊兵团弱。刘备一方打破对峙局面，取得战争胜利仅仅是时间问题。

徐晃大败陈式于马鸣阁后，曹操感觉汉中势态严重，自己远在邺城不便指挥，因此决定带兵进驻长安，以便就近处理军机事宜。他于建安二十三年（公元218年）七月领兵从邺城出发，当年九月抵达长安。

曹操亲率大军来助，这对于夏侯渊无疑是天大的喜讯。刘备久战夏侯渊不下，全军疲惫，而夏侯渊军也是劳累不堪。此时，如果曹操领军迅速赶赴汉中，则可给予刘备军团以致命一击。然而，一次意外的叛乱拖住曹操数月之久。曹操进军汉中，军队的粮草需要补给运输，而南阳郡就承担了繁重的后勤保障工作。数万大军的后勤供应，不是件易事，需要抽调大批壮丁来服徭役，壮丁不足则拉老幼妇孺补数，一时间民怨沸腾。建安二十三年（公元218年）十月，宛城守将侯音率众造反，他“执南阳太守，劫略吏民”据守宛城等待关羽派人来接收。

面对这一突发事件，曹操不得不派遣刚刚进驻樊城的曹仁平定宛城叛乱。而此时驻守荆州的关羽，势力强劲，虎视眈眈，孙权则在濡须口对合肥构成威胁。曹操要分心面对叛乱事件，同时防备关羽、孙权等人乘机攻打中原。曹操认为，夏侯渊能够抵御刘备一年之久，说明夏侯渊军队还有战斗力，刘备短期内无法取得汉中，因此，曹操便在长安观望事态变化，同时以便震慑中原。曹操没有想到，他在长安的耽搁，却断送了一代名将夏侯渊的性命。

建安二十四年（公元219年），刘备带领大军从阳平关向南渡过汉水，沿着山边逐渐向前推进，在定军山摆开阵势，扎下大营。刘备的意图是，改变战斗方法，转移战线，威胁阳平关的侧面。刘备想用主力部队将夏侯渊从牢固的阳平关引开，在定军山展开决战，从而有效地发挥机动军力的作用，一举消灭敌军。

果不其然，刘备向定军山转移，夏侯渊立马放弃阳平关，带领属下军队在定军山附近设下营寨，抵御刘备军。夏侯渊的军事部署是，分兵两部，让张郃带领部分军队驻守东面，他自己则带领其余主力部队驻扎南面。同时，夏侯渊命令属下士兵砍下树枝和树干，削尖它们，交叉固定刚在一起摆在营寨四周，并在上面绑上铃铛，以防止敌军步兵和骑兵的突击和偷袭。

此次作战，刘备方面的主要谋士是法正，将领主要是黄忠。法正在抵达定军山后，仔细观察地势，看出定军山附近的一处山坡地势较高，从上可以一举窥视夏侯渊敌军动向，便有了主意。法正向刘备建议，攻取该处山坡。在该处山坡，夏侯渊方驻守的兵力不多，不及千人。刘备派出将领趁夜发动突袭，一举攻破山坡。然后，刘备按照法正的建议，任命老将黄忠在该处驻守。

刘备军团取得地势高的山坡后，对夏侯渊军队布置的动向了如指掌。法正看出，张郃驻守的东面，兵力较少，是夏侯渊兵团防护的薄弱环节。于是，法正再次向刘备提出精辟的建议，集中兵力攻打张郃，只派少数兵力对夏侯渊驻守的南面进行骚扰。刘备能够取得益州，法正可谓是头号功臣，因此，刘备对法正的意见很重视。他将主力部队分成十部，轮流向张郃发动猛烈的冲击。张郃部被轮番的攻击折腾得精疲力竭。夏侯渊在南面闻得东面杀声震天，而东面却除了偶然的骚扰外，平安无事，本想去助张郃，又怕被劫营，顿觉坐立不安。最后，夏侯渊采取折中的方法，他担心张郃被刘备主力部队的全力进攻击败，便分出一半兵力去东面支援张郃。

夏侯渊分兵一半支援张郃，南面兵力锐减。而这一切，都被法正清楚地瞧在眼里，法正在心中暗暗冷笑。夏侯渊的援兵抵达东面，刘备依照法正传授的方法，继续全力对张郃部冲击数次后，暗中拨出许多兵力抵达定军山附近黄忠驻守的较高山坡。黄忠驻守的地方离夏侯渊的营寨比较近，夏侯渊分兵后，黄忠便开始执行法正的计划，他每天在高坡鼓噪呐喊，装出要攻击夏侯渊的样子，而夏侯渊每次都以为刘备军将要发动攻击，紧张的调兵遣将准备防御，然而，黄忠却没有真正地攻击。夏侯渊天天被黄忠诈攻吓唬，渐渐地觉得麻木。夏侯渊以为刘备军将领示怯，闻我夏侯渊大名，不敢发动进攻，只是一班无胆鼠辈，不需过多提防。

夏侯渊的自傲是有道理的，他曾经先后打败马超、韩遂。平定边疆，统治范围直捣河西，连曹操都很欣赏他。夏侯渊心想，刘备倾尽益州之兵，攻阳平关一年不克，这次定军山作战，又奈我夏侯渊何。

据史书记载，夏侯渊非常重视奖励部下，他常常将俘获的财物或是收到的赏赐分与属下，深得军心。此外，夏侯渊还极其重视后勤保障，亲自督运粮草的事干得不少。这次定军山之战，夏侯渊再次发挥身先士卒的精神，带领四百名士兵巡查周边。夏侯渊没有想到，巡查周边之行，却终结了他的性命。

夏侯渊带着四百名士兵巡视，一路未发现异常，警惕之心渐渐松懈。而夏侯渊的松懈正是法正所需要的，法正早已在高坡上将夏侯渊的举动看得一清二楚，他等待着夏侯渊上钩。夏侯渊行至十五里外，见到用来防守的鹿角（摆在地上起防御作用的树杈）被刘备军烧毁，略为皱眉。既然看见了纰漏，夏侯渊便决定将其补上，夏侯渊停下马，命令属下四百名士兵去山上砍树将鹿角补全。

就在夏侯渊忙着修补鹿角之时，站在高坡上的法正却在嘴角露出一抹微笑。法正知道，铲除夏侯渊的最好机会到了。而斩杀夏侯渊的机会将交与黄忠执行。在高坡上等待多日的黄忠早已按捺不住杀敌立功之心，他跨上战马，亲自擂起战鼓，指挥士兵掩杀。震天响的杀声响起，在高坡上休息多日的黄忠属下士兵如奔驰的野马，飞快地向山下夏侯渊所在冲去。黄忠接着将战鼓交与旁边小校，手执饮尽无数敌人鲜血的长刀，一挥马鞭，吼叫着拍马驰去。

黄忠军队的攻击很是突然，夏侯渊周遭的四百士兵还在忙着砍枝杈修补鹿角，夏侯渊本人则在旁监督。当杀声响起，夏侯渊抬起惊愕的双眼，看到数千刘备军向他杀来，而当先一员大将，手执长刀，满头白发，甚是耀眼。

敌众我寡，夏侯渊想到要撤退的时候，回路已经被断，而黄忠却已冲到眼前。夏侯渊匆忙举刀迎战。而四周修补鹿角的四百士兵被黄忠手下的几千军队团团围住，一个人迎战数名敌人，根本无法应付。属下士兵被杀伤、杀死的惨叫声不断传到夏侯渊耳朵里，夏侯渊心惊胆寒，不及数会合，便被黄忠一刀斩于马下。

欢呼声刹那间盈满山野，勇猛无敌的夏侯渊死了。老将黄忠斩杀夏侯渊，由于法正的良策，这一战成就了黄忠的威名。此后，黄忠因斩杀夏侯渊的功劳得封后将军。

夏侯渊勇猛善战，长于奔袭机动作战。但他也有缺点，就是片面依仗勇力。为此曹操曾多次告诫他“为将当有怯弱时，不可但恃勇也。将本当以勇为本，行之以智计；但知任勇，一匹夫敌耳”。曹操认为，作为将领应当有怯弱的时候，不能够只是依仗勇力。夏侯渊为将虽然应当以勇为本，具体用兵时却也要用智谋计策，如果知道依仗勇力，不讲智谋，那只是匹夫的对手而已。然而，夏侯渊显然未完全吸取曹操的告诫，定军山一战，夏侯渊以半数兵力支援张郃，却还敢不顾被偷袭的危险，亲自带领四百士兵巡视周边，实在是过于依仗勇力。

对于夏侯渊定军山一战的表现，曹操在一则军策令中批评道“为督帅尚不当亲战，况补鹿角乎”。夏侯渊战死，使得汉中军心不稳，汉中即将失守。

一颗将星冉冉升起

定军山一战，法正定下奇谋，老将黄忠奋勇斩杀魏军名将夏侯渊，整个汉中震动。刘备军营内正喜庆高歌，互相祝贺胜利，而定军山附近曹军营寨，士兵垂头丧气，众将纷纷汇聚一堂，面露哀伤之色，商讨主将被杀后的善后事宜。

主将是军队士气所在，主将英勇则士兵英勇，主将无能则军队衰败。夏侯渊不顾主将之尊，在修补鹿角的过程中被黄忠斩杀，这一消息很快传遍魏营。而刘备乘机派出众多士兵鼓噪宣传，打击夏侯渊属下剩余军队的士气。一时间，夏侯渊统帅下的部队人心惶惶，悲哀、颓败的气息弥漫。群龙无首，且刘备军实力雄厚，陡遭重挫的魏军被迫收拢残兵，退至汉水北扎营。

夏侯渊战死，其部下将领相互商讨觉得需要找出一个人心服膺的名将来主持大计。而在夏侯渊属下众将中，张郃南征北战，立下汗马功劳，智勇兼备，在军中很得人心。

若论统帅之才，除夏侯渊外，张郃可谓最合适不过。张郃曾在袁绍军中任职，在官渡之战中力劝袁绍急救乌巢，袁绍不听，张郃后又被小人谗言所伤，不得不投奔曹操。张郃自跟随曹操后，攻克邺城，大败袁尚，消灭袁谭军，远征乌桓，击败关中军，立下赫赫战功。在曹操讨伐张鲁之时，张郃又是先锋。所以，夏侯渊军中诸将对张郃的才能都有着清醒的认识。

而刘备，对于张郃则尤为忌惮。刘备曾依附过袁绍，对于张郃可以说是知根知底。特别是在广石一役，刘备亲自率领精兵万余人，分为十部，猛烈攻击张郃竟不能克。这一战，在刘备心中留下深深的阴影，刘备甚至认为张郃的才能远比夏侯渊突出。因此，在黄忠斩杀夏侯渊后，刘备没有表现得特别高兴，他叹息道“当得其魁，用此何为邪！”刘备觉得若是能够斩杀张郃比斩杀夏侯渊更好。

虽然张郃是如此地优秀，军中内外都对他表示佩服，可他毕竟还是夏侯渊的部下。夏侯渊刚刚战死，尽管军中急需推举出新的统帅来主持大事，张郃却不能不顾面子，毛遂自荐地站出来。张郃这样做，就会显得没有涵养，而且很有野心。所以，张郃选择沉默，他相信，会有人抬出他这块金子来。

刘备军团虎视眈眈在侧，大有乘胜直进，将汉中剩余曹军一举剿灭的态势。而己方军中却人心不稳，在这样的生死关头，夏侯渊的司马郭淮显现了过人的识人才华。郭淮主动地站出来，推举张郃来执掌军事。“张将军，国家名将，刘备所惮。今日事急，非张将军不能安也”。郭淮将张郃的地位抬得很高，张将军是国家的名将，刘备都感到害怕的人，今天事情急迫，除了张将军没有人能安定军心。

郭淮推举张郃显得十分合适，因为他是夏侯渊的司马，由他来推荐张郃，张郃便摆脱了篡权的嫌疑。然而，光靠郭淮一个人表态，没有人表态赞同的话，张郃仍然无法承担重任。就在关键时刻，驸马都尉，督汉中军事杜袭起身附和郭淮的意见。郭淮和杜袭两位重量级人物联手推荐张郃，其余将领也觉得张郃足以担当统帅之职。此时统帅要担当起抵御刘备军团的重任，所以没有人和张郃抢。于是，张郃十分顺利地接替夏侯渊，统率全军。

张郃执掌军队，面临的是一个烂摊子，属下部队人心不稳，惊恐莫名。而张郃却要整合残军，鼓舞士气，迎战刘备倾益州之力的庞大兵团。事实证明，张郃的确是位非常优秀的统帅，他受命于危难之际，迅速展开政治宣传，重新树立起士兵的信心，同时部署士兵，安排牢固的阵势防守。各种举措安排得井井有条，而众将因为佩服张郃的才干，都愿意接受他的指挥，军心很快安定下来。

张郃忙着安定军心，部署防御，刘备方面却在准备进攻事宜。刘备打算利用军队定军山大捷获得的勇气乘胜追击，渡过汉水，全歼夏侯渊残余部队。刘备的动作很明确，数万大军直向汉水边进发，而他的这一动作很快被张郃设置的侦察兵岗哨发现。侦察兵将刘备的动向告诉张郃。

敌军即将渡过汉水来袭，张郃立刻召开紧急军事会议，军中中级以上将领全体参会。曹操的援军迟迟未至，而刘备军又将再次攻击，敌众我寡，敌强我弱，如何才能有效地抵御刘备军，张郃心中也没有定数。

会中，诸将畅所欲言，纷纷将自己心中所想表达出来。大部分将领的看法是，寡不敌众，唯一的办法是依据汉水，沿岸建阵拒敌。这些将领都把汉水当成了救命稻草，刘备想渡河攻击，咱们就让他渡不了河。在实力不均的情况下，凭借有利地势阻击敌人，是比较明智的决策。然而，汉水沿线漫长，不知道刘备从何处渡河，如果在沿岸各处布防设阵的话，那么兵力分散，防备薄弱，如果刘备带领大军，集中几处猛攻，那么，很有可能会突破汉水防线。

优秀的人才之所以优秀，是因为他与众不同。在诸多将领众口一词，依汉水沿线布阵抵御刘备军团的时候，郭淮却提出了独特的见解。郭淮认为“此示弱而不足挫敌，非算也。不如远水为陈，引而致之，半济而后击，备可破也”。

沿河阻击是示弱的表现，应该把部队向后移动，让刘备军渡河，等到刘备军渡河到一半的时候再去攻打他，这样刘备就会被击破，这是多么精辟的见解。当其他将领还在想着怎么抵御住刘备军团的进攻时，郭淮却想到利用良策击破刘备军团。在实力不均、敌强我弱的情况下，还能想到战胜敌人，这是何等的勇气与智慧。

郭淮提出的建议非常优秀，然而优秀的建议不一定被主帅认同。但是张郃在危机时刻再次体现了高超的判断能力。张郃经过慎重考虑，觉得郭淮的建议很具可行性，更为切合实际，便果断地按照郭淮的建议展开行动。张郃命令部队后撤一二里远，即地驻扎，等待刘备渡河。

刘备本以为，定军山一战，斩杀夏侯渊，大败曹军，夏侯渊的残兵败将们应该吓得抱头鼠窜，我军渡汉水，全歼敌军，直如探囊取物。然而，当他抵达汉水边，远眺江对岸张郃部队的军容时，只见阵容整齐，旌旗招展，连站岗的哨兵都挺得笔直，毫无颓败的气象，不由得一阵叹息。刘备清楚，夏侯渊的残余部队一定被某个名将重新组织了起来。刘备初步判断，敌方此时的统帅应该是张郃。

刘备秘密地派遣属下前去探听消息，不久探子来报，张郃被推举为新的统帅。刘备验证了自己的判断，便觉得再想全歼夏侯渊属下剩余军队已是困难。可是，刘备还抱着一丝希望，刘军即将渡过汉水，只要张郃沿汉水设阵布防，就一定会因为兵力过于分散而被击破。

然而，刘备在汉水边观望一日，不见张郃军有任何动静，过了一夜，刘备再次在江边查看张郃军队动向时，却见到整支军队已被张郃连夜拉到不远处的地方设防。刘备见张郃如此部署，害怕带领军队渡过汉水时被张郃偷袭，便打消了继续渡河歼灭敌人的想法。

双方在汉水两岸对峙数日，刘备始终不敢渡江，张郃又趁此机会加固军事防御设施，做好长期防守的打算，刘备觉得难以再行突破，便暂时撤军，张郃则带领剩余军队回到阳平继续固守。

张郃担重任于危难之际，汉水边施良计智退刘备大军。夏侯渊战死，一颗新的将星却冉冉升起。

一身都是胆

汉献帝建安二十四年（公元219年）三月，夏侯渊战死，张郃孤军拒敌汉水的消息传到长安，长安震动，曹操顿觉汉中危机。为了帮助张郃脱困，同时解救汉中之危，曹操亲率十万大军出斜谷，沿途占领各处要害，抵达汉中，欲与刘备军一决胜负。曹操在长安因平定宛城叛乱等事羁留数月，这才使得夏侯渊将星陨落。此时的曹操，年事已高，报疾在身，却不得不为汉中之事再次带兵亲征。

曹操，乃东汉末年一代雄才，大兵所向，望者披靡。刘备在实力不雄厚的时候也数次被曹操打败。然而，今非昔比，刘备已经占领益州和荆州之地，且经营数年，逐渐稳固。此时，刘备比曹操更为熟悉汉中地势，且在本土作战，属于以逸待劳，而曹操远途跋涉，兵马疲顿。因此，刘备对于曹操率兵亲征没有感到半点惊慌，相反，刘备自信满满地表示“曹公虽来，无能为也，我必有汉川矣”。

刘备认为，曹操即使来到汉中，也将无能为力，汉中和益州，我是占定了！刘备之所以有这样的自信，就因为他看准了曹操远途来攻的弱点，数万大军劳师远征，粮草消耗不计其数，只要凭险固守，曹操久战不下必退。于是，刘备集中兵力，不与曹操打攻坚战，据险固守，避其锋芒，只是拖延时间，以图消耗魏军。

曹操来到汉中后，驻扎营寨，想要与刘备大战，却遇到刘备拖时间的打法。刘备军固守在险塞，强行攻取，伤亡太大，却不能克。一时，曹操也无可奈何，暂停猛烈的攻击，徐图良策。曹操暂不来攻，刘备却缓过劲来思索破曹的良方。曹操远途奔袭，兵马所需粮草尽需后方供应，粮草若是一断，曹操才能再高，谋略再好，也难以驱策未进饮食的兵马前去作战。于是，刘备便秘密遣人寻找曹操的运粮通道，很快就得到回复。

探子报告，曹操在北山下运粮，来往粮草络绎不绝，以万石计。刘备听得回报，打算劫掠曹操粮草，袭取曹操军北山下的粮库。刘备召集军中众将，询问何将愿往。老将黄忠，才在定军山下斩杀夏侯渊，立下奇功，风头正劲，刘备话音刚落，他便起身站起，英勇地叫道“吾愿往”。刘备考虑，黄忠虽老，但手上长刀，重逾百斤，浑身武艺，卓越超群，且勇武不减少年，便爽快地同意了黄忠的请求。

黄忠想立新功，急急地带着数千人马便出发了。劫掠曹操粮草，火烧粮库，曹操不败则退。刘备的想法是好的，但他却没有想到，曹操是何许人也，岂会被黄忠袭取粮库成功。

曹操在官渡之战时以弱胜强，靠的就是火烧乌巢，毁去袁绍粮草。曹操自己都曾算计过别人，又怎么会被刘备算计？曹操在北山下粮库暗中布下数重重兵，把守严密，敌军要是不来袭击粮库还好，倒是平安无事，若是轻骑袭取粮库，则管保易进难出。黄忠带着几千人马轻骑突击，到得北山附近，见仅有粮库里有数百士兵屯驻，心中暗自高兴，又将立大功一件，快马加鞭，直向前方冲去。此时，只见锣鼓一响，躲于周遭的曹军如飞蝗般从四面扑过来，黄忠立功心切，虽见有伏兵，心中一惊，但依仗武艺，却觉无畏，挺刀迎去，拍马便战，双方厮杀一阵后，黄忠只觉围攻的曹军越来越多，暗道糟糕，再想领兵撤去时，却见到退路也被断了。

黄忠在北山下，带领的全部士兵被曹操重重围困，拼命厮杀，试图突围。而他在向刘备请军一支，直袭北山时曾立下约定何时归营。刘备在营帐中等候黄忠消息，却迟迟不见黄忠归营，心中不禁大感诧异。

刘备帐下，赵云与黄忠素来交好，而黄忠此次带领突袭北山曹操粮库的军队中，也有赵云属下人马。赵云见黄忠逾期未归，担忧黄忠及部下安危，便向刘备请命，前去一探究竟。刘备见是赵云主动请求打探消息，心知赵云沉稳善战，当即答应下来。

赵云披盔戴甲，跨上战马，挑选了数十忠心耿耿、作战勇猛的部下离营而去。赵云此次前往北山下，为的是打探黄忠消息，他也未曾料到曹操会在北山下布下重兵，因此只带了少数部下跟随。当赵云率队一路奔驰到北山下时，正好碰到曹操加派过去围攻黄忠的部队，赵云与曹操先锋部队陡然遭遇，心中暗暗吃惊。遭遇强敌，最重要的是保持冷静的心态，因此，赵云很快将波澜的内心压抑住，恢复往日的平静。

赵云手执银枪，回身对部下说“如今突逢强敌，回撤不易，唯有勇猛出击，挫敌锐气”。赵云的部下都是追随赵云多年的战士，经历无数次生死大战，都很沉得住气，齐声高呼“愿随赵将军死战”。赵云瞧着多年生死与共的部下们，坚定地点点头，回转身去，振臂一呼“随我突击”，便策马挺枪，直向曹军先锋部队冲去。赵云胯下白马神骏，转眼就冲到曹军先锋部队面前。赵云猛吼一声，挺枪直刺当前一员将官，将官慌忙俯身，赵云回枪斜扫，力逾千斤，随着一声着字，将官应声倒地。赵云在数千曹军前锋部队中，提枪骤马，横冲直撞，好一场厮杀。直见得雪亮银枪上下翻飞，浑身舞动，绽出无数梨花，遍体纷纷，如飘瑞雪，银枪和白马交映生辉，印得赵云神威凛冽，如同神将下凡。银枪白马所至之处，非死即伤，曹军先锋部队纷纷躲闪，很快赵云就在阵中杀出一条血路。

曹军本来肃然的阵容因为赵云的冲击显得大乱，赵云一边战斗，一边领着部下退却，而被杀散的曹操军也很快重新聚集起来，直向赵云逃走的方向追去。渐渐的，赵云领着部下退至己方营寨。赵云来到营寨前，清点人数，却不见部将张著，赵云回头一望，只见不远处张著浑身挂彩，正被曹军追击迅速的数百名官兵围攻，于是，赵云又返身杀回，再次突击曹军追兵，将张著救回。

赵云浑身浴血再次进入自家营寨后，沔阳长张翼匆匆相迎。张翼眼见赵云身后不远黑压压的曹军，便起了惊惧之心，想要关闭营门据守。曹军人数众多，关闭营门据守，本是自保的良法。然而，赵云微微喘息一阵，抹去脸上久战后的血汗，略为平定厮杀后的劳累，便又准备投身战斗。他坚定地对张翼说要坚持住。张翼是赵云副将，他虽然不明白赵云为什么甘愿冒着被曹军长驱直入的危险打开营门，却信赖赵云的能力，就照着赵云所说的去做，让士兵放倒旌旗，打开营寨，四下隐蔽。

曹操大军来到赵云营前，天色已暮，本以为眼前当是一副刘备军列阵以待的肃杀景象，却吃惊地见到蜀寨中寂静无人，营门大开，整个空间的时间仿佛都凝固了，只能听到风卷旌旗的声音，仿佛进入了无人地带。就在一片寂静中，赵云单枪匹马，脸上写满坚毅与镇定，立于营门之外，就如同雕塑一般，岿然不动。曹军主将见到这样一番景象，亦觉惊奇，疑惑营寨中藏有埋伏，但既然来到，不能无功而返，便督军缓慢推进。

数万大军在一人面前，畏畏缩缩，慢慢前进，这是何等奇怪的景象！军队距离赵云越来越近，600米，500米，400米，300米……然而赵云仿佛不会动一般，没有丝毫表现，他胯下的白马亦是异常地宁静。曹军主将不由地脸上冒出冷汗，单人匹马在数万大军面前不显丝毫畏惧之色，始终屹立不动，这样的人还是人吗？曹军主将不敢相信，他觉得赵云一定有所凭仗，对，引我军入伏！突然间，赵云胯下白马嘶鸣一声，打破了整个空间的沉寂，曹军主将绷紧的心弦砰地一声断了，拔马便走，引军回撤。

曹操军队就这样被赵云的空营计吓走，赵云笑了，他回转身去，下令鸣击战鼓，顿时，冲天的鼓声响起。曹军听到鼓声益发坚信伏兵在后，逃跑的速度更快了。赵云连忙下令士兵追击，让军士用弩箭射杀逃走的曹军。喊杀声大震，曹操军吓破了胆，不知道多少刘备军队在后追击，一时间风声鹤唳，草木皆兵，军马在逃走的过程中自相践踏。而赵云率军追击到汉水后，曹操军争着渡河，坠进河里，被马匹踩死的或是溺死的人数更多。

第二天，刘备亲自来到赵云兵营查看战斗情况，他感慨地赞叹赵云，设宴欢庆胜利，而赵云此后被封为虎威将军。曹操在汉中与刘备相持两月，部下死伤甚重，却没能取得较大进展，心中闷闷不乐，起了退兵之意。曹操用膳时，见到碗中鸡汤内有鸡肋，触物伤怀，更是感伤。若是刘备占领汉中，便可威胁中原地区，但督令诸将与刘备争汉中，伤亡过大，不太划算，即使得到汉中，也不过是遏制住刘备的发展而已。可是劳师远征，已经付出巨大的代价，就此放弃汉中又未免可惜，曹操一时抉择不下。时值值日官问曹操次日军中口令，曹操正因鸡肋思考汉中之事，便随口说道以鸡肋为令。

新的口令传下，军中官员都不解其意。鸡肋作名，过于怪异。可是，曹操的这点心思却瞒不过朝夕与曹操相处的主簿杨修。杨修听闻曹操的口令，便打点行装，作出要回返邺城的样子，并遍告军中，大军即将撤退。军中诸将都惊异地问杨修“何以知之？”杨修回答道：“夫鸡肋，弃之如可惜，食之无所得，以比汉中，知王欲还也。”

杨修准确地揣摩出曹操的心思，而曹操经过数天考虑后，终于决定撤出汉中。建安二十四年（公元219年）五月，曹操下令，全军撤回长安。刘备采用拖延，紧守要塞的方式，成功地抵御了曹操的进攻。曹操撤军，刘备彻底取得汉中。

汉中经两番易手，最后成为刘备囊中之物，刘备多年夙愿得偿，高兴异常。今后，他终于可以凭借汉中险要的地势，进攻中原，退守益州。

第八章　败走麦城：出来混是要还的

老天爷都来帮忙

建安二十四年（公元219年）七月，刘备称汉中王。为了配合刘备在汉中的胜利，关羽于该月发兵攻打襄阳、樊城，意图给刘备称王送上一份厚礼。此次战役，史称“襄樊战役”，关羽水淹七军，降于禁，斩庞德，达到一生功业的高峰。

曹操在领兵亲征汉中、攻打刘备时，担心孙权在江东起事，威胁合肥，因此，驻扎不少兵力在淮南一带。曹操征汉中不利退回后，重兵驻扎淮南的格局仍未改变。曹操的军事部署并没有错，但驻守荆州的关羽却决定抓住襄阳、樊城守兵不足的弱点，给荆州的曹操势力以致命一击。

关羽训练军队，准备征伐的当下，刘备自封汉中王的消息传来，久有攻打襄阳、樊城之意的关羽顿时坐不住了。关羽认为，刘备进封王位是件大事，而最好的礼物便是夺取襄阳、樊城。此时在樊城屯驻，主持大事的是征南将军曹仁。曹仁素有勇名，谋略突出，是曹操属下一员大将。他自征伐宛城侯音叛乱后，便又回驻樊城。曹操让曹仁镇守樊城的用意就是，盯住关羽，紧守襄阳，不让关羽有北进关中的机会，同时，选择合适时机夺取荆州。

曹操撤回汉中全部守军，又将重兵驻扎在淮南抵御孙权的进攻，荆州一带兵力便显得薄弱，而关羽在荆州经营数年，征收兵卒，训练军队，屯备粮草，实力雄厚，威名远扬。双方势力对比，关羽军强，曹仁军弱。曹仁没有想到，久久没有大动作的关羽，恰恰会选择刘备进封汉中王的时机攻打樊城及襄阳。

建安二十四年（公元219年）七月，关羽趁孙权大举进攻江淮一线，牵制魏国大量兵力之际，于江陵出发，率领水陆两军三万余人并进，企图以优势兵力迅速夺取襄阳与樊城。此时，樊城与襄阳的全部兵力仅万余人，一时，襄阳一线告急的报告如雪花般向邺城飞去。

曹仁在樊城奋力抵御月余后，曹操派出大将于禁率七军来援。于禁抵达樊城后，襄阳一线的曹操军队士气顿时大振。

于禁是曹军名将，与张辽、乐进、张郃、徐晃并受曹操器重。据史书记载，曹操每次征伐，轮换着用于禁等人做进攻时的先锋，退兵时的后卫。由于于禁屡建奇功，治军严谨，素有威信，曹操对他的期望很深。曹操派于禁支援曹仁，守卫樊城、襄阳之际，于禁官拜左将军、假节钺。

得到支援后的曹仁兵力大增，有了与关羽对抗的勇气，不再只死守城墙，而是展开寓进攻于防守之中的战略部署。当时，曹仁军中还有一员猛将庞德，曹仁便让于禁和庞德一起屯扎在距樊城北约十里的平地上，与襄、樊两城成犄角之势。

庞德原是马腾部下，曾斩杀郭援，击败张白骑，战功显赫。他每次战斗时，都是身先士卒，冲锋陷阵，勇冠三军。曹操平定汉中后，庞德投降曹操，曹操因他骁勇善战，任命庞德为立义将军，封关门亭侯。侯音等人反叛时，庞德和曹仁一起攻打宛城，最后又随曹仁入驻樊城。

然而，庞德虽然以骁勇闻名，却受樊城众将的怀疑。原因在于，庞德有复杂的社会关系。庞德本人是曹操部属，但他有一位堂兄却在蜀国任职。在关羽率领大军围城之际，庞德就因为他堂哥的原因而被樊城的将领猜忌多回。古语有云“三人成虎”，面对猜疑，庞德不得不多次表态自己的一片忠心。

事实上，庞德表忠心，并不仅仅是口头说说，他也确实是如此做的。在与关羽作战之际，庞德常亲骑一匹白马，披坚执锐，勇猛冲锋，他武艺高强，关羽属下军队阵型数次被他冲散，挡其锋锐者，死伤甚重。庞德的英勇表现，深深震慑了关羽大军。为此，关羽军中纷纷传言，樊城有一位骑着白马的将军，所向披靡，是关将军的劲敌。传言传得多了，庞德就多了个外号，关羽军中都把他叫做白马将军，对他十分畏惧。后来，庞德挺身迎战关羽，双方交锋数十回合，难分胜败，关羽心中暗暗吃惊，而庞德激战良久，假装败退，引得关羽来追，返身一箭，正中关羽额头，所幸，庞德激战后稍微失了准头，少了力度，关羽才受伤不重。经此一战，庞德名声益显，而樊城诸将也渐渐信服。

却说仅是庞德一人，关羽都力战不下，更毋庸提及多了于禁的帮助。于禁身经百战，经验丰富，排兵布阵娴熟，处败军之际尚能从容整顿部队。此次于禁临危受命，援助曹仁，面对天下闻名的关羽，更是谨慎。于禁在樊城外十里之处，部署得法，军容整齐。关羽在巡视的时候，见到于禁的营地，都不由感叹：“于禁诚乃名将，樊城恐难得矣！”

关羽没能在短期内攻克樊城，战争逐渐处于胶着的状态。于禁来援后，关羽已无军力上的优势，攻取樊城益发艰难。此时的关羽，既未能得到刘备方面的援军，又担心孙权乘机夺取江陵，不敢调动后方兵力，颇显无奈。

刘备进位汉中王后，拜关羽为前将军，居于众将之首。关羽其人，虽既有勇力，又有谋略，却极其自负。他自认为，连黄忠这样的老将都在定军山中斩杀夏侯渊，自己若不能立大功一件，以贺刘备进位之喜，实在是平生之耻。因此，关羽虽未能在襄阳、樊城取得突破，却也并不退却。然而，就在关羽没有能力再夺取襄阳和樊城之际，老天爷却帮了关羽一把，让关羽得享胜利的无限荣耀。

曹仁、于禁等人久居北方，初到荆州不久，不了解当地的自然情况，只懂加强陆防，在船只的配备上未下工夫。至于关羽，久驻荆州，十分明了该地的自然状况和气候情况，因此，在领兵攻伐襄阳和樊城时，还带有较大规模的水军。关羽带过来的船只，在他夺取樊城的战役中起了重要作用，这一切都源于荆州突来的一场持续数天的特大暴雨。

于禁和庞德率领大军驻扎在距樊城约十里的平地后，小雨突至。对于这场骤然来临的雨，于禁还是显现出一名优秀将领的判断力，他担心军队受降水的影响，还特意将军队带到稍高的地方驻扎。然而，于禁没有想到的是，这场雨陡然间演变成特大暴雨，并最终终结了他的军队和他多年累积的盛名。

这年秋天，樊城一带连降大雨，天空仿佛裂出一道大缺口，暴雨如泼，倾泻而下。大雨连下十余日，丝毫不见有停歇的迹象。整个天空都被浓密的乌云遮得严严实实，而豆大的雨珠连绵不绝成雨柱而下，持续地敲击着早被雨水浸得饱和的土壤，凝成一股股巨流，流入汉水。汉水的河面延宽以里计，骤涨的江水波涛汹涌，怒吼着向前，最终冲垮了汉水边的堤岸。于是，肆虐的洪水再无顾忌，将整个樊城及周边淹为一片泽国。

平地水深数丈，于禁等七军缺乏船只，都被洪水淹没。最后，迫于无奈，于禁仅带领麾下将领数人登上高处躲避。泛滥的洪水夹杂雨水，将万名曹军卷入水中，四处可见行快要溺死的士兵挣扎着扑腾的身躯。

就在于禁等人狼狈不堪、垂首待死之际，关羽捋着胡须笑了。关羽带有充足的船只，他并不畏惧滔天洪水。相反，此时，正是关羽扫清敌寇的最好机会。于是，关羽得意扬扬地带领士兵乘着大船，攻击在洪水中挣扎无助的士兵，并进而直取在高处躲避洪水的于禁等将领。于禁在高处观察水势，只见没有地方可容残余军队容身，自知再无机会取胜，又见关羽袭来，为了保命，便投降了关羽。

威名赫赫的于禁在自然的威力和关羽的夹击下投降了，然而，庞德却毅然决然地挑于禁留下的重担，他领着部分将领和士兵在未坍陷的堤坝上继续坚拒关羽。关羽站在船头，命令士兵乘大船将堤坝团团围住，用弓箭射击。而庞德也身披铠甲手执弓箭在堤坝上回击，他一支支地取着箭囊中的箭，怀着无尽的愤慨射出，箭无虚发。力战良久，将军董衡、部曲将董超等人都想投降关羽，庞德指挥士兵将他们都抓起来杀掉。

庞德从天亮战到午后，关羽的进攻越来越猛烈，而庞德的箭矢都已用尽，只能和抢登上堤的敌人短兵相接。最后水势越来越大，庞德身边的将士都投降了。庞德迫于形势，带着将领一人、五伯二人，拿着兵器，乘小船准备返回曹仁大营。由于水势浩大，庞德乘坐的小船被掀翻，兵器都丢失在水中，庞德只好抱着船漂泊在水中。

漂在水中的庞德很快被关羽逮到。庞德虽然浑身是水，狼狈不堪地被关羽擒获，却仍然拒绝在关羽面前下跪，坚挺着身子。关羽想利用庞德哥哥的关系劝降庞德，庞德大骂道："竖子，何谓降也！魏王带甲百万，威震天下。汝刘备庸才耳，岂能敌邪！我宁为国家鬼，不为贼将也。"关羽听了庞德的话大怒，便打消了劝降的主意，命令部下杀了庞德。

天降大雨，给予关羽莫大的帮助。于禁七军被淹，关羽借势降于禁，斩庞德，并挥军直进，再围樊城、襄阳。而此时的樊城，原本牢固的城墙泡在水里，墙面纷纷剥落。怎样挡住关羽的攻击，这是摆在曹仁面前的巨大难题。

我太有才了

曹植在与曹丕争夺储位的过程中失败，一蹶不振，可是，曹操却并没有忘记他曾宠爱过的这个儿子。曹操想给曹植一个机会，补偿曹植未能晋升太子之位的失落。樊城被围，正是授予曹植重位的最好契机。然而，曹植却再次因与生俱来的文人习气辜负了曹操的期望，也丧失了曹操心中仅存的些许信任。

樊城，仍是被洪水围困的景象，高达数丈的水将整个城池团团围住，水仅差几尺便要漫进城内。水中是泡得斑驳不堪的城墙，某些部位有着倾塌的危险。城墙外，关羽领着士兵乘着船只，虎视眈眈。城墙内，曹仁焦急不堪，苦苦地等待着援兵。而城中的粮食已被雨水浸湿，还有不少被水流冲去，残余无几。整个樊城显得零落残败。

在城外巡视良久的关羽终于向樊城发起猛攻。此时樊城被淹，兵士深感不安，城中进水，处处崩塌，众人都惊恐不安。有人劝说曹仁连夜撤走。曹仁听了这话犹疑不决。而汝南太守满宠进说曹仁应等待援兵到达。是退是守，在关键时刻，曹仁表现出名将的坚毅风范，他为了国家大义，认同满宠的说法，将自己所乘战马沉入河中，与将领盟誓，死守樊城。

樊城被重重围困，内外不通，襄阳也被关羽派别的将领包围。曹操任命的荆州刺史和南乡太守都投降了关羽。就在樊城充满危机之际，邺城的曹操也心焦如焚。于禁七军被淹，急需新的将领带兵前去援救曹仁。若不救曹仁，樊城失守，关羽驱兵直进，那么许都难保。关羽如果将汉献帝俘获，这对于曹操无疑是重大打击。曹操绝对不允许这样的情况发生。

派遣谁带兵去挽救曹仁呢？曹操苦苦思索。也许是父子的天性使然；也许是曹操为了补偿曹植未能登上太子之位的遗憾；也许曹操是为了提升曹植的地位，让曹植卖曹仁一个人情……总之，不管是何种原因，曹操想到了曹植。

曹操作为曹植的父亲，对于儿子的抱负还是有所了解的。所以，曹操想趁着樊城被围，曹仁待援的契机，委曹植以重任，满足曹植建立军功的心愿。曹操决定任命曹植为南中郎将兼征虏将军，派他带兵去解救曹仁。曹植领兵解救曹仁有两大好处，一是，曹植可以建立军功，提高威望，到时就可授予曹植更高的官职作为补偿；二是，曹仁处于苦苦待援之际，曹植前去解难，可以加深曹仁与曹植的关系，为曹丕继位后，曹植地位的稳固打下基础。

此时的曹操，更多的是从父亲的角度而不是政治家的角度入手为曹植考虑。但是，曹植并没有体会到曹操的温情，没有感受到父亲的良苦用心。

曹植本来就有文人的习性，任性而行，喝酒都没有节制。与曹丕争夺储位失利后的曹植，心中抑郁，更是不时地饮酒借以发泄胸中淤积的情绪。曹操在任命曹植为南中郎将兼征虏将军后，还是感到有所担忧，怕曹植难以承担重任，便派人传唤曹植进宫，准备对他有所训诫。然而，使者达到曹植府第，却见到曹植慵懒地躺在地上，衣冠不整，已经喝得酩酊大醉，无法受命去听训诫。使者回到宫中将曹植醉酒的状况如实禀告了曹操，曹操顿时感到愤怒无比，国家正处于危难之际，而曹植却酒醉误事，实在有负所望，这哪里像是统帅应该有的作风。于是，曹操对于此前的任命感到后悔，撤销了对曹植新授予的官职，没有再让曹植领兵出征。

曹植因为过于彰显的文人性格，几乎彻底毁灭了其在曹操心中的美好形象，此后，曹植再也没被曹操委以重任，也算是自食其果。曹植虽然在细节处理上做得比较失败，但毕竟还是曹操的儿子，只是失去宠爱罢了。而与曹植交好的重要智囊杨修，却因为文人性格，枉送了一条性命。

杨修是太尉杨彪的儿子，袁术的外甥，才思敏捷，因此曹操任命他为主管内外的主簿。当时曹操军国多事，而杨修却处理得条条有理，曹操对于杨修的工作很满意。可惜的是，杨修也是个自负才名的人，自负才名的人，都有点爱要小聪明，而这点文人习气在杨修身上体现得尤为突出。

曹操在立曹丕为太子后，为了魏国大业的长久，便有了进一步巩固曹丕地位的打算。而杨修等人仍聚集在曹植身边，曹操实在难以容忍这样的行为。曹操又联想到汉中之战时，杨修解读鸡肋一事，便下定决心要安插罪名置杨修于死地。

杨修被曹操赐死，其罪名是“漏泄言教，交关诸侯”，意思为泄露机密，结党营私，勾结诸侯，蛊惑人心。在《三国志·魏书·曹植传》中，有对杨修被赐死事件的解读，“太祖既虑终始之变，以杨修颇有才策，而又袁氏之甥也，于是以罪诛修”。杨修才智突出，却丝毫不顾忌自己是袁术外甥的身份，反而自恃聪明，且又公然参与到曹操心中敏感的世子争端中，这就是所谓的自陷死地。

曹植和杨修，都是当世杰出的人才，出口成章，思维敏捷。古人形容文人的通病便是恃才放狂，恰恰曹植和杨修都有这个毛病，过于彰显自己，却忽略了细节上的成败。从政治的角度来看，曹植和杨修观察事物不够敏锐，是蹩脚的失败者，但是从文学的角度，曹植和杨修无疑都取得巨大的成功。因才华而扬名，又因才华而招祸，或许这就是曹植和杨修的文人性格吧。

不晃悠的徐晃

关羽率领3万余大军将樊城团团围住，樊城的曹仁几乎是在作着最后的抵抗，曹操派去支援的于禁七军尽数被淹，有去无回。年迈的曹操感到无尽的苦恼，从樊城的情况分析，曹仁已支撑不了多久，如何在最短的时间内，召集最近的部队，让最得力的将领统领，尽量解救樊城之围呢？在卧室内的曹操眉头紧锁，拖着疲惫的身子，来回踱步。

卧室中无限焦躁的曹操突然灵光一闪，一个人的名字进入他的脑中，紧锁的眉头也渐渐舒展，原本佝偻着的身躯也陡然挺立起来。对，徐晃，就是徐晃！曹操兴奋地拍起了巴掌，迅速地叫来侍者，发出了一道军令，命徐晃见令即刻从宛城出发，开拔樊城，解曹仁之围。

宛城，平寇将军徐晃正在军营巡视，检查军备、粮草情况，他刚收到魏王的命令，即将开赴樊城。在曹操最初出兵汉中，准备增援夏侯渊时，曾派徐晃驻屯宛城援助曹仁准备对关羽发起攻击，却没有想到关羽反而先把曹仁给包围了。

徐晃也是曹操手下一员名将，领兵作战的能力极为杰出。军令如山，救人之事不可拖延。所以，徐晃带着五六千士卒向樊城迅速推进。快到樊城时，徐晃从探子口中得知关羽兵力刚收容于禁败退下来的几万降卒，兵力是己方的数倍，自觉暂无能力解樊城之围，如果贸然推进，不仅救不了曹仁，还会把自己手下的几千士兵一起报销，于是打消和关羽硬碰硬的作战方法，决定采用智计。

就在徐晃带领士兵推进到阳陵陂之际，关羽分出一支前哨部队驻扎偃城拦截徐晃。遭到关羽军队阻拦的徐晃部队无法再前进，便在偃城停顿下来。徐晃军刚至，又采用迷人耳目的方法，关羽派来拦截的部队一时无法估计徐晃军的详细数量。徐晃便趁着敌方不知底细的良机，领兵陡然通过隐秘的小径围困了偃城，并挖掘了一道长壕。徐晃挖掘长壕的方法甚是管用，偃城的关羽军以为徐晃军要截断他们的后路，担心孤军被围，会落得全歼的下场，便烧毁营盘，连夜退走。

略用小计，徐晃便轻松占领偃城。在偃城稍事休息，徐晃又率领军队向前推进。徐晃行事谨慎，所带兵力有限，考虑在其他救兵未至的情况下，凭着手下些微军队难以击退关羽，就逐渐放慢推进的速度，在距樊城包围圈不远的地方停下，准备徐图良策。然而，徐晃的做法却被部下诸将误解，他们认为徐晃眼看樊城危机，却按兵不动，不尽力救援，辜负国恩。于是，怀着这种想法的将领们呼叫着责备徐晃，催促他赶紧去救曹仁。

徐晃一天被责备催促数次，实在是有苦难言。就在徐晃犯难的时刻，曹操派去的一名使者发挥了重用作用，他发表了一番言论迅速地稳定了徐晃军中诸将之心，使得徐晃摆脱了背负不救曹仁骂名的窘迫，这个人就是赵俨。

赵俨是文官，此时担任侍郎之职。曹操派他协助曹仁，和徐晃的军队一起行军。徐晃虽然是名优秀的武将，但口才不济，而赵俨作为一名文官，在鼓动人心方面经验丰富。前线杀敌，最忌军心不稳。于是，安定徐晃军中诸将的重任就这样落在赵俨头上。

在一次集体军事会议上，赵俨以特别参谋的身份庄重出场了。他对责备徐晃不战的将领们展开了心理攻势。军中诸将听了赵俨的话，都觉得分析得入情入理，本想表示同意，但又担心曹操治军严厉，万一樊城失守，曹操到时会追究救援不力的责任，都面露犹疑之色。赵俨仔细观察诸将的脸色，心中明白诸将所忧为何，用凝重的眼神扫视一番诸将，然后大声补充道："如有缓救之戮，余为诸君当之。"

赵俨是曹操从中央派来的使者，他的话具有一定的权威性。既然赵俨亲口表示假如有迟缓不发救兵之罪，他一人替大家担当，那还担心什么呢？于是，徐晃属下众将都十分高兴，面露喜色，齐声叫好。

经过赵俨一番话，军中诸将统一了思想，徐晃终于可以放心地实施他的谋略。这时的徐晃，摆脱军中“不救曹仁”的骂名，精神为之一振。他宴饮部下后，便挥军直进，扫除沿途障碍，直抵樊城之下。

徐晃扎稳跟脚后，一面抵挡关羽的进攻，一面挖地道通向樊城内，试图与曹仁交流，同时，徐晃不时派遣勇士避开关羽军的监视射箭书进樊城。徐晃的办法有了成效，樊城内的曹仁及守军见了徐晃的书信，士气大振，平添若干守城的信心，双方用挖地道和射箭书进行联络。

曹操自派出徐晃作为先锋，就近先解樊城燃眉之急后，虽然由于了解徐晃的能力而稍为放心，但曹操明白，徐晃属下仅有几千兵力，难以应付关羽的数万大军。曹操之所以不等各方军队到位，实力足够时再行出兵，便是因为樊城形势过于严峻。因此曹操并不指望徐晃依靠几千士兵来个惊天逆转，打败关羽。曹操的想法是，先让徐晃拖住关羽，不让关羽集中全力攻击樊城，从而为后续部队增援赢取时间。

徐晃抵达樊城后不久，曹操便又派出数支增援部队，源源不断地开往樊城。而这些部队到达樊城前线后，统一归徐晃指挥。得到支援后的徐晃，实力增强，兵力足够，便有了与关羽打对抗战的勇气。徐晃表示，将在几天内击败关羽。

徐晃在短期内击败关羽的豪气并非凭空而发，在与关羽对峙等待援兵的几天里，徐晃已经详细地分析了关羽的军事部署，并已做好充分的准备。徐晃遗憾的仅仅是兵力不够。如今，曹操派来的援兵不断开来，徐晃业已具备与关羽对抗的实力，行动的时刻到了。

时值孙权写信给曹操，希望曹操允许他攻打关羽，为朝廷效力，曹操经过反复思考，觉得将此消息泄露出去，能解樊城之围，便下令徐晃将孙权的手书抄录多份用箭射入樊城内和关羽军营之中。关羽得知，暗暗心惊，攻势有所松懈。与此相反，樊城内却是一片欢呼雀跃的景象。关羽虽然担心孙权攻击江陵，但自负武力，不愿轻舍樊城，并不离去。

关羽不愿走，徐晃下定决心用实力和智谋逼迫关羽撤围。当时关羽率领主力部队驻扎在围头，而剩余部队则屯扎在四冢。徐晃假意放言即将进攻围头，关羽闻得更是加强围头的防备，而四冢的防御则趋于松懈。徐晃见关羽受骗后，秘密地率领部队猛烈地攻打四冢，四冢兵力薄弱，抵挡徐晃的攻击十分吃力。四冢危急的情报送抵关羽之手，关羽才发现上当，关羽心急，便亲自带兵援助四冢。

关羽在樊城围城良久，四周围有十重战壕及鹿角，只余一条道路通往军营，而该条路上防备十分严密，难以攻击。徐晃早就注意到关羽的防御设施非常完善，关羽凭借严密的防护就可立于不败之地。因此，徐晃一直思索着怎样想办法将关羽引出防护圈作战，可惜无论徐晃如何引诱，关羽就是不出。此次，徐晃声东击西，终于将关羽引出，他怎肯放弃机会。

关羽带领五千兵马尚未抵达四冢，就中了徐晃的埋伏。关羽厮杀半日，伤亡甚重，而徐晃又亲领大军加重围困。关羽见势不妙，引兵退走，沿途坠马者亦有不少。徐晃见关羽中计，本自暗中得意，不料关羽不顾勇将之名，便要退去，顿觉一惊。

十重鹿角、堑壕，进攻极其不易，关羽此次中计，退进防御圈内，更会坚守不出，则樊城之围难解。徐晃在脑中略一盘算，盯着前方败走的关羽军马蹄溅起的扬尘，挥鞭直指前方，果断地喊出一声“追”，提马便走，万余大军紧跟其后。

喊杀声、马蹄声盈满樊城外。关羽逃跑的速度很快，不久便来到自家军营前。关羽本想吩咐将士关闭营门，奈何徐晃追击的速度也不慢，一直紧随在其身后，双方兵马一前一后进了关羽军营，关闭营门再也来不及。徐晃就这样冲破了关羽对樊城的包围圈，敌人就在眼前，唯一的作战方式就是短兵相接。顿时，震天的厮杀声充斥了整片天空，曹仁在樊城内闻得呐喊，见到城外厮杀的壮烈景象，心中大喜，自知破围之日已到，高喊出城迎战，领着城中残余士兵也投入了战斗。

关羽久攻樊城不下，心中狂傲之意去了大半，如今又刚出败仗，心神恍惚间却被徐晃攻进包围圈，遭受内外夹击，逐渐抵挡不住。战斗中，投降关羽的傅方、胡修都被杀死。眼看再无夺取樊城的机会，关羽只好撤围退却。而徐晃和曹仁乘胜追杀，大败关羽，不少敌人无路可逃，跳入沔水被淹死。

徐晃斗智斗勇，击败关羽，拯救了樊城，为此，曹操特意下令嘉奖。曹操认为，“且樊、襄阳之在围，过于莒、即墨，将军之功，逾孙武、穰苴。”曹操夸奖徐晃的功劳超过了古代名将孙武、司马穰苴，由此可见，曹操对徐晃在襄樊战役中的表现的满意程度。

这回彻底栽了

孙权君臣定下骄兵之计，而关羽还蒙在鼓里，关羽将吕蒙等人的示弱看成理所当然，逐步放松南郡的防备。就在关羽最为大意的时候，吕蒙终于出手了。建安二十四年（公元219年），沿长江一途，突然多出若干条商船，船上的人有着共同特点，都是穿着白衣服。这些正是吕蒙属下伪装的军队。

吕蒙自明确向孙权表示想要攻取关羽后，虽然暗中准备，表面却不露神色。据《三国志》记载，吕蒙自接替死去的鲁肃，驻兵陆口，不仅没有显现出半点与关羽作对的样子，反而加倍与关羽发展亲密友好的关系。吕蒙以书信等多种方式向关羽表示，我们主公与刘备是老朋友了，我虽接替鲁肃，但不会改变双方交好的一贯政策，只有曹操是我们的共同敌人。

对于吕蒙示好的举动，关羽看在眼里，因此，他虽然对孙吴军队有所提防，但不过分担心。关羽未能看出，吕蒙不与他作对，仅仅是因为还未到合适的时机。

关羽攻樊城后，后方兵力防备薄弱，吕蒙觉得机会来了，才诈病而还。陆逊接受孙权的任命，迅速抵达陆口，接替吕蒙作麻痹关羽的后续工作。关羽作为久经沙场的名将，虽然忙于樊城战事，却并没有忽视江东的动向。陆逊接替吕蒙驻防陆口的消息很快便传到关羽手中。陆逊，仅仅是一名青年将领，未曾听闻有过任何杰出战绩，却代替声名显著的吕蒙把守陆口如此紧要之处，关羽一时搞不清孙权的用意。

其时，徐晃等曹军来援，关羽进攻樊城进入僵持状态，为了应对多出的敌人，关羽急需更多的兵力补充。然而，吕蒙以养病之名回建业，关羽仍不敢掉以轻心。他虽然有着调动荆州后方守军围攻樊城、襄阳的心思，却还是害怕孙权陡然间发动攻击，占领江陵，因此，迟迟不发布调用南郡一带守军赴前线支援的命令。

关羽不动用荆州的后备守军，却急坏了刚任新职的陆逊。陆逊在被孙权召回建业的时候，亲耳聆听了孙权和吕蒙的计谋，他十分明了自己赴陆口就任的目的。荆州经过关羽多年经营，防备设施十分完善，此外，关羽又留下众多兵力守护，孙权如果派军强行攻取，势必伤亡过大。要想不费吹灰之力地占领江陵，唯有让关羽放心地将守军调往樊城。陆逊的工作就是，进一步松懈关羽的防备心理，使得关羽安心地调出大部守军。

为了实现孙权顺利夺取江陵的目的，陆逊决定立刻开展行动。事实证明，陆逊虽然年轻，却确实是见识高明，谋略深远。因为，他仅仅用一封信就搞定了关羽。

陆逊在陆口，没有展现丝毫新将领上任的魄力，既不整顿军务，也不安抚吏民。陆逊做的第一件事就是给关羽写信。陆逊的这封信文采斐然，显得很像书生。信中主要有四部分内容：第一部分就是吹捧关羽，赞颂关羽的赫赫功绩。这部分主要是说关将军观察细致，治军有方，在樊城之战中以小规模的行动获得重大胜利，实在是太了不起了，您的功绩简直连白起、韩信都无法比拟；第二部分则是向关羽表示祝贺。陆逊表示，关将军您取得樊城大捷，威震华夏，江东这边听了您的喜讯无不欢呼雀跃，拍手称快；第三部分，陆逊故意贬低自己，借以抬高关羽。陆逊指出，我陆逊是个不智之人，十分愚钝，只会看点书，说两句空话，却不知道为什么被主公派到陆口重镇驻防。接着陆逊话锋一转，陆口与关将军您的驻地毗邻，我向来仰慕关将军的风采，正好可以趁着这个机会向您好好学习，还请您多多指教，希望能够领受您高明的谋略；第四部分，陆逊对关羽表示关切，假装提醒。陆逊提出，曹操是个狡猾的敌人，一定会因失败愤恨而增兵，虽然曹军刚打了败仗，但毕竟还有些优秀的将领。人们在获胜后，容易产生轻敌思想，希望将军您能够克服，更加小心谨慎，以便取得更为辉煌的胜利。

陆逊的行动讯息早由关羽派驻荆州的耳目报送过来，关羽对陆逊无所作为很是轻视。如今，关羽又接到陆逊的书信，顿时觉得十分安心。信中，陆逊的言辞十分谦恭，关羽戴着陆逊扣的高帽子感觉很是舒坦，他感觉陆逊在信中一片好意，还提醒我小心曹操，完全是我们自己人的模样嘛。对于向我表示依附的人来说，还有什么值得提防的呢？关羽飘飘然的地想着。

吕蒙示好，陆逊示弱，逐渐骄纵的关羽警惕性慢慢消失。他就像一只被投入温水中的青蛙，觉得全身无一个毛孔不畅快，却浑然不觉水温正在慢慢升高。终于，迷失自我的关羽对孙权不再有所戒备，将防守荆州的军队一批批地调入樊城支援。

关羽的言行被陆逊一一记录，尽数报告给孙权。同时，陆逊还指出能够擒获关羽的要诀。温水就快变沸，关羽的死期将至。到时，呈现在关羽面前的，不会再是孙权君臣谦恭的面容，而将是闪闪发光、高举待发的屠刀。

荆州地界的守军被关羽撤走大半，此时，正是孙权进军荆州的最好时机。然而，孙权稍有犹疑，刘备与孙权虽然仅是表面交好，可孙权到底不愿亲自破坏二人之间的联盟，只有找到充分的理由才好发兵进击。恰在此时，关羽又因他的傲慢无礼为孙权攻取荆州提供了一个良好的借口。

据《资治通鉴》记载，关羽在樊城一战，接受于禁等人的降军数万人，粮食不足，军队断粮。被骄傲冲昏头脑的关羽不与孙权商量，便擅自取用孙权屯放在湘关的粮米。瞧关羽的举动，仿若拿自家粮草一般，心安理得。关羽擅取孙权粮米的行为，既激怒了孙权，又为孙权攻取江陵提供了充足的理由。

预谋良久的孙权下令，派兵袭击关羽。孙权的部署是，吕蒙担任统帅，征虏将军为后援，直取荆州。驻扎在陆口的陆逊也没闲着，被孙权任命为先锋，攻占宜都，再取房陵、南乡等地。

吕蒙领兵进取荆州，欲夺南郡。他抵达寻阳后，把精锐士卒都埋伏在大船中，并让平民百姓站在船头摇橹，穿上白衣服，扮成商人模样，昼夜兼程赶路，历史上把这件事称为“白衣渡江”。在行军的路上，凡是碰到关羽设在江边的巡逻哨所，吕蒙就命部下把那里的官兵都关押起来。吕蒙的行动相当隐秘，设置的岗哨又被毁，因此，关羽对吕蒙进军南郡的事情一无所知。

关羽为人一向自傲，他驻扎在荆州之时，侮辱过不少将领。南郡太守糜芳屯兵江陵，将军士仁扎在于公安，他们都对关羽轻视自己十分不满。自从关羽出兵樊城后，糜芳、士仁担负供给军粮物资的任务，不能完全做到及时。关羽因为此事，破口大骂道“还当治之”。关羽位高权重，他亲口说出“回来再整治你们”的话，糜芳和士仁全都恐惧不安。

吕蒙知晓糜芳、士仁与关羽不睦之事，在抵达南郡后，便派遣使者引诱糜芳、士仁投降。糜芳和士仁眼见吕蒙兵力雄厚，凭自己些许守兵难以抵挡，又畏于关羽的恐吓，就一起投降了吕蒙。

吕蒙不费一兵一卒占领江陵后，放了被囚禁的于禁，俘虏了关羽及其将士们的家属。吕蒙的想法是，凭借关羽及其将士的亲属，动摇关羽的军心。因此，吕蒙下令，抚慰被捉的俘虏，不得骚扰百姓和向百姓索取财物。吕蒙帐下的亲兵，与吕蒙是同乡，从百姓家中拿了一个斗笠遮盖官府的铠甲，都被吕蒙以破坏军法的缘故杀掉。一时，军中震恐，南郡道不拾遗。此外，吕蒙为了收复南郡人心，还在早晨和晚间派亲信抚恤老人，给病人送去医药，赐予饥寒之人以衣服和粮食。

关羽最后在樊城被徐晃军击退，又闻得南郡失守，心中惶惶，引兵南撤。在撤退的过程中，关羽多次派使者与吕蒙联系，而吕蒙则利用机会，厚待关羽的使者，允许他在城中到处走动。吕蒙善待俘虏的工作做得很到位，南郡家家户户向关羽使者反映的都是吕蒙好的一面。使者返回关羽军后，关羽的部署私下里向他询问家中情况，得知家属平安，所受对待超过以前，便都无心再战。

关羽眼见部下毫无斗志，自知江陵难以取回，很是沮丧。偏巧孙权又在这时候率领大部队抵达江陵。关羽对比双方实力，见自身势孤力穷，就逃往麦城。逃到麦城后，孙权派人诱降他。关羽伪装投降，把幡旗做成人像立在城墙上，然后逃遁。此时的关羽，英雄日暮，仓皇窜逃，士兵在逃跑的过程中都跑散了，留在他身边的只有十余名骑兵。

孙权早已料到关羽会逃走，事先命令朱然、潘璋切断关羽的去路，建安二十四年（公元219年），潘璋手下的司马马忠在章乡擒获关羽及其儿子关平。孙权气愤关羽傲慢无礼，江东众将皆知，潘璋等人邀功心切，斩杀关羽。一代名将，就此划下生命的句号。

关羽被杀，孙权全得荆州，心情舒畅，大封功臣。论及功劳，吕蒙居功至伟，该年，孙权任命吕蒙为南郡太守，封孱陵侯，赐钱一亿，黄金五百金，可谓恩宠有加。然而，孙权的封爵还没有颁下，就碰上吕蒙疾病发作。

此时的吕蒙，已成为孙权的栋梁之臣。孙权心中清楚，吕蒙多病，却不顾残弱之躯，亲讨关羽，再次为他孙氏江山立下不朽功业。如此忠臣，孙权绝对不愿让他死！孙权当时住在公安，特意把吕蒙安置在他处内殿中，千方百计为吕蒙治病。

吕蒙病情严重，治病中不时需要用到针灸。孙权为吕蒙遭受病痛的折磨而感到伤心难过，既想经常观察吕蒙的状况，又担心会劳动吕蒙起身迎接累着他。为此，孙权特意在墙壁上开一小孔，以便看到吕蒙的情况。吕蒙若能吃下饭食，孙权就感到很高兴，有说有笑；吕蒙若难以进食，孙权便会唉声叹气，不能入睡。

尽管孙权是如此疼惜他的爱臣，吕蒙终究还是因病情逐渐加重去世。吕蒙死时，年仅四十二岁。孙权哀伤上天过早夺取吕蒙的生命，未能让吕蒙继续发挥才干辅佐他，悲痛得都变瘦了。

关羽一生战功显赫，名扬天下，却因为骄傲自负，好大喜功而失去性命。吕蒙以病弱之躯，实现终身的愿望，为孙权扫清关羽的威胁，达到个人名望的顶峰，却因为病重去世。刘备和孙权同年失去大将，各自的遗憾可想而知。

第九章　各自登位：再见吧汉朝

我爸爸的就是我的

汉献帝建安二十五年（公元220年），一代枭雄曹操的生命走到尽头，于正月在洛阳驾崩。曹操的文治武功均极其出色，他的逝世对于魏国夺取天下的未竟事业无疑是巨大损失。一时间，军队骚动，人心不稳。能否顺利继承曹操之位，安定天下，曹丕面临巨大的考验。

建安二十四年（公元219年）十月，曹操于洛阳驰援樊城曹仁，驻军摩陂。不久后，樊城围解，曹操回师洛阳。次年正月，曹操抵达洛阳。

曹操患有偏头疼，且年已老迈，病痛甚多。为了解救曹仁，曹操不顾孱弱的身躯，抱病亲征，远途跋涉，又感风寒，终于病倒。到洛阳后，曹操再也无法支撑劳累的身体，只好就地休养。倒于病榻之上的曹操，形容枯槁，两眼混浊，头顶的白发无力地趴在脑门。很难想象，如此颓落的一位老人，就是当年叱咤风云、扬鞭跃马、驰骋千里的曹操。

随军大臣虽然竭尽全力请来名医为曹操医治，然而，曹操的身体还是江河日下，再难救治了。最初，曹操尚能略进饮食，吃下一点儿米饭，到最后，曹操已到饮食难进的地步，只能勉强吞下些许流质食物。病中的曹操时常昏迷，醒来却又喃喃自语。有一次，曹操精神稍微好转，便强撑着身子召见大臣，询问孙权和刘备的近况，仅仅聊过数句，便黯然垂首，摆手吩咐大臣退下。

此时的曹操尚且念念不忘统一天下的大业，他不放心曹丕，只想为儿子留下最为稳固的江山。可是，曹操的身体已经不允许他再操劳军国大事了。这位老人，凭借着最后一股勇气，试图和无情的病魔抗争。

正月二十二日夜，精神日趋倾颓的曹操突然焕发生机，脸上现出很久未见的雄霸之气，话也能说得清楚，病情似乎有了起色。在曹操内室侍奉的小黄门对此感到十分惊喜。曹操也换上难得的微笑，示意他召谏议大夫贾逵等人晋见。小黄门兴奋地跑出去传达曹操的命令，贾逵等大臣很快来到曹操的寝宫。

久病成医，被病魔折磨得不成人形的曹操自知，上天突然赐予的精神仅仅是回光返照而已。到了嘱托后事的时候了，曹操想着，这才召见贾逵等人。见到贾逵等大臣，曹操挣扎着坐起，略微摆手，示意他们不用多礼。

曹操的话说得很慢，然而很是清晰，他在尽量节省着仅余的能量。贾逵等人垂首在侧，静静地听着。

曹操的声音越来越低，说得越来越缓慢，一番话说完，仿若用尽全身的力气，默然良久，眉头紧缩，好像在思索着什么。贾逵的轻呼将曹操唤醒，曹操努力睁大双眼，仔细地看了看贾逵他们，却不说一句话，陡然间徐徐地挥挥手，示意他们出去，然后慢慢地向后躺下。贾逵忙扶曹操躺到床上，和其他大臣一齐告退。

正月二十三日，早晨，曹操嘱托后事后不久，一条惊人的消息从寝宫传出，魏王驾崩了！曹操终究还是没能战胜病魔，怀着无尽遗憾离开了他曾奋斗过的世界。

曹操的死震动了整个洛阳。其时，曹丕还在外驻守，洛阳方面已经躁动不已，决定不公布曹操去世的消息。以免人心不稳，危及社稷。谏议大夫贾逵提出反对意见，他认为不应该保守秘密，事情早晚要公布，不如早告知天下，以便曹丕从容处理。洛阳众臣这才把曹操驾崩的消息公布出去。

噩耗传出，鄢陵侯曹彰特意从长安赶来表达他的哀痛。当时，曹彰询问贾逵魏王的印玺放在何处。贾逵心知曹彰手握重兵，又是曹植的支持者，害怕引起争端，便义正词严地告诉曹彰说继位人早已选定，其他人不应当越权过问。曹彰面对强硬的贾逵，自觉理亏，便不再发问。

当曹操在洛阳驾崩的消息传到邺城的时候，太子曹丕恸哭不已。曹丕面对父亲的死，难以接受。为此，中庶子司马孚劝谏他要以国事为重。司马孚的一番话彻底点醒了曹丕。孙权和刘备久有野心，很有可能趁父亲死去之机出兵伐取中原，而魏国失去君主，正处于一片混乱之中，身为太子还不立刻站出来主持大局，那么很有可能天下易主。

曹丕决定暂忍哀伤，召集百官商议大事。可是，摆在曹丕眼前的是一幅烂摊子，群臣刚刚听到曹操去世的消息，相聚痛苦，场面十分混乱。此时，司马孚再次挺身而出，司马孚的喊叫并未起到多大作用，曹丕只好命令群臣退出朝堂，安排好宫廷警卫，处理曹操的丧事。

在朝野内外混乱不堪的情况下，一个权威的女人站了出来，给予曹丕以有力的支持，她就是曹丕的母亲，魏王后卞夫人。

卞夫人，其名不详，史书中未见记载，这里暂称之为卞氏。卞氏出身贫贱，其父母都以卖艺为生。因此，卞氏自幼跟随父母四处卖艺。卞氏二十岁时，来到安徽，曹操在谯县见其姿色过人，便纳之为妾。后来，卞氏又跟随曹操到洛阳任职。

卞氏由于自幼飘零，历经磨难，见识深远，处事果断。有史例为证，董卓之乱时，曹操东出避难，就在曹操出逃不久，袁术捎来曹操死在外边的坏消息。这一消息弄得曹府人心惶惶，当时跟随曹操到洛阳的随从全部想要回去。在这样的关键时刻，卞氏果断地站了出来，按捺住内心对丈夫吉凶难测的不安，亲自劝说将要散去的随从。曹操的随从听了卞氏的话，感到惭愧不已，纷纷打消逃走的念头，留下来等候曹操的消息。

卞氏果断处理随从叛逃的事件被曹操得知，曹操感到卞氏非同一般。此后，曹操废黜正室丁夫人，便立卞氏为继室。因为卞氏贤良淑德，曹操将那些没有母亲的儿女们，都交给她养育。卞氏为曹操生下四个儿子，曹丕、曹彰、曹植、曹熊。当曹丕被立为太子后，侍臣们都向卞氏表示祝贺，并向卞氏要求赏赐。卞氏却从容地拒绝了。近侍大臣将卞氏的话告知曹操，曹操听了十分高兴，他觉得，在愤怒的时候不改变表情，高兴的时候不失去节制，这是很难得的事。因此，曹操认定卞氏有母仪天下的风范。

汉献帝建安二十四年（公元219年）七月，曹操不以卞氏出身卑贱，立其为王后。曹操在昭告天下的文书中表示，夫人卞氏，品德贤良，有作为母亲典范的美德，故而进其位为王后，百官应为这件事一起祝贺。

卞氏深受曹操喜爱，又身为魏王后，在支持曹丕迅速继位魏王方面无疑最有发言权。而卞氏在时局不稳的关键时刻，恰恰有力地支持了曹丕一把。

曹操去世后不久，得到卞氏支持的曹丕，为免人心不稳，危及社稷，决定立刻继位魏王。于是，曹丕在一天之内，召集百官，安排礼仪，准备妥当。次日，卞氏以魏王后的身份，拜曹丕为魏王，继承曹操之位。曹丕继承魏王之职，天下很快安定下来。而汉献帝也下达诏书，承认了曹丕的合法身份。

曹操生性多疑，看人准确，并且懂得知人善任，不会埋没人才。军事上谋略周全，应战沉着。赏罚上，曹操对有功之臣，不吝千金，而对违背法规之人则依法惩处。正因为曹操拥有种种优秀才干，他才能够消灭同样有野心的诸侯。

至于曹丕，据史书记载，少有逸才，阅读广泛，年仅八岁便能为文。在文学上，他是三国时期著名的文学家及诗人。在历练上，他在建安十六年（公元217年）时便担任副丞相，协助曹操处理政务，也算经验丰富。在政治谋略方面，曹丕依托司马懿等优秀谋臣的帮助，战胜曹植取得继承权，显现出政治家的成熟风度。于武艺一途，曹丕鞍马娴熟，习于骑射，曾用甘蔗代剑战胜将军邓展，可见一斑。

总体而言，曹丕能文能武，拥有政治家的杰出素养，他代替曹操执政，可谓子承父业。初登魏王之位的曹丕，暂时摒弃失父的哀伤，逐步放手施展胸中抱负。如何扫清异己，稳固王位，便是曹丕眼前的第一件大事。

只有皇叔是正牌

刘备一直自称中山靖王刘胜之后，以汉宗室成员自居，历年来，刘备南征北战打的旗号都是振兴汉室。曹丕代汉自立的消息传到蜀地，坊间纷传汉献帝被害。此时，年过六旬的刘备又该如何面对呢？他的臣子们替刘备选择了一条道路，称帝，延续汉朝正统。

汉献帝禅让帝位，曹丕称帝后，并没有毒害他。相反曹丕用河内郡山阳县一万民户奉养汉献帝，尊其为山阳公，允许他依旧使用汉朝立法，用天子礼仪进行郊祀，汉献帝的四个儿子也被封诸侯。

然而，曹丕代汉的消息辗转传到成都却完全改变了性质。民间到处传言汉献帝已经被杀害，这条消息对于一向拥护汉献帝的刘备而言恰如五雷轰顶。刘备能够到达汉中王的地位与他是汉献帝皇叔不无关系。因此，悲痛的刘备发布讣告，制作丧服，要求成都满城缟素，并追加汉献帝谥号为孝愍皇帝。

面对曹丕的倒行逆施行为，刘备一时间不知道如何应对。是立即起兵，批判曹丕篡汉的不臣行为，还是秉持观望的态度，暂行研商，再图大计？虽然刘备还不知道该做些什么，但有一点他是明确的，那就是绝不向曹丕称臣。

刘备已经年过六旬，垂垂老矣。听闻坊间汉献帝被杀的传言，刘备心中的确怀着悲痛，然而，刘备心中却还夹杂着一丝欣喜。悲痛夹杂欣喜，这是十分复杂的一种情绪，可在刘备身上却并不矛盾。自起事起刘备便一直宣传自己是中山靖王的后代，他凭借汉宗室的合法身份，收拢了一班文臣武将，逐渐建立起自己的根据地。在群雄割据、逐鹿中原的混乱年代里，谁不想称天子？然而汉朝尚在，献帝尤存，大家都不敢公然违背道义，遭致天下围攻。袁术称帝不得善终就是明证。即使曹操这般英雄的人物，虽将汉献帝作为傀儡玩弄二十余年，却仍不敢代汉自立。

然而如今，曹丕以不正当的手段逼迫汉献帝禅让，并毒害汉献帝的流言遍起，这对于刘备来说恰是个好机会。刘备的地位日趋稳固，又晋爵汉中王，他未曾不想过称帝。可是，刘备如同曹操一样，不敢。

但是，传闻汉献帝已经被毒害，情况就大不相同了。刘备打的旗号是拥护汉室，并不是拥护某一个皇帝，汉献帝之所以得到刘备的支持，只是因为他是汉室的代表罢了。现在既然汉献帝被曹丕杀害，刘备正可以借机引申拥护汉室的含义，再举出一名新代表，继承汉朝正统。

刘备隐约觉得，他自己征战多年，天下闻名，又是中山靖王之后，似乎也可以成为汉室的新代表，荣登帝位。只是，这话，刘备不好说出口。聪明的臣子总是善于分析形势，揣测主公的心思。于是，刘备虽然没说出他要称帝，底下的百官却忙活开了。刘备手下的臣子们清楚，刘备如果在曹丕代汉的时刻称帝，最合适不过，而他们也将随着刘备身份的变化，加官晋爵。如此划算之事，何乐而不为呢？于是，在诸葛亮等人的操持下，安排刘备称帝的部署逐渐展开。

益州各地陡然间到处都有祥瑞，每天都不断有人向朝廷报告某处又出现祥瑞之象。这样的报告连续不断，以至于刘备看着都觉得有点腻烦。

武阳赤水出现黄龙，持续九天才消失，而龙是君主的象征；襄阳汉水下游又出现玉玺神光，这代表着汉中王要继承汉朝的龙脉；火星开始追随岁星，这样神奇的现象符合《星经》的记载，各种邪恶都会消失……各种各样的祥瑞报告不断呈送到成都，这些报告虽然内容不一，结果却都是一样，上天显示，刘备应该进位称帝。继祥瑞现象不断涌现，社会各界纷纷分析，这是因为汉中王刘备圣明贤德，上天才出现吉祥之兆后，百官开始正式上表，要求刘备称帝。

为了表示刘备称帝是人心所向，众望所归。上表的大臣不是全部署名，而是分批上表。议郎阳泉侯刘豹、青衣侯向举、偏将军黄权、治中从事杨洪等人首先上书。这些人经过一番论证，推导出结论，云气的出现预示着会有圣明的君主兴起于一周，从而实现汉室中兴。然后，这些大臣又对为何不早上表说明祥瑞征兆作出一番解释，“时许帝尚存，故群下不敢漏言”。经过前面的铺垫后，劝进表进入正题，既然汉献帝已经被害，汉中王您就应该应天道顺民心，迅速登帝位，以安定天下。

不久后，太傅许靖、军师将军诸葛亮，太常赖恭等人再次上书，劝说刘备称帝。书中，许靖等人表示曹丕篡位杀君，挟持迫害忠良，残暴无道，人神共愤。在对曹丕进行一番摸黑后，许靖等人指出曹丕的种种行为，不得人心，因此，天下百姓全都思念刘氏。

天下思念刘氏，奈何天子被害。在这样的情况下，就好比航船失去指向标，因此国内人心惶惶，找不到效法和瞻仰的对象。然而，上天有幸，垂念生民，所以降下无数祥瑞、符命。群下先后有八百多人上书，全都述说了各种符命和祥瑞所明示的征兆。这些征兆清晰地指出，汉中王应当继承汉朝的流脉，这是上天要赐予您天子之位。祥瑞的征兆和效应不是人力所能做出的。汉中王您应该按照神灵的意旨，顺应人心，继承高祖、世祖的事业，择良辰吉日，接受我们向您奉上尊崇的皇帝称号。

刘备看到群臣的上表，心里美滋滋的。表中的他既具有高大英伟的仪表，又具有非凡的军事才干，“仁覆积德，爱人好士”，天下之士皆已归附。这么完美的一个人，刘备自己都有点不认识，但是，只要能登上帝位，无论说辞怎样，刘备都是能够认同的。此时的刘备，年过花甲，按照当时的平均寿命来算，已属长寿之人，再不过把皇帝瘾，只怕再没有机会了。

就在刘备君臣齐心，准备登基大典的时候，前部司马费诗却跳出来表示反对意见。费诗遵照礼节，给刘备上书，将刘备拥护汉室的口号和他要称帝的行为对比，暗讽刘备此举表里不一，将会使得天下人的怀疑。按说费诗的这话已经有点过火了，然而，他却还有更狠的在后面。

就在一片赞美声萦绕着刘备之际，突然冒出费诗这么刺耳的批驳声，刘备实在难以接受。费诗表现得简直比刘备还忠于汉室，这让仁义卓于天下的刘备感到无法面对。此时的刘备称帝之心已定，他容不得费诗的反对意见，便将费诗贬为州部永昌从事。《资治通鉴》记载道：“王不悦，左迁诗为部永昌从事。”用了“不悦”这个词，可见刘备对于费诗上书劝谏的事是十分不高兴的。

刘备以汉室忠臣自居，故曹丕代汉后，刘备仍沿用建安年号。建安二十六年（公元221年）四月，刘备在成都武担山南举行称帝仪式。称帝仪式结束后，刘备定国号为蜀，改建安二十六年为章武元年，以诸葛亮为丞相，许靖为司徒，设置百官，建立宗庙，祭祀自汉高祖以下的历代祖先。

从曹丕才代汉自立到刘备得到消息，几个月的时间，刘备却没有验证汉献帝是否真的被曹丕毒害，却忙碌着制造祥瑞，继承所谓汉朝正统。从这点便可以看出，刘备是何居心。

刘备以汉朝正统自居，延续汉室事业，却未能得到天下的认同。就连司马光都发表评论，认为刘备自称的中山靖王之后的身份，历时过久，难以认证，对他继承汉朝正统不敢苟同。然而，三国乱世，有能者居上，比起怯懦无能的汉献帝，也许刘备更称得上是英雄。因此，刘备建立蜀国的行为，见仁见智，却也难以得到统一的观点。

兄弟都死了，我也不想活了

孙权攻取荆州，杀害关羽父子，刘备的愤怒难以言表，无论是念及兄弟之情，还是考虑政治利益，刘备都要伐吴。只是，称帝大典暂时拖住了刘备冲动的步伐。建立蜀国后的刘备，彻底解除羁绊，此刻的他，恰如一头怒火冲天的公牛，作出人生中最为错误的决定，倾全国之兵讨伐孙权。

当关羽败走麦城，被孙权杀害的消息传到成都的时候，刘备难以抑住眼眶中的泪水。几十年的风雨征程，历经生死，关羽却在初尝荣耀后不久就此死去，刘备实在难以接受。

对于关羽，刘备有着很深的感情，史书记载，刘备与关羽、张飞三人“食则同桌，寝则同床”。刘备自起事以来，依仗关羽的骁勇，兄弟同心，终于取得成功。关羽的忠义英勇，在刘备脑海里有着不可磨灭的印记。当年，关羽放弃曹操授予的高官厚禄，重投刘备帐下，刘备便在心中重重地许下承诺，我若能成大事，必让你十倍荣耀于前。

刘备改变颠沛流离、寄人篱下的命运后，的确是如此做的，他一取得荆州，便委关羽以重任，令其统帅荆州，镇守一方，其信赖程度，可见一斑。在封赏群臣时，关羽的赏赐总是武将里面最多的。刘备进位汉中王时，尚且拜关羽为前将军，位居武将第一。

而如今，刘备极其信赖、欣赏的关羽，却被孙权帐下不知名的小将斩掉首级。孙权要是光明正大地杀掉关羽也就罢了，而他却是在关羽与曹操军团奋战，不加防备时，偷偷地从背后捅了最厉害的一刀，袭取了荆州，断掉关羽的后路。这口气，刘备实在无法咽下。刘备决定为关羽报仇，讨伐孙权。

此前，刘备被称帝的事情拖住，无法腾出身准备讨伐事宜。因此，大臣们都以为刘备将要讨伐孙权的话仅仅是气话。然而，当刘备完成登基大典正式在朝堂之上提出要攻打东吴时，群臣都震惊了。

当时，刘备虽然建立蜀国，自称皇帝，以期与曹魏对抗。但曹丕的势力还是最强的，曹丕独得天下九州，他的实力远非刘备、孙权可比。曹丕唯一比不上刘备的，只有政治经验和能力。

曹操在世之际，孙权和刘备都畏惧曹操的势力过于庞大，因此结盟共同抵挡曹操。曹操虽然是一代雄才，却也无法击破孙权和刘备的联手御敌。现在，曹操虽死，曹丕却继承了其父统一天下的野心，蠢蠢欲动。刘备不顾曹丕虎视眈眈在侧的危险，跑去攻击孙权，大臣们不敢同意他的意见。

诸葛亮首先站出委婉地向刘备表示反对。诸葛亮认为，孙权虽然取得荆州，但碍于曹魏势力雄厚，不会再有危及蜀国的举动。如果刘备现在出兵讨伐孙权，则会陷进战斗无法自拔，彻底断裂孙刘联盟，曹丕要是在这时候乘机攻击蜀国，国家的危险可就大了。然而刘备下定决心，坚定地拒绝了诸葛亮的提议。

连头号谋臣诸葛亮的建议，刘备都拒绝，一时间剩余群臣都不敢再发言，准备待得朝会散去，集聚一处，再行商量策略。

朝会散后，一干忠于刘备的旧臣聚集在一处，共同讨论，攻打孙权是否得当。讨论后的结果是，决不能打，若是讨伐孙权则可能动摇国本。可是，诸葛亮的劝说都被刘备一口回绝，还能有谁的话，刘备能够听得进去呢？

大臣们想到了赵云，赵云曾因其忠勇而屡次受到刘备的赞扬。或许赵云的建议，刘备可以接受。《资治通鉴》记载，翊军将军赵云上奏道“国贼，曹操，非孙权也。若先灭魏，则权自服。”

赵云劝说刘备，曹操才是叛国之人，如果灭掉魏，拿下孙权也不在话下。现在曹操的儿子掌权，唯有先拿下关中。以便于征伐曹丕。只要我们这样做了，拥护汉室的义士们一定会带着军粮，骑着战马来迎接陛下您。所以，陛下不应该不顾曹魏，而和孙权开战，两国要是一交战，就不会快速结束战斗，这不是上策。

赵云的建议再次被刘备否决，其后，又有很多大臣上书劝谏刘备出兵，也落得同样结果。

就在刘备发布军令，调集军队，筹备粮草，即将攻打东吴的时候。又传来一条令刘备心痛的消息，张飞被杀。

张飞英勇善战，雄壮威武不减关羽，但是在性格方面，张飞与关羽稍有不同。关羽关心士兵，对士大夫不屑一顾；张飞很尊敬士大夫，但不关心士兵。刘备要征讨孙权，他命令张飞率兵一万人从阆中出发，与刘备大军在江州会合。张飞在发兵前，因琐事责打帐下将领张达、范强，并怒称还要重罚。张达和范强畏于责罚，私下商议，决定杀死张飞，投降孙权。于是，这两人乘张飞睡觉时，割下张飞的头颅，顺长江而下向孙权邀功请赏。

张飞的死，仿佛在刘备心头再次狠狠插上一刀。张飞虽然是因为暴虐寡恩而被部下杀害，但愤怒到极点的刘备已经不考虑这些了，他将害死张飞的这笔账算到了孙权头上。

蜀汉章武元年（公元221年）七月，刘备几乎尽出益州之师，亲自统帅大军进攻孙权。沿途军队络绎不绝，江东震动。

孙权并不想和刘备作战，他看得出来刘备这次是玩命。在孙权眼中，利益才是最为重要的。他取荆州，就是畏惧关羽声威，害怕刘备势力过于强大。如今，孙权已经夺得荆州，暂时不用考虑刘备的威胁，便将目光再次转移到曹魏身上。孙权认为，与刘备比起来，曹丕才是最可怕的敌人。

与刘备大军作战，即使战胜刘备，也将消耗江东巨大的人力、物力，要是这时候曹魏突然插进一脚，夹攻江东，那么形势就十分危险了。如今天下三分，实力最为雄厚的是曹魏，眼前之道还是联盟刘备，对付曹丕方是正理。经过反复思量的孙权决定，尽量避免与刘备的这场不必要的战争，求和！

在东吴，诸葛亮的亲兄长诸葛瑾担任重职，又和刘备很是熟悉。派遣求和的使者，诸葛瑾最合适不过。于是，南郡太守诸葛瑾给刘备写信道："陛下以关羽之亲，何如先帝？荆州大小，孰与海内？俱应仇疾，谁当先后？若审此数，易于反掌矣。"

这封信的意思是，应该想清楚是要荆州，还是要整个国家的利益，孙权和曹魏谁更需要引起重视，关羽和先帝，谁更亲密。只有搞清楚这些事，才能想清楚下一步怎么办。

诸葛瑾把刘备当聪明人，和刘备玩起了一套选择权的把戏。信中隐含的深意是，刘备你不要因为顾及和关羽的感情，而忽视了振兴汉室的大义，你应该继承先帝的旗帜，不要为了荆州蝇头小利而与孙权起争端，忽视天下大业。况且，即使你把孙权看成是十恶不赦的敌人，那么你最先的仇人曹魏又该摆在什么位置呢。

诸葛瑾帮着刘备分析了一番，接着把选择权交到刘备手中。诸葛瑾以为，刘备看了他的信，就会明智地选择停止作战，转而谈判。奈何，两个爱将被杀，荆州被夺，气愤到极点的刘备根本不吃他这一套，置之不理。孙权几次求和遭拒，只好做好与刘备大战的准备。既然战争已经不可避免，孙权便开始规划如何降低伤亡，增加胜利的几率。

由于害怕曹丕在刘备攻击荆州的时候从合肥出兵南下直取濡须口，从而陷入两线作战的困境，孙权经过慎重考虑，不顾自己的身份，向晚辈曹丕请降。

魏黄初二年（公元221年）八月，孙权派使者向魏称臣，还奉还了曾经俘虏的兵士。朝廷诸臣都非常高兴。刘晔却劝谏曹丕不要接受孙权的请降，他指出，孙权之所以向魏投降，是由于刘备率领大军讨伐他的缘故，孙权害怕我们乘机进攻，所以才献上土地请求归附。我们在这个时候应该大举出兵，和蜀国内外夹击，灭了东吴。但是，曹丕认为，孙权远道投降称臣，如果去讨伐他的话，会使得天下愿意归附魏国的人产生疑心，便拒绝了刘晔的建议。此后，曹丕加封孙权为吴王。

孙权请降得到曹丕的承认，解除了遭受两面夹击的担忧，开始放心地准备防御事宜。此时，刘备派出将军吴班、冯习攻取巫县、秭归，孙权便命令陆议、李异加强防务，等待迎敌。

刘备带领大军，进军神速，而孙权占领的巫县、秭归一带，亦处于高度戒备状态。战火的硝烟即将弥漫，三国时期著名的"夷陵之战"就要拉开序幕。

第十章　夷陵之战：一场游戏一场梦

为关羽报仇

关羽、张飞双双遇难，昔日的追梦兄弟就这样弃刘备而去，无怪乎刘备会横下决心，无视诸葛亮与众多心腹大臣的劝阻，坚决在中国的大地上上演一出轰烈的“特洛伊战争”。蜀军无一不是饱含热炎，恨不得一举攻破吴国，打一场轰轰烈烈名垂青史之战。如此规模，便是那战旗一挥，亦足以逆流河水，由此，气势恢宏的夷陵之战打响了。

夷陵之战又称彝陵之战、猇亭之战，是三国时期继官渡之战、赤壁之战之后的又一大战役。战争一开始，主动权掌控在锐气正盛的蜀军手中。当时吴蜀两国的国界已往西移到巫山附近，长江三峡成了两国之间的主要通道，因此刘备迅速派遣部下将领吴班、冯习为先头部队，闪电夺下峡口，攻入吴境。

吴班、冯司率领军队在巫地（今湖北巴东）击败了吴将李异、刘阿，攻占了秭归。蜀国首战便告捷，气焰更盛，然而刘备却也不至于冲昏脑袋，他在向前挺近的时候，也明白后方还有个曹魏。因此刘备令镇北将军黄权驻守长江北岸，又派侍中马良到武陵争取当地部族首领沙摩柯，希望他能在曹军攻打之时予以协助。

夷陵之战的首战以蜀军胜利告终，其实这似乎在意料之中。对于刘备出兵人数，《三国志》并无详细记载，只在裴松之注解《三国志》里留下了两条材料。其一，《文帝记》注引《魏书》曰：“癸亥，孙权上书，说：‘刘备支党四万人，马二三千匹，出秭归，请往扫扑，以克捷为效’”；其二，《刘晔传》注引《傅子》曰：“权将陆议（陆逊）打败刘备，杀其兵八万余人，备仅以身免。”这两条材料虽都是谈及蜀军兵力，然而其提出的数量却整整相差了一倍之多。后来，司马光在记述夷陵之战时，采用了四万之说，其实分析下去，四万之说还是比较可信的。

当时，刘备在占有益州和荆州一部分时，兵力相对是比较多的。但经过吕蒙白衣渡江偷袭关羽后，“荆州覆败，大臣失节，百无一还。”（《三国志·关羽传》）这说明刘备在荆州的兵力已经是基本丧失殆尽了。这样看来，刘备在夷陵之战除了荆州，就只能依靠益州的兵力了。那么益州又能动员多少兵力呢?《裴注三国志》里提到了，在诸葛亮驻守祁山期间，“守在险要，十二更下，在者八万”，待到刘禅投降时是“带甲将士十万二千”，这些都是诸葛亮秉权以后的事了。由此可以看出，在蜀国取得南中地区，更兼屯田的实施后，蜀国兵力也就只能维持在十万左右，更何况刚得益州的刘备。况且，这十万之兵还得分出一部分重守益州门户汉中。

综上所述，刘备所能动用的最大兵力绝对无法达到八万，因此四万之说还是比较可信的。其实，若要说起首战的胜利，与其说蜀军靠的是兵力，倒不如说靠的是地利。

关于这点，我们可以先看一些关于西川与荆州的地势战略记载。在司马迁的《史记》里有记载“蜀地之甲，乘船浮于汶，乘夏水而下江，五日而至郢。”《三国志》也说了：“今因平蜀之势以乘吴，吴人震恐，席卷之时也。留陇右兵二万人，蜀兵二万人，煮盐兴冶，为军农要用，并作舟船，豫备顺流之事，然后发使告以利害，吴必归化，可不征而定也。”再看《晋书》之言：“引梁益之兵，水陆俱下；荆楚之众，进临江陵；巴、汉奇兵出其空虚，一处倾坏，则上下震荡，虽有智者不能为吴谋矣。”

以上这些论述和记载无一不是在表明一个问题：西川对荆州的战略地理处于优势。蜀军沿江快速跃入江陵附近的山区，直逼江陵，也就能在占领荆州甚至整个吴越地区中处于优势。而后方粮草运输的问题，则只需以水运优势轻松解决。所以说，占据蜀的一方对占据东南的一方威胁相当大。无怪乎后来顾炎武会说：“昔之立国于南者，必先失蜀，而后危仆从之。”

诚然，地理因素是上天赋予蜀国漂亮地打响夷陵之战的资本，但是人的因素也不可忽视。其实，蜀军的气势才是打赢首战的关键，而在唤起士兵士气的努力下，刘备的身先士卒无疑是最有效的兴奋剂。国家刚立，国王便披坚执锐，与士兵共同分享一副吞并他国的美好图景，试问此时，哪有不动心的士兵？哪有不满腔热火急切与主与国共创辉煌的士兵？所以说，刘备虽已年迈，然而毕竟混迹多年，有足够的经验来将战前的准备工作做得细致完善，因此，才得以一举攻克秭归，为蜀军继续东征开出了一个切口。

当然，首战告捷不代表能节节顺利，蜀军吞下江东的决心自是强烈，然而孙权也并非自愿躺在砧板上任人宰割的失败者。在刘备出兵之前，孙权便派出诸葛瑾奋力跑往蜀国做思想工作，然而刘备决心已定，诸葛亮的话尚且听不进，何况诸葛瑾。孙权在蜀国碰壁，自知恶战无可避免，只好转而讨好魏国来企图扼制蜀国的东征，也防止魏国在吴国对抗蜀国之时实行偷袭。与此同时，孙权也在荆州做好了万全的防御准备。然而夷陵首战终究让刘备抢了头彩。面对敌强我弱的局势，孙权想起了一个人。这个被吕蒙称赞为“意思深长，才堪负重，观其规虑，终可大任”的人，就是陆逊。

孙权面对蜀军压境，起用了吕蒙极其推荐的陆逊，任命其为大都督，再派出朱然、潘璋、韩当、徐盛、孙桓等部共五万人接受陆逊的统率共同开赴前线，抵御蜀军。另一方面，为防止武陵地区（湘西、黔东、鄂西南）少数民族助蜀，孙权派出了平戎将军步骘领兵万人镇守益阳（今湖南益阳地区）。

此时，陆逊挑起了重任，这是一场关系到孙吴存亡的大战。而面对阅历和地位均在自己之上的刘备，陆逊又该何去何从？所幸，大智如陆逊，没有给东吴失望，他将继周瑜、吕蒙之后，将一场夷陵之战打得有声有色，而东吴，也由此多了一位名将。

坚守是一种策略

刘备带领数万蜀军来势汹汹，孙权虽说有被吓到，却也不至于被吓坏，事至此，也只有搬出江东最后一张王牌了。这张王牌就是陆逊。

陆逊向来有儒者风范，办事张弛有度，从不以强硬行事。昔时忍人所不能忍，附和关羽，使强硬的武圣暴露出矜骄的恶病，得以让吕蒙寻了个空子钻，以一身白衣夺回了孙权日盼的荆州。如果说，吕蒙的白衣渡江是军事史上一场漂亮的艺术战，那么，陆逊在之前的骄将之计更是以艺术般的外交手段保证了白衣渡江的顺利。这就是陆逊，松时令人无视，放时令人畏惧。

陆逊看出了刘备士兵像一群狂嗜的狼，其求胜心切令其满含热火。在这种情况下，吴军处于被动，如若以硬碰硬，无疑鸡蛋碰石头，因此陆逊采取了战略退却，一直往后撤到夷道（今湖北宜都）、猇亭（今湖北宜都北古老背）一线。抵御蜀军的进攻，同时集中兵力，做好了背水一战的准备。这样，吴军把兵力难以展开的数百里长的山地留给了蜀军，以使蜀军战线拉长，露出破绽。

魏黄初三年（公元222年）正月，蜀将吴班、陈式率领的水军来到夷陵，在长江两岸驻扎。二月，刘备率主力从秭归进抵猇亭，直达夷陵一带，并于猇亭处建立大营。至此，蜀军已深入江东腹地。

面对刘备的咄咄攻势，陆逊没有急于用兵，他一退再退，无非是为了消磨敌人的斗志。

蜀军直逼猇亭后，陆逊明白这已是一再退让的界限了。夷陵是吴的战略要塞，若失去夷陵将会把整个荆州战线都陷入危险的境地，所以，陆逊不能再退了，于是两军开始对峙于夷陵。

在到达猇亭后，蜀军便遭到了吴军的积极扼阻抵御，由此，其东进的势头停顿了下来。蜀军从出征到现在时日已久，兼之遇到吴军的积极防御，难以继续东进，往日的盛气顿时泄了下来。一支旺盛的锐气之兵，经过几番波折，却也成了疲软之兵了，似乎此时是吴军出击的好时机。然而，陆逊仍然采取防守，不出击不应战。他命将士坚决抵御，决不出战。蜀军于是在巫峡、建平（今重庆巫山北）至夷陵一线建起了军营，驻扎下来。另一方面，张南带领部分兵力围攻驻守夷道的孙桓，采取此策略的目的在于积极调动陆逊出战。因为孙桓是孙权的侄儿，所以刘备料定陆逊断断不敢忽视孙桓的安危，从而出兵援救。

然而刘备小看陆逊了，就像当初关羽小看陆逊一样。重视敌人是对自己最好的防御，看轻敌人无疑在鞭笞自己，刘备想不到，在吴营内诸将纷纷要求出兵救援刘桓的情况下，陆逊仍坚决拒绝出兵。当然，陆逊如此做自有他的道理，因为他深知孙桓素得士众之心，兼之夷道城坚粮足，所以他相信孙桓凭己之力仍是可以抵挡的。而如果分兵援助夷道，那么本就少的兵力又要经受分散与削弱，这无疑对吴军是万分不利的。后来事实也证明了陆逊的决定是对的，因此事后孙桓就说了：“前实怨不见救，定至今日，乃知调度自有方耳。”

就这样，夷陵之战的对峙从正月持续到六月，从雪花飘舞持续到艳阳高照。季节在转，气候在变，夷陵一带却仍然僵立着两队军队。刘备为客，身后没有吴军那样方便的补给，因此他一心想打闪电战。因此刘备在两军对峙之时，曾频繁派人到阵前辱骂挑战。但是孙桓尚且可以不管，何况这种近似孩子气的挑衅，又如何能让陆逊贸然出战呢。就这样，随着时日推移，蜀军将士斗志更加涣散松懈，昔时主动的优势地位已渐渐消逝。兼之六月的江南，炎日灼烧着大地，酷暑炙烤着万物，世间一切仿佛被包在一层厚厚的膜里，令人烦躁不安。

蜀军将士在吃了多次闭门羹后，更值气候如此，实在是不胜其苦，纷纷抱怨。刘备无可奈何，眼看攻下夷陵非一日之事，安抚士兵才是此时重任，因此刘备只好将水军舍舟转移到陆地上，将军营移到深山密林里，依傍着溪涧，于此阴凉之处屯兵休整，准备等待秋后天气转凉后再行进攻。

蜀军此时位于吴境二三百公里的崎岖山道上，远离后方，因此后勤保障实施起来多有困难。而刘备竟然还在如此不利的条件下，为自己增加了更加不利的因素。蜀军百里连营，分散了兵力，尚且依山傍林，这实在犯了军法禁忌，难怪刘备扎营的消息传到魏国时，曹丕会在后面得意得笑开怀来，暗笑刘备不会带兵，竟然结营七百里而拒敌，加之依山傍林，倘若陆逊像周瑜一样，再用火攻，几万士兵如何逃脱。

确实，也许是酷日当头，冲昏了刘备那本已不甚清楚的头脑，带兵数十年，为何会犯下如此大错，实在令后人读起，扼腕不止。诚然，这里面或有刘备年老昏沉的因素，然而，让刘备昏沉加重的导火索无疑来自陆逊的坚守。刘备自诩行军多年，一个无甚名气的小将又如何能与他正面对抗？因此陆逊的坚守在刘备看来不过是一个行将战败的将士最后的挣扎，所以刘备认为主动权始终在自己手中，哪怕自己毫无防备，东吴那边也不敢贸然出击。这样看来，陆逊以同一套戏码骗了关羽和刘备两人，实在令人嘘嘘不已。

事已至此，不仅曹丕要笑，陆逊才是笑得最高兴的那一个。他不管诸葛亮在后方多么地焦躁，他只知道，他隐忍了半年之久，终于寻找到了进攻的时机。此时，战争的局势已然悄悄地改变了。

而在六月的江南，一场大火即将燃遍森林。

还是放火最好玩

刘备的士兵带着满腔热火而来，却频繁遭遇冷水浇头，实在令人大失所望。难怪六月的太阳有如恶毒的唇舌，毫无情面地嘲弄着蜀军，逼得烦躁的刘备带着烦躁的数万士兵，只得躲进密布树木的森林里，躺在大树之下，想借树荫来消除内心的焦躁。

这边一片死气沉沉，被热气压抑得人心混乱。回观吴营，坚守了半年之久的陆逊，正在营中劝说着如炎日般喷火的将领。面对着刘备军多月来的辱骂，哪一位七尺男儿能将其置若罔闻？所以吴营里，将领们一再请战，却始终被陆逊驳斥回去。然而今天不一样了，眉毛锁了半年的陆逊，一听说刘备躲进林里去扎营，顿时眉开眼笑，犹似一朵鲜花灿烂地盛开在心里。他唤来将领们，兴奋地宣布时机到了。

魏黄初三年（公元222年）六月夏，孙权接到了陆逊的上书，写着：“夷陵要害，国之关限，虽为易得，亦复易失。失之非徒损一郡之地，荆州可忧。今日争之，当令必谐。备干天常，不守窟穴，而敢自送。臣虽不材，凭奉威灵，以顺讨逆，破坏在近。寻备前后行军，多败少成。推此论之，不足为戚。臣初嫌之，水陆俱进，今反舍船就步，处处结营，察其布置，必无他变。伏愿至尊高枕，不以为念也。”（《三国志·吴书·陆逊传》）

孙权集会讨论，有些大臣就有疑问了，他们问陆逊：“攻备当在初，今乃令人五六百里，相衔持经七八月，其诸要害皆以固守，击之必无利矣。”他们认为刘备此时连营固守，只怕难以攻下。然而只有陆逊看中了刘备扎营的要害，他说：“备是猾虏，更尝事多，其军始集，思虑精专，未可干也。今住已久，不得我便，兵疲意沮，计不复生，掎角此寇，正在今日。”（《三国志·吴书·陆逊传》）他认为刘备兵疲惫不堪，于此扎营，已经不能再生变化了，因此这是个可趁之机。孙权听陆逊话语有理，观陆逊心意坚定，当即批准了陆逊。

主动出击的军令传到了吴营，吴营上下顿时一片春意。此时，吴军正式从防御转向了进攻。

陆逊虽已决定进攻，却也不敢贸然而行，毕竟这场大战的意义在于国家存亡，因此他一步也不能踏错。谨慎如他，为了了解刘备军的虚实，先调遣了小部队军进行了一次试探性的进攻。陆逊派出部分兵力对刘备军营进行攻击，毕竟兵力之少，哪能抵抗刘备大军，结果陆逊的首次出战便被迅速集结的刘备军打得大败。东吴诸将士原本等待了许久的出战，却被迅速地击败了，自然有所不甘，纷纷指责陆逊无疑是在白耗兵力。然而这些将领们都错了，陆逊果真深藏不露，非但敌军不了解他，便是结交已久的部将都看不透他那宁静的表面下深藏着的暗涌。

若无深入虎穴，如何能得虎子，陆逊借着这一次的试探进攻找到了刘备发号施令的主营。非但如此，此次进攻更让陆逊从中寻找到了完美的破敌之法——火攻蜀军连营。当时江南正是炎夏季节，气候闷热，而蜀军的营寨非但扎营在全是树林、茅草的周围，更兼所有营寨全用木栅所筑成，一旦起火，火势借木而旺，如何得救？陆逊计策一来，急忙召集诸将告知。诸将无一不感到兴奋，好似火蛇已然吞噬了蜀国数万士兵，吴营上下再次充满斗志！

决战开始了，主动权从刘备手中转移到了陆逊，陆逊这时开始担起了夷陵之战的主角，他命令士卒突袭蜀军营寨，并顺风放火。放完火后，陆逊也不偷闲，迅速动员全军，集中起力量突击刘备的主营。蜀营正值放松时期，士兵们正围着篝火唱着蜀歌，回忆着昔时在蜀中的日子，不料顿时火势来袭，恰似一只巨型疯狗直奔蜀营，留下了炎炎鲜血。

蜀军军中大乱，陆逊乘势发起反攻，命朱然率军五千首先突破蜀军前锋，然后猛插到蜀军的后部，与韩当所部进围蜀军于涿乡（今湖北宜昌西），从而切断了蜀军的退路。另命潘璋所部猛攻蜀军冯习部，潘璋不负大任，大破冯习。接着，令诸葛瑾、骆统、周胤诸部配合陆逊的主力在猇亭向蜀军发起攻击。与此同时，驻守夷道的孙桓也率军加入战斗。吴军进展顺利，攻破了四十多座蜀军营寨，斩杀张南、冯习和沙摩柯等蜀国将领，收降杜路、刘宁等将，并且用水军截断了蜀军长江两岸的联系。

刘备被陆逊参了这一军，却仍然无法承认这个无名小将会如当初的周瑜一样火败曹魏，因此刘备在这情形下，非但不全军撤退，却企图集结起长蛇般分散的兵力，与陆逊进行正面对决。陆逊如何能让蜀国大军集结起来，他必须将刘备的军令扼杀，因此陆逊拼尽全力攻打刘备主营，另也派出部分兵队分散突袭各个军营。刘备轻视敌人，在突如其来的打击下终究坚持不了，不得已只得放弃集结的计划，命令全军撤退。

刘备大败至此，逃至马鞍山，却仍不甘心承认自己输给了后生小辈，想于此重新集结起败兵，与陆逊再次决一死战。陆逊率领的军队士气高涨，没有给刘备任何喘息之机，很快便追了上来，在马鞍山相遇蜀军。刘备军士气低迷至此，何况撤退期间已丢失了绝大多数军械，劣势的兵力终究敌不过吴军，最后落得个全军崩溃。士兵们死的死，逃的逃，将领们保护着刘备夜间突围，差点在石门山（今湖北巴东东北），被吴将孙桓率领的部队抓获。幸而驿站人员焚烧败兵留下的装备，封堵了道路，刘备才顺利脱身，逃入永安城中（又叫白帝城，今四川奉节东）。吴将潘璋、徐盛等人都主张乘胜追击，唯陆逊顾忌到曹魏方面可能会乘陆逊大兵出境时袭击后方，因此陆逊遂停止追击，主动撤兵。后曹魏果然攻吴，终因陆逊早有准备，无功而返。

夷陵之战最终以吴军大败蜀军而告终，这场战争从头至尾充满了戏剧性。先是，刘备以关羽、张飞为借口，大举攻吴。其实我们都明白，刘备用情不至于此，而他之所以着急夺取东吴，无非是为了弥补起昔日《隆中对》里的宏图。可惜刘备非但弥补不了，还大损国力，更加毁灭了实现《隆中对》的可能。然后陆逊一出手，刘备就乱了。刘备麻痹于陆逊的骄兵之计，在吴军的顽强抵御面前，不知道及时改变作战部署，更采取了错误的无重点处处结营的办法，兼之对地形了解不透彻，使军队在崎岖山道中进退维谷，最终陷入被动，自食“覆军杀将”的恶果，令人不胜感慨。再看陆逊，他一开始便正确地分析了敌情，制订了详细的战略计划，诱敌深入趁敌兵疲惫强力反击并巧妙地发动火攻，最终以弱胜强使这次防御转入反攻，成为战略史上的经典案例。此战也成了陆逊的成名战，体现了其高超的指挥艺术和军事才能，令其晋身为一位杰出的军事统帅。

当然，夷陵之战结束了，江东得到了暂时性的胜利。然而，经此一战，鲁肃一生致力实现的吴蜀联盟关系却也进一步地恶化了。另外，夷陵之战大大地削弱了吴蜀两国的国力，由此看来，这一场战争的最大受益者，是曹魏了。诚然，这是后来的形势。而此时，刘备经此一败，已然站不起来了。既然已经不行了，也只好将身后事安排下，至于未来如何，则不是自己能管得了的了，只是入蜀不久的刘备，在安排后事上，还另有一番斟酌。

我把儿子交给你

蜀章武三年（公元223年），刘备病卧在白帝城中，对着众大臣，心里思虑着年幼的刘禅该交由谁来辅佐。这自然是一个大问题，这个大问题可以直接关系到蜀国未来的何去何从。

夷陵之战非但无法给刘备戎马一生的生涯画上一个完美的句点，反而给了这位混迹多年的经验派一个灭顶的教训。此时刘备已年过花甲，本就不健朗的身子经此大败，又如何承受得住？因此刘备退回白帝城后便一病不起，连成都都回不去了，只好待在白帝城里休养。另一边，江东虽得了大胜，却也不敢马虎，毕竟面对着较之强大的魏国，孙权还是得保持谨慎。因此孙权一听刘备还停驻在白帝城，以防他再次进军，急忙遣使求和。刘备大病，自知不久人世，心思都在后事之上，吴国那边能缓当缓，正是求之不得，因此也就答应了孙权的求和。

吴国这边的事是缓了，不用刘备去担心了，然而正如历来所有帝王所担心的，刘备也在烦躁着他的身后之事。刘备的儿子不多，长子刘禅，还有两个幼子叫做刘永和刘理，另有一个养子刘封。刘理和刘永在历史上的记载不多，想来刘备均以仁义教子，二人自然也不是爱争之人，因此后嗣之争出现的可能性是不大的，基于这点，刘备比曹操和孙权就幸运多了。然而继承人虽无异议，难就难在托孤大臣。

此时刘禅虽不算年幼，然而比起曹丕来尚嫌稚嫩，更别说比他老了一辈的孙权了，因此，若不找一两个大臣辅佐，刘备是断断不能放心而去的。而托孤大臣的选择又是极其难的，当年汉武帝独具慧眼，找了霍光这位忠心的能臣，将武帝晚年积聚的各种弊病逐一解决，为宣帝中兴汉朝付出了绝对的功劳。因此刘备势必谨慎，必须像前人一样，做一个妥善的安排，为蜀国的安定作出最后一点贡献。

而刘备众观大臣，诸葛亮是必不可少的，毕竟这是一个陪他从头打到尾的老臣，更是一个政治能人。除此之外，刘备还找了另一个我们不是很熟悉的人，他叫做李严。

李严，字正方，南阳人。早年追随刘表，后因曹操出兵荆州，故流亡入蜀，投于刘璋麾下，被任命为成都县令，治政间因能于政事而名声渐显。后刘备进军蜀绵竹关时，李严阵前倒戈，率众投降，从此归于刘备帐下。刘备入蜀后，益州一度法纪松弛，便命军师将军诸葛亮、蜀郡太守法正、昭文将军伊籍、左将军西曹掾刘巴与李严五人一起制定《蜀科》，后来成为了蜀国的法律体系的基础。由此观之，李严也是个治理政事的能人，当然，刘备找他来，倒也不仅仅只是因为他能治政。

诸葛亮虽说在蜀中的声望是高的，然而对于益州，他毕竟只是个外来之人，而刘备入蜀不久，蜀中众臣之心尚不能全服，如若将一整个江山就推给了诸葛亮一人，那么蜀中的大臣又如何能静得心来？所以刘备必须再找一个原刘璋手下的大臣，让益州人士知道他刘备并没有偏向于哪一方，因此李严的在场也就可以理解了。当然，从另一方面来说，刘备对于诸葛亮还是有所顾忌的，毕竟诸葛亮在刘备军中的威望过高，如若诸葛亮要争权，刘禅这个毛头小子如何能对抗得了？这点在入蜀之前，应该说刘备就有所考虑的。

当时进西川，刘备带的是庞统而不是诸葛亮，这无疑是为了防止诸葛亮功高过主，以后难以压制。而进西川后，诸葛亮的地位甚至还没有糜竺、孙乾等人高。所以在刘备的房间里，才会有这样一幕托孤场景：“蜀章武三年（公元223年）春，先主于永安病笃，召亮于成都，属以后事，谓亮曰：‘君才十倍曹丕，必能安国，终定大事。若嗣子可辅，辅之；如其不才，君可自取。’亮涕泣曰：‘臣敢竭股肱之力，效忠贞之节，继之以死！'先主又为诏敕后主曰：'汝与丞相从事，事之如父。’”（《三国志·蜀书·诸葛亮传》）

刘备竟然对诸葛亮说：如果我儿子不行，你就罢免了他，蜀国就送你了。这话有多少重量，直吓得诸葛亮汗流满面，双腿发软。辛苦打下的江山，能说送人就送人？明眼人都知道刘禅没有诸葛亮行，难道蜀国就真的送给了诸葛亮？其实我们都懂，包括诸葛亮，刘备说出这话绝非真心话，除非他真的昏迷得不省人事，说说梦话。刘备这话就像一根心理上的绳子，将诸葛亮死死地吊了起来。他明白诸葛亮不是王莽一类的人物，诸葛亮是儒学学士，身上背负着道德仁义的声望，因此这话一出，无疑在告诉诸葛亮：你将来若是这样做，那你只有落入“不臣不忠不义”的罪名。所以说这话对于诸葛来说是非常重的，就像一个铁锤锤在了诸葛心中，让诸葛亮明白了主公对他的猜忌，也明白了他以后所要面对的困难，非但关于蜀国的强盛，也关于自己身居高位的安危。由此看来，刘备这话与其说出自真诚，不如说是一种威胁，一种包着糖衣的炮弹。

从以上的分析看来，刘备托孤的思虑是很全面的，他考虑了以诸葛亮为代表的追随自己打下江山的荆楚集团和以李严为代表的原跟随刘璋的益州集团，巧妙地平衡了两个集团的力量，使其互相制衡，不至于权力过分地掌握在其中一方手中。当然，他也明白李严的威望难以和诸葛亮抗争，所以他最后还适时地扔给了诸葛亮一个道德重负，手段不可谓不高。然而，刘备不是神人，他只能尽量按自己的想法去安排后事，自然也不能安排得面面俱到，而后事也并非能由他的三言两语去操纵。这些刘备都懂，所以到了最后，他也只能平静地合上眼睛。人一走，世间之事也就无关于己了，至于后世如何演绎，那也是后世的事了。刘备就这样走了，昔时满怀雄心的小将，一路颠簸而来，跑遍中原的大地，只为寻安身之所，适机而动。现如今，刘备有了自己的国家，有了自己的百姓，然而还未将一生的奔波弥补回来，他就走了，含着遗憾，也含着些许的满足，刘备与世长辞。无论后人如何评价，无论刘备的仁义是实是伪，他都让我们看到了一个追梦人的脚步——不妄自菲薄、不轻言放弃。

刘备驾崩，谥号昭烈帝，庙号烈祖。刘禅——也就是历史上著名的阿斗——即位了。至于刘禅此人究竟如何，那是后话。此时，蜀国新君刚立，诸葛亮受托，回成都搞内政和外交去了。诸葛亮的首要外交对象自然是吴国，因此两国互派来使，由此出现了几个能辩之士，丰富了三国的外交故事。而在两国结交秦晋之好时，魏国的曹丕可是看红了眼了，此前，他静静地看着吴蜀的夷陵之战，这时，是到他动身的时刻了。

曹丕，开始了他父亲走过却没有走完的路——南征孙吴。

第十一章　曹丕伐吴：去江南打打仗

小曹同志来了

曹丕自从继承曹操王位并篡夺汉朝天下后，便一直觊觎着孙权脚下的江东之地，他一直在寻找时机，他誓要完成其父亲未尽之事业。

赤壁之战后，孙权在外交联盟的对象上一直徘徊在魏蜀两国之间。后来，曹丕篡汉，刘备也在蜀中称帝。孙权因此急了，三分天下的局势已然清晰化，于是他也想当皇帝了。可是别说自己无故称帝可能引来讨伐之师，便是此时，来自蜀国的压力已经到达吴国了——刘备举全国之兵为关羽报仇来了。在这种情况下，孙权再三权宜，最终决定北降曹魏，对曹魏“使命称藩”。

诚然，曹丕也明白孙权此举不过是权宜之计，然而他也乐意见吴蜀两国对斗，如若斗出个两败俱伤，那不仅自己长期以来所期盼的东吴有所着落，便是整个天下也即将收入囊中。因此为了挑拨两国之间的关系，曹丕给孙权封了个吴王，“以大将使节督交州，领荆州牧事。”据《吴主传》注引《江表传》载，当时江东各位大臣都反对受封，以为应当称他做九州伯，孙权却解释说：“九州牧，于古未闻也。昔沛公亦受项羽拜为汉王，此盍时宜耳，复何损邪？”又说：“若不受其拜，是相折辱而趣其速发，便当与西俱进，二处受敌，于孤为剧，故自抑按，就其封王。”（《三国志·吴书·孙权传》）

当时，魏使邢贞拜孙权为吴王，孙权亲自出迎都亭以等候邢贞，邢贞见孙权亲自出迎，遂摆出大使的姿态出来，面露骄色。张昭见邢贞如此，大怒，当时有徐盛在旁，亦怒，对左右说：“盛等不能奋身出命，为国家并许洛，吞巴蜀，而令吾君与贞盟，不亦辱乎！”说完竟泪流而下。邢贞听说后，自叹道：“江东将相如此，非久下人者也。”（《三国志·吴书·徐盛传》）

确实，江东远非久下人者，这点曹丕也懂，因此曹丕一面接受孙权的称臣，另一方面也尽可能地制造理由得以对孙权进行讨伐。魏黄初三年（公元222年），“魏文帝遣使求雀头香、大贝、明珠、象牙、犀角……”，从这里便可看出曹丕正在找问题刁难孙权。只是孙权非但是个有远见眼光的外交家，更是负有颇大胸襟的政治家，他面对着这样的刁难，面对当时东吴群臣一致认为“所求之物非礼也，宜勿与”的劝谏下，他还是从容地说，“彼所求者，于我瓦石耳，孤何惜焉！”“皆具以与之。”（《三国志·吴书·孙权传》）

当然，曹丕见孙权如此能忍，自然也不会轻易就有所放弃，因此他一直在寻找着方法来变本加厉地刁难孙权。后来还是让他想到了：找孙权要质子！这要求传到吴国，孙权慌了，他明白质子一旦入侍于魏，吴国的独立就将会成为乌有，可是如若不交质子，又怕曹丕兴师问罪。于是孙权最后想到一个字——拖。

孙权首先采取了“以登（孙登，孙权长子）年幼，上书辞封，”同时又重遣“西曹掾沈珩陈谢，并献方物”来迎合曹丕。不仅如此，他还接连几次给魏文王上书，想造势来营造假象蒙骗曹丕，上书是这么说的：“欲遣孙长绪与小儿俱入，奉行礼聘，成之在君。”只是“拖”终究不是一个长久的办法，到了最后实在拖不下去的时候，孙权也不得不上书“请以十二月遣子。”

虽说“拖”非长久之计，然而质子之争中孙权“拖”的外交策略获得了成功。不仅争取了时间，也保证了夷陵之战的胜利。只是军事上是赢了，然而外交上也又出现了危机，质子之争的一拖再拖使得吴与魏的关系急剧恶化，曹丕开始大兴师伐罪，出兵伐吴。这时候，孙权与魏的外交已然没有回转的余地了，所以，孙权只能“改年，临江拒守。”

谋略富于远见的孙权当然也不可能坐以待毙，让自己陷入两面夹攻的境况。他再次运用他灵活多变的外交，加紧联络刘备，遣使入蜀通好。从当时形势看，蜀弱魏强，吴在三国之中联蜀才能立国，附魏只能称臣。这就决定了孙权的外交从长远来看必定要倒向蜀吴联合一边来。面对孙权毫无诚心的称臣，曹丕开始南下征讨孙权。

魏黄初三年（公元222年）九月，曹丕命征东大将军曹休、前将军张辽、镇东将军张露营地出洞口（今安徽和县江边），大将军曹仁出濡须（今安徽巢县南），上军大将军曹真、征南大将军夏侯尚、左将军张郃、右将军徐晃围南郡（今湖北公安）。三路大军一齐进发，由此，曹丕开始了他的南征计划。

面对曹丕的南征，孙权明白再灵活的外交手段也无法阻止他的决心了，此时的东吴也只好以硬碰硬了。于是，孙权派建将军吕范督战，派水军攻打曹休，又令左将军诸葛瑾、平北将军潘璋、将军扬粲支援南郡，裨将军朱桓守濡须抵抗曹仁。

其中，曹休为征东大将军，假黄钺，督前将军张辽、镇东将军臧霸、豫州刺史贾逵等及诸州郡二十余军从西线出击洞浦。为对抗西线的曹休，东吴派遣了建威将军吕范指挥五路大军，以水军的优势抵挡西线曹休的进攻。曹休立功之心如虎饥渴，他上表曹丕，说：“原将锐卒虎步江南，因敌取资，事必克捷；若其无臣，不须为念。”（《三国志・魏书・曹休传》）然而曹休部下皆认为此计甚险，兼之曹丕也没有准许，因此计划搁置了起来。过了不久，吕范船队的所有缆绳正好被暴风所吹断，所有吴军船只纷纷漂至曹休等人的营垒前。上天助曹，曹休自然不会放过这个好机会，因此立即下令出战，斩杀了数千吴军，取得大捷。曹丕得知消息后，立即下令曹休的军队即刻渡江，乘胜追击。所幸东吴这边的救援船队及时赶至，才不至于全军溃败。只是魏军此时气盛，曹休命令臧霸率领万余人攻袭徐陵，又胜了一场，杀吴军数千人。吴将全琮、徐盛率军反击，才抵挡住了曹休的进攻。

魏军在西线取得了良好的战绩，而进攻江陵的曹真一方却没有大的突破，围江陵城达数月，始终被太守朱然拒之城外。再看中路直逼濡须口的曹仁，却大败于此。

魏黄初四年（公元223年），曹仁率领的中路军一路直抵濡须城，声东击西，引诱朱桓分散部分兵力援救羡溪（今安徽裕溪口），然后亲自率步骑数万直扑濡须城。朱桓得知自己上当以后，令派往羡溪的援兵急忙赶回。然而援兵撤回的速度终究赶不上曹仁的进军，此时曹仁已兵临城下。朱桓紧张了，他的城里现在只剩5000余守城部队，兵力之少面对曹仁大军，搞得人心惶惶。可是朱桓也不失分寸，他向将士分析了敌之不利和己有利条件，从而激励将士，使将士恐慌的心平静了下来并有了胜利的信心。然后下令偃旗息鼓，外示形弱，其目的为引诱曹军攻城。果不其然，曹仁之子曹泰举兵进攻，将军常雕、王双等受命前往攻打吴军眷属所在地中洲（今湖北长江枝江沱水间）。

曹仁部将蒋济以不可贸然涉险劝阻，曹仁不听。面对大敌压境，朱桓亲自带领众将士与曹泰抗衡，发动了猛烈的反攻，曹营被捣毁，曹泰战败。曹泰面对朱桓的强势反攻，只得撤军。朱桓把握机会加强反攻力度，消灭敌军千余人，常雕阵亡，王双被俘。至此，魏军对濡须口的进攻宣告失败。大军失利，魏军只得全军而退，伺机再出。

濡须口一战中，朱桓完美地表现出了其卓越的作战能力和临危不惧的魄力，示弱于敌，诱敌出击，终获胜利，致使曹丕的第一次南征无功而返。

虽然此次顺利挡住了曹丕的进攻，然而曹丕蠢蠢欲动的心一经爆发便再也止不住了，所以孙权明白，若不尽快与蜀国连为一体，只怕时日久了，终究抵挡不了魏国的进犯。而蜀国一边也明确自己的国力尚不足以对抗魏国，在这种局势下，只有结盟吴国，得其帮忙共灭魏国，蜀国才有进一步壮大的可能。因此，吴国与蜀国之间互派使者。

不要跟我抢东吴

张温出使蜀国后，蜀国作为回报，再次派出了邓芝出使吴国。这个邓芝多次出使吴国，为吴、蜀两国的联立付出了可与当年鲁肃匹敌的贡献。

邓芝，字伯苗，义阳新野（今河南新野）人。年少时便入蜀，却始终没有得到重用，他困惑之下便去询问当时擅长相术的张裕。张裕这样对他说："君年过七十，位至大将军，封侯。"（《三国志·蜀书·邓芝传》）邓芝半信半疑，然而此语作为一种勉励之语也自是有其益处。后来刘备入蜀后，受刘备征召，先后担任郫县邸阁督，后又历任郫县县令，广汉太守、尚书。

魏黄初四年（公元223年），孙权为修复因夷陵之战而破裂的关系，曾派使者请求和解。后刘备病逝，诸葛亮担心孙权得知消息后会有所变异，因此急需一个使者为他上东吴探寻孙权的意思。就在诸葛亮烦恼之时，邓芝来见他了。

邓芝明白此时的局势，孙权历来徘徊在蜀国与魏国之间举棋不定，而蜀国若要对抗魏国，就必须争取到东吴的支持，因此邓芝一见诸葛亮便对他说："今主上幼弱，初在位，宜遣大使重申吴好。"诸葛亮正愁着要派哪一个能言之人前往东吴，看到了邓芝后，忽然兴奋地说："吾思之久矣，未得其人耳，今日始得之。（《三国志·蜀书·邓芝传》）邓芝于是接受了诸葛亮下达的任务，前往东吴说服孙权去了。

孙权得知刘备逝世，果然又有所徘徊，因此当得知邓芝来见时，他并没有立即接见。邓芝见孙权一再推托，便主动上表求见孙权，上表中说了："臣今来亦欲为吴，非但为蜀也。"（《三国志·蜀书·邓芝传》）孙权见了上表后，遂接见邓芝。

邓芝见孙权时，孙权一开口便向他吐露心声了，他说："孤诚原与蜀和亲，然恐蜀主幼弱，国小势逼，为魏所乘，不自保全，以此犹豫耳。"（《三国志·蜀书·邓芝传》）孙权这话是事实，这确实是他现在的尴尬处境。而他此语一出，也为了能听听蜀国的这个使者能提出什么好的计策来。

邓芝回孙权说："吴、蜀二国四州之地，大王命世之英，诸葛亮亦一时之杰也。蜀有重险之固，吴有三江之阻，合此二长，共为唇齿，进可并兼天下，退可鼎足而立，此理之自然也。大王今若委质于魏，魏必上望大王之入朝，下求太子之内侍，若不从命，则奉辞伐叛，蜀必顺流见可而进，如此，江南之地非复大王之有也。"（《三国志·蜀书·邓芝传》）邓芝一席话先捧起了孙权和诸葛亮，继而明确了吴、蜀现在的关系是连于一体的，一兴则同兴，一败则同败。孙权听了邓芝的话，思虑过后觉得深有道理，因此决定和魏国断绝关系，与蜀联合。

蜀建兴二年（公元224年），吴国派张温出使蜀国，从而留下了辩天这样的精彩故事。作为回应，蜀国再次派出了邓芝出使吴国。这时孙权接见邓芝，对邓芝说："若天下太平，二主分治，不亦乐乎！邓芝却对孙权说："夫天无二日，土无二王，如并魏之后，大王未深识天命者也，君各茂其德，臣各尽其忠，将提枹鼓，则战争方始耳。邓芝直言提出了政治上没有永远的朋友，另孙权大喜于他的率直，因此大笑说："君之诚款，乃当尔邪！后来孙权给诸葛亮的书信中提到了邓芝，说："丁厷掞张，阴化不尽；和合二国，唯有邓芝。"（《三国志・蜀书・邓芝传》）他认为邓芝态度真诚，无虚华之语，由此观之，吴蜀的联合，邓芝该记第一大功！

就在蜀国极力争取吴国的同时，魏国也在蠢蠢欲动。先前，曹丕因孙权的反复就领兵直下江南，进行了他的第一次南征。这下，吴国非但没有得到教训，反而和蜀国更加光明正大地亲密起来。吴、蜀联盟，对曹魏是有百害而无一利，当初曹操在赤壁之战中不就败于两国联盟吗？因此曹丕必须和蜀国争取吴国，他并不需要吴国的支持，他只需要吴国保持中立。而曹丕亦明白吴国最好的考虑就是结交蜀国，因此魏国和吴国之间讲不了道理，既然讲不了道理，那就直接用武力。

蜀建兴二年（公元224年）七月，曹丕再次准备伐吴，侍中辛毗劝谏说此刻不是最佳时机，应该好好安顿百姓，充实国力，待十年后再出兵。然而曹丕如何能等十年，因此辛毗的话他听都不听，于同年八月亲御龙舟，循着蔡水、颍水，入淮河至寿春（今安徽寿县），九月又直入广陵（今江苏扬州东北），企图以此横渡长江。

东吴听到曹丕入侵的消息，当时有徐盛提议在建业（吴国都城，今江苏南京）周边修筑围栏和篱笆，造假楼，并在江中设船。众将听了徐盛的计策，不明白这样做有什么意义，遂无几人赞同徐盛的想法。然而徐盛排除他人的非议，坚持实施了自己的计划。

待到曹丕大军到达广陵后，对那片围栏产生诸多疑虑，再看长江，此时江水正在上涨，面对如此危险的情势，曹丕叹道："魏虽有武骑，无所用之，未可图也。"（《三国志・魏书・文帝纪》）时曹丕承龙舟，遇暴风飘荡，几至覆没，只得放弃渡江，领兵而归。

一年后，曹丕又以水师征吴。御史中丞鲍勋认为伐吴劳兵袭远，日费千金，劝阻曹丕再次南征。然而曹丕不听，甚至大怒，贬鲍勋为治书执法。五月，亲自领兵至谯（今安徽亳县），八月入淮。尚书蒋济上表说水道难通，曹丕又不从，待到十月到广陵之时，临江而望，才发现此时天寒，江河有结冰之相，船竟无法渡江。曹丕见大江波涛汹涌，想起多次南征均碍于长江的阻隔，不禁叹道："嗟乎，固天所以限南北也！"（《三国志・魏书・文帝纪》）可怜曹丕生平之志，就败于一条江上。

时吴国将军孙韶乘曹丕处于退兵之际，派遣高寿率领敢死者五百人，于夜间行小路袭击曹丕，曹丕大惊，然终有幸逃回。虽则逃过一劫，然而曹丕三次亲自南征，均无功而返，此时回到洛阳后竟一病不起。魏黄初七年（公元226年），曹丕病死于洛阳，于临终时将曹叡托付给了曹真、司马懿等人，享年四十岁。曹丕在位七年，虽无出彩之处，然而还是兢兢业业做了不少事来，倒也不失为一位好皇帝。曹丕逝世后，曹叡即位，改元太和，他就是魏明帝。

就在曹丕忙着南征孙权时，蜀国南方的叛乱传到了诸葛亮耳里，攘外必先安内，诸葛亮由此也开始了他的南征行动。

七纵七擒收孟获

蜀建兴三年（公元225年），益州南中（今云南、贵州和四川西南部）传来了叛乱的消息，其为首者为永昌太守雍闿。

雍闿，建宁（今云南曲靖）彝族人，其祖为当年刘邦最为厌恶的武将雍齿。蜀建兴元年（公元223年），雍闿听说刘备驾崩，遂于益州南中发动了叛动之举，杀死了太守正昂，而后在士燮的引诱下归附了东吴。雍闿擒缚了当时的益州太守张裔送于东吴，东吴见雍闿绑将来降，遂接受其投降，以其为永昌太守。

当时有云南太守和府丞蜀郡王伉亲自率领士兵抗击雍闿，使得雍闿在南中地的叛乱无法顺利进行，雍闿于是派出当地彝族的首领孟获煽动各诸侯造反以配合他的行动。

诸葛亮一得到消息，立即亲率部队往南中进发，临行前刘禅赐诸葛亮金铁钺一具，曲盖一个，前后羽葆鼓吹各一部，虎贲六十人。就在诸葛亮南征途中，却传来了雍闿已被其部下高定所杀。然而高定此举不是为平乱，而是和雍闿争个乱贼头子做做，所以他杀死雍闿后，南中叛乱的任务便落于他肩上了。

高定算是什么大人物，哪能抵挡得了诸葛亮大军的讨伐？待诸葛亮军队一到南中，高定便被斩杀了。诸葛亮斩杀高定后，顺利平定了高定部曲的反叛，然而当时受雍闿煽动的彝族首领孟获，现在还据守一方。

再说诸葛亮准备攻伐孟获，而他得知孟获此人不但作战勇敢，意志坚强，而且待人忠厚，在彝族中极得人心，便是汉族中佩服他的人也不在少数。鉴于此，他决定对待孟获的政策是收降，而不是斩杀。为了使孟获信服，诸葛亮竟然“七纵七擒”（《汉晋春秋》）孟获，最终总算使得孟获心服口服，至诸葛亮在世期间都未曾再发生叛乱之事。

魏黄初六年（公元225年）秋天，诸葛亮经过几个月的讨伐，至此完全平定了南中的所有乱事，收降孟获后更保证了南中地区的安稳。这下，诸葛亮可以放心地班师回朝了。

就在诸葛亮平定乱事后不久，魏黄初七年（公元226年），魏国方面传来了魏文帝曹丕驾崩的消息，诸葛亮大喜。从刘备驾崩到现在的三年时间里，自己励志图精，凡事必躬身力行，等的不就是这样一个机会吗？这样一个可以伐魏以扩蜀的机会，这样一个报先主之恩谋汉室之兴的机会。因此魏太和二年（公元228年），诸葛亮决定开始北上伐魏。

就在诸葛亮北上伐魏之前，他向后主刘禅递交了一份上表，这份上表就是流传后世的《出师表》。

《出师表》情意真切，感人肺腑，叙述了先帝对自己的重用，自己难以言表的感恩之情，表示一定会帮先帝完成遗愿，然后劝谏后主要广泛听取意见，纪律严明，远离小人。这样方可复兴汉家王朝。同时，他还表达了对后主的忠心。

后主刘禅看完《出师表》后，自也是深有触动，因此他批准了诸葛亮的上表，令其开始他的北伐计划。至此，三国历史进入了另一个阶段，这个阶段以诸葛亮为主角，谱写了一场北伐大战的辛酸史。

第三卷

司马之路：坚持和谋略一样重要

第一章　孔明北伐：我要对得起刘先生

孟达才是关键

诸葛亮在刘备逝世后，受托辅助后主刘禅，无论内政，无论外交，凡事均躬身力行，使得夷陵之战大败后的蜀国国力渐渐恢复。后南征孟获，平定了南方乱事，至此，蜀国内部和外部环境已平静许多，诸葛亮观北伐时机已然成熟，遂上书《出师表》，驻扎汉中，准备北伐。然而一直到魏太和二年（公元228年），诸葛亮的准备工作才做好，那么诸葛亮到底是等什么呢?

先从地理位置上来看。诸葛亮重兵把守汉中，汉中的东北方，是魏国关中、长安地区。汉中往西是祁山，往北是陇山、六盘山，往东是凉州，凉州南边就是长安。诸葛亮分析了各路进军路线，从阳平关进攻关中是最近的路线。但这里也是魏国守卫长安的战略要地，一定会有重兵布防。如若出秦岭，秦岭之险又需要修筑专门的行军栈道，这工程之浩大，对于蜀国国力来说，只怕只能令诸葛亮望而却步。由此分析下来，诸葛亮觉得兵出祁山、由此夺取整个凉州才是最稳最好之计。而如果在快速夺取凉州后，兼之另一个条件的实现，那么南下攻占长安将成为轻易之事。而这另一个条件是什么呢？那就是诸葛亮等待的时机——孟达。

孟达昔日因为关羽事件而无奈投降魏国，得到了曹丕的重视，令其驻守新城郡。新城郡是长安的另一个门户。若得此郡，长安的防御将大大下降，攻取长安将更加轻便。因此孟达在诸葛亮第一次北伐中，其战略地位非同一般。

孟达当年投降魏国时，曾给刘备上了一份辞表，字里行间无不显露自己的无奈与悲伤。又或是孟达也明白自己对于诸葛亮北伐的战略意义，心想看重自己的文帝曹丕既然已死，那自己在魏国恐怕再也得不到重用，倒不如回以前的国家为诸葛亮北伐立个大功。因此孟达暗中写信给诸葛亮，表明自己愿意反叛魏国再回蜀国的决心。诸葛亮见此来信，原来的计划添上了翅膀，如何能不喜出望外？当然，他也明白孟达是个反复之人，虽说他此时有叛魏之心，然而不过是因为曹丕死后失宠而有意向蜀，如若明帝曹叡对他使一个与曹丕一样的眼光，那么他便将立即换回他的面目，为此，所以诸葛亮想了一个办法。

当时魏国的魏兴太守申仪和孟达之间深有矛盾，于是诸葛亮钻了个空子，派出郭模到申仪处诈降，令郭模有意在申仪面前泄露孟达叛魏之事。如诸葛亮所预料，孟达听说事情已经泄露，立即做好起兵的准备。

另一边，申仪早已将此时密告司马懿，此前曹丕重用孟达时，司马懿就曾劝告他孟达言信倾巧，不可信任，这次果真应了他的思虑。司马懿得知消息后，知道自己不能逼得太急，如果自己逼急了，孟达果断起兵，那新城郡就拱手让给诸葛亮了。所以司马懿给孟达写了封信，对其极具慰解之意，信中说："将军昔弃刘备，托身国家，国家委将军以疆埸之任，任将军以图蜀之事，可谓心贯白日。蜀人愚智，莫不切齿于将军。诸葛亮欲相破，惟苦无路耳。模之所言，非小事也，亮岂轻之而令宣露，此殆易知耳。"（《晋书·宣帝纪》）

孟达得信后，以为司马懿并无意问罪自己，再看司马懿信中所言颇有道理，自己当时背叛蜀国，蜀人能不恨他？因此读信之下，又有所迟疑了。只是战争之事容不得你迟疑片刻，就在孟达徘徊不前之时，司马懿已经暗中率军进讨。诸将均劝司马懿先观事变而后动，然后司马懿和诸葛亮一样，深知孟达为人，他说："达无信义，此其相疑之时也，当及其未定促决之。"（《晋书·宣帝纪》）此话说出的八天后，孟达还在蜀魏两国之间纠结时，司马懿已经率军抵达新城城下，新城就这样在孟达的迷糊中不知不觉地被包围了。

司马懿此举神速，攻其不备，演义里用了"克日"一词，不无讽刺孟达的轻心，也明确了司马懿此人坚定而果决的用兵风格，难怪孟达自己都吓死了。在这之前，诸葛亮曾告诫孟达要加紧防范，防止上当。而孟达却回信诸葛亮，认为"宛去洛八百里，去吾一千二百里，闻吾举事，当表上天子，比相反覆，一月间也，则吾城已固，诸军足办。则吾所在深险，司马公必不自来；诸将来，吾无患矣。"等到司马懿领兵兵临城下时，才惊叹他用兵"八日而兵至城下，何其神速也！"（《晋书·宣帝纪》）再说诸葛亮听说魏国已兵围新城，急忙联络吴国，请求一起派出援兵解救孟达，却被早有安排的司马懿在西城的安桥、木兰塞等地拦截，无法继续进军给予支援。

援军难以到达，孟达只好自己加固城防，建立木栅来抵御魏军。司马懿却不让孟达有半刻喘息的机会，他挥师渡水，毁掉木栅，直逼城下。后兵分八路攻城，至十六天后，孟达的外甥邓贤、部将李辅见攻城之急，防御不来，便开城投降，孟达由此被斩杀，新城郡才算保住了。

一个三国的反复小子孟达却引起了诸葛亮和司马懿这两大主角的注意，可见孟达在当时的战略意义是足够大的。而一个战略意义如此之大的疆域之处，却由一个变化无常的人去把守，这曹丕也真够不行的，就因为文学上的趣味相投，就因为有着"进见闲雅，才辩过人，众莫不属目"的才能，就如此轻易地将军事重地交由一个更近于文人的武将，实在令人汗颜。如若曹丕此时未死，司马懿的出兵是否会受到阻碍，或者说，曹丕是否会因为司马懿擅自杀害孟达而怪责他，那自是令人不忍猜测了。

孟达死了，却为诸葛亮的北伐战争揭开了一个序幕，而司马懿在对抗诸葛亮北伐的序幕战便打得如此漂亮，也似乎在向我们暗示了一个两强相遇的局面。是的，司马仲达出来了，这个至此辅佐魏国三代的大臣开始在军事上展露他的头角了。诸葛亮北伐战争因为有了司马懿而更加精彩，司马懿也得遇他生平第一敌手，难怪二人大有英雄惜英雄之感概，也令我们这些后人在谈及三国时，激动于两人亦敌亦友的戏剧里。

魏太和二年（公元228年），孟达死了，虽说攻取长安的关键没了，然而并没有破坏诸葛亮兵出祁山的计划。祁山还是要出的，魏国还是要打的，而且就在当下。

我要我的中原

孟达死了，新城郡的希望没有了，诸葛亮也就不再等待了，他已经准备开始五次北伐的第一幕。

此时诸葛亮领兵驻扎汉中，与众将商讨如何用兵。站立一旁的魏延向诸葛亮提出了一个建议："欲请兵万人，与亮异道会于潼关，如韩信故事。"（《三国志·蜀书·魏延传》）也就是说，魏延向诸葛请兵，准许自己以轻装兵快速出子午谷达长安，然后迅速东进夺取潼关等险要，与出兵斜谷的诸葛大军会合，凭潼关、武关等险要，直接夺取关中，从而拒魏军于关外。

《三国志》里魏延的这个计划其战略性是一举拿下关中，为复兴汉家王朝做准备。魏延果然如虎狼，不是指其经后人演绎出的反骨，而是其体内充盈着冒险的血性，兵出子午谷是险招，毕竟子午谷和斜谷都是险道，倘若蜀兵一慢，魏国那边防御工作又做得很好，那么两军的会合只怕连实现的机会都没，最终落得被魏军一一击破的下场。只是，魏延兵出险招也是有道理的，如果凭借潼关、武关等天险守御关中成功，那么关中便将成为蜀军可靠的补给基地，从而其令诸葛亮无比头疼的粮草问题也将无忧。

然而诸葛亮天性谨慎，他不喜欢魏延这种妄想一步到达的险棋。当年关羽冒险北伐，虽留下水淹七军的战绩，却也致使后方空虚，被东吴乘了个空，因此诸葛亮更喜欢慢慢地来，稳稳地来，所以他驳回了魏延的提议，向将领们提出了自己的计划：令将领赵云、邓芝率一支部队到箕谷，假装要取道斜谷道攻打郿城。将魏军的眼光吸引到其上，然后自己经由坦道攻取陇右，从而切断魏关中与河西地区的联系，为进一步攻取关中和河西打下基础。诸葛亮的战略眼光是远而稳的，其短期计划看似十拿九稳，然而汉中到陇右的运输线过长，难以支撑长期的作战，兼之陇右并非天然的防御基地，所以最后失守陇右的可能性很大，那么诸葛亮的北伐也就无功而返了。

两相比较之下，魏延的计划虽然险，然而倘若成功，那么光复汉室的计划可以说已经完成了一半。而诸葛亮的计划虽然稳，然而即便成功夺取陇西，诸葛亮都要为一条长战线而绞尽脑汁。由此看来，魏延的计划并不比诸葛亮差，然而当时统军的是诸葛亮，他既然已想好自己认为是十全九美的计划，而魏延的提议又不合他的口味，因此蜀军的进军还是由诸葛亮说了算，因此魏延时常"谓亮为怯，叹恨己才用之不尽"。（《三国志·蜀书·魏延传》）

北伐就这样按照诸葛亮的计划开始了。大军分两路出发，诸葛亮自领蜀兵主力直达陇右一带。当时陇右天水郡郡守马遵正带着其部下数人随雍州刺史郭淮在各地视察，忽闻蜀军已兵至祁山，诸县响应。郭淮得知消息后，立即决定东行，回上邽守备。马遵想到自己的治所冀县在极其偏西之处，恐怕官吏百姓也望风而降，遂想跟郭淮一起东行。这时，马遵旁边就有人劝他了："明府当还冀。"（《三国志·蜀书·姜维传》）

这劝说的人名唤姜维，字伯约，汉献帝建安七年（公元202年）生于天水郡冀县（今甘肃甘谷东南），自幼和母亲一起生活，喜好当时的大家郑玄的学说，父亲以郡功曹身份战死疆场，故姜维得一中郎小官，参与管理郡守的军事工作。然而畏惧如马遵，见诸葛大军兵至，连县都不敢回了，于是他怒斥姜维："卿诸人复信，皆贼也。"（《三国志·蜀书·姜维传》）姜维无可奈何，只好看着马遵自去，自己和几个将领回到冀县。县民见姜维回来，大喜，纷纷推举姜维去见诸葛亮，于是诸葛亮在此收下了他日后的军事继承人姜维。至此，诸葛亮大军所至，收降了陇右的南安、天水和安定三郡，陇右五郡（陇西、南安、天水、广魏和安定）收了三郡，消息传到魏国，曹魏那边是朝野恐惧。魏明帝一得到战报，急忙率领大军救援，亲自到长安坐镇，派出大将军曹真督军至郿县防御赵云、张郃率军五万前往抵抗诸葛亮。

另一战线，赵云、邓芝占据了箕谷，作为疑军为诸葛大军攻取陇右争取时间。魏国得知诸葛亮有兵出箕谷，果然上了他的声东击西之当，派出了大将军曹真率领大军阻挡。赵云所领兵弱，面对曹真大军自然抵抗不了，因此很快便兵败下来，失利于箕谷。

所幸赵云身经百战，随即聚拢部队固守箕谷，才没有造成太大的损失。

赵云此战中不负诸葛亮重望，以小兵力成功牵制住曹魏的大军，为诸葛亮在陇右的战争顺利展开争取了条件。如果说诸葛亮的这招类似田忌赛马以己弱对敌强的招数为自己出祁山取陇右提供了理论上的可能，那么赵云则是在实战上真正确保了这个理论的可行性。

战事至此，蜀军一方仍然掌握了战争的主动权和优势。虽然如此，诸葛亮也不敢放松，他一听闻曹叡亲自到长安坐镇，大将曹真和张郃领兵前来御敌，知道又有一场苦仗要打了。箕谷这边有老将赵云牵制着曹真，用不着诸葛亮过于担心。至于对于冲着自己来的张郃军，诸葛亮就要费点脑筋了。

当时蜀国有一个地方名叫街亭，是关陇大地的咽喉之地，其所处位置是一个绝佳的战略要地。视野开阔，交通方便，地势险要。所以街亭的战略地位十分重要，是历代兵家必争之地。当时魏延领兵在前，诸葛亮领兵在后，两军的咽喉之地便是街亭。诸葛亮自也明白张郃是有勇有谋的大将，因此他当时就料想张郃必定出兵街亭，企图切断魏延和诸葛亮的联系，所以他必须派出一个将领去守住街亭这个军事重地。诸葛亮防守街亭的想法是正确的，可是将领的选择却令人不得不惋叹诸葛亮的眼光。众观部下将领，别说谁，就是实战丰富的魏延便是最佳人选，“时有宿将魏延、吴壹等，论者皆言以为宜令为先锋”（《三国志 · 蜀书 · 马良传》），然而诸葛亮却放弃了这个曾经被刘备以汉中托之的大将，却找了一个从未上过战场的马谡。谨慎如诸葛亮，却作出如此大胆的决定，是他对于马谡过于相信，还是对于自己过于自信？

诸葛亮派出了马谡作为主将，领副将王平前往街亭设防。同时，诸葛亮命令高翔将军率领一支军队屯驻在临渭以北、街亭以南的列柳城，其目的是为了防备雍州刺史郭淮配合张郃的进攻，从临渭发起进攻。

马谡首次用兵，兴奋激动地接过诸葛亮的兵权，往街亭大踏步而去了。

马谡失街亭，孔明唱空城

诸葛亮不顾部下的议论，以马谡为先锋，令王平为副将，命其火速前往街亭防守。马谡接过兵权，感激诸葛亮对自己的看重，誓要为诸葛亮死守街亭。可惜，面对敌方大将张郃，没有实战经验的马谡则显得太嫩了。

马谡，字幼常，襄阳宜城（今湖北宜城南），是马良之弟。史称马谡“才器过人”，好论军计，诸葛亮由是对他倍加器重，经常引见谈论，自昼达夜，便是被称为蜀国四英之一的蒋琬也称赞马谡是“智计之士”。然而刘备却似乎对这个人不是很喜欢，就在刘备即将逝世前，他对诸葛亮说过这样一句话：“马谡言过其实，不可大用，君其察之！”（《三国志 · 蜀书 · 马良传》）只是诸葛亮对马谡的器重却使他忽略了将死之人的善语，而马谡的言过其实最后也果然让刘备给预言中了。

街亭在祁山之北，北临渭水。渭水之北便是张郃部队来袭之处。诸葛亮的本意是安排马谡凭借渭水之险与北面越过陇山而来的张郃周旋，等待从前方北面退回的魏延，双方对张郃形成南北夹击，一举而败之，张郃若败，陇右唾手可得。可是马谡实在自大，居然异想天开，放弃诸葛亮的安排，不去坚守渭水，让出了渭水和祁山之间的大片平地，然后退至后面的祁山上防守。

王平见马谡如此安排，大惊，急忙往见马谡，一再劝阻马谡依渭水而守。王平对马谡提出街亭的情况，说“街亭一无水源，二无粮道，若魏军围困街亭，切断水源，断绝粮道，蜀军则不战自溃”。然而马谡却自视丞相重视，不顾王平的劝阻，他死记教条，以为兵居高处则可对战局一览无余，从而将战争的主动权紧紧地握在手里，却不懂得具体问题具体分析。如果张郃强行渡过渭水，驻扎在渭水与祁山之间，切断马谡的兵马在祁山上的供水，这样不但自己的部队可以脱身，也可以将马谡部队困在祁山之上。

而张郃也确实这样做了，成功地将马谡的兵队困于祁山。马谡现在在祁山之上进退两难，没有水源，蜀军在山上极渴难耐，出现内乱之事也就在情理之中的了。马谡见军队因缺水而军心涣散。不战自乱，知道局势已经无法挽回，只得弃军逃亡。张郃见马谡军兵败而逃，急忙乘胜攻击，蜀军已乱，更至此冲击，几乎全军覆灭。

王平见马谡所统军队全军败逃，唯自己所领本部千余人，明显对抗不了张郃。因此王平以虚张声势之计，使得张郃疑蜀军前有伏兵，因此不敢往前追击。王平这才慢慢集合分散的军队，向诸葛亮大军处缓缓而退。

街亭就这样失守了，马谡此时在逃亡期间真当羞愧万分。不说守不住街亭一事，如若他不自作聪明，舍水上山，那么后人也只能赞叹魏国张郃毕竟是大将一名。可是他竟然不听安排，自大地按照自己的想法行事，致使后人对他的失败有话可说，非但为自己戴上了“纸上谈兵”的嘲讽帽子，还回报了看重他的诸葛亮一个重重的巴掌。

街亭失了，消息传到诸葛亮耳中，诸葛亮如受重击。面对街亭失守，“前无所据”的尴尬处境，诸葛亮深知此次北伐不能成功了。此时，又传来列柳城高翔军队被魏军郭淮所击破，再回看箕谷赵云也抵抗不了曹真大军的军势。至此，蜀军已经失掉了所有有利形势，无奈之下，诸葛亮也只好引兵退回汉中。

在退兵途中，诸葛亮见唯有箕谷一军退兵时编制之整齐一如出军之时，因此他询问邓芝这是如何做到的。邓芝回答诸葛亮说是因为有赵云将军亲自断后，因此编制整齐，军资遗失甚少。诸葛亮于是下令将军中多余的绢布分给赵云部队将士，然而赵云却拒绝受赏，他认为军事失利不宜受赏，请求诸葛亮先将物资储存起来，等到冬天再发给大家。赵云之品行如此，实在令人赞赏。蜀建兴七年（公元229年），一代英将赵云病逝，受封为顺平侯。

诸葛亮退回汉中后，自知引领大军北伐却无功而返，实在有愧于蜀国上下，兼之街亭的失守虽直接归咎于马谡，实际追究起来，自己作为任命人才应该负有最大的责任。因此诸葛亮回汉中后第一件事就是上表向后主陈述自己的过错，随后自贬三级，赵云亦贬为镇军将军，王平因有进谏而被提拔。而对于临阵逃脱、弃士兵于不顾的马谡，虽则诸葛亮仍对其器重，但为严守军令，也只得按军法将其斩杀。

对于诸葛亮斩马谡一事，裴松之引《襄阳记》注《三国志》是这样记载的：“十万之众为垂涕。亮自临祭，待其遗孤若平生。”后世艺术家以这短短几句，大展想象之能力，对其进行了精彩的文学渲染，因此留下了脍炙人口的“诸葛亮挥泪斩马谡”。当然，文学不可当真，而关于诸葛亮斩马谡的史实记载，非但和艺术作品相差甚远，甚至它自己本身之模糊性都不足以使它成为一个完整的故事。

在《三国志·蜀书·向朗传》里有记载，当时向朗作为丞相长史，和马谡向来交好，因此，“谡逃亡，朗知情不举，亮恨之，免官还成都。”这段记载明显表明了当时街亭失守后，马谡并没有主动投案自首，相反的，他畏罪潜逃了！而向朗是知道马谡跑去哪的，却知情不报，因此被诸葛亮免职了。

而在《三国志·蜀书·马良传》里，裴松之注引《襄阳记》中说了，马谡在其临死前曾写信给诸葛亮，说“明公视谡犹子，谡视明公犹父，愿深惟殛鲧兴禹之义，使平生之交不亏于此，谡虽死无恨于黄壤也。”这一段说明了一点，便是马谡在临死前都未曾与诸葛亮见过面聊过天，否则哪需要写这样一封信呢？回观《三国志·蜀书·马良传》里关于马谡之死的记载是这样的：谡下狱物故。物故，即是病死。可见马谡是病死于狱中的，而他在死之前甚至未能与诸葛亮见一次面。

可是，我们看到《三国志·蜀书·诸葛亮传》里却说诸葛亮“戳谡以谢众”。而《三国志·蜀书·王平传》里更记载了：“丞相亮即诛马谡及将军张休、李盛。”这里又明确了马谡是被诸葛亮以军法处置而死的。那么马谡到底是怎么死的？若要对两处的记载做到不偏不倚，那么我们可以得到一个结论，即是马谡逃亡后被捕抓回狱中，因其在防守街亭的任务中失利，导致北伐大军兵败而归，所以诸葛亮便准备以军法处置他。然而诸葛亮还没来得及处刑，马谡却早已病死于狱中了。而后，诸葛亮观马谡之遗书，心中大动，便为之亲自祭奠，并且留下了怜恤之泪，引得十万之众感动于丞相的用情，遂也随着泪流而下。

不管马谡是怎么死的，诸葛亮颇惜马谡之死却是真的。马谡此人虽然因一时自大而失守街亭，却也不能一概而否定之。当初诸葛亮南征孟获时，马谡提出的“攻心为上”便是一个极佳的策略，如若马谡得以多经历几场实战，那成为诸葛亮的军事继承者也不是不可能的。兼之蜀国当时的人才资源有所欠缺，因此马谡之死无论对于诸葛亮，还是对于蜀国都不得不说是一个大的损失，无怪乎诸葛亮要含着眼泪下达军令了。

诸葛亮第一次出兵祁山，本可以大获全胜，可惜，前锋马谡不听裨将军王平的规劝，大军在街亭败在了张郃手下，死伤惨重。司马懿得知，也乘势率领大军十五万向诸葛亮所在的西城小城蜂拥而来。

当时诸葛亮身边没有大将，只有一班文官，他所带领的五千士兵，也有一半运粮草去了，只剩一半士兵留守城池。众人听到司马懿前来的消息都大惊失色。诸葛亮登城楼观望后，对众人说：“大家不要惊慌，我有对付司马懿的办法。”

诸葛亮下令把能找着的能飘起来的旗子都挂出来，然后又下令打开东南西北四个城门，士兵都躲起来，只剩几十名士兵打扮成百姓模样，沿街打扫。诸葛亮自己穿上大袍子，头戴上高纶巾，带上一张木琴，领上两个小书童，就在城上望敌楼前坐下来，静心弹琴。

尘土自远处飞扬而至，夹杂着司马懿得意忘形的笑声，今天可是他成就功业的最好时机。诸葛亮成了光杆儿司令，想到他马上就会成了自己的战俘，无论谁是司马懿都会高兴得冲杀在最前面。

司马懿第一个冲到城下，见了大开城门的气势，大惊道：“这怎么可能？”便勒马刹车，不敢轻易入城，抬头却看见诸葛亮端坐在城楼上，正在笑容可掬地弹琴。右面一个书童，手里捧着拂尘；左面一个书童，手里握着宝剑，脸上都是怡然自得的神情。城门内外，二十多个百姓模样的人在洒水扫地，旁若无人。

这俨然是一座空城！但是蕴涵着巨大的杀机！

司马懿观察半天后下了这个判断，便令后军改作前军，快速撤退。他的二儿子司马昭说：“父亲怎么不攻进去试试？说不定是诸葛亮那厮城中无兵，故意弄出这个样子来骗我们！”

司马懿说：“诸葛亮一生谨慎，怎肯冒险。现在城门大开，里面必有埋伏，我们要是进去了，正好中了他的圈套。还是快撤吧！一会追兵出来了死得更惨！”各路兵马一听说，都使出了吃奶的力气回撤，争先恐后，生怕死得最惨的那个是自己。

一刹那，西城又恢复了平静。诸葛亮擦拭脸颊的汗水，感叹狡猾的司马懿错过了一个大好机会。

机会难得，再来一次

魏太和二年（公元228年）冬天，诸葛亮进行了他的第二次北伐。之所以会开始第二次北伐，是因为此时在魏国和吴国之间发生了一场战争，致使魏国将其注意力转移到了吴国，而导致关中兵力空虚，使诸葛亮有机可承。

魏、吴两国自来对江淮地区的争斗就从未停过，彼此都等待着一个时机可以歼灭对方的主力。当时曹休因曹丕南征顺利突破东吴而官封扬州牧，迁大司马，成为曹魏军队的最高统帅，屯驻于魏国东南边境以防止东吴进犯。另一边，诸葛亮北伐期间，一直约吴国一起吞并魏国，而孙权看着诸葛亮在魏国西南边使劲地往魏国凿洞而进，心想这确实是一个好机会，不仅自己有机会夺得魏国的扬州一带，还给盟友做了个人情。然而孙权多次亲征合肥，却都是无功而返，在这种情况下，如果能用计诱敌深入，不失为另一种好战略。因此孙权就想了一个办法，他知道曹休此时急欲建功，要引诱他的机会将更大，因此他命鄱阳太守去诈降曹休。

当时吴国的鄱阳太守叫做周鲂，字子鱼，吴郡阳羡县（今江苏宜兴）人。史载他少年好学，曾被举荐为孝廉，颇有施政和军事才能。曾任宁国长，后来功绩突出，又被任命为鄱阳太守。

说起周鲂，演义里有一节题为“周鲂断发赚曹休”，乍一看一个“赚”字，忽觉周鲂此人估计不是个能小瞧的人。事实上，周鲂虽说不是功绩丰满，却也是一个颇有能力的将领，《三国志·吴书·周鲂传》说他是“百举百捷”，也就是做一百件事成功一百件，这对于一个人来说，已是极高的赞誉了。当然，这种近乎神的赞誉我们已然无法去验证，但是我们可以知道的是，周鲂这次真的成功了。

周鲂接到孙权的命令后，立即思考对策来诈降曹休。他先是派出亲信带着自己的书信去诱骗曹休。书信称自己得罪了吴王孙权，祸在眉睫，有弃吴投魏的想法，愿为曹休内应，助魏取东吴。与此同时，为了使戏更加真实，孙权还不时假装写书信斥责周鲂，君臣二人就这样一起上演了一场苦肉计。

降书来到了扬州，曹休一看，虽心有几分欣喜，却也不免迟疑，毕竟来得如此之容易的肥肉自然要防着点。因此曹休派出了几位部下去诘问周鲂，“频有郎官奉诏诘问诸事”（《三国志·吴书·周鲂传》）。周鲂见曹休虽心有疑虑，但频繁派人来却也透露了他的心动，因此他明白必须来点狠的，让曹休对他完全信任。那要怎么做呢？周鲂想到了断发。

孔子说过：“身体发肤，受之父母，不敢毁伤，孝之始也。”《三国演义》里记载的夏侯惇“拔矢啖睛”的勇气，便是来自这种思想的激励。又有曹操割发以代首，更足以见出身体发肤之重要。如此说来，谁能拿自己的头发来开玩笑呢？周鲂便是抓住了这点，于是亲自来见曹休所派之人，在他们面前剪断了自己的头发以表心意。这事传到了曹休耳中，曹休心中一动，想来周鲂如此果决，自己又如何能再怀疑他呢？便不再怀疑了。

中计后，曹休攻打东吴的提议得到批准，决定于魏太和二年（公元228年）冬天率领骑兵步兵共十万往皖县（今安徽潜山县）去接应周鲂。同时魏明帝又派贾逵督前将军满宠、东莞太守胡质等四支军队从西阳攻打东关、司马懿则率兵攻打江陵。尚书蒋济进谏魏明帝，提醒他上游的吴将朱然的部队可能会使曹休背后受敌，也可能向东进发阻断曹休的退路，建议派兵增援曹休。魏明帝于是诏司马懿停止进军，而让贾逵东进与曹休联合。

当时，琅邪太守孙礼劝谏曹休切忌孤军深入，然而曹休依仗周鲂的接应，加之立功心切，遂没有听从孙礼的规劝，自己领兵深入吴地，来到了石亭。另一边，孙权进军皖口（今安徽怀宁皖水入江处），陆逊、朱桓、全琮的三万精兵在石亭阻击曹休。今安徽舒城境）。曹休的军队刚到石亭（今安徽舒城境），便遭遇了陆逊、朱桓、全琮部队的突然袭击。由于曹休大意，没有做好防备工作，受到了突然袭击后一时不知所措，竟交战不利，慌忙退兵。然而由于地势问题，魏军退却时十分缓慢，致使被其后紧追的吴军斩杀万余人，丢弃军械车马无数。曹休奋力突围至夹石，然而此处的退路却早已被孙权所阻断。曹休此时往前没有了退路，而后面又有追兵穷追不舍，军心早已涣散。

贾逵接到明帝的命令令其东进与曹休回合时，便料到了东吴必将军队集中在皖城，而曹休如孤军深入必败无疑，果不其然。然而虽然曹休军已败，部下将士又多不敢下定决心前往冒险救援，贾逵却说："休兵败于外，路绝于内，进不能战，退不得还，安危之机，不及终日。贼以军无后继，故至此；今疾进，出其不意，此所谓先人以夺其心也，贼见吾兵必走。若待后军，贼已断险，兵虽多何益！"（《三国志·魏书·贾逵传》）贾逵这观点是较有见地的，他立即指挥军队备道兼程，赶到了夹石附近。

贾逵来到了夹石附近后，他命士兵们在山口要道上立起很多旗子，然后留下少数士兵不停地打鼓来作为疑兵，自己亲率大队人马迎战吴军。吴军见多面旗帜飘扬，兼之鼓声如雷，以为魏国来了救援大军，遂不战而迅速撤离战场，贾逵因此救出了被困住的曹休军队。

曹休兵败回扬州后，一面上书向魏明帝谢罪，一面却当面埋怨斥责贾逵部队来得太慢，致使自己所领大军兵败至此。曹休骂贾逵，不过为自己的失败寻找另一个借口，从而也使自己的羞愧可以减少。贾逵听后，感到莫名其妙，但他自认心中无愧，遂带着军队独自退还。在此之前，曹休一向瞧不起贾逵。当初，曹丕曾想授予贾逵符节，然而终究因为曹休从中作梗，此事遂罢。到了石亭之战时，贾逵却不计前嫌，冒险东进援救曹休，其气量也着实令人佩服。加之石亭之战中，贾逵凭己之力大有力挽狂澜之势，也足以令人对其军事才能产生敬佩，无怪乎曹魏有四帝对其都有正面的评价。

而后曹休又上表弹劾贾逵，贾逵得知，却也上表弹劾曹休。魏明帝看了两份弹劾表，心知贾逵为人正直，错当在曹休，然而曹休身为宗室重臣，自己如何能得罪他？因此魏明帝判定二人均无过错，遣使抚慰曹休，对其礼节赏赐更加隆重。曹休见此，颇感悔恨，竟痈发与背，不久便病死。

石亭之战以魏国兵败为终，此场战争中，虽说是陆逊等将领直接打击了曹休，使其兵败而归，然而若没有周鲂以断发来坚定曹休出战的心，那又谈何击败魏军。周鲂的断发也使其成为在三国历史上继曹操之后第二个以断发来作为计略的人，这向世人表明了他是一个懂得变通而非因循之人，就凭这点，对周鲂的赞誉想来也不至于过份。

石亭之战中，吴国大败曹休，再次给魏国带去了一个不可小觑的威胁，也给天下证实了吴国的力量已足以鼎立一足。因此，石亭之战后一年，也就是魏太和三年（公元229年）四月，孙权于武昌正式称帝，国号吴，改元黄龙，史称东吴大帝。同年，蜀国派出陈震与吴缔结了"中分天下"的盟约。

另一方面，石亭之战对于蜀国也颇有意义，它为蜀国吸引了魏国的眼光，为诸葛亮的第二次北伐创造了条件。而诸葛亮也瞅准了这个机会，继续他的北伐行动。

先把陈仓围起来

魏太和二年（公元228年）冬天，周鲂断发诈降曹休，致使曹休在石亭大败。然而直到魏太和二年（公元228年）十一月，蜀国得知“魏兵东下，关中虚弱”这时蜀军早已恢复了兵力和军心，“戎士简练，民忘其败”（《汉晋春秋》），遂诸葛亮决定对魏国进行第二次征伐。

关于第二次北伐，历史上留下了一篇上表，也就是现存的《后出师表》。然而《三国志》并无记载此事，而裴松之更引用《汉晋春秋》的说法，认为《后出师表》并无收录于《诸葛亮文集》中，而是出自东吴张俨的《默记》。因此，此表是否为诸葛亮所作还有待商榷。

诸葛亮的第二次北伐，其攻略目标和第一次有所不同。第一次北伐主攻偏远的陇右，第二次，诸葛亮决定直接攻打关中。因此诸葛亮选择从散关（今陕西宝鸡南）直上夺取陈仓（今陕西宝鸡东）。之所以战略目标改变，一是因为曹魏吃了第一次的亏，已然懂得在陇右加强防备。二是曹魏大军东下，关中防备虚弱，那自然是直逼关中，而且要越快越好。正如诸葛亮在给其兄诸葛瑾的书信中所说：“有绥阳小谷，虽山崖绝险，水纵横，难用行军，昔逻候往来要道通人。今使前军斫治此道，以向陈仓，足以攀连贼势，使不得分兵东行者也。”（《三国志·蜀书·诸葛亮传》）

此时镇守雍、凉二州的曹真大将军早就料得诸葛亮必定再度进攻，而且从武都（今甘肃成县西）出散关取陈仓是诸葛亮极可能采取的进军路线。所以曹真就派了两个将军去修复陈仓城，以此来加强防御。然而以散关之险，若能凭险设防，料诸葛亮也难以继续前进，而曹真却没这么做，考虑其精通军略，战争经验又如此丰富，不禁令人百思不得其解。

当然，曹真设防陈仓倒也不仅仅是为了防御诸葛亮的进犯。陈仓属魏国扶风郡，位于平原地带。东面即是长安。是关中东北、东南的重要门户。且此地有渭水流经，运送粮草非常方便。基于此，若控制住了陈仓，便可以保证整个雍、凉地区的安全，所以曹真的考虑还是较为全面的。

那么曹真在陈仓设防，他安排镇守陈仓的武将又是谁呢？他就是郝昭。

郝昭，字伯道，太原人。史载他“为人雄壮，膂力过人，双带两鞬，左右驰射”。（《三国志·魏书·郝昭传》）郝昭少年从军，屡立战功，逐渐晋升为杂号将军，镇守河西，后经曹真举荐，镇守陈仓。

郝昭刚到陈仓上任没几个月，诸葛亮便带着他的数万蜀军兵临城下了。而此时的郝昭所领军队不过三千，关中主力尚在荆州战线，虽说长安还有士兵，然而长安士兵自己顾自己的城池都来不及了，又何如能出兵援救陈仓呢。诸葛亮看郝昭并非有名大将，其所领士兵与自己相差甚远，因此对于攻克陈仓可以说是信心满满。诸葛亮先派出前锋魏延攻打，然而魏延却连日无功，回复诸葛亮说陈仓难以攻克，诸葛亮大怒欲斩魏延，此时却有一个人站了出来，说他愿意去说降郝昭。诸葛亮心想，既然实力相差如此之大，想来郝昭也不会过于强硬，如能不战而屈人之兵，那自然是最好的，因此诸葛亮答应了这个人的请求。

这人叫做靳详，是郝昭的老乡，诸葛亮兵围陈仓，派出他在城外对着郝昭劝降。然而郝昭并不吃诸葛亮这一套，未战便降，岂是大丈夫所为？因此郝昭立于城楼上大声回复靳详，说：“魏家科法，卿所练也；我之为人，卿所知也。我受国恩多而门户重，卿无可言者，但有必死耳。卿还谢诸葛，便可攻也。”此言大义凛然，不仅我们听了，都会对其起立鞠躬，便是诸葛亮也对其有了兴趣，于是叫靳详再前去说降。然而郝昭心意已决，他坚定地对靳详说：“前言已定矣。我识卿耳，箭不识也。”（《三国志·魏书·郝昭传》）靳详不得已，只得回复诸葛亮。

诸葛亮见郝昭是条汉子，明白劝降之计已不可行，事到如今，也只有继续用兵了。于是，诸葛亮第二次北伐中的陈仓围攻战便正式开始了。

先是，诸葛亮先架起了云梯、冲车攻城，城内便开始放火箭，云梯被烧，又从城墙上扔下巨石，砸毁冲车。诸葛亮见此法不行，便用井阑射箭掩护士兵填平护城河，企图直接爬墙。郝昭建起内墙，诸葛亮的这个方法再次失败。后来，诸葛亮又想到了挖地道直通城中。郝昭随即在城内挖下横壕沟，挡下了地道。

此次围攻战实在精彩，郝昭见招拆招，凭己之力成功地抵挡了诸葛亮的进攻。就这样相持了二十多日，诸葛亮已然无计可破。正值诸葛亮遇到瓶颈之际，又听闻曹真派出了费耀等人前来解围，张颌也奉命前往陈仓狙击蜀军，又加之此时蜀军在运送粮食上出现了问题。各种困难一时而至，诸葛亮明白这种时候自己不退兵是不行了，只得对天长叹，命令撤兵。

魏国援兵来到，见诸葛亮已往蜀国撤退，急忙派将追击。这个追击的大将叫作王双，正史记载不多，演义却将其塑造成一位猛将。再说王双看诸葛亮撤退之际，以为有机可趁，急忙率兵前往追击。然而他却忘了诸葛亮是个很谨慎的人，便是撤退，诸葛亮都要很小心地保全着这支蜀国大军，毕竟夷陵惨败后，仅存的国防力量也便在此了，难怪围攻陈仓时，诸葛亮都尽量避免使用士兵，物资可重置，人无法再生。因此诸葛亮在退军的途中埋下伏兵，这必让来追击的魏国士兵有来无回。而这个倒霉鬼就是王双，王双一味往前追击，很快便受到蜀军的伏击，全军而败，自己更因此战死于沙场。

诸葛亮成功击退了魏军的追击，退回了蜀地。这便是诸葛亮的第二次北伐，此次北伐又是无功而返，真要说起，其功劳也就是斩杀了王双，另外，兼累死了郝昭。郝昭虽成功抵挡了诸葛亮的攻城，受到了曹叡的嘉许，赐爵关内侯，然而二十多天的相持终究使其因过于劳累而病倒，毕竟对战诸葛亮，要花的心思是挺多的。待到曹叡正要重用郝昭时，他刚好因病而亡了。看来，陈仓防卫战是郝昭一生的唯一辉煌，也是郝昭用生命之火所点燃的辉煌，若不是郝昭小心翼翼地防守着诸葛亮大军的来犯，只怕关中地区在诸葛亮第二次北伐后将不再姓魏。郝昭，可堪曹魏的救星。

诸葛亮此次征伐，让曹魏方面失去了两位大将，而曹魏方面在陈仓这边的胜利又恰可平衡于荆州失利所带来的低落情绪，因此这么说来，诸葛亮的第二次北伐实在是皆大欢喜，就好像蜀国和魏国相约玩了一个游戏，各捡了一些便宜回家。

当然，诸葛亮也不会那么容易放手，他的北伐瘾不久就又上来了。

二郡到手

魏太和三年（公元229年）春天，魏国刚从陈仓守卫战的小胜利中缓了一口气过来，边境却又传来了一个令人冒汗的消息：诸葛亮又进犯了！

诸葛亮又进犯了，魏人实在难以理解这个蜀相竟然有如此毅力，自己不休息也就算了，还搞得魏国上下的心随着他的进退而上下波动。这不是一个爱好战争的穷兵黩武者，就是一个责任心无比强大的忠臣，魏国人这样猜测着诸葛亮。然而不管诸葛亮到底是个怎么样的人，不管他的北伐是为了满足自己用兵的欲望，还是肩负着先帝恢复汉室的宏愿，总之，他又一次北伐了。

这次北伐，历史记载不多，零星记载如下：

《三国志·蜀书·诸葛亮传》记载："（建兴）七年，亮遣陈式攻武都、阴平。魏雍州刺史郭淮率众欲击式，亮自出至建威，淮退还，遂平二郡。诏策亮曰：……今复君丞相，君其勿辞。"

《三国志·蜀书·后主传》记载："七年春，亮遣陈式攻武都、阴平，遂克定二郡。"

《资治通鉴·魏记三》记载："（太和）三年春，汉诸葛亮遣其将陈式攻武都、阴平二郡，雍州刺史郭淮引兵救之。亮自出建威，淮退，亮遂拔二郡以归；汉主复策拜亮为丞相。"

这三个记载如出一辙，因此诸葛亮的第三次北伐似乎争议性不大，其实看完诸葛亮的行军路选和战后所得，也就可以明白为什么在魏国一方对这场战争无所记载，因为它对于魏国的影响实在可说是微乎其微。

诸葛亮此时的进攻目标又有所改变，不是第一次的陇右，也不是第二次的关中，而是武都与阴平二郡。为夺得这两郡，诸葛亮是这样安排他的北伐路线的：兵分两路，一路由将军陈式率本部大致数千人进军武都（今甘肃成县西）、阴平（今甘肃文县西北）；一路由诸葛亮亲自率领，随后出建威（今甘肃成县西），鉴于由诸葛亮所统，估计兵力当在万人以上。

武都郡在秦岭以西，地形复杂险峻，从武都可直接通往陇右祁山、关中和汉中阳平关，相对于秦岭地形而言，是更适合作战的地点。武都原来主要居住着少数民族，后来在曹操撤退汉中时，考虑到该地距离魏方防线过远，难于掌控，于是采纳了张既的建议，将该郡五万余人全部迁往关中等地，史见于《三国志·魏书·张既传》。所以此时的武都郡没有魏军把守，更很少百姓居住，实属于魏国的无人区，极其荒凉的边境之地。

阴平郡非常不利于行军作战，这里地势险峻，交通不便。阴平郡本为一个县，后由曹操改为郡。同武都郡一样，由于位置偏僻，人烟稀少，距离魏军防线较之武都郡是有过之而无不及，因此也被魏国弃为无人区。

可见这两个地方对于魏国来说是可有可无之地，一直以来，魏国都不是很重视。然而虽说不是很重视，却也不至于拱手相让。因此镇守雍州的魏国大将郭淮一听说诸葛亮派出陈式来夺武都、阴平二郡，立即领兵来救。可郭淮军还未到战场之上，便得到了诸葛亮正亲率大军往建威（今甘肃成县西）进发，建威位于武都、天水交界处，再往北就是祁山。郭淮得知诸葛大军往建威进发，深知自己敌不过诸葛亮，担心被诸葛亮从建威包抄，从而断了自己的后路。因此郭淮只得命令停止进军，全军撤退。郭淮退兵后，陈式轻而易举地拿下了武都、阴平二郡。

随后诸葛亮进入二郡，安抚了当地仅存的少数氐人、羌人，留兵据守后便自己率军返回汉中了。

到此为止，诸葛亮的第三次北伐没发生过任何大型的正面争斗，魏国得知郭淮撤退、二郡被夺后也没有派出援兵来救，足可见魏国对于蜀国占领二郡的行为无暇一顾。虽说二郡对于魏国来说意义不大，然而对于蜀国来说还是多少有点作用的，起码可以扩大蜀国的地盘，作为基本防线的前卫。

其实，诸葛亮也明白二郡对于曹魏的意义，那他又为什么会笨到去夺取人家不屑一顾的城池呢？结合前两次北伐，诸葛亮的战役目的都以占领魏国的土地或战略要点为目标，然而两次的计划却都宣告失败。因此此次诸葛亮学乖了，他明白魏国之地一时难以攻下，倒不如先有目的的歼灭魏军，削弱魏军的力量后再行夺地之事。

所以诸葛亮派出了将军陈式率领少量军队进军二郡。而陈式是什么人？历史对其记载寥寥，只有汉中争夺战时于马鸣栈道被徐晃打败一事，而后便是跟随刘备进行伐吴，与吴班同领水军。可见陈式早在刘备时代便被点用，然而终究没有立下大功劳，因此陈式的名气并不大。而敌将郭淮当时已经是曹魏大将，如果诸葛亮真要夺取二郡，大可派出魏延此等可与其齐名的大将，或者自己领大军直逼二郡，那二郡也是唾手可得。可是他却派出了名气不大的陈式，因为他料定郭淮看到蜀军将弱兵微，必定会出兵相救。与此同时，自己趁机领主力悄悄进到祁山和二郡之间的建威，切断郭淮军的后路，从而将其歼灭。这便是诸葛亮此次出兵的目的。可惜郭淮提早得知了诸葛亮进军建威的消息，又果断地退兵祁山，才避免了全军覆没的结局。

当然，这是一种猜想，我们也可以猜想，此次的出军将目标放在了容易取得的二郡之上，不过是诸葛亮为弥补连续两次北伐失利而做出的一点补偿。毕竟，经常性的失败对于人的信心和耐心都是无益的，因此诸葛亮为避免穷兵黩武的恶评才实行了他的第三次北伐。如此看来，诸葛亮因成功攻取了武都、阴平二郡，从而因功官复丞相，更是进一步安抚蜀地百姓的计策了。看来，诸葛亮的第三次北伐对于诸葛亮自己，对于蜀国而言，都是令人欣喜的。

蜀国，作为一个较之魏国还小的国家，却不甘于偏安一方，反而频频骚扰着这个三国之中最有实力的国家，令魏国是烦躁不安。因此，在诸葛亮的三番五次的挑逗下，不堪侵扰的魏明帝终于决定出兵蜀国，他誓要让诸葛亮看看，魏国的土地绝对不是他诸葛亮所能随意往返的。

因此，曹真、司马懿、张颌这几位曹魏阵营中的主力，领着大军往蜀国浩浩荡荡而来了。

第二章　棋逢对手：老天都不眷顾的战争

我打不过诸葛亮

魏太和四年（公元230年），接替曹休成为魏国大司马的曹真向魏明帝曹叡上书，认为蜀国多次犯境，建议魏明帝下令数路大军攻伐蜀军。曹叡批准上表，于是，诸葛亮北伐历史中一场反客为主的战争打响了。

刚一上任大司马的曹真便有意建功，而此时的建功目标自然是蜀国。向来以“鸷勇”著称、战功显赫的曹真怎么能忍受诸葛亮一而再、再而三地在太岁头上动土呢？因此，曹真向魏明帝上表，提出了进军斜谷（今陕西终南山）的计划。魏明帝见曹真的上表，召集群臣商议，司空陈群对于曹真的进军路线有不一样的看法。陈群向曹叡提出斜谷险阻，难以进退，在其转运粮草必会受到蜀军堵截。陈群是几代老臣，在当时实际承担丞相一职，因此年轻的曹叡懂得应该多考虑他的话。曹叡听从了陈群的提议，令曹真再仔细斟酌。

不久，曹真再上表，上表中提出从子午道进军汉中。这条道路大家都很熟悉，当年魏延便主张兵出子午谷，因为其距离长安较近，因此对于魏国来说，其补给要比斜谷方便得多。然而陈群听了计划后，又向曹叡述说了其中不便，并认为大规模征战军事用度花费甚巨。魏明帝认真考虑了陈群的话，并下诏将陈群的意见提供给曹真参考。然而曹真却烦了，心想陈群实在是个文人，拖拖拉拉的，因此，曹真将陈群的话当耳边风，据此诏书随即出发，自己领军从子午道入，左将军张郃兵出斜谷，大将军司马懿经汉水出西城（今陕西安康西北），郭淮、费曜从斜谷、武威进入。于是，曹真、司马懿、张郃等兵分四部水陆并进，开始了对蜀国的讨伐。

诸葛亮早料到这一天的到来，早在第三次北伐后，诸葛亮便于南郑的西、东两个方向修筑了两个军事要塞，其样子便是准备凭险固守。面对着魏国的各大军事家，诸葛亮虽然有所防御，却也明白此战之艰难，然而既然人家来犯，自己也只好迎头而上了。诸葛亮立即下令加大城固、赤阪等地的防守力度，并请求李严率部到汉中阻击曹真。然而李严向来和诸葛亮不和，这时他又不满被诸葛亮调离江州，因此就在私底下传言说司马懿等已经设置了官署职位来诱降他。诸葛亮一听，深知李严的肚子里装着什么想法，于是上表迁李严为骠骑将军，又表其子李丰为江州都督，防卫蜀国后方。李严见诸葛亮如此做，这才愿意北上汉中镇守。

曹真这次征伐蜀国就如曹休一样，立功心切，思虑不全。汉中毕竟易守难攻，加之曹真进军期间恰逢雨季，栈道均遭遇雨水的冲刷而断绝，因此本就难以行军的路因天时而难上加难，真正应了李白那句“蜀道之难，难于上青天”。在如此天时地利均不得的情况下，曹真用了一个月才前进了一半路程。这情形传到了朝廷，朝中多位大臣包括陈群、华歆、杨阜等都认为这样拖下去无疑是在浪费物资，而此时可正值“年凶民饥”、“军用不足”的时候，因此他们一齐上书魏明帝，劝魏明帝命令撤军。魏明帝听从众大臣的提议，下诏曹真撤退。

虽然曹真大军难以进军，但曹军的前锋夏侯霸早大军一步进至兴势，在曲折的谷中下营。就在夏侯霸等待后方大军前来会合的期间，其营地却被蜀地的百姓看到。蜀人于是上报朝廷，指示蜀军魏兵所在。蜀军见夏侯霸孤军驻扎，立即出兵攻之。夏侯霸孤掌难鸣，差点遭受围歼，所幸援军部队及时来到，才得以解围。

前锋不利，后方难以前行，魏明帝的诏令又如时而至，曹真在这种情况下，已经难以一意孤行了，无奈之下，他只得放弃他的伐蜀行动，于九月撤退。

所谓进攻是最好的防御，就在曹真率领大军前往蜀国时，诸葛亮也早已派出了魏延、吴壹西入南安。魏延、吴壹奉命率偏师西入羌中阳溪，利用阳溪的山谷地势，以己方的步兵大战曹魏铁骑。毕竟骑兵在狭窄的山谷里难以发挥优势，而步兵的连弩却是很有力的武器，因此魏延于阳溪大破魏国后将军费瑶、雍州刺史郭淮，于此取得了防守反击的胜利。

曹真的伐蜀行动可谓雷声大雨点小，先是率大军而行，却未至而退兵，使一场本应该打得轰轰烈烈的大战销声匿迹于一场大雨之中，可见军事之上，还是得靠点运气的。另外，关于魏延统军大破魏将的阳溪之战，历史记载不多，然而陈寿却用了“大破”二字，可见此战规模绝非小型战斗。再看汉中防御战后的封赏，魏延和吴壹是升官最大的将领，魏延更是因这一战名声大震，蜀国还特意为他设置了“征西大将军”的职位，可见阳溪一战其意义对于汉中防御战来讲非同一般。当然，这也是后人的猜测了，毕竟真相早已湮灭在历史之中。

曹真领兵攻伐蜀国，非但没有收获，却使曹魏国力消耗巨大，以至于早已不问政事的曹植也于第二年上书抱怨：“数年以来，水旱不时，民困衣食，师徒之发，岁岁增调”。（《三国志·魏书·曹植传》）而曹真也因自己一意孤行致使国力虚耗而感到惭愧，兼遇一个月大雨，何况曹真此人“每征行，与将士同劳苦”，因此回军不久后竟得了一场大病，终于魏太和五年（公元231年）病逝，谥曰元侯，由其长子曹爽继承其爵位。魏明帝曹叡追思其功，下诏曰：“大司马蹈履忠节，佐命二祖，内不恃亲戚之宠，外不骄白屋之士，可谓能持盈守位，劳谦其德者也。其悉封真五子羲、训、则、彦、皑皆为列侯。”（《三国志·魏书·曹真传》）曹真升任大司马时，便具备了剑履上殿、入朝不趋的特权，曹叡非但不防，还尽封其子侯爵之位，以至于后来曹爽大意擅权，使一个曹姓政权白白让司马给争了过去。当然，这是后话了，此时的魏明帝毕竟不能想得如此之远，因为来自蜀国的威胁还在继续。

诸葛亮顺利抵挡了魏国大军的进犯，更有魏延于阳溪大破敌将郭淮，消息传遍蜀国，上下振奋。诸葛亮见此时蜀国士兵均有兴奋之象，遂于魏太和五年（公元231年）春再次进行他的北伐行动。

给司马懿的下马威

魏太和五年（公元231年）春，诸葛亮领大军直逼祁山，曹魏派出了司马懿对抗。诸葛亮首战得利，于上邽东遇司马大军。司马懿采取坚守战略，逼得诸葛亮退军卤城。司马懿一路追随，两军遂于卤城相遇。

关于卤城对峙的情节，历史给出了两个不同答案。

先看《晋书·宣帝纪》，其记载如下：亮屯卤城（今甘肃天水南），据南北二山，断水为重围。帝攻拔其围，亮宵遁。追击，破之，俘斩万计。

根据《晋书》的记载，司马懿从没有败给诸葛亮，而是一战以胜之。可是再看看司马光的《资治通鉴》，其相关故事如下。

诸葛亮兵退回卤城后，司马懿一路跟随着他来到卤城。途中张郃曾对司马懿说："彼远来逆我，请战不得，谓我利不在战，欲以长计制之也。且祁山知大军已在近，人情自固，可止屯于此，分为奇兵，示出其后，不宜进前而不敢逼，坐失民望也。今亮孤军食少，亦行去矣。"张郃认为司马懿应该停于上邽不动，然而既然来了，那么祁山守军知道援军就在附近，必然能够坚持，此时若派出奇兵抄诸葛亮的后面，逼诸葛亮退兵，他认为司马懿不该一路跟着蜀军却又不与其战，这会令将士们失望。

张郃自有他的道理。当时蜀军占据了地利，魏军若与之正面冲突未必能占到什么便宜。因此基于这种情况，张郃的计策不仅是不给蜀军以空隙，又避免了不必要的损失，不可谓不万全。然而即使如此，司马懿仍旧不听，自顾自地命令大军跟随诸葛亮前进。

诸葛亮到卤城后，换下了围攻祁山的部队，在卤城南北各修了一个营寨。司马懿也在卤城附近的山上安营扎寨，拒不出战，与诸葛亮对峙。

将士们见司马懿一路跟着诸葛亮来到卤城，却又坚守不出，都感到莫名其妙。这时将军贾嗣、魏平忍不住了，多次前往面见司马懿，请求出兵并直言司马懿："公畏蜀如虎，奈天下笑何！"司马懿听了这话，如刺扎他一般，特别不高兴。然而此时不仅是贾嗣、魏平，"诸将咸请战"，虽则如此，司马懿还是在忍。其实，司马懿此举无非是想趁着诸葛亮粮尽退军之时进行袭击，可见司马懿确实对诸葛亮有几分忌惮，又希望能得点功劳，因此徘徊不下。

到了五月时，诸葛亮离二月出兵已经过了三个月了，这时司马懿应该感到奇怪，上次围攻陈仓不过一个月就粮尽退军了，这次都几个月了，怎么蜀军还能坚持？司马懿觉得奇怪也是自然，毕竟他不知道这次诸葛亮准备之详尽，连他想象不到的拖运木牛都有了。就在司马懿困惑之时，不时有将来请战，背后又有纷纷的议论声，说司马懿怕诸葛亮，不敢出战。司马懿见提议声抱怨声频频出现，实在烦躁加恼火。于是他想，好吧，你们要战，我就成全你们。

司马懿于是召集诸将，命令张郃攻打蜀军南面的寨子作为牵制，自己则率主力从大路攻击北寨。这种声东击西的雕虫小技如何瞒得过诸葛亮？诸葛亮一眼就看到司马懿的伎俩，于是派出王平率领本部人马坚守南寨，拖住张郃，然而派出魏延、高翔、吴班率领主力出战司马懿。

无论是在兵力上，还是在兵种上，蜀军都落于魏军。然而诸葛亮此场战争却安排得恰到好处。王平此人上次在街亭打了败仗后还能用计唬住张郃，给他一支精兵凭险固守没什么问题。而魏延如烈马般难以驾驭，其勇猛过人，冲锋陷阵正为其所长，因此派他出去打野战，也是正得其处。果然，王平成功地拖住了张郃的进攻。另一方面，司马懿毕竟是个运筹帷幄之人，到了战场上，指挥起千军万马冲锋陷阵恐怕就不是其所长了。又恰遇对方魏延嗜血如此，因此司马懿很快便败下阵来了，结果是"魏兵大败，汉人获甲首三千，懿还保营"，而蜀国在此战中所得是"获甲首三千级，玄铠五千领，角弩三千一百张"，这对于魏国来说是一场很大的败仗。

司马懿这下一出战便被打回，有了这一次败绩后，司马懿再也不敢轻易出战了，而之前屡次请战的将领也不敢再多讲一句话了。此时司马懿乖乖地回到他的营寨，等待诸葛亮粮尽兵退之际。

又了一个月，从春天步入了夏日，诸葛亮出兵将近半年了，然而有木牛在，不怕粮草接应不上。可是这时诸葛亮却明眼看着粮草越来越少，而后方却还未运来。就在诸葛亮为粮食担忧时，参军马忠、督军成籓受李严之命从汉中而来，并且带来了谕旨，说由于大雨连天，运粮不继，劝说诸葛亮撤军。诸葛亮一听谕旨，大忧，心想此时正值大好局势，却要退兵返回，实在可惜。然而是后主的意思，不退则有欺君之嫌，兼之粮食的运输又出了点问题，因此诸葛亮不得已之下只得放弃继续北伐，领兵退回蜀国。

就在诸葛亮退军之时，司马懿心想终于还是让自己等到了这个时机了。司马懿立即派出张郃追击，此时张郃又犹豫了，他认为“围师必阙，归师勿遏”，意思也就是将敌人逼急了小心人家反咬。然而司马懿又不听张郃劝告了，他要张郃出兵追击。军令之下，张郃也是无可奈何，只得领兵前往。

张郃领兵追到了木门道，木门道就是通过峡门运送木头的路，是狭窄的小路。张郃作战经验丰富，到了这种地方，自然不会贸然而进。他先派出了轻骑兵为首，自己带大队人马随后跟进。然而诸葛亮设伏兵也是经验老到，一小队骑兵能引起他们的兴趣吗？必须得等到大军出现在他们视野之中时，他们才会开始行动。

蜀国伏兵见张郃大军来至，立即举起手中的弓箭，往魏军军队万箭齐射。忽然，一支弓箭往张郃右膝上一扎，一代名将就这样走了。张郃从归降曹操后，便为曹魏戎马一生，立下无数功劳，因此死后谥为壮侯。

虽然《资治通鉴》和《晋书》在细节的描写上有所出入，然而大致趋势都是一样的，即司马懿顺利解了祁山之围，而蜀军终因粮草问题而退兵。

蜀军退兵后，魏军军师杜袭、督军薛悌都认为诸葛亮还会趁明年收割之时再次进犯，建议司马懿趁冬天为陇右多置办粮草。然而司马懿却认为：“亮再出祁山，一攻陈仓，挫衄而反。纵其后出，不复攻城，当求野战，必在陇东，不在西也。亮每以粮少为恨，归必积谷，以吾料之，非三稔不能动矣。”（《晋书·宣帝纪》）果然被司马懿所料中，三年后，也就是魏青龙二年（公元234年）二月，诸葛亮再次率领十万大军兵出斜谷。

第五次北伐是三年后的事，现如今，被迫退兵的诸葛亮只想知道，为什么兵粮的调运会出现问题，为什么后主会下诏令他回军。而这些事直接关系到一个人，他就是李严。

李严，良心坏透了

当时诸葛亮准备妥当，再出祁山时，令李严在汉中负责前线的补给。诸葛亮心想有木牛运载，粮食接应应该可以坚持个一年半载不成问题。可这时还没有一个月，汉中却传来粮食难以运送的消息，令诸葛亮领军撤回。诸葛亮眼见一个北伐的大好局势又败于粮食的运送上，虽不无可惜，却也只得受命退兵。

当初李严命马忠等去到前线对诸葛亮说军粮难以运送，然而就在诸葛亮退兵期间，他又像毫不知情似的故作惊讶，对众人说：“军粮饶足，何以便归？”可见李严当时之所以令诸葛亮退军，不过是因为担心自己在补给上会出现问题。而这时诸葛亮回来了，他这样说无疑是为了掩饰，诸葛亮让退军的真正原因，从而替自己摆脱责任，制造舆论企图将退兵的责任全推到诸葛亮的身上去。看来李严此人，果然很不安定。诚然，他和诸葛亮同为托孤大臣，地位本应平起平坐，何故一直以来都是诸葛亮吆喝着他做事？而做的事竟都是在后方督粮，连上个战场立功的机会都没。这样想着，李严心里不平是难免的。

后面李严听说诸葛亮在退军期间射杀了魏国大将张郃，见势立即上表后主刘禅说是："军伪退，欲以诱贼与战。"李严对着诸葛亮也就算了，还把欺瞒的矛头指向了后主刘禅。李严这话是想欺骗刘禅，诸葛亮之所以退军，其目的就是为了斩杀大将张郃，以此谎言来转移焦点，防止朝廷过问诸葛亮退兵的缘由。

然而纸终究是包不住火的，就在诸葛里还未回到朝廷时，无论是自己调查得知，还是有心腹向诸葛亮报告，总之诸葛亮已经知道了李严这八面玲珑的把戏。诸葛亮大怒，自己在前线取得了战绩，正值大军胜利之时，李严却因为自己的一点私心而破坏了一个大好的北伐局势，因此诸葛亮斥责李严是"横造无端，危耻不办，迷罔上下"，并决定要严厉治其罪。

李严得知后，非常害怕，"自度奸露，嫌心遂生"，反正诸葛亮都知道了，此时也只好破罐子破摔了。因此李严遂擅自离职，托病退往沮、漳一带，他甚至还想过直接退还到南方的江阳，使诸葛亮一时鞭长莫及，最后是在马忠的多次劝谏下才打消了这个念头。

诸葛亮一回到汉中后，便向众人出示了李严前后反复的手笔书疏。众人一看，也就明白了事情的前后因果，都觉得李严此举甚为不当。李严见物证铁一般地存在着，无语辩解，只得低头承认自己的过错。而后诸葛亮给后主上了一表，说他一开始以为李严之心不过在于荣华富贵之上，现如今"大事未定，汉室倾危"，急需用人之时，因此这点小事不足一提。可没想到李严却是如此"心颠倒乃尔"，因此"若事稽留，将致祸败"，遂废了李严的官，将其贬为庶人，令其移民到梓潼郡（今属四川梓潼县）去。

李严在这件事上虽有大错，然而其毕竟是蜀国继诸葛亮之后的第二号人物，这第二号人物就因为一件运粮的小事就被罢黜，未免太小题大做了点。其实，若分析下去，只怕诸葛亮在这件事上也有点自己的心思。

我们看一看裴松之在给《三国志》作注时就收录了《公文上尚书》这样一个表。表中先是列举了李严的种种过错，而后是诸葛亮与众大臣的集体签名，以示罢黜李严之意合众人之心。然而这些大臣都是些什么人物？有刘琰、魏延、袁綝、吴壹、高翔、吴班、杨仪、邓芝、刘巴、费祎、许允、丁咸、刘敏、姜维、上官雝、胡济、阎晏、爨习、杜义、杜祺、盛勃、樊岐等人。这些人我们有的不熟悉，然而还是有几个人的名字我们可以对得上人的。比如魏延、吴壹、吴班、杨仪、邓芝、费祎、姜维，再看看这些人有哪些特点。没错，这些基本都是领丞相府职的人，也就是说，这些基本都是诸葛亮手下的且听诸葛亮话的丞相、军官和大臣。

联名上书里的名字都是在丞相府为丞相做事的人，这就不得不令人质疑罢黜李严的合理性了。其实，从汉中运粮到前线，其工作本就不便，何况当时"秋夏之际，值天霖雨"。因此就督粮失责一事，本也不至于罢官。再者，李严虽有欺君之嫌，然而并没有欺君之实，他那一句"军伪退，欲以诱贼与战"难道不是实情吗？诸葛亮确实因为诱敌深入而斩杀了魏将张郃。至于李严的另一项罪名，也就是"遣参军马忠、督军成藩喻指，呼亮来还"（《三国志·蜀书·李严传》），这如若是实情，便是假传圣旨，那可是砍头之罪，罢官相对而言处罚太小了。可是这件事本有疑问，李严难道不明白"将在外，君命有所不受"的道理吗？他假传圣旨又有何用，便是后主都没有下令命诸葛亮退军的权力。何况在诸葛亮弹劾李严的上表中，从没有提起过这件事，因此这件事是存在疑问的。由此分析，再结合这份上表的一系列名字，诸葛亮用心也就可见一斑了。

其实，之前刘备托孤就考虑了蜀国的政权分配问题，因此他命以诸葛亮为代表的追随自己打下江山的荆楚集团和以李严为代表的原跟随刘璋的益州集团共同合作辅佐后主，其目的就是为了使两方互相牵制。然而刘备终究料想不到李严在诸葛亮面前犹如孩子般脆弱，竟无一点儿抵抗能力，结果是整个蜀国的政权就握在了诸葛亮的手中。所以说来，诸葛亮为了大权在握，排挤与其敌对的李严也是在情理之中了。

当然，这一切都是猜测，关于诸葛亮是否有权瘾，后人进行了许多分析。然而不管诸葛亮在蜀国为相期间是抱着何种心态在对待，我们能看到的，也是我们应该看到的，是诸葛亮确确实实为蜀国的振兴付出了一生的心力，最后为蜀国留下了“鞠躬尽瘁死而后已”的巨大功劳。因此诸葛亮此时虽然已经双鬓发白，然而他还在坚持他的北伐梦。因此，三年过后，也就是魏青龙二年（公元234年），诸葛亮进行了他的第五次北伐，而这也成了这一位老丞相的最后一次北伐。

就在诸葛亮与司马懿正面对决之时，在三国地图的另一边，有一个城市再次掀起了喧哗，它就是三国期间的一个火药桶——合肥。

合肥又开打了

魏青龙元年（公元233年）十二月，满宠刚在合肥城西建立新城以防备东吴的大举进军，这下，孙权似乎在远处回应了满宠，立即亲率大军，往合肥进发。

当时满宠提出建立新城时，蒋济曾说这个计策是在向天下示己弱。满宠因此回他：“孙子言，兵者，诡道也。故能而示之以弱不能，骄之以利，示之以慑。此为形实不必相应也。”（《三国志·魏书·满宠传》）满宠认为在强大时无妨给孙权一个示弱的假象，这才可以吸引孙权举大军而至，得以将其击破。果然，不出满宠所料，这一年，孙权便亲率大军出动，欲图围困合肥新城。

孙权上了满宠的当，因新城建在远离水域的时候，导致吴军的船队停泊了二十多日却始终不敢下船。满宠见孙权正处于为难之际，遂对各位将领说：“权得吾移城。必于其众中有自大之言，今大举来欲要一切之功，虽不敢至，必当上岸耀兵以示有余。”（《三国志·魏书·满宠传》）于是派六千骑兵埋伏在淝城，等待吴军上岸。满宠果然料事如神，不久孙权果然上岸炫耀他的兵力。就在孙权大喜之际，满宠派出的伏兵突然发动进攻，东吴士兵遭受突如其来的攻击，得意的神色立即凝固，转为慌张，毫无防备之下，终败于魏国伏兵，被杀死者有上百人，也不乏慌乱中逃至河中溺死的。孙权还未正面临敌便遭受伏兵袭击，自然心有不甘，于是又派出将军全综率兵前往攻取六安，然而结果也是兵败而归。

第三次合肥之战输赢不大，只是满宠再次顺利挡住了孙权的进军。而满宠在这次战争上的表现料事如神，实在令人佩服。他对于魏、吴两国的兵力、战势都了解得非常透彻，更是深谙地理、气象、心理等因素在战争中的重要作用，知天知地，知己知彼，故能屡屡作出正确的预言和判定，他主张要想打胜仗，必须先挫败敌人的主力军，然后依靠地势移兵三十里，引诱敌人进入圈套一举歼灭。陈寿形容他“勇而有谋”。

孙权领大军兴致勃勃而来，却扫兴而归，任谁都不能甘愿。因此孙权这下虽然败回，却时刻等待着时机再光顾合肥一次，他相信自己终有一天能拿下这个让他费心了大半辈子的城市。而这时，来自蜀国的一个请求，让他揪到了这个机会，从而引发了三国历史上的第四次合肥之战。

诸葛亮继魏太和五年（公元231年）二出祁山后好不容易可以安静个三年时光，也让魏国可以过过相安无事的宁静日子，这时，看到了孙权的大军直下合肥，却又躁动起来了。于是，就在魏青龙二年（公元234年）二月，诸葛亮又开始筹划他的第五次北伐。北伐次数实在太多了，次次是无大功而返，这次诸葛亮更加谨慎，准备也更加充分。所以诸葛亮见孙权军队大败，明白他必定是充满怨念地回归，因此这时最容易接受别人的挑逗。于是诸葛亮在进行第五次北伐前，先派了一个使者前往东吴，邀请东吴一起出兵，两面侵扰魏国，令其难以兼顾。这个请求自然对准了孙权的需求，因此孙权一下子便承应了下来。

又过了三个月，孙权又开始了他的再次征讨合肥之战。魏青龙二年（公元234年）五月，孙权亲自领兵进驻巢湖口，自称有十万大兵，准备攻向合肥新城。另外，孙权派出陆逊、诸葛瑾率领万余人向江夏、沔口进军，准备一举拿下襄阳，而将军孙韶、张承进驻淮，直逼广陵、淮阴。就这样，三路兵马从各个方向进逼曹魏，大有大军侵地之势。曹叡见此，急令满宠做好御敌工作。

满宠心想这孙权也是诸葛亮一样的人物，两个都巴不得尽早将魏国生吞活剥，这不，魏国还在恍惚之中，他孙权就领兵直达合肥新城了。当时的合肥新城守将张颖见大兵所至，急忙向满宠请求援兵，满宠于是准备率众军前向新城援救。然而田豫将军却进谏满宠，说："贼悉众大举，非徒投射小利，欲质新城以致大军耳。宜听使攻城，挫其锐气，不当与争锋也。城不可拔，众必罢怠；罢怠然后击之，可大克也。若贼见计，必不攻城，势将自走。若便进兵，适入其计。又大军相向，当使难知，不当使自画也。"（《三国志·魏书·田豫传》）他认为孙权攻新城，目的在大军，如果有援军前往，只怕反而让孙权反过来吞并，这样非但救不了人，自己还会赔上了性命。

田豫将此番话上书曹叡，曹叡于是接纳了田豫的建议，不派兵援救新城。

当时孙权大兵达合肥时，魏国防守的吏士多有请假，满宠于是上表请召中军兵及召回所有请假的将士，集合抵挡。而当时的散骑常侍广平刘邵却认为满宠应该坚持防御，以挫吴军锐气，然后松散地排列队伍，大张旗鼓地前进。敌军见此必疑大军之至，则其必定自退，如此可不战而破之。曹叡听从了刘邵的提议，先派前队出发。

七月时，曹叡亦随后亲率水师东行。满宠见大军而来，遂先打头战。他募集了数十壮士，将松枝折断，灌上麻油作为火炬，在松枝上点燃火后于顺风处放出。大火烧毁敌军攻城器具无数，满宠立即率兵进攻，射杀孙权的侄子孙泰，吴军败退。当时孙权军中的士兵很多都患病，又这样败了一场，士气颓降。此时，又传来了曹叡大军将至，吴国士兵顿时无战之心，个个似疲软的气球，孙权见此，只得命令撤军。由此，第四次合肥之战又以孙权无功而返而告终。

满宠在此战以处于劣势的人数成功破敌，再一次顺利抵挡了吴军的进军，再次证实了他在军事上的过人之处。同时，魏明帝曹叡亲率大军之举，直接令吴军闻风而逃遁，亦承其先人之勇，不失为一位好皇帝。而此战过后，孙权便很少发动大规模的侵魏战争了，至于合肥再次成为世人的焦点时，那是20年后的事了。

就在孙权进军合肥的同时，在魏国的另一边土地上，也正有一场激战在进行着。魏青龙二年（公元234年）春天，诸葛亮经过三年的劝农讲武，此时为了响应孙权的合肥之战，再率大军兵出斜谷口。四月，蜀军到达郿县，驻扎于渭水南岸的五丈原，伺机行动。魏明帝急令司马懿前往防备蜀军。诸葛亮继第四次北伐后，再次与司马懿正面对抗，两人由此共同谱写了精彩的第五次、也是最后一次北伐战争。

最后的北伐

魏青龙二年（公元234年），诸葛亮开始了他最后一次北伐，这一次北伐为诸葛亮鞠躬尽瘁的精神画龙点睛，从而画上了一个精彩的句点。

诸葛亮第四次北伐虽取得大胜，然而终究因为李严的从中作乱不得已而退兵，在排挤了异己势力之后，诸葛亮的首要任务再次落在了北伐上。然而频繁出兵，便是国力再强大也终有掏尽的一天，因此诸葛亮不得不休养生息个几年。这一休养就是三年，三年后，诸葛亮见蜀国国力在渐渐回升，而自己的身体却一日不比一日，因此，他不能再等了。魏青龙二年（公元234年）春天，诸葛亮率领大军兵出斜谷口，同时给了孙权一封书信，表明其北伐之心，并请求其从东吴进攻魏国，共吞曹魏。孙权承应了诸葛亮的请求，答应其会出兵曹魏。诸葛亮得到孙权的响应后，继续领兵北进，于四月来到了魏国郿县，扎营于渭水南安的五丈原（今陕西眉县西南）。

魏国方面，司马懿一听说诸葛亮再次来犯，急忙领兵前往阻挡。此时司马懿部下的将领皆认为应该在渭水以北与诸葛亮隔水相持，然而司马懿不这么认为，他说："百姓积聚皆在渭南，此必争之地也。"因此立即率领军队渡过渭水，沿岸设点阻击。司马懿在分析了形势后，对诸将说："亮若勇者，当出武功依山而东，若西上五丈原，则诸军无事矣。"（《晋书·宣帝纪》）后来司马懿得知诸葛亮果然上五丈原时，魏将无一不感到欣喜，仿佛胜利已经在望了。

当时诸葛亮第四次北伐退军时，司马懿就判定诸葛亮再出兵时，"当求野战，必在陇东，不在西也"（《晋书·宣帝纪》）。因为司马懿明白蜀军若向东兵出武功，这对于魏军来说威胁是很大的，相反之下，西上五丈原则对魏军不能造成什么影响。司马懿懂得，诸葛亮也不至于不明白吧？那为什么诸葛亮又选择西进五丈原呢？

究其原因，怕也就是因为诸葛亮的谨慎吧。我们知道，渭河和秦岭山脉之间有一片狭长平坦的河谷地区，蜀军若向东，便要经过这条狭长地道。而司马懿的大军如果沿河筑垒，那蜀军沿着这条道路前进，就不得不冒着侧敌行军的危险。

司马懿亦明白这个道理，因此他选择了渡河背水列阵，这一个巧妙的安排使东进路线被切断了，因此诸葛亮只好选择往西前进了。其实如果诸葛亮敢于冒一下险，司马懿还不一定敢在诸葛亮侧敌行军时出击，毕竟魏明帝的明确指令是坚守不出。不过，司马懿如若让蜀军通过这条狭长地带从而抵达武功，那便可以切断司马懿军与长安的联系，从而威胁到长安城的安全，那战局自是另一番景象了。不过历史已是既然，过多的猜测意义不大，只是在这场往东还是往西的博弈战中，诸葛亮和司马懿给我们上了精彩的一课。

就在魏军一片胸有成竹的乐观气氛下，有一个人却皱起了他的眉头，这个人就是郭淮。郭淮并不以为蜀军进驻五丈原，魏军就能多轻松，同时他认为诸葛亮必定会派兵到北原攻打自己，以便阻断陇道，切断陇右与关中的联系，魏军将不得不应战。因此他建议司马懿率先进驻北原。

然而诸将都认为郭淮多虑了，唯有司马懿听了郭淮所言觉得深有道理，从而意识到北原的重要性，于是便命郭淮等人率兵移屯北原，阻挡诸葛亮。郭淮立即率领军队进驻北原据守，然而堑垒尚未完成，果不出郭淮所料，诸葛亮已经派兵前来攻城。在郭淮的坚守下，诸葛亮无法攻下北原，两军遂处于对峙状态。诸葛亮攻克北原以切断陇道的计划在郭淮的顽强抵挡下无法成功，诸葛亮明白这样跟他耗着对自己无疑是不利的，只好领兵西行，作出欲攻西围的样子。然而郭淮又看出了他的计策，他认为诸葛亮进攻西围是假，东进攻取阳遂才是真。

诸葛亮果然以声东击西之计，不一会儿就领兵来到了阳遂城下，然而魏军因郭淮的提议，早在诸葛亮来时就做好了万全准备，因此得以顺利击退了蜀军的进攻。看来到目前为止，郭淮的表现都足以令人称奇。

诸葛亮到目前为止，一个城池都没有拿下，无论是之前的北原，还是现在的阳遂。或许是因为诸葛亮认为自己两次的出击都会出乎敌人意料之外，从而将对方打个措手不及，因此有些大意，所领攻城士兵也不多，却不知魏国有人却屡次看破了他的计策，从而得以提前做好反击的准备。看来诸葛亮是有点急躁了，为何对这些个不是奇计的计策有着这样的信心呢？

诸葛亮确实是有点急躁了，他明白自己的身体已经撑不了多久，而在北伐之路上却还没有取得任何大成绩，出师未捷，身子却先垮了下来，这怎么可以呢？因此诸葛亮要速战速决，然而他偏偏遇到了魏明帝和司马懿。因为魏明帝指示司马懿当“坚壁拒守，以逸待劳”，而司马懿也很顺从地听魏明帝的指示，面对诸葛亮的进攻，均采取无动于衷的态度坚守不出。

诸葛亮一面逼着司马懿出战，另一面也考虑到前几次北伐都因为运粮不继的问题而导致功败垂成，于是开始在渭、滨的居民之间屯田生产粮食。他这下是明着跟司马懿讲，我这次跟你耗到底了。看来诸葛亮确实有这样的打算，或许，他也明白自己的北伐，这将是最后一次了。

诸葛亮眼见自己两鬓越加斑白，脸颊因为多年的劳累而日渐深陷，现如今，自己更是难以入咽，一天吃不了三餐，一餐吃不了几粒米，而脑袋也越来越不好使了，看来自己已经快到极限了，而魏国还一大片土地在那里摆着，难道就要这样辜负先主的期望了吗？诸葛亮也许还在争一口气，他明白，只要他还有一口气在，他就会尽自己的力气去做自己该做的事，而这该做的事就是当年在南阳卧龙岗里和先主刘备共同谋划的《隆中对》。《隆中对》的过程和实际虽然有点出入，但它的最终目标，诸葛亮希望能达到。

基于如此坚定的信念，诸葛亮继续坚持着。面对司马懿的坚守，他绞尽脑汁，他誓要用尽各种办法将司马懿给逼出来。

死得不甘心呐

诸葛亮的进攻。司马懿遵魏明帝之令，坚守不出。

司马懿的坚守当然不是因为害怕诸葛亮，当年曹操进攻汉中时，其情况正好和现在的诸葛亮相反，诸葛亮的路线是汉中到关中，而曹操的路线是关中到汉中，当时面对曹操的来犯，刘备也是采取防守待机的战术，为什么都没人说是因为刘备害怕曹操呢？所以说司马懿害怕诸葛亮显然是无稽之谈，他们两个人是旗鼓相当，正逢敌手。

司马懿的坚守是在等待一个好的机会，这是守城一方逼退攻方的惯用伎俩。而有一次就让司马懿揪到了一个机会。

那次，诸葛亮派虎步监孟琰驻扎武功水北。孟琰前往驻扎后，水势渐涨，使他和诸葛亮失去了联系。司马懿见孟琰和诸葛亮之间的通路被阻绝了，知道两军相离难以援助，立即派军进攻孟琰。诸葛亮见状，火速地派出工兵架桥，另一方面派出弩兵对着司马懿的部队隔岸射箭。司马懿攻孟琰不下，眼见桥就快架好了，只得立即退兵。

退兵后的司马懿更加不愿轻易出战了，他要瞧准一个极其有把握的机会，一举逼退诸葛亮。而诸葛亮这边，眼见日子一天天过去，从出兵到现在已有半年，他再也等不了了，在多次逼迫司马懿出兵不成之下，诸葛亮烦躁至极，竟想出了一个很不体面的方法。

诸葛亮命使者给司马懿送去了一样礼物。礼物到了魏营里，武将们均怀着好奇的心情在观望着诸葛亮到底在演着哪出戏。这时司马懿接过礼物盒子，打开后，原来是一套女性的服侍，从头巾到衣服，样样具备。诸将一看，虽有几分好笑，却也不得不为司马懿也为魏国感到羞愧，毕竟在当时的思想下，被人当成一个女人看待，这对于一个驰骋沙场的七尺男儿是非常大的羞辱。因此诸将都为司马懿打抱不平，也多少为自己身为其部下而感到些许羞愧和愤怒。

诸将认为这不仅是在侮辱司马懿，也是在侮辱魏国的每一个有志气的将领，因此没有一个不提出出战的请求。然而这样一种明显是无计可施而不得已实行的激将法，就好像令士兵在阵前骂阵一样，激激一些性子急躁的武将也就罢了，想激起司马懿这种能顾全大局的隐忍之者，诸葛亮这个方法显然是有点孩子气了。

不过诸葛亮从来就没有打算激怒司马懿，他要激怒的是司马懿的大数部下，从而让他们集体请战。果然，魏国诸将见了诸葛亮送来的女装后，纷纷请战，而司马懿也明白每个人都在气头上，这个时候说再多道理是没有用的，因此他只好上表魏明帝，请求魏明帝指示是否出战。

司马懿的这个上表也很有意思，虽然魏明帝曾经明示司马懿在对抗诸葛亮时最好采取坚守的策略，然而所谓“将在外，君命有所不受”，司马懿还真傻到要万事去向曹叡报告吗？司马懿显然不是这样的人，他上表不过是为了拖拖时间，一份表传到曹叡那里，再从曹叡那里传回一份诏令，在这段时间里，武将的愤怒也基本可以消掉了。另外，魏明帝若回书指示“坚守”，那么也刚好能借魏明帝来压压诸将，让诸将明白无故请战是没必要的。

果然，魏明帝不许司马懿出兵，为此还派出了他的骨鲠之臣辛毗杖节来做司马懿的军师，以节制他的行动，诸将见魏明帝意志如此，遂也不再轻易请战。当时姜维听说辛毗仗节而至，就对诸葛亮说了：“辛毗杖节而至，贼不复出矣。”诸葛亮叹了口气说：“彼本无战情，所以固请战者，以示武于其众耳。将在军，君命有所不受，苟能制吾，岂千里而请战邪！”（《晋书·宣帝纪》）可见司马懿见招拆招，可谓高明。

后来诸葛亮又遣使求战，然而这次司马懿却不谈军事，反而问使者：“诸葛公起居何如，食可几米？”使者回：“三四升。”然后又问政事，使者说：“二十罚已上皆自省览。”经过这一番谈及私人生活的情况，司马懿明白了诸葛亮一直都事事亲力亲为，食少事烦，故而大喜道：“诸葛孔明其能久乎！”（《晋书·宣帝纪》）

果不其然，魏青龙二年（公元234年）八月，诸葛亮终因积劳成疾而病倒，病情日益恶化。司马懿得知后，趁诸葛亮病重不能统军之时，率军袭击其后方，大胜。消息传到了成都，刘禅派李福去探望诸葛亮，诸葛亮对李福讲述了自己死后的国家大计，又对各将领交代好后事。过了几天，到了八月二十八日时，时间再隔三天便将跨入下一个月份，进入那个纯净的收获季节。秋风刚拂向人间，拂向五丈原的萧索，诸葛亮的生命便在这寒意中睡下了。蜀国丞相北伐七年，连死都死在了北伐的路上，实在令人唏嘘不已。

诸葛亮也知道自己逝世的消息如若传出，势必引起蜀军恐慌，从而为魏国制造进攻的时机。因此就在他临死前，他对着几位亲信安排好了后事，做出了生命的最后一场绝唱。

蜀军按照诸葛亮的安排，秘不发丧，整军后退。有当地百姓见蜀军退走，便向司马懿报告。司马懿因此推知诸葛亮必是死于军中了，立即出兵追击。这时忽然有蜀将杨仪摇旗呐喊，好像要反击。司马懿以为中了诸葛亮的诱敌之计，急忙撤军。到了第二天后，蜀军退回，司马懿到蜀军空营巡视赞叹诸葛亮为“天下奇才也”。

司马懿见蜀军是真的退兵，肯定诸葛亮已死，忙要率兵急追。辛毗却认为诸葛亮死讯尚不可知，不宜出兵，司马懿说：“军家所重，军书密计、兵马粮谷，今皆弃之，岂有人捐其五藏而可以生乎？宜急追之。”（《晋书·宣帝纪》）于是，率兵急追。当时关中地多蒺藜，司马懿于是派人用一些软材料做成三千多双平底木屐，派三千士兵穿着在大军前行走，蒺藜因此都刺在了木屐上，从而保证了后方大军的顺利行军。司马懿率领步兵和骑兵，一直追到了赤岸，才肯定了诸葛亮确已死亡，并听闻这里有人在流传着一句谚语：“死诸葛走生仲达”，司马懿听后，无奈地自嘲道：“吾便料生，不便料死也。”（《三国志》裴松之引《汉晋春秋》），遂领兵而回。

至此，在诸葛亮五十三个年岁里占了七年的北伐战争终于结束了。诸葛亮虽心有大志，然而硬是以一州之地强攻中原强魏，如此不顾战略失策，纵使竭忠尽智，也终难实现生平大志。兼之生性谨慎，不敢用险，想以平稳之计来慢慢掏尽曹魏，然而曹魏又不吃他这一套，他耗，司马懿便跟他耗，可是一个小国如何耗得过大国？所以司马懿说他是：“亮志大而不见机，多谋而少决，好兵而无权。”（《晋书·宣帝纪》）

诸葛亮死了，司马懿后因功升任太尉，其在曹魏的政治地位是扶摇直上，为后来的司马代曹开了一个很好的头。

北伐结束了，然而三国的故事还在继续。当时，诸葛亮临终前派杨仪统领各军撤退，而这就直接引起了一个人的不满，致使蜀国在诸葛亮刚死后便发生了一场内斗。这个人，就是傲骨含冤的魏延。

诸葛亮把魏延带走了

魏青龙二年（公元234年）八月，诸葛亮出师未捷身先死了，七年的北伐就此划上了句点。然而就在北伐军退兵期间，却发生了蜀军之间的一场内斗。

诸葛亮临终交代后事时，只唤来了长史杨仪、司马费祎、护军姜维等人，在这些人当中，少了蜀国一个响当当的人物，那就是魏延。为什么诸葛亮不唤魏延来交代后事呢？其实这很正常，因为诸葛亮和魏延存在着矛盾。

《三国演义》里魏延一出场，诸葛亮便以“脑后有反骨”为理由欲斩杀他，虽说这是小说家杜撰的，然而它也提出了一个事实，那便是诸葛亮一直对魏延怀有戒心。当初诸葛亮首出祁山时，魏延提出的子午谷计谋不失为一个好计策，然而终究被诸葛亮给拒绝了。而后史书说魏延“常谓亮为怯，叹恨己才用之不尽”（《三国志·蜀书·魏延传》），这话传到了诸葛亮耳里，能不刺耳吗？如果我们还可以继续猜测下去，我们甚至可以认为诸葛亮忌惮魏延的才能。

我们知道诸葛亮虽然看不上魏延，然而蜀国却有一个人对魏延极其看重，那就是先主刘备。当年，刘备夺得汉中时，需一个人来镇守，而此时是“众论以为必在张飞”（《三国志·蜀书·魏延传》），结果刘备将一个汉中托给了魏延。而魏延也没给先主失望过，屡次立功，由此足见魏延此人才能非同一般，甚至不失为一个军事奇才。然而魏延的才能却一直被诸葛亮压制着，诸葛亮顶多让他顺着自己的意去打打几场战，而绝不敢放其军权。这一方面或因为诸葛亮忌惮魏延的才能，一方面诸葛亮也担心魏延掌军行险，从而赔上整个蜀国大军。

不管出于什么原因，诸葛亮对魏延是防着用，于是他在托付后事时，就对魏延这样安排：“令延断后，姜维次之；若延或不从命，军便自发。”（《三国志·蜀书·魏延传》）可见诸葛亮对魏延是很不放心的，他认为自己死后，蜀国没人压得下魏延，因此与其养虎为患，不如令其自去。

诸葛亮死后，全军准备撤退。杨仪叫费祎前往魏延处告知丞相的意思：由杨仪统军，魏延断后，全军撤退。魏延一听费祎这样说，立即有所不满，他回费祎："丞相虽亡，吾自见在。府亲官属便可将丧还葬，吾自当率诸军击贼，云何以一人死废天下之事邪？且魏延何人，当为杨仪所部勒，作断后将乎！"（《三国志·蜀书·魏延传》）魏延果然是匹脱缰野马，如果说当初诸葛亮在还有所收敛，而此时诸葛亮已走，那魏延自然要开始他的狂奔了。因此他很不满，有他魏延在，还可以出兵伐魏，为何要退兵？何况还在直接受命于杨仪！这更是魏延所不能忍受的。因为魏延和杨仪之间的矛盾，是上了台面的。

魏延此人性情高傲，狂放不羁，同僚们对他都容让三分，然而杨仪却不买他的账，硬是和他作对，以至于两人"每至并坐争论，延或举刀拟仪，仪泣涕横集"（《三国志·蜀书·费祎传》），可见两人的矛盾已经是到了水火不容的地步。其实诸葛亮也明白两人的紧张关系，因此他明白自己若死后，他们两个必定会闹冲突。与其让两位蜀国大臣自相残杀，致使朝廷不稳，不如弃掉一个，这样蜀国还不至于起太大的内乱。而两相权宜之下，诸葛亮终究选了杨仪。

再说魏延听了费祎的话后，想让费祎站在他这边，和他一起留兵攻魏。然而费祎是个规矩之人，丞相说过的话又如何能违背。因此他对魏延这样说道："当为君还解杨长史，长史文吏，稀更军事，必不违命也。"（《三国志·蜀书·魏延传》）费祎说完便骑马而去，待到魏延反应过来，早已来不及了。

杨仪这边也不管魏延接不接军令，自带全军徐徐退后，魏延看大军后退，顿时大怒，遂日夜兼程赶到了杨仪大军面前，将所经之阁道都用火烧毁，使大军难以前进。而后杨仪和魏延互相上表刘禅说对方企图谋反。刘禅见表后便糊涂了，于是他召来侍中董允和留府长史蒋琬，问他们到底是谁想造反。董允、蒋琬两人和杨仪是一路的，当然袒护着他，因此他们都为杨仪担保。

魏延此时已经提前占据了南谷口，率领自己部下出击杨仪大军，杨仪于是命令何平往前抵御魏延。两军对阵，何平大骂魏延的先头部队："公亡，身尚未寒，汝辈何敢乃尔！"一拿起诸葛亮来说事，所有士兵于是慌了，出于对诸葛亮的敬重，士兵们都不听魏延的军令，各自散去了。魏延见士兵散走，带领着数骑亲信，往汉中而逃。杨仪立即派出马岱领军前往追击。后马岱赶上了魏延，魏延士兵之少终难敌马岱，遂被马岱斩了头颅。马岱将头颅带回献于杨仪，杨仪见魏延已死，将生平对其所积怨愤一泻而出，用脚践踏着魏延的头颅，骂道："庸奴！复能作恶不？"（《三国志·蜀书·魏延传》）遂后诛灭了魏延三族。杨仪对一个死人都不放过，难怪诸葛亮要说他是"性狷狭"（《三国志·蜀书·杨仪传》）。

诸葛亮死了，顺带连一个魏延也带上了天，蜀国至此失去了最后两大支柱，本就虚弱的国力，从此再也无力回天了。

而对于魏延领军攻击杨仪一事，再经后人大肆渲染，魏延遂因此背上了"叛蜀"的罪名。然而，陈寿曾言："原延意不北降魏而南还者，但欲除杀仪等。平日诸将素不同，冀时论必当以代亮。本指如此，不便背叛。"（《三国志·蜀书·魏延传》）陈寿认为魏延不过是和杨仪不合，主动攻击杨仪不过为争诸葛亮的位子，并无反蜀之意。其实也当如陈寿所言，魏延如若要叛蜀，为何最后剩下数骑，却仍往汉中而去？因此，魏延的反叛不过是一场争权对决被有心人上升为叛国之举。

看看杨仪，自他斩杀魏延后，自以为功勋之大，理应代诸葛亮之为秉持朝政，然而诸葛亮终究选择了蒋琬，而杨仪只是封个中军师，并无实际统领。杨仪因此感到不忿，经常发出怨言，说：“往者丞相亡没之际，吾若举军以就魏氏，处世宁当落度如此邪！令人追悔不可复及。”（《三国志·蜀书·杨仪传》）费祎听到杨仪说出这样的话，什么“以就魏氏”，真有反叛之意思，因此上报后主，杨仪遂被贬为庶人。

其实无论这里的“以就魏氏”指的是魏国还是魏延，都可以看出杨仪这个人反复无常，实在不像一个君子。因此这时我们就更为魏延感到抱屈，诸葛亮毕竟又选择错了人，如果他还没死，实在应当再自贬三级。

可怜魏延一个蜀国大将，身怀诸葛孔明的大志，却败于一个心胸狭窄的政敌手里，死后连个谥号都得不到，还得背上反叛的千古罪名，实为可惜。而我们可惜的不仅仅是为了魏延一人，还是为了蜀国因此而又失掉一个大将，可怜蜀国最终将自己推进了一个“蜀国无大将，廖化为先锋”的尴尬局面。

诸葛亮死了，蜀国的北伐暂时告一段落，魏国此时有更多的时间来理理自己的内部关系了。司马懿因为抵挡诸葛亮有功而升任太尉，开始了在曹魏政权称霸的道路。然而这还不够，他司马懿要的是全权在握，因此，司马代曹的路开始了。

第三章　曹氏湮灭：留给司马的机会

明白与不明白

诸葛亮的死，为历代文人志士感叹，宋代陆游曾写道：“出师未捷身先死，长使英雄泪满襟”。他的死是蜀国衰落的起点，也是魏明帝曹叡政治生涯的转折点。

曹叡，他死后被尊为魏明帝，这个“明”字，真是意味深长。

魏青龙三年（公元235年）之前，即诸葛亮在世之时，曹叡的所作所为的确可以称为“明”。

史籍记载，他“生数岁而有岐嶷之姿”，小时候因为聪慧，很得他的祖父曹操钟爱，即位后，一方面继续笼络世家大族，争取他们的支持拥护。如以钟题为太傅，华歆为太尉，王朗为司徒，陈群为司空，陈矫为尚书令、司空，等等。另一方面，曹叡进一步加强中央集权。曹丕临终时指定曹真、陈群、曹休、司马懿为辅政大臣。但曹叡即位后。却令曹真出镇关中，曹休出镇淮南，司马懿出屯宛。东晋孙盛说：“闻之长老，魏明帝天姿秀出，沉毅好断。初，诸公受遗辅导，帝皆以方任处之，政自己出。”（《三国志·魏书·明帝纪》）

曹叡还是一位关心政务，重视吏治的君主。他曾亲至尚书台“欲案行文书”亲自处理文书政事，检察政务，甚至因为某些官员的失职而发出“知其不尽力也，而代之忧其职；知其不能也，而教之治其事”的感叹。他要求官吏勤于职守，对掌管官吏任用的吏部尚书卢毓说：“选举莫取有名，名如画地作饼，不可啖也。”

曹叡认为官吏应做到先公而后私，曾下诏：“忧公忘私者必不然，但先公后私即自办也。”身为帝王，早期的曹叡尚能听人纳谏，多民间疾苦亦颇多关心，史书说他“含垢藏疾，容受直言，听受吏民上书，一月之中，至数十百封，虽文辞鄙陋，犹览省究竟，意无厌倦。”又注重法理，“每断大狱，常诣观临听之”，并诏令官员改订法律，删减死刑的条款。在对蜀国、东吴的战事中，也常有睿智之举，“兴师动众，论决大事，谋臣将相威服帝之大略”。明帝本人也善于诗词，与曹操、曹丕并称魏之“三祖”。

曹叡本有机会成为一代明主，却因为敌人力量的消退，变得志得意满、懈怠政务、沉迷享乐。

青龙三年（公元235年）是一个关键的年份，这一年诸葛亮病故，魏蜀边境一改过去多年的剑拔弩张之势，明帝曹叡因此舒心不少。也是在这一年，控弦十余万骑的鲜卑首领轲比能被曹魏派遣的刺客所杀，失去首领的鲜卑各族，“种落离散，互相侵伐，强者远遁，弱者请服”，就这样，魏国的北部疆域亦得到安定。还是在这一年，得益于他父祖遗留的良好基础，加上曹叡本人之前又多勤政，魏国国内的政治尚称安稳。内忧外患均得以安定，“饱暖思淫欲”，妄图高枕无忧的明帝曹叡充分暴露出来内心中骄奢淫逸的本性。

连年征战使得曹魏国库空虚，财政开支严重告急，曹叡顾不得这些，想要在洛阳、许昌两地建宫殿。从民间选拔众多美女入宫，“耽于内宠，妇官秩石拟百官之数，自贵人以下至掖庭洒扫，凡数千人。”日夜在宫中作乐。对这些女人极度宠爱，甚至出现“选女子知书可付信者六人，以为女尚书，使典省外奏事，处当可”的情形，可曹叡对此仍不满足，“又录夺士女，前已嫁为吏民妻者，还以配士，既听以生口自赎，又简选其有姿色者内之掖庭。”

面对荒政的君主，一些有良知的臣子纷纷上书劝谏，太子舍人张茂上书谏曰：“诏书听得以生口年纪、颜色与妻相当者自代，故富者则倾家尽产，贫者举假贷贳，贵买生口以赎其妻；县官以配士为名，而实内之掖庭，其醜恶乃出与士……且军师在外数十万人，一日之费非徒千金，举天下之赋以奉此役，犹将不给，况复有掖庭非无录之女，椒房母后之家，赏赐横兴，内外交引，其费半军。”高堂隆也上书说：“今天下凋敝，民无儋石之储，国无终年之蓄，外有强敌，六军暴边，内兴土功，州郡骚动，若有寇警，则臣惧版筑之士不能投命虏庭矣。又将吏俸禄，稍见折减，方之于昔，五分居一，诸受休者又绝廪赐，不应输者今皆出半，此为官入兼多于旧，其所出与参少于昔。而度支经用，更每不足，牛肉小赋，前后相继。”除了高堂隆和张茂以外，还有二十余人也愤而进言。自古忠言逆耳，明帝曹叡忠臣的良言置若罔闻，反而变本加厉地劳民伤财，激起了全国上下的不满。天下未定，竟被眼前一时的安宁麻痹了神经，贪图淫欲，明帝可真“不明”。

两年之后，魏景初元年（公元237年），爆发了辽东公孙渊谋反事件。公孙渊字文懿，幽州辽东襄平（今辽宁辽阳）人。辽东公孙氏，自东汉末就据有辽东，曹操、曹丕在世时，公孙氏表面臣服汉、魏，事实上是据有一方。早在太和二年（公元228年），魏明帝拜公孙渊为“扬烈将军”，任命他为“辽东太守”，对此公孙渊一面表示继续臣服曹魏政权，一面“南通孙权，往来路遗”，耍起两面派手段，妄图从中得利。

公孙渊与吴国私下暗通，激怒了魏国，魏明帝于魏太和六年（公元232年）下令出兵讨伐。魏军两路北征，汝南太守田豫率领青州诸军走海路进军，幽州刺史王雄由陆路进军。幽州兵少，陆路大军未能取胜。青州兵马从海上直达辽东，登陆后却无法长途奔袭，曹魏首征辽东失利。气焰日盛的公孙渊，转而假意向孙权上表称臣。吴嘉禾二年（公元233年）三月，孙权派遣太常张弥等率领大军万人携带金宝珍货，去辽东封赏公孙渊，赐名号“燕王”。公孙渊却派兵围取东吴使船，斩杀来使，将东吴军马、珍宝霸为已有。并将张弥、许晏等首级，传送洛阳。魏国得知此事，顺水推舟，为感激公孙渊反吴的行为，拜公孙渊大司马，封乐浪公。

此时的魏国经过长期的经济恢复和发展，成为魏、蜀、吴三国中力量最强大的一方，已经不需要辽东在后方协助，对曹魏、东吴虚与委蛇的公孙渊未能及时审时度势，伺机称王辽东之心却始终未曾改变。魏派使臣到辽东，公孙渊口出恶言，出言不逊，百般羞辱。公孙渊的出尔反尔，叛服无常，让曹魏不得不从调整向南用兵的战略方针，决定用武力彻底解决辽东问题。

魏景初元年（公元237年），曹魏派遣幽州刺史丘俭，兵临城下，假借宣诏公孙渊去洛阳上朝，公孙渊如果前往洛阳，魏国可趁机取得辽东控制权；如果不出行，魏国便有理由伺机对魏国用兵。公孙渊见此，率先挑起战事，魏军征服辽东的计划失败。

一年后，魏景初二年（公元238年）春正月，魏明帝派司马懿，统领四万大军远征辽东，经过数个月的长途跋涉，曹魏大军于夏六月到达辽东前线。公孙渊派遣部将卑衍、杨祚率军屯于大辽水与辽水汇合处的辽隧（今辽宁鞍山市西、海城市西北），构筑围墙堑壕二十余里，以抵挡司马懿进攻。司马懿深谙用兵之道，拒绝了部下立即进攻的建言，他认为敌人坚壁据守，意在使用消耗战术妄图拖垮我军。另一方面，襄平此时城防空虚，于是，司马懿派出疑兵，多张旗帜，假意向南进攻，诱导卑衍率精锐部队追赶。司马懿则亲自引主力北渡辽水，直扑襄平。时值雨季，辽东大雨不止，太子河水暴涨，地面上水深三尺，数万军人在雨水中激战。公孙渊踌躇满志，极度自信，以为天降大雨是天助辽东，魏军苦不堪言自然败退，然而司马懿智谋非常，却借助水利，令船自辽河口直驶襄平城下，运送兵员辎重，补充了三军兵员、武器与粮草不足。

待到雨季过去，魏军紧缩了对襄平的包围，并造土山，挖地道，昼夜攻城，矢石如雨。襄平城内被困一月有余，既无粮草，又无外援，人自相食，死者不计其数，俨然一座死城。眼看胜利无望的杨祚等首先投降，使公孙渊陷入了危亡的境地。此时的公孙渊派相国王建、御史大夫柳甫，请司马懿解围退兵，然后他出城“面缚”请罪，希望再度上演之前的戏法，蒙混过关，以图来日反叛。司马懿斩掉来使，予以拒绝。公孙渊只好再派侍中卫演前去，提出送自己儿子为人质。司马懿口气强硬，对卫演说：“军事大要有五，能战当战，不能战当守，不能守当走，其余两件事，只有降与死可供选择。既然公孙渊不肯面缚投降，当然勿须送子为质，只有死路一条！”数日之后，襄平城被魏军一举攻破，公孙渊父子也被魏军斩杀。攻克辽东后，公孙氏原统治的带方、乐浪、玄菟等郡均向魏国投降，辽东六郡自此列入曹魏版图，司马懿征辽东大获全胜。公孙氏在辽东苦心经营了五十年的割据统治，被司马懿收归曹魏，此事也宣告了曹魏对北方的统一。明帝曹叡尽管沉迷享乐，但魏国毕竟初建，根基尚稳，又有重臣辅佐，虽有“不明”，还不至于让国内危机四伏。此后曹氏君主，就没有这么幸运了。

权力使人迷失

“福兮祸之所伏。”

公孙渊反叛终于被魏国平定，而明帝曹叡却没有福气享受这来之不易的荣耀，他病了，而且是病危，尽管他只有三十五岁。

预感生命即将走到尽头的曹叡开始一步步安排后事，他立燕王曹宇为大将军，与夏侯献、曹爽、曹肇、秦朗等共同辅政。而曹宇为大将军仅四日，朝中司马懿的同党找个由头就搬出“先帝诏敕，藩王不得辅政”的金牌，并荐举太尉司马懿辅政。此时的司马懿经过多年苦心孤诣的经营，羽翼丰满，病中的曹叡也无可奈何。曹叡并不糊涂，他不放心将家国托付给司马懿一人，想在曹家的亲贵中挑选尚可任用的人用以牵制司马懿，故问刘放、孙资：“谁可与太尉（司马懿的官职）对者？”刘放答：“曹爽”。曹叡疑惑说：“堪其事否？”曹爽年轻，根本不是司马懿的对手。而曹爽也自知责任重大，故“流汗不能对”。

但仔细思量，曹家的亲贵中，也只有曹爽尚可任用，虽然曹叡对他也不很满意，却只能以曹爽为大将军，用老练之能臣尚书孙礼为大将军长史，以弥补曹爽之不足。最后遂免除曹宇等人的官职，以大将军曹爽为辅政之首，与司马懿共辅幼主曹芳。司马懿和曹爽各怀野心，同处朝堂之上，爆发矛盾只是一个时间问题。

魏景初三年（公元239年）初，魏明帝病重，召司马懿进京。司马懿在襄平时，曾梦见明帝枕在他膝上，说：“视吾面。”他俯视，见明帝面有异色。当司马懿看见诏书中也有类似的话，大惊，以为京城政变，单人乘车在一夜间疾行四百里赶到京城，司马懿忠勇的一面展露无遗。史料记载：“（曹叡）执其手谓曰：‘吾疾甚，以后事属君，君其与爽辅少子。吾得见君，无所恨！’宣王（司马懿）顿首流涕。指齐王（曹芳）谓宣王曰：“此是也，君视之，勿误也！”又教齐王令前抱宣王颈。王九岁，在于御侧。帝执宣王手，目太子曰：“死乃复可忍，朕忍死待君，君其与爽辅此。”宣王曰：“陛下不见先帝属臣以陛下乎？”曹叡在死前对司马懿一番殷勤付托之后，“崩于嘉福殿，时年三十六”。即位的曹芳是明帝的养子，一直“秘在宫中，无人知之”，他的身世，也存有争议。

新皇登基，“加曹爽侍中。改封武安侯，食邑一万二千户，赐剑履上殿，入朝不趋，赞拜不名，与司马懿各统精兵三千人，共执朝政”。曹芳与司马懿，一个是亲贵，一个是老臣，两人共同辅政的日子，也曾有过一段“蜜月期”。《三国志》中记载：“初，爽以宣王年德并高，但父事之，不敢专行”，起初曹爽因为司马懿年老，所以按照对待父辈的礼仪对他，有什么事情也都同司马懿商量，不敢独断专行，而：“宣王（司马懿）以爽魏之肺腑，每先推之；爽以宣王名重，亦引身卑下，当时称焉。”司马懿在国家大事上也尽心尽力，这些都说明两人在辅政之初，都还算尽职克己。好景不长，曹氏亲贵希望欲排挤司马懿，曹爽想让尚书奏事先通过自己，以便专权。排挤一个人的方式有很多，不见得一定要赶尽杀绝，尤其是对待司马懿这样朝中势力很大的重臣，一下子打死也是不可能的。曹爽想的方式很简单：给司马懿升官。

司马懿当时的官职是“侍中、持节、都督中外诸军、录尚书事”，名号虽然多，但是级别不是最高的，于是曹爽向天子进言，希望司马懿担任大司马，这个职位是“三公”之一，很是尊贵。这时有人提出以前有很多人当大司马，当了没几天就死在任上了，这个官衔不吉利，提出司马懿可以当“太傅”，也是“入殿不趋，赞拜不名，剑履上殿”。按照当时的官制，大将军位在太尉之上。对于给司马懿升官这件事，史书中很明确地写道：“外以名号尊之，年欲令尚书奏事，先来由己，得制其轻重也。”（《三国志·魏书·曹真传附子爽传》）太傅是个闲散高官。推司马懿为太傅，表面上是提高了司马懿的官位，实际上是夺了司马懿的权。

曹家人紧锣密鼓地安排，任用曹氏子孙掌管军队权力，曹爽的兄弟们完全掌握了禁军权力。另一方面进一步在政治上压缩司马懿的空间，任用自己的亲信担任朝中要职。司马懿在朝中有很多门生故吏，因此，曹爽要一步步地培养自己的羽翼，这个并不难，只要如前所说给曹氏子孙安排职位即可。但是司马懿有一件事是曹爽难以较量的：司马懿军功很大，克服这个不足也不算太难，只要发动战争就可以。魏正始五年（公元244年），邓飏和李胜等人就是这么想的，他们为了令曹爽建立军功名声而建议征伐蜀国，司马懿是有先见之明的，但是他“止之不能禁”，曹爽任命夏侯玄为征西将军，假节都督雍、凉州诸军事，与其率领六、七万大军从骆谷入蜀。

战争的形式不利于曹魏，不仅“关中及氐、羌转输不能供”，后方转运不畅，而且“牛马骡驴多死”，运输工具也不具备，最重要的是“民夷号泣道路”，曹魏的这场战争，连民心都没有赢得，结果必然失败。

曹爽军中的参军杨伟是一个明眼人，“为爽陈形势，宜急还，不然将败”。

杨伟是一个敢于直谏的人，早在魏明帝时，“明帝治宫室”，他就曾劝谏说：“今作宫室，斩伐生民墓上松柏，毁坏碑兽石柱，辜及亡人，伤孝子心，不可以为后世之法则。”

正是这样一位正直的人在曹爽面前与主站的大臣论辩，使得“爽不悦，乃引军还”。

据记载，司马懿曾经跟夏侯玄预测过这场战争的结果，司马懿说：“春秋责大德重，昔武皇帝再入汉中，几至大败，君所知也。今兴平路势至险，蜀已先据；若进不获战，退见徼绝，覆军必矣。将何以任其责！”

然而此时退兵，也遇见了蜀国将领费祎的阻截，“爽争峡苦战，仅乃得过”，曹爽经过一番激战，才勉强全身而退，而“所发牛马运转者，死失略尽，羌、胡怨叹，而关右悉虚耗矣”。

曹爽伐蜀，大败而归，而就在十九年后，钟会伐蜀，却斩获颇多，两相对比，高下立显。

曹爽的此次伐蜀，首先未能得到魏国上下的鼎力支持，魏国上层对这次伐蜀意见不统一。司马懿一开始就提出反对，不管他是基于个人地位的考量，还是出于魏国国情的考虑。魏国上层针对是否伐蜀这个问题形成了意见截然不同的两派意见，而钟会伐蜀却是上下一心，东西协同，大造军舰，声称讨伐吴国，实际上是进攻蜀国。

战术上的失误，曹爽有着不可推脱的责任。十万大军只走骆谷一路，等于将鸡蛋放在一个篮子里。曹爽的本意是希望出其不意，直插汉中平原，而蜀国大将军费祎又先一步领兵据守山岭，抢占了先机，魏军无法前进。如果多路进攻，魏国人多势众，蜀军数量有限，根本无法处处设防，将自顾不暇，即使设防，也会因为兵力薄弱而容易被击溃。

另外一点，曹爽与钟会不同，钟会出奇兵制胜。钟会伐蜀，汉中一路从子午谷、骆谷、斜谷三道进攻，与此同时，陇西一路也有邓艾等人的数万兵力牵制姜维。用兵有正有奇，安能不胜?

就军队团结而言，曹爽的工作也很不到位，司马懿在西北军中的将领对本次魏国的国家行动就不很热心。伐蜀大败而归的曹爽不思反省，也没有受到责难。曹爽亦依旧寻欢作乐，为所欲为。郭太后对曹爽不满，有所非议，就被他迁至永宁宫幽禁起来。一时曹爽兄弟“专擅朝政，兄弟并掌禁兵，多树亲党，屡改制度”。司马懿渐渐被架空，很多政事都不能参与，于是称病回避曹爽，韬光养晦等待良机。

朝堂上看不见死对头司马懿的身影，曹爽更加肆无忌惮，纵容他的党羽亲信，让何晏割洛阳和野王典农的数百顷桑田和汤沐地作为自己产业，又窃取官物，甚至向其他州郡要求索取，官员不敢抗逆只能顺从。狂妄的曹爽其饮食、车马和衣服都与皇帝类似，并有很多妻妾，甚至私自带走明帝七八个才人作为自己的妻妾。对哥哥的恶性，弟弟曹羲甚为忧虑，曾多次劝谏，但曹爽不听。曹羲没办法，写文章三篇，在文中陈述骄淫奢侈过度将会产生祸败，言辞十分恳切，却又不敢直接指责曹爽，只能假托训诫曹氏其他子孙的口吻用来警示曹爽。曹爽心里明白曹羲其实是在告诫他，对弟弟几次谏言很是不满。曹羲见曹爽对自己的劝告置若罔闻，只得涕泣而去。

多行不义必自毙，曹爽集团的倒行逆施和胡作非为早已经引起了朝中不少大臣的不满，称病赋闲在家的司马懿已经在暗中开始与太尉蒋济等谋划伺机推翻曹爽。

后退才是王道

历史上以退为进的例子很多，最著名的应该当属勾践灭吴。清人蒲松龄也赞曰：“有志者、事竟成，破釜沉舟，百二秦关终属楚；苦心人、天不负，卧薪尝胆，三千越甲可吞吴。”而在三国时代，将以退为进发挥到极致的，当属司马懿。

曹操知司马懿“有雄豪志”，于是告诫他的子孙：“司马懿非人臣也，必预汝家事。”（《晋书·宣帝纪》）史书上也记载司马懿“鹰视狼顾，非人臣之相也”。极具传说色彩的“狼顾”，也就是你在后面叫他，他不用转身，头便可一百八十度回旋，面部对着后面的人。据说这种“狼顾”之相的人阴险而奸诈。房玄龄也说他“少有奇节，聪明多大略，博学洽闻，伏膺儒教。汉末大乱，常慨然有忧天下心。帝内忌而外宽，猜忌多权变。有符于狼顾也”。此时曹爽早已将前辈的总结抛诸脑后，大张旗鼓地搞专政。

曹操对司马懿，起初一直存有猜疑之心，并不重用。曹操进封魏王后，升司马懿为太子中庶子，大为曹丕所亲任，时司马懿“每与大谋，辄有奇策”（《晋书·宣帝纪》），与陈群、吴质、朱铄号称“四友”。曹丕称帝，司马懿的地位渐渐重要起来，由尚书、督军、御史中丞起官至抚军将军，加给事中录尚书事。

黄初五年，曹丕以尚书令陈群为镇军大将军，尚书仆射司马懿为抚军大将军。当时的魏国，军队的控制权还是在曹氏将领的手中。而论地位，曹真、曹休、陈群也略在司马懿之上。

魏太和二年（公元228年），曹休死。五年，曹真死。魏青龙四年（公元236年），陈群死。曹休、曹真、陈群的相继离世，使得司马懿的地位逐渐突出。这以后的对蜀战事，多由司马懿主持。景初二年（公元238年），司马懿讨平割据辽东的公孙渊，更提高了他在政治上和军事上的地位。

魏正始二年（公元241年）四月，吴帝孙权分兵四路攻魏：卫将军全琮率军数万出淮南决芍陂（今安徽寿县南）之水，威北将军诸葛恪攻六安（今安徽六安东北），前将军朱然攻樊城，大将军诸葛瑾攻祖中（今湖北南漳蛮河流域）。司马懿自请出兵往讨，在三国时代，军功毕竟是一个重臣可倚靠的最坚实的后盾。当时有的朝臣认为，敌兵远来攻坚，当待其自破，司马懿则说：“边城受敌而安坐庙堂，疆场骚动，众心疑惑，是社稷之大忧也”（《晋书·宣帝纪》）。此时的司马懿，已经是六十多岁高龄的老人家了，但是他仍然要到前线去，不管他是出于什么目的。

集结人马后，司马懿统军增援，司马懿知南方暑热低湿，北方士兵容易水土不服，大军不宜持久在此，便先派轻骑挑战，朱然不敢应战。于是，司马懿便休养士卒，检选精锐，招募勇士，发布号令，做出要攻城的样子来。吴军惊惧，连夜撤退。在三州口（荆、豫、扬三州之接合处），为魏军追及，吴军被歼万余人，船舰物资损失甚多。而进攻六安、租中的吴军也无功而还。七月，朝廷为表彰司马懿的功劳，增司马懿食邑万户，子弟十一人皆为列侯。与曹爽伐蜀劳民伤财、无功而返不同，司马懿善于把握一切机会，不仅为自己，也子弟十一人赢得了重要的政治资本。

此前，吴国派诸葛恪屯驻宛城，魏国边境上的人民叫苦不迭。司马懿坚决主战，其他人则以为诸葛恪占据坚城，广有粮谷，如果魏军孤军远攻，那时吴国必然派救兵，到时进退失据，并不容易取胜。司马懿说：“贼之所长者水也，今攻其城，以观其变。若用其所长，弃城奔走，此为庙胜也。若敢固守，湖水冬浅，船不得行，势必弃水相救，由其所短，亦吾利也”（《晋书·宣帝纪》）。于是，司马懿在正始四年（公元243年）九月，率军出征。魏国大军一至，诸葛恪果然如司马懿所预想的，焚烧积聚，弃城而走。

曹爽伐蜀大败而归之后，于正始六年（公元245年）秋八月，废置中垒、中坚营，把两营兵众统交他的弟弟曹羲率领，司马懿援引先帝旧例制止，曹爽此时哪里还听得进司马懿的建议，置之不理。

魏正始七年（公元246年）春正月，吴兵入侵租中，几万百姓为了躲避吴国军队，北渡沔水，司马懿认为沔南离敌太近，如果老百姓争相从沔水走，人数众多，目标过大，不仅不能自保，甚至会招引来吴兵攻打，应该让他们暂留北方，才是万全之策。曹爽不同意，说：“今不能修守沔南而留百姓，非长策也。”曹爽认为如果城池都保不住，那么留百姓肯定也不是长远之计。司马懿却分析道：“不然。凡物致之安地则安。危地则危。故兵书曰‘成败，形也；安危，势也’。形势，御众之要，不可以不审。设令贼以二万人断沔水，三万人与沔南诸军相持，万人陆梁柤中，将何以救之？”（《晋书·宣帝纪》）曹爽不从，一意孤行，诏令百姓去沔南避难，几万百姓的动向自然明显，被吴军知晓，吴国果然就派兵击破柤中，因为政策适当，战争失败损失的子民，数以万计之多。

志得意满的曹爽用心腹何晏、邓扬、丁谧之谋，把太后迁到永宁宫，曹爽集团“专擅朝政，兄弟并掌禁兵，多树亲党，屡改制度“，来排挤司马氏的势力。司马懿即便制止也没有效用，双方的矛盾本就是不可调和的。司马懿索性伪装生病，不问政事，将朝中交给曹爽集体去折腾，自己静候时机而动，这时在京城中有人做歌谣讽刺时事：“何、邓、丁，乱京城。”（《晋书·宣帝纪》）

曹爽等人看司马懿回府修养，不问世事，更加变本加厉，加紧了篡权的步伐。正始九年（公元248年）三月，黄门张当私自把内庭才人石英等十一人送给曹爽，曹爽、何晏乘机与张当勾结，将权力的触角伸向魏国君主身边，内外勾结，谋危社稷。曹爽及其同党也担心司马懿是装病。数年前，早在曹操时代，司马懿就曾装病回府。曹操不相信，派一名刺客，深夜闯进司马懿卧室看到他直挺挺躺在床上，刺客为了试探司马懿，故意拿刀作势要砍，司马懿还是一动不动。于是就派人前去刺探究竟，可见司马大人装病的本事非一般的淡定。

这年冬天，河南尹李胜要到荆州任刺史，行前去拜望他。司马懿假装病重，起身都困难的样子，还得让两个侍婢扶持自己才能勉强起来。一会儿要拿衣服，装作没有力气，拿不稳，把衣服掉在地上。一会儿，还指着嘴说渴。侍婢献上粥来，喂他吃，司马懿张口去接，只弄得衣服上一片米汤。李胜见状就问他：“众情谓明公旧风发动，何意尊体乃尔！”人家都说您是旧有的风瘫复发了，没想到竟然这么严重。司马懿故意上气不接下气地说：“年老沉疾，死在旦夕。君当去并州，并州近胡，好善为之，恐不复相见，如何！”李胜说：“当还忝本州（李胜是荆州人），非并州也。”司马懿故意装作耳聋弄不清楚地名，说：“君方到并州，努力自爱！”李胜又说：“当忝荆州。”司马懿说：“懿年老，意荒忽，不解君言。今还为本州，盛德壮烈，好建功勋。今当与君别，自顾力转微，后更不会，因欲自力设薄主人，生死共别。令师、昭兄弟结君为友，不可相舍去，副懿区区之心。”说完这番“肺腑”之言，司马懿竟然装作大哭起来，李胜看见昔日的人物今朝居然变成了一个自理能力都缺失的老人，也不禁仰天长叹。

司马懿的装病是逼真的，是乱真的，是成功的，李胜回来对曹爽描述了一番司马懿的病情，说：“太傅语言错误，口不摄杯，指南为北。又云吾当作并州，吾答言当还为荆州，非并州也。徐徐与语，有识人时，乃知当还为荆州耳。又欲设主人祖送。不可舍去，宜须待之。”忍不住哭着对曹爽说：“太傅患不可复济，令人怆然。”曹爽听信了李胜的话，大喜过望，说：“此老若死，吾无忧矣。”（《三国志》裴松之注《魏末传》）进而完全放松了对司马懿的防备。而司马懿这边呢，却阴养死士，暗渡陈仓，俟机发动政变。

司马出击

柏杨先生曾经说过，在专制封建制度下，权柄就像一只猛虎，骑上之后，谁都跳不下，曹操就曾明确表示过他绝不放弃权柄，为的是怕被谋害。司马懿既然骑上权力的虎背，他就只有杀开一条血路，一直奔驰。除非是呆子否则谁都不会贸然跳下虎背，只因一跳下来，立刻就会被撕成碎片。

司马懿的时机终于来到了！魏嘉平元年（公元249年）春正月，魏帝曹芳离开洛阳去高平陵祭奠魏明帝，大将军曹爽、中领军曹羲、武卫将军曹训均从行。城中兵力顿时空了一半。桓范曾经站出来说："总万机，典禁兵，不宜并出，若有闭城门，谁复内入者？"桓范极具忧患意识，但是曹爽的心中早已没有对手，也就不会这么分析问题，负气而霸道地说出一句："谁敢尔邪！"

司马懿由于此前装病装得很是成功，蒙蔽了曹氏集团众人的眼睛，自然也就没有人要求他出行扫墓。司马懿乘机上奏永宁太后，请废曹爽兄弟。当时，司马师为中护军，率兵屯司马门，控制京都，司马师暗中还培养了死士三千，加上禁军士兵的战斗力也比较强，这些人马加在一起已经是一股很可观的武力了。司马懿自己则召集在京城的高官，向他们宣布曹爽有篡夺帝位的计划，称已奉皇太后之令罢去曹爽官职。这些大官平时也没受过曹爽什么好处，面对德高望重，颇具势力的司马懿，纷纷表示愿意效忠，于是司马懿令高柔假节钺行大将军事，对他说："君为周勃矣。"

司马懿用极快、极利落的手段控制了洛阳城。司马懿列阵欲往洛水浮桥屯兵防止曹爽大军回攻。正午时分，司马懿发出了经皇太后批准的奏文，令快马送至高平陵，历数曹爽的罪状，"臣昔从辽东还，先帝诏陛下、秦王及臣升于御床，握臣臂，深以后事为念。臣言'二祖亦属臣以后事，（为念）此自陛下所见，无所忧苦；万一有不如意，臣当以死奉明诏'。黄门令董箕等，才人侍疾者，皆所闻知。今大将军爽背弃顾命，败乱国典，内则僭拟，外专威权；破坏诸营，尽据禁兵，群官要职，皆置所亲；殿中宿卫，历世旧人皆复斥出，欲置新人以树私计；根据盘互，纵恣日甚。外既如此，又以黄门张当为都监，专共交关，看察至尊，候伺神器，离间二宫，伤害骨肉。天下汹汹，人怀危惧，陛下但为寄坐，岂得久安！此非先帝诏陛下及臣升御床之本意也。臣虽朽迈，敢忘枉言？昔赵高极意，秦氏以灭；吕、霍早断，汉祚永世。此乃陛下之大鉴，臣受命之时也。太尉臣济、尚书令臣孚等，皆以爽为有无君之心，兄弟不宜典兵宿卫，奏永宁宫。皇太后令敕臣如奏施行。臣辄敕主者及黄门令罢爽、羲、训吏兵，以侯就第，不得逗留以稽车驾；敢有稽留，便以军法从事。臣辄力疾，将兵屯洛水浮桥，伺察非常。"

这其中还有一幕小插曲，当时司马懿率兵前往武库，走到曹爽家门口，曹家人拦住大队人马。这时曹爽的妻子刘氏得知，就问门口的守军都督："公在外。今兵起，如何？"守军都督是个忠心的人，说"夫人勿忧。"于是拉开弓箭想要射杀司马懿，此时他手下的将领孙谦却在背后拉着他的手说："天下事未可知！"一句话让那都督如梦方醒，将司马氏一行人等放行。可见当时许多人对司马懿的得势，也是有着清醒认识的，在动荡的年代，人们已经习惯了上层的频频更换。

就在司马懿在京都发动政变时，曹爽正陪着小皇帝在高平陵附近的围场恣情享受着打猎的美好时光，当送召特使把司马懿的上奏送上来时，曹爽着实吃了一惊，失声叫道："太傅变乱，如何是好？"慌了阵脚的曹爽扣住奏章，对皇帝封锁消息，把曹芳留在伊水之南，自己则命人砍伐树木建成鹿角，征发屯兵数千人以自守。

前面提到的桓范此时再度显现了智慧的光辉，他劝曹爽挟持皇帝到许昌去，发文书征调天下兵马勤王，这是仿效曹操当年的"挟天子令诸侯"，是一个好建议，皇帝就在手边可以挟走，但曹爽优柔寡断，没有听从。反而夜遣侍中许允、尚书陈泰去见司马懿，探听动静。司马懿趁机以洛水为誓说朝廷只是免去了曹爽的官职，只要来请罪就可以云云。曹爽得闻心中窃喜，桓范等人援引古今劝谏他不要轻信司马懿的允诺，从晚上一直劝到第二天黎明。劝到最后，曹爽失去耐心，投刀于地，说："司马公正当欲夺吾权耳。吾得以侯还第，不失为富家翁。"大祸临头的曹爽想得还是能回家当个享福的有钱人，桓范气愤难当，哭着说："曹子丹佳人，生汝兄弟，犊耳！何图今日坐汝等族灭矣！"（《三国志》裴松之注《魏氏春秋》）

曹爽兄弟抱着侥幸的心理交出权力，交出印绶之后，"众军见无将印，尽皆四散。爽手下只有数骑官僚。""洛阳县发民八百人，使尉部围爽第四角，角作高楼，令人在上望视爽兄弟举动。爽计穷愁闷，持弹到后园中，楼上人便唱言'故大将军东南行！'"后来，曹爽等在厅中商量，想探听司马懿究竟是何用意，就给司马懿写了一封信："贱子爽哀惶恐怖，无状招祸，分受屠灭，前遣家人迎粮，于今未反，数日乏匮，当烦见饷，以继旦夕。"而司马懿看见信赶紧回复说："初不知乏粮，甚怀踧踖。令致米一百斛，并肉脯、盐豉、大豆。"曹爽等看见司马懿不仅没有加害自己反而派人真的送来粮食，"即便喜欢，自谓不死"，大喜中跟他弟弟说："司马公本无害我之心，时至今日，尚有热汤饼果腹，吾愿足矣！"司马懿的儿子司马昭也不明白父亲究竟想干什么，是想放过曹爽一马还是另有安排，就向司马懿询问，司马懿答道："故大将军岂容饿死？其所犯之罪，待其反情问明，送交廷尉，自有议处！"

在曹爽兄弟吃着司马懿送来的食物庆幸自己可以免除一死时，司马懿也积极活动，制造曹爽党族的罪证，他首先任用同样遭受曹爽迫害丢官的卢毓当司隶校尉主管此事，卢毓是个聪明人，没有在曹爽贪污腐败、窃占宫女等之类的小问题上揪住不放，而是找了个亲近曹爽的宦官张当，对他严刑逼供，供出曹爽、毕轨、邓扬、何晏、丁谧、李胜等人约其三月举事共谋篡位的结论。在此之前，大司农桓范因为说了一句"太傅谋反"因诬人谋反，应反坐所诬之罪被送入监狱。谋反是诛灭三族的大罪，朝廷召开了由三公九卿等高官主持的高规格会议，会议的决议是："爽以支属，世蒙殊宠，受先帝握手遗诏，托以天下，而包藏祸心，蔑弃顾命，乃与晏，扬，当等图谋神器，范党同罪人，皆为大逆不道，按律诛灭三族。"

其后，司马懿以谋反的罪名，杀曹爽及其党羽何晏、丁谧、邓扬、毕轨、李胜、桓范等人，并灭三族。至此，曹魏的军政大权完全落入司马懿的手中，为司马氏取代曹魏奠定了基础。

对于曹爽这个人，《三国志》作者陈寿有一段概括可谓公允："爽德薄位尊，沈溺盈溢，此固大易所著，道家所忌也。玄以规格局度，世称其名，然与曹爽中外缱绻；荣位如斯，曾未闻匡弼其非，援致良才。举兹以论，焉能免之乎！"

同年二月，魏帝策命司马懿为相国，封安平郡公，孙及兄子各一人为列侯，前后食邑五万户，封侯者十九人。司马懿固辞相国、郡公之位不受。又恩准他"群臣奏事不得称名，如汉霍光故事"。司马懿上书辞让说："臣亲受顾命，忧深责重，凭赖天威，摧弊奸凶，赎罪为幸，功不足论。又三公之官，圣王所制，著之典礼。至于丞相，始自秦政。汉氏因之，无复变改。今三公之官皆备，横复宠臣，违越先典，革圣明之经，袭秦汉之路，虽在异人，臣所宜正，况当臣身而不固争，四方议者将谓臣何！"司马懿先后上书十余次，"诏乃许之，复加九锡之礼"。司马懿又上书辞谢："太祖有大功大德，汉氏崇重，故加九锡，此乃历代异事，非后代之君臣所得议也。"

魏嘉平三年（公元251年）八月，司马懿走完了他七十三年的人生旅程。当年九月，他被葬于河阴首阳山。等到他的孙子晋武帝受魏禅建立晋朝，为其上尊号为宣皇帝，庙号高祖。

第四章　国将不国：到了最后挣扎的时刻

外来叛将带来的激情

蜀延熙十二年（公元249年），魏国发生内部斗争，大将军曹爽一族被诛杀，魏国右将军夏侯霸投降蜀国。

夏侯霸，字仲权，是夏侯渊次子。他的投降，说来话长。此时，司马懿诛杀了曹爽三族，夺得了魏国的大权，为了巩固势力，决定剪除夏侯氏在各地的势力。首当其冲的是时任征西将军，假节都督雍、凉州诸军事的夏侯玄。夏侯玄不仅是夏侯家后起的英才，也是握有重兵的关键人物。面对老奸巨猾的司马懿，后生夏侯玄深知自己不是对手，无法与之抗衡，准备决定接受司马懿的征召，交出军权，返回洛阳。

他的叔叔夏侯霸，曾屡受曹爽恩惠及提拔，比侄子敏感地觉察到司马懿的意图和周遭形势的不利，交出军权返回洛阳恐怕凶多吉少，留在前线估计也难逃厄运。于是，夏侯霸想到了第三条道路：逃离魏国，赴蜀以避难。自觉找到了解脱之道的夏侯霸去跟心爱的侄子商量，想拉侄子一起远走高飞，谁知夏侯玄毅然表示“吾岂苟存自客于寇虏乎？”挥了挥衣袖就返回了京师洛阳。

夏侯玄一走，接替他职务是雍州刺史郭淮。郭淮一向跟夏侯霸不合，这下夏侯霸的日子就过得更加不愉快，终日害怕司马氏要整他，逃离魏国的想法就更加坚定。夏侯霸终于实施了他的逃离计划，精心挑选了一条人迹杳然的小道，更加十分“幸运”地走进了一个没有出路的谷里，“南趋阴平而失道，入穷谷中，粮尽，杀马步行，足破，卧岩石下，使人求道，未知何之”。迷路后的夏侯霸吃光了所有的粮食，甚至将自己的马杀掉充饥，腿都走瘸了，也还是找不到去蜀国的道路。幸亏蜀国人得知夏侯霸叛逃一事，刘禅急忙派人前往接应，他才没落得埋骨荒山的下场。

事实上，蜀国对夏侯霸有杀父之仇。夏侯霸的父亲夏侯渊在攻打蜀国的战役中死去，夏侯霸以后经常咬牙切齿，决心为父报仇。但是他跟蜀国的关系还有另一层：他跟后主刘禅是亲戚。早在汉献帝时代，张飞从路旁掠走了一个出门捡柴火的女孩儿，这个十三四岁的女孩儿顺理成章成了张飞的女人，还为张飞生下女儿，这个女儿后来嫁给了刘禅，而这个捡柴的女孩儿不是别人，恰是夏侯霸的族妹。

既然都是一家人，当年谁杀了谁的爸爸也就不那么重要了。夏侯霸来到蜀国，刘禅就动情地说：“卿父自遇害于行间耳，非我先人之手刃也。”更何况夏侯霸当时身在魏蜀前线，不可能孤身穿越大半个魏国而去投奔东吴。

面对这个从敌方千里奔袭而来还差点送命的高级将领，姜维要向他打听魏国的一些情况，姜维一针见血地问：“今司马懿父子掌握重权，有窥我国之志否？”夏侯霸回答：“老贼方图谋逆，未暇及外。”但同时指出：“魏国新有二人，正在妙龄之际，若使领兵马，实吴、蜀之大患也。”

夏侯霸接着指出这两个是钟会、邓艾，并详细介绍了二人的情况。说钟会“幼有胆智”，七岁的时候，跟哥哥钟毓、父亲钟繇一起面圣，八岁的哥哥钟毓“见帝惶惧，汗流满面，帝问毓曰：卿何以汗？毓对曰：战战惶惶，汗出如浆。”接着文帝问钟会：“卿何以不汗？”钟会机敏地回答说：“战战栗栗，汗不敢出”。钟会这次的亮相，让“帝独奇之”。待到他稍长，“司马懿与蒋济皆奇其才”。

另一位邓艾，“素有大志，但见高山大泽，辄窥度指画，何处可以屯兵，何处可以积粮，何处可以埋伏。人皆笑之，独司马懿奇其才，遂令参赞军机”。邓艾口吃，说话说不清楚，称自己的名字总是说“艾……艾……”，有一次司马懿忍不住嘲笑他：“卿称艾艾，当有几艾？”没想到邓艾回答说：“凤兮凤兮，故是一凤。”夏侯霸的观察是细致敏锐的，姜维却不以为意，只是一笑：“量此孺子，何足道哉！”

面对这个外来的夏侯霸，蜀国人对他也不全是礼遇。据说夏侯霸想与蜀荡寇将军张嶷交个朋友，发自肺腑地说：“虽与足下疏阔，然托心如旧，宜明意。”对面夏侯霸的盛情，张嶷只是说：“仆未知子，子未知我，大道在彼，何云托心乎！原三年之后徐陈斯言。”夏侯霸远来归附，当时的他已经是五六十岁的老人，最后也死在蜀国，其一生的命运还是颇为悲情。他死后得到了“谥号”，蜀国有此殊荣的人并不多，算是可堪慰藉。《三国志》说他是“夏侯霸远来归国，故复得谥”，也算是肯定了他的选择。

夏侯霸的远来让姜维体内战斗的热情再度高涨，他去成都拜见后主：“今司马懿父子专权，曹芳懦弱，魏国将危。臣在汉中有年，兵精粮足，臣愿领王师，即以霸为向导官，克服中原，重兴汉室，以报陛下之恩，以终丞相之志。”

这时费祎站出来反对：“近者，蒋琬、董允皆相继而亡，内治无人”，费祎的意思是希望姜维等待时机，不宜轻举妄动。姜维的回答是：“不然。人生如白驹过隙，似此迁延岁月，何日恢复中原乎？”费祎又说：“孙子云：知彼知己，百战百胜。”之后又搬出：“我等皆不如丞相远甚，丞相尚不能恢复中原，何况我等？”用老生常谈的言论表示反对。姜维见招拆招：“吾久居陇上，深知羌人之心；今若结羌人为援，虽未能克复中原，自陇而西，可断而有也。”后主刘禅被姜维的坚持打动，说：“卿既欲伐魏，可尽忠竭力，勿堕锐气，以负朕命。”于是姜维领敕辞朝，同夏侯霸一起制定战术方针：“可先遣使去羌人处通盟，然后出西平，近雍州。先筑二城于麴山之下，令兵守之，以为犄角之势。我等尽发粮草于川口，依丞相旧制，次第进兵。”

蜀延熙十二年（公元249年）秋，朝廷授予姜维符节出兵北伐。姜维从关中进军，并依傍曲山（今甘肃岷县东百里）筑两城。姜维凭借对陇西地区民情的熟悉，联合当地的羌人、胡人一起进攻魏国，并说“谓自陇以西可断而有也”。魏国派出郭淮与刺史陈泰统兵抵御。郭淮认为，曲城距蜀遥远，军粮运送困难，若长围久困，可不战而克。遂采取围城打援策略，并切断蜀军的交通及水源，曲城内的蜀军困窘不堪。姜维领兵救援，被陈泰军阻截，郭淮则率军切断姜维的退路，姜维不得已，只得迅速退兵。留守曲城的句安、李歆等人孤立无援，献城投降。曲城之战，魏军处处能料得先机，姜维兴兵伐魏，无功而返。

据说，费祎多次反对姜维攻打魏国，拨给姜维的军队也是少得可怜，甚至有人说不足万人，这可能是夸张的说法，但后代史学家分析此时局势时，常常叹息费祎的保守。

何焯就感叹：“欲断陇则当及曹爽初诛，众志二三，未遑外事之时。文伟身驻汉川，以迁关中之救，伯约（姜维）以万众招诱羌胡，披割西鄙，过相裁制，又失事机。元逊（诸葛恪）轻举于东，文伟坐待于西，皆若天之假助典午，以成其奸者，可长太息。”

吕思勉后在《三国史话》中评说这段历史，“从魏齐王芳之立，至高贵乡公的被弑，其间计二十一年，即系入三国后之第二十一年至第四十一年，正是魏国多事之秋，蜀国若要北伐，其机会断在此间，而其机会又是愈早愈妙，因为愈早则魏国的政局愈不安定。然此中强半的时间，都在蒋琬、费祎秉政之日，到姜维掌握兵权，已经失之太晚了。所以把蜀国的灭亡，归咎到姜维，实在是冤枉的。倒是蒋琬、费祎，应当负较大的责任。”

人人都想做皇帝

辛弃疾诗云：“天下英雄谁敌手，曹刘。生子当如孙仲谋。”作为东吴基业的继承者、鼎定者与开拓者，孙权一生确实无愧于英雄之名。陈寿称赞他“屈身忍辱，任才尚计，有勾践之奇，英人之杰矣”。

历史上许多雄才大略的英明君主都有晚节不终的命运，晚年的孙权也步了这个后尘。对于这种昏庸，陈寿在《三国志·吴书·孙权传》末评曰：“性多嫌忌，果于杀戮，暨臻末年，弥以滋甚。至于谗说殄行，胤嗣废毙，岂所谓贻厥孙谋以燕翼子者哉？其后叶陵迟，遂致覆国，未必不由此也。”里面提到孙权主要有两大失误，一是“果于杀戮”，二是“胤嗣废毙”，并将东吴日后覆家亡国的责任追究到开国之君孙权身上并非信口雌黄。

孙权统领江东历时五十二年，长达半个多世纪，是三国时期在位最长的君主，也堪称一代雄主。但是，他晚年在处理家庭琐事上的现，却是相当糟糕。围绕着“立嗣”‘这个问题纷争不断，直接葬送了他一世英名。陈寿批评说：“远观齐桓，近察孙权，皆有识士之明，杰人之志，而嫡庶不分，闺庭错乱，遗笑古今，殃流后嗣。由是论之，惟以道义为心、平一为主者，然后克免斯累邪！”“闺庭错乱，遗笑古今”，陈寿这八个字果真不虚。

据史书记载，孙权共有七个儿子：长子登、次子虑、三子和、四子霸、五子奋、六子休、少子亮。不过这些儿子都不是一母所生，为同父异母的兄弟。

魏黄初二年（公元221年），曹丕“以权为吴王，拜登东中郎将，封万户侯，登辞疾不受”。也是在这一年，孙权“立登为太子”，并“选置师傅，铨简秀士，以为宾友，于是诸葛恪、张休、顾谭、陈表等以选入，侍讲诗书，出从骑射”。其中诸葛恪、张休、顾谭和陈表号为“四友”，谢景、范慎、刁玄和羊衜等“皆为宾客，于是东宫号为多士”。吴黄龙元年（公元229年），孙权称帝，又以孙登为皇太子。

孙登为人谦和谨重，颇得人望，是一个很符合大家期待的接班人，陈寿也说“孙登居心所存，足为茂美之德”。可惜的是，孙登在赤乌四年（公元241年）就病死了，只有三十三岁。六十岁的孙权，晚年竟然经历了白发人送黑发人的丧子之痛。长子孙登去世，二子孙虑又早亡，孙权于赤乌五年（公元242年）立十九岁的三儿子孙和为太子。史书记载他“少以母王有宠见爱，年十四，为置宫卫，使中书令阚泽教以书艺。好学下士，甚见称述”。孙和从十四岁起师从著名学者阚泽，“好文学，善骑射，承师涉学，精识聪敏，尊敬师傅，爱好人物”，这时的孙和可以说也是一个较好的后嗣。

就在孙和被立为太子八个月后，孙权又封四子孙霸为鲁王。本来，皇帝之子受封为王并不奇怪，但孙权对孙霸“宠爱崇特，与和无殊”，其待遇与孙和几乎没有区别，很快酿成了“和、霸不穆之声闻于权耳”的局面。作为父亲，宠爱多个儿子无可厚非，而作为皇帝，这却违背了封建社会“嫡庶有别”“尊卑有序”的重要法则。孙霸恃宠骄纵，处处与孙和分庭抗礼，朝中的大臣也就随之分化，依附不同的皇子，形成了太子党与鲁王党两大阵营。孙霸身边的追随者希望鲁王能取代孙和，好使一人得道鸡犬升天；太子党则要搬开鲁王这块绊脚石，两宫之间的矛盾日益明显了。

面对这样的问题，孙权采取的行动不是明确宣布立孙和为嗣君的决定不可动摇，仅仅是禁止两宫交接宾客，命令二子专心求学，“禁断往来，假以精学”。孙权希望自己的儿子不要过问权力和政治，一门心思念书最好，他低估了权力的力量，也过于乐观地看待人性，面对一步之遥的帝位，生于深宫的皇子们哪里能丝毫不动心。孙权缘木求鱼的做法，暧昧不明的态度，既能让孙和产生可能失位的隐忧，同时也助长孙霸的侥幸心理，更给了朝中大臣可乘之机。两宫矛盾不但没能消除，反而进一步发展了，演变成“丞相陆逊、大将军诸葛恪、太常顾谭、骠骑将军朱据、会稽太守滕胤、大都督施绩、尚书丁密等奉礼而行，宗事太子；骠骑将军步骘、镇南将军吕岱、大司马全琮、左将军吕据、中书令孙弘等附鲁王”这样“中外官僚将军大臣举国中分”的可怕情形。七八年的时间，朝中两派相互倾轧，孙权也曾有过清醒的认识：“子弟不睦，臣下分部，将有袁氏之败，为天下笑。”

当年袁绍死后，其子袁尚、袁谭就曾经上演过兄弟阋于墙的局面，两兄弟之间兵戈相见，使曹操渔翁得利，袁谭、袁尚均被曹操所败，袁氏“四世三公”的名望也彻底结束。历史总是惊人的相似，孙权看到了历史重演的征兆，也深知袁氏的前车之鉴，并没有真正从中吸取教训，也没有明智决绝的手段力挽狂澜。

“二宫之争”不仅涉及朝中大臣、东吴的贵族、豪族，也有女性牵扯其中。支持孙霸的鲁育，人称全主或者全公主，是孙权的女儿，一直不满孙和的母亲王夫人，唯恐孙和即位。另一派支持孙和的人里，有鲁育的姐姐鲁班，人称朱主或者朱公主，这些都是孙权的骨肉至亲，也都得到孙权的宠信，皇子之间的争斗更加复杂难解。更不要说从中还有搬弄是非、投机取巧的小人从中活动，如孙俊（孙权侄孙）、吴安（孙权母舅吴景之孙）之徒。孙权举措失当，招招都是败笔。

孙和立为太子后，孙权本欲立王夫人为皇后；但因全公主屡进谗言，此事未果。据记载，一次“权尝寝疾”，孙和作为太子去太庙祭祀，因为“和妃叔父张休居近庙”，邀请孙和去府里小坐，这一幕被全公主的人看见，全公主就去孙权那里打小报告说：“太子不在庙中，专就妃家计议。”父亲生病，做儿子的不去祈祷、祭祀希望父亲病好，却去亲戚家玩乐，甚至有所“计议”，不仅不孝，甚至有图谋不轨的可能。

全公主又进一步诬陷说：“王夫人见上寝疾，有喜色。”这下直接坐实了王夫人、孙和的不孝、不忠之罪。孙权不仅不仔细详查，反而偏听偏信，“由是发怒”，王夫人忧惧而死。从此孙和少了一个保护人，宠信渐减，而孙霸更加咄咄逼人。孙和失去的不仅仅是王夫人一人。太子太傅吾粲，竭力维护孙和的正统地位，建议使孙霸出驻夏口（今湖北武汉）。

这本是一个好建议，孙霸离开京城确实可以多少避免朝中争斗，但孙权竟然将吾粲下狱，吾粲也死在狱中。丞相陆逊一向被孙权倚为干城，因为主张“太子正统，宜有磐石之固，鲁王藩臣，当使宠秩有差，彼此得所，上下获安”，竟然落得忧愤而死的下场。孙权对朝臣的清洗处置，使东吴损失了一批治国良才。孙权对孙和的不满日益增长，直接到了不可控制的地步，竟下令幽禁孙和。为太子求情的人有的遭到杖责，有的甚至被满门抄斩，手段的惨烈，危害的严重，也是三国中少有。孙权对太子、鲁王结党的痛恨，让他对孙霸也无好感。吴赤乌十三年（公元250年）八月，他下令废掉孙和，赐死孙霸，并且下旨诛杀党羽全寄、吴安、孙奇、杨竺等人。数个月后，孙权立年仅七岁的孙亮为太子。“二宫之争”没有使任何一方得利，却使东吴朝纲不振，人财尽失。

“二宫之争”对之后东吴政局的负面影响是显而易见的。几年后孙亮即位，未成年君主需要可堪托付的辅政大臣，东吴已经没有股肱之臣可以完成这个使命，导致政令不兴，权臣不断。小皇帝也遭遇权臣威逼。导致“二宫构争”的直接原因是孙权“嫡庶不分”，使得宫闱错乱，陈寿对孙权的严厉批评是相当中肯的。但是东吴的亡国，归结为孙权的晚年昏庸，则又过于武断。历史进程的多变，往往胜过许多情节复杂离奇的小说，对于历史真相的探索，也是史学工作者永恒的追求。

随便一打就赢了

东兴之战的大胜是诸葛恪一生政治生涯的亮点，也正是这场胜利让诸葛恪的轻敌傲慢之心更加猖狂，为后来诸葛恪围城不下，宗族灭亡埋下了伏笔。

诸葛恪是蜀国丞相诸葛亮的侄子，东吴大将军诸葛瑾的长子。他“长七尺六寸，少须眉，折頞广额，大口高声”，年少时以神童著称，深受孙权赏识，“弱冠拜骑都尉”。孙登为太子时，诸葛恪以左辅都尉的职位，为东宫幕僚领袖。诸葛恪年少聪慧，有一则小故事能很好地体现。他的父亲诸葛瑾“面长似驴”，一天，孙权大会群臣，“使人牵一驴入”，在驴子的头上贴了一张条，上书“诸葛子瑜”四个字，“子瑜”是诸葛瑾的字，孙权显然是在嘲笑诸葛瑾的相貌。这时候，年轻的诸葛恪镇定自若，站出来请求说：“乞请笔益两字。”便拿起笔添了两个字：“之驴。”东吴朝臣们见状“举座欢笑”，诸葛恪用他的智慧成功挽救了父亲的面子。

孙权死后，诸葛恪为太傅，执掌政权。少主新立，处在政权交接时期的东吴，政局不稳，发生了诛杀孙弘的政变。君主年轻，朝臣内斗，曹魏以为有机可乘，便想趁虚而入。

诸葛恪于吴神凤元年（公元252年）率众在东兴会师，三国时的东兴大致在今天的安徽省巢县一带。孙权在世的时候，想在巢湖附近修筑东兴堤，因为此前孙权将东吴的国都从苏州迁到了南京，东兴堤一旦修成，可以保证南京不受巢湖水患。孙权的动机是好的，效果却适得其反。后来东吴进攻魏国淮南地区时，反受其害，无功而返，于是就停止了修建。来到东兴的诸葛恪，在东兴堤的原有基础之上，于濡须山和七宝山之间，修筑了两座城池，每个城池设有千人的守军，并派全端、留略统兵。东吴的举动引起了魏国上下的重视，魏国人以为“吴军入其疆土”，修建城池是为了进攻魏国，这对魏国人而言是莫大的耻辱，因“耻于受侮”，魏镇东将军诸葛诞就此事上书大将军司马师建议在西部出兵牵制吴军西方的军队，同时，魏国派将领以精锐之军，从东路进攻东兴的两座城池，东西夹击，必定大胜。

接着，魏国征南大将军王昶、征东将军胡遵、镇南将军毌丘俭都上表魏帝，请求率兵攻打东吴，并且提出了三条不同的出兵方法。魏王曹芳一时没了主意，就向尚书傅嘏征求意见。傅嘏认为“孙权自破蜀兼平荆州之后，志盈欲满，罪戮忠良，殊及胤嗣，元凶已极”，已经为东吴埋下了亡国的种子，现在诸葛恪掌权，“若矫权苛暴，蠲其虐政，民免酷烈，偷安新惠，外内齐虑，有同舟之惧，虽不能终自保完，犹足以延期挺命于深江之表矣”，显然东吴命数尚在，此时不是伐吴的时机。

紧接着，傅嘏又详细论证了三种出兵方式均不可行，“唯有进军大佃，最差完牢”。傅嘏的建议是，只有在边疆驻军屯田，才是较为完善的策略。具体来讲，又有七个方面：“夺其肥壤，使还耕埆土，一也；兵出民表，寇钞不犯，二也；招怀近路，降附日至，三也；罗落远设，闲构不来，四也；贼退其守，罗落必浅，佃作易之，五也；坐食积谷，士不运输，六也；衅隙时闻，讨袭速决，七也。”傅嘏的观点是，只有这七件事，才是“军事之急务也”，他信心满满地向曹芳保证说“比及三年，左提右挈，虏必冰散瓦解，安受其弊，可坐算而得也”，提出如果能顺利实施，三年左后就能具备一举拿下东吴的实力。然而，司马师不接受尚书傅嘏的建议，仍然决定出兵攻吴。

魏国嘉平四年、东吴会稽王建兴元年十一月（公元252年），魏国出兵十五万，分兵三路，从东、西两个方向进攻东吴，试图东西夹击，使东吴两面受敌，从而重创东吴。

东吴方面，太傅诸葛恪亲自挂帅，奋起抵抗。诸葛恪领兵四万，“晨夜赴救”。魏国方面，大军在东兴修建浮桥，“陈于堤上，分兵攻两城”。因两城城墙高峻，魏军未能攻下。诸葛恪派遣“将军留赞、吕据、唐咨、丁奉为前部”，走山路小道星夜兼程，后因为山路狭窄，又改走水路，顺风而下，两天即到达了东兴堤东南的东关（今安徽巢湖东南），屯兵于徐塘。

时值冬天，天气极寒，又降大雪。魏国诸将领聚众喝酒取暖，“解置铠甲，不持矛戟”，根本毫无戒备，吴将丁奉发现魏军前部兵少，便命令士卒手执刀、盾，冒着风雪裸身沿堤而上。这样的敢死队让魏军不禁大笑吴国士兵的愚蠢，更加放松警惕。吴军登上堤岸后，“便鼓噪乱斫”只知道奋力杀向魏军，此时吴将吕据等也率兵赶到，魏军惊慌散走，“争渡浮桥，桥坏绝，自投于水，更相蹈藉”，乐安太守恒嘉等同时并没，淹亡和互相践踏而死者数万。魏前部督韩琮，太守桓嘉等均战死，魏军被歼数万人。吴国“获车乘牛马驴骡各数千，资器山积”，得以“振旅而归”。在西部担任进攻江陵和武昌任务的魏将王昶、毌丘俭听到东部战线作战失败，也立即烧营退军。

诸葛恪接位极人臣不过数个月的时间，就取得了如此大胜，一时颇孚众望，春风得意。他也因功“晋封阳都侯，加荆州牧，督中外诸军事，赐金一百斤，马二百匹，缯布各万匹”，迅速达到了政治事业上的最高峰。然而，到达顶峰也意味着他从最高点滑落的开始，加速他下落速度的，也正是这场胜利带给他的过于自信，从而刚愎自用，走向失败。

扶不起的阿斗

汉献帝建安十二年（公元207年），刘备的夫人甘氏为他生下一个男孩，这是他的第一个孩子，此时的刘备已经是四十六岁的中年人了，人到中年才盼来自己的第一个儿子，自然是欢喜万分。这个男孩名叫刘禅，即蜀国后主，小名“阿斗”。关于这个小名，有一个神奇的故事，相传刘禅的母亲甘夫人有一次做梦梦见吞下了北斗星，醒后发现自己有了身孕，于是才有了“阿斗”这个小名。

对于刘禅，多数的评论认为他平庸无能，虽然贤臣良将辅佐，也不能振兴蜀国，最后还主动投降魏国。他的经历极大地丰富了汉语词汇，人们用“扶不起的阿斗”形容软弱无能，用“阿斗当官”形容有名无实，用“阿斗的江山”形容白送，用“阿斗”形容一个人没能耐，此外更有名的，还有“乐不思蜀”这个成语。

在多数人的眼中，蜀国后主刘禅是一位平庸昏聩，甚至有些低能的人。刘备死时，他只有十七岁。临中刘备特意叮嘱他：“汝与丞相从事，事之如父”，刘禅很听话，称诸葛亮“相父”，蜀国“政事无巨细，咸决于亮”。史书记载刘备曾对刘禅讲：“丞相叹卿智量，甚大增修，过于所望，审能如此，吾复何忧？勉之，勉之。”诸葛亮也曾经表示过“朝廷年方十八，天资仁敏，爱德下士。”大概即位之初的刘禅，还不如后人想象的那般无能，但是在诸葛亮死后，他贪图奢华享受的恶性日渐暴露。他屡次想广修宫室，采择民女，以供玩乐。所幸蜀国有蒋琬、董允等诸葛亮的“遗产”力言不可，他才有所克制。

蜀延熙九年（公元246年），蜀国的股肱之臣蒋琬、董允相继去世，军国大政由费祎掌管，他任用陈祗为侍中，做皇帝的近臣。陈祗，字奉宗。他年少时就成为孤儿，十五岁时就有令名。史籍记载，他“矜厉有威容。多技艺，挟数术，费祎甚异之，故超继允内侍”。陈祗与宦官黄皓狼狈为奸，相互勾结，玩弄权术，“祗上承主指，下接阉竖，深见信爱，权重于维。”

黄皓，有人认为他是蜀亡的罪魁祸首，是他“操弄权柄，终至覆国。”他和赵高、魏忠贤、李莲英等十人，是历史上最臭名远扬的宦官。而且此人城府极深，旁人都猜不透黄皓的意图。董允为黄门侍郎、侍中时，“上则正色匡主，下则数责于皓”。黄皓畏惧董允，不敢为非作歹。等到后主宠信陈祗，在侍中陈祗推荐下，黄皓先成为中常侍并得到后主宠幸。“景耀元年，皓始专政”。刘禅宠信黄皓、陈祗，不理朝政，肆意胡为。经常外出游逛，并增造后宫，广设伎乐，沉湎于酒色之中，朝中大臣想见刘禅一面都极为苦难，甚至有人“不得朝见者十余年”。

在群臣默而不敢言的朝堂，谯周站出来指责刘禅行为的荒唐。谯周是三国时期著名的文学家、史学家，《三国志》的作者陈寿即是他的门生。谯周有一个外号，“蜀中孔子”，说明他学问大。四川人谯周一副忠肝义胆，对黄皓、陈祗的小人行径，极为义愤。谯周“体貌素朴，性推诚不饰，无造次辩论之才，然潜识内敏”，很符合儒家思想中“君子敏于事而讷于言”的标准。谯周上奏劝谏，用西汉末年的动荡年代历史为例子，希望刘禅像东汉的光武帝刘秀那样，关心百姓疾苦，厉行节俭，施行仁政，取得天下民心；不要像刘玄、公孙述那样，尽管实力强大，只是一味恣情享受，反而失去了天下。在上书中，他还提出了省减乐官、停止兴造的具体建议。

谯周的一片苦心并没有换来后主刘禅的改过自新，待到延熙十六年（公元253年），主持朝政的费祎被魏将刺杀，蜀国再无社稷之臣，政局急转直下。

刘禅对黄皓极度宠信，朝中的大臣多见风使舵，依附于黄皓的，便得高官厚禄，反对黄皓的，就遭到排挤、甚至迫害。接替费祎职务的姜维，对黄皓的恣肆专权，深恶痛绝，请求后主刘禅杀了黄皓，“后主不从”。

姜维对于黄皓一党“枝附叶连”把持朝政，最终也是无可奈何，又“惧于失言”，所以“逊辞而出”，常年在外领兵。蜀国国力在三国之中，算是最弱，连年征战，百姓不得休息，民生疲敝，谯周“与尚书令陈祗论其利害”，可能因为他不善言辞，也可能因为他人微言轻，谯周的劝谏没有奏效。谯周不甘心，写《仇国论》申明自己与民休息的主张。他说，“民疲劳则骚扰之兆生，上慢下暴则瓦解之形起。”他预言，蜀国“极武黩征”，必然“土崩势生”，如果“不幸遇难，虽有智者将不能谋之矣”。谯周劝告后主，“不为小利移目，不为意似改步，时可而后动，数合而后举”，“射幸数跌，不如审发”。与其每战必败，不如慎重出击。

不久，后主解除了谯周的中散大夫职务，升任为光禄大夫。光禄大夫地位很高，却并无实权。从此，谯周基本属于过着一种不过问政治的生活，他“以儒行见礼，时访大议，辄据经以对，而后生好事者亦咨问所疑焉”，门生众多，在学术界有很高的声望，只是可惜了他一腔忧国忧民的抱负。敢于忠言直谏的大臣不是死去，即是像谯周一般不与正事，刘禅沉迷与一种安稳的日子不知疲倦。

尽管民间对刘阿斗多戏谑之词，反观刘禅四十一年的君主生涯，在为政能力上也不乏闪光点。诸葛亮生前曾六出祁山，均无功而返，对连年的北伐，刘禅也曾经有过思考，他说："相父南征，远涉艰难；方始回都，坐未安席；今又欲北征，恐劳神思。"然而面对诸葛亮的坚持，刘禅对北伐也是极力支持的，无论他是碍于诸葛亮"相父"的身份，或是本着"君臣不和，必有内变"，都确实有容人之德。执政后期对劝谏的大臣也没有因怒错杀。

曲城之战中刘禅对原来的夏侯霸使出了一套驴火纯青的怀柔之术，陈寿也说"后主之贤，于是乎不可及"。后期的刘禅虽然安于享乐，但是对权力一向重视。蜀国开国以来，一直存在"事无巨细，咸决于丞相"的局面，诸葛亮死后，刘禅为了将权力收归君主，废除了丞相制度，设立大司马、大将军、尚书令等职，权力分散，便于他"自摄国事"。

针对他后期的荒政，陈寿认为："后主任贤相则为循理之君，惑阉竖则为昏暗之后，传曰'素丝无常，唯所染之'，信矣哉！"陈寿举染布的例子，说明刘禅的堕落，并不仅仅是个人资质问题，也是制度问题，"国不置史，注记无官，是以行事多遗，灾异靡书。诸葛亮虽达于为政，凡此之类，犹有未周焉。"在专制制度下，对于最高权力没有有效的监督，单靠君主个人的品性来确保政务能否清明，实在是力度单薄。尽管刘禅"经载十二而年名不易，军旅屡兴而赦不妄下，不亦卓乎！"但是诸葛亮死后，"兹制渐亏，优劣著矣"。没有一套行之有效的制度、缺少一位"大家长"式能臣的辅佐，刘禅的荒政，绝非个例，也毫不奇怪。

姜维再出击

一心希望北伐的姜维，面对温和的老实人费祎很是郁闷。蒋琬、费祎先后共当政将近二十年，二十年的时间给了蜀国一个难得的休整时间，使得因战争国力疲敝的蜀国日益富饶。"鹰派"人物姜维屡次萌生北伐的念头，碍于蒋、费二人的阻拦，未能成行。因此费祎死后最开心的蜀国人，可能正是姜维。

按照惯例，新年伊始的时候总是免不了各种聚会。费祎在汉寿组织了一个大规模的聚餐，适逢佳节，大家喝酒聊天，很是尽兴。

突然，有一个人站起身，缓缓走进"欢饮沉醉"，醉眼迷离的费祎，手起刀落，将面前这个醉酒的老臣送去了西天。

刺客名叫郭循，魏国人，刚刚投降。

费祎死前，忼戎将军张嶷看见费祎对别国归附来的降人过于优待，很是忧心，特意给费祎写了一封信说："昔日岑彭（东汉初名将）率师，来歙（东汉初名臣）杖节，然皆见害于刺客，如今明将军位尊权重，应宜鉴知前事，稍为警惕。"张嶷的感觉最终灵验，费祎正如他所担心的，死于刺客之手。

费祎，字文伟，湖北江夏人，和诸葛亮、蒋琬、董允并称为蜀国四相。早年诸葛亮南征还朝，百官出城数十里相迎，其中无论是年龄还是资历、职位，都有许多高于费祎的人，诸葛亮却偏偏邀请费祎跟他乘同一辆车进城，"由是众人莫不易观"。诸葛亮曾经盛赞费祎说"志虑忠纯"，孙权则说他是"君天下淑德，必当股肱蜀朝"。

费祎为人不仅忠厚老实，还"雅性谦素，家不积财"。他要求子女必须"布衣素食"，"出入不从车骑"，"无异凡人"。

蒋琬死后，费祎代蒋琬为尚书令。此时"举国多事，公务烦猥，而费祎识悟过人，每次省读书记，举目稍视，已能究知其意旨，其速度数倍于人，而且过目不忘"。费祎的办事效率也是惊人的，他“常以朝晡听事，其间接纳宾客，饮食嬉戏，加之博弈，每尽人之欢，事亦不废”。继任的尚书令董允想要效仿费祎的办事风格，“旬日之中，事多愆滞”，使得他不得不感喟：“人才力相县若此甚远，此非吾之所及也。听事终日，犹有不暇尔。”

就是这样一位能臣，莫名地死掉了。陈寿评价他说：“费祎宽济而博爱，承诸葛之成规，因循而不革，是以边境无虞，邦家和一，然犹未尽治小之宜，居静之理也。”某种意义上说，费祎之死对蜀国是一个重要的转折点。死后蜀国一改蒋琬、费祎清静治国的方针，连连用兵北伐曹魏，国库不堪消耗。姜维的屡屡兴兵，也确实是蜀国国力下滑的一个重要原因，也加速了蜀国的灭亡。

同年八月，魏国对郭循的刺杀行为表示鼓励，甚至嘉奖了他在魏国的亲人。魏国的这一行为，明显带有看热闹的良苦用心，姜维尽管兴兵北伐，却也总是乘兴而来败兴而归，一直没能成功。无论怎样，费祎的死无论是对魏国、还是对姜维而言，可能都是一个好消息。魏国缺少了一个强劲的对手，姜维失去了束缚自己的“紧箍咒”，再也不用每次从费祎那里讨来可怜不过万人的军队出征，而是可以统帅数万人驰骋疆场。

事实上，费祎死后，蜀国能领兵抗魏的，也只有姜维一人而已，司马昭的奏折中曾经这样写道:“现今蜀国之军事，惟赖姜维一人而矣。”

可能因为费祎的死在蜀国来讲姜维是最大的受益者，所以有人从史料中猜度郭循的幕后指使是姜维。甚至印证姜维“（姜）维为人好立功名，阴养死士，不修布衣之业”加以论证。针对这一问题，陈寿没有明讲，陈寿继承了中国古代史学家“秉笔直书”的传统，他的慎重是可靠的。不过也有人以为，做过姜维幕僚的陈寿可以本着“为尊者讳”的缘由，维护姜维。隐藏在郭循身后的幕后黑手是谁，可能马上会有答案，也可能永远也没有答案。

可以确定的是，姜维“忠勤时事、思虑精密、敏于军事，既有胆义，又兼心存汉室深得诸葛器重”，可以说诸葛亮对姜维有着知遇之恩，也是诸葛武侯一手培养的军事上的接班人，他说姜维“忠勤时事，思虑精密，考其所有，永南、季常诸人不如也。其人，凉州上士也”，“甚敏于军事，既有胆义，深解兵意”，姜维接班人的身份，他也必须以继承“丞相遗志”的名义，兴兵北伐。

就在费祎死后不久，姜维遂大举征伐魏国。三月，东吴诸葛恪领兵兴师攻打魏国。姜维闻讯兴兵，力图吴蜀一心，两国夹击，使魏国自顾不暇，力图重创魏国。魏国将军司马师下令东南守军坚守阵地抵御吴国的进攻，同时派遣郭淮、陈泰调度关中军队，一举瓦解蜀国的进攻。由于准备不足，后方供给不畅，当魏国雍州刺史陈泰率军解围，才走到一半，蜀军因为弹尽粮绝，不得不引兵退走，魏国成功化解了一次军事危机。

诸葛恪，你可以死了

诸葛恪因胜而骄，不顾新君年幼，不顾政变才起，也顾不得分析敌我态势，十二月才刚刚结束战事的东吴，在来年春天，因为拥有一个战斗激情澎湃的当家人，迎接春天的同时也迎接来新一轮战争。

面对诸葛恪异常的战斗激情，东吴的百官纷纷劝谏，认为国家需要休息，不能盲目再兴战事，诸葛恪一概仅当耳旁风。中散大夫蒋延义愤填膺，一再地跟诸葛恪阐明不能兴兵的道理，“固争”劝谏，诸葛恪也不听，蒋延气得让人搀扶才走出大殿。

诸葛恪为了答复众人的疑虑，特意撰写了一篇文章阐明自己坚决兴兵的主张，指出

"天无二日，民无二主"，"王者不务兼并天下而欲垂祚后世，古今未之有也"。诸葛恪的固执己见还是最终取得了成效，"众皆以恪此论欲必为之辞，然莫敢复难"。

丹杨太守聂友跟诸葛恪交情不错，特意写信劝阻，希望他能回心转意："大行皇帝本有遏东关之计，计未施行。今公辅赞大业，成先帝之志。寇远自送，将士凭赖威德，出身用命，一旦有非常之功，岂非宗庙神灵社稷之福邪！宜且案兵养锐，观衅而动。今乘此势欲复大出，天时未可。而苟任盛意，私心以为不安。"面对朋友的一片苦心，诸葛恪将自己那篇文章权当回信，并且说："足下虽有自然之理，然未见大数。熟省此论，可以开悟矣。"此时的诸葛恪心中，除却他自己，别人都是尚未开悟的愚痴人。"于是违众出军，大发州郡二十万众，百姓骚动，始失人心"。

诸葛恪制订的计划是先代领军队去"曜威淮南"。他的下属并不糊涂，劝阻他说："今引军深入，疆场之民，必相率远遁，恐兵劳而功少，不如止围新城。新城困，救必至，至而图之，乃可大获。"诸葛恪一听有理，就"回军还围新城"，可是"攻守连月，城不拔"。这时候已经到了暑热季节，士兵远来作战数月，又因为喝不到新鲜的水，"泄下、流肿，病者大半，死伤涂地"。抱着必胜决心而来的诸葛恪这时候显得很焦躁，每天都有人来向他报告有新的疫情，"恪以为作，欲斩之，自是莫敢言"。

此时的诸葛恪终于开始意识到了自己的失策，但是他好面子，"耻城不下，忿形于色"。这时有个叫朱异的人提出了一些不同的意见，诸葛恪的满腔怒火正愁没地方释放，立即大怒，"立夺其兵"。后来"都尉蔡林数陈军计"，诸葛恪也不听劝，蔡林没办法，只能"策马奔魏"。

"魏知战士罢病"，于是命司马孚、毌丘俭趁势率军增援，合击吴军。诸葛恪一看大事不妙，只得下令退兵。吴军因为疫情持久，退兵的路上"士卒伤病，流曳道路，或顿仆坑壑，或见略获，存记忿痛，大小呼嗟"情形惨不忍睹，"而恪宴然自若"。诸葛恪的心情丝毫没有受到战争失利的影响，反而一路游山玩水，"出住江渚一月，图起田于浔阳"，如果不是"诏召相衔"，他也不会"徐乃旋师"。此战之后，诸葛恪"由此众庶失望，而怨黩兴矣"。

诸葛恪起兵之时，魏国的内乱正处于白热化阶段，司马氏与曹氏都在争夺魏国的统治权。自满的诸葛恪没有他叔父诸葛亮的军事才能，也不像他的父亲诸葛瑾那般地处事稳妥。诸葛恪只凭借一腔热情就贸然出兵，并没有进行周密的规划与准备，对军中出现的疫情也没有很好的处理紧急事情的能力。退兵时也没有仔细计划。加之又违背民意，不顾国内的一片反对之声一意孤行，其失败的命运是必然的。

诸葛恪此次伐魏，"大发州郡二十万众"。吴国灭亡时也不过"兵二十三万"。诸葛恪为了满足自己好大喜功的欲望，不惜举全国之力配合他的要求，"由此众庶失望"是再自然不过的事情了。这年八月，诸葛恪班师回朝，"陈兵导从，归入府馆。"他召见主管起草诏书的中书令孙嘿，厉声呵斥："卿等何敢妄数作诏？"对朝廷几次三番催促他班师一事，显然耿耿于怀，便借口朝孙嘿出气。孙嘿惶惧辞出，因病还家。班师之后的诸葛恪将宫中的宿卫换防，将自己的亲信各处安插。诸葛恪换得了侍卫，换不了人心，一旦失去人心，其他的也都终将失去。

所谓"成也萧何败萧何"，当年一手将诸葛恪扶上马的孙峻，此时眉头一皱计上心来，又有了新的盘算。

孙峻深谙官场的博弈：老百姓的埋怨的确有杀伤力，但只是小痛小痒，只有皇帝埋怨了，想要除掉一个人，才是最具威力的"核武器"。孙峻"构恪欲为变"，十几岁的孙亮一听，自然上当，下诏请诸葛恪进宫饮酒，将诸葛恪骗进宫里，伺机诛杀。

诸葛恪赴宴这天，“精爽扰动，通夕不寐”。洗漱的时候总是“闻水腥臭”，侍者伺候他更衣，他竟然觉得“衣服亦臭”，几次换水、换衣，还是觉得“其臭如初，意惆怅不悦”。等他好不容易更衣完毕，要出门的时候，家里的狗咬着他的衣服不放，诸葛恪很意外，说：“犬不欲我行乎？”只得回去坐着，几次要走，都是如此，最后诸葛恪没办法，“令从者逐犬，遂升车”。

宴会的时间马上就要到了，诸葛恪心有疑虑，于是“驻车宫门”，并没有马上入宫。此时宫中，孙峻早已在帷障中埋伏好了侍卫，见诸葛恪迟迟不到，担心事情有变故，索性出门亲自去迎接诸葛恪。孙峻很客气，说：“使君若尊体不安，自可须后，峻当具白主上。”这句话表面上是体谅诸葛恪，其实是一种试探，也是一种威胁。诸葛恪回答说：“当自力入。”这时散骑常侍张约、朱恩等秘密派人送信给诸葛恪说：“今日张设非常，疑有他故。”

诸葛恪看到密信后立即有所警觉，“省书而去”，在宫门口偶遇太常滕胤。诸葛恪说：“卒腹痛，不任人。”滕胤事先并不知晓孙峻要暗害诸葛恪，只是秉公劝他说：“君自行旋未见，今上酒请君，君已至门，宜当力进。”滕胤说得恳切，也合乎情理，诸葛恪尽管有所疑虑，还是“踌躇而还，剑履上殿。”

就座之后，诸葛恪并不饮酒。孙峻见状就说：“使君病未善平，当有常服药酒，自可取之。”免除了喝毒酒的疑惑，诸葛恪慢慢地放松了警惕。酒过数巡，孙亮借口去内殿休息。孙峻借口上厕所，趁机换上灵巧的便服，朝殿内早已埋伏好的士兵厉声喝道：“有诏捉拿诸葛恪！”诸葛恪一听，下意识地去拿自己的剑，“拔剑未得”，孙峻的刀已经砍了过来。诸葛恪的追随者张约在一旁拔剑刺向孙峻，砍伤了孙峻的左手，孙峻应手砍伤张约的右臂。“武卫之士皆趋上殿”，孙峻厉声说：“所取者恪也，今已死。”

诸葛恪被武卫又刺了几刀，“悉令复刃”，孙峻等人“乃除地更饮。”

之前，东吴流传着一首童谣：“诸葛恪，芦苇单衣蔑钩落，于何相求成子阁。”童谣中所说的“成子阁”，是“石子岗”的反语，石子岗是东吴国都建业（南京）的长陵，相当于乱葬岗。钩落，是衣服上的钩络带。诸葛恪果然如童谣所说，一领苇席裹身，被草草埋葬在石子岗。

不仅如此，诸葛恪被夷灭三族，其外甥都乡侯张震及常侍朱恩等都被杀。

曾盛极一时的诸葛家族，就落得如此下场，可悲，可叹。

皇帝也是可以废掉的

孙权为孙亮选取的托孤大臣诸葛恪被孙峻所杀，孙峻后行辅政大臣的职责。新一任东吴的主人孙亮，所知不多，倒是有一则轶事，可以看出年少的孙亮非常聪明，观察和分析事物深入细致，为一般人所不及。

一次，孙亮想吃地方进献的甘蔗饧，派手下太监去取。恰巧太监憎恨主管库房的官员，就在甘蔗饧里放了两颗老鼠屎，诬陷管库房的官员失职。孙亮没有简单地听信一面之词，只是说：“此易知耳。”他让手下的人将老鼠屎切开，里面是干燥的，外面因为浸泡而变得潮湿。孙亮大笑：“若矢先在蜜中，中外当俱湿，今外湿里燥，必是黄门所为。”于是将持汤器的人唤进来询问说：“此器既盖之，且有掩覆，无缘有此，黄门将有恨于汝邪？”仓库管赶忙叩头回答说：“尝从某求宫中莞席，宫席有数，不敢与。”孙亮听毕，说：“必是此也。”又责问太监，太监见事情败露，只能俯首认罪。

这样一个聪慧的人，最后却落得被废去帝位的命运，而这个废掉他的人，身上也流淌着孙家的血液。

孙綝，字子通，是孙坚弟弟孙静的曾孙，与东吴权臣孙峻为同一祖父的从兄弟。吴太平元年（公元256年），权臣孙峻在北伐曹魏途中过世，将权力移交给年仅26岁的从弟，时任偏将军的孙綝。后来孙綝官至侍中兼武卫将军，领中外诸军事，实际掌握东吴的权力。

东吴豪族对孙氏一门独大的情形一直心存不满，以骠骑将军吕据为代表的北伐前线诸将联名上书，推荐滕胤为丞相。孙綝任命滕胤为大司马，并不给他实权，并派滕胤且镇守武昌，滕胤只是得到了一个虚高的职位，已经远离权力中心。

吕据等人的如意算盘没有成功，便率军从北伐前线返回建业，密谋推翻孙綝。孙綝事先得到消息，一方面派遣从兄右将军孙虑抵御吕据大军。另一方面要求滕胤立刻出发捉拿吕据。滕胤自知泄密，于是拥兵自卫。

这次东吴内变持续的时间很短，孙綝以极快的速度诛杀滕胤、吕据，并下令诛灭了滕胤、吕据的三族。对滕胤的死，裴松之很不以为意，说："孙綝虽凶虐，与滕胤宿无嫌隙，胤若且顺綝意，出镇武昌，岂徒免当时之祸，仍将永保元吉，而犯机触害，自取夷灭，悲夫！"反对者被铲除，孙綝暂时控制住了局面之前，孙峻的从弟孙虑因为参与支持孙峻诛杀诸葛恪的政变，因有功于孙峻而得到厚待，官至"右将军、授节盖，平九官事"。等到孙綝上台，失去靠山的孙虑地位降低，心生不满，对孙綝也不很尊敬，"与将军王惇谋杀綝"。孙綝提前一步，将王惇杀死，孙虑失败，服毒自杀。

吴太平二年（公元257年）五月，"魏征东大将军诸葛诞以淮南之众保寿春城，遣将军朱成称臣上书，又遣子靓、长史吴纲诸牙门子弟为质"。第二年，诸葛诞战败被杀，东吴诸将领也投降曹魏，孙綝支持诸葛诞反叛，不仅没能从中获利，反而害得东吴损兵折将，朝中大臣对他多有不满，却敢怒不敢言。

此时吴主孙亮已经亲政，对孙綝战败颇有微词。孙綝于是称病不朝，在朱雀桥边终日作乐，并将自己的兄弟、亲信安插到军中，握有军权，希望以此巩固自己的地位。

之前，孙亮的三姐被孙峻杀死。吴太平三年（公元258年），孙亮借口追究此事，下诏斥责孙綝的亲信朱熊、朱损失职之过。孙綝上表求情，孙亮不予理睬，下令诛杀朱熊、朱损。这是孙亮对付孙綝的第一步。之后，孙亮与大姐全公主、太常全尚、将军刘承等策划诛杀孙綝。

此事恰好被孙綝的从外甥女获悉，这个女人又恰是孙亮的妃子。关键时刻，这个女人抛弃了自己的丈夫，选择支持自己的从舅舅。孙綝连夜带兵缉拿了全尚，举兵包围皇宫。

孙綝命令光禄勋孟宗到宗庙祭祀先帝，之后召集群臣宣布废掉孙亮："少帝荒病昏乱，不可以处大位，承宗庙，以告先帝废之。诸君若有不同者，下异议。"惊恐的朝臣没有反抗孙綝的可能，只是一再表示："唯将军令。"孙綝让中书郎李崇夺过孙亮的玉玺，颁发诏书昭告天下孙亮的无道行为，"以亮罪状班告远近"尚书桓彝不肯在诏书上署名，做了孙綝的剑下孤魂。

失去帝位的孙亮被孙綝贬为会稽王，他的哥哥，孙权的第六个儿子孙休，成了新一代的吴国君主。孙綝派遣宗正孙楷与中书郎董朝迎接新一任的国君。孙休看见来访的大臣，心中除了疑惑，还是疑惑，不太相信天上一个大馅儿饼就这样落到了自己的头上，"楷、朝具述綝等所以奉迎本意"，孙休还是踌躇，纠结了一天两夜后，才决定上路。一行人走到曲阿这个地方，遇见一个白胡子老头，名叫干休，老头对着孙休一个劲地磕头，叮嘱他说："事久变生，天下喁喁，原陛下速行。"

孙休即位后，孙綝被封为丞相大将军兼领荆州牧。孙綝一门五人封侯，又掌管禁军部队，权力远远超过皇帝，东吴开基以来闻所未闻之事。权倾朝野的孙綝越发肆无忌惮。孙休登上帝位后，对孙綝小心提防。有一次孙綝为孙休敬酒，孙休担心酒里有毒就没有喝，孙綝觉得很没面子，心里不爽。

孙休对孙綝多加赏赐。有人告发孙綝包藏祸心“怀怨侮上欲图反，”孙休只是将这个人交给孙綝发落。孙綝二话不说，便杀了该告密者。孙綝趁机表示自己想去武昌镇守，孙休应允，敕命孙綝所督帅的中营精兵万余人跟随前往，“所取武库兵器，咸令给与”。

大夫魏邈劝告孙休，“綝居外必有变”；武卫士施朔也举报孙綝有谋反的举动，说“綝欲反有徵”。孙休于是“密问张布，布与丁奉谋于会杀綝”。

腊祭宴会，是张布等人一手策划的。孙綝因为最近心情一直很不好就称病不去。孙休就一个劲的派人去邀请他，“使者十馀辈”，来得人越来越多，孙綝不得已，只好穿戴整齐进攻赴宴。家里的人都预感事情不对，纷纷劝孙綝不要前往，孙綝只是说：“国家屡有命，不可辞。”可见孙綝虽然跋扈，却并无废掉孙休的意思，可是事已至此，他也唯恐自己有去无回，于是嘱咐家人说：“可豫整兵，令府内起火，因是可得速还。”

宴会进行到一半，果然有人报告说孙綝家里着火了，请丞相速速回家。孙綝起身要走，孙休不答应，说：“外兵自多，不足烦丞相也。”孙綝执意要走，丁奉、张布赶紧下令左右将孙綝捆绑起来。孙綝见木已成舟，一心只想活命，就跪下请求说：“原徙交州”。孙休只是冷冷地说：“卿何以不徙滕胤、吕据？”孙綝慌忙请求：“原没为官奴。”孙休还是冷冷地说：“何不以胤、据为奴乎！”孙綝无话可说，只能受死。为了稳定人心，孙休下诏说：“诸与綝同谋皆赦。”孙綝部众放下兵器请降者多达五千人。这一年，孙綝只有28岁。

孙綝的弟弟孙闿一路坐船北逃，想去投奔曹魏，不想走到一半就被捉住，被追兵杀死，三族被夷。这样还不够，皇帝孙休觉得自己跟孙峻、孙綝都姓“孙”实在是太侮辱自己了，就下令给二人改名字，“孙峻”改为“故峻，“孙綝”改为“故綝”，用来表示皇族皇姓的高贵。

后来，会稽郡有谣言说孙亮要回宫再次做天子，孙亮的宫人“告亮使巫祷祠，有恶言”。“有司以闻，黜为候官侯，遣之国。道自杀，卫送者伏罪”。孙亮可能是自杀，也可能是被孙休派人毒死的。死的时候，只有十七岁。

第五章　四战之时：血色江山的风雨夜

反对我的都没有好下场

魏国国内两股政治势力司马氏与曹氏的争斗，并没有随着司马懿的死去得以平息。魏嘉平三年（公元251年），司马师接替他的父亲司马懿继掌魏国大权，争权夺利之事仍在继续上演，并且越演越烈。司马师身为司马懿长子，秉承了司马懿的遗志。多年之后，他的侄子司马炎建立晋朝，司马师与司马炎一道，是晋国的两大奠基人。

史籍记载，司马师"雅有风彩，沈毅多大略"，沉着坚强，且有雄才大略。并且"少流美誉，与夏侯玄、何晏齐名"。名士何晏经常称赞他："惟几也能成天下之务，司马子元是也。"司马师起初为官散骑常侍，后累迁中护军，他为官"为选用之法，举不越功，吏无私焉"，算得上是一名良吏。司马懿策划诛杀曹爽时，在众多的儿子中只同司马师商议，连后来司马家族的继任者司马昭，都未能参与其中。待到司马懿决心动手，就在当天清晨紧急通知手下之人，司马昭得知后，"不能安席"，而司马师呢，却安睡无恙，像什么事情都不知道，如此镇定，临危不乱，让做父亲的司马懿也很欣慰，发出"此子竟可也"的感叹。事成之后，司马师以功封长平乡侯食邑千户，之后又加官至卫将军。司马懿死后，司马师顺理成章接过司马懿的指挥棒，以抚军大将军辅政，独揽朝廷大权。

魏嘉平四年正月（公元252年），司马师官至大将军，又"加封侍中，持节、都督中外诸军，录尚书事"。他下令百官推举贤才，"明少长，恤穷独，理废滞"，制定选拔官吏的法规，整顿纲纪，所任用的官员各司其职，一时之间"四海倾注，朝野肃然"。

嘉平五年（公元253年）五月，吴国太傅诸葛恪发兵攻打"合肥新城"，这座新城建在合肥西北三十里。

司马师沉着应对，分析说："诸葛恪新得政于吴，欲徼一时之利，并兵合肥，以冀万一，不暇复为青徐患也。且水口非一，多戍则用兵众，少戍则不足以御寇。"之后诸葛恪果然如他所料，全力进攻合肥。司马师"于是使镇东将军毌丘俭、扬州刺史文钦等距之"，毌丘俭与文钦也站出来表示请战，司马师接着提出制胜法宝："恪卷甲深入，投兵死地，其锋未易当。且新城小而固，攻之未可拔。"他让"诸将高垒以弊之"，在合肥新城附近修造深沟高墙，以坚固的阵地，消耗诸葛恪的战斗力。东吴与曹魏的军队相持数月，诸葛恪"攻城力屈，死伤大半"，失去了战争的主动权，不得已决定退兵。司马师瞅准时机，"要其归路，俭帅诸将以为后继"，在诸葛恪可能经过的地方设下埋伏。诸葛恪惊慌逃跑，魏军乘胜追击，大破东吴军队，斩首万余级。

一人之下万人之上的司马师掌权后，对曹氏家族及曹氏的支持者开展打击报复活动，轻的降职，重的斩杀。司马师的铁血政策使得朝中大臣人人自危，心惊胆战，唯恐会遭到司马师的毒手。就连魏主曹芳，面对司马师也是战栗不已，如针刺背。一日上朝，曹芳见到司马师带剑上殿，吓得慌忙下榻迎接。司马师见状不禁笑道："岂有君迎臣之礼也，请陛下稳便。"之后，朝中大臣纷纷奏事，司马师一人发号施令，"俱自剖断，并不启奏魏主"。下朝后，司马师"昂然下殿，乘车出内，前遮后拥，不下数千人马"。

魏正元元年（公元254年）春正月，天子与中书令李丰、后父光禄大夫张缉、黄门监苏铄、永宁署令乐敦、冗从仆射刘宝贤共同谋划，想让太常夏侯玄代替司马师，辅佐幼主。李丰的父亲李义，官至卫尉。李丰少年有才，十七八岁时已有清高名声，"识别人物，海内注意"。父亲李义担心他成名过早，就命令他闭门谢客，专心读书。司马懿、曹爽争权时，他任尚书仆射，周旋于二人之间，曹爽失败，他侥幸没有被杀。李丰与曹氏有姻亲关系，儿子李韬的妻子是魏帝曹芳的姐姐齐长公主，他本人又和曹爽的族弟夏侯玄、张皇后父亲张缉关系要好。

司马师执政，李丰为中书令，"虽宿为大将军司马师所亲待，然私心在玄"。李丰经常单独觐见曹芳，为魏帝曹芳出谋划策，谈论内容从不向外泄露，甚至司马师向他询问，他也不肯有半点吐露，司马师因此对李丰早有不满。李丰奏曰："臣虽不才，愿以陛下之明诏，聚四方之英杰，以剿此贼。"夏侯玄又说："臣叔夏侯霸降蜀，因惧司马兄弟谋害故耳；今若剿除此贼，臣叔必回也。臣乃国家旧戚，安敢坐视奸贼乱国，愿同奉诏讨之。"面对二人的激情，曹芳说："但恐不能耳。"李丰等见魏帝曹芳如此委屈，就哭着说："臣等誓当同心灭贼，以报陛下！"曹芳脱下龙凤汗衫，咬破指尖，写了血诏，授与张缉，嘱托他们说："朕祖武皇帝诛董承，盖为机事不密也。卿等须谨细，勿泄于外。"丰曰："陛下何出此不利之言？臣等非董承之辈，司马师安比武祖也？陛下勿疑。"

另一边，司马师秘密得知了此事，就派遣舍人王羡开车去迎接李丰，以商量事情的名义诱骗李丰上车。李丰不得不从，就跟着王羡上路。司马师见到李丰破口大骂，责问李丰为何谋害自己。李丰自知祸害到来，索性大骂司马师说："卿父子怀奸，将倾社稷，惜吾力劣，不能相禽灭耳！"司马师听到这句话大怒，"使勇士以刀环筑丰腰，杀之，夷三族。"

曹芳的努力化为乌有，司马师还不满足，要求曹芳废掉张皇后。面对手握重权的司马师，曹芳虽然不情愿，也无可奈何。张缉的女儿张皇后被迫出宫。几天后，忽然有消息说张皇后暴病身亡。可能是被司马师暗害而死。

魏帝曹芳的夺权战争全面失败，还损兵折将，连枕边人张皇后也莫名惨死，他却只能下诏表彰司马师的行为，将李丰等人当做乱臣贼子，以求自保。他下诏说："奸臣李丰等靖谮庸回，阴构凶慝。大将军纠虔天刑，致之诛辟。周勃之克吕氏，霍光之擒上官，曷以过之。其增邑九千户，并前四万。"司马师却辞让不受。

曹芳因为李丰、张缉的死深不自安，整日忧心忡忡。而司马师也"亦虑难作，潜谋废立"，就秘密勾结魏永宁太后，想换掉皇帝。

司马师终于不再等待，他召集百官，对群臣说："今主上荒淫无道，亵近娼优，听信谗言，闭塞贤路。其罪甚于汉之昌邑，不能主天下。吾谨按伊尹、霍光之法，别立新君，以保社稷，以安天下，如何？"在场的大臣听到这样的言论，碍于司马师的权势，自然没有一个人敢站出来反对，都随声附和。司马师随即取出早已准备好的废帝奏折，让列位大臣当场签字表示支持。随后，司马师调动军队包围了皇宫，让亲信郭芝把奏折送给皇太后。

这时在宫中皇太后正和曹芳相对坐着谈论事情。郭芝闯进去，对曹芳说："大将军欲废陛下，立彭城王据。"曹芳得知此事，气得站起来直接就走到内室去了，也没有向皇太后行礼。皇太后也大为恼火，甚至责问郭芝。郭芝理直气壮，振振有词回答说："太后有子不能教，今大将军意已成，又勒兵于外以备非常，但当顺旨，将复何言！"皇太后表示想见司马师，当面向他问清楚，"我欲见大将军，口有所说。"郭芝很是不耐烦，说："何可见邪？但当速取玺绶。"太后没有办法，只好照郭芝说的办，拿出了玉玺。曹芳来跟太后告别，一直在流眼泪。曹芳与太后并不是亲母子，此时因为境遇的悲惨，多年养育的情感迸发，两人相顾哭泣。"群臣送者数十人"，大臣也有来送别的，"太尉司马孚悲不自胜，余多流涕。"

司马孚是司马懿的亲弟弟、司马师兄弟的亲叔叔，当年已经是75岁的高龄了，看见曹芳退位离去，却"悲不自胜"。司马师也流下了两行鳄鱼的眼泪，对曹芳说："先臣受历世殊遇，先帝临崩，托以遗诏。臣复忝重任，不能献可替否。群公卿士，远瞿旧典，为社稷深计，宁负圣躬，使宗庙血食。"（《晋书·帝纪第二》）所谓"宗庙血食"，就是曹氏宗族的家天下能够长久地、一代接一代地延续下去。一阵冠冕言论之后，"使使者持节卫送"曹芳离去。

送走曹芳的司马师大喜，决定立刻立曹据为帝。但是太后不同意，说："彭城王，我之季叔也，今来立，我当何之！且明皇帝当绝嗣乎？吾以为高贵乡公者，文皇帝之长孙，明皇帝之弟子，于礼，小宗有后大宗之义，其详议之。"

这年秋天九月，太后下令曰："皇帝春秋已长，不亲万机，耽淫内宠，沈嫚女德，日近倡优，纵其丑虐，迎六宫家人留止内房，毁人伦之叙，乱男女之节。又为群小所迫，将危社稷，不可承奉宗庙。"太后意图立魏明帝的弟弟曹霖的儿子曹髦为新一任皇帝，司马师虽然不同意，几次争执，最后也不得不"乃从太后令"。

十四岁的曹髦被立为帝，改元"正元"，这无疑又是一个傀儡皇帝，朝中实权先后由司马师和司马昭掌握。

曹芳搬出洛阳，在河内郡重门营建齐王宫，过上了诸侯王的生活，享有诸侯王的待遇。失去皇帝宝座的曹芳，又做了二十年的诸侯王才死掉。西晋代魏时，他的封号由"齐王"改为邵陵县公，西晋泰始十年（公元274年）病逝，享年43岁。

自寻死路的曹髦

北魏孝庄帝元子攸是一个傀儡皇帝，鲜卑人体内的热血燃烧着他的斗志。这股热血让他不甘只是当木偶一样的傀儡，让他不甘让朝堂上耀武扬威的尔朱荣颐指气使，他要奋斗，要改变自己的命运。当大臣向他建议铲除尔朱荣时，他慷慨陈词："宁作高贵乡公死，不为常道乡公生"。

他要效仿的，正是曹魏的第四任皇帝：曹髦。而他所不齿的"常道乡公"，即是曹髦之后的曹奂，曹奂从傀儡皇帝的位置上退下来，还无忧无虑地活到57岁。

元子攸终于亲手杀了尔朱荣，他也真的如他崇拜的曹髦一样，最终死在了敌人的手里，他死后谥号孝庄。谥法解中说：刚强直理曰武，执义扬善曰怀；秉德不回曰孝，胜敌志强曰庄。他比曹髦幸福，曹髦死后没有谥号，但是原本的封号"高贵乡公"，却是曹髦一生最好的总结。

曹髦，字彦士，魏文帝曹丕的嫡孙，魏国的第四任皇帝。钟会对他的评价相当高，说他“才同陈思，武类太祖。”

曹芳被废后，百官商量的结果是，迎接高贵乡公曹髦为新一任皇帝。

数日后，曹髦一行人终于走到了洛阳，“群臣迎拜西掖门南”，一班大臣终于盼来新主子，见到曹髦赶紧行礼。曹髦见状，诚惶诚恐地下车，要向大臣回礼。这时有人拦住曹髦说：“仪不拜。”百官向天子行礼天经地义，您不用还礼了。曹髦淡淡地回应：“吾人臣也。”话音刚落就向百官答礼。曹髦的车走到止车门下，按规定，百官驾车走到这里都应下车步行入宫，左右大臣提议说：“旧乘舆入。”曹髦很是谦虚，只是说：“吾被皇太后征，未知所为！”“遂步至太极东堂，见于太后”。有这样一位谦恭有礼的君主，“百僚陪位者欣欣焉”。这一年，曹髦刚满十四岁。

尽管曹髦只有十几岁，对自己的处境却有极为清醒的认识。曹髦继承了曹氏的文艺基因，书法、绘画都很擅长，是个才子。他却不安于做一个每天喝喝茶、写写字的无能傀儡，他关心政事，派官员深入民间了解民情，对玩忽职守的地方官加以惩戒；又下令减少宫廷开支；下诏安抚死难将士及家属。司马师死后，接手的司马昭也是一个目中无人的权臣。甚至比司马师更霸道，朝中大小事务只要告诉他就行，不用通知傀儡曹髦了。

雅好文学的曹髦写了一首诗表达自己对境遇的不忿：“龙者，君德也。上不在天，下不在田，而数屈于井，非嘉兆也。”诗中，曹髦将自己比作受困的龙，说这条龙正受泥鳅、黄鳝的欺负。司马昭听说了这首《潜龙》诗，对这个不听话的傀儡很是不满。余怒未消的司马昭执剑上殿，有的大臣见状，赶忙用拍马屁的方式缓和一下尴尬的气氛，说他应该加封为晋公。曹髦听到这句话，心中很是不情愿。

曹髦“见威权日去，不胜其忿”。他召集侍中王沈、尚书王经、散骑常侍王业，无比痛恨地说：“司马昭之心，路人所知也。吾不能坐受废辱，今日当与卿等自出讨之。”

王沈、王经等人劝曹髦三思而行：“昔鲁昭公不忍季氏，败走失国，为天下笑。今权在其门，为日久矣，朝廷四方皆为之致死，不顾逆顺之理，非一日也。且宿卫空阙，兵甲寡弱，陛下何所资用，而一旦如此，无乃欲除疾而更深之邪！祸殆不测，宜见重详。”

年少轻狂的曹髦哪里还能忍受，他取出“怀中版令投地”，毅然决然地说：“行之决矣。正使死，何所惧？况不必死邪！”王沈、王经看见这个傻帽气的皇帝，慌忙自保，直接跑到司马昭那里去告密。曹髦一路叫着“是可忍也，孰不可忍也！今日便当决行此事”，一面向太后表明心志，愿意跟司马昭拼个你死我活。雷厉风行的曹髦哪里还需要勤王的兵马，他“遂帅僮仆数百，鼓噪而出”，气急败坏的曹髦只带领几百个侍卫、太监就想跟司马昭拼命，司马昭这边带领大军来战。中护军贾充在南阙下跟曹髦展开激战，曹髦亲自拔出剑来迎敌，并大呼自己是天子。大伙一看皇帝自己都拔剑，有点傻眼，“众欲退”，太子舍人成济慌了神，赶紧请示贾充：“事急矣。当云何？”贾充很激动：“畜养汝等，正谓今日。今日之事，无所问也。”成济一听这话，哪里敢不拼命，直接拿把刀朝曹髦刺了过去，没想到用力过猛，直接把曹髦刺穿了，小皇帝曹髦当场毙命。这时“暴雨雷霆，晦冥”。

曹髦用自己的死换来了做人的尊严。陈寿说他“轻躁忿肆，自蹈大祸”，这只是针对最后的结果而言的，因为他死掉了，所以是“大祸”，可是单看他的死，是何其地刚烈。

曹髦死后，朝廷“葬高贵乡公于洛阳西北三十里瀍涧之滨”。老百姓知道了，都过来围观，叹息说："是前日所杀天子也。"纷纷"掩面而泣，悲不自胜"。

多年之后，晋明帝问温峤为什么司马家能坐拥天下，温峤不知道该如何回答。明帝又问王导，王导"乃具叙宣王创业之始，诛夷名族，宠树同己。及文王之末，高贵乡公事。宣王创业，诛曹爽，任蒋济之流者是也"。明帝没有想到得到天下居然要杀戮这么多，"覆面箸床曰：'若如公言，晋祚复安得长远！'"曹髦如果在天有灵，听见这句话，也可以含笑九泉了。

因为讨厌，所以叛变

曹髦为皇帝后，下旨令司马师"登位相国，增邑九千，并前四万户；进号大都督、假黄钺，入朝不趋，奏事不名，剑履上殿；赐钱五百万，帛五千匹，以彰元勋"。司马师辞谢不受。位极人臣的司马师用极大的权力换来了极大的满足，也换来了反对者的行动。

当时全国武装力量基本掌握在司马氏手中，只有镇东将军毌丘俭掌握了一部分兵力。毌丘俭平时和夏侯玄、李丰关系友好，夏侯玄等人被杀后，毌丘俭对司马师深感不满，对自己的处境也常感不安。扬州刺史文钦英勇善战，武艺绝伦，他和曹爽是同乡，以前很得曹爽厚爱，就依仗曹爽威势欺压别人，曹爽被杀，失去靠山的文钦经常受司马师打压，因此而生怨恨之心。毌丘俭与文钦一拍即合，决定反抗司马师，这次的行动也是历史上所谓"淮南三叛"之一。

毌丘俭、文钦发布起兵檄文，历数司马师的十一条罪状：其一，"盛年在职，无疾托病，坐拥强兵，无有臣礼，朝臣非之，义士讥之，天下所闻"；其二，"懿造计取贼，多春军粮，克期有日。师为大臣，当除国难，又为人子，当卒父业。哀声未绝而便罢息，为臣不忠，为子不孝"；其三，"贼退过东关，坐自起众，三征同进，丧众败绩，历年军实，一旦而尽，致使贼来，天下骚动，死伤流离"；其四，"师遂意自由，不论封赏，权势自在，无所领录"；其五，诛杀李丰；其六，不顾大义；其七，杀张缉，逼走张皇后；其八，不奉法度；其九，"领军许允当为镇北，以厨钱给赐，而师举奏加辟，虽云流徙，道路饿杀，天下闻之，莫不哀伤"；其十，"三方之守，一朝阙废，多选精兵，以自营卫，五营领兵，阙而不补，多载器杖，充聚本营，天下所闻，人怀愤怨，讹言盈路，以疑海内"；其十一，"合聚诸籓王公以著邺，欲悉诛之，一旦举事废主"。

魏正元二年（公元255年）春正月，毌丘俭、文钦举兵作乱，并把自己的四个儿子当成人质送到东吴，向孙亮讨好，希望东吴给予支持，却事与愿反，却并未得到东吴的大力支援。二月，毌丘俭、文钦集合了五六万人渡过淮河由寿春向西进发，没有办法直捣洛阳，也不能占领许昌，走到了河南项城被迫停住了。

毌丘俭、文钦兴兵作乱的消息传到洛阳，司马师召集百官公卿商议退敌之法，"朝议多谓可遣诸将击之"，大部分的大臣建议派遣可靠的将领引兵出击，但是王肃及尚书傅嘏、中书侍郎钟会"劝帝自行"，觉得司马师亲自挂帅更为妥当。司马师最终听取了王肃等人的建议，"统中军步骑十余万以征之"。他"倍道兼行，召三方兵，大会于陈许之郊"。多年前关羽在汉水之滨水淹七军，生擒于禁，蜀国取得如此大胜，大有向北争夺曹魏天下之势。后来关羽被吕蒙算计，东吴夺取荆州时，攻击蜀军将士家属，蜀军因此变得不堪一击，瞬间被东吴瓦解。王肃引用关羽的例子向司马师建议，下令淮南地区将士的父母妻子禁止与毌丘俭、文钦军中的一切联系，失去骨肉至亲消息的叛军自然新生厌战，也会很快像关羽一样迅速瓦解。

司马师率大军到达隐桥，毌丘俭、文钦军中的将领史招、李绩相次来降。司马师派遣荆州刺史王基进据南顿，占领战略高地。之后司马师屯兵汝阳，采用光禄勋郑袤计策，“帝深壁高垒，以待东军之集”，并不着急用兵。“诸将请进军攻其城”，司马师手下的人很是心急，纷纷劝司马师用兵出击。然而对此，司马师分析到：“诸君得其一，未知其二。淮南将士本无反志。且俭、钦欲蹈纵横之迹，习仪秦之说，谓远近必应。而事起之日，淮北不从，史招、李绩前后瓦解。内乖外叛，自知必败，困兽思斗，速战更合其志。虽云必克，伤人亦多。且俭等欺诳将士，诡变万端，小与持久，诈情自露，此不战而克之也。”司马师希望时间可以让毌丘俭、文钦军中自生内乱，之后一举荡平。同时派出“诸葛诞督豫州诸军自安风向寿春，征东将军胡遵督青、徐诸军出谯宋之间，绝其归路。”

毌丘俭、文钦已身处司马师军战略包围之中，进攻，不能取胜；退兵，害怕寿春被攻击，陷入了进退两难无计可施的境地。加上淮南将士家属大多在北地，现两相隔绝，军中人心涣散，全无斗志，联络投降司马师的络绎不绝。

另外，司马师“遣兖州刺史邓艾督太山诸军进屯乐嘉，示弱以诱之”，另外，邓艾带了一万多名“泰山诸军”，故意做出不堪一击的样子，引诱毌丘俭、文钦出击，一面架设浮桥迎接司马师大军。毌丘俭果然中计，派文钦率军争夺乐嘉，当文钦部队向乐嘉疯狂扑来时，却发现司马师大军早已“潜军衔枚，轻造乐嘉”，隐秘赶到，文钦军顿时惊慌失措。

文钦之子文鸯此时刚满十八岁，血气方刚，“勇冠三军”，主动请战趁夜暗偷袭敌营，跟文钦说：“及其未定，请登城鼓噪，击之可破也”。文鸳击鼓三噪，文钦却未能看准时机发兵出击，文鸳只能退走东去。之前司马师“目有瘤疾，使医割之”，出兵之前刚刚做了肿瘤切除手术，这时又目疾发作，头痛如裂，正在帐中痛苦煎熬，得知敌人突然来袭，一惊之下眼球怦然突出，他为了不乱军心，强忍住剧痛，用被子蒙住头，牙齿紧紧咬住被子一角，被子都他咬破，“啮被败而左右莫知焉”。

获悉文鸳退兵，司马师抓住时机，对诸将说：“钦走矣。”下令派遣精锐部队乘胜追击。诸将却说：“钦旧将，鸯少而锐，引军内入，未有失利，必不走也。”显然担心文鸳有诈，劝说司马师不要追击，以免中计。司马师不以为然，说：“一鼓作气，再而衰，三而竭。鸯三鼓，钦不应，其势已屈，不走何待？”文钦果然准备率军逃跑，文鸯不服，跟父亲说：“不先折其势，不得去也。”“乃与骁骑十余摧锋陷阵”，文鸳亲自率数十名骁骑回头冲击魏兵，“所向皆披靡”，所到之处，魏兵无人能敌，“遂引去”，只能纷纷向后避退。司马师派勇将“左长史司马琏督骁骑八千翼而追之，使将军乐林等督步兵继其后”，“频陷钦阵，弩矢雨下，钦蒙盾而驰，大破其军，众皆投戈而降。”文钦、文鸳夫子“与麾下走保项”。“俭闻钦败，弃众宵遁淮南”。

毌丘俭听到文钦战败的消息大为惊恐，丢弃部队连夜逃走，随行的兵马并没有多少，一路上众叛亲离，最后只得孤身一人躲在路边水草中，被随后赶上的魏安丰津都尉张属搜出来，杀死。文钦父子走投无路，被迫投奔东吴。吴国授予文钦幽州牧，又封他为谯侯，号“镇北大将军”。毌丘俭的弟弟毋丘秀，也逃去了东吴。而留在魏国的毋丘氏与文氏两家的人，毫无例外被司马师屠杀，并被灭三族，淮南之乱至此得到平息。司马师班师，“闰月疾笃，使文帝总统诸军”，将军队大权交给了他的弟弟司马昭。至许昌，病卒，时年四十八岁。

魏帝曹髦“素服临吊”，并下诏说：“公有济世宁国之勋，克定祸乱之功，重之以死王事，宜加殊礼。其令公卿议制。”“有司议以为忠安社稷，功济宇内，宜依霍光故事，追加大司马之号以冠大将军，增邑五万户，谥曰武公”。司马昭上表辞让说：“臣亡父不敢受丞相相国九命之礼，亡兄不敢受相国之位，诚以太祖常所阶历也。今谥与二祖同，必所祗惧。昔萧何、张良、霍光咸有匡佐之功，何谥文终，良谥文成，光谥宣成。必以文武为谥，请依何等就加。”

司马炎接受禅位，建立晋国后，追尊司马师为景皇帝，庙号世宗。《晋书·景帝纪》评说：“世宗以睿略创基，太祖以雄才成务。事殷之迹空存，翦商之志弥远，三分天下，功业在焉。及逾剑销氛，浮淮静乱，桐宫胥怨，或所不堪。若乃体以名臣，格之端揆，周公流连于此岁，魏武得意于兹日。轩悬之乐，大启南阳，师挚之图，于焉北面。壮矣哉，包举天人者也！为帝之主，不亦难乎。”

我害怕，我叛变

诸葛诞是诸葛亮的堂弟。他与夏侯玄、邓飏、田畴四人并称为“四聪”。魏明帝朝，明帝因为厌恶他浮华虚荣，故而被“免官、废锢”。

魏嘉平三年（公元251年），太尉王淩不满司马氏掌政，乃与外甥令狐愚、楚王曹彪等谋划除去司马懿。不想事情泄露，司马懿秘密部署，任用司马师率军征伐，以诸葛诞为镇东将军、假节、都督扬州军事，事成后诸葛诞被封山阳亭侯。

诸葛诞与夏侯玄、邓飏都是好哥们儿，好哥们儿的相继被杀，让他受的刺激有点大，总是担心自己也追随自己的好兄弟而去。时局动荡，他只能打碎了牙齿和血吞，有再多的苦水也只能往肚子流。毌丘俭、文钦在淮南造反时，本来想拉诸葛诞一起下水，“遣使诣诞，招呼豫州士民”。可是诸葛诞不想蹚浑水，他“诞斩其使，露布天下，令知俭、钦凶逆”。

诸葛诞旗帜鲜明地参加平叛，事后被封镇东大将军，仪同三司，都督扬州诸军事。安徽寿春十多万人得知毌丘俭、文钦战败，担心受到株连，“悉破城门出，流迸山泽，或散走入吴”。东吴的大将孙峻、吕据、留赞等闻淮南乱，“乃率众将钦径至寿春”，力图做最后的努力，此时诸葛诞领兵镇守淮南，东吴方面无机可乘，只得撤退，诸葛诞派遣“将军蒋班追击之，斩赞，传首，收其印节”。此事之后，诸葛诞以功劳卓著，“进封高平侯，邑三千五百户，转为征东大将军”。

亲眼目睹世事无常的诸葛诞心内颇不平静，好兄弟的相继被杀，毌丘俭、文钦一个被杀，一个被迫逃亡，淮安动荡的苦楚，都给了诸葛诞极大的震撼，他“惧不自安”。于是他动用国家库藏，“倾帑藏振施以结众心，厚养亲附及扬州轻侠者数千人为死士”，收买军心民心；又赦免罪犯，又借口防御东吴出兵徐堨，请求朝廷在淮南地区增派十万军队，并沿河滩河筑垒作为防备。

执政不久的司马昭对镇守地方的大将心生猜疑，就派出使者，以慰问前方将士的名义，考察一番，刺探情报。贾充到淮南见诸葛诞，谈到了对于时局的看法，就试探说：“洛中诸贤，皆愿禅代，君所知也。君以为云何？”诸葛诞厉声反驳说：“卿非贾豫州子？世受魏恩，如何负国，欲以魏室输人乎？非吾所忍闻。若洛中有难，吾当死之。”贾充看到诸葛诞这样坚决的态度，也不好再说什么。

贾允回京，一面跟司马昭汇报情况，一面针对诸葛诞提出了自己的意见，向司马昭献计说：“诞在扬州，有威名，民望所归。今征，必不来，祸小事浅；不征，事迟祸大。”司马昭听从贾允建议，授予诸葛诞司空的官职，并让他回京师，试图用升官的方式，让诸葛诞远离自己的势力范围淮南，从而解除他的兵权。诸葛诞接诏书后心生疑惑，以为是扬州刺史乐綝告发自己。便带领“左右数百人至扬州”，扬州人见诸葛诞大军前来，想要关闭城门，诸葛诞怒斥道：“卿非我故吏邪！”守城的官兵都是诸葛诞的部下，便打开城门放他进城，诸葛诞“径入”，乐綝慌忙逃走，却最终被诸葛诞所杀。

魏甘露二年（公元257年）五月，诸葛诞公开造反，“敛淮南及淮北郡县屯田口十馀万官兵，扬州新附胜兵者四五万人”共十五万人于寿春。城中早已准备好一年多的粮食，打算长期固守；诸葛诞又“遣长史吴纲将小子靓至吴请救”，请求东吴出兵救援。诸葛诞反叛的消息传到洛阳，司马昭立即以皇后和太后名义发布命令。调集二十六万大军屯驻丘头（今河南沈丘），任命镇南将军王基暂时代理镇东将军职务，都督扬州、豫州诸军事，与安东将军陈骞等人一同领兵围攻寿春。

东吴方面得知消息后大喜，积极响应诸葛诞请求，“遣将全怿、全端、唐咨、王祚等，率三万众，密与文钦俱来应诞”。“是时镇南将军王基始至，督诸军围寿春，未合”。魏军的合围态势尚未形成，全怿、文钦等依山势进入城内。吴将朱异率军三万兵驻屯安丰，作为全怿等人外援。

司马昭下令军队在城外防守，主将王基认为不可，他主张快速进攻。“初围寿春，议者多欲急攻之，大将军以为：城固而众多，攻之必力屈，若有外寇，表里受敌，此危道也。今三叛相聚于孤城之中，天其或者将使同就戮，吾当以全策縻之，可坐而制也。”（《三国志·吴书·诸葛诞传》）司马昭认为王基言之有理，授予他临机专断之权。

之后司马昭“督中外诸军二十六万众，临淮讨之”，在丘头屯兵。下令王基“及安东将军陈骞等四面合围，表里再重，堑垒甚峻”。又“使监军石苞、兖州刺史州泰等，简锐卒为游军，备外寇”。文钦等数次出战，希望突出重围，却落败而逃。东吴接着派遣朱异率领大军来支援诸葛诞等，朱异把辎重留在都陆，轻兵进至黎浆，“渡黎浆水”，周泰等人率众力战，“每摧其锋”。留在都陆的辎重、粮食等都被泰山太守胡烈出奇兵纵火烧毁，吴兵粮食短缺，不得已靠食葛叶才得以退兵，孙綝“以异战不进，怒而杀之”。此时诸葛诞方面“城中食转少，外救不至，众无所恃”，陷入了危险的境地。

诸葛诞手下的将军蒋班、焦彝向诸葛诞分析东吴的情况说：“朱异等以大众来而不能进，孙綝杀异而归江东，外以发兵为名，而内实坐须成败，其归可见矣。”他们建议“今宜及众心尚固，士卒思用，并力决死，攻其一面，虽不能尽克，犹可有全者。”但是文钦不同意：“江东乘战胜之威久矣，未有难北方者也。况公今举十馀万之众内附，而钦与全端等皆同居死地，父子兄弟尽在江表，就孙綝不欲，主上及其亲戚岂肯听乎？且中国无岁无事，军民并疲，今守我一年，势力已困，异图生心，变故将起，以往准今，可计日而望也。”尽管班、彝极力劝阻，文钦不耐烦，扬言要杀掉二人。蒋班、焦彝眼看大势已去，就背弃诸葛诞投降，“逾城自归大将军”。司马昭便使用反间计，“以奇变说全怿等，怿等率众数千人开门来出。城中震惧，不知所为。”

诸葛诞方面探听到魏军无粮，异常兴奋。司马昭又命令部队向敌示弱，使用反间计，扬言吴国救兵将至，故意表现出惊慌失措的样子。诸葛诞果然中计，被魏军种种假象所迷惑，认为司马昭很快就要退兵，城中之围指日可解，下令让士兵们放开胃口大吃大喝。城中粮草很快就被消耗，司马昭扬言的东吴的援军却迟迟未见踪影。诸葛诞一时没了主意，手下的将领也意见不一，有的主战，有的主张投降，军心大乱。与此同时，东吴方面也发生事变，全怿、全端等中了司马昭的反间计，率领部众、家属数千人出城投降，城中防守力量更加薄弱。

甘露三年（公元258年）正月，诸葛诞、文钦等率众对司马昭开始持续五六天的大规模进攻，想要突出重围。司马昭方面利用地形优势，“临高以发石车火箭逆烧破其攻具，弩矢及石雨下，死伤者蔽地，血流盈堑。”诸葛诞等无奈，只能退守不出，此时城中的粮草早已告急，出城投降的人数以万计。文钦又开始添乱，想要将军中所有的北方人都赶出城去，只留下自己信得过的南方人，如此一来还可以节省粮食，团结东吴方面继续战斗。

诸葛诞竭力反对，二人之间本来就有矛盾，只是因为同样的一个目标走到了一起，当这个目标已经不太可能实现的时候，矛盾便愈演愈烈。文钦在一次激烈争吵时被诸葛诞杀死，“钦子鸯及虎将兵在小城中，闻钦死，勒兵驰赴之，众不为用”。文鸯、文虎走投无路，翻越城墙投降司马昭。文钦父子曾是魏兵死敌，军中诸将纷纷要把二人杀死。司马昭却主张赦免二人，他劝大家说：“钦之罪不容诛，其子固应当戮，然鸯、虎以穷归命，且城未拔，杀之是坚其心也。”于是赦二人无罪，又派人到诸葛诞的阵地喊话：“文钦之子犹不见杀，其馀何惧？”又授于文鸳、文虎二人将军衔，赐爵关内侯。

城中守军听到呼喊，军心动摇，想投降的人自然心中窃喜，却又为粮草担忧，众将士饥饿难耐。这时司马昭“乃自临围”，亲自督战，命令魏军“四面进兵，同时鼓噪登城”，诸葛诞的军队畏惧不已，“无敢动者”。诸葛诞窘迫难当，跨上马背，命令手下近卫在小门上冲破一个缺口，慌忙逃走。

魏军于二月二十日攻破寿春，将诸葛诞斩首并灭三族。诸葛诞手下百余人投降曹魏，司马昭下令宽大处理，竟有人主动请死，“为诸葛公死，不恨。”诸葛诞多年经营的威望可见一斑。吴将唐咨、王祚、徐韶等率部属投降。魏军中多认为淮南地区叛逆严重，东吴将领的家室又在江南，即便现在投降，有朝一日也会叛逃回东吴，主张全部坑杀他们，司马昭却表现出空前大度说：“古之用兵，全国为上，戮其元恶而已。吴兵就得亡还，适可以示中国之弘耳。”投降魏国的东吴将士不但没有被杀，反而被司马昭分别安置到河南、河东、河中三地。一时之间，司马昭颇得众望。

其中有一个叫唐咨的人，本是魏国人，后因变故逃走到东吴，官至左将军，封侯、持节。诸葛诞被斩杀，文钦已死，唐咨也被生擒，三个叛徒头子均落网，魏军士气大振，拍手称快。司马昭拜唐咨为安远将军，唐咨手下的将领也都一个不杀，让他们各司其职，东吴的将领都被司马昭的气度折服。东吴方面也仿效司马昭的行为，对于投降的魏军将士，“皆不诛其家”。淮南人民也是被诸葛诞逼迫，才反抗魏国，司马昭便赦免了一众人等，只斩杀了诸葛诞一人，并“听鸯、虎收敛钦丧，给其车牛，致葬旧墓”。司马昭的举动赢得了无数人心。

战后，司马昭被封晋公，进位相国，“增邑万户，食三县，诸子无爵者皆封列侯。”（《晋书·帝纪二》）

姜维不休息

殚精竭虑的诸葛亮病死于五丈原后，姜维成为诸葛亮军事上的继承者，历任司马、镇西大将军，兼任凉州刺史、卫将军、大将军等职。在二十多年之间，姜维共进行了十一次北伐，完全继承了诸葛亮生前制定的“以攻代守，积极北伐”的战略。

姜维历次北伐魏国，蜀、魏两国互有胜负。其中蜀国大胜两次，小胜三次，平手四次，大败一次，小败一次。对于姜维屡屡出兵，连年征战的做法，历来评价不一。蜀将廖化曾说："连年征伐，军民不宁，兼魏有邓艾，足智多谋，非等闲之辈"，建议勿"强欲行难为之事"。持此论者认为，姜维北伐造成了蜀国"兵困民疲"。何况，蜀国坐拥四川地区，地险民强，易守难攻。另有观点认为姜维此举，意在以攻为守，再有，黄皓专权，姜维如果不连年用兵，军权恐不能保。

蜀延熙十七年（公元254年），姜维主持蜀国内外军事。同年二月，魏中书令李丰与皇后之父光禄大夫张缉等密谋铲除司马师，以太常夏侯玄代替司马师辅佐曹芳。此事不慎走漏风声，司马师知晓后，杀掉李丰、夏侯玄等人，并灭三人三族，逼魏帝曹芳废掉张皇后，由是权倾朝野，无人能敌。六月，姜维乘魏国内乱刚平，率军攻魏，张嶷抱病助姜维出征，"魏狄道长李简密书请降"，姜维占狄道（今甘肃临洮）。

蜀荡寇将军张嶷，字伯岐，今四川南充人。张嶷"出自孤微，而少有通壮之节"，虽然苦寒出身，少时就有胆色。二十岁时做县里的功曹。姜维此次伐魏，张嶷严重的风湿病已经恶化到不能走路的地步，必须依靠拐杖才能站立。有人提议把张嶷留在后方养病，支援前线战事即可，不需要跟随大军长途跋涉，但是张嶷却执意跟随大军北伐。大军出发之前，张嶷上书刘禅表白心愿说："臣当值圣明，受恩过量，加以疾病在身，常恐一朝陨没，辜负荣遇。天不违原，得豫戎事。若凉州克定，臣为籓表守将；若有未捷，杀身以报。"（《三国志·蜀书·张嶷传》）后主看了深受感动，"慨然为之流涕"，拜张嶷为都转运粮使。

十月，张嶷"军前与魏将徐质交锋，嶷临阵陨身，然其所杀伤亦过倍"。张嶷死后，蜀国封他的长子瑛为西乡侯，次子护雄承袭了他的爵位，以示表彰他的功绩。张嶷曾经在南中做官，颇有政绩，很得南中百姓人心，南中人得知张嶷的死讯，"无不悲泣，为嶷立庙，四时水旱辄祀之"。陈寿也评价他说："嶷慷慨豪烈，士人咸多贵之；然放荡少礼，人亦以此为讥焉"。

姜维率部继续前行，进围襄武，击败魏军。在铁笼山，蜀军再度与徐质交手，这次换做徐质大败，并被乱军所杀。张嶷可以瞑目了。魏军大败撤退，姜维乘胜进击，破河关、临洮等县，并迁河关、临洮、狄道三县民入川。此战，蜀国大胜。

第二年，即蜀国延熙十八年、魏正元二年（公元255年）七月，司马师身故，其弟司马昭执掌魏国军政大权。姜维见司马师一死，司马昭当权，新旧交替，魏国政局变换不稳之时，再度兴兵伐魏，命督车骑将军夏侯霸、征西大将军张翼等数万人攻魏。《三国志·蜀书·姜维传》记载："后十八年，复与车骑将军夏侯霸等俱出狄道，大破魏雍州刺史王经于洮西，经众死者数万人。经退保狄道城，维围之。魏征西将军陈泰进兵解围，维却住钟题。"

这年八月，姜维佯装三路进军。此时负责魏国西部战事的是将军陈泰。陈泰，字玄伯，河南许昌人。司马懿政变的时候，陈泰曾经劝说曹爽向司马氏投降。事变结束，陈泰因此受到司马家族的信任，之后外出到雍州任职，给予兵权，他多次成功防御蜀将姜维的进攻，在当时是魏国西部的最高军事长官。

相比陈泰的老资历，雍州刺史王经是新官上任。王经，字彦纬，河北清河人，王经将具体情况报告陈泰。陈泰认为蜀军不会分数路而来，"且兵势恶分，凉州未宜越境"，就命令王经说："审其定问，知所趣向，须东西势合乃进。"他要王经坚守狄道（今甘肃临洮），待他率主力自陈仓（今陕西宝鸡东）到达后，再钳击蜀军。之后，姜维到达枹罕（今甘肃临夏东北），向狄道（今甘肃临洮）进军。陈泰领兵进军陈仓。王经的部队几次与蜀军交手，均战败，王经于是只能渡过临洮。陈泰闻后，认为王经不占据狄道，恐生变故，即遣大军前往支援，"并遣五营在前，泰率诸军继之"。不过为时已晚，王经在甘肃地区再度与蜀军遭遇，又大败，最后只有万余人退守到狄道，姜维于是乘胜围狄道城。

战事失利，魏国派遣长水校尉邓艾为安西将军，与征西将军陈泰并力抵抗姜维。接着，又派遣太尉司马孚为后继。这年冬天十月，魏帝下诏说道："朕以寡德，不能式遏寇虐，乃令蜀贼陆梁边陲。洮西之战，至取负败，将士死亡，计以千数，或没命战场，冤魂不反，或牵掣虏手，流离异域，吾深痛愍，为之悼心。其令所在郡典农及安抚夷二护军各部大吏慰恤其门户，无差赋役一年；其力战死事者，皆如旧科，勿有所漏。"

蜀军显然给予魏国西部地区以重创。一个月后，魏国因为西部地区连年受敌，"或亡叛投贼，其亲戚留在本土者不安，皆特赦之"，对在蜀国用兵之时投降叛逃的人民实行特设。又下旨宽慰死去的将士、臣民："往者洮西之战，将吏士民或临陈战亡，或沈溺洮水，骸骨不收，弃于原野，吾常痛之。其告征西、安西将军，各令部人于战处及水次钩求尸丧，收敛藏埋，以慰存亡。"

这次战役是三国时期蜀国北伐进行的最大的歼灭战，魏国折兵数万，二度下诏安抚，蜀国"破军杀将"，魏国"仓廪空虚，百姓流离，几于危亡"。姜维的声望也因此达到了顶峰。

再让我北伐一次吧

宋相王安石缅怀诸葛武侯时曾说："崎岖巴汉间，屡以弱攻强。"诸葛亮与姜维，蜀国的两位军事家，屡屡兴兵北伐，却屡屡失利而还，后人对此的评价也是褒贬不一。

姜维是诸葛亮军事上的继承人，也继承了诸葛亮的北伐策略。诸葛亮六出祁山，虽然无功而返，却因他辛苦勤政、殚精竭虑，成为后代著名的宰相。"汉贼不两立，王业不偏安"，多少人读到诸葛亮命丧五丈原，都不禁唏嘘扼腕。可是去除掉这些情感因素，从蜀国的战略层面考量，诸葛亮及其后继者姜维采取的进攻态势最终换来的结果只是徒耗国力，颇有以卵击石的意味。

诸葛亮数次北伐，动员了蜀国的上下之力，刘备的"荆州集团""空降"成都，成了领导人，自然有人不服，通过北伐，各种资源跟军事力量几乎都为"荆州集团"所拥有。此外，刘备、诸葛亮等以汉朝皇叔正统自居，如果不屡次北伐，在诸葛亮时代，的确会缺少一种政治资本。北伐，是在外事角度上解释蜀国的合法性，为了更好地掌握成都。

后代人通过各种演义，塑造了一个"鞠躬尽瘁死而后已"的忠臣形象，诸葛亮俨然已经成为忠臣的代名词，鼓舞了后代的仁人志士。对诸葛先生的小错，并没有像很多历史论著那样为尊者讳，因为他过于光辉的形象已经足以让人本着"瑕不掩瑜"的包容去看待。

而他的继承人姜维，就没有这么好运，也没有那么好命，陈寿说他"粗有文武，志立功名，而玩众黩旅，明断不周，终致陨毙"，也多少是一种代表性的观点。

蜀延熙二十年（公元257年）五月，诸葛诞在淮南起兵谋反，并联合东吴，一时声势壮大。司马昭亲率大军东下讨伐诸葛诞。姜维以为魏国后方空虚，就乘机攻魏秦川。十二月，姜维率兵数万出骆谷，到达沈岭。魏国两线作战，虽在长城积存了大量军粮，可以持久作战，但防守薄弱，畏敌情绪很高。听说姜维再度来犯，军心大乱，惊慌失措。

司马昭任用征西将军司马望和安西将军邓艾领兵作战，邓艾等人担心姜维突袭长城，就屯重兵防守长城沿线。姜维军队在芒水依山为营。司马望、邓艾也率军在附近安营扎寨。面对姜维的数次挑衅，邓艾、司马望不为所动，只是坚守，并不出兵迎敌。战争陷入胶着情形，蜀、魏两国长期对峙。第二年诸葛诞战败被杀，姜维闻讯，只得退兵。

同年，蜀国在西安、建威、武卫、石门、武城、建昌、临远等地设立固定驻防点，又命令汉中都督胡济退驻延寿、监军王含驻守乐城，护军蒋斌驻守汉城。刘备时代，魏延领兵镇守汉中地区，“皆实兵诸围以御外敌，敌若来攻，使不得入。及兴势之役，王平捍拒曹爽，皆承此制”。姜维于是上表建议：“臣以为错守诸围，虽合《周易》‘重门’之义，然适可御敌，不获大利。不若使闻敌至，诸围皆敛兵聚谷，退就汉、乐二城。使敌不得入平，臣重关镇守以捍之。有事之日，令游军并进以伺其虚。敌攻关不克，野无散谷，千里县粮，自然疲乏。引退之日，然后诸城并出，与游军并力搏之，此殄敌之术也。”姜维的计划实际上一种战略收缩。

蜀景耀四年（公元261年）冬十月，姜维出兵攻打洮阳，在侯和地区被邓艾击退。与段谷之败类似，姜维先是占据优势地形，最后却落败而退。失败之后，姜维并不着急赶回成都。庙堂之上，宦官黄皓专权，与右大将军阎宇相勾结，密谋夺取姜维的兵权。姜维本是魏国人，后投降蜀国，“累年攻战，功绩不立”，自然受到猜疑，姜维“故自危惧，不复还成都”。

这是姜维的最后一次北伐，以他受到猜忌而告终，此时的蜀国，已经不可能再度北伐，此时的姜维，也不可能再度北伐，因为，时间已经不允许了。

蜀景耀六年（公元263年），姜维担忧国事，给后主刘禅上表说：“闻钟会治兵关中，欲规进取，宜并遣张翼、廖化督诸军分护阳安关口、阴平桥头以防未然。”姜维防患于未然的建议本可以挽救蜀国的性命，可是黄皓迷信鬼神，“谓敌终不自致，启后主寝其事，而群臣不知”。等到钟会、邓艾的大军逼近，蜀国才想起来让“右车骑廖化诣沓中为维援，左车骑张翼、辅国大将军董厥等诣阳安关口以为诸围外助”。后邓艾从阴平小路奇袭蜀国，蜀国因此国破。

此时的蜀国，人才已经严重不足，姜维之外，只有降将夏侯霸可堪大用。

蜀国重臣郤正评价姜维说：“姜伯约据上将之重，处群臣之右，宅舍弊薄，资财无余，侧室无妾媵之亵，后庭无声乐之娱，衣服取供，舆马取备，饮食节制，不奢不约，官给费用，随手消尽;察其所以然者，非以激贪厉浊，抑情自割也，直谓如是为足，不在多求。凡人之谈，常誉成毁败，扶高抑下，咸以姜维投厝无所，身死宗灭，以是贬削，不复料擿，异乎《春秋》褒贬之义矣。如姜维之乐学不倦，清素节约，自一时之仪表也。”

孙盛的观点完全与郤正迥异：“姜维策名魏室，而外奔蜀朝，违君徇利，不可谓忠；捐亲苟免，不可谓孝；害加旧邦，不可谓义；败不死难，不可谓节；且德政未敷而疲民以逞，居御侮之任而致敌丧守，于夫智勇，莫可云也：凡斯六者，维无一焉。”

陈寿本为蜀臣，后为魏国臣子，对积极主张北伐的姜维，自然不可能大加赞赏，《三国志》的写作，也是多倾向于魏国。姜维的多次北伐，在蜀国内部肯定早生不满，陈寿有类似的情绪，毫不意外。况且陈寿的老师谯周并不主战，曾作《仇国论》攻击姜维。与孙盛的激烈言辞对比，已算仁义了。

《三国演义》卷末有诗感叹说：“孔明六出祁山前，愿以只手将天补；何期历数到此终，长星半夜落山坞！姜维独凭气力高，九伐中原空劬劳；钟会邓艾分兵进，汉室江山尽属曹。”

第六章　天要灭蜀：老大不争气一切都玩完

我就是那个钟会

“钟会伐蜀”是三国时期的重大事件，它直接导致了蜀国的灭亡，为伐吴之战做好了铺垫。钟会被人比作西汉谋士张良，他在此次战役中，据理力争，坚持伐蜀，起了无可替代的作用。

蜀国方面，在钟会伐蜀之前，由于姜维接连不断的北伐战争，人才匮乏，财政拮据，军事力量日渐消耗，人民苦不堪言。加之后主刘禅昏庸无能，宠信宦官黄皓，朝纲大乱。姜维知道蜀国的弱点，想励精图治，弹劾黄皓，不料反被黄皓逼害。后主刘禅也对姜维多次伐魏感到反感，对姜维心存芥蒂。姜维无地以安身立命，只好开垦农田，建设军队。蜀国人心不齐，内外产生严重分歧。

东吴和蜀国是共同进退的盟友，但孙权弥留之际，在谁继承皇位的问题上犹豫不决，犯了致命的错误，导致孙权死后吴国内部争权夺利，内部自相残杀，朝政日非，孙权苦心经营几十年的良好局面土崩瓦解，这时的东吴可以说是自顾不暇，更没有精力和实力去帮助蜀国。

曹魏方面，在政治上，司马氏经过高平陵政变掌握了魏国的政权，到司马懿的儿子司马昭时，曹姓皇帝已名存实亡，形同虚设。不过，司马昭即使掌握实权，但名义上的皇帝还是曹奂，司马昭是有实无名，曹奂是有名无实。同时，朝廷上下不满于司马氏的曹魏旧臣还是大有人在的，他们也等待时机，企图恢复曹魏政权，因此司马昭的专权地位并不牢固。

这些都是因为他所获得的一切并非名正言顺，在封建社会是很注重“名声”的。因此他急于寻找机会，这个机会可以让他名正言顺地代替曹奂，坐上皇帝的宝座。司马昭思前想后，再没有比统一大业更能提高他的威望，更有利于他做皇帝的事情，而且统一大业时机也已成熟。伐蜀大计便应允而生了。在军事上，邓艾屡次击退姜维率领的北伐军，于是魏国便开始准备讨伐蜀、吴，以便统一天下，但是朝内群臣鼠目寸光，都认为时机未到，唯独大将钟会表示赞同

钟会是太傅钟繇的小儿子，钟毓的弟弟。陈寿评价他说：“王凌风节格尚，毌丘俭才识拔干，诸葛诞严毅威重，钟会精练策数，咸以显名，致兹荣任，而皆心大志迂，不虑祸难，变如发机，宗族涂地，岂不谬惑邪！”钟会在伐蜀一事上表现出了卓越的军事才能，他认为蜀国经过多次的北伐战争，国力消耗极大，百姓疲惫，怨声载道，人心不齐，正是大举伐蜀的最佳时机。

然而只有钟会一人支持伐蜀是远远不够的，朝廷上下，多是反对的声音，就连一直活跃在蜀魏作战前线，对蜀国状况了如指掌的名将邓艾也反对伐蜀，认为伐蜀时机未

到，应慎重考虑。

客观地说，单从军事策略的角度看，反对伐蜀的声音不无道理:蜀国易守难攻，蜀军经过多年的北伐战争，在战术和战斗经验上都不可小觑，且有名将姜维领兵，加之还需时刻提防蜀国的盟友东吴，从两淮进犯，魏军两线作战，存在风险。反对者可能有着更加明智的策略，因为魏国实力雄厚，正在上升阶段，蜀国、吴国小，明显日趋衰落，当时有“天下九州，魏得其七，吴、蜀各得其一”的说法。由此可见，只要拖延时间胜利早晚是魏国的。诸葛亮在《后出师表》里就已担心：刘备经营蜀国数十载，知人善任，打造出自己的智囊团队；身经百战，培养了一批有战斗力的军队，一旦他们病死或战死，蜀国的人才储备和军事战斗力就无法补给。正因如此，向来谨慎、稳重的诸葛亮，明知蜀国实力不及曹魏却仍要不断北伐。等诸葛亮死后，蜀国果然出现了“蜀中无大将、廖化作先锋”的局面。姜维伐中原也只能让蜀国苟延残喘罢了。“不战而屈人之兵”这是兵法之上乘，只要拖延时间，蜀国必然灭亡。但是司马昭岂能等待蜀国自己灭亡，那还不知要等到什么时候。

司马昭既已决定伐蜀，伐蜀方略也已成竹在胸，“绊姜维于沓中，使不得东顾；直指骆谷，出其空虚之地以袭汉中。以刘禅之暗，而边城外破，士女内震，其亡可知也。”（《资治通鉴·魏纪十》）司马昭的目光是长远的，他的战略并不只局限于伐蜀，而是为将来伐吴也做好准备。先定蜀国，然后水陆并进灭东吴。

司马昭与众将谋曰：“自定寿春已来，息役六年，治兵缮甲，以拟二虏。略计取吴，作战船，通水道，当用千余万功，此十万人百数十日事也。又南土下湿，必生疾疫。今宜先取蜀，三年之后，在巴蜀顺流之势，水陆并进，此灭虞定虢，吞韩并魏之势也。计蜀战士九万，居守成都及备他郡不下四万，然则余众不过五万。今绊姜维于沓中，使不得东顾，直指骆谷，出其空虚之地，以袭汉中。彼若婴城守险，兵势必散，首尾离绝。举大众以屠城，散锐卒以略野，剑阁不暇守险，关头不能自存。以刘禅之暗，而边城外破，士女内震，其亡可知也。”（《三国志·蜀书·姜维传》）第二年，司马昭大力兴修船只以伐吴，派钟会镇守关中，以便多路并进，直取蜀国。

正在司马昭为伐蜀做准备的时候，远在沓中的姜维已经看破了司马昭的声东击西之计，并且对魏军的举动有所探知。蜀景耀六年（公元263年），姜维表奏后主：“闻钟会治兵关中，欲规进取，宜并遣张翼、廖化诣督堵军分护阳安关口、阴平桥头，以防未然”。但是，就在这千钧一发的紧要关头，黄皓不听姜维的劝告，却听信鬼神。他相信巫者的预言，禀告后主，认为敌人不会到来，自作主张把姜维的表章压下来，不予理睬，就连大臣也都不知道。可以说蜀国的灭亡，虽然是不可阻挡的，但黄皓绝对可称之为罪魁祸首。可怜刘备颠沛流离，诸葛亮殚精竭虑所建立的蜀国，竟然毁在这么一个无耻小人的手里。

蜀景耀四年（公元261年）司马昭命镇西将军钟会率兵十余万自长安出发，分兵三路，分别从骆谷（今陕西洋县与周至西南的通道）、斜谷（今陕西眉县至汉中的通道）和子午岭直取汉中；征西将军邓艾出狄道，率兵三万余进攻沓中，以牵制姜维，使姜维不得与蜀军其他部相互呼应，更不能返回支援蜀国；雍州刺史诸葛绪率兵3万余，由祁山进驻武街（今成县西），伺机占领阴平桥头，阴平桥是姜维通往蜀国的必经之路，阴平桥下是万丈深谷，桥头是险关要隘，险要的程度可与四川的剑门关相提并论，这样就断绝了姜维归蜀的后路。这绝对是一个高明的策略，当时蜀国主力跟随姜维留在沓中，汉中兵力不足，以邓艾和诸葛绪领军阻挠姜维回军，再集中优势兵力攻打汉中，那么就可以在最短的时间里攻下汉中，直取剑阁、成都。

魏国大军压境，后主刘禅慌忙之中才想起姜维的建议，于是匆匆布防，派左车骑将军张翼、辅国大将军董厥守阳安关口，一面派遣右车骑廖化前往沓中支援姜维。据《姜维传》记载："及钟会将向骆谷，邓艾将入沓中，然后乃遣右车骑廖化诣沓中为维援，左车骑张翼、辅国大将军董厥等诣阳安关口以为诸围外助。比至阴平，闻魏将诸葛绪向建威，故住待之。"同时大赦天下，改元炎兴，以求躲过这次灾难。但已为时晚矣。

蜀国没有看头了

由于诸葛瞻的战略失误，绵竹失守，蜀军大乱。邓艾乘胜追击，一鼓作气攻陷雒县（今四川广汉北），逼近成都。蜀国当时主要兵力都跟随姜维留在剑阁，而成都的守军是很少的。当蜀国上下听说魏军已经打到成都来了，都不知所措。对于现在的这种局面，后主刘禅更是没有想到。他听信黄皓等人的谗言，以为真的如鬼神所说，魏军是不会打来的，因此成都并没有太多士兵防守，没有做充分的作战准备。

等到魏军浩浩荡荡出现在成都时，蜀民溃散。刘禅也慌了手脚，于是急忙召集群臣，想听听各位大臣的意见。但是满朝文武，意见不一。有的主张弃蜀投吴，因为吴国是蜀国的盟友，孙吴必定不会见死不救。有的主张南下，因为南中七郡，地势险要，易守难攻，南下以图后事，将来说不好会卷土重来。说来说去也没有得出一个一致的结论。此时一向"不与政事"的谯周也参加了会议。前面我们讲过谯周因为作《仇国论》得罪了后主刘禅，后主刘禅解除了谯周的中散大夫职务，升任他为没有实权的光禄大夫。

在此次会议上谯周观点独树一帜，主张降魏。他首先驳斥了投奔东吴的主张，他认为，蜀国灭亡，下一个将是吴国，而吴魏两国，实力相差悬殊，魏国必能战败吴国。不论对吴国还是魏国，始终是为人臣，既然吴国灭亡是早晚的事，倒不如直接投降魏国，免得再次被俘。至于南下，更是行不通。首先，魏军志在灭蜀，如果南下，魏军必然追击，而南方平时尚且不安定，大敌当前，更难同仇敌忾，灭亡也是必然的。即使魏军不追击，我们据守南中，征收苛捐杂税，也会引起南中诸夷的叛乱。其次，大敌当前，人心涣散，恐怕没有人愿意南行。所以，倒不如不抵抗直接投降魏国，蜀国百姓即可以免遭战事，魏国也会优待我们。这才是最明智的选择。

谯周主降真的有道理吗？除此之外蜀国真的没有别的办法了吗？后来的史学家认为谯周降魏的做法是不明智的。东晋史学家孙盛在写这段历史的时候，认为如果后主刘禅没有听从谯周劝降的建议，而是奋力抵抗，蜀国是不会灭亡的。孙盛云："周谓万乘之君偷生苟免，亡礼希利，要冀微荣，惑矣。且以事势言之，理有未尽。禅既闇主，周实驽臣，方之申包、田单、范蠡、大夫种，不亦远乎！"

姜维的军队还留在剑阁，突然获悉绵竹失守。接着又听说，后主刘禅正固守成都，但也有人说后主投奔东吴去了，还有人说后主已经南下了，搞得姜维一头雾水，可见当时信息多么不发达。姜维害怕两头受袭，于是决定撤到巴西境，在途中接到投降的诏书。"将士咸怒，拔刀斫石"。军令如山，姜维只好奉诏投降。邓艾进驻成都，蜀国就此灭亡。

第七章　你争我斗：统一前的准备

邓艾功成遭构陷

“长坂桥头杀气生，横枪立马眼圆睁。一声好似轰雷震，独退曹家百万兵。”说的是张飞过河拆桥的故事，长坂坡一战，刘备大败，妻儿失散，赵云好不容易找到刘备的妻儿。这时曹操也追到了长坂桥。张飞据守长板桥，手持长矛，横眉竖眼，立马桥上。曹操心中害怕，不敢近前。张飞三声怒吼，吓死了曹操的大将夏侯杰，也吓退了曹操百万雄兵。曹兵撤退后，张飞担心他们返回来，于是下令将桥梁拆断，自己追刘备去了。曹操退兵后才知自己中计，得知“张飞已拆断桥梁而去。”于是下令追击。过河拆桥后来比喻达到目的后，就把曾经帮助自己的人一脚踢开。

邓艾也是一位杰出的军事家，除诸葛亮与司马懿之外，就要数邓艾了。他看法超群，极具远见，具有灵活的战略头脑。作战中料敌如神，始终能掌握战场的主动权，在与姜维的多次交锋中始终占上风。邓艾伐蜀偷渡阴平一役，堪称中国战争史上历次入川作战中最出色的一次，他的计谋加速了蜀国的灭亡，减少了人员伤亡，创造了中国军事史上光辉的一页。邓艾虽身为将领，在作战中亦能身先士卒，在生活中也能与将士同甘共苦，阴平道上，他在军中各方面都作出表率，部下十分信服，在他的带领下非常团结。士气高涨，战斗力旺盛。

“金无足赤，人无完人”，很少人能够做到急流勇退，明智保身。邓艾虽善于作战，却不善于自保。陈寿在《三国志·魏书·邓艾传》中对此作了客观的评论：“邓艾矫然强壮，立功立事，然暗于防患，咎败旋至，岂远知乎诸葛恪而不能近自见，此盖古人所谓自论者也。”邓艾立下奇功，却终于没能还都，可悲，可叹！

邓艾伐蜀，功不可没。他有些被胜利冲昏头脑。他曾对蜀国士大夫们说：“诸君赖遭某，故得有今日耳。如遇吴汉之徒，已殄灭矣。”他还说：“姜维自一时雄儿也，与某相值，故穷耳。”（《三国志·魏书·邓艾传》）其实人家背地里却嘲笑他如此肤浅。

他还擅自仿效东汉将军邓禹大肆加封官吏。要知道这可是欺君罔上之罪，他敢如此做如果不是真的昏了头脑，就是早有打算，但邓艾在此之前都不像是没有脑子的人。想必此时他已有叛乱之心了。

他拜刘禅行骠骑将军、蜀太子为奉车都尉、诸王为驸马都尉；他还让蜀国以前的大臣自己任命属下，根据他们的地位进行加封。邓艾任命师纂兼领益州刺史，任命陇西太守牵弘等人兼领蜀中各郡郡守。他还把在绵竹之战中死亡的战士跟蜀兵死者一起埋葬，并修建了一个高台，一则作为对后人的提醒，一则可以扩大自己的威严。这些，都成了野心家钟会置他于死地的口实。

姜维投降后，钟会大喜，上表司马昭，显示自己的功劳，他说："贼姜维、张翼、廖化、董厥等逃死遁走，欲趣成都。臣辄遣司马夏侯咸、护军胡烈等，径从剑阁，出新都、大渡截其前，参军爰青彡、将军句安等蹑其后，参军皇甫闿、将军王买等从涪南出冲其腹。臣据涪县为东西势援，维等所统步骑四五万人，擐甲厉兵，塞川填谷，数百里中首尾相继，凭恃其众，方轨而西。臣敕咸、闿等令分兵据势。广张罗网，南杜走吴之道，西塞成都之路，北绝越逸之径，四面云集，首尾并进，蹊路断绝，走伏无地。臣又手书申喻，开示生路，群寇困逼，知命穷数尽，解甲投戈，面缚委质，印绶万数，资器山积。昔舜舞干戚，有苗自服；牧野之师，商旅倒戈。有征无战，帝王之盛业。全国为上，破国次之。全军为上，破军次之。用兵之令典。陛下圣德，侔踪前代，翼辅忠明，齐轨公旦，仁育群生，义征不譓，殊俗向化，无思不服，师不逾时，兵不血刃，万里同风，九州共贯。臣辄奉宣诏命，导扬思化，复其社稷，安其闾伍，舍具赋调，弛其征役，训之德礼以移其风，示之轨仪以易其俗，百姓欣欣，人怀逸豫，后来其苏，义无以过。"（《三国志·魏书·钟会传》）

十二月，司马昭上表魏帝，褒奖邓艾，书曰："艾曜威奋武，深入虏庭，斩将搴旗，枭其鲸鲵，使僭号之主，稽首系颈，历世逋诛，一朝而平。兵不逾时，战不终日，云徹席卷，荡定巴蜀。虽白起破强楚，韩信克劲赵，吴汉擒子阳（子阳为公孙述），亚夫灭七国，计功论美，不足比勋也。其以艾为大尉，增邑二万户，封子二人亭侯，各食邑千户。"（《三国志·魏书·邓艾传》）统帅钟会进位司徒，为县侯，划分了万户人家到他名下，他的两个儿子也都封为亭侯。

邓艾不愧是一位伟大的军事家。当全国上下沉浸在灭蜀胜利的喜悦中，邓艾高瞻远瞩，向司马昭提出了自己对局势的看法和下一步采取的措施，他说："兵有先声而后实者，今因平蜀之势以乘吴，吴人震恐，席卷之时也。然大举之后，将士疲劳，不可便用，且徐缓之；留陇右兵二万人，蜀兵二万人，煮盐兴冶，为军农要用，并作舟船，豫顺流之事，然后发使告以利害，吴必归化，可不征而定也。今宜厚刘禅以致孙休，安士民以来远人，若便送禅于京都，吴以为流徙，则于向化之心不劝。宜权停留，须来年秋冬，比尔吴亦足平。以为可封禅为扶风王，锡其资财，供其左右。郡有董卓坞，为之宫舍。爵其子为公侯，食郡内县，以显归命之宠。开广陵、城阳以待吴人，则畏威怀德，望风而从矣。"（《三国志·魏书·邓艾传》）

邓艾一直都在谋划灭吴的办法。然而他擅自承制拜官，已经成为钟会的把柄。钟会又趁机修改他和司马昭之间的通信，模仿邓艾笔体，写了一些大逆不道的话，想激怒司马昭，借司马昭之手除掉邓艾。司马昭果然中计，他先是让监军卫瓘告诫邓艾："事当须报。不宜辄行。"（《三国志·魏书·邓艾传》）

邓艾不知其中的原委，再次书："衔命征行，奉指授之策，元恶既服；至于承制拜假，以安初附，谓合权宜。今蜀举众归命，地尽南海，东接吴会，宜早镇定。若待国命，往复道途，延引日月。《春秋》之义，大夫出疆，有可以安社稷，利国家，专之可也。今吴未宾，势与蜀连，不可拘常以失事机，兵法，进不求名，退不避罪，艾虽无古人之节，终不自嫌以损于国也。"（《三国志·魏书·邓艾传》）

钟会见邓艾居功自恃，有机可乘，于是诬告他谋反，说他做的事情完全没有把司马昭放在眼里，他是想自己做皇帝。这下可了不得了，邓艾是跳进黄河也洗不清。咸熙元年（公元264年）一月，朝廷下诏书逮捕了邓艾父子，派监军卫瓘用槛车将邓艾送到京都来。为了预防邓艾举兵反抗，司马昭又命令钟会率领大军入成都。

钟会机智狡猾，希望借邓艾之刀杀掉卫瓘，然后再杀邓艾。钟会下令卫瓘进城缉拿邓艾，卫瓘早已明白钟会的用心，但是卫瓘职位比钟会低，军令不敢违背，于是乘夜进入成都，捉拿邓艾。

不靠谱的贵公子

司马氏篡魏后内乱、叛乱不断。在钟会叛乱之前，已发生了著名的淮南三叛。淮南三叛都是曹魏政权的支持者反对司马氏集团的军事活动。这些反叛足见司马氏篡魏之不得人心。

辛宪英曾经说过钟会此人不像是甘做人臣的人，必有野心。钟会在灭蜀之后，合并魏、蜀军队有二十余万。钟会借刀杀人，又除掉了自己的死对头邓艾。现在没有人能阻碍他，他本来就有野心，现在他掌握庞大的远征军，如虎添翼。他想建立更大的功业，再也不低三下四地听从别人的命令，于是决定谋反。钟会计划派姜维率蜀兵出斜谷，自己帅大军随其后，到达长安之后，再水陆并进，水军五日可达孟津，与骑兵会师洛阳，这样，天下可定了。

司马昭对钟会早有防备，他命令贾充进驻乐城，自己则率军入长安。钟会大吃一惊，对亲信说："但取邓艾，相国知我能独办之。今来大重，必觉我异矣。便当速发。事成。可得天下。不成，退保蜀国，不失作刘备也。我自淮南以来，画无遗策，四海所共知也。我欲持此安归乎！"（《三国志·魏书·钟会传》）

第二天，钟会借口为太后发丧，召集各军和以前蜀国的臣子聚集在蜀国朝堂。钟会矫太后遗诏，要废司马氏，他还扣押了魏军所有的将领，将他们关在屋中，严加看守。姜维预谋杀掉钟会，恢复蜀国，他见事情成熟便怂恿钟会诛杀魏军将领。他还给后主刘禅写了一封信，姜维写道："愿陛下忍数日之辱，臣欲使社稷危而复安，日月幽而复明"。但钟会犹豫不决，不料消息泄露。十八日中午，护军胡烈之子胡渊率烈部众擂鼓呐喊，其他官兵也伺机出动，直捣蜀宫。钟会大惊，问姜维："兵来似欲作恶，当云何？"维曰："但当击之耳。"双方在宫城内外展开激战，"会遣兵悉杀所闭诸牙门、郡守，内人共举机以柱门，兵斫门，不能破。斯须，门外倚梯登城，或烧城屋，蚁附乱进，矢下如雨，牙门、郡守各缘屋出，与其卒兵相得。姜维率会左右战，手杀五六人，众既格斩维，争赴杀会。会时年四十，将士死者数百人。"（《三国志·魏书·钟会传》）

以前的说法都认为钟会是受了姜维的诱惑才叛乱的。其实，即使没有姜维，钟会也会叛乱。伐蜀大胜，功高盖主，即使不叛变，后果也不会好到那里去。自己拥兵数十万，与其受制于人，不如先发制人，以自己的实力与司马氏抗衡还是有希望的。

钟会一死，邓艾原来的将士，追上囚车，救出邓艾，准备返回成都。但是，这并没有救了他，反而害了他的性命。卫瓘同钟会一起陷害邓艾，如果邓艾不死，必然会报复自己，于是"遣护军田续至绵竹，夜袭艾于三造亭，斩艾及其子忠。初，艾之入江油也，以续不进，将斩之，既而赦焉。及瓘遣续，谓之曰：'可以报江油之辱矣。'"邓艾死后，他的家属都受到株连，其子悉数被杀，妻及孙子流放西域。

钟会有士兵二十多万，却依然失败，这是有原因的。一方面军心涣散，没有得到士兵的支持。魏国将领和士兵，大多数是不愿意叛乱的，这样钟会就成为了孤家寡人。原因很简单，伐蜀之战虽然胜利，但魏军上下早已士气低落，他们远离故乡已经很长时间了，迫切想回到故土。战争好不容易结束，现在却又要打仗，而且还是叛军，如果钟会失败，那么士兵也会跟着遭殃。况且魏国已经打了胜仗，回去必有奖赏，又何必叛乱呢，那样连先前的功劳都没有了。

另一方面，钟会虽拥兵二十万，但与司马昭相比还是有差距的。而且钟会在魏国将领中也没有很大的影响力。相比之下，司马氏经过两代人的努力，在朝廷树立了威信，早已除掉了反对势力，现在留下来的大部分都是支持司马氏政权的，司马氏根基牢固。而且，钟会的犹豫不决使其铸成大错，钟会既然决议起事后，就应快刀斩乱麻，一旦丧失时机，便会受制于人。

司马昭之心世人都知道

“司马昭之心，路人皆知”，语出《汉晋春秋》。意为野心非常明显，为人所共知。那么司马昭之心到底是什么心思呢？

这还要从他的父亲司马懿说起。魏明帝曹叡死后，曹芳即位，曹爽与司马懿是辅政大臣。但一山不容二虎，曹爽与司马懿明争暗斗、互相排挤，几回合下来，曹爽大败，司马懿尽诛曹爽一党。这不是司马懿一个人的胜利，也不是曹爽一个人的失败，它表明曹氏再也不是魏国的主角，魏国军政大权自此落入司马氏手中。

也许司马懿只是跟辛宪英说的一样，高平陵事变，他只是想诛杀曹爽，并没有谋逆之心。但司马懿死后，他的儿子司马师就不会这样想了。曹芳自始至终未能亲政，司马师不久便废除了他，另立十三岁的曹髦为帝。曹髦登基，实权掌握在司马师手中，权势比司马懿那时更大了，但是没有多久，司马师就病死了。如果司马师不死，可能就是“司马师之心，路人皆知”了。顺其自然，司马师的弟弟司马昭继承了他的一切权力，继续完成司马氏的大业。

司马昭野心更大，他长期打压和他政见、利益不合的人，权力日益膨胀，野心也日益膨胀。可是他虽然大权在握，但终究没有皇帝的称号。他的下一步便是取代曹髦，自己做皇帝。曹髦也知道自己只不过是个“傀儡”，哪一天司马昭不高兴了，便会除掉他。与其坐着等死，不如铤而走险，奋力一击，干掉司马昭，即使失败，也不失皇帝的尊严。但是要杀司马昭，他一个人是做不到的，他找了几百个仆从、侍卫去袭击司马昭。但是司马昭早就已经知道了，这估计就是他所谓的心腹大臣告的密。这正好给了司马昭除掉司曹髦的借口，曹髦就这样死了。

曹髦死后，司马昭又立了曹奂为帝。曹奂很乖，完全服从司马昭，终于有一天司马昭再也不需要他了。不久，司马昭就自称晋王。

司马昭要名正言顺地做皇帝，他想了一个办法就是让当时的名士阮籍给他写个东西，表明自己是顺应天意，顺乎民意。其实这并不稀奇，以前很多人都这样做过。

阮籍是魏晋期间的名士，字嗣宗，家境清苦，自己勤奋好学，终成有识之士。阮籍有济世志，他曾登广武城，观楚、汉古战场，仰天感慨道“时无英雄，使竖子成名！”明帝曹叡死后，曹芳即位，曹爽、司马懿辅政，二人明争暗斗，朝政日非。曹爽曾召阮籍为参军，但他看到政局险恶，也就推辞掉了。

司马懿发动高平陵事变，排除异己，被株连者甚多，司马氏一手遮天，朝廷上下浑天暗地。这些阮籍都看在眼里。他在政治上是支持曹魏的，对司马氏的倒行逆施很不满意，但他一介书生，又能改变的了什么呢？这样的世事也决定了他的人生态度，从此之后，他采取消极避世的方式，或著书立说，或游山玩水，或是喝得酩酊大醉，表面上看上去逍遥自在，其实他这是无奈之举。他的内心也许是痛苦的。

司马氏也想得到这样的人才，钟会就曾多次探问阮籍对时局的看法，阮籍很聪明，他虽然看不惯司马氏，但也不至于得罪他们，他想了一个好办法，就是司马氏每次派人找他，他都喝醉，以蒙混过关。喝醉也不是每次都行的，有时候他会说些玄乎奇玄的话，让人摸不到头脑，这样人家听不懂，他也就蒙混过关了。司马昭就遇到过这种情况，司马昭不得不说“阮嗣宗至慎”。

司马昭还想与阮籍联姻，但“籍醉六十日，不得言而止”。不过司马氏也并非那么好敷衍。有时候，他不得不接受司马氏授予的官职，历任从事中郎，散骑常侍、步兵校尉等，司马昭自封晋公要求阮籍为其写“劝进文”。阮籍无奈，只得奉命。

《劝进表》是简称，全称是《为郑冲劝晋王笺》。全文如下：

冲等死罪。伏见嘉命显至，窃闻明公固让，冲等眷眷，实有愚心，以为圣王作制，百代同风，褒德赏功，有自来矣。昔伊尹，有莘氏之媵臣耳，一佐成汤，遂荷“阿衡”之号；周公藉已成之势，据既安之业，光宅曲阜，奄有龟蒙；吕尚，磻溪之渔者，一朝指麾，乃封营丘。自是以来，功薄而赏厚者不可胜数，然贤哲之士犹以为美谈。况自先相国以来，世有明德，翼辅魏室以绥天下，朝无阙政，民无谤言。前者明公西征灵州，北临沙漠，榆中以西，望风震服，羌戎东驰，回首内向；东诛叛逆，全军独克，禽阖闾之将，斩轻锐之卒以万万计，威加南海，名慑三越，宇内康宁，苛慝不作，是以殊俗畏威，东夷献舞。故圣上览乃昔以来礼典旧章，开国光宅，显兹太原。明公宜承圣旨，受兹介福，允当天人。元功盛勋光光如彼，国士嘉祚巍巍如此，内外协同，靡愆靡违。由斯征伐，则可朝服济江，埽除吴会；西塞江源，望祀岷山，回戈弭节以麾天下，远无不服，迩无不肃。今大魏之德光于唐虞，明公盛勋超于桓文。然后临沧州而谢支伯，登箕山而揖许由，岂不盛乎！至公至平，谁与为邻！何必勤勤小让也哉？冲等不通大体，敢以陈闻。

本文虽都是奉承之词，但却无法掩盖阮籍的才华。

由于当时险恶的政治情势，加之受当时盛行的玄学的影响，后来他也成为了魏晋玄学中的重要人物，阮籍在思想上崇奉老、庄哲学，采取消极避世的态度，不问世事，无为而治，顺其自然。《通老论》、《达庄论》集中体现了他的道家思想。

每个时代都有具有这个时代特色的文人。魏晋是开放的时代，这个时代的文人，可以放浪形骸，可以喝得酩酊大醉、烂醉如泥。这是任何时代都没有的。阮籍，更厉害，他连上下古今也不承认，在《大人先生传》里有说：“天地解兮六合开，星辰陨兮日月颓，我腾而上将何怀？”他的意思是天地、星辰，都是虚无、不存在的。世上的道理也不必争，什么都不足为信。

其实阮籍并不想这样，他也是不得已为之。天下大乱，壮志难酬，一介书生，手无缚鸡之力，何况于这世事。阮籍有名气，他说的话很快就会传播，为了防止说错话，他只能多喝酒、少说话。即使说错了，因为喝了酒，别人也不会怪罪他。更为重要的是，阮籍也知道司马昭的心。

晋朝开宗立派了

东汉末年群雄割据，赤壁之战后三国鼎立局面形成，魏、蜀、吴三国争霸，最后归于一统。从人才上看，三国争霸时期并不是“世无英雄，使竖子成名”，这一时期人才辈出，像诸葛亮、司马懿、陆逊、姜维、钟会、邓艾等，不逊于群雄割据时代的曹操、周瑜、刘备、孙权等。从军事斗争上看，这一时期的战争虽然局限于三国之间展开，比群雄割据时代显得单调，但无论在当时军事斗争规模上，还是次数上都不压于前代，姜维北伐中原，邓艾伐蜀等一系列战役都开创了中国军事史新的篇章，特别是魏国以一敌二，更需要复杂的斗争手段。从政治制度上看，魏、蜀、吴都有所发展，其政治制度的发展都超过了从前。

高平陵事变之后，司马懿夺取政权，至此开始了司马氏专政时期。司马氏一系也是人才辈出，司马懿是司马氏政权的开创者，魏国著名的军事家、政治家。《三国演义》中有描述司马懿的诗：

开言崇圣典，用武若通神。
三国英雄士，四朝经济臣。
屯兵驱虎豹，养子得麒麟。
诸葛常谈羡，能回天地春！

“虎父无犬子”，司马师也是西晋政权的奠基者之一，他与司马懿一起发动了高平陵事变；司马懿死后，司马师独揽朝廷大权；大败吴将诸葛恪；杀曹芳；平定毌丘俭、文钦之乱，后病死。

司马昭，西晋王朝的另一位奠基人。《晋书》：“世宗以睿略创基，太祖以雄才成务。事殷之迹空存，翦商之志弥远，三分天下，功业在焉。及逾剑销氛，浮淮静乱，桐宫胥怨，或所不堪。若乃体以名臣，格之端揆，周公流连于此岁，魏武得意于兹日。轩悬之乐，大启南阳师挚之图，于焉北面。壮矣哉，包举天人者也！为帝之主，不亦难乎。”

司马炎是晋朝开国之君，泰始元年（公元265年），司马昭病死，司马炎继承了父亲的晋王之位。司马炎很想做皇帝，他曾派遣人劝说魏帝曹奂早点让位。曹奂有自知之明，不久下诏书说：“晋王，你家世世代代一直常伴天子左右，尽心尽力，对国家的贡献数你最大。现在我顺应天意把皇位给你，你一定要接受。”司马炎故作推辞。

何曾、贾充等也屡次劝说司马言，让其接受曹奂的皇位。泰始元年（公元265年），司马炎称帝，国号晋，史称为西晋，建都洛阳，封曹奂为陈留王，司马炎就是晋武帝。

司马炎即位之后，在政治、经济、等方面都有所发展，出现了“太康繁荣”的局面。政治上，司马炎行分封，把宗室都分封为王，这样就为以后埋下了祸端，随着地方势力的不断膨胀，严重地削弱了中央集权的巩固，后来导致八王之乱的发生。司马炎下诏命令郡国任用贤能。颁五条诏书于郡国：一正身；二勤百姓；三抚孤寡；四敦本息末；五去人事。司马炎命贾充修订律法，这成为后世法律形式的蓝本。司马昭命令地方官轻徭薄赋，以农为本，实地尽其力，重农抑商。经济上，废除民屯，罢农官，劝课农桑，严禁私募佃客，这些客观上起了促进生产发展的作用。

历史事件具有很强的相似性，像是循环往复，但历史并非是历史事件的重复，而是螺旋上升的。曹丕篡汉自立，到司马炎建立晋朝，有45年。司马炎以其人之道还治其人之身，以同样的手段夺去了曹姓政权。司马炎虽坐上了皇帝的宝座，但他并没有放松警惕，因为他明白现在仍是危机四伏。

从内部看，在曹氏家族与司马氏家族争夺权力的过程中，曹氏家族遭到了司马氏家族的残酷屠杀，这些大臣都看在眼里，司马氏的残忍，让大臣们心有余悸。另外，司马氏毕竟是篡夺了曹氏政权，不是名正言顺。司马氏心理上还是有所顾忌的，这成为司马炎长期横亘心中的阴影。

从外部看，蜀国已灭，孙吴虽在，但不足以与晋抗衡，灭亡是早晚的事。但卧榻之侧，岂容他人安睡？东吴虽小，但仍不可轻敌，东吴一天不灭亡，司马炎就一天不得安心。下一步就是吞并东吴，完成统一大业。“攘外必先安内”，灭吴之前必须要巩固政权，司马炎因此实施了一系列的措施，巩固中央政权，与此同时，对东吴采取怀柔政策。

司马炎为了稳固政权，首先安抚曹氏和投降过来的蜀国旧臣。司马炎下诏让陈留王曹奂保留天子的礼仪制度，不向他称臣。后来曹奂死后，司马炎追尊他为元皇帝。司马炎赐安乐公刘禅子弟其中一人为驸马都尉，第二年又解除了对汉室的禁锢。这些收买人心的措施，收到了很好的效果。不仅解除了内患，也消除了司马家族的心理阴影，可谓“一石二鸟之计”。

战乱刚刚平息，经济凋敝，百废俱兴，为了尽早地使国家从动乱不安的环境中摆脱出来，司马炎奉行无为政策，营造较为宽松制度环境。这种政策收到了良好的效果。

曹操在统一中原之后，为了恢复国力，安定人心，也曾实行过比较宽松、无为而治的治国方略。但随着政权的稳固，经济的恢复，国力的强盛，到了曹丕时已经放弃了较为宽松的政策，而实行较为严厉的政治，社会风气日亦腐败。皇帝的生活也日益腐化，为了满足自己的私欲，不断增加苛捐杂税，把高额的税赋负担转移到百姓的身上。因为长期的战乱，百姓生产还没有得到恢复，生计惨淡，怎么能承受得了这样的负担。司马炎反其道而行之，提出无为而治的政策，实行较为宽松的政治环境，这样经济得以发展，人民的负担也有所减轻。

农业是国家的根本，农业兴则百姓安。司马炎以洛阳为中心，在全国采取了一系列发展农业的措施，收到了不错的效果，百姓得以安居乐业。

晋泰始二年（公元266年），司马炎颁布诏令，鼓励农业生产。史料记载，泰始五年（公元269年），汲郡太守王宏重视农业生产，积极开垦荒地、兴修水利，扩大劳动力，认真履行朝廷的旨意，加强监督，开荒五千余顷。王宏重视农业生产的措施收到了良好的效果。当时正遇荒年，其他的郡县人民有饥色，汲郡却粮食充足，人民仍能安居。晋武帝赐谷千斛，褒扬了他。晋武帝还下令兴修水利，修建了新渠、富寿、游陂三渠，灌溉良田一千五百顷。晋武帝废除屯田制，实行占田法和课田法。这种税收减轻了农民的负担，极大地提高了农民的生产积极性。

上述措施的推行，经济复苏，生产恢复，人民安居乐业。据《晋书·食货志》记载：“是时，天下无事，赋税平均，人咸要其业而乐其事。”《晋纪·总论》也记载：“牛马被野，余粮委亩，行旅草舍，外闾不闭，民相遇如亲。其匮乏者，取资于道路。”当时甚至由“天下无穷人”的谚语，当然这只是溢美之词，是不符合实际的。

从咸宁六年（公元280年）以后的10余年时间里，西晋发展生产，以农为本，劝课农桑，兴修水利，人民安居乐业，自给自足，出现了经济繁荣的升平景象，史称“太康盛世”。史家说“是时，天下无事，赋税平均，人咸安其业而乐其事”。

第八章　晋朝一统：分久必合才是王道

天子爱荒淫

封建社会逃不过治乱兴废的历史规律，乱世出英雄，开国多名君，治世多能臣，同时末世也多昏君。大多每一个朝代的灭亡都离不开一个“及万恶于一身”的末代君主，他们是这个朝代灭亡的催化剂，起了加速的作用，但即使没有他们历史的车轮也会前进，治乱兴废的历史规律也会运行。

三国时期的吴国末代皇帝孙皓，荒淫无度，嗜杀成性，集万恶于一身。他的变态型人格，令吴国上下提心吊胆，人心涣散，加速了吴国的灭亡。

孙皓即位之前的皇帝是孙休，他是一位好皇帝，颁布了许多好的政策，促进了东吴的经济发展和社会的繁荣。孙休在位期间创建国学，设太学博士制度，营造了良好的学术氛围。孙休在武功方面没有什么建树，大概因为当时东吴弱小，无力与曹魏抵抗，在军事上处于守势。

吴永安七年（公元264年）七月，孙休病重。《江表传》曰：“休寝疾，口不能言，乃手书呼丞相濮阳兴入，令子出拜之。休把兴臂，而指皓以托之。”孙休去世时只有三十岁，谥曰景皇帝。侄孙皓继位。

孙皓是孙权的孙子、孙和的儿子。他既然并非孙休的儿子又是怎么即位的呢？孙休是有儿子的，但孙休去世时这个儿子还十分年幼。东吴的大臣对于蜀国的灭亡还心有余悸，他们认为在这样的一个乱世，立一个年幼的君主是很危险的，于是想立一个较年长的君主，这样就选中了孙皓。原本出于好意，却似乎命中注定，这位侥幸继位的皇帝成为了吴国的掘墓人。孙皓即位后，追谥父亲孙和为文皇帝，并为他举行祭祀。

孙皓即位之初，实行过明政，他体恤民情，开仓济贫，以宫女配民间未娶妻之人。并将宫廷中珍禽猛兽放归山林，可见孙皓是很细心、仁慈的，当时朝野、百姓都称他为明主。《江表传》曰：“皓初立，发优诏，恤士民，开仓禀，振贫乏，科出宫女以配无妻，禽兽扰于苑者皆放之。当时翕然称为明主。”

然而没过多久，孙皓便露出本性。孙皓接替孙休即位，应尊孙休的皇后朱氏为太后，群臣也认为应该是这个道理，并准备好了太后玺绶送入宫里。孙皓却谥他的父亲孙和为文皇帝，尊其母何姬为太后，贬朱氏为景皇后。

孙皓开始变得荒淫无道，整天沉湎在酒色中，朝廷上下都很后悔，也很失望。濮阳兴和张布在私下里说了一些抱怨的话，比如说后悔当初立孙皓为帝，天下没有不透风的墙，有人向孙皓告了密。结果可想而知，孙皓诛杀了张布。《三国志·吴书·孙皓传》记载“皓既得志，粗暴骄盈，多忌讳，好酒色，大小失望。兴、布窃悔之。或以谮皓，十一月，诛兴、布。”

孙皓不仅贬朱氏为景皇后，还逼杀了她，按规定，皇后的治丧场所应该是正殿，孙皓只是随意选了一间简陋的小房子为朱氏发丧。大臣们最初以为朱氏是病死的，但当他们知道朱氏是被逼死的之后，都很难过，并且痛恨孙皓。孙皓还斩草除根，将孙休的四个儿子遣送到一座小城，趁机在路上杀掉了年长的两个。如果孙休泉下有知，会不会为自己当初的选择后悔不已呢？孙皓荒淫无度，好女色，后宫"三千佳丽"，美女如云，仍不满足，他命太监在各个州郡为他挑选美女，就连大臣的女儿也不放过，只要年纪到了十五六岁就得先要让他过目，看中的自己留下，看不中的才得以下嫁他人。

孙皓这人也不讲什么道理、法律，全凭自己的喜好办事。他身边的人也依仗孙皓目无法纪。一次，孙皓的小妾让侍从强抢百姓财物，孙皓以前的宠臣司市中郎将陈声撞见此事，他倚恃孙皓的宠遇，将抢夺财物的人绳之以法，不管他是出于什么目的，这样做无疑是对的。那个小妾就向孙皓抱怨，说了此事，孙皓大怒，认为陈声很不给自己面子，于是怀恨在心，后来制造借口令人逮捕了陈声，并用烧红的大锯锯断陈声的头，将尸体从四望台抛下。孙皓残忍成性，以杀人为乐，比起商纣王有过之而无不及，凡是妃子、宫女、内侍稍有不满就杀死扔进水里漂走，更有甚者还要剥皮、挖眼。

丹杨刁玄有一次出使蜀地，听说了司马徽与刘廙谈论运命历数等事，他们说的什么我们不得而知，但是刁玄添油加醋，回国后就不是原来的话了，他大概是想升官发财，于是散布谣言，大概是说，孙皓顺应天意，天下最终将是孙皓的。刁玄还弄了些晋国俘虏，逼迫他们说"吴天子当北上"。孙皓听了欣喜若狂，自己也认为这是天命。于是根据谣言所说，竟然要到洛阳去，还要用车子拉着他的母亲、妻子及后宫数千人一同前往。此时正是冬天，路上遇到大雪，道路泥泞，前进非常困难，士兵们披甲持仗，一百人拉一辆车，冻死的士兵不计其数。兵士痛苦不堪，偷偷地说，如果这时来敌人，我们就投降。孙皓听了这样的抱怨，非常害怕，于是决定停止北上洛阳。

吴国贤良死于非命，小人却加官晋爵，步步高升，是非曲直、本末倒置，朝政日益腐败。孙皓不仅自己喜欢喝酒，还下令让大臣跟他一起喝酒。不仅要喝，大臣们还必须喝醉，喝酒的时候，旁边站几个士兵，监视大臣，看谁不喝酒，就治谁的罪。宴会结束后，还要玩游戏，就是互相揭短，比如谁对孙皓不敬，谁说过孙皓的坏话之类，凡被揭发，杀无赦。受邀同孙皓喝酒的人，无不战战兢兢，每次赴宴前都当做生离死别，大多要与妻子儿女流泪告别，孙皓因修史的事对侍中韦曜颇为愤慨，借喝酒之名伺机报复。每个人都接到命令必须在宴会上喝够七升酒。韦曜自知酒量小，便偷偷以茶代酒。孙皓便以违抗命令为由，把他杀了。

不仅酒量小不行，喝醉了不省人事也不行，王蕃有一次醉倒在大殿上，孙皓二话不说，便将不省人事的他杀了。会稽太守车浚是个好官，有一年会稽郡发生旱灾，闹饥荒，百姓交不起资粮，车浚于是上书请求为百姓减免赋税。孙皓大怒，认为车浚此举是为了树立自己在百姓面前的恩德，便将他的头割下。尚书熊睦看不下去了，相劝孙皓，孙皓哪能听进去，把他也杀了，死后体无完肤。

孙皓相信巫蛊之术，巫师说都城在建业不吉利，孙皓就把都城迁到武昌，可是扬州百姓运送物资去武昌是逆流而上，负担极为沉重，于是不久又迁回建业。回到建业以后，孙皓大兴土木，建昭明宫，与后宫妃子饮酒作乐。孙皓不仅自己不理朝政，还命令二千石以下的官员进山监督工人砍伐木材，真是无理取闹。更可笑的是为了造宫殿，他竟然把军营拆了，目的竟是获取木材。大兴土木，建亭台楼阁，花费巨资。昭明宫有大小殿堂几十处，每座殿堂都雕梁画栋，极尽奢华，还在墙上绘制了神仙云气等奢华精美的壁画。在殿堂又造假山，山上建的楼阁，高耸入云，楼阁用珠玉装饰，四周用奇山异石点缀。他还命令士兵从事繁重的杂役，为图自己享乐，甚至征调长江边的戍卒为他捕捉麋鹿以供享乐。

孙皓的荒淫无度，让满朝文武十分不安，他们不知道哪一天灾难就会降临在自己头上，因此许多将领投降了晋朝。晋武帝准备灭吴，在蜀地造船，准备顺江而下，大臣吾彦对孙皓说，晋朝不久便会攻打吴国，我们应该增兵建平，建平不破，晋朝也就无法渡江。孙皓却不以为然，认为长江天险是一道稳固的屏障，根本不用担心。等到晋朝的军队到了石头城下的时候，孙皓又跟后主刘禅一样，反绑自己，抬着棺材投降去了。

另据《唐书·五行志》记载："吴孙皓宝鼎元年，丹阳宣骞之母，年八十，因浴化为鼋。骞兄弟闭户卫之，掘堂内作大坎，实水，其鼋即入坎游戏。经累日，忽延颈外望，伺户小开，便辄自跃，赴于远潭，遂不复见。"意思是说丹阳宣骞的母亲已经八十岁了，有一天她正洗澡，洗着洗着，自己竟然变成了一只鼋。她的儿子们把门、窗关起来保护她。在屋里挖了个坑，放上水，鼋在水里嬉戏，过了几天就从门缝里跑掉了。跳进水潭中，以后再也没看见她，人们都说那是吴国灭亡的前兆。

孙皓归降晋国之后，被赐号为归命侯，居住在洛阳，有一回晋武帝与王济下棋，故意调侃孙皓，"听说你还是吴王时常常剥人面、刖人足，是这样吗？"孙皓答曰："对君主无礼，自当受此刑罚。"看来即使沦为阶下囚，孙皓还是本性难改。

到底打不打

孙皓的荒淫无度注定了东吴的灭亡，但此时晋国上下却还在因为打不打东吴而烦恼，到底是为什么呢？

魏景元三年（公元262年），蜀国灭亡，打破了三国鼎立的局面。不久，曹魏政权落入司马昭父子之手。过了两年，司马昭病死，其子司马炎废曹奂，自立为帝，改国号为晋，史称西晋。自此形成晋、吴对峙的格局，要不要出兵吴国成为晋不得不首先考虑的问题。

早在三国鼎立之时，魏的势力就远远超过蜀、吴，魏国幅员辽阔，资源丰富，经济发展，人口众多，魏国人口约占全国人口3/7，蜀、吴总计才占4/7。魏景元三年（公元262年），蜀国灭亡后，魏的实力就大大增强了，而且在军事上的优势更加明显，占领成都之后，魏国可以沿长江顺流而下，直取东吴。司马炎在内部政权得到巩固之后，打算出兵东吴，完成统一大业。

然此时的吴国却是在走下坡路，"逆水行舟不进则退"，吴主孙皓所作所为使东吴自身已经失去了战斗力。他的残暴使大臣们心惊胆战，不知什么时候就会身首异处，哪还有心思抵御外敌，他不听大臣的劝告，大臣们对他丧失了信心，纷纷投降西晋，他也成了孤家寡人。西晋见孙皓如此，自是很高兴，这正是灭吴的大好时机，孙皓的荒淫恰好做了西晋的帮手，加速了自己的灭亡。因此大臣们纷纷劝说司马炎趁机灭掉吴国。

太尉录尚书事贾充是保守派，他不同意司马炎灭吴，他认为："西有昆夷之患，北有幽并之戍，天下劳扰，年谷不登，兴军致讨，惧非其时"；"又臣老迈，非所克堪"。晋武帝听了很不高兴，他回答说："君不行，吾便自出。"贾充不得已，只好坐守中军，节度诸军。王浚攻克武昌后，贾充又上表说："吴未可悉定，况春夏之际，江、淮下湿，疾疫必起，宜召诸军，以为后图。"晋武帝没有听从他的意见。后来晋军果然灭掉了东吴，贾充很惭愧，向司马炎请罪，司马炎也只是"罢节钺、僚佐，仍假鼓吹、麾幢。充与群臣上告成之礼，请有司具其事。"

羊祜、张华、杜预等人则反对贾充的意见，他们是主攻派，他们认为，东吴现在是上下离心，吴主孙皓荒淫无度，统治阶级内部已经出现了严重的分化。孙皓剥削劳动人民，发生大规模的农民起义和士兵暴动，孙皓他们进行残酷的镇压，吴国的臣民也反对他，动摇了孙吴的统治。如果此时出兵，必会战无不克，如果错过机会，吴主励精图治，再去灭吴就相当不容易了。晋武帝也是这么认为的，而且晋国有能力灭掉东吴。

晋国疆域辽阔，人口众多，控制着全国大部分的领土。东吴却仅有荆、扬、交三州的狭小疆域。两国接壤处常常发生战争。司马炎以消灭孙吴为目标，励精图治，在政治、经济和军事上采取了一系列措施，重点之一就是编练水军。

东吴沿江建国，尤以水军最为强，有舟船5000余艘。西晋灭蜀国之后，已经占据了上游地区，只要有良好的水军，顺江之下，便可取下东吴。而此时西晋拥有一支50万人的陆军，但是缺少水军，面对长江天险，虽“武骑千群，无所用之”。

羊祜主张利用长江上游的便利条件，在益州大办水军。泰始八年（公元272年），王濬受命，打造战船，训练水军，治水军数万人。晋军所建造的大型战船，长120步，可容纳2000多人，船上用木头架起了一座城，城中有门，在船上可骑马驰骋。王濬增加了造船的人数，加快造船进度。很快就完成了造船任务。王濬建造了一支强大的水军，史称“舟楫之盛，自古未有”，远远超过了东吴。晋军的弱点得以克服，实力大为增强。提高了军事战斗力，为“水陆并进”灭吴创造了条件。

其实司马家族早有灭吴的打算。魏景元三年（公元262年），司马昭提出了“先定巴蜀，三年之后，因顺流之势，水陆并进”，然后吞并东吴，一统中国。可见司马昭战略眼光之远大。

政治上，司马昭首先巩固中央政权，在蜀国对刘禅及诸葛亮子孙进行优待，以巩固其在巴蜀的统治，解除后顾之忧。针对吴国则实行分化瓦解政策，对主动归乡的人予以优待，收买人心。改善内政，发展经济，巩固边防。调整军事部署，任命尚书左仆射羊祜都督荆州诸军事，镇襄阳；征东大将军卫瓘都督青州诸军事，镇临淄；镇东大将军、东莞王司马仙都督徐州诸军事，镇下邳。

经过几年的伐吴准备，到咸宁二年（公元276年），晋灭吴的准备已基本完成。征南大将军羊祜提出伐吴方针。具体方案是：从多方牵制徐州、扬州的兵力，然后集中夺取夏口以西地区，进而顺流而下，攻陷建业。这个计划发扬了晋军水军的优势，并利用水系特征，直捣吴军后方，达到了速战速决的目的。

但由于太尉贾充等的反对，加之北方鲜卑族首领起兵反晋，后方不稳，直到咸宁四年（公元278年）十一月，此时羊祜已死，但他临死之前推荐杜预任征南大将军、都督荆州诸军事。晋武帝听从了他的意见，发兵20万，大举伐吴。

杜预，字元凯，京兆杜陵（今陕西西安东南）人，西晋时期著名的政治家、军事家和学者，晋灭吴战争的统帅之一。历官魏尚书郎、河南尹、度支尚书、镇南大将军、当阳县侯，官至司隶校尉。灭吴后，研习经典、博学多闻，被誉为“杜武库”，著有《春秋左氏经传集解》及《春秋释例》等。

孙吴感到晋军的威胁，深知不能完全依靠长江天险，“长江之限，不可久恃”，大臣们向孙皓建议，在政治上“省息百役，罢去苛扰”，发展经济，减轻百姓负担，安抚民情，“养民丰财”；在军事上，加强建平（郡治在今湖北秭归）、西陵（今湖北宜昌东南西陵峡口）的防守。因为这是晋军顺流而下的并经之地，加强这里的防务就是切断了晋军顺流而下的路径。东吴名将陆抗指出：“西陵、建平，国之蕃表（屏障）”，“如其有虞，当倾国争之。”（《三国志·吴书·陆抗传》），根据这个思想，在他担任乐乡都督后，加强了西陵的防务。

一些证据也证明了东吴大臣的远见卓识，晋泰始八年（公元272年），建平太守吾彦发现有大量碎木从上游顺流而下，他知道这是王濬在巴蜀造战船。于是他上书孙皓，请求增强建平守备，但是孙皓没有理他。晋泰始十年（公元274年），陆抗又上书陈述加强建平、西陵防守的重要性。他说："若其不然。深可忧也。"但就是这样，孙皓仍是不相信晋军会攻打东吴，他只相信长江天险，认为东吴占据地利，晋军很难攻破。当然他也就不会进行积极地战争准备，还是老样子，不修内政，荒淫无度，这样的君主怎能不灭亡呢？

吴国也没了

晋咸宁五年（公元279年），王濬上书请求伐吴，他说："臣数参访吴楚同异，孙皓荒淫凶逆，荆扬贤愚无不嗟怨。且观时运，宜速征伐。若今不伐，天变难预。令皓卒死，更立贤主，文武各得其所，则强敌也。臣作船七年，日有朽败，又臣年已七十，死亡无日。三者一乖，则难图也，诚愿陛下无失事机。"（《晋书·王濬传》）

当时，司马炎正在与张华下棋。张华也是主战派，他也趁机劝说："陛下圣明神武，朝野清晏，国富兵强，号令如一，吴主荒淫骄虐，诛杀贤能，当今讨之，可不劳而定。"（《晋书·杜预传》）但是反对派还是固执己见，贾充、荀勖等人还是反对伐吴。大臣山涛竟然说出了这样的道理："外宁必有内忧，今释吴为外惧，岂非算乎"。但是由于主战派的屡次劝说，陈述利害，此时司马炎已经看清了当时的局势，决定伐吴。

羊祜生前早已将伐吴大计制定好了，十一月，司马炎采用羊祜计，发兵20万人，分6路进攻吴国：

1. 镇军将军、琅邪王司马伷向涂中（今安徽滁河流域）方向发动进攻。

2. 安东将军王浑从扬州（州治在今安徽寿春）出发，向江西（指今安徽和县方向），出横江渡口后行军。司马伷、王浑这两军可以牵制吴军主力，使其不能增援上游，然后南下东进，夺取建业。

3. 建威将军王戎自豫州（州治在今河南许昌东南）向武昌（今湖北鄂州）方向进军。

4. 平南将军胡奋自荆州向夏口（今武汉市武昌）方向进军。

5. 镇南大将军杜预自襄阳向江陵（今属湖北）方向进军，然后南下到达京广地区。王戎、胡奋、杜预这三军夺取夏口以西各战略要点，以策应王濬所率的7万水陆大军顺江而下。

6. 龙骧将军王濬，广武将军、巴东（郡治在今四川奉节）监军唐彬从水路东下，抵建业。太尉贾充为大都督，冠军将军杨济为副都督驻守襄阳；张华任度支尚书，负责粮食物资的运输。

晋军采取了分兵击之，各个击破的策略，这样的部署是正确的。东吴虽然弱小但仍有兵力20万人，不可轻敌，相对而言，晋军伐吴的兵力并不占优势。但是吴国却将这20万兵力分散布防于沿江和江南各地，这使得孙吴的军力有所分散，给晋军以可乘之机。

晋武帝太康元年、东吴天纪四年（公元280年）正月，将军王浑率10多万大军进军横江，王浑坐镇横江，派参军陈慎、都尉张乔攻击寻阳（今湖北武穴东北）；又派李纯率军进攻俞恭部，李纯大败吴将俞恭，斩杀吴官兵多人，占领高望城，准备渡江。与此同时，参军陈慎军攻取了阳濑乡，大败吴将孔忠。吴将陈代、朱明等主动率兵投降了晋军。

二月，吴主孙皓命丞相张悌率兵3万迎击王浑军，以阻止晋军渡江。张悌军行至牛渚（今安徽当涂北采石），沈莹分析形势说："晋治水军于蜀久矣，今倾国大举，万里齐力，名将必悉益州之众浮江而下。我上流诸军，无有戒备，皆死，幼少当任，恐边江诸城，尽莫能御也。晋之水军，必至于此矣!"

沈莹建议说，应集中兵力据守采石，在采石与晋军决一死战，若能打败晋军，进而可以阻止晋军渡江，还可西上夺回失地。如若失败，那么晋军将不可阻止，东吴必不可保。但张悌却认为，在此等待只能让将士们士气更加低落，如果我们主动出击，一鼓作气，说不定还有希望。如果我们战胜了，可以顺势南下，迎击敌人，也可以收复失地。假如我失败了，我也算为国尽忠，我将死而无憾了，张悌已经做好了以死殉国的准备。

张悌于是率军渡江，却被张乔军包围，张乔兵少将寡，不是张悌的对手，于是请降。副军师诸葛靓认为，张乔很明显是假投降，这是缓兵之计，拖延时间，等待后援，我们应该迅速将其歼灭。但张悌却认为大敌当前，这种小战能免则免，于是接受了张乔的投降，率兵继续前进，随即遇到了王浑的主力部队。两军对峙大战即将开始。

吴将孙莹率领5000精兵首先发动攻击，但是连续几次都没能成功，孙莹不得不退兵。晋军乘吴军撤退之时，命将军薛胜、蒋班乘胜追击，吴军大败。此时，伪降之张乔军又从背后杀来，里应外合，将吴军杀了个大败。诸葛靓见大势已去，收拾残兵败将逃回江南去了。张悌想以死报国，与沈莹、孙震力战而死，实现了他自己的诺言，晋军继续前进，准备渡江。

此时，晋将何恽急于立战功，他向扬州刺史周浚建议说，张悌一部被我歼灭，吴国上下必然乱了阵脚，现在应该挥师渡江，直取建业，定能拿下东吴。王浑听到这一建议后，比较小心谨慎，他认为晋帝只是命他出兵江北，抵御吴军，如果擅自渡过长江，就是违背军令，即使胜利也不会有什么奖赏；但若失败，必是死罪。于是王浑仍按兵不动，等待王浚军的到达，然后再统一节制王浚等军渡江作战。何恽再次劝说，认为将在外君命有所不受，如果错失良机，灭吴就很困难了，但王浑却置之不理。

琅邪王司马仙，自正月出兵以来，连克几座城池，迅速进至涂中。司马仙令刘弘抵达长江岸边，与建业吴军隔江相峙；命王恒率诸军渡过长江，直攻建业。王恒军势如破竹，进展十分顺利，沿途消灭吴军五六万人，还俘获孙吴都督蔡机。这时，王浚军在长江上中游获胜，顺流抵达牛渚，王浚军继续顺流东下，吴主孙皓命游击将军张象率1万水军前往抗击王浚军时，张象军一见西晋军的旗号便全部投降了西晋。王浚的兵力遍布长江，呐喊声响彻天空，气势恢宏，继续向前推进。

晋军大举进攻的消息传来，原先往交趾征讨郭马的将军陶浚，便停止去交趾，返回了建业，此时，吴将陶浚奉命率军2万与晋军作战，要出发的前天晚上，部众也逃散一空。

王浑、王浚和司马仙等各路大军已逼近建业，吴国司徒何值、建威将军孙宴等见大势已去，不想再战，干脆交出印信符节，前往王浑军前投降。吴主孙皓见自己内部已分崩离析，便采用薛莹、胡冲等人的计策，分别请降于王浑、王浚、司马仙，企图挑唆3人互相争功，引起晋军自相残杀。但是计划没有成功。

王浚挥师直进，离建业只有一步之遥，王浑劝王浚暂停进军，王浚哪能让快吃到嘴边的肉再吐回去啊，于是借口风大无法停船，直捣建业。当日，王浚统率水陆8万之众，浩浩荡荡，进入建业。吴主孙皓自知完蛋了，反绑双手、抬着棺木，表示诚意，前往王浚军门投降。至此，晋军占领了东吴4州、43郡，俘虏了吴国官兵23万，东吴政权宣告灭亡，三国鼎立的局面结束了。

第四卷

血色西晋：奸人当道的小时代

第一章 皇帝生涯：朽木也可充栋梁

这个太子很悲催

不凡之人，大都有一些现在人看来似是荒诞的出生传说。相传老子的母亲怀胎81年才生下老子；汉昭帝刘弗陵的母亲，怀胎14月才生下他；传说中的尧母也是怀胎14个月；而司马衷的母亲，怀胎20个月才诞下这个孩子，只不过这孩子不是学问精深的老子，也不是政治上颇有建树的汉昭帝、尧帝，而是历史上分外出名的傻小子：晋惠帝。

晋惠帝司马衷，字正度，晋武帝司马炎第二子，西晋的第二代皇帝。

泰始三年（公元267年），司马衷被立为皇太子，时年九岁。司马衷的太子之位，得来的原因与他的父亲有些类似。他本来有一个哥哥，只不过这个哥哥命不好，活了两年就夭折了，于是，司马衷理所应当成了嫡长子，接着理所当然地成了皇太子。

对于一个九岁的孩子而言，此时他天资中的愚钝未能完全暴露，他的弟弟司马柬虽然也是皇后的儿子，却才五六岁，作为父亲的武帝司马炎自然也没什么可选择的。在司马衷即位之前的二十三年太子生涯中，他的地位屡次受到威胁，却终究稳如泰山，平安熬到了登基，这主要得感谢三个人。

首先得感谢他的母亲杨皇后。司马衷的弟弟司马柬智商不仅正常，史书上说他“沈敏有识量”，即沉着聪明又有胆量，尽管如此，作为母亲的杨皇后还是更喜欢愚痴一些的司马衷。

待司马衷渐渐长大，当父亲的司马炎开始流露出对这个太子的不满，甚至表示为了天下苍生想换掉太子，杨皇后出面反对说：“立嫡以长不以贤，岂可动乎？”

一句话轻描淡写却说到了武帝的痛处，如果他自己不是嫡长子，恐怕也登不上皇帝的宝座。古人在嫡长子继统这个问题上，有时候有点偏执的倾向，既然古训如此，武帝也不得不认。

第二位，是他的叔叔司马攸。

司马攸对傻孩子司马衷的太子宝座实在没有特意作出什么贡献，只不过他犯了一点错误，恰好帮助了这个傻侄儿。他犯了什么错呢？他的大错误主要有一个，就是他太优秀了。

所谓“木秀于林风必摧之”，司马攸一辈子都犯在这个事情上。

司马昭在立接班人的人选上曾经有过一段迷茫期，据说他临死之前极担心两个儿子因为争太子位而反目为仇，拉着两个儿子的手殷勤嘱托作为兄长的司马炎照顾好这个他最爱的小儿子。四年后，两兄弟的母亲王太后死前，也是念念不忘这个得宠的小儿子，对司马炎自然又是一顿苦口婆心。

自己的父母不疼爱自己，死之前最想的还是自己的弟弟，这在司马炎心中怎能不留下阴影。被父母喜欢也就算了，朝中大臣对这个曾经差点成为主子的司马攸也一直念念不忘，加之武帝司马炎的儿子们也都实在不成气候，司马炎就试探性地问了问大臣张华："谁可托寄后事？"张华回答："明德至亲，莫如齐王攸。"当时朝中重臣王浑、羊琇、王济、甄德以及司马家族的重量级人物，都很看好齐王攸。

一位太过优秀的弟弟，夺走了自己父母的心意，差点夺走了自己的太子位置，现在又要来夺走自己儿子的皇帝宝座，还夺走了朝中大臣的归属感。不管司马攸是有心争储还是无心恋战，对于武帝而言，实在是不能容忍之事。一个帝王最怕的不是别的，是自己在位，臣子们心中已经认定了一个新的皇帝人选。而这个新的皇帝人选，还不是自己挑选的。

再者司马攸成年后，"清和平允，亲贤好施，爱经籍，能属文，善尺牍，为世所楷"，并且"以礼自拘，鲜有过事"，他个性刚正，"武帝亦敬惮之，每引之同处，必择言而后发。"

就这样，因为司马攸过于优秀，当哥哥的司马炎就更加喜欢自己的儿子了，尽管那个儿子真的不让他满意。

于是，就有了司马衷要感谢的第三个人，这人不是别人，是他的儿子：司马遹。

史书上的确有记载说晋武帝司马炎怀疑太子"不慧"，"弗克负荷"，其智慧难当皇帝大任，但因孙子司马遹天资聪颖而打消了另立继承人的念头。《晋书》如此记载："（司马遹）幼而聪慧，武帝（司马炎）爱之，恒在左右。（司马炎）尝与诸皇子共戏殿上，惠帝来朝，执诸皇子手，次至太子（司马遹），帝曰：'是汝儿也。'惠帝（司马衷）乃止。宫中尝夜失火，武帝登楼望之。太子时年五岁，牵帝裾入暗中。帝问其故，太子曰：'暮夜仓卒，宜备非常，不宜令照见人君也。'由是奇之。尝从帝观豕牢，言于帝曰：'豕甚肥，何不杀以享士，而使久费五谷？'帝嘉其意，即使烹之。因抚其背，谓廷尉傅祗曰：'此儿当兴我家。'尝对群臣称太子似宣帝，于是令誉流于天下。"

史书上主要记载了四件事，一件事说明这个孙子深得司马炎的钟爱，所以"恒在左右"；一件事说明这个当爷爷的实在很喜爱自己的孙子，一握手就知道是司马遹；后面两件事主要是说小司马遹虽然年少但甚有大有为于天下的潜质，所以才有了"此儿当兴我家"这样直接的暗示。又说小司马遹像汉宣帝，话中的意思直接明了，以至于修史书的人都以为，司马炎之所以将皇位给自己的儿子，是希望在群臣的帮助下熬过傻儿子的在位期，将司马家的天下托付给自己这个钟情的孙子。

可是司马炎的算盘未免太过于乐观了，史书上说："古者败国亡身，分镳共轸，不有乱常，则多庸暗。岂明神丧其精魄，武皇（司马炎）不知其子也。"对于武帝的选择无疑是持有一种批判色彩的。当时的重臣卫瓘曾经流露过对武帝选择的不满，指责武帝所托非人，恐耽误了晋家天下。

而尽管有三个人的"热切帮助"，司马衷熬到了登基，却换不来一个太平天下，到底还是一个无所作为的君主。他不仅无法解决政治上的困难，经历了西晋中衰的惨剧"八王之乱"，他本人还成为他人的傀儡，最后被东海王司马越毒死。

西北来了个秃发树机能

秃发树机能有一个今天看来很奇怪的姓氏，他姓"秃发"，说起这个姓氏，需要上溯到他的祖奶奶那一辈。

秃发树机能的祖先叫拓跋诘汾，“拓跋”是古代少数民族鲜卑族的姓氏。据史书记载，有一天，拓跋诘汾外出打猎，驰骋于山林野趣中的拓跋诘汾不会想到，此行的收获绝不仅仅是几件猎物。弯弓射猎间歇，拓跋诘汾遇到一个美丽的妇人，这个妇人貌美如花，身边“侍卫甚盛”。一个小小内人怎么这么大的排场？这不禁勾起了拓跋诘汾莫大的好奇心。

史书记载，他是“异而问之”，这股新鲜感促使拓跋诘汾走上前去问问这个妇人从哪儿来，怎么这么大的阵势。这个姑娘果然满足了诘汾的猎奇心理，她回答说：“我天女也，受命相偶。”我是天的女儿，受天的嘱托，过来跟你相遇。这俨然就是天造地设的最佳解释。古来天子君主都号称自己受命于天，代天统治臣民，现在天的女儿受命与自己相遇，这不是上天关心爱护自己的表现吗？

拓跋诘汾自然不能、也不会拒绝天公作美，两人遵照天命结合。美好的时光总是过得飞快，待到第二天清早，天女突然变了态度，一个劲地要赶拓跋诘汾走，让他原路返回，许诺如果有缘，就与他相约：“明年周时，复会此处。”说完这句话，天女就化为烟尘不见了，“去如风雨”一般撒手而去，只剩下拓跋诘汾一个人茫然若失。

拓跋诘汾对天女的约定很上心，一年不到，诘汾提前来到那个他与天女有着美好回忆的地方。眼前此景，拓跋诘汾无限感慨。而正在拓跋诘汾感叹物是人非的时候，那个他魂牵梦萦的熟悉身影再次出现，拓跋诘汾盼来了“果复相见”的这一天。这一见面，不仅了却了诘汾的相思之痛，天女居然还送给他一份极意外、格外贵重的见面礼：一个儿子！

史籍记载：“天女以所生男授帝曰：‘此君之子也，善养视之。子孙相承，当世为帝王。’语讫而去。”天女将所生之子托付给诘汾，陈情说：“这是你的亲骨肉，你要好好抚养他，将来让他接替你的责任，成为一代君主。”

《魏书》里面的记载颇具神话色彩，尽管在今天看来甚是匪夷，当时却真的让这个天女生的孩子得到了首领的头衔。拓跋诘汾死后，这个叫拓跋力微的孩子并不是长子，按习惯不能成为新一代的部落首领。但因其母为“天女”，大家都觉得他肯定有不可思议的能力，部落中人纷纷选定拓跋力微当新头领，这个孩子即北魏元皇帝。他的哥哥很郁闷，自己明明是长子，只是命不好，只有一个凡人的娘，只能眼看着本属于自己的权力就这样被一个传说中的天女之子抢走了。

郁闷的拓跋匹孤实在不想继续留下来过不顺心的日子，于是纠集了一些支持的人，拍拍屁股走人了。

拓跋诘汾率领的拓跋部族，本来生活在阴山、河套一代，拓跋匹孤带领一众人等沿着黄河、贺兰山东麓一路向南，在今天的内蒙古、宁夏、甘肃地区游牧，他也真的如愿开拓了属于自己的新领土。

后来，拓跋匹孤的妻子在棉被里为他生下了一个孩子。匹孤对自己没能成为拓跋部的首领一直心有不甘、愤恨难平，想起那个生养他的“拓跋”部落心中百感交集。鲜卑族有指物为姓的传统，就是看见一个东西不错，那就把姓氏改成这个东西的名字。匹孤一想，自己的儿子生在棉被里，那从此族人就都姓“棉被”好了，鲜卑语称棉被为“秃发”，一拍大腿，就这么定了。

就这样，“拓跋”就变成了“秃发”。那么秃发树机能又是谁呢？他是拓跋匹孤的重孙子。

正史中几乎没有详细记载中原王朝对北方的游牧部落——秃发部落——是如何统治的，不过按照曹魏、西晋统治羌族、胡族部落的惯例，一般是设立“护羌校尉”。鲜卑族人因为英勇善战，作战能力强，能者多劳，中原王朝屡屡在北方征调鲜卑人为兵，甚至有的鲜卑族人沦为奴婢或佃客。不仅如此，北方游牧部落还要向中原王朝缴纳赋税，在政治上、经济上都处于很被动的地位。

西晋的这种做法明显将秃发部落视为一种可以随便驱使的工具，中原王朝的统治者对边疆民族的态度大都是既利用，又防范。兵役跟赋税可以暂时控制北方局势，却埋下了双方战争的隐患，"非我族类，其心必异"的歧视和压迫政策，使得双方的矛盾日益尖锐，有一触即发之势。

泰始年间，北方连年灾荒，北方民族地区农业生产的能力本就不高，游牧业靠天吃饭，一旦连年灾荒，粮食、牲畜都处于短缺的境地，少粮少食，政策失当，必然引起骚乱。泰始五年（公元269年）二月，西晋对行政规划作了一番调整，将雍州的陇右五郡（陇西、天水、南安、略阳、武都以及凉州的金城郡和梁州的阴平郡）划分出来，设立了秦州，等于在骚乱重灾区设立直接的管辖权。直接管辖还不能让西晋安心，又设立高平郡（今宁夏固原县），固原这个地方刚好是秃发部落跟乞伏部落的交通要地，在这个地方设立郡县制度，使鲜卑各族内部的联系被切断，开始集体反对西晋。

这些想法是好的，不过所托非人，第一任秦州刺史胡烈是一个"勇而无谋，强于自用"的人。胡烈这个人，曾经给钟会当过护军，参加过灭蜀的战役，多年征战，战功赫赫。这样的人，用来打仗还可以，但是当地方官，特别是当民族地区的地方官，总是缺少一些圆润，少一些智谋。打仗可以用"刚"，但处理边疆问题只有"刚"显然是不够的。起初，在西晋朝堂内部对这样的人事安排，大家的看法也不一，有人担忧胡烈不能给边疆带去安定团结，反而会弄巧成拙。

果不其然，胡烈上任后出台的种种措施不仅没有缓和矛盾，还激化了矛盾。胡烈是个军人，想法是简单粗暴了一点。他认为北方骚乱，必须依靠直接镇压。因此，胡烈签署出台了一系列的高压政策。潜伏多年的矛盾恰好缺少一条战争的导火索，胡烈"失羌戎之和"的手腕，给了这一箱火药一个爆发的火苗。秃发树机能绝非常人，史书说他"壮果多谋略"，"多谋略"的秃发树机能，面对一个"勇而无谋"的胡烈，完全占得上风。

泰始六年（公元270年），鲜卑人秃发树机能为了保卫自己的家园，率众起义。万斛堆（甘肃祖厉河支流北河河口）这个地方，也成了胡烈的埋骨之所。

秃发树机能没有一味出击，而是采用诱敌深入的策略。面对胡烈率领的西晋军队，他连续三次战败。本就轻敌冒进的胡烈自以为有机可乘，对秃发部一味进攻，根本没有心思好好分析敌情，探究秃发部落的虚实，只知道进攻进攻再进攻。

秃发树机能在万斛堆设下了埋伏，他为胡烈精心挑选了这个葬身之地。趾高气扬的胡烈一步步走入秃发树机能的埋伏圈，秃发树机能下令四面合围，万斛堆成了一只鸟都不能飞进的死亡之地。惊觉中了埋伏的胡烈赶忙向负责雍、凉州诸军事的扶风王司马亮求救。送信的人从层层埋伏中拼杀而出，来到司马亮的府上，司马亮得知后立即派遣刘旗发兵去救。西晋的臣子也犯了所托非人的错误，刘旗是个胆小鬼，对秃发部落的战斗能力多有耳闻，他一路走走停停，内心犹豫着要不要过去跟鲜卑人拼命。一心守望救兵的胡烈盼星星盼月亮也盼不来晋朝的军旗，纵然他还能拼死一搏，却最终兵败被杀。

战报八百里加急送到了晋武帝司马炎的面前，得知北方的局势如此糟糕，他简直要气炸了，将司马亮贬为平西将军。司马炎对刘旗更生气，扬言要将他斩首示众。司马亮慌忙为刘旗求情，一再表白刘旗不是故意的，才使刘旗捡回来一条小命。

另一方，其他部族人知道秃发部打了一场打胜仗，纷纷有冤的报冤，有仇的报仇，都加入了反对西晋王朝的大军之中，他们向东北进军，占领了高平。司马炎立刻任命尚书石鉴为安西将军、都督秦州诸军事，又调作战经验丰富的杜预代替胡烈为秦州刺史、领东羌校尉，全面负责镇压树机能的起义。

杜预是一个高段位的军事家，是晋朝灭东吴的军事统帅之一。杜预仔细分析了敌我双方的态势，以为秃发树机能的优点在于骑兵迅猛，这是北方游牧民族军队的最大优点，中原王朝军队自然比不过。于是杜预提出了这样一个作战方针：关起大门并不出战，跟秃发树机能耗着。耗到第二年春天，鲜卑人粮食短缺的时候，晋朝主动进攻，一举歼灭。杜预的想法是好的，怎奈西晋再一次所托非人，石鉴急于立功，平素对杜预也看不顺眼，这个时候杜预一再阐明不出击，他哪里听得进去，不仅不听，还给杜预安了一顶“贻误战机”的大帽子，把杜预扔进囚车送回了洛阳。

把不顺眼的杜预送走，石鉴开始施行自己的方针：进攻。事实证明，杜预的判断是正确的，石鉴除了换来更多的失败什么也换不来。气急败坏的石鉴还谎报军情，跟司马炎说晋军如何所向披靡，后被人拆穿，只能回家。

双方一年多的交战，西晋除了失败，还是失败，武帝“每虑斯难，忘寝与食”，想到北边的战局，他寝食难安。泰始七年（公元271年），胡人药兰泥、白虎文起义，与秃发部合力夺取金城郡。管辖金城郡的凉州刺史牵弘是魏国名将牵招的小儿子，他体内有着优良的军事基因，跟他的父亲一样的刚毅。秃发树机能还是用老方法，把牵弘也引到包围圈里，这次选定的包围圈是青山这个地方，中了埋伏的牵弘最终死于乱军之中。

牵弘上任之前，晋国的大将军陈骞曾向晋武帝谏言说，牵弘是个刚毅的人，不适合处理民族边疆危机，建议晋武帝换人，武帝对陈骞的意见没有理睬。此时的牵弘也真的如陈骞预料的，兵败被杀。牵弘的死，使得凉州、秦州这样的边疆战略要地都成了秃发等部族的囊中之物。晋朝本来想建立新的行政规划直接控制北方边境，却最终被别人所控制。

晋朝派出新一任的凉州刺史苏愉出击，苏愉在金山（今甘肃省山丹县南）战败。晋朝北方的防务全面崩溃，鲜卑军队在北边再无阻挡。

此时，一筹莫展的晋武帝司马炎得到一个消息，有一个人能给晋朝带来胜利，这个人就是：贾充。

包办婚姻不幸福

司马衷傻是傻了点，但是谁叫人家是太子，但是太子也有太子的痛苦，那就是，自己想娶什么样的人做妻子，不是自己说了算，而是由父母做主，父母这一挑，就挑出来一个“奇葩”。为什么要加个引号，这事还得慢慢说来。

晋武帝司马炎整日为了北边边境的战事忧心，他派出的将领最大的能耐就是打败仗。在这种情况下，他迫切需要一场胜利，这个时候有人提醒：贾充可以打胜仗！

贾充，字公闾。他的父亲贾逵官至魏国的豫州刺史，曾被封为阳里亭侯。贾逵老来得子，觉得上天眷顾他，必有后福，家里肯定有“充闾之庆”，所以给儿子取名“贾充”。晋武帝司马炎对贾充尤为信任，曾说“车骑将军贾充，奖明圣意，谘询善道”、“雅量弘高，达见明远，武有折冲之威，文怀经国之虑，信结人心，名震域外。”《晋书》说他“有刀笔才，能观察上旨”。

贾充这个人文采很出众，又能体察上意，这一点很重要。史书说他是“无公方之操，不能正身率下，专以谄媚取容”，意思就是说这个人对手下的官员起不到什么模范带头作用，但是很会来事儿，深得皇帝的喜爱。

纵观贾充的一生，可以说他一直是坚定地追随司马氏。早在司马师时代，正元二年（公元255年）春天，魏镇东将军毌丘俭和扬州刺史文钦起兵叛乱，贾充就跟随司马师一齐上了战场。他与邓艾合力打退了文钦的进攻，又参与平叛了很多关键性战役。等到司马师收拾完这帮反对者，贾充因为有功，增邑三百五十户，贾氏一门在贾逵的爵位基础上，又扩大了食邑。等到司马师死掉，司马昭接过权杖执掌魏国，贾充被任命为大将军司马，右长史。

两年以后，又有一个人想要站出来反对司马家族，贾充继续发扬精神，受命出去侦察敌情。在淮南，贾充见到了心怀鬼胎的诸葛诞，说了一堆慰劳的话之后，随便将话题引到了司马家，故意试探道："天下皆愿禅代，君以为如何？"天下的臣民都觉得当今天子不适合当皇帝，应该把皇帝的宝座让给司马昭，您看这样好不好？贾充问得随便，诸葛诞却厉声回答说："卿非贾豫州子乎，世受魏恩，岂可欲以社稷输人乎！若洛中有难，吾当死之。"他指责贾充忘了为人臣子的本分，甚至把贾充的父亲都抬出来了。

诸葛诞把话说到这份上，贾充也就不好再说什么了，他"默然"。回到朝堂上劝司马昭早做准备，后来诸葛诞果然起兵造反，贾充又贡献出自己的战术方针，帮助司马昭取得了胜利。

几年后，不甘于做傀儡的高贵乡公曹髦亲自带领侍卫、太监主动出击，要跟司马昭死磕。众人看见当今天子亲自拔剑上阵都有点慌：杀吧，他毕竟名义上是皇帝；不杀吧，司马昭肯定不答应，只能步步后退。贾充看见这帮人气得大呼："公等养汝，正拟今日，复何疑！"一旁的成济听见这句话，上前结束了曹髦的性命。贾充再次因为站对了队，进为乡侯，食邑又增加了不少。因为贾充的一贯忠信，他顺利成为司马昭的心腹，参与机密。

其后贾充再度表现出色，在继承人的问题上又站对了队。司马昭对立谁为太子一直很纠结，感情上他更倾向于小儿子司马攸，但是礼法上又应该立长子司马炎，病中的司马昭询问贾充的意见。贾充的女儿嫁给了齐王司马攸，但是贾充没有偏袒自己的女婿，而是"称武帝宽仁，且又居长，有人君之德，宜奉社稷"，把长子司马炎好好夸奖了一番。待到司马昭死前将晋王的位置传给司马炎时，他拉着大儿子的手说："知汝者贾公闾也。"

这句话很重要，司马昭等于明白地告诉自己的儿子：你能得到这个王位都是因为贾充为你说了好话。熬了这么多年终于等来王位的司马炎听到这句话，自然会深切地感激这位支持者。当上晋王的司马炎自然给贾充加官晋爵，任命他为晋国卫将军、仪同三司、给事中，改封临颍侯。曹奂退位，坐上皇位的司马炎自然要犒赏有功人等，拜贾充为车骑将军、散骑常侍、尚书仆射，更封鲁郡公，贾充的母亲柳氏为鲁国太夫人。司马炎对贾充很是信任，视为左右手，贾充的母亲鲁国太夫人死后，贾充按照礼法回家守孝，在朝堂上看不到贾充身影的司马炎很关心这个"知汝者"，特意派身边的人代表自己去慰问一番。

当司马炎面对北方战事无可奈何的时候，在侍中任恺、中书令庾纯的建议下，他想到了贾充，贾充总是能为司马家族铲除一切的反对者，司马家需要贾充。武帝司马炎在圣旨中甚至说："使权统方任，绥静西夏，则吾无西顾之念，而远近获安矣。"他将所有的希望都寄托在贾充身上了。

拿到圣旨的贾充只有郁闷的份儿了：北方战事打了好几年没有一次胜仗，自己就一定能打赢吗？即便打得赢，放着京师的好日子不过，谁心甘情愿去边境上受苦呢？贾充郁闷是郁闷，没得选择，只能领旨谢恩。

贾充硬来不行，只能先拖延不办。但是拖延不是办法，总是要走的，转眼贾充出行的日子近了，饯别的日子到了，荀勖跟贾充关系还不错，就给贾充出主意说："公，国之宰辅，而为一夫所制，不亦鄙乎！然是行也，辞之实难，独有结婚太子，不顿驾而自留矣。"

不久宫中举行宴会，荀勖趁机提出太子的婚事，又说"充女才质令淑，宜配储宫"。武帝司马炎不是傻子，他对儿子的婚事早已有了主意，他心中属意的是卫瓘的女儿，司马炎总结道："卫氏女有五可，贾氏女有五不可。卫氏女贤惠多子，皮肤白皙，又长得漂亮动人；贾氏女以嫉妒著名，少生子，同时又貌丑而短黑。"武帝站在一个男人、一个父亲的立场仔细分析了这门婚事，无论是遗传基因还是外貌品性上讲，都没有选贾充女儿的道理。

贾充虽然在朝堂上挺得起腰杆，惧内却是出了名。贾充的原配李氏出身名门，容貌也姣好，为贾充生下了两个女儿：贾荃、贾濬。从遗传的角度讲，这两个女儿的容貌应该不会太差，其中贾荃还嫁给了齐王司马攸。但是好景不长，李氏受父亲的牵连被流放，贾充又娶了郭氏为妻。这个郭氏跟李氏完全不是一个类型的人，是一个妒妇。因为妒忌，先后打死了贾充两个儿子的乳母，这两个儿子因为没有乳母，也先后夭折。等到司马炎称帝，李氏遇赦而回，郭氏甚至不让李氏进门，贾充不得已，只能另给李氏买了一座宅子，可他连私下看望李氏的胆子都没有。郭氏品性太坏，生出来的孩子相貌也不佳，一个个又矮又黑，贾南风更是奇丑无比，从遗传的角度讲，郭氏可能也不好看。这样的家庭背景，明眼人都不会选择如此亲家。

只是荀勖一个人提议，说服力肯定不大，这时候杨皇后站出来表示赞同，也说了一番贾充女儿的好话。太傅荀顗附议。一个是太子的母亲，一个太子的老师，都认定了贾家的女儿，其他的大臣当众也不好直接反对这门婚事，皇后、太傅都支持，贾充在朝中官职又高，没人愿意为了天资不好的司马衷堵上自己的身家性命。武帝也是一个惧内的人，只有默许的份儿。

一桩看上去根本不可能的亲事就这么定了下来。一帮人忙活了半天，选定的太子妃人选是贾充的小女儿贾午。贾午跟司马衷的年纪相仿：贾午12岁，司马衷13岁，刚好匹配。

泰始八年（公元272年）春天，洛阳下了场很大的雪，预备向北方动兵的军事计划因为这场大雪停摆。荀勖送佛送到西，借机发挥说："现仲春二月，天普降瑞雪，实是吉兆。皇太子应即择良辰成婚。"晋武帝司马炎应允，下旨成婚，并令贾充官居原职，荀勖一手策划的整盘棋以完胜告终。

命运有时候充满变数，贾午实在是太不争气了，身材过于矮小，连结婚礼服都撑不起来。众人灵机一动，嫁哪个女儿不是嫁，贾午的姐姐贾南风还稍微高一点，虽然比司马衷大两岁，但是年龄不是问题，最丑的女儿贾南风成为了西晋王朝的太子妃。

有人考证，贾南风的身高大概只有一米四，贾午资质如何也就不难想象了。一般的亲事都希望"郎才女貌"，司马衷跟贾南风的结合，既没有"郎才"，也绝谈不上"女貌"。而这桩包办的"良缘"才刚刚上演。

第二章　权臣作孽：涉危蹈险的帝国

杨骏不是老实人

一般认为，太康元年（公元280年）算是武帝朝的一个转折点，以灭吴为界，司马炎执政的25年，可以说是前明后暗的政治面貌。而咸宁二年（公元276年）也是一个多事之秋，这一年齐王攸被武帝解除权力，而外戚杨骏突起，成了一种新的政治力量。由于武帝"惟耽酒色，始宠后党，请谒公行"，杨骏跟他的弟弟杨珧、杨济势倾天下，当时的人们就用"三杨"称呼他们。

杨骏，字文昌，弘农杨氏的后代。前面讲过，弘农杨氏是很好的出身。杨骏年轻的时候因为是"王官为高陆令，骁骑、镇军二府司马"。杨骏从司马跻身权力核心，主要依靠他的女儿杨芷杨皇后，"自镇军将军迁车骑将军，封临晋侯"。在他女儿杨芷被立为皇后四个月之后，杨骏被封为临晋侯。一般都以杨骏封侯这件事作为杨氏成为武帝司马炎重要的发展对象的标志。

司马炎集中发展外戚的势力，主要目的在于调整整个晋国的权力分配体系。由于曹魏的国祚不久，只有区区45年，作为开国皇帝的司马炎一直依靠的力量主要是在三国末期早已形成的宗室跟功臣集团。但是这两股力量都有些靠不住。宗室方面，因为齐王司马攸的过于优秀，过于深得民心，被司马炎忌惮，抑郁而死，宗室的力量骤减。而武帝本人的几个儿子的政治能力基本上都上不得台面，使得司马氏在政治舞台的施展空间变得非常有限。而功臣集团一旦一支独大，容易使晋国陷入被大臣左右朝政的局面，武帝这时候急需强化皇帝本人能依靠的力量，他想到了杨氏，虽然在血亲上杨氏跟司马氏并无太大的关联，可凭借姻亲这层关系，毕竟还是知根知底一些。

杨骏的出身虽然不错，能力却有限，尚书褚濑、郭奕对武帝这样的安排都表示反对，说杨骏："小器，不可以任社稷之重"，"素无美望"，可见他实在是对不起自己的家庭背景。但是武帝坚持自己的看法，因为东吴已灭，他就以为天下无事，"不复留心万机"。当时就有人指出："夫封建诸侯，所以籓屏王室也。后妃，所以供粢盛，弘内教也。后父始封而以临晋为侯，兆于乱矣。"认为杨氏的兴盛给晋国带来的只有"乱"而已。

杨骏因为女儿得道，得以升官，仗着自己的国丈身份，越来越骄傲自得。弄得胡奋都看不下去了。胡奋是魏国车骑将军、阴密侯胡遵的儿子。他"性开朗，有筹略，少好武事"。当年司马懿伐辽东，胡奋还没有做官，"以白衣侍从左右，甚见接待"。胡奋这个人的传奇色彩表现在，胡家世世代代都出武将，这样的家庭环境下，胡奋的书就读得不太好，文章就写得稍微差了点，但是胡奋很好学，随着年龄的增长，文章也写得越来越好，史书说他是"所在有声绩，居边特有威惠"。

胡家由于一直支持司马氏，自然甚得宠信，胡奋的女儿是武帝司马炎的贵人。同样是把女儿嫁给了当朝天子，胡奋就显得很老实，懂得夹着尾巴做人，跟杨骏形成鲜明的反差。他曾经劝告杨骏说："卿恃女更益豪邪？历观前代，与天家婚，未有不灭门者，但早晚事耳。观卿举措，适所以速祸。"可见胡奋深知低调才是王道，劝杨骏吸取前代的教训，不然会惹祸上身。

胡奋善意的忠告，杨骏很是不屑，还反问胡奋说："卿女不在天家乎？"胡奋一听，觉得杨骏真是没救了。同样是嫁给皇帝，皇后跟贵人能是一个级别吗？"我女与卿女作婢耳，何能损益！"武帝后宫有万人之多，一个贵人能带来多少荣耀，而皇后只有一人，自然是其他人不能比的。可是杨骏不听胡奋这一套，仍旧我行我素。

太熙元年（公元290年），五十五岁的司马炎病势沉重。病中的司马炎没有指定辅政大臣，事实上这个时候晋国也实在没什么股肱之臣可以托付。面对这样的窘境，"朝臣惶惑，计无所从"。皇帝的身边出现了权力的真空，杨骏充分显示了自己钻空子的才能，他"尽斥群公，亲侍左右"，趁着武帝病重的机会，"改易公卿，树其心腹"，在朝堂上安插自己的势力。司马炎虽然病重，但是脑子不傻，还是发现了杨骏的小阴谋，觉察到了杨骏包藏祸心，就下旨说让汝南王司马亮跟杨骏一同辅佐新主，希望借由汝南王的力量牵制杨骏，也希望二人能相互牵制，不至于出现权臣掌权的局面。

司马亮，字子翼，按辈分是司马炎的叔叔。年少就"清警有才用"，做过魏国的东中郎将，广阳乡侯。诸葛诞反叛时，司马亮曾经领兵上过战场，很不幸，吃了败仗，被免官。之后，重新被任命为"左将军，加散骑常侍、假节，出监豫州诸军事"。等到晋室开基，司马家里的人少不了升官，司马亮搭上这般顺风车，"封扶风郡王，邑万户，置骑司马，增参军掾属，持节、都督关中雍、凉诸军事。"主要在晋国边疆主持工作。

秃发树机能在北边兴起了浩浩荡荡的反晋战争，司马亮手下刘旗胆子小，不仅没有争先士卒、奋勇杀敌，反而在行军的路上拖拖踏踏，吃了败仗。那时候司马炎因为秃发树机能吃不好也睡不安，遇见这号不杀敌还临阵退缩的人，气得要大开杀戒。司马亮慌忙中少不了为刘旗求情，司马炎盛怒之中下旨把刘旗骂了一通："高平困急，计城中及旗足以相拔，就不能径至，尚当深进。今奔突有投，而坐视覆败，故加旗大戮。今若罪不在旗，当有所在。"这时候有人说刘旗只是胆子小了点，的确该杀，但是司马亮身为上司没有识人之明，应该一同受责罚，司马亮就再度被免官。可是司马亮命好，不久他又被任命为抚军将军。

司马炎一直重视宗室的力量，齐王攸死后，司马炎"乃以亮为宗师，本官如故，使训导观察，有不遵礼法，小者正以义方，大者随事闻奏"。司马亮两起两落之后迎来了第一次政治高峰。咸宁三年（公元277年），司马亮的封地迁往汝南，"出为镇南大将军、都督豫州军事，开府、假节，之国，给追锋车、皁轮犊车，钱五十万"。之后，又"征亮为侍中、抚军大将军，领后军将军，统冠军、步兵、射声、长水等营，给兵五百人，骑百匹。迁太尉、录尚书事、领太子太傅，侍中如故"。

司马炎准备好了圣旨，预备"以亮为侍中、大司马、假黄钺、大都督、督豫州诸军事，出镇许昌，加轩悬之乐，六佾之舞"，意在抬高宗室的力量牵制外戚杨骏。司马炎逼死了自己那个优秀的弟弟司马攸，却任用这个没什么才能的叔叔司马亮，也真是会给自己的儿子选大臣。诏书刚刚写好，还没有来得及宣布并实行，司马炎就病危了。杨骏得知司马炎的计划，深知自己的根基不如司马亮牢靠，耍了一点小手段，事实证明杨骏这个手段很管用。

他跟掌管诏书的中书监华暠讨要圣旨，说拿过来观赏观赏，华暠也知道杨骏想要圣旨一定没安好心，但是又惧怕杨骏的势力，不得已也只好把诏书借给杨骏，这一借，自然是有去无回了。杨骏“没收”了圣旨，还觉得不放心，属意华暠编造了一份新的诏书，这份诏书的内容自然是大封特封杨骏的官，封他为“太尉、太子太傅、假节、都督中外诸军事，侍中、录尚书、领前将军如故”，还允许杨骏“持兵仗出入”，方便他掌控那个只剩半口气的皇帝司马炎。诏书写好了，杨骏很不厚道地还送给病得不行的司马炎看一眼，估计司马炎这时候已经病得没有意识了，即便是看了，也不可能反对什么。杨骏伪造这份诏书之后的第三天，司马炎就一命呜呼了。

司马炎一死，杨骏成了掌权的人。司马亮一猜就知道这背后一定是杨骏搞鬼，但是他胆子小，不敢反抗，皇帝死后大臣要去哭灵，司马亮连皇宫大门都不敢进，借口自己生病，就在自己家门口哭了一鼻子。等到司马炎出殡那天，所有人都前去送行，杨骏就一直在自己居住的太极殿待着，还配备了上百人的保镖队伍，“不恭之迹，自此而始。”

丧事办得差不多了，杨骏本着斩草除根的原则，想要对司马亮下手。司马亮哪里有什么应对策略，就向何勖讨教，何勖看着眼前这个窝囊的王爷，劝司马亮先发制人：“今朝廷皆归心于公，公何不讨人而惧为人所讨！”甚至建议司马亮召集自己的力量，领兵入宫，废掉杨骏的权力，先一步把杨骏干掉，这样不是彻底解决问题了吗？但是司马亮一听，觉得何勖这一绝好的建议简直是开玩笑，不说领兵进宫，洛阳都不敢继续住了，连天亮都等不及，当天夜里就逃命到了许昌，保住了一条小命。

司马亮逃了，洛阳城就变成了杨骏的地盘，他任用自己的外甥段广、张劭在惠帝司马衷身边当近臣，用以掌握新皇帝的一举一动。司马衷虽然名义上是皇帝，但万事都做不了主，处处被杨骏牵制。杨济、杨珧将这些看在眼里，记在心上，觉得哥哥是在为杨家自掘坟墓，数次劝谏杨骏不要一人专权，杨骏不听，还觉得杨济他们是别有用心，慢慢地疏远了自己的两个弟弟。杨济没辙，跟傅咸说：“若家兄征大司马入，退身避之，门户可得免耳。不尔，行当赤族。”如果杨骏让司马亮留在朝中，杨家尚能保全，但是现在，估计杨家要被满门抄斩了。傅咸建议将司马亮迎回洛阳：“但征还，共崇至公，便立太平，无为避也。夫人臣不可有专，岂独外戚！今宗室疏，因外戚之亲以得安，外戚危，倚宗室之重以为援，所谓唇齿相依，计之善者。”但是杨济在杨骏那里，早就没有说话的份了，杨骏也不可能把吓跑的司马亮接回来。

杨济整天忧心忡忡，私下向石崇询问朝中大臣对杨骏独裁的看法，石崇毫不客气地指出：“贤兄执政，疏外宗室，宜与四海共之。”杨济一听，实在是无话可说，虽然他认同石崇的看法，但是知道自己说话不管用，就请石崇进宫，把这番道理讲给杨骏听。石崇倒是进宫了，也见到了杨骏，对着杨骏那张脸说了半天大道理，也只是浪费了吐沫星子，杨骏早已是一匹脱缰野马，没人能制得住，哪里知道什么福祸相依的道理。

杨骏忘记了一个人，他觉得自己是无人能制得住的脱缰野马。而这个人，选择的不是制服，而是消灭，从肉体上消灭这匹野马，纵然有再大的本事，也难逃灭亡的命运。小矮子丑女贾南风，正是杀死杨骏的幕后黑手。

猖狂人必有死下场

贾南风的臭脾气，杨骏也是知道的，“甚畏惮之”，虽然有所惧怕，却未能有所收敛。杨骏的策略是拉拢太后，不过这个太后是一个老好人，怎么可能是泼辣儿媳妇的对手。

有人说什么杨公主持大局是众望所归之类的场面话，偏巧杨骏除了是国丈外，几乎一无是处，论军功，没有；论学问，也没有；论人品，实在不怎么样。这样的人掌权，如果老实本分地做几件事，可能还好一点，偏偏他什么都不懂，还要创造点新的标准。一般而言，先皇帝刚刚死掉，年号是不能更改的，继位的皇帝要继续延续年号，直到第二年才能改元。杨骏“暗于古义，动违旧典”，可能是过于迫切需要做出点“成绩”了，竟然下令立即使用新的年号。

这下群情激愤，朝中不少大臣坐不住了，说从孔子做《春秋》时候起就没这个规矩，杨骏这么做是“逾年书即位之义”，简直无法无天，太不像话。虽然改元“永熙”，但是史官左看右看，总觉得这个年号来历不正，太不顺眼了，“故明年正月复改年焉”，所以惠帝司马衷这第一个年号只用了区区九个月罢了。

没什么背景的杨骏上台后自然要扶植自己的势力，能用自己的人就尽可能用自己的人，杨骏的两个弟弟都不太支持自己，没关系，杨家还有侄子什么的。杨骏不傻，任用的官员都掌握着禁军，算盘打得很好，控制了皇宫就等于控制了一切。可是这么一来，不仅没有得到人心，反而是“公室怨望，天下愤然矣”。外戚掌权还操纵禁军，这不是俨然的造反态势吗？可怜的杨骏，朝里没多少人支持他，后宫除了一个不顶事的太后，也不得人心，就连自己的弟弟杨珧、杨济也与他渐行渐远，真可谓“众叛亲离”。

“殿中中郎孟观、李肇，素不为骏所礼”，孟观、李肇这两个人，充其量只能算是诸多看杨骏不顺眼的人里面很不起眼的两个人，战斗力毕竟有限。孟观是个读书人，字叔时，打小就喜欢读书，尤其对天气知识很精通，不知道为什么得罪了杨骏。李肇此人，史书上几乎没什么记载。这样两个人，一般是掀不起什么大浪的，但是他们找对了同谋：贾南风。

贾南风不是一个安稳人，不仅玩转了自己的丈夫司马衷，还野心不小，连前朝的事情也想管上一管，怎奈杨骏投靠错了对象，拿杨太后当靠山，贾南风不仅不把杨太后放在眼里，武帝司马炎死后，甚至“悖妇姑之礼”，连场面上的婆媳之礼都不讲了。偏巧孟观、李肇利用职务之便偷偷向贾南风打两个小报告，何况杨骏本身就不得人心，把事情随便找出来说一说，再添油加醋一番，就很有杀伤力，如果再给杨骏扣上一顶试图谋反的罪名，贾南风何愁没有教训杨骏的把柄呢？

皇后想掺和政事，大概有几大途径：第一，搞定自己的丈夫，司马衷对贾南风实在构不成什么威胁，这个障碍不扫自除。第二，搞定自己的婆婆：太后。杨太后是个老实人，武帝在的时候还一个劲给贾南风说好话，对于这样的婆婆，只需要不管她即可。第三，搞定朝中的大臣，这是贾南风不能施展拳脚的唯一原因，搞定搞不定另说，只要杨骏在朝里一天，贾南风的野心就只能深埋于心，因此贾南风除掉杨骏，只是时间早晚、时机成熟不成熟的问题了。现在孟观跟李肇送来了杨骏的把柄，师出有名，但是她还缺少两股力量：杨太后身边得有自己的眼线；杨骏不会自己走开，需要有人搬走这块绊脚石。

贾南风不是只会发脾气，她想到了当年曾经伺候过他们夫妻俩的董猛。董猛是谁呢，只是一个太监，但是他不是别人的太监，他现在是杨芷杨太后身边的太监。不是当年贾南风对董猛不薄，就是董猛面对这个悍妇只有听命的份儿，当贾南风私下里小手指那么一勾，董猛就过来跟孟观、李肇他们狼狈为奸。这样，一个问题解决了。

至于能搬开绊脚石的力量，贾南风将目光转向了司马亮。贾南风满心欢喜地以为，司马亮被杨骏摧残了一下，还抢走了本该属于他的辅政大权，司马亮应该是一心一意等待报仇的汉子，可是当她托人带去口信的时候，司马亮不仅没有斗志，反而说：“骏之凶暴，死亡无日，不足忧也。”自作孽不可活，杨骏早晚会玩完的，不用担心。贾南风吃了一记软钉子。司马亮太不靠谱，她将目光转移到司马玮身上。

司马玮，字彦度，是武帝司马炎的第五个儿子。得益于司马炎对宗室的重视，他先是“封始平王，历屯骑校尉”。到了武帝朝后期，司马玮“都督荆州诸军事、平南将军，转镇南将军”。贾南风选择司马玮的原因，除了司马玮年轻又有兵权，更重要的可能是《晋书》中所记“骏素惮玮”，杨骏这个不管天多高地多厚的人，竟然惧怕这个年轻的后生，所以当司马玮跟中央汇报说自己想带着人马去京城住两天的时候，杨骏“因遂听之”。

司马玮进了城，贾南风等待的多方力量终于到齐。孟观、李肇就把早就准备好的那套说辞拿出来说给司马衷听，大意不外乎是诬陷杨骏谋反之类的，欲加之罪本就何患无辞，杨骏平常又干了不少不得人心的事情，实在不愁没有论据。最后定主意的自然是贾南风，当天夜里，就下诏诛杀杨骏，而这个受贾南风任命的传诏人，正是那个天文专家孟观。

舆论准备完毕，该走的程序走完，军队列队出发，这时候杨骏的侄子段广站出来替杨骏求情，他跪在司马衷前面，说：“杨骏受恩先帝，竭心辅政。”这么多年没有功劳也有苦劳，段广甚至说：“且孤公无子，岂有反理？愿陛下审之。”一个没有儿子的人怎么会想要做皇帝呢，陛下您一定要擦亮眼。不知道司马衷听罢此言，究竟作何感想，史书只是记载“帝不答”。而不管司马衷是认可贾南风的行为，还是对段广的求情无可奈何，他什么都不说，就等于是默许。

死期将至的杨骏此时正在家里睡觉，他的家是曹爽以前的府邸。听说宫中针对他开展了抓捕行动，就赶忙召集人马商讨计策。太傅主簿朱振分析说：“今内有变，其趣可知，必是阉竖为贾后设谋，不利于公。”为今之计，首先，“宜烧云龙门以示威”，制造剑拔弩张的紧张情绪，告诉所有人杨骏的战斗力仍然存在。其次，“索造事都首，开万春门，引东宫及外营兵，公自拥翼皇太子，入宫取奸人。殿内震惧，必斩送之，可以免难”。让杨骏挟皇太子司马遹进宫，这个皇太子，不是贾南风所生，让皇太子对付贾南风，胜算自然平添许多。

这本是一条上佳的建议，但是杨骏这时候没了平日里的跋扈，他本来也不是什么胆大之人，终日里也只会吆二喝四做出一副牛哄哄的样子来，现在原形毕露，只会犹豫不决，只是懦弱地说：“魏明帝造此大功，奈何烧之！”多么好的宫殿，烧了多可惜。手下的听到杨骏这句话，心都凉透了，果然是烂泥糊不上墙。侍中傅祗就跟杨骏说：“宫中不宜空。”借口宫里不能没有人，就起身走了。都到这个时候了，宫里有没有杨骏的人还是一个问题吗，不过是借口罢了，其他人对傅祗的行为心照不宣，也都找借口赶紧逃命了。只剩下一个武茂没反应过来，傅祗一看，恨得提醒说：“君非天子臣邪？今内外隔绝，不知国家所在，何得安坐？”一言惊醒梦中人，武茂听了这话，兔子一样逃命去了。

正所谓物以类聚人以群分，杨骏是个胆小鬼，手底下也没什么有担当的人。守着宫门的左军将军刘豫听人说杨骏跑了，连主意都没有了，居然问给他假消息的裴頠：“吾何之？”裴頠说：“宜至廷尉。”鉴于你一向跟着杨骏办事，现在只有自首这一条路走得通，糊涂的刘豫竟然真的乖乖去自首了，也不问问消息靠谱不靠谱。而在后宫中的杨太后估计也听说了门外的混乱，写了封帛书，上书“救太傅者有赏”，还用箭射到宫外，胜负已分的时候谁会接这个求救信？杨太后这个幼稚行为，不仅救不了杨骏，倒是给人留下了是杨骏同党的口实。

躲在府里的杨骏以为高墙大院救得了他，司马玮一行人命令火烧府邸。当年司马懿为了防范曹爽，特意在曹爽府周围设了几栋高楼当瞭望点，这下也派上用场了，士兵从高处向里面放箭，杨骏等人连反击的能力都没有。杨骏逃到了马厩中，被乱兵杀死。而杨骏及其同党，都被夷三族，死者数千人。为了销毁当年杨骏伪造的武帝司马炎的托孤诏书，贾南风下令把杨骏家里的纸都烧光。

再看杨济，当时被召进宫中，传旨的人到了，杨济也知道此去有去无回，就问身边的名士裴楷："吾将何之？"裴楷死心眼，说："子为保傅，当至东宫。"您既然是太子的老师，就应该进宫去。杨济手下本来养着四百多个精于齐射的关中大汉，就算是殊死一搏也能冲出重围，浪迹天涯，但是杨济还是整整衣服进宫去了，众人听说，"莫不叹恨"。

杨珧被捕以后，一直喊自己冤枉，就是临行时候，仍然大呼冤枉，墙倒众人推，谁管你冤不冤枉。偏巧监斩官是贾南风一伙的人，一直催促刽子手赶紧行刑，杨珧就在高呼冤枉的过程中，冤枉地死了。

杨骏死掉了，连个收尸的人都没有，还是太傅舍人阎纂看不下去了，"殡敛之"。而上至司马玮，下至孟观等人，因为诛杀杨骏有功，都得到了赏赐。

原来都不是好东西

杨骏死掉了，少了一个揽大权的人。但是大权总得有人揽，少了一个杨骏，就得分给很多人，毕竟权力让人上瘾，让人欲罢不能。

司马玮成了卫将军，领北军中候，加侍中、行太子少傅。北军中候大概相当于皇城守备军司令一类的官。司马玮有着其他人都不具备的优点：他年轻，才二十出头。一个不过二十岁的小伙子，就因为参与诛杀杨骏有功而被大肆封赏，俨然的权力新贵。"少年果锐，多立威刑，朝廷忌之。"长江后浪推前浪，如果前浪不愿意让位子，这个后浪再怎么推，也坐不到想坐的位置。司马亮跟卫瓘就是前浪。

司马亮不用再介绍了，前面已经说了很多，司马亮一直处在一个能躲事就躲的形象下，但是享乐这种事，他可是一点不躲，不仅不躲，谁要是妨碍了他，他还真跟那个人没完。东安王司马繇在贾南风策划的这场政变中也出了把力气，史籍记载，他在政变之前，只不过是一个公爵，因为投靠了贾南风，才当了个郡王。

初入上层政治圈，难免得意忘形起来，一天之内就赏罚了三百多人，这个工作效率还真是高。这个工作业绩被司马亮知道了，能饶得了他？找了一个由头就把司马繇贬走了，一不留神，流放得太远了，到了今天的朝鲜半岛，不仅气候差，生活水平也大不如前，司马繇不过是想过一把权力的瘾，没想到把自己绕里头了。

卫瓘就更是前浪了，已经七十多岁了。这个岁数还能活跃在政治舞台上，因为卫瓘是个狠角色。卫瓘出生在书香门第，"性贞静有名理，以明识清允称"。十岁那年，卫瓘的父亲死掉了，这是一件不幸的事情，但也有幸运的一面，就是父亲的爵位成了他的。卫瓘二十岁开始步入仕途，在权臣专政的时代，他"优游其间，无所亲疏"，游离于各种政治力量之间，显示了他不同常人的政治情商。十年的时间里，不仅谁都没得罪，还因为工作态度良好，任劳任怨，不断升官。

在几次政治事件中，卫瓘不仅能逢凶化吉，还能稳赚不赔，等到武帝司马炎时期，卫瓘因为提了个建议解决了晋国北方的边境问题，深得司马炎的信任，还把自己的女儿繁吕公主嫁给卫瓘的儿子，跟卫瓘成了儿女亲家。跟皇帝成了亲家，杨骏看着也嫉妒，就跟武帝打小报告说公主在卫府里过得不好，终日喝酒什么的，希望武帝判小两口离婚。只要卫瓘少了这层关系，就不再威胁杨骏了。卫瓘觉察到杨骏的企图，主动要求回家养老。杨骏死了，卫瓘站起来了。

官复原职的卫瓘跟司马亮一起共辅朝政。两个前浪一合计，觉得后浪司马玮实在是太不顺眼了，决心已定，要想法子除掉这个绊脚石。一天上朝，司马亮站出来说，封王都是有自己的封地的，现在朝廷无事，坏人杨骏也死了，各位王爷就各回各家吧。这个建议一出，谁都知道言下之意是什么，这是明摆着要赶司马玮走人，"无敢应者"，安静的朝堂上突然出现一个声音，卫瓘站出来表态了，完全支持这个建议，司马玮就这么跟卫瓘结下了仇怨。

公孙宏、岐盛两个人平时没什么好名声，却很招司马玮待见，卫瓘则很讨厌这两个人，想找法子把这两个人也一并给治罪了。公孙宏、岐盛跟李肇一合计，觉得司马玮这么下去不是办法，不如再度跟贾南风联手，先发制人，把司马亮跟卫瓘给弄死。要说卫瓘做官不仅有才能，基本上也属于官场老油条了，但是他干了一件事，惹得贾南风恨死了他：卫瓘反对立司马衷为太子。前面提过，卫瓘喝醉了旁敲侧击跟司马炎提过这个事情，司马炎当时只是说："公真大醉耶？"弄得卫瓘好不尴尬，日后便不敢说这话了，但是贾南风记仇，何况卫瓘这个人，对贾南风淫乱后宫早就看不顺眼了，弄得贾南风因为忌惮卫瓘，不能随意享乐，现在有个机会报仇了，她何乐而不为。

于是贾南风就又跑到傀儡老公那里，如此如此这般这般说了一番，让惠帝司马衷当夜下诏，命司马玮铲除司马亮跟卫瓘。司马玮拿到密旨，召集人马，宣称："天祸晋室，凶乱相仍。间者杨骏之难，实赖诸君克平祸乱。而二公潜图不轨，欲废陛下以绝武帝之祀。今辄奉诏，免二公官。吾今受诏都督中外诸军。诸在直卫者皆严加警备，其在外营，便相率领，径诣行府。助顺讨逆，天所福也。悬赏开封，以待忠效。皇天后土，实闻此言。"

做足了准备工作后，分别派人去对付卫瓘司马亮。大队人马来到卫瓘家里宣旨，左右的人都觉得其中有诈，皇帝要卫瓘死怎么一点征兆都没有呢，于是就跟卫瓘说："礼律刑名，台辅大臣，未有此比，且请距之。须自表得报，就戮未晚也。"建议卫瓘先别忙着死，应该先去核实一下消息的真伪，弄明白是怎么回事儿再死不迟。但是卫瓘死脑筋，觉得圣旨都下了还有什么办法，就跟儿子、孙子等家中九个人一同被害。只有他的两个孙子，因为出去看病了，得以幸免。

负责处理掉司马亮的是公孙宏跟李肇。当公孙宏跟李肇的军队将司马亮的府邸团团包围住，负责家里安全守备的李龙觉察到外面局势不太对劲，就跟司马亮汇报说您看咱们是不是应该组织家中的武装力量全力备战，司马亮一听，觉得李龙睡迷糊了，根本不理他。等到公孙宏、李肇的兵登上司马亮家的围墙，对着屋子里的司马亮大呼小叫的时候，司马亮这才觉得事情不对劲，但是他实在不明白这一切究竟都是为什么，只是一个劲地感叹："吾无二心，何至于是！若有诏书，其可见乎？"

公孙宏哪儿理司马亮这些疑问，下令赶紧开始进攻，谁捉到司马亮有赏。长史刘准劝司马亮说："观此必是奸谋，府中俊乂如林，犹可尽力距战。"让司马亮不要担心，府里的兵力足够杀出一条血路，抵挡一阵子，司马亮还困在自己的疑问里出不来，根本没听见刘准说了什么，轻而易举就被李肇抓住了，司马亮还在感叹："我之忠心，可破示天下也，如何无道，枉杀不辜！"

要说司马亮冤枉，这倒不假。当时天气炎热，士兵看着司马亮落魄的样子还挺心疼他的，竟然轮番给他扇扇子。士兵跟司马亮就这么坐着，坐到日上三竿了，太阳都毒了，都没人出来一刀杀司马亮。司马玮实在看不下去了，觉得简直太不像话了，就下令说："能斩亮者，赏布千匹。"重赏之下，什么都有，大家一听这话，就疯了似的一哄而上解决了司马亮，尸骨"投于北门之壁，鬓发耳鼻皆悉毁焉"。可怜司马亮一条命，就值一千匹布。

解决完卫瓘、司马亮这两个前浪，后浪司马玮下令不追究他们同党的罪："二公潜谋，欲危社稷，今免还第。官属以下，一无所问。若不奉诏，便军法从事。能率所领先出降者，封侯受赏。朕不食言。"当然是假借司马衷的名义下的令。

这时候岐盛站出来说，既然取得了这么可喜的阶段性胜利，不如"因兵势诛贾模、郭彰，匡正王室，以安天下"，这是要让司马玮一鼓作气，铲除贾南风的势力，好让司马玮一人独大。但是司马玮听完了，只是犹豫，犹豫了一整夜。贾南风毕竟是当官人家的小姐，就算是长得难看，但该有的政治智商还是有的，她怎么可能让司马玮一人独大，要独大也只能是她贾南风独大，但是这个女人，智商毕竟有限，就找来德高望重的老臣张华商量对策。

张华态度很明确，一语中的地明确说出了贾南风的心声："楚王既诛二公，则天下威权尽归之矣，人主何以自安？宜以玮专杀之罪诛之。"但是张华不是为了贾南风考虑，他倒是真心觉得司马玮坐大了，岂不是第二个杨骏。贾南风也知道道理的确是这样的，但是司马玮现在风头正劲，想解决他，总得有借口。张华说："玮矫诏擅害二公，将士仓卒，谓是国家意，故从之耳。今可遣驺虞幡使外军解严，理必风靡。"

张华张冠李戴，把这杀死宗室、重臣的罪名全安在司马玮身上，说他"矫诏"。这下罪名也有了，贾南风派遣殿中将军王宫赍驺虞幡麾众曰："楚王矫诏。"司马玮的军队本来就是起事召集的，一听这话，才明白过来，原来我们干的事情都是非法的，就作鸟兽散，"玮左右无复一人"，要说司马玮也真是太不得人心了，居然连一个人都留不住。身边一个人都没有的司马玮，到底是年轻，哪儿见过这样的阵势，"窘迫不知所为"。

司马玮的结局走了一个法律程序，判了死刑，行刑那天，司马玮从怀里颤抖着拿出那个当时从宫中传的密旨，一把鼻涕一把泪地跟监刑尚书刘颂哭诉，你看我这里有圣旨，"受诏而行，谓为社稷，今更为罪，托体先帝，受枉如此，幸见申列。"刘颂何尝不知道司马玮是冤枉的，但是现在是贾南风要你死，你不想死也得死，他只能"欷歔不能仰视"，赶紧送司马玮上路了。

司马玮走的时候只有二十一岁，明明是少不更事的年纪，非要掺和这混乱的政局。不过司马玮这个人倒是还不错，"性开济好施"，就因为这样，老百姓倒是很爱戴他，得知他被杀，很多人都暗暗为他落泪，还有人自发给他立祠堂，逢年过节祭拜他。而公孙宏、岐盛也夷三族。这场政变最大的受益者明显是贾南风，一下子铲除了司马亮、司马玮，还杀了杨骏、卫瓘两位大臣，真可谓一手遮天。而那个给贾南风出主意的张华，被选为新一任的辅政大臣，但是张华主要是个读书人，他的命运又将如何呢？

第三章　兄弟相残：杀了你我才有活路

司马允的死脑袋

西晋王朝的几次动荡损失了几位宗室，之前被贾南风杀掉的不算在内，太子司马遹被囚禁在金庸城的同时，他的生母谢玖，跟他长子的生母蒋俊一同被贾南风处死。司马衷的态度在史书中根本找不到，当时的人跟后来修史书的学者，可能也顾不到一个傀儡的情感，缺而不记并不奇怪。

贾南风死掉了，同她一起赴黄泉的还有她的妹妹贾午，贾家过继的孩子贾谧，还有贾南风的死党、司马炎的妃子赵璨。郭槐死之前一直反复叮咛贾南风，要他对太子好点，远离贾午跟赵璨那帮人，贾南风一件都没做到，最后送了命，也结束了贾家人的天下。当这个丑女人得知司马伦的废后诏书是假的，但是政变是真的，她不禁追悔，一个劲儿地感叹："系狗当系颈，今反系其尾，何得不然！"对付狗，要抓住狗脖子，才能制伏一条狗，但是贾南风呢，一直跟狗尾巴斗争不已，这狗还不反过来咬人。

贾南风在深宫中生长了那么多年，政治见解还是有的，她一直以为碍她事的是太子司马遹，所以想尽了一切办法对付太子，却不想储君一失，恰好给了乱臣贼子可乘之机，既然皇位没有接班人了，一些同样姓"司马"的人心里还不整天犯嘀咕，想方设法为自己争取权益。司马伦因为有孙秀这个幕后黑手，又有兵权，才能成功实现兵变。待司马伦把贾南风留下的大臣班底重新洗牌，还有一件事也很重要，必不可少，司马伦起来造反的名号是贾南风这女人丧心病狂杀死了我们的好太子司马遹，他把事情办妥了，就要给司马遹平反，上尊号。鉴于司马遹这个前任太子死得实在是委屈，在厕所里被人揍死了，真是太可怜了，所以一般都称他为"愍怀太子"。

司马伦杀了贾南风，司马衷没有正妻了，你总得再给人家补一个。这个任务自然由司马伦的军师孙秀来执行。虽说司马衷是傻了点，但是当他的皇后到底也是光宗耀祖的事。孙秀要挑选的人，必须是自己人，这样有利于控制后宫。

几次选拔，孙秀选择了羊献容，她的外祖父孙旗是孙秀的同族，是本家，孙秀本人跟孙旗的这几个儿子也是好朋友。就这样，羊家的女儿成了司马衷的第二任皇后。永康元年（公元300年）吉日，是羊献容出嫁的时候，这一天，羊府上上下下忙得不可开交，府里府外都是一股热闹的喜庆气息，突然，发生了一件怪事，新娘子的礼服莫名其妙竟然着了火，华丽的衣服瞬间被烧毁。出嫁当天，礼服被烧坏，在场的人心里不禁"咯噔"一下，谁也没有明说，但是谁都知道，这是不祥之兆，但皇帝娶正宫皇后是国之大事，不可能更改时间，一片混乱中，羊献容成了皇后。

早在司马遹被废后，贾南风本想找个自己人当太子，朝中有人不同意，建议立惠帝司马衷的弟弟淮南王司马允当皇太弟。司马允跟傻哥哥司马衷不同，他性格沉静刚毅，

“宿卫将士皆敬服之”。司马伦费了半天劲搞政变，当然不是为了给司马允做嫁衣，在孙秀的建议下，让司马允当了“骠骑将军、开府仪同三司、侍中，都督如故，领中护军”。

司马允心中自有打算，他知道司马伦不是省油的灯，就装病不上朝，也不过问朝政事物，暗地里组建了自己的敢死队，加强训练，计划找时机诛杀司马伦。因为司马允有一定的威信，当年又差点成了继承人皇太弟，司马伦早就看他不顺眼了，而司马允又不是什么听话的人，收买也收买不了，被司马伦深深忌惮，只能想办法对付他。

某一天，司马伦随便找了点由头，升司马允为太尉，想用这个明升暗降的手法，收回司马允的兵权，一旦没有兵权，对付司马允就如同探囊取物一般轻而易举了吗？司马允呢，学着当年司马懿那一套，还是称病，说自己身体不好，就在家里养病好了，这个高的官，实在是不能当。司马伦一看，软的不行，那就来硬的，他让御史拿着诏书到司马允家里威逼利诱，并把淮南王府里的僚属都给抓了起来当人质，想逼司马允就范，还威胁说，如果司马允一再装病不出，就上表弹劾他谋逆。

司马允本来就看司马伦不顺眼，现在你派个人到我家里胡闹不说，还要弹劾我谋逆，说谋逆也得是你司马伦，有我司马允什么事。司马允气得大怒，一把夺过御史的诏书。不看不知道，一看更气人，诏书上的字居然是孙秀的！司马允再怎么说也是宗室，是司马炎的儿子，是当今皇帝司马衷的弟弟，给这样的人下旨，话说得难听还不算，诏书居然是一个得势的小官儿写的，这不是明摆着不把他这个淮南王放在眼里吗？受到屈辱的司马允下令把这个讨厌的御史抓起来，准备斩掉祭军旗。没想到这个御史身手还不错，可能是练过几年，居然越狱了，最后祭军旗的就是御史带来的两个随从，反正总得杀两个人激励激励士气。

司马允举行了隆重的誓师大会，上来就杀了两个随从，之后一番慷慨陈词，说得底下的人热血沸腾，他大呼：“赵王欲破我家！”淮南府地界上的士兵跟敢死队的人加在一起，有七百人，这几百号人一听，使出吃奶的劲大喊：“赵王反，我将攻之，佐淮南王者左袒。”这一声叫喊，震聋发聩，听见喊声的也有不少人跟打了鸡血似的，亢奋地主动要求加入司马允的队伍。

队伍集合完毕，司马允率领大队人马浩浩荡荡地向皇宫进发，走到东掖门，守门的尚书左丞差点没吓死，哪儿敢给司马允开门，避而不出。司马允一看，皇宫进不去，算了，那就不进去了，反正司马伦现在不在宫里，直接杀到他家里去要他的狗命。几百号人又折回去，往司马伦家里的方向杀过去。到了司马伦家门口，二话不说就开打，司马允手下养得这帮敢死队，个个都是数一数二的剑客，全是江湖人士，武功高强，一般人家里的侍卫哪儿是这帮人的对手，几百个剑客收拾几个看大门的还不跟捏死蚂蚁一样容易。

几个回合下来，不多时，司马伦手下就死了上千人，人都快打光了。司马允早就杀红了眼，又有太子左率陈徽调集了本来在东宫保卫太子安全的东宫守卫过来从旁协助，战鼓一响，司马允这边是杀气腾腾，箭如雨下。万箭齐发险些就取了司马伦的小命，要不是他的主书司马畦用身体护着他，司马伦早就死于箭下了，而这个忠心耿耿的司马畦，就比较惨，被射成了刺猬，当场毙命。

东宫这帮人真舍得下血本，一阵又一阵地下箭雨，司马伦府里，是个人都躲在大树后面，连动都不敢动。几场箭雨，司马伦府里的大树都被变成刺猬树了，那么多支箭，就差把司马伦的家给埋起来了。

司马伦这边马上就要顶不住了，再这么下去，就算是侥幸不死于武林人士手里，也得死在箭雨里。陈徽的哥哥陈淮是中书令，他进宫找到司马衷，说司马伦那边情况危急，马上就要死在箭下了，现在能救他的办法就是动用白虎幡。“幡”在晋朝，是用来集合军队的信号。

不要误会陈淮是司马伦的人，其实他跟他弟弟陈徽是一边的，陈淮骗司马衷说白虎幡是用来解散部队的，司马允看见白虎幡就会听话地带着他身边的几百号武林高手离去，事实完全相反，白虎幡不仅不是解散部队的，是用来集合部队的。司马衷又没有带过兵，平常也不问朝政，也没人让他问，他哪里知道军队的这些事情，陈淮一说，他就信。陈淮的算盘是他拿着白虎幡到司马伦家门口，司马伦一看，惠帝都下令让司马允进攻，手下的人肯定慌忙中放弃抵抗，乖乖投降。

计划是不赖，惠帝也同意给白虎幡，但是皇帝派出的大旗毕竟得有点仪仗队，仪仗队领头的人是伏胤，伏胤带着四百人的仪仗队，举着白虎幡来到了司马伦大门口，假传圣旨，让司马允接旨。司马允以为这一切都是陈淮安排好的，就下马跪地接旨，才跪下，没想到伏胤的剑出鞘了，司马允竟然就这么死掉了，才二十九岁而已。

原来伏胤被司马虔收买了，司马虔是司马伦的儿子，是侍中，家里出事的消息传到他的办公室，司马虔就到处集合队伍。侍中是皇帝的近臣，陈淮的计划被他识破，来了一个将计就计，用高官厚禄诱惑伏胤，伏胤当然没有拒绝的道理，可怜的陈淮，骗得了司马衷，却没能骗得了别人。

洛阳城的百姓听说司马允死了，惊讶不已。起初，司马伦差点被射死的时候，洛阳城满大街都是流言，说：“已擒伦矣。”全城的老百姓都准备喝司马允的庆功酒了，没想到事情来了一个一百八十度大转弯，死的是司马允，而他的三个儿子，也无一例外被杀，同党被杀的更是有数千人之多。看来司马炎的基因真的不太好，司马允虽然比司马衷聪明，却也是一个关键时刻掉链子的主，出来一个人让接旨，怎么就那么听话，也不问问虚实，眼看就要成功，却掉了脑袋，吃到嘴边的鸭子，就这么飞了。

“奋斗”皇帝梦

司马允死了，司马伦的威胁解除了，不过司马伦的智商估计跟惠帝司马衷差不多，史书记载是“素庸下，无智策”，天资属于中等偏下的水平，因为脑子不够用，所以处处需要孙秀在一旁帮忙，要不是孙秀，他也不会有机会杀了贾南风，自己做大哥。孙秀，字俊忠，别看他名字好，又是“秀”又是“忠”的，但事实上孙秀跟这两样东西，一点边都沾不到。

孙秀本来不是司马伦的人，起初是潘岳府上的小吏。潘岳是当时著名的才子。后世人常常说的“貌比潘安”就是说的潘岳。潘岳长得俊美，史书记载，潘岳只要一出门，就有一大帮追星族妇女之类的人围了过来，争先恐后地要一睹潘岳的美貌，这还不算，“潘粉”还把什么瓜果之类的东西往潘岳车上扔，潘岳空车出门，回到家却能带回来一车水果。

潘岳虽然长得帅，估计人品比不上相貌。当年司马遹喝多了抄录的大逆不道的话，就是潘岳草拟的。

潘岳是一个望尘而拜的主。早年间孙秀去潘岳府上干活，因为常常“狡黠自喜”，自以为很聪明，动不动就臭显摆，让潘岳很是讨厌。潘岳一个大名士，胸襟是小了点，不过古代人对家里干活的人打骂也是常事，不算什么大罪过，潘岳的做法并不稀奇，抓住孙秀的小辫子就是一顿暴揍，一边揍一边还羞辱他，什么难听说什么，孙秀自然是受不了，嘴上不能说什么，新仇旧恨全都给潘岳记着。等到孙秀靠着司马伦的力量当了官，成了潘岳的上司，潘岳是贾谧的人，自然是逃不了被整的命运。

不知道潘岳是故意的还是犯傻，居然问起了孙秀当年的事：“孙令，忆畴昔周旋不？”孙秀回答得也干脆：“中心藏之，何日忘之？”潘岳一听这话，立即就明白了，自己的死是早晚的事。从中可以看出孙秀的人品，喜欢谄媚拍马屁，又好记仇，谁要是得罪了他，一定没有好下场，这样的人掌权，是“恣其奸谋，多杀忠良，以逞私欲”。跳梁小丑在朝堂上吆五喝六，“于是京邑君子不乐其生矣。”

一个王爷，跟一个小人上了台，自然不会考虑什么天下苍生。据记载，司马伦也是一个“无学，不知书”的人，不喜欢看书，遇事都听孙秀的。孙秀“贪淫昧利”，一辈子最喜欢干的事情就是给自己找好处，这两个人狼狈为奸，任用的大臣自然都是些“邪佞之徒”。

贾南风活着的时候，尚且知道任用张华办事，等到司马伦、孙秀起来了，办的事情还不如贾南风。小人当道只是知道搞党争，终日里忙忙碌碌为的就是“钱”字。什么“浅薄鄙陋”，“暗很强戾”，“愚嚚轻訬”的各类“人才”，全部跟着孙秀当上了大官，每天上朝根本不讨论国家大事，就是相互指责、诋毁，弄得朝堂跟个菜市场一般。

孙秀的儿子孙会，二十岁的时候娶了司马衷的女儿河东公主。当时孙秀的母亲刚过逝不久，按理说为母亲服丧期间不能结婚，但是孙秀不管这些，迫不及待地要攀上这门亲事，直接让人把聘礼送到了惠帝司马衷面前。孙秀也没有什么优良基因能遗传给自己的儿子，孙会长得也又矮又丑，没事就叫着家里的奴仆一起去京城西边的马市卖马，后来京城的老百姓听说那个卖马的人是公主的驸马，没有不被这个消息惊到的。

贾氏的余党清理得差不多了，朝堂上也多了不少孙秀的支持者，时机到了，孙秀跟司马伦等的就是一个时机，现在万事俱备，可以废掉那个傻皇帝司马衷，换上一个傻皇帝司马伦了。事情都准备妥当了，那就动手吧，不行，还缺少了一重要事情，孙秀跟司马伦这两位酷爱算命，篡位这么重大的事情，总得需要天上来点暗示什么的。孙秀就让牙门赵奉装作被司马懿附体的样子，劝司马伦早点进宫当皇帝。又说什么只要把司马衷给弄到北边的芒山上，司马伦的心愿就一定能达成。于是孙秀跟司马伦一合计，为惠帝司马衷挑选了一块坟地，这块坟地正好就在芒山上。

神仙的意思清楚了，终于可以动手了。孙秀让太子詹事裴劭、左军将军卞粹带着二十多个从事中郎，还招募了二十个手下，把这四十号人安排在各个部门。之后让散骑常侍、义阳王威暂时代理一下负责宣旨的侍中的指责，伪造了一份司马衷的禅让诏书，使持节、尚书令满奋，仆射崔随拿着皇帝的印玺，这帮人就去找司马伦了，宣读完诏书，把印玺往司马伦面前一放，请司马伦当皇帝。

孙秀在幕后操纵这些一点阻力都没有，司马衷的表现在史书上都找不到几个字。司马伦虽然等这一刻已经等了花都谢了，可总是得假意推辞一下，说什么自己能力不足之类的话，上演了一出每次有人篡位都会上演的不能跳过的闹剧。这时候底下的官员不干了，举出全国各地出现的种种祥瑞，一再表示司马伦当皇帝是上天的意思，您不要再推脱之类的，就这样，司马伦半推半就地接受了别人的一番好意，坐上了皇帝的宝座。

仪式举行完毕，孙秀让“左卫王舆与前军司马雅等率甲士入殿，譬喻三部司马，示以威赏，皆莫敢违”，从而控制了皇宫，以免节外生枝。当天夜里，义阳王威及骆休找到司马衷，一把夺过象征着他天子身份的玉玺。天还没亮，宫门内外就聚集了一百多位官员，用迎接皇帝的规格将司马伦迎进了皇宫。司马衷自然是按照惯例，带着自己的人灰溜溜住到金庸城去。实际上是被孙秀幽禁了。

司马伦进了宫，举行登基大典，宣布大赦天下，改元建始。又下诏说：“是岁，贤良方正、直言、秀才、孝廉、良将皆不试；计吏及四方使命之在京邑者，太学生年十六以上及在学二十年，皆署吏；郡县二千石令长赦日在职者，皆封侯；郡纲纪并为孝廉，县纲纪为廉史。”想用一纸诏书将全国的人都表扬一番。

接下来就是论功行赏了，不管什么身份，干什么的，人人有份，诏书一道又一道地下，甚至杂役老妈子都封了官，司马伦这种典型的暴发户心理，就是一辈子从没享受过权力，好容易当了皇帝，必须得弄出点大动静来，唯恐别人不知道换了皇帝了。因为封赏的人太多，权贵的标志是穿貂皮，每次举行朝会的时候，放眼望去，全是貂皮的衣服，当时就有人讥讽说：“貂不足，狗尾续。”用来做衣服的貂皮都不够了，司马伦这里还在封官，只得用狗尾冒充。

司马伦还大肆封赏，搬出整个国库用来犒劳大臣，需要的金印、银印过多，工匠都赶不及准备，只好拿一块什么都没来得及刻的印，象征着用一下。这一幕幕搞笑的戏码，天天上演，老百姓心里有数，司马伦蹦跶不了几天了，是秋后的蚂蚱，而一些有识之士呢，都以当司马伦朝廷的官为耻。

做了皇帝的司马伦亲自去太庙祭祀，回宫的路上，突然刮起大风，风力强劲，甚至把麾盖都折断了。孙秀因为亲手将司马伦扶上了皇帝的宝座，司马伦对他是感恩戴德，把司马昭之前的府邸赐给孙秀居住，孙秀就在家里组成了一个小朝廷，大小事情，都在孙家决定，即便是司马伦下了旨意，孙秀看不顺眼的，居然能驳回，他自己发明了一种用青色的纸写的诏书，跟皇帝的诏书通用全国。孙秀处理事情，完全靠兴趣，任用官吏，往往一时兴起，人们都说官吏的流动向流水一样快，两晋的政府机构，就差瘫痪了。

某一天，有一只小鸟飞到了皇宫，司马伦看见了，觉得这鸟不常见，询问了半天，谁也不知道这是什么鸟，直到有个小孩说这是服刘鸟，司马伦觉得这孩子跟这鸟一样的来历不明，就让人把人跟鸟关进大牢。第二天，发现人跟鸟一起，从人间蒸发了。司马伦本来眼睛就有病，又好迷信，遇见这个事情，觉得自己撞见鬼了。而事情也确实似乎显示着些不寻常，可能有什么变化，就要来了。

三个人还斗不过你吗

司马伦这个皇帝做得如同一个跳梁小丑，除了听孙秀的话下旨封官，别的什么都没做，皇帝对他而言，连个职业都算不上，就是小孩子过家家一般的游戏。孙秀这边忙着下诏书，本身政治才能就有限，糊弄糊弄司马伦还行，但是司马家里的男人也有聪明的，聪明人看着这两个人整日瞎胡闹，自然坐不住，自然有人站出来，想取而代之。

第一个站出来的人是齐王司马冏。

前面讲到过一个齐王，司马攸，比较可怜，因为哪里都比司马衷强，就那么悲催地死掉了。这个司马冏也是齐王，是齐王二代，司马攸的儿子，承袭了父亲的爵位。司马冏字景治，小时候是个善良的孩子，“好振施”，心肠软，遇见乞丐就给钱。

司马攸活活是憋屈死的，司马炎得知司马攸的死讯，还是有些恻隐之心的，亲自过去吊唁。碰巧司马冏是个孝子，看见当朝皇帝来了，跪下来号啕大哭，痛斥庸医害死了自己的父亲，哭得肝肠寸断，看得司马炎也动情了，把给司马攸看病的大夫叫过来给杀掉了。这件事过后，谁都知道司马攸有个好儿子，齐王这个爵位，也就落到了司马冏肩上。

司马冏本来跟着司马伦屁股后面参与了废掉贾南风的政变，事成之后，经孙秀的一番谋划，好处的大头都被司马伦抢走了。司马冏只得到了一个游击将军的头衔，一点实权都没有，油水也没捞着，司马冏能没有意见吗？搞政变为了什么，不就是为了能趁机捞一笔吗？现在一个吃肉一个喝汤，谁能心甘情愿！

司马冏就这么恨上了司马伦跟孙秀。司马伦脑子笨，不知道好好答谢司马冏这样的有力支持者，而孙秀则是故意不答谢。司马冏毕竟是司马攸的儿子，又是王爷，势力还是有的，加上他的父亲跟他在外面的名声都挺响亮。孙秀知道这个人不能重用，留在身边一定是个祸害，就找个由头把司马冏调到地方上去。孙秀觉得司马冏不在京城，就等于威胁不到自己了，可见这个孙秀的智商也就只比司马伦高了那么一点儿。

远离权力中央的司马冏在自己的地盘不断壮大势力，暗中跟手下王盛、处穆探讨起兵反对司马伦的计划。孙秀知道司马冏绝对不是省油的灯，别看今天老实，明天的事情谁也说不准，就派亲信故吏去给司马冏当参谋，布置眼线。这样的待遇不仅司马冏享受到了，同他一样有点威信的王爷都被人“潜伏”了。

明里暗里来了几个孙秀的特工，司马冏自然表现得老实巴交，司马伦派去视察的张乌也是一个不长脑子的，没有透过现象看本质的洞察力，去司马冏那里转了一圈，回来汇报说齐王很乖没什么举动：“齐无异志。”现在的问题就是司马冏如何装得更乖一点，把孙秀跟司马伦骗得团团转。司马冏来了一招狠的，他把处穆给杀了，还把首级送给了司马伦。估计也是计划准备得差不多了，现在司马伦怀疑自己，那么处穆你就牺牲一下吧。

司马伦一看，心想这个司马冏应该是真乖了，就放松了警惕，这就正中司马冏的圈套。时机已到，司马冏带着手下豫州刺史何勖、龙骧将军董艾等人起兵讨伐司马伦，还给成都王司马颖、常山王司马乂、河间王司马颙写信，号召大家把剑一同指向司马伦。这还不够，他发表檄文，昭告全国，想让天下地方的行政长官也加入到反对司马伦的大阵营中。

扬州刺史郗隆读到司马冏发布的檄文，开始纠结，现在事情才起，也不知道站到哪边才能获得最大利益。这一犹豫不要紧，就把自己的命给犹豫没了，手下的参将王邃已经决定投靠司马冏，看自己的顶头上司还没打定主意，就一刀把郗隆给宰了，还把首级送给司马冏看，表示自己的忠心。

常山王司马乂，字士度，是武帝司马炎的第六个儿子。司马炎死的时候，老六司马乂才不过十五岁，但是身上处处散发着谦谦君子的气质。老六司马乂本来受封为长沙王，后来被贬为常山王，其实他什么错事都没干，就是命苦，跟司马玮是同一个母亲生的，司马玮被贾南风弄死，司马老六也随之被贬了官。

司马冏为什么给司马老六写信呢？史书记载，这个老六不仅人高马大，还“开朗果断，才力绝人，虚心下士，甚有名誉”，自然成了司马冏拉拢的对象。老六接到齐王司马冏的信，立即起兵响应，一路过关斩将，朝着洛阳进军，谁挡他的路，他就杀谁，房子令挡路，杀之；程恢不肯合作，杀之，不仅杀了他，程恢的五个儿子，一个都没留下，真可谓斩草除根，表示出对司马冏的坚定支持。

成都王司马颖，字章度，是司马炎的第十六个儿子。司马颖也曾经被贬过，他更无辜，连一个做错事的弟弟都没有，就被贬了。老十六是个好孩子，贾谧跟司马遹起了争执，被他撞见了，司马颖一看，这人好大的胆子，竟然敢跟当朝太子争辩，一时气不过，厉声把贾谧骂了一顿：“皇太子国之储君，贾谧何得无礼！”贾谧一听，也不敢吱声了，跑到贾南风那里说这个司马颖一定是个祸害，于是老十六司马颖就被贬出了京城。

司马伦篡位以后，给司马颖升了官，让他当了征北大将军，还加了开府仪同三司的头衔。但是当司马冏的信一到，老十六立马成了齐王的支持者。他任命“兖州刺史王彦，冀州刺史李毅，督护赵骧、石超等为前锋”，在进军的路上也发布自己的檄文，号召大家起来反对司马伦，通过这个方法，不断地壮大力量。当老十六的军队来到离洛阳不远的安阳时，已经集结了二十万的人。

河间王司马颙，字文载，他的祖父是司马懿的弟弟司马孚，也算是司马家里比较有势力的一位王爷，按辈分应该是司马炎的堂叔，司马衷的堂叔祖。年少的时候名声还不错，说他颇有一番以后大有作为的模样。

司马炎觉得所有的王爷里，司马颙可以算做大家的表率，号召王爷们向他学习。跟前面两位王爷的积极支持不同，司马颙另有自己的打算。当时给他写信勾搭他一起起兵的还有安西将军夏侯奭。夏侯奭手底下有几千人的部队，但这几千人的力量毕竟有限，也拿不出手，于是就给司马颙写信，希望得到司马颙的支持，大家人多好办事。

司马颙派主簿房阳、河间国人张方把夏侯奭跟心腹党羽十多个人，都给骗到长安来，押到一个刑场，腰斩。齐王司马冏的人来找他，他不仅把使者抓起来，还给送到司马伦那里去，俨然是司马伦的支持者。押送齐王使者的队伍出发了，司马颙在府里派人四处打听谁的力量比较强，是司马伦还是司马冏，几番打听，觉得司马伦可能不是司马冏的对手，赶紧派人把押送使者的队伍追回来，竖起大旗，一扭头的工夫，摇身一变，成了司马冏的支持者，真是名副其实的墙头草。

齐王司马冏跟另外三王的队伍浩浩荡荡开赴洛阳，司马伦跟孙秀惊恐万分，抓紧一切时间开始军事部署："遣其中坚孙辅为上军将军，积弩李严为折冲将军，率兵七千自延寿关出，征虏张泓、左军蔡璜、前军闾和等率九千人自堮坂关出，镇军司马雅、扬威莫原等率八千人自成皋关出。召东平王楙为使持节、卫将军，都督诸军以距义师。"

派出的兵马开赴前线，司马伦跟孙秀觉得人的力量毕竟有限，况且这两个人还喜欢求神问仙，就让杨珍不分白天黑夜在司马懿的牌位前祈祷。这么个祈祷法，就是铁打的人也受不了，杨珍就回来报告说司马懿给他托梦了，某年某月某日，赵王司马伦的大军一定能旗开得胜。司马伦又请来一位"大仙"：胡沃，还封胡沃为太平将军。这个名字听着多吉利，就是为了讨个彩头，希望供起来一位太平的"大仙"就能得到真正的太平。孙秀更是忙得要死，也不去上班了，天天在家里头作法，又让算命的掐算，究竟哪天出战一定能得胜！

这些事情就够孙秀忙得了，他分身乏术，让亲戚穿上道士的衣服，跑到嵩山上招福，装神弄鬼，假意被神仙附体了，说司马伦当皇帝的命还长，眼前的困难并不可怕，美好的日子还在未来等着咱们。司马伦在宫里装神弄鬼，孙秀在自己府里装神弄鬼，这两个人觉得，大战在即，只有装神弄鬼才是最重要的事情，至于司马伦的几个儿子，孙秀让他们领着八千人马作为援军奔赴战场。一国之君天天忙着当道士，司马伦的皇帝宝座，怎么可能保得住？失败只不过是时间问题。

虽说司马伦早晚得失败，但在战争的初期，居然还打了几场胜仗，双方一交锋，人数少的司马伦一方反而让齐王司马冏一下子损失了八千人，劫走了一半粮草，跟着齐王造反的一看，顿时泄了气。本来讨伐司马伦的檄文吹得天花乱坠的，谁都以为所向披靡是正常现象，没想到一开始真刀真枪干上了，没伤着司马伦，自己还损失八千。司马冏下令让部队抢渡颍水，被张泓打了过来，夜晚，司马冏想趁着夜黑风高，再次开展进攻。张泓的军队临颍水列兵，齐王司马冏派出小股力量妄图渗透到张泓军中，用轻兵一举拿下张泓，没想到张泓不上套，坚守不动，连个打仗的机会都没给司马冏。

本来张泓这支军队打得有声有色，几次挫败司马冏的进攻，已经是胜利在望，说不定就能顺利将司马冏拦住，战局可能因此得到锁定。没想到上军将军孙辅当天夜里听说司马冏的兵来了，还没怎么着就觉得自己肯定要失败，放下一切连夜跑回洛阳城，也不看看究竟战况如何，就跟司马伦说：“齐王兵盛，不可当，泓等已没。”明明一场胜仗，就这么被孙辅给说成了败仗。司马伦一听这个消息，差点没吓死。当夜把自己的三儿子叫回来。天一亮，张泓昨夜打了胜仗的消息传到了皇宫，司马伦大喜过望，又把跟着三儿子司马虔刚回来洛阳的许超打发到前线去。

前方将士打仗打得好好的，被司马伦这么折腾来折腾去，士气受损，觉得自己被人当猴子耍了。张泓不放弃，经过几次交手，放弃了主动防御的作战方针，开始主动进攻，幸亏司马冏出兵进攻张泓的两翼，把张泓手下的军队打得纷纷放下兵器回了洛阳城。逼得张泓不得不退兵。

孙秀知道这三位王爷的军队最渴望得到的，是快速的胜利，仗打了几天，司马冏那边一直是马马虎虎，还吃过败仗，就派人四处散播谣言，说司马冏完蛋了，已经被擒获了，想用这样的假消息迷惑人心，不战而胜。散布假消息不是不可以，做做样子就行了，孙秀不，不管别人当真没有，他自己先当真了。真以为自己把司马冏抓到了，下令百官必须朝贺战争的胜利，拍他马屁，俨然一个小丑。

这边司马冏在奋力抵抗，一场他发起的战争，让他打成了“奋力抵抗”，也真是有才华。司马颖一看司马冏这么不给力，都不想跟着他打了，打算回安阳待着，看看日后战局什么态势再作打算。这时参军卢志站出来反对，觉得敌人接连胜利，肯定早已被冲昏了头脑，应该用突然袭击的方法给司马伦一记重拳。好在司马颖还算有点智商，听从了这个建议。在军中挑选一批身手好的，组成突击队。

准备就绪，司马颖却在给突击队做战场动员的时候竟然哭了，是不是真哭姑且不管，这一招还是很有效果的，士兵士气大增，上了战场玩命杀敌人，司马冏怎么也渡不过的颍水，就被司马颖渡过了，战局实现了逆转。

“表演系毕业”的两位王爷

司马伦派出的人从前线逃回洛阳，京城里的大小官员正陪着孙秀上演那出司马冏已经被擒获的戏，演戏的人一看前线的孙会、许超等人都回来了，落荒而逃，顿时炸开了锅，乱作一团，抱头鼠窜。三王起兵那天起，百官将士就扬言杀掉司马伦、孙秀以谢天下，孙秀知道这洛阳城里城外想取他性命的人不少，就躲着不敢出门。

司马颖率兵渡过颍水，直奔洛阳而来，孙秀见大势已去，早已没了主意。义阳王司马威就给孙秀出主意，要他召集洛阳城四品以下官员家里十五岁以上的儿子，组成一支军队，出城迎敌。这一招实在是坏透了，即便是之前有人还想支持孙秀，现在也给逼到反对他的那边去了，谁愿意让自己的孩子拿起刀上战场？更何况，只是说四品以下的官员要贡献自己的孩子，这就更是馊主意了，要么所有的官员都贡献，凭什么还得规定小官贡献孩子，平日里得好处的是大官，遇见事了躲起来睡大觉的还是当大官的，怎么能不激起民怨。

里里外外的人都恨不得一刀杀了孙秀才能解气，司马威一看态势不对，把孙秀一扔，自己先跑了。从前线回来的孙会、许超等人聚集在孙秀身边，七嘴八舌讨论计策，每个人都有自己的想法，谁也不听谁的，眼看司马颖、司马冏的军队就杀过来了，这帮人一个个争得脸红脖子粗，什么具有操作性的策略都没有。

孙秀这边是一团乱，左将军王舆趁机倒戈，召集七百多号人从南掖门攻进皇宫。王舆亲自带队冲进中书省缉拿孙秀，孙秀主意还没讨论出来，慌乱关上中书南门，躲在屋里。一道门哪里挡得了王舆，他下令士兵登墙烧屋，孙秀、许超等人被浓烟呛得没办法，只能从屋里逃出来。这一逃，恰好逃到左卫将军赵泉的怀里，成了剑下之鬼。

解决掉孙秀，就等于解决了司马伦的大脑。王舆派人传话给司马伦要他乖乖投降，司马伦哪儿还有的选，下诏书说："吾为孙秀等所误，以怒三王。今已诛秀，其迎太上复位，吾归老于农亩。"这一道诏书下来，那些被司马伦一时兴起提拔上来的官员纷纷逃走，哪儿还敢留在洛阳城等着被宰。但是司马伦回家种地的想法到底是天真了些，他只能是被押送到专门给失势的宗族准备的地方：金庸城。司马衷从金庸城回到了皇宫，又成了皇帝，老百姓跪在地上，一边三呼"万岁"，一边迎接这个皇位昔日的主人重新回归。

梁王司马肜上书，怒斥司马伦父子的谋逆大罪，建议应该给这父子二人判死刑。针对梁王的建议，朝廷召开了大臣会议，与会的臣子自然都表示赞同，没有人敢说个"不"字，司马衷于是让尚书袁敞带着金屑苦酒取司马伦的命。司马伦从来都不是什么有政治头脑的人，甚至谈不上有头脑，当他得知袁敞的来由，只是用汗巾覆面，不断地说："孙秀误我！孙秀误我！"的确，司马伦所做的事情，几乎都是孙秀教的，他死之前这样说，也还算想明白了点，说完这几句话，饮下这杯酒，便去黄泉路上找他的孙军师了。

孙秀跟司马伦死了，那些他们的支持者，自然是逃不过被清算的命运，这一清算，几乎把朝堂上的人都清没了。三王起兵到惠帝复位，一共进行了六十多天，司马伦的皇帝梦，也只做了四个月，死于这场动荡的人，竟有十万人之多。凡是孙秀跟司马伦的支持者，基本上都被杀，王舆因有功劳，将功折罪，才免了死罪。司马衷改元"永宁"，这是一种愿望，可到底也没有成真。

司马冏因为首倡之功，自然排在功臣榜第一位，他"甲士数十万，旌旗器械之盛，震于京都"。司马冏的势力最大，"拜大司马，加九锡之命，备物典策，如宣、景、文、武辅魏故事"。其他两位王爷也得到了新的官职，成都王司马颖，"授大将军，都督中外诸军事，假黄钺，录尚书事，加九锡，入朝不趋，剑履上殿"；司马乂呢，恢复了他之前长沙王的爵位，"授抚军大将军，迁开府，领左军"。

这里面最可笑的一幕，是对司马允进行了封赏，虽然他已经死掉了，也正因为他死掉了，才要奖励他。谁叫他是被司马伦弄死的呢，现在既然要打倒司马伦，那么被司马伦弄死的人自然是冤枉的，所以特意下诏说："故淮南王司马允忠孝笃诚，忧国忘身，讨乱奋发，几于克捷。遭天凶运，奄至陨没。逆党进恶，并害三子。冤魂酷毒，莫不悲酸。以大司马齐王之子司马超继淮南王为嗣，葬以殊礼，追赠司徒。"

晋惠帝司马衷坐在自己的皇帝宝座上，只是听着而已，一切看上去不过像是仅仅迎回了之前的皇帝，换了一个新的王爷出来主持政务而已，诏书下了一道又一道，反正都是几个王爷商量好的内容，把中央重要部门都换上各自的人。这是一个程序，却也是必走的程序，最后，宣布立司马遹唯一的儿子，仅仅两岁的司马尚为皇太孙。齐王司马冏摄政，司马尚被内定为接班人，事情进行到这里，跟之前走程序的场景并无多少不同，只是这一天，突然变得不同起来。

朝堂上跪着的官员一个个膝盖都疼了，听到立了皇太孙，谁都以为事情已经完事了，可以回家歇会儿。毕竟政变刚完，日子还没消停，这时，一直被人忽略的司马衷居然开口了："阿皮捩吾指，夺吾玺绶，不可不杀。"

阿皮，是司马威的小名，跟司马衷是同辈人，两个人小时候还一起玩，长大了却成了君臣，不过司马威是司马伦的人，当年从司马衷手里抢玉玺这事，是他干的。司马衷一直记着这笔账要算，听来听去都没有司马威的名字，他不能忍了，直接开口要下旨，这在他十多年的皇帝生涯里，几乎可以说是第一次。

司马衷虽然下了旨，底下的王爷们傻眼了，司马威跟河间王司马颙关系亲密，有着这层关系，齐王司马冏跟成都王司马颖都想放过司马威一马，没想到惠帝司马衷竟然开口要杀，众目睽睽之下，只得同意了。这是司马衷第一次出面独立要解决政事：杀掉一个抢他东西，把他手指弄伤的亲戚。看来这个当皇帝的，显然是把抢玉玺这件事，当成小孩子过家家了。

司马冏在朝堂上确立了威信，住到了自己的父亲司马攸曾经的府邸，在府里置了四十个僚属，在大朝廷外，组成了一个自己的小朝廷。并“大筑第馆”，其实曾经的齐王府已经够气派了，只是司马冏觉得不满足，新朝廷新气象，如果不盖房子，怎么能显示出自己的势力呢，于是“北取五谷市，南开诸署”，因为要扩建自己的府邸，就划出了一块拆迁区域，把洛阳老百姓的房子拆掉了数百家，整平了土地，给自己盖房子。房子建的自然是富丽堂皇、美轮美奂，俨然跟西宫一个水准。

房子盖好了，地方大了，享受起来也方便，司马冏在家里“凿千秋门墙以通西阁，后房施钟悬，前庭舞八佾”，完全被胜利腐蚀了头脑，沈于酒色，连去宫里给司马衷问个安的心思都没了。在官员的任用上，走了司马伦的老路，“选举不均，惟宠亲昵”。他以“车骑将军何勖领中领军。封葛与为牟平公，路秀小黄公，卫毅阴平公，刘真安乡公，韩泰封丘公”，这五个人，是司马冏一手扶植的“冏家班”，外面的人都称之为“五公”。

军国大事无须送往宫中，直接呈送司马冏即可。齐王这一系列举动，伤了那些支持他的人，本来人们信心满满地看着司马冏赶跑了把皇帝当儿戏的司马伦，以为一个齐王的到来能给满目疮痍的晋国带来些希望。这下希望变成了失望，眼瞅着就要变成绝望，“朝廷侧目，海内失望矣”。

与司马冏不同，司马颖成了失望中人们的新的救命稻草。司马冏率兵进入洛阳，第一件事要夸耀自己的功劳，说什么如果没有自己就没有惠帝的回归之类的话。司马颖呢，反而很谦虚，当年司马衷回到朝堂，把三个王爷挨个感谢了一遍，感谢到司马颖这里，只听他十分惭愧地说：“此大司马臣冏之勋，臣无豫焉。”一点没有居功的架子，跟司马冏迫不及待地想享受胜利的功劳截然不同。

司马冏住到了洛阳父亲的房子，司马颖去太庙拜祭了自己的父亲司马炎，收拾东西就回自己的封地去了。司马冏接到消息说司马颖回家了，大惊，跨上马赶紧追出去。追到洛阳城外七里涧才赶上司马颖，司马颖下车跟司马冏挥泪告别，什么朝廷大事都没说，一个劲念叨自己的母亲，当今的太妃身体不好，自己实在不放心。这一幕被周围的人看见了，心里头都觉得司马颖真是一个大孝子，不居功，不贪功，还孝顺，真是司马家的希望。

司马颖回到家，司马冏派出的使者也得到了，给司马颖各种奖赏。司马颖推掉了奖赏，还上表请求奖赏跟随自己的幕僚，卢志、和演、董洪、王彦、赵骧等五人，这五个人因此都封了公侯，一下子把手底下的人心收得服服帖帖的。仅仅是打动手下人是不够的，司马颖随即又上书说：“大司马前在阳翟，与强贼相持既久，百姓疮痍，饥饿冻馁，宜急拯救。乞差发郡县车，一时运河北邸阁米十五万斛，以振阳翟饥人。”

抚恤百姓，谁想到了谁就能得到人心，司马颖先于司马冏想到了。之后卢志又给司马颖建议说：“黄桥战亡者有八千余人，既经夏暑，露骨中野，可为伤恻。昔周王葬枯骨，故《诗》云‘行有死人，尚或墐之’。况此等致死王事乎！”司马颖一听，亲自督造了八千多个寿材，把死难的将士都葬于黄桥北，“树枳篱为之茔域”。还建立祠堂，刊刻石碑，找人写了一篇碑文，详细记述了八千人的功劳、事迹，还派人去死难者家里去慰问，旌表门闾。这还不够，司马颖还派人把司马伦那边的死难者一万四千多人的丧事也都包办了，这一下，全天下的人都知道司马颖有情有义，“器性敦厚，委事于志，故得成其美焉”。司马颖本人，虽然书读得不多，但是事办得漂亮、周到，民间人心的走向，就这样一步步被引向了司马颖。

在齐王府里日日笙歌的司马冏怎么也想不到，自己的好日子，已经快要到头了，他“骄恣日甚，终无悛志”，再也不是当年那个齐王了。

同室操戈也需要本事

司马颖读书不多，能一步步成长为名声颇佳的王爷，全靠手下的心腹：卢志。卢志，字子道，今天河北涿县人，是东汉大儒卢植的曾孙。当年司马冏给司马颖写信，相约一起讨伐司马伦，正是卢志力陈应当起兵响应齐王，司马颖出于对卢志才德的依赖，以他为咨议参军。当司马颖节节失利想要退守之时，几乎所有人都支持这个决定，只有卢志站了出来，对敌我态度进行了言之有据的剖析，司马颖听取了卢志的意见，组织了一支特攻队，终于渡过了之前怎么也渡不过的颍水。

战争结束以后，齐王司马冏辅政，卢志建议司马颖急流勇退，在自己的地盘壮大力量，通过一系列仁德的手段，积累了大量的政治资本，赢得了绝佳的口碑。看上去天下人心归成都王司马颖，那么司马颖总该起兵夺过司马冏的权力，自己取而代之吧，事情还真不是这么简单。

一天，有一个白头发老头闯进司马冏的府里，进门就大呼有人起兵反对齐王，齐王府上上下下的人都觉得这老头准是个神经病，却也给一派升平中的齐王府，送来一丝不祥的预感。

又有一天，齐王府闯进来另一个不速之客，这次不是白头发老头，是一个挺着大肚子即将临盆的孕妇。这女人不知道是走投无路还是故意路过，竟然提出要借齐王府的地盘生孩子，看门的小吏把这妇人臭骂了一顿要赶她走，那孕妇不慌不忙地说：“我截齐便去耳。”想整理整理衣服再走。

这句话本来没什么不对，但是说者无意听者有心，“截齐”，听着怎么像要齐王的脑袋。这之后，洛阳城里流传着一首歌谣：“著布袙腹，为齐持服。”袙腹，相当于兜肚，持服，是穿孝服的意思。这句话听着就更不吉利，这不等于是小孩子都在准备为齐王穿孝服吗？种种不吉利的事情接连不断地发生，似乎齐王真的命不久矣。

真的把司马冏送上死路的，是一个小人物：李含。

李含，字世容。他“少有才干，两郡并举孝廉”，靠着推选，走上了官场。李含虽然能力很强，但却一直得不到重用，还被贬，在官场混得一直不太好。司马颖有卢志，司马颙有李含。李含之所以能遇见重用他的司马颙，还得感谢赵王司马伦。司马伦坐了皇帝，一翻名册，对孙秀说：“李含有文武大才，无以资人。”孙秀派李含为东武阳令，被司马颙遇见了，就上表请求升李含的官，不久，李含又成了长史，算是司马颙身边的近臣，左膀右臂似的人物。河间王司马颙在三王起兵初，是站在司马伦一边的，后来倒戈成了司马冏的人，这中间的故事，都是李含一手谋划的。

司马冏坐镇朝堂，对司马颙，虽然恨他一开始站错队，但是念在都是自家人，又及时悔改，还是给了司马颙一点好处。赵王司马伦的手下皇甫商一看自己的主子死了，想换一个避风港，就找到司马颙，请司马颙收留他。司马颙一看，有人来归顺我，那自然没有拒绝的道理，对皇甫商是好吃好喝招待着，这一切被李含看在眼里记在心上，不乐意了。

当年李含举孝廉，皇甫商也是一个少年，仗着自己家里有点势力，就找到李含，想跟寒门出身的李含交个朋友。皇甫商是带着一颗热心来的，被李含泼了一盆冷水，少年皇甫一气之下就四处说李含的坏话，本来李含刚有点出人头地的苗头，被皇甫商这么一折腾，只做了一个小小的亭长，严重影响仕途，两个人就这么结了仇。

这些年李含在司马颙这里好容易混得不错，好日子刚过上没几天，来了一个冤家，能不想法设法把皇甫商给折腾走吗。李含仗着司马颙的信任，就去说皇甫商的坏话："商，伦之信臣，惧罪至此，不宜数与相见。"司马颙一向听李含的，对这句话也不例外，对皇甫商自然就没有之前那么好了。没有不透风的墙，这事被皇甫商知道了，新仇旧恨加在一起，皇甫商对李含是恨之入骨。

皇甫商一看司马颙这里住不下去了，就要启程回洛阳。临行这天，司马颙摆下酒席欢送会，这样的大场合，李含自然在场，两个人一见面，就开始吵，完全忘记了宴会的主题是什么。司马颙呢，当然成了和事老。皇甫商回到洛阳，主要负责参与制订齐王司马冏军事上的决定。李含与他前后脚，也到了洛阳，做翊军校尉。

真是不是冤家不聚头，李含这个人，到了洛阳，又得罪了齐王府的司马赵骧，真是走到哪里都能创造出死对头。齐王司马冏一天闲着没事干，把赵骧叫过来，说不然我检阅一下齐王府的军事武备吧，本来什么事都没有，李含生怕在阅兵式上，赵骧趁机暗害自己，想到此，不禁后背出汗，赶紧跨上马，啥也不顾了，狂奔向司马颙。当天夜里，顺利来到司马颙府里。

河间王府里都熄灯了，司马颙正睡大觉，没人愿意接待这个突然冒出来的李含。李含就诈称自己是奉命前来，奉当朝皇帝的密旨前来，司马颙一听，赶紧叫李含进来。李含说："成都王至亲，有大功，还藩，甚得众心。齐王越亲而专执威权，朝廷侧目。"现在最得人心的不是齐王司马冏，是成都王司马颖，我们还是不要继续跟着司马冏混了，那应该怎么办呢？李含的计谋是："今檄长沙王令讨齐，使先闻于齐，齐必诛长沙，因传檄以加齐罪，则冏可擒也。既去齐，立成都，除逼建亲，以安社稷，大勋也。"

李含的如意算盘是，我们不能直接说我们要跟着司马颖混，我们打出长沙王司马乂的大旗，假装跟着司马乂屁股后面攻打司马冏。司马冏一听，肯定要想办法杀掉司马乂，这时候，我们以此为罪名，号召大家起来讨伐司马冏，等收拾掉了司马冏，就把司马颖扶上去，这样，不就能顺利达到跟着司马颖混的目的了吗？

李含想得还真不错，他知道司马颙是没什么希望能顺利入主朝堂，唯一的办法就是扶上去司马颖，这样司马颙也能跟着沾点好处，自己也能顺利把皇甫商、赵骧给收拾了，还能一箭三雕把齐王司马冏也弄死。这一切还只是他计划的一小部分，李含最终的想法是，最后把司马颖也给弄死，这样，最后的赢家就是司马颙？司马颙从来都听李含的，李含连夜从洛阳赶回来，还带来这样一个大胆的想法，又说自己是奉旨前来，他没有不听话的道理。于是任命李含为都督，全面负责计划的具体施行，让张方率领河间王的所有部队，剑指洛阳，打出赵王司马乂的大旗，向洛阳进军。

赵王司马乂对司马冏的不满早就形成了，只不过一直没有实际行动。他跟司马颖去太庙拜祭司马炎，司马乂是司马颖的六哥，这个六哥对自己的十六弟说："天下者，先帝之业也，王宜维之。"这个天下说到底是父亲留下来的，咱们做王爷的，应该维护父亲的心血。这话说得冠冕堂皇，表面上一心一意为了天下社稷，其实是希望司马颖能跟他一道，用"维护"的举动，打着为父亲好的旗号，做点为了自己好的事情。

在洛阳城里喝酒吃肉的司马冏一听司马乂跟司马颙起来讨伐自己，“大惧”，敌人的情况是什么样子尚且不知道，就大惧，看来司马家也真的没什么男子汉气概。他赶紧换上衣服召集官员开会，说：“昔孙秀作逆，篡逼帝王，社稷倾覆，莫能御难。孤纠合义众，扫除元恶，臣子之节，信著神明。”上来先把自己夸奖一番，显示自己的地位得来不易，是实至名归，又说：“二王今日听信谗言，造构大难，当赖忠谋以和不协耳。”

司马冏的目的是希望所有人能紧密地团结在自己周围，跟着自己打别人，没想到司徒王戎、东海王司马越一听，不乐意了，说司马冏你应该让贤。本来司马冏一番慷慨陈词，正在兴头上，却被这两个人泼了两盆冷水，简直要气死了。不等司马冏发火，从事中郎葛旟就跳出来大骂：“赵庶人听任孙秀，移天易日，当时喋喋，莫敢先唱。公蒙犯矢石，躬贯甲胄，攻围陷阵，得济今日。计功行封，事殷未遍。三台纳言，不恤王事，赏报稽缓，责不在府。谗言僭逆，当共诛讨，虚承伪书，令公就第。汉、魏以来，王侯就第宁有得保妻子者乎！议者可斩。”

一番话，把所有不愿意跟着司马冏的人都给骂遍了，“王侯就第宁有得保妻子者乎”，那些不愿意跟着拼命的，不过是想保护自己的老婆孩子，胆子小得真是笑死人了。朝堂上的官员一听，“百官震悚，无不失色”，吓得脸色都没了。王戎吓得去了厕所，还假装说自己吃坏了东西闹肚子，惊慌失措中摔了一个狗啃泥，还摔在了厕所里，葛旟果然没骂错人，这帮人真是胆小如鼠，才被人骂了几句，就成这个样子了。

战斗动员就算是做好了，司马冏派董艾率兵迎战司马乂。事情看上去像是按照李含的设想方向走，但是李含把司马乂想得太脆弱了，他以为司马乂是纸糊的，司马冏一出兵，司马乂就得失败，司马乂早就带领一百多号人朝着司马冏杀过来了，还杀到皇宫里，把司马衷叫了出来，打出皇帝的旗号，要跟司马冏死磕。一行人来到司马冏家门口，二话不说放火就烧，司马冏让太监王湖出来高呼：“长沙王矫诏。”说司马乂矫诏，是妄想一句话让司马乂手下的人四散而逃。

司马乂哪里是吃素的，你喊我也喊，于是司马乂大喊：“大司马谋反，助者诛五族。”一下子，王湖说什么就没人管了，司马乂是不是矫诏，这是道德问题，就算他是矫诏，如果不跟着他走，全家的命都没了，这是性命问题，连命都快没了，谁管你司马乂手里的诏书是真的还是假的。就这一句话，司马冏的智商完全被司马乂比下去了。

双方陷入了恶战。司马乂把司马衷带出来了，就逼着司马衷出来说话，这时候董艾早就杀红了眼，哪里管什么皇帝不皇帝，只知道要手下的人不停放箭，谁也不能偷懒。箭是不长眼睛的，一支箭就差点射中司马衷。本来司马乂喊司马冏谋反，可能还有人不信，现在看董艾连皇帝都射，果然是要谋反，京城里的官员有一个算一个，都出来看热闹、上阵杀敌了，史书上说是“群臣救火，死者相枕”，场面真是血腥。这场混战一直持续了三天三夜，最后司马乂把司马冏擒获。

司马冏成了阶下囚，对着司马衷是一个劲儿哭，一想，怎么说自己的玉玺也是司马冏给夺回来的，同情心泛滥，就想赦免司马冏。司马乂当然不愿意了，再说本来杀不杀司马冏，也轮不到你司马衷说话，就下令把司马冏拉出去斩了，司马冏还一个劲回头看着司马衷，那意思是皇上您救救我。他真是高估了这个皇帝的权力了。

司马冏死掉了，同他一起被干掉的还有两千多号人。司马冏的几个儿子，全部被囚禁在金庸城。李含的如意算盘，算是打错了，白送给司马乂一个功劳。

司马乂成了这场政变中最大的受益者，被封为太尉，朝廷内外的事，都归了他管。不过李含也可以稍微高兴一下，虽然事情跟他想的不是完全一致，却也一致七八分，只不过他算来算去，就是没算准自己的命运。

第四章　内乱不止：你争我夺誓不休

兄弟反目谁怕谁

司马乂阴错阳差成了上次司马家战争的受益者。李含的如意算盘扑了空，司马颙跟司马颖在自己的封地继续当王爷，司马颖身边有个靠谱的卢志，而司马颙身边的李含呢，还是一贯靠不住。但是司马颙还是为李含讨了个官，河南尹。李含的计谋没能得逞，就差了那么一点点，他很不甘心，继续憋着劲，想整整司马乂。寻寻觅觅了半天，找到的下手对象还是老冤家皇甫商。

这么多年李含都看皇甫商不顺眼，政变结束后皇甫继续受到司马乂的重用，一个本来就看着不爽的人被坏了自己好事的人重用，李含越想越气。不过，皇甫商现在是大红人，不好直接下手，李含将目光转移到皇甫重身上，这人是皇甫商的哥哥。

皇甫重此时是秦州刺史，手里有兵，跟司马颙的地盘挨得也比较近，李含找到司马颙，说皇甫重这个人不能留，司马颙本来就听李含的，自从上次政变失败，就更听李含的了。所以说司马颙这个智商真的不敢高估，一般人面对失败，追究责任的时候看着失算的人都是满心怨恨，司马颙呢，却因为李含的失败更爱他了。

司马颙听罢，下令手下人带着兵把皇甫重的地方围起来，之后跟中央汇报皇甫重的罪行，至于具体内容不愁没得写，可以捕风追影也可以随便瞎编。司马颙的上书到了侍中冯荪手里，此人是司马颙的党羽，就趁机建议说不如把皇甫重召回洛阳。这个举动看上去是帮了皇甫重的忙，现在有人要揍你，我为了保护叫你回家来，这不是保护吗。事实上这就等于中央已经不管皇甫重了，我不派兵支持你，我也不处理司马颙，我只是叫你回家，可如果你路上遇见了点什么，那跟朝廷没关系，我也没说不准司马颙退兵，所以他干什么也不算违法。

李含的算盘还有另一部分，就是让洛阳的党羽冯荪、卞粹等人，在京城寻找机会，下手干掉司马乂。李含这个人最大的特点就是敢想，也不先计算计算能否成功就付诸行动了。李含的算盘又一次算错了，事情被皇甫商察觉，皇甫商自然要采取行动，就跟司马乂说："河间之奏，皆李含所交构也。若不早图，祸将至矣。且河间前举，由含之谋。"将司马颙一系列行动的责任，都归为李含的责任，这话本身也没错，司马乂听了，对李含自是恨之入骨，下令处死李含。

司马颙得知李含被司马乂杀了，立刻下令讨伐皇甫商，实际上就是跟司马乂真刀真枪开始干了，令张方为都督，带领手下七万人开赴洛阳。有人冲冠一怒为红颜，司马颙这是冲冠一怒为李含，也算是古今一景了。司马颖在自己的封地当快活王爷，他本来准备好军队要去讨伐张昌，但是张昌不是被陶侃给收拾了么，司马颖觉得，自己现在离入住洛阳就差一步了，如果没有司马乂存在，自己的日子肯定能过得畅快点，不用没事装好人，就跟司马颙一道，给惠帝司马衷写了封信，请求朝廷杀死皇后的父亲、司马衷的老丈人羊玄之跟皇甫商。

司马颖派出的阵容是“以平原内史陆机为前锋都督、前将军、假节”。司马颖到了朝歌，他说他每天晚上都能看见祥瑞：矛戟间有光亮好像是一团火，白天的时候，则是在井里看见龙。说不定司马颖是想杀了司马乂想疯了。他在河南屯兵，“造浮桥以通河北，以大木函盛石，沈之以系桥，名曰石鳖。”

司马乂的反应是昭告天下，河间王司马颙跟成都王司马颖谋反，这是第一步，将事情的性质定下来。之后以司马衷的名义给自己封了个太尉的头衔，主管全国的军事活动，准备迎战。这样，司马颙的七万人，加上司马颖的二十万人，向着司马乂就杀过来了。司马颖还派出刺客，看来他跟李含想到一起去了，但是派去的刺客比较业余，见到司马乂就面露杀机，还没等动手，就被司马乂的左常侍王矩杀掉了，今天轮到王矩当保镖，可见身边还是需要点靠谱的人的。

司马颙前锋大将张方跟皇甫商交手，皇甫商虽然奋力作战，最后还是溃败，张方因此进攻西明门。司马乂赶紧派去禁卫军的骨干力量出击，张方大败，损失约五千人，只能沿河退守，为了保障后勤补给，兴建了防御工事保障粮食的转运。双方交战的时候，羊玄之被吓死了。

司马颙这边是暂时没有什么举动了，司马颖派出的陆机，空有二十万人马也是大败，“死者甚众”。打了败仗的陆机还被人诬赖，司马颖身边的得势太监孟玖说了几句陆机的坏话，陆机就被下了大狱。陆机跟着司马颖讨口饭吃，是卢志的推荐，这次做领兵的大统帅，司马颖手下有不少人心存不满，觉得陆机不配。不是没有人劝陆机把位置让出来，但是陆机觉得，一旦自己在这个位置上干得好，也是对司马颖的报答，其实他是东吴陆逊的后人，体内的基因决定了他有着渴望建功立业的心。

陆机其实并没有得罪孟玖，倒是得罪了孟玖的哥哥孟超，不过说来也是孟超太过分，战争一开始放着敌人不打偏偏跑去抢劫，陆机能不去制止么？这一制止不要紧，孟超居然跑去陆机的大帐里大闹了一场。后来也是老天有眼，孟超在战场上死了，也算是光荣地为司马颖捐躯了，可弟弟孟玖不干了，总觉得孟超的死是陆机故意安排的。要说小人度君子，永远觉得谁都跟自己一样邪恶。孟玖说的谗言还是老掉牙的那套，说陆机手里有二十万人还吃败仗，说陆机定有二心，他其实是司马乂的人。

求情的人不少，记室江统、陈留蔡克、颍川枣嵩等人上书说：“陆机浅谋致败，杀之可也。至于反逆，则众共知其不然。宜先检校机反状，若有征验，诛云等未晚也。”几个人的信呈上去，却迟迟没有音讯。蔡克觉得不能这么傻等着，就跑到司马颖面前，不停磕头，直到额头流血，拼命为陆机求情，“云为孟玖所怨，远近莫不闻；今果见杀，窃为明公惜之！”说完就哭了起来，一同跑到司马颖跟前哭鼻子的还有十几号人。

这么多人一起哭，司马颖也不是没有动过恻隐之心，可是这种罪名怕的就是有人求情，求情的人越多，司马颖就越恨陆机，加上孟玖在旁边催命似的要司马颖赶紧杀了陆机，司马颖到底还是没改主意。跟陆机一同下狱的还有孙拯。孟玖为了诬赖陆机，抓来孙拯，想从这个东吴旧臣身上套出点什么来，作为陆机谋反的罪证。

孙拯是条汉子，被拷打得踝骨都露出来了，愣是不肯说半句陆机的坏话，他的门生费慈、宰意给牢头送钱，希望能暗中帮帮孙拯，牢头知道孙拯不是孟玖对付的对象，就劝他：“二陆之枉，谁不知之！君可不爱身乎？”你被打得体无完肤了，何必为了一个必死的人送上自己一条命呢。孙拯听牢头这么说，仰天长叹：“陆君兄弟，世之奇士，吾蒙知爱。今既不能救其死，忍复从而诬之乎！”

孟玖知道从孙拯身上是套不出什么了，就伪造了一份口供呈给司马颖看。其实司马颖这会儿已经开始怀疑自己的决定是对是错了，正在纠结中，看到孟玖送来的供词，“大喜”，他太需要别人肯定自己做得对了，激动地对孟玖说：“非卿之忠，不能穷此奸。”看来在司马颖的心里，他觉得自己还是一个明分忠奸的王爷的。孙拯死前，对自己的学生只是说：“吾义不可诬枉知故，卿何宜复尔？”就这样，孙拯死在了狱中。

陆机就这样被处死了，死之前曾长叹：“华亭鹤唳，岂可复闻乎！”华亭是他跟弟弟陆云曾经最喜欢的景致，陆机这句话，饱含了对步入仕途的后悔，但是这条路，一旦走上了，哪里那么容易回头，等他再想起华亭时，却是死之前了，所谓出来混迟早是要还的。陆机冤死，“士卒痛之，莫不流涕”。这一天“昏雾昼合，大风折木，平地尺雪，议者以为陆氏之冤”。

司马家的战争从这一年的八月一直打到十月，双方没有退让的意思。朝中有人看不下去了，说都是司马家的人，大家好商量，为什么非要打仗呢？不如握手言和。中书令王衍跟光禄勋石陋跑到司马颖那里当说客，其实司马乂已经默认了要言和，

但是司马颖死活不同意，

就这样，这场司马家的战争失去了和平解决的可能。

小弟捡了大便宜

张方是河间人，出身很是低微，低微到什么程度呢？他的曾祖父是山贼。但是张方的勇武跟见识不凡，所以才能得到司马颙的赏识，如果不是张方在前线带兵，司马颙手下的这帮人，看见惠帝司马衷的大旗一个个只想着逃命了，还一个劲劝张方也逃。张方说：“兵之利钝是常，贵因败以为成耳。我更前作垒，出其不意，此用兵之奇也。”在张方的指挥下，军队趁着夜色，向洛阳方向前进，在离洛阳城只有七里远的地方打司马乂一个措手不及。此前，司马乂一直保持着连续胜利的记录，如果不是张方的坚持，不是他的智慧，只怕司马颙的军队可以提前打包行李回家了。

陆机死掉后，司马颖这边几乎没有可用之人，张方虽然打了一场胜仗，但是战争进行到现在，司马乂仍然占上风，别看司马乂是一个人面对司马颙、司马颖两个王爷，他还真能顶得住，单说杀死司马颖军队的数量，就高达六七万人之多，快赶上司马颙手下全部的武装力量了。洛阳附近都变成了战场，战争拖得越久，对司马乂越不利，他跟他的军队，吃谁去。果然，洛阳城里的粮食告急了。

“战久粮乏，城中大饥”，吃不饱肚子，司马乂却没有失掉民心，大家都愿意紧密团结在他周围，“将士同心，皆愿效死”。司马乂是个死脑筋，也是一个忠心的王爷，本来粮食就不够用，他却首先保证司马衷的伙食，给惠帝的饮食标准，丝毫没有降低。皇帝吃饭讲究颇多，要求也高，按说现在是非常时期，司马衷少吃点，或者少吃点肉也不是不行，但是司马乂不干，“奉上之礼未有亏失”。一个傻皇帝能遇见这么好心肠的王爷，也算是他的幸运了。

洛阳城的情况，张方通过多方途径打听出来，一般战场上闹饥荒，军队肯定就乱了，城里头什么偷鸡摸狗的事情都出来了，但是司马乂这边把裤腰带勒紧，还是以高昂的斗志面对这个惨淡的人生。张方一看，觉得司马乂手里的洛阳城，估计是打不下来了，就下令准备退回长安。眼看司马乂就要熬过这段苦日迎来黎明，东海王司马越出来插了一杠子，他觉得洛阳城里粮食不够，肯定打不过两个王爷的联合军队，就派人把司马乂抓了，关到金庸城里。

司马越是司马懿弟弟的孙子，他跟司马衷的关系，远没有司马颙、司马颖那么亲近，算是比较疏远的宗室。东海王的地位也不高，成都王司马颖的食邑，有四个郡之多，东海王司马越仅仅才六个县，这么一比，俨然是个穷王爷。

早年间，司马越陪着太子司马衷在东宫读书，后来以皇帝近臣的身份，得以捉了司马乂到金庸城。逼着司马衷免了司马乂的官，之后又推说自己有病，不能辅佐司马衷，还是那套假意推脱，惠帝司马衷自然是挽留了一番，封他为尚书令。

司马越抓了司马乂，仔细一看敌我双方的态势，发现胜利的天平已经倒向洛阳了，他只有捶胸顿足后悔不已的份儿了，司马乂在金庸城还不忘给司马衷写信："陛下笃睦，委臣朝事。臣小心忠孝，神祇所鉴。诸王承谬，率众见责，朝臣无正，各虑私困，收臣别省，送臣幽宫。臣不惜躯命，但念大晋衰微，枝党欲尽，陛下孤危。若臣死国宁，亦家之利。但恐快凶人之志：无益于陛下耳。"真情流露，司马乂真算是对司马衷最好的主政的王爷了。

司马越还想着要不再抵抗一把？但是司马乂身边的人已经开始谋划把司马乂从金庸城捞出来了，想再次高举长沙王的大旗，对付司马颖等人。这下司马越就更迷糊了，只好把注意力转移到司马乂这里，看来司马乂仅仅囚禁在金庸城了还不够，得杀掉才算干净。黄门侍郎潘滔给司马越出主意，这个世界上最想司马乂死的人多了，还有一个人可以利用：张方。

张方在大营里收拾包袱准备回长安，听到司马越放出的消息，在战场上怎么也打不过的司马乂居然被人抓了，还关起来了，喜出望外，一刻也不停留，带着手下三千人杀到金庸城下，顺利找到司马乂，点了一把火，将司马乂活活烧死。

二十八岁的司马乂就这么死了，据说他死得极其悲惨，"冤痛之声达于左右"，在火中奋力挣扎，还是被活活烧死，三军将士知道司马乂这个死法，都禁不住为他落泪。烧成焦炭的司马乂总得下葬，但是谁敢替他收尸？无论是家属还是幕僚，都没人敢去。还是司马乂之前的一个幕僚刘佑够义气，一个人给司马乂办了丧事，他拉着车，护送着司马乂的棺椁，在路上止不住自己的眼泪，"悲号断绝，哀感路人"，怎一个惨字了得。

张方还算有点良心，知道刘佑是个义士，没有过问这件事。司马乂生前，洛阳城里曾有流言："草木萌牙杀长沙。"司马乂于正月二十五号被抓到金庸城，两天后，正月二十七号死于火中，正好是草木要萌芽的时分。

本来，常山人王舆带着手下的万余军队急急向洛阳而来，为的是帮司马乂一把，看看能不能给司马颖一击，才走到半路，司马乂被烧死的消息传来，王舆在毫无准备的情况下，被手下的人杀掉。本来已经跟胜利越走越远的司马颖就这么进了洛阳城，看了几眼就又回到自己的封地邺城了，晋国实际的权力中心，转移到成都王府邸。

河间王司马颙不愧是司马颖的好兄弟，给惠帝上书说，现在跟您关系最亲近的人就是司马颖了，应该立司马颖为皇太弟。如此一来，司马颖不仅成了合法的接班人，还做了丞相，在自己的府里极尽享乐，根本忘记了洛阳城里还有一个名义上的皇帝，之前在卢志的建议上苦心经营的良好形象也不复存在，"大失众望"，小人孟玖，成了司马颖身边最得势的人。

野心撞墙了

司马颖将晋国的权力重心移往了自己居住的邺城，大约在今天河北临漳。这时候中华大地上上演了奇特的一幕，只见洛阳城里的大小官员都找各种机会跟借口前往邺城，不为了别的，只是想去司马颖的门口忏悔一下罪行，表示自己万分悔恨当初跟司马乂一同在洛阳城里待着。东海王司马越呢，以尚书令的身份辅政，但实际上掌权的人是司马颖，尽管司马越处理了司马乂，但是没辙，还得听司马颖的。

司马颖令手下石超率领五万人屯守洛阳城的十二座城门，石超是司马颖的亲信中的亲信，可说是司马颖最信任的将领，否则，他也不会将这项工作交由石超来做。石超上任后，处理了一批对司马颖不甚忠心的原禁卫军人马，卢志做了中书监，在邺城全面负责丞相府中大事小情。

坐上头把交椅的司马颖下令废掉皇后羊献容，这个事情就很诡异，能废掉皇后的只有皇帝，但是谁叫皇帝司马衷说话一贯没人听呢。司马颖这事办得实在是不体谅人，当年赵王司马伦杀掉贾南风，还能将心比心给司马衷安排一门亲事，不管他们过得怎么样，但是在面儿上，到底是为皇帝考虑了。这司马颖将羊献容关进金庸城，也不想着给司马衷再安排一个女人。羊献容也是个命苦的女人，自己的父亲在战场上被吓死，这个死法实在是让她脸上无光，加上羊家跟孙秀的关系，羊献容一直也不能抬起头做人。

当年司马伦废掉司马衷自己当了皇帝，羊献容自然也跟着一齐被废掉了，后来齐王司马冏迎回了司马衷，羊献容也跟着被接回皇宫。这一废一立，仅仅是她废立生涯的开端而已，在西晋区区几十年的历史中，她竟然经历了四废五立，这个皇后当得也实在是委屈死人了。怎么说，羊献容也没有得罪司马颖，但是就被司马颖给盯上了，估计司马颖觉得自己现在厉害了，唯一能检验自己权力的方式就是废掉皇后玩一玩，反正也不愁没地方关，金庸城有的是地方，羊献容又一次从国母变为老百姓。

司马颖这么喜欢玩权力，自然有人看不下去了，司马越是最看不下去的那个人。这年七月，左卫将军陈眕，殿中中郎褾苞、成辅及长沙故将上官巳作为司马越派出的组合，打出司马衷的旗号单方面宣布跟司马颖开战，并且还拐带着惠帝司马衷一起上了路，在全国范围内发布讨伐司马颖的檄文，号召大家奋起反抗司马颖。

没想到这一呼，居然达到了百应的效果，军队刚刚到达河南安阳附近，就有十多万人过来参与。在邺城府里的司马颖听说十万人杀过来了，吓得不轻，收拾东西就想跑，碰巧手底下有个人精通算命的道术，跟司马颖说："勿动！南军必败。"被高人点化的司马颖如梦方醒，态度来了一个一百八十度大转弯，哪儿也不去了，开始召集人马商量对策。

东安王司马繇说："天子亲征，宜罢甲，缟素出迎请罪。"东安王的逻辑很简单，现在是天子亲自挂帅出征，做臣子的不能跟天子对着干，咱们应该守本分，不要抵抗，出城投降。这个言论简直是愚蠢到家了，他也不想想司马颖什么时候把惠帝司马衷真的当皇帝看，还讲究什么礼法，再说现在人家十万人杀过来，你说投降人家就能饶你一命？司马颖倒是不傻，对东安王的建议理也不理，还一顿斥责："卿名晓事，投身事孤；今主上为群小所逼，卿奈何欲使孤束手就刑邪！"开始组织力量抵抗。

再说洛阳，陈眕的军队朝着石超就来了，从云龙门进攻，用皇帝的名义召集洛阳城里的文武百官过来看热闹，石超连抵抗都没有，直接带着人跑向司马颖的怀抱，可见石超这个人也是不靠谱的。司马越顺利控制了洛阳城，之后迎回了羊献容，让羊姑娘继续做她的皇后，可见司马家的王爷们都把羊献容当做重要的政治符号，废与立都标志了朝中开始了新一轮的政权更替，毕竟废立皇帝是大事，不好轻易进行，那么索性就废立皇后吧。

皇后接回来了，现在司马颖成了讨伐的对象，那么皇位的接班人不能还是皇太弟司马颖吧。司马越就下令说，还是让之前的皇太子司马覃回来吧。

司马颖决心抵抗，派出的前锋还是他亲信的亲信——石超。要是一般人，石超连洛阳都不要了直接扑向邺城，怎么着也得治罪，哪怕是意思意思走个过场，司马颖倒好，问也不问，还是那么一如既往地信任石超，又给了石超五万人，要他全面负责抵抗司马越派出的大军。老搭档司马颙也坐不住了，派出两万人支援司马颖。石超才出邺城，就碰见了两个人，带来一个好消息。

陈昣起初是贾谧门下“二十四友”之一，可见他的学问才能是不俗的，不然也不会在贾谧门下众多宾客中脱颖而出，成为二十四分之一。陈昣是司马越的支持者，但是他的两个弟弟，陈匡跟陈规却跟哥哥不一样，这两个人早年间当过愍怀太子司马遹的陪读，按理说他应该是司马衷的人，但是事情绝非如此简单。

陈匡、陈规两个人在洛阳城里散布谣言，说什么：“邺中皆已离散。”这还没打仗呢，就开始说司马颖那边什么准备都没有，是纸老虎、假把式，洛阳城里本来高度戒备，被陈家两兄弟一忽悠，也不警戒了，陷入了轻视敌人的必死之地。石超杀过来，轻易就拿下来了洛阳城，战场的变化，就是被这些不知道是何居心的小人弄得匪夷所思。

本来以为胜利在握的司马越等人全部成了热锅上的蚂蚁，只有惊慌失措的份儿，司马越一路溃败，手下的人抱头鼠窜，没人顾得上身边还有一个皇帝。只有嵇康的儿子嵇绍一直紧随司马衷左右，在“左右皆奔散”的时刻，用自己的生命护卫这个傀儡皇帝。司马衷还是面中三箭，听着怪严重的，但也很有可能只是擦伤，但是毕竟是皇帝受伤了，事态严重。

石超的军队杀了嵇绍，吓得司马衷跑到草垛中躲着。紧接着石超骑着高头大马来了，把司马衷“迎接”到邺城去，司马颖一看皇帝来了，下令改元“建武”，这也是政治手段，表明现在政权重新回到了成都王司马颖手中。论功行赏跟秋后算账一同进行，那个最先站出来说要投降的司马繇自然是丢了脑袋，司马颖于是“署置百官，杀生自己，立郊于邺南”。

司马越只顾得自己逃命，他先去了下邳，徐州都督、东平王司马楙一看是司马越来了，都不给他开门，司马越没辙，又跑去他来的地方，东海王的封地，守着自己那可怜的六个县过日子。司马颖下了诏书，说司马越再混蛋也算是自家兄弟，我就不跟你计较了，你还回来干活吧，司马越肯定是不答应。原奋威将军孙惠倒是还存有司马越东山再起的梦想，写信给司马越，要他“要结藩方，同奖王室”，说白了就是慢慢积蓄力量，等待时机再把皇帝夺过来。

而在邺城享受胜利果实的司马颖打死也不会想到，王浚正带着大军，向邺城杀来。

小命要丢了

王浚，字彭祖，是王沈的私生子。

王沈，字彦伯，山东人，是西晋时期的文学家。王沈是寒门出身，这样的出身注定了处处受压抑，被排挤，这样的生活经历使得王沈写出了《释时论》抨击了晋朝的门阀制度。别看王沈写文章的时候像一个愤青，实际上他是司马家坚定的支持者，当年高贵乡公曹髦计划对付司马家，告密的正是王沈。可能王沈永远是不得志的，所以他的文章中对许多政治敏感事件也是阙而不录，除了《释时论》像一个愤青，其他时候是司马家的死党。

王浚的母亲认识王沈的时候，已经做了赵家的儿媳妇，所以王沈跟赵氏之间的感情，是偷情，对于王浚这个私生子，王沈是一直不承认的。等十五年后，王浚已经长大成人，王沈病死，本来王沈是没有儿子的，亲戚好友一看，王浚这么一个小伙子就在这儿为什么不认，一投票，就让王浚认祖归宗了。

王浚追随司马家还不算，也追随贾南风，当年愍怀太子司马遹被幽禁在金庸城，王浚也参与了谋害司马遹的阴谋，王浚跟他父亲一样，也是左右逢源，在乱世中还把官越坐越稳。因为常年在北方边境做官，就养成了跟周边少数民族联姻的习惯，一个女儿嫁给了鲜卑人务勿尘，另一个女儿嫁给了苏恕延。据记载，王浚至少有五个女儿，嫁给鲜卑人的这两个，是他的妾所生，剩下三个女儿都嫁给了名门望族的后代，可见王浚也是很看重门第观念的，当时司马家频频有战争，依靠谁都有压错宝的危险，王浚找鲜卑人当靠山，也是有选择的。

混迹官场的王浚自有一套哲学，当年三王起兵讨伐司马伦，天下响应的人云集，王浚在管辖的地方强行隔绝了各路消息，齐王、河间王、长沙王满世界发传单，号召天下老百姓站出来反对司马伦，其实主要是号召各州郡的地方长官站到他们这边去。王浚的策略是谁也不支持，谁也不反对，也不给自己治下的子民任何支持谁的机会，用自己的力量构建了一个“与我无关”区。

当年司马颖就看王浚不顺眼了，觉得这人实在太不识时务，想带兵过去打到王浚听话，但是一直没顾得上。等司马伦被杀，王浚居然还升官了，进安北将军，可能是他最起码没有支持司马伦吧，所以也稍微有那么点“功劳”。等待司马颙跟司马颖杀了司马乂，一向事不关己高高挂起的王浚居然为司马乂鸣不平了，觉得司马颖实在胡闹，他想要主持正义。

王浚在北方始终不是一个听话的角色，司马颖一直惦记要收拾了王浚。司马颖让和演去当幽州刺史，此时王浚是都督幽州诸军事，等于是派了一个司马颖的心腹到王浚家里，司马颖盘算着和演能争气一点，找个机会除掉王浚。和演也不傻，知道去寻找同谋者，选了半天，选择了乌桓单于审登，想趁着王浚在幽州城里游玩的时候，找机会在路上让王浚身首异处。没想到当天下暴雨，史书记载：“值天暴雨，兵器沾湿，不果而还。”这里面的问题是，究竟和演跟审登想用什么兵器干掉王浚，如果是刀叉剑戟，怎么会遇见暴雨就不能杀人呢。

审登的思维跟和演不同，和演是带着任务来的，一场暴雨救了王浚，但是不会总下雨，和演是处处等待另一个时机结果掉王浚。审登回去后把身边的人叫过来说：“演图杀浚，事垂克而天卒雨，使不得果，是天助浚也。违天不祥，我不可久与演同。”大旗一换，成了王浚的人，还把和演的阴谋一五一十说给王浚听。王浚一听，跟审登带着各自的人马就把和演家里围了一个水泄不通，事情已经败露，审登因为一场大雨出卖了和演，苦命的和演只能举白旗投降，王浚也不留活口，直接杀掉和演了事。和演一死，幽州成了王浚的地盘，他叫上女婿务勿尘，凑了两万人的一支队伍，剑指司马颖，开始他主持“正义”的战争。

司马颖派出的前锋还是不靠谱的石超，被王浚派出的祁弘打得大败。王浚等人乘胜追击，一举拿下邺城，务勿尘的军队头一次占领大城市，一进城的主要任务就是烧杀抢掠，一时邺城死者甚多。王浚对务勿尘是极力纵容，还下令老百姓将自己未出嫁的女儿送给鲜卑人，“敢有挟藏者斩”，邺城的老百姓也豁出去了，为此斩首的人有八千人之多，“黔庶荼毒，自此始也”。

这一仗，王浚打出了知名度，司马越想请王浚到自己家玩一玩，王浚派祁弘跟乌桓的骑兵当先驱，看上去威风凛凛的，的确能唬住不少人。他升自己为“骠骑大将军、都督东夷河北诸军事，领幽州刺史，以燕国增博陵之封”。

再说司马颖。当王浚的人杀过来，还派出石超出去抵抗了一下，司马颖实在是盲目崇拜石超，石超总是打败仗，司马颖还总是派石超出去打生死存亡的重要战役，真不知道司马颖究竟是怎么打算的。石超再度吃败仗的消息传来，整座邺城都骚乱了，司马颖手下的人纷纷逃命，谁管你皇帝、皇太弟。

司马颖一看是个人都跑了，也收拾东西准备跑，在洛阳的卢志也赶到了司马颖身边，要说这个卢志真的对司马颖太好了，什么烂摊子他都过来收拾。卢志的意见是召集手下的人马，在天黑时分杀出重围，带着司马衷一块儿跑，一路向南，跑到洛阳去。这个意见不错，司马颖第一时间就同意了，可是转念一想，他又后悔了，打死也不肯走，不肯离开这片熟悉的土地。

收拾烂摊子专业户卢志叫来了司马颖的老母亲，母亲一发话，司马颖就不哭不闹跟着走了。就这样，司马颖带着身边十几个人和司马衷一路向南，往洛阳方面逃命。这时候陪伴在司马颖身边的，是一直扶植他的卢志。但是这一行人走得实在是太匆忙了，连钱都没带就出门了，果然都是贵族，平常出门估计从来不带钱，现在逃难也没有带钱的念头。走了一半，就快饿死了。好在司马颖身边的一个太监知道过日子，走之前塞了三千块上路，可是这兵荒马乱的，钱是用来救命的，太监的胆子都大了，不愿意把钱拿出来给两位司马用。司马衷一看，发挥了自己的“聪明才智”，下了一道圣旨，说这钱算是我司马衷管你借的，以后再还。太监用三千块买了一张借据，永远也不会有人还钱的借据，司马衷这个皇帝当到这份儿上，估计也没什么他想不开的了。

卢志带着司马颖、司马衷，只用了五天时间，就到了洛阳城下，司马衷终于结束了自己的北方之旅回到了皇宫。

司马颙听说王浚反了，赶紧让张方带人去救司马颖。在洛阳城里的太子司马覃趁着夜色偷袭了上官巳、苗愿，赶跑了这两个人，张方才得以进入洛阳。太子司马覃不顾君臣礼节亲自出城迎接张方，见到张方的身影就弯身下拜，全然没有太子的样子。

司马衷这次回来，张方成了洛阳城实际上的掌控者，司马衷封他为“中领军、录尚书事，领京兆太守”。司马衷没回来的时候，张方曾经想一把火烧掉皇宫，他觉得把皇宫烧掉，洛阳人民就不会再想念那个没用的司马衷，这个想法真是比较超群而独特。惠帝回到了皇宫，远在山东的司马越又开始蠢蠢欲动，预备挑起新的战事。

司马颖这回算是彻底失去了政治上的话语权，皇太弟的身份也没了。他还算是好的，邺城中有不少人思念他，公师籓、汲桑等人就想把司马颖接回邺城，话一提出来，根本没多少人支持，这年代谁得势就支持谁，犯不着支持一个过了气的王爷。

我要保国安民

如果说被利用也是一种价值，那么晋惠帝的一生真是价值不菲，从被最初的被皇后贾南风利用到后来的被诸王辗转挟持，傀儡的帽子从来未曾离去，晋惠帝的价值才得以一直延续。

晋惠帝终于又回到了洛阳，但此时的洛阳乃是张方的地盘，晋惠帝与司马颖虽位高却无权，处处得看张方的脸色，一切都是张方做主，晋惠帝窝囊惯了，倒是乐得自在，吃喝玩乐，样样不少。司马颖吹胡子瞪眼，却是干着急，一点办法也没有，毕竟人在屋檐下，不得不低头。

这边张方与其部众在洛阳作威作福，吃喝剽掠，偌大一个洛阳城被横扫一空，昔日繁华不再。张方与其部众也折腾累了，异地他乡，再逍遥自在，风光无限，夜深人静之时，也不免要想念家乡了，况且长安也是一个遍地黄金的地方，以今日之威风，必然也少不了他们的好处。

“奉帝迁都长安”的念头在张方心头久久萦绕，众士卒也蠢蠢欲动，然而，不知道顶头上司司马颙做何感想。想至此，张方与众士卒不敢轻举妄动。

这厢，司马颖拥晋惠帝还驾洛阳的消息传到司马颙的耳朵里，司马颙立即召集谋士召开紧急会议，商讨应对良策。

“昔晋文公纳周襄王而诸侯影从，汉高帝为义帝发丧而天下归正。近白天子蒙尘，将军首兴义兵，徒以河间扰乱，未遑远赴，銮舆旋转，建都榛芜，诚因此时奉主上以从人望，大顺也；秉至公以服天下，大略也；迎主上入长安，以致英俊，大功也。四方虽有逆节，其何能焉？若不早定，使英雄生心，后虽为虑，亦已无及。”

谋士李进首先进言，提出挟晋惠帝移驾长安的主意。司马颙点头称奇，然而心中却不免有些疑虑，计谋虽妙，却是如何向朝中大臣和手握重兵的将领交代？司马颙的顾虑不是杞人忧天，若是引起群忿，群起而攻之，以他们的实力，根本无法招架。若真如此，行这一着险棋实在是得不偿失。

仆射荀藩对李进之言甚是赞同，又见司马颙心有疑虑，便向前进言道：“殿下兴义兵以除暴乱，入朝天子，辅翼王室，此王霸之功也。以下诸将人殊志异，未必服从。今留匡弼，事势不便，惟有移驾去长安。然朝廷播越，新还旧京，远近观望，冀得安生，今复移驾，不厌众心。夫行非常之事，乃有非常之功，愿算其多者行之。”

听荀藩这么一说，司马颙大喜，心头顿时开阔起来。既然如此，那就收兵启程，移驾长安。主意已定，司马颙便与亲信商议起迁都之事来，一场密谋悄然展开。

司马颙带领士卒先行入长安，命张方保晋惠帝一行在后。张方率领五千余骑，接晋惠帝与百官入长安，百官见洛阳已经被抢劫一空，粮食短缺，况且又惧怕张方势力，自然欣然应允，晋惠帝却是心不甘情不愿的。

刚刚安顿下来的晋惠帝，早就厌倦了颠沛流离的日子，好不容易寻得一方乐土，又要离开，这晋惠帝哪里肯？冬日的寒风已经吹起，这日，张方带领士卒佩戴宝刀来到宫中，走上大殿，晋惠帝虽痴呆不理事，却也看得出这来着不善。张方却也不转弯抹角，将来意讲明：

“洛阳废弛已久，不可修葺，更兼转运粮米甚难，臣料长安地面城廓宫室、钱粮民物足备，可以幸銮舆。臣排办已定，请陛下登辇。”

张方说着就要上前邀晋惠帝上牛车，晋惠帝惧怕，竟然撒腿就跑，跑入后园竹林中藏了起来。张方是个武人，脾气暴躁，哪里有那闲工夫跟晋惠帝玩躲猫猫的游戏，不由分说就命士卒进园将晋惠帝拖了出来。

晋惠帝一把鼻涕一把泪，万般无奈被拖上了车，却仍不忘宫中的金银财宝，美女姬妾，“卿宜讨车载宫人宝物同行”。晋惠帝在这竟要求张方安排车辆，将金银财宝与宫人载上同行。

这晋惠帝真会找人，张方与部署入洛阳便将洛阳一扫而光，然而，总是他们吃了熊心豹子胆，宫中他们是不敢染指的，这下倒是给他们提供了方便。

张方乐得接受这样一份肥差，宫中不少财物成为他们的囊中之物。“分争府藏，割流苏、武帐为马障，魏、晋以来蓄积，扫地无遗。”一番掠夺式的装载之后，一切准备就绪，张方升起一把火，准备将洛阳皇宫宗庙付之一炬，却遭卢志劝谏，“董卓无道，焚烧洛阳，怨毒之声，百年犹存，何为袭之！”张方这才罢手。

晋惠帝入长安，成都王司马颖、豫章王司马炽随行，此时正值冬日，大雪纷飞，寒冷至极，其颠簸可想而知。晋惠帝以往虽然时时扮演着傀儡的角色，却也是温室里的花朵，哪里受过这样的苦。因路途泥泞颠簸，再加上寒冷难耐，晋惠帝竟一个不小心从车上滚落下来，将右脚摔伤，众人七手八脚才将其台上牛车，其悲状可见一斑。

入长安，司马颙出城迎接，以公府为大殿，理朝政，文武百官均朝贺，并将年号改为永安。在司马颙与张方的淫威下，晋惠帝以司马颙为录尚书事，以张方为司隶，自此司马颙专掌朝政，自为行事。

司马颙掌握朝中大权，便进行了大刀阔斧的人事改革。朝中要职均由亲信任职，以自己为都督中外诸军事，王戎参录朝政，王衍为左仆射，张方为参军录尚书事，同时罢黜司马颖。

为稳定局势，司马颙还采取了一些爱民政策，他下令州郡，要蠲除苛政，爱民务本。然而，在这个衰微与离乱的时代，人心惶惶，野心膨胀。这些企图挽救政权崩溃的举措均是徒劳，司马颙期待的好日子并没有如期而至，野心之徒，多有跃跃欲试，卷土重来之势。

卷土重来看我的

司马颙将晋惠帝劫持至长安，挟天子以令诸侯，操纵朝政，权高位重。按说应该过得逍遥自在，然而，高处不胜寒，司马颙这一不得人心之举，引起了众士人的不满，反对之声一浪高过一浪，司马颙终日惶惶，头痛不已。

在反对司马颙的声浪中，最有实力者当数东海王司马越。司马越野心勃勃，经过一年的喘息与休养生息之后，实力已经开始复元，却因无法操纵朝政，心有不平，便联络山东各地征讨司马颙，准备东山再起。然而，心有余而力不足，“恨力不及，恐难讨之”。以一己之力难挡司马颙，天下之人，谁可共之？东海王司马越揣测着。

正当司马越一筹不展，心无定数之时，东海中尉刘洽进言：“东平王楙现督徐州，兵精粮足，若得徐州，可为成事。”司马越大喜，王洽又推荐一人为使者，前往东平王司马楙处洽谈，此人名王修。

王修，乃是徐州长史，嘴皮子上的功夫极妙，可谓是巧舌如簧。王修领命便去见东平王司马楙，王修倒是爽快，开门见山：“今东海王欲举义，檄山东之兵讨张方，迎天子还旧都，恨力不及，欲借大王徐州都督诸军，以率义山东……”如此种种，我们暂不管经过如何，总之，东平王司马楙最后一句话：“彼既为国为民，吾安敢不从？”王修暗舒一口气，任务完满结束，东平王司马楙慷慨将徐州借给司马越，自任兖州刺史。

晋惠帝永兴二年（公元305年），司马越集结山东各部，据徐州，以司马颙和张方劫持晋惠帝为由，发布天下檄文讨伐司马颙和张方，以“奉迎天子，还复旧都”。在这冠冕堂皇的理由下，响应者纷至沓来，范阳王司马虓与成都王司马颖的余部公师藩等也自称将军，纷纷响应，举起讨伐的大旗。

范阳王司马虓，才气颇高，素有美誉，有成就大业之心，却因在宗族中排行低而无甚作为。对于司马颙和张方“挟天子以令诸侯”的野心，司马虓甚是以为耻，便想起兵，却苦于势单力薄难成大事。司马虓手下有一长史，名冯嵩，此人计谋颇多，又懂得察言观色，见司马虓蠢蠢欲动却有几分踟蹰，知其心意，便进言：

“今河间王司马颙使张方劫帝入长安，废成都王颖，久必篡逆。殿下若肯与令兄平昌公起义兵，保驾还洛阳，其功可比周公，勋业必成。”

范阳王司马虓大叹一口气，却又摇摇头，他何尝不想如此，奈何心有余而力不足。冯嵩近前一步，将心中计谋娓娓道来：“东海王司马越有英雄之志，可云命世之英，不如推东海王为盟主，聚义起兵，大事可成。”

此番计划正合司马虓心意，于是赶紧召来使臣，前往司马越处商讨合作事宜。

可想而知，司马越正忙碌着征讨事宜，那自然是士卒越多越好。此时又有一股强大的力量注入，焉有不接受的道理，事情进展得非常顺利，扳倒司马颙似乎指日可待。

这日，司马虓大摆筵席，宴请东海王司马越、平昌公司马模、长史冯嵩等将领。席间，几人杀白马祭天，歃血为盟，共推司马越为盟主，以共成大事。礼毕，谋士冯嵩道：“今我始聚之兵，乌合之众，难以出战。今见豫州刺史刘乔部下多有精兵，可使人持节招其来降，同起义兵，方可得安。”

司马越招贤纳兵，不出半月，又招得士卒两万余人。眼见势力一日日壮大，司马越日渐春风得意，自称秉承皇帝旨意，任意选调官吏，既得利益者雀跃，利益受损者不免蠢蠢欲动，心有不甘。

司马越私自任命司马虓为豫州刺史，原豫州刺史刘乔改迁为冀州刺史，刘乔不满，便举兵反抗，司马颙支援刘乔。一场大的混战再次打响。同时起兵的还有司马颖的旧部公师藩。

司马颖威风一时，由丞相而成皇太弟，成为名正言顺的接班人。然而，风水轮流转，三个月的风光过后，却如丧家之犬般寄人篱下，皇太弟之名被废不说，就连立足之地也无，真是可怜至极。司马颖余部公师藩等见司马颖暂居司马颙篱下，不得善待，心生怜悯，便自称将军，纠集河北士卒起兵，兵有数万人，攻城略地，声势甚为壮观。

此时的司马颖正被司马颙软禁，不得自由，二人的恩怨可谓不浅。司马颙见公师藩起兵，不禁满头思绪，此时的他左右受敌，主要兵力正与司马越周旋，哪里还有闲暇顾及得了公师藩。

公师藩乃司马颖余部，若是让司马颖将其招降，如此一来，不仅可以免除后顾之忧，更可增加实力，一同对抗司马越。司马颙想及此，心中不免开朗起来，于是命人将司马颖请来，好生安抚，一番嘘寒问暖，又对以前的种种极力忏悔，表现得极为谦恭。

司马颖已多时未受到这样的礼遇，自然非常受用，况且，能够摆脱司马颙的藩篱，何乐而不为呢。司马颖一口应允，顶着都督河北诸军事的帽子，令卢志与千余士卒入河北招降公师藩去了。

司马颙的乐观未免有些早，却说，晋惠帝永兴二年（公元305年）十二月底，司马颖入洛阳，至此便停留不前了。一来兵力不足，无法渡河北上；二来，司马越的军队已经开进河南阳武，距离洛阳城不足三百里，势如破竹，根本无法阻挡，河间王司马颙大势已去，无法扭转乾坤。

刘乔与司马越的战争打得不可开交，刘乔这边有司马颙命张方、吕朗等领兵援助，司马越这边有王浚部将祁弘领鲜卑、乌桓骑兵为前驱。两军混战数日，司马越军声势一浪高过一浪，渐渐占得优势，连败刘乔与援军。

司马颙此役可谓是倾全力而战，派出支援刘乔的兵力足有十万之多，以张方为大都督，张方以吕朗等入前线支援刘乔，自己则屯兵灞上，在此盘桓多时，却按兵不动。刘乔兵败的消息传来，张方更加不敢前进。

张方领军十万，军队却无纪律可言，多有纵容部下劫掠之举，张方占领洛阳伙同部署将洛阳劫掠一空便可见一斑，致使军队所在地区民不聊生，怨恨四起。这样一支没有纪律的军队，人心离散，毫无团聚力可言，战斗力可想而知。更有一些部将在目睹了张方的残暴之后，对其失去信心，便领兵转入司马越的旗下。

司马颙军连连战败，消息传到长安，司马颙见如此光景，也不抱回旋的希望，心中萌生了议和的想法，但是，面对司马颙的议和请求，司马越能否接受？

要性命跑大山

三十年河西，三十年河东，风水轮流转。此番正值司马越春风得意之时，当日，振臂一挥，群雄皆揭竿而起，纷纷投奔，足有十万余众，浩浩荡荡，滚滚西行，杀得司马颙畏惧不已，好不快哉。

司马越神奇十足，司马颙却是焦头烂额，刘乔兵败，士卒离散叛变，一系列的惨事一股脑一拥而上。现下，司马颙也不作其他感想，只寄希望于能与司马越达成和解共识。然而，事情并没有想象中的那么简单，成功与否，这主要取决于两个人，一个是对手司马越，一个是自己人张方。

眼见司马越节节战胜，若能与之罢兵，达成和解，以目前光景，这是最好的结局，但是关乎和解，不知司马越作何感想？司马颙这般想着，心中却也无十分的把握。

司马越起兵时打的幌子是“纠集义旅，奉迎天子，还复旧都”，其缘由乃是司马颙与张方挟持晋惠帝迁都长安。“劫迁车驾”的决策者虽然是司马颙，执行者却是张方，所以，一旦和解，张方就会首当其冲，成为众矢之的，而司马颙却可以将罪责撇得干干净净。

毋庸置疑，对于和解，张方抗拒的态度是非常坚决的，因为和解之后，必然会追究他劫掠宫室劫迁车驾之罪，这不只是关乎前途，更是性命攸关的问题。作为自己的心腹，司马颙不得不考虑张方的处境。另一方面，张方手握重兵，弄不好拥兵自立，对此司马颙是有几分忌惮的，鉴于此，司马颙有些犹豫不决。

如果说司马颙的犹豫让张方尚有一线存活的生机，张方平时的为人就彻底葬送了自己。当刘乔兵败之时，张方正屯兵灞上，盘桓不前，却不知一场针对自己的阴谋正悄无声息地展开。

张方脾气暴躁，又为人残忍，对下属嬉笑怒骂，从无约束，这样暗地里就得罪了许多人，参军毕垣曾受其侮辱而对张方怀恨在心，一心想要报复。毕垣见大势已去，主张退兵和解，再遭张方训斥，毕垣便向司马颙打报告，指出张方在灞上按兵不动，其实是另有打算，乃因司马越兵力强大，胜券在握，便意图叛变。

司马颙对毕垣所说半信半疑，在他心中，张方始终是心腹将领，怎么会做出叛逆之事。毕垣见司马颙心存疑虑，唤来张方的亲信郅辅前来对质。其实，在此之前郅辅已被恐吓，哪里还敢违背毕垣，司马颙问时，郅辅唯唯诺诺，只会点头称是。郅辅的恐惧，似乎更增加了张方叛变的可信度。

事情得到证实，司马颙火冒三丈，对张方的信任立即降到了冰点，恨不得杀之而后快。这时，缪播和缪胤也来插一脚，在旁煽风点火，这二人认为，若得与司马越和解，可以杀张方来换取。

司马颙一听这主意，心中不免一喜，杀张方以求和解，此事胜算颇大。几人一商量，制定了完整的计谋，决定牺牲张方作为议和的筹码。然而，这只不过是他们的一相情愿而已，对于此事司马越作何感想这才是事情的症结之处。

人的欲望犹如海底深渊，永无止境。喜报接连传来，胜利在即，在这节骨眼上，司马越怎能止步不前？议和所得与剿灭敌人全胜所得相比，根本没有诱惑力。司马越不会为这眼前的利益而放弃长远利益，放长线钓大鱼这才是他的目的。这些暂不提，我们且看司马颙如何擒得张方。

战场的失利让张方十分懊恼，他的心思里没有议和这样的概念，一心只想能在战场上扳回一局。这日，司马颙派人来唤郅辅，张方心生疑虑，郅辅乃自己的亲信，与司马颙素来没有什么交往，此次却来唤他，不知所谓何事。这样的疑虑一闪而过，毕竟有更重要的事情需要他处理。却不知，就是郅辅此去，与司马颙、毕垣商议了计谋，葬送了张方的性命。

这日天色已黑，郅辅战战兢兢，带着肮脏的计谋回到灞上，入得张方军帐，张方不免要询问一番，郅辅将一封书信交予张方，说司马颙交给他的机密文件，张方不疑有他，走至灯前，取信来读。因一心在信上，张方未曾注意到身旁的郅辅已经拔刀举起，待有所察觉，却已经脑袋落地，血溅一地，可怜张方死得不明不白。

郅辅心有余悸，提着张方的头颅径自向司马颙复命去，一路上不免提心吊胆。司马颙同样夜不能寐，一心等着郅辅，又担心事情败露，张方叛乱。正焦躁不安之时，听人来报，郅辅前来复命，司马颙一颗心终于落下了，看来事情进展得非常顺利。司马颙见了张方首级，大喜，当即将郅辅晋升为安定太守。

司马颙心愿了却一桩，和解之事，似乎马到成功。司马颙命使者将张方头颅送予司马越，并表达了请和的意愿，然而，事情的发展却没有朝着他的意愿而去，任凭使者如何地能言善辩，司马越仍旧没有议和的意愿。使者被扫地出门，司马颙犹如霜打的茄子，彻底蔫了。

一蹶不振的司马颙在百思而无自救方案之时，司马越的大军已经逼近长安。司马越命祁弘领军入长安，司马越的大军中多有忌惮张方者，今见张方已死，便士气大振，争先恐后攻入长安。

司马颙此时却闻张方并无反叛之心，乃知是毕垣与张方有隙，联合郅辅一同谋害张方，司马颙悔不当初，斩杀二人。派出的将领一个个惨败，司马颙心灰意冷，自知无法抵抗，在士卒还在激战之时，骑马逃入太行山中。

司马越军与司马颙军激战之时，司马颖正在洛阳观望，见司马越气势汹汹而来，便狼狈而逃，西行到华阴，准备寻机回长安，却听闻司马颙杀张方，意图议和。司马颖如同五雷轰耳，顿时呆住，哪里还敢回长安，只得一路西行，出武关，入新野，渡河北上到朝歌，却被冯嵩逮捕押入邺城，交予范阳王司马虓，幸得司马虓念旧恩，不忍杀之，而是将之囚禁起来。

司马越大获全胜，总揽朝政。晋惠帝永兴三年（公元306年）六月，司马越带领百官簇拥晋惠帝，东还洛阳，修葺宫殿，庙宇，颁布诏书，改年号为光熙，大赦天下，论功行赏。晋惠帝以东海王司马越为太傅，录尚书事，以范阳王司马虓为司空，命其镇邺城，至此天下暂归平静。

此起彼伏是大乱

司马越战胜司马颙，携晋惠帝还洛阳，排除异己，安插亲信，总揽朝政，成为八王之乱的最终胜利者。司马越自任太傅、录尚书事，对助其建功者加官晋爵，以司马虓为司空，镇守邺城；平昌公司马模，为镇东大将军，封南阳王，镇守许昌；司马腾为东燕王；王浚为骠骑大将军、都督东夷、河北诸军事，领幽州刺史，自此朝中司马越亲信遍布，司马越专权局面形成。

司马越由衰而盛，东山再起，才一步步走至今日之风光。乱世之中，风云变幻，形势片刻即变，一朝得势，一朝衰，司马越一路走来，对这其中的时事自然深有体会，居安思危的理念也深深植根于头脑之中，司马颖与司马颙不除，仍是隐患，难保他日不会东山再起。司马越这样想着，除去二人之心更坚定了。

却说那司马颖被冯嵩抓住，送往邺城，邺城乃范阳王司马虓辖区，司马虓思及两人旧日恩情，不忍将其杀害，便将其囚禁起来。只怪那司马颖命该绝，司马虓驻守邺城不几便病卒。此时邺城上不安稳，时有作乱，司马虓的部属刘舆唯恐作乱者趁机作乱，便密而不丧。

刘舆此人颇有心机，知司马越对司马颖仍有顾忌，便伪造密诏，将司马颖杀掉，这年是光熙元年（公元306年），司马颖年仅二十八年，大好年华，正是建功立业之时，真是让人惋惜。

所谓树倒猢狲散，司马颖在落魄中死去，他的部属避之而不及，唯恐与之有什么牵连，唯有卢志生死不弃，将其安葬。

司马颖死了，司马越的心事也了却了一桩。刘舆的见机行事也给他的前途带来了好处，为表彰他的功绩，司马越将其迁为左长史。

司马越的下一个目标就是逃入太行山中的司马颙。司马颙隐匿于太行山中，风餐露宿，又无定所，日子过得甚是清苦。难得的是，在如此困境之中，司马颙仍心存斗志，抱着东山再起的希望，盼得司马越退兵，悄悄与旧部马瞻、梁迈接上头，并召集残兵，准备杀回长安。

晋惠帝一行离开长安入洛阳以后，长安城由梁柳驻守，司马颙与马瞻、梁迈带领小股骑兵，潜入长安，干掉梁柳，在战乱中马瞻、梁迈战死，长安重归司马颙手中。司马颙虽重夺长安，却是四面受敌，困境重重，弘农、安定皆起兵来袭，而此时的长安城也成为了一个一穷二白的烂摊子，如何收拾这样不堪的局面让司马颙头痛不已。

正当司马颙一筹莫展之时，晋惠帝的诏书到了。原来，司马越听闻司马颙重夺长安，甚是不安，便想法子应对，且看他有什么锦囊妙计。

听闻晋惠帝的诏书，司马颙心中七上八下，拿不定主意。原来，晋惠帝任他为司徒，让其入朝辅政。乍听，这本是一件好事，但一想这其中蹊跷，又觉得不妥。现下司马越总揽大权，朝中又尽是司马越的耳目，一旦入朝，免不了处处被刁难，性命不保。但是，若不听诏，一来违抗圣意，司马越必然引兵来袭；二来目前状况，同样危急。

司马颙左右为难，权衡之下，心一横，便启程奔洛阳去了，是死是活，总要拼一把，或许还有一线生机。抱着这样的想法，司马颙轻装上阵，司马越听闻司马颙同意奉命入洛阳，嘴角不免升起狡黠的微笑，死神距离司马颙越来越近。

司马颙一行一路相安无事，不免放松了警惕，将至洛阳，却突然杀出了一班人马，不由分说，就是乱杀一气。司马颙一路奔波，本就疲惫不堪，况且又人少力薄，终究不敌，司马颙战死，被一并杀死的还有他的三个儿子，悲哉。

司马颖与司马颙俱死，司马越本可以高枕无忧了。但是，手中无上的权力仍然让司马越没有安全感，他还需要更多，便打起了晋惠帝的主意。

却说那晋惠帝还宫洛阳以后，终得安生，便只想着及时行乐，终日在后宫与嫔妃作乐，根本无暇顾及朝政。惠帝光熙元年（公元306年）初冬的一个傍晚，晋惠帝如同往常一样，尽兴而归，那如痴如醉的神态真令人羡慕。

入得宫中，见圆桌上一盒酥饼，晋惠帝摸摸肚子，脸上一番得意，沉浸于玩乐，却不觉肚子已经咕咕叫。晋惠帝也不挑食，拿了酥饼就吃，一块接着一块，狼吞虎咽，直至肚中觉得隐痛，方才停止。

宫人将晋惠帝扶至床前坐下，稍作休息，晋惠帝肚中却越发疼痛，以至痛苦难忍，只见冷汗从晋惠帝的额头滚下，太医赶来之时，晋惠帝已经口吐白沫，两眼翻白，四体抽搐，一命呜呼了。这年是晋惠帝在位第十六年，终年四十八岁。依《晋书·惠帝纪》所言，晋惠帝是吃的酥饼，乃是司马越进献的，如此看来，晋惠帝乃司马越所害。

晋惠帝的一生可谓是悲矣，在位十六年，却不过是他人手中的一个棋子。通过他的手，一切专权便变得名正言顺，正因为有这样的价值，晋惠帝安然度过了一年又一年。晋惠帝的一生是窝囊的，身不由己是他的常态，但是在旁人眼中，他却是一个香饽饽，把他拉入阵营中，便有了挡箭牌，所以被人劫持成了晋惠帝的家常便饭。

一个人不能创造价值，却只有被利用的价值时，他是可悲的，因为当他失去被利用的价值时，也就是性命终结时。司马越不会供养一个没有价值的傀儡，这一刻，晋惠帝的命运已经注定了。

晋惠帝死了，皇宫内外一片诡异的气氛，国不可一日无君，死去的晋惠帝已经无暇顾及，皇位的继承人选才是大小官员的焦点所在。为了利益，总会有人惹出些事端。

晋惠帝的皇后羊氏为了当皇太后，想以惠帝的侄子司马覃继承大统，然而，朝中尽是司马越的耳目，顷刻便赶到的司马越与司马炽打破了羊氏的美梦。三天后，司马越拥立司马炽登上皇帝的宝座，是为晋怀帝，而羊氏被尊为惠皇后，司马炽的生母为皇太后。

晋怀帝登基，司马越仍专擅朝政，“朝贤素望，选为佐吏；名将劲卒，充于己府，不臣之迹，四海所知。”然而，不管东海王如何挣扎，西晋政权自八王之乱之后，终究是走向衰退了，当永嘉之乱的狂风袭来，西晋便摇摇欲坠，气息奄奄了。

第五章 蠢蠢欲动：老大没了大家都是主角

刘渊称王

乱世，是一个解构与重组的时代，在这一过程中，一个偌大而崭新的舞台呈现在世人面前。英雄辈出，各部人马大展神通，每个人都想在这乱世之中成就一番事业，李雄是这样，刘渊也是这样。

刘渊，字元海，匈奴人。刘渊其祖为汉初的冒顿单于，冒顿单于与汉高祖的渊源，史书中多有记载，《晋书·刘元海载记》写道："汉高祖以宗女为公主，以妻冒顿，约为兄弟，故其子孙遂冒姓刘氏。"从这段记载中，我们知道，由着与汉高祖的姻亲关系，冒顿单于的子孙便以刘为其姓氏。

刘渊其祖迁徙中原始于其祖父於扶罗，匈奴内乱，於扶罗遭排挤，恰逢汉室遭遇黄巾起义，於扶罗便率众助汉廷镇压黄巾军，依附东汉王朝，自此留居中原，并在此自立为单于。依附于东汉王朝的於扶罗并不安分，觊觎中原权势，时时为壮大实力，"兴邦复业"而蛰伏着。瞅准董卓之乱这一良机，於扶罗侵占了太原、河东、河内等郡，成为一股不容小窥的势力。

不料，於扶罗壮志未酬身先死，其弟呼厨泉接手其事业，刘渊的父亲刘豹任职左贤王。正当呼厨泉部如日中天快速发展的时候，曹操掌握了汉廷实权，聪慧如曹操，看出呼厨泉单于虽表面恭顺，却也是野心勃勃，恐日后成为大患，便采取了分瓣梅花计，将呼厨泉部分成左右南北中五部，刘豹任左部帅，率军万余。

呼厨泉部有士卒三万余，刘豹所领左部是其中最大的一支，可谓掌握了部族实权。刘渊这时以质子身份留居洛阳，以为人质，虽有宏志，却也不敢轻举妄动，毕竟一切均在中原王朝的严密控制之下。刘豹死后，刘渊继承了左部帅的职务，兵权在握，刘渊的野心一发不可收拾了。

据史书记载，刘渊此人，颇有几分传奇色彩。据称，刘渊其母呼延氏曾入龙门求子，在龙门见一条长有两角的奇异大鱼跃龙门，呼延氏喜不胜收，认为是个吉兆。是夜，呼延氏梦到鱼幻化为人形，左手持一物，似卵，非常好看，但听那人道；"此是曰精，服之生贵子"。十三个月以后，呼延氏得子，这孩子一出生，左手上就写着元海二字，便以这二字为其名，乃是刘渊。关于这段传奇的说法，到底是旁人杜撰，抑或是真有其事，这我们已经无从查证，权当赏乐。

刘渊自幼生于中原，长于汉地，深受汉文化的熏陶。少年时代就刻苦学习，熟读《诗经》《尚书》《周易》等儒家经典，对"《史》、《汉》，诸子，无不综览"，更有名师崔游督导。作为一个匈奴人，刘渊文能成章，武更不在话下。刘渊出生武学世家，对领兵打仗，无师自通，又兼酷爱研习兵书，可谓是一个文武全才。

成年的刘渊，已是一个体貌伟岸的大男子汉形象，“姿仪魁伟，身长八尺四寸，须长三尺余，当心有赤毫毛三根，长三尺六寸”，这样的记载有几分夸张。

能文能武的刘渊，有着良好的素养，深受器重。在洛阳任质子时，刘渊深受晋文帝赏识。晋文帝曾言：“刘元海容仪机鉴，虽由余、日磾无以加也。”言谈之中满是喜悦。然而，晋文帝深切地明白“非我族类，其心必异”这句话的道理，再加上身边大臣的劝诫，晋文帝对刘渊仍心存警惕，刘渊终不敢掉以轻心。

晋武帝时，鲜卑部族在凉州起兵，李熹进言，封刘渊为大将军，意图借匈奴之力平定凉州，“诚能发匈奴五部之众，假元海一将军之号，鼓行而西，可指期而定”“以匈奴之劲悍，元海之晓兵，奉宣圣威，何不尽之有”。这一提议遭到大臣孔恂的强烈反对，“元海若能平凉州，斩树机能，恐凉州方有难耳。蛟龙得云雨，非复池中物也”。齐王司马攸更是力劝晋武帝“不除刘元海，臣恐并州不得久宁。”刘渊最终未能坐上大将军的位置，但他的才华与霸气却已经通过旁人之口，让我们看得一览无余了。

接掌父亲职务后，刘渊兢兢业业，暗中积蓄着力量，步步为营。太康末年，晋武帝任刘渊为北部都尉。至晋惠帝登位，杨骏辅政时，刘渊领建威将军、五部大都督职务。此时的刘渊越发谦虚，不但轻财好施，更是结交名士，四方之士、五部俊杰之士多有不远千里前来投奔者。一时之间，刘渊名气大震，为他以后的道路一步步铺好了垫脚石。

八王之乱的狂风席卷中原，中原大乱，有不少汉人避乱南迁，汉人势力在中原有所减少。左国城内众匈奴贵族一拍即合，认为“兴邦复业”的时机已经成熟，准备起兵，以坐收渔翁之利。

起兵之事既定，一个有胆略有雄心的领导者是必不可少的，刘渊脱颖而出，成为众人心中的第一人选。

“昔我先人与汉约为兄弟，忧泰同之。自汉亡以来，魏晋代兴，我单于虽有虚号，无复尺土之业，自诸王侯，降同编户。今司马氏骨肉相残，四海鼎沸，兴邦复业，此其时矣。左贤王元海姿器绝人，干宇超世。天若不恢崇单于，终不虚生此人也。”

刘渊就在不知不觉中被赋予了这样一个艰巨而光荣的使命。匈奴贵族刘宣，以呼延攸作为信史，赴邺城，与刘渊共谋大事。刘宣不是简单人物，是刘渊的从祖，也曾任北部都尉、左贤王等要职。

然而，愿望是美好的，道路是曲折的，此时的成都王司马颖坐镇邺城，意图将刘渊收为己用，便上书表刘渊为宁朔将军，监五部军事，以此讨好刘渊。刘渊一时被成都王控制，根本无法脱身，起兵之事更无从谈起。

刘渊以奔丧为由请归，司马颖哪里肯放行。刘渊用尽浑身解数，仍不得归，无奈，只得令呼延攸先行离去，让刘宣密召匈奴五部，做好起兵的打算。后以帮助司马颖赴难的名义如愿以偿回到了左国城。刘渊此次归来，无异于放虎归山，蛟龙入水，终不能再受人控制。

刘渊归来，便被冠以大单于的名号，以离石头为都，在此招募将士，半月之久，便已经聚众五万余人，这年是西晋永兴元年（公元304年）。这年金秋，马肥人壮，刘渊登上王位，自称汉王，入南郊祭天，迁都于左国城。刘渊建立的匈奴汉国政权成为在中原建立起的第一个少数民族政权，仅此一点，刘渊就足以永载史册。

年轻人有前途

从一个地位低等的奴隶成为一个九五之尊的皇帝，这是难以想象的。但是，石勒却将这个神话变成现实，成为世界历史上唯一一个从奴隶到皇帝的人，这不尽让人对石勒此人产生无尽的遐想，这个人到底是怎样一个人呢？

石勒，原名訇勒，羯族人，出生于上党武乡，他的父亲是部族的一位小将领。石勒年少时就才干非凡，不仅勇猛有力，更善于骑射，但是，石勒家境贫穷，被迫去做佃农，后经历战乱，辗转被卖，又险些被杀，幸得贵人相救，才免于被杀。

石勒一路奔波，后来入山东，被卖入山东茌平人师懽家中为奴，石勒在师懽家中踏实能干，师懽见此人不同于常人，便免除了石勒的奴隶身份。

在山东茌平，石勒结识了在他的生命中至关重要的一个人，此人乃是汲桑。师懽的家临近牧马场，闲暇之余，石勒常到此游玩，日积月累便懂得了一些相马的技术，而汲桑乃是此处牧帅，师懽常常与之交往，石勒与汲桑便在此结识，这里也成为他们发家的一个开始。

石勒虽然免除了奴隶身份，但仍然提心吊胆，因为官兵对于他们这些外族人那是见到就绑起，闻到就抓。孑然一身的他，依靠当雇工度日，却要日日提防官兵，说不定在哪一时刻就被抓住，拉去卖了。

二十岁出头的石勒，最大的心愿就是能够安安稳稳过日子，可是天不遂人愿，官逼人反，直逼得石勒造反才能安生。越想越气，石勒已经忍无可忍，扔下手头工作，大步向牧马场方向走去，造反的决心已经在他头脑中下定。

到了牧马场，石勒一番慷慨激昂的演讲，说得人蠢蠢欲动。先有八个人加入他的阵营，乃是王阳、夔安、支雄、冀保、吴豫、刘膺、桃豹、逯明，后来又有郭敖、刘征、刘宝、张曀仆、呼延莫、郭黑略、张越、孔豚、赵鹿、支屈十八人加入到他们的阵营，这十八人，各骑一骑，号称十八骑。

这十八勇士，成为石勒起家的基本力量，在山东、河北一带，他们劫取不义之财，掠夺丝绸珠宝等宝贝，用此来壮大自己的经济实力，更结交志同道合之士，为他们队伍的壮大打下基础。

经过一段时间的历练与壮大，石勒所率领的队伍达到了数百人，而牧马场牧帅汲桑也加入他们的队伍中，成为一个将领。

晋惠帝永安元年（公元304年），河间王司马颙、成都王司马颖、东海王司马越打得如火如荼，东瀛公司马腾、安北将军王浚等击败成都王司马颖，河间王司马颙得势，后又被东山再起的东海王司马越击败。就在西晋诸王打得乐此不疲之时，匈奴人刘渊在左国城称王，建立了中原第一个少数民族政权，这真是河蚌相争，渔翁得利。

诸王相争，没有谁会注意到一个刚刚崛起的小将领，天下大势朝夕相变，石勒的成长也在日新月异的变化之中。石勒拥有百余部属，话说大树底下好乘凉，如此小的阵容独立发展，终究成不了什么气候，石勒与汲桑商议，找个有前途的将领去投靠，以获得更大的发展空间。

恰逢成都王司马颖被打败，他的旧部公师藩便以为司马颖复仇为由起兵，颇有实力。石勒与汲桑见公师藩能成大事，便率领百十人前去投奔，途中，也就是在这个时候，石勒这个名字才叫起来。

公师藩对石勒非常赏识，令其为前队督，攻打邺城，然而石勒这次真是压错了宝，公师藩在战乱中被杀，战争败得一塌糊涂。石勒、汲桑不得不开始了他们的逃亡生涯，这二人逃回牧马场，并不气馁，再接再厉，再次召集人马，准备从头来过。

石勒、汲桑二人用尽各种办法笼络人员，他们带领部属劫狱，救出里面囚徒，将其招为士卒，对于逃亡之人，他们皆收留，更有闻名而来者，不几，他们二人便重新召集起一班人马。石勒、汲桑召集起的这班人马，以汲桑为大将军，石勒在旁协助，成为一支新的战斗力量。牧马场是他们的发家之地，然而，久居牧马场又非他们的志向。这年是永嘉元年（公元307年），汲桑、石勒认为一年多的养精蓄锐，是时候该实际操练一番，这二人一个为大将军，一个为前锋，再次攻打邺城。

此时，朝廷当政者是东海王司马越，镇守邺城的是司马越的弟弟东瀛公司马腾。司马腾在邺城并不得人心，八王之乱以来，邺城一直是战争所在地，多次战乱已经让邺城千疮百孔，一穷二白，人民饱受战乱之苦，生活悲惨。与之形成鲜明对比的却是，司马腾日日笙歌，日子过得极尽奢华，人民对他可谓是恨之入骨。

邺城内，司马腾不得人心的形势，对汲桑、石勒来说是十分有利的。在与司马腾一战中，石勒骁勇善战，晋军多次遭遇挫败后终不敌，邺城被攻下，司马腾被杀。

占据邺城以后，汲桑、石勒稍作休息便领兵南下，渡过黄河，浩浩荡荡往兖州方向而去。在行军的过程中，士卒不断增加，阵容不断强大，朝廷为之震动。

邺城被破，司马腾被杀，消息传到长安，司马越甚是震惊，他从未预料星星之火竟然可以成就燎原之势。石勒，一个从奴隶发家的小人物，此时受到了朝廷的充分重视。一旦成为众矢之的，发展的道路便不那么顺畅了，汲桑、石勒面临极大的挑战。

司马越派出几支军队分兵镇压，更有老将苟晞领兵。苟晞此人非同小可，久经沙场，是战场上的老手中的老手，此次朝廷能请出他，可见对此次起兵的重视。

经过几个月的对峙，双方也大战了多个回合，最终，汲桑、石勒寡不敌众，败下阵来，首领汲桑在作战中不幸战死，石勒率领余部逃生。

没有立足之地的石勒面临再次的落魄，并不心灰意冷，斗志昂扬的他准备积蓄力量，再决雌雄。这次，他要去投奔的是在左国城自称汉王的匈奴人刘渊，刘渊此人我们在前面介绍了，心怀大志，割据一方，可谓是强者。

刘渊汉政权刚刚建立，正值笼络人才之时，见石勒来投奔，自是十分欣喜，晋封石勒为辅汉将军、评晋王，统领所率军队。

石勒杰出的军事指挥才能与超越常人的智慧令刘渊不得不对他刮目相看，刘渊一直有一桩心事，那就是招降驻扎在乐平的乌桓武装。这支军队有两千余众，首领是张伏利度，刘渊屡次招降未果，石勒主动请缨，要求单枪匹马去降服这支骑兵。

这日，落魄的石勒来到张伏利度营寨中，一番诉苦，原来石勒与刘渊闹翻，被赶了出来，无落脚之地，便前来投奔。张伏利度早就听闻石勒大名，见其来投，非常高兴，二人把酒言欢，甚是投缘。

张伏利度以石勒领兵，那是战无不胜攻无不取，而石勒平素又平易近人，对部属十分照顾。石勒的威信渐渐超过了张伏利度，以至于后来士卒拥立石勒为他们的首领，石勒见时机成熟，便率领着这支军队去投奔刘渊去。

刘渊见石勒忠诚与智慧兼备，对石勒更加信任，石勒在此扩展实力，为以后的出人头地打下了基础。

匈奴来了，皇帝慌了

石勒的加入，让刘渊如虎添翼，后来又有一些晋人前来投奔，匈奴汉国政权如日中天，为了进一步提升匈奴汉国的政治影响。在臣子刘宣的劝谏下，刘渊在蒲子称帝，登上九五之尊的皇位，这一年是永嘉二年（公元308年）。

刘渊登上皇位以后，仍以汉为国号，大赦境内，改元永凤，大封宗室诸侯，效仿汉制，设立三公，大司徒、大司马、大司公。以其子刘和为大将军、大司马；刘聪为车骑大将军，族子刘曜为龙骧大将军。另外，还效仿晋制，“宗室以亲疏为等，悉封郡县王，异姓以勋谋为差，皆封郡县公侯”。封刘和为梁王，刘欢乐为陈留王，呼延翼为雁门郡公。

刘渊称帝的第二年，太史令宣于修之便进言：“陛下虽龙兴凤翔。奄受大命，然遗晋未殄，皇居仄陋，紫宫之变，犹钟晋氏，不出三年，必克洛阳。蒲子崎岖，非可久安。平阳势有紫气，兼陶唐旧都，愿陛下上迎乾象，下协坤祥。”刘渊听其谏言，便迁都平阳，并将年号改为河瑞。

刘渊虽是匈奴人，但颇受儒家经典熏陶，对鬼神之类怀着敬畏之心，曾在汾水中得王莽时玉玺，便认为是天降祥瑞，自己有当皇帝的命。确也如此，不久之后，刘渊果真登上了皇位，真是应验了天命。现今太史令宣于修之观天象，得出不出三年便可攻克洛阳的预言，对此，刘渊那是深信不疑，洛阳便成为刘渊的下一个目标。

洛阳城乃是西晋都城，西晋政治中心所在地，一旦洛阳城被攻下，西晋政权就会处于瘫痪的状态，那么西晋灭亡的日子也就不远了。刘渊这样想着，胸中的斗志便燃烧起来了，胜利似乎就在俯首可得的前方。

梦想只在咫尺，现实中却是一载又一载，刘渊攻打洛阳的计划开始了。这年三月，晋军左积弩将军朱诞因在朝中受到排挤，一怒之下带领士卒出走，来投刘渊。朱诞驻扎洛阳久矣，对洛阳城的情况了若指掌，便将其一五一十地告知刘渊，这样洛阳城中的消息尽在刘渊掌握之中。

洛阳城中，东海王司马越专擅皇权，角角落落尽是司马越的耳目，然而，看似平静安稳的朝野，却隐藏着数不尽的矛盾。朝中官员，人人自危，各自为利益而结党营私，而同时又为了更大的利益而出卖盟友，今日盟友明日敌人，真真切切应验了那句话，没有永远的敌人和朋友，只有永远的利益。重重矛盾，波涛汹涌，虽然并未浮出水面，却是一触即发，更是一发而不可收，西晋王朝的落寞成为不争的事实。

听闻朱诞所言，刘渊不禁喜上眉梢，真是天助我也，天赐良机，定要好好把握，不可错失。刘渊当机立断，以刘景为灭晋大将军，大都督，以朱诞为前锋，率领大军往洛阳开进。

匈奴汉国军队顺利攻下黎阳，又入延津，却在延津遭遇顽强的抵抗，最终被攻下。延津一战，打得颇为费劲，刘景是个急性子，手段残酷，延津一战打得甚是不顺心，让其兽性大发，竟然命士卒将所得俘虏与延津百姓三万余人赶入黄河，淹死者、踩踏而死者不计其数，其残酷可见一斑。

刘景所为完全违背了刘渊的性情，刘渊听闻刘景的血腥行为以后甚是愤怒，一气之下，便将其大都督的职务罢免了。

刘聪顶替刘景，担任大都督一职，与汉人王弥一同领兵，这刘聪血气方刚，勇气可嘉，自恃有几分胆量，颇为清高自傲，终究是在作战中栽了个大跟头。刘聪领兵继续往洛阳而去，途中遭遇几股西晋军队，均被刘聪一一击退，司马越派遣来的平北将军曹武、宋抽、彭默等也被刘聪大败，刘聪洋洋自得，长驱直入，过宜阳，直奔洛阳。

却说刘聪在奔洛阳途中，遇到弘农太守垣延，却见垣延并不与之交锋，原来垣延鉴于匈奴汉国兵力强盛，所向无敌，便背叛了晋军前来投靠匈奴汉国。刘聪大喜，对此并不怀疑，也不加以防备，是夜，垣延领兵突袭，刘聪才知垣延诈降，来不及还击，已经没有招架之力，刘聪率领残部狼狈而逃，此次真是给了刘聪一个惨痛的教训。

胜败乃兵家常事，一次不成，便有下一次。经过半年的休整，刘渊再次蠢蠢欲动，做好了进攻洛阳的准备。十月，洛阳城内，欣欣向荣，一片繁荣，宫殿中歌舞升平，毫无危机之前的紧张氛围。刘渊上次发兵大败而归，按理说，不可能在短时间内就卷土重来，然而，成大事者，自然懂得出其不意攻其不备的道理，就在西晋朝廷毫无准备的时候，刘渊发兵了。

刘渊以刘聪、王弥、刘曜、刘景等将领率领五万精锐骑兵做前锋，又以呼延翼率领步兵在后，匈奴汉国大军出动，洛阳城内一时之间便乱成一团，宫廷内更是惶恐不安。刘聪进军迅速，西晋朝廷还没有作出反应，匈奴汉国大军已经抵达洛阳城外百里内。

见匈奴汉国士卒来势汹汹，西晋朝廷已经没有抵抗之力，司马越便令将领退守洛阳，不惜任何代价保全洛阳，因为洛阳一旦失守，那便是将大好河山拱手相让，就连卷土重来的后路也丧失了。

刘聪领兵屯兵洛阳城外，做好攻城的准备。所谓置之死地而后生，洛阳城内已经没有退路，唯有死拼，夜里晋军护军贾胤率领千余人的敢死队，悄然潜出洛阳城，袭击刘聪军队，面临这突如其来的战事，将军呼延颢领兵对抗，不敌被杀，其部众皆乱成一团，溃败而逃。

呼延翼被杀的消息传到刘渊耳中，刘渊知战事不利，恐怕再而衰，三而竭，便命令刘聪撤兵。此时的刘聪已经杀红了眼，哪里肯撤兵，仍领士卒进攻洛阳，却是节节失利。此种情况之下，

刘聪的气势便没有那么旺了，心中已有退兵的念头，但唯恐刘渊怪罪，便不敢回，恰在这时，刘渊召刘聪退兵的诏书到了。原来，宣于修之见胜利无望，便对刘渊道："岁在辛未，当得洛阳。今晋气犹盛，大军不归，必败。"刘渊对此人甚是信任，再次令刘聪退兵。

匈奴汉国退兵，此时的刘渊已经年迈，更无征伐洛阳的精力，可怜他的大志未能达成，便归西了，真是"出师未捷身先死，长使英雄泪满襟"。

新皇登位一把刀

刘渊年迈，自知时日不多，便开始考虑继承人的问题。刘渊将其宠爱的单氏立为皇后，单氏有一子刘乂，将其封为北海王。梁王刘和乃是嫡子，顺理成章被立为太子，而功劳卓越、颇有威望的楚王刘聪被立为大司马兼职大单于。刘渊后事还未办稳妥便撒手人寰，这年是晋永嘉四年（公元310年），刘渊终年六十岁。

刘渊精明一世，最后在后事处理上却做得不怎么聪明，致使在其尸骨未寒之时，刘和与刘聪两兄弟就反目为仇，匈奴汉国面临着一场政变。

刘和，字玄泰，据《晋书》记载，此人"身长八尺，雄毅美姿仪，好学夙成，习《毛诗》、《左氏春秋》、《郑氏易》"。如此看来，刘和同他父亲一样，也是一位熟读儒家经典的儒士，但是，刘和舞文弄墨尚可，却没有带兵打仗的经历，在军中没有威望，手中更没有掌握军事大权。

乱世之中，军队里面出政权，手中掌握军事大权才是硬道理。登上皇位的刘和，虽然有着九五之尊的身份，却是一个光杆司令，对于他，宗室诸王甚是不看在眼里，而刘和，对于这些手握重兵的王爷心中有几分恨意，又兼几分惧怕，刘和这个皇帝做得十分不自在。

匈奴汉国诸王手握军事大权，这让刘和坐立不安，心里十分不踏实。再加上旁人的吹风点火，刘和的委屈便膨胀起来，打起了削弱诸侯王的主意。

刘和的身边聚集了一批意图扳倒宗室诸王的势力，有刘锐、呼延攸、刘乘等人。刘锐乃是刘和为王时，王府的都尉，因为未能担任顾命大臣而心有不甘。呼延攸乃是刘和的舅舅，因才能不佳，德行不善，始终未能得到升迁而怀恨在心。刘乘担任侍中，与刘聪不和，对其不满。这几人因利益二字走到一起，加入刘和的阵营，在刘和耳边谗言道：

“先帝不惟轻重之计，而使三王总强兵于内，大司马握十万劲卒居于近郊，陛下今便为寄坐耳。此之祸难，未可测也，顾陛下早为之所。”

刘和早就看宗室诸王不满，听这几人一说，心中的委屈便一下子涌上了头脑，头脑发热的刘和当即与这几人商议斩除诸王事宜。呼延攸手下将领刘盛听闻此事，对此事颇不赞同，表示反对。但是，此时的刘和，估计头脑中装的是满满的仇恨，见其反抗自己，又恐其泄露计划，便令人将刘盛斩了。

斩刘盛，起到了一个杀鸡给猴看的效果，其他还有异议的将领，如马景、刘国安、刘钦等见形势如此，便也不敢多说，唯有唯命是从。保住性命为首要要务，哪里还有闲暇去顾及道义。

心动不如行动，说动就动，第二天，刘和与几个无名小辈密谋的大计划就开始实施了。这几人兵分四路，刘锐率领马景一部，呼延攸率领刘安国一部，刘乘率领刘钦一部，田密率领刘睿一部，浩浩荡荡去征讨大单于刘聪、齐王刘裕、鲁王刘隆，北海王刘义。

刘和身边聚集之人，不过都是一些鼠辈，宗室诸王，尤其是大单于刘聪那是何等老奸巨猾，身经百战，跟这些人作对，没有一些真本事，唯有自讨苦吃。

为刘和效力的这些人，多有心不甘、被胁迫者，一旦有机会，他们便会审时度势，加入到更有利的一方中来。田密与刘睿二人见刘和与身边的这几人，没有什么本事，难成大事，便领兵去投奔刘聪去了，如此一来，刘聪就掌握了实况，不仅做好了迎战的准备，更主动出击，将其余三部实力一网打尽。

愤怒的刘聪，直奔皇宫，此时的刘和，听闻事情败露，吓得东躲西藏，刘聪领兵将其搜出，一刀砍死，真是自作孽，不可活。刘和这皇位还没有坐热，就命丧黄泉，追随刘渊去了，黄泉路上，恐怕这父子二人得抱头痛哭了。

诸王相争，刘聪成为最大的功臣与受益者，而此时皇位空虚，刘聪众望所归，可谓是最佳人选。然而，刘聪要当皇帝，更要当得理所当然，名正言顺。

刘聪是刘渊的第四个儿子，据说他出生时，便与众不同，因左耳有一白毫，长二尺余，甚光泽。此种说法，不知是真是假，我们无从查证。不过刘聪自幼便有天赋，少年时便已经熟读经书，更对兵法有研究，可谓是一个文武全才。

刘聪年少便名气大噪，时任博士的朱奇对他赞叹不已，“年十四，究通经史，兼综百家之言，《孙吴兵法》靡不通之。工草隶，善属文，著述怀诗百余篇、赋颂五十余篇。十五习击刺，猿臂善射，弯弓三百斤，膂力骁捷，冠绝一时”。此中虽有夸张，刘聪的名气却不是盖的。

自从十五岁起，刘聪就开始政治、军事上的历练，在这一过程中，刘聪的政治才能，人脉积累，军事智慧均进入实践性的阶段，为他以后的发展打下了坚实的基础。到刘渊归西，刘聪已经成为一个身经百战，颇有威望的诸侯王。

诸王相争结束以后，刘聪的敌对者也在这场混乱中消耗殆尽，论实力，刘聪可谓一个大赢家。朝中不可一日无主，皇位人选问题提上日程。

其实，在众人眼中，刘聪是皇位的最佳人选这是毋庸置疑的，但是，刘聪虽然是匈奴人，但是受的教育却是汉人的儒家思想，名正言顺的思想在他的头脑中也是根深蒂固的。

若是讲名正言顺，单皇后之子刘义乃是最佳人选，虽然这个刘义根本就不是当皇帝的料，刘聪仍然还要谦让一下，表面功夫是一定要做足的。刘义也不是傻瓜，尽管刘聪的谦让看似如此真诚，刘义自然是不敢有所奢望的。

不过刘义对这个皇位也许是真的并无觊觎之心，一来，这刘义当时不过是一个十几岁的孩子，对于政治，就算不是一窍不通，也不过是略粘皮毛；二来，刘义在诸王之乱中与死神擦肩而过，而自己的势力，根本无法与四哥刘聪相媲。

“义与公卿涕泣固请”在刘义与群臣的一再举荐下，刘聪“勉为其难”地登上了皇位，将刘义立为皇太弟，并承诺在刘义年长以后，便将皇位让给他。刘聪这话不知是出于真心还是在做表面文章，这些都是后话。

却说刘聪上台以后，便继承他父亲的遗愿，仍将攻克洛阳视为目标，而此时的西晋政权正处于风雨飘摇之中。可以说此时的西晋能力所及之地仅就洛阳一城而已，偌大一个西晋竟然被败坏成这般模样，真是让人感慨万千。

第六章　国土沦丧：你的刀剑伤害了我的心

这下要玩完了

从刘渊病死，到其子刘聪杀刘和自立仅仅有三个月的时间。在这三个月的时间里，匈奴汉国政权内部为解决自家事忙得不可开交，便暂时停止了对洛阳城的进攻。

永嘉四年（公元310年）十月，刘聪调遣四万大兵兵分几路进攻洛阳，洛阳城内顿时惊慌，乱作一团。而此时，更让西晋政权雪上加霜的是，羯族人石勒也趁火打劫，加入到攻打洛阳的行列中来，洛阳告急。

掌握西晋政权的仍旧是东海王司马越，担任太傅之职的司马越令人征召天下兵马，入京援助洛阳，此令既出，左等右等，却是杳无音信，哪里有一兵一卒前来支援。其实，事情都在预料之中，此时西晋的管辖范围，仅仅为并州、幽州、陇右与洛阳，而这些地区虽有将领把守，却都远在边疆，况且他们也是自顾不暇，对洛阳，他们也是有心无力。

调兵遣将不得，便有人提议迁都避难。朝臣对此议论纷纷，性命攸关，就算有人迷恋洛阳资财，也不得不考虑迁都之事。时任镇东将军、都督扬州的周馥上书晋怀帝，请迁寿春，晋怀帝也是个贪生怕死之辈，见有出路可保性命，便一口应允。

但是，迁都之事半路杀出了个程咬金，主事太傅司马越赶来，坚决不同意迁都避难之说。因为晋怀帝一旦落入周馥手中，司马越手中的这张王牌就会为他人所用，司马越是坚决不允许的。大敌当前，朝中权臣，想到的仍然是个人利益得失，西晋不亡都难。

周馥与司马越向来不和，周馥对司马越的专权颇有怨言，司马越唯恐他再次唆使朝中君臣迁都避难，徒增阻碍，便将其北调，驻守边疆。周馥这下来了性子，将司马越的命令当成耳边风，坚决不从。司马越哪里容忍得了旁人如此蔑视他，便起了杀心。洛阳城急需要将领士卒的时刻，司马越却将人外放，这真是为个人利益昏了头脑。

周馥万万没有想到，在这样的紧急时刻，会遭遇突袭。淮南太守裴硕突然来袭，周馥领兵拼死抵抗，一举将裴硕打败，裴硕败走山东东阿，并向司马睿请兵援助，终因寡不敌众，周馥兵败被杀，一场内部闹剧结束。虽然没有司马越的亲自出马，但朝中尽人皆知，此事是由司马越主导，西晋君臣对司马越的专权行径更加不满了。

不同意迁都，就要想办法挡住洛阳城外的敌军，司马越也在日夜盘算着办法。这日，司马越一身戎装走上大殿，请求亲自领兵讨伐石勒。

洛阳城内士卒已经不多，外面又有匈奴汉国刘聪虎视眈眈，司马越在这个时候却要领兵外出，如此一来，洛阳城就成为一座空城，朝中君臣如何自保。晋怀帝对此颇有异议，但是，他的异议对旁人来说，或许还有作用，一旦到了司马越这里就形同空气，根本就约束不到司马越。

司马越的请求也就是命令，他的一意孤行，让洛阳城陷入一种混乱状态。司马越带走了洛阳城内四万甲兵，可以说这已经是倾其所有了。本想绝地反击的司马越，面临的局面却是“公利罄乏，所在寇乱，州郡携贰，上下崩离，祸结衅深”，真是无望了。

洛阳城内，凄凉一片，宫殿内无人驻守，晋怀帝整日担惊受怕，唯恐刘聪的大军攻入洛阳。晋怀帝将他目前的这种状态的造成归结在司马越的头上，又兼平日里对司马越的所作所为甚为不满，便传出密令，杀司马越，却不幸走漏了风声。

正是在司马越焦头烂额，丧失主见之时，却听闻晋怀帝密令要杀自己，本来就满头思绪，这消息就如晴天霹雳。司马越一时气火攻心，竟然一病呜呼了，这年是永嘉五年（公元311年）。

司马越死后，与之同行的襄阳王司马范与司马越亲信太尉王衍恐怕军中大乱，将司马越归西的消息压住，密而不丧，准备暗中将其送到东海葬了。

天下没有不漏风的墙，纸也包不住火。司马越归西的消息终究是泄露了，石勒听说了这一消息，大喜，群龙无首的士卒是最好对付的。

石勒率领一支骑兵，围困西晋士卒，乱箭狂风一般射下，西晋士卒抱头鼠窜，哪里还有反击的余地。在战乱中，司马越的灵柩也被烧掉，可怜司马越风光一时，却落得一个不得善终的下场，真是可悲。刘聪部将王璋恰逢这个时候赶来，与石勒一起，几乎将西晋士卒一网打尽，跟随司马越出来的几位西晋高官均被捕，投降的投降，被杀的被杀，可怜至极。

却说洛阳城内，司马越临出征之前，曾委任何伦掌管洛阳事务。那何伦懂得见机行事，见出征将领均被围困，遭遇失利，恐自身遭遇不测，便举家逃离京城，京城许多达官贵人也纷纷离开洛阳。

连年的战争，洛阳城内破败不堪，百姓无粮可食，逃荒的百姓也纷纷离开洛阳，沦落为流民，百官十有八九也都跑掉。眼见臣子一个个离开洛阳，晋怀帝再也坐不住了，可是，没有卫士，没有牛车，也没有船只，这让晋怀帝如何走？其实，晋怀帝要走，那自然是方便，但是他舍不得宫中的那些资财，若要走，定是要带上的。

最终，困守孤城的晋怀帝幸得青州都督苟晞的帮助，有了十几只船只，准备带着他库存的财产迁都仓垣。一切准备就绪，金银珠宝也都搬运上了船，晋怀帝动身出发，走出皇城，却遭遇了一伙强盗，真是乱世，打劫皇帝这还真是鲜见，估计是到了山穷水尽之时了。晋怀帝君臣什么没有侍卫保护，便吓得退回洛阳，终究没有走成。

晋怀帝没有走成，刘聪却已经带领士兵扑面而来，此时担任作战前锋大都督的是卫尉呼延晏，刘聪后来又派刘曜、王弥、石勒前来支援。此时的洛阳已经不堪一击，在支援部队还未到来之前，呼延晏就已经攻破洛阳，紧接着刘曜、王弥、石勒各部纷纷涌入洛阳。

匈奴汉国士卒入了洛阳，便都成了一伙强盗，在将领的纵容下，将洛阳一抢而空，这是洛阳城遭遇的第二次浩劫。

命在旦夕，晋怀帝此时也不在乎他的荣华富贵了，从华林园逃出，准备逃亡长安。但是，一出园便被士卒抓住，成为俘虏。皇帝成为阶下囚，西晋政权穷途陌路，名存实亡。

司马氏的皇亲国戚没有逃离京城的，尽被屠杀殆尽，就连晋惠帝的皇后羊氏也成为刘曜的妻子，当洛阳城被洗劫一空，刘曜便一把火将皇宫烧掉，洛阳城内死者无数。没有了战争，洛阳城重归于平静，匈奴汉国满载而归，将领领兵带着成为俘虏的晋怀帝往平阳而去，徒留一只只寒鸦叫的凄凉。

洛阳既被攻下，西晋气数已尽，苟延残喘，时日不多，刘聪乘胜攻击，将长安视为下一个目标。此时镇守长安的是南阳王司马模，司马模手下有一将领赵染，因与司马模不和，便领兵投奔了刘聪，在赵染的带领下，长安城很快就被攻下，司马模被俘。

此时的西晋可以说是已经没有立锥之地，然而，天不亡司马家，在这关键时刻，司马家另一人物站出来，延续了晋朝的寿命。

峰回路转这一回

在与匈奴汉国的对抗中，晋怀帝成为阶下囚，司马氏几乎被杀光殆尽，据史书记载，为防止司马氏东山再起，石勒仅在宁平城就杀掉了司马氏族中的五十四个王爷，唯有江东司马睿熠熠生辉。司马睿坐镇建康，在王导的辅助下，渐据江东，为日后东晋的建立打下了基础。

司马睿，字景文，据说司马睿出生时，颇有传奇色彩，《晋书·帝纪》记载："有神光之异，一室尽明，所藉藁如始刈。"到司马睿年纪大些，"白豪生于日角之左，隆准龙颜，目有精曜，顾眄炜如也"。我们知道历史上有不少朝代的开创者，都有一些不同寻常之处，关于司马睿的这些记载不知道是事实，还是为其量身定做的传奇故事。

司马睿出身西晋皇族，是司马懿的曾孙，与晋惠帝、晋怀帝乃是同辈。但是，若是以晋武帝这一宗讲来论，到司马睿这一辈，就与皇室的关系疏远了。司马睿的祖父司马伷是司马懿的庶出子，先后担任过散骑常侍、右将军、监兖州诸军事、兖州刺史、征虏将军等职务，官至琅邪王。到司马睿的父亲司马觐这一辈，就没有什么建树了，因为是家中长子，司马觐承袭了他父亲的琅邪王之职。

一辈一辈下来，司马睿与皇室是渐行渐远，然而，时势造英雄，八王之乱的自相残杀与匈奴汉国的大举进攻，让司马睿有机会从一个渐行渐远的皇族登上九五之尊，成为东晋政权的开创者。这不得不让人感叹，命运就是如此神奇，掉馅饼的好事随时都有发生，就看你是否做好了准备。

司马睿的父亲司马觐在太熙元年（公元290年）去世，司马睿便继承了父亲的基业，继承琅邪王之职。这年司马睿十五岁，也恰逢这一年晋武帝司马炎去世，其子司马衷即位，是为晋惠帝。

晋惠帝即位后，不理政事，致使朝中争权夺利、结党营私的动乱频繁，朝中大权由诸王轮流掌握。天下纷争，环境险恶，稍有不慎便有杀身之祸。司马睿非常聪明，"每恭俭退让，以免于祸"就是通过这样恭俭避让的方式，司马睿以自保。尽管司马睿表现得如此谦卑，仍然有慧眼之人，评价他："琅邪王毛骨非常，殆非人臣之相也。"看来，这司马睿确有不同寻常之处。

司马睿在洛阳并无建树，如果说有什么可以值得纪念的，那就是结交了好友王导，此人在司马睿建立东晋政权的过程中，起着至关重要的作用。王导，是琅邪士族，在琅邪颇有名气，后来为司马睿出谋划策，成为司马睿的得力助手。

乱世之中，很多时候，自保尚且不能，因为有些祸患你不找他，他却自动找上门来。司马睿洁身自保，却也不免被卷入诸王相争的混乱中来。

八王之乱狂风袭来，各王结党，争夺朝廷掌控权，永兴元年成都王司马颖暂占优势，控制朝野，风光一时，晋惠帝以他为都督中外诸军事，又将其封为皇太弟，成为皇位的继承人。所谓高处不胜寒，万人之上的成都王司马颖顿时成为众矢之的，其他诸王便团结起来，一致将矛头指向了司马颖。

时任尚书令的司马越颇有实力，成为司马颖的最大对手。司马睿的封地与东海王司马越封地临近，二人有着不可分割的利益关系，司马越欲领兵征讨司马颖，但又恐后方受到进攻，便将司马睿拉下水，将其任命为平东将军兼职徐州诸军事，留守后方，自己则领兵征讨司马颖去了，这一年司马睿二十九岁。

然而，司马颖毕竟实力在，两军经过激战以后，司马越兵败。司马颖更加专横，将朝中大臣劫持到自己的封地，以此来控制朝政，而司马睿也不能幸免。

到了邺城，司马颖更加专横跋扈，对他稍有违背，便遭杀害。司马睿的叔父东安王司马繇因为不满司马颖独掌朝政，更对兄长晋惠帝无礼，便好言劝诫，这就引发了司马颖的疑心，因为东安王司马繇跟东海王司马越有些交情，司马颖怀疑他有二心，便将其杀害。司马颖这般心狠手辣，令司马睿心中恐惧不安，唯恐事情牵连到自己，便想逃出邺城，去洛阳。

然而，要逃出邺城谈何容易，邺城全面戒严，达官显贵要出城是要经过司马颖批准的。这夜，司马睿乔装打扮，换上一身普通装束，抱着侥幸心理，打算趁着月黑逃出邺城。然而，正如他所担心的，司马睿策马没有走出多远，就被官兵拦住，幸运的是，司马睿有一个聪明的随从，救了他的命。

司马睿随从宋典骑着马从容不迫奔驰而来，见到战战兢兢的司马睿，笑着道："舍长！官禁贵人，汝亦被拘邪！"拦住司马睿的官兵听罢，便以为司马睿跟皇室没有关系，便将他放了。司马睿逃出邺城，直奔洛阳以后，便携带家眷，离开这是非之地，奔琅邪去了。

诸王相争，权势多变，司马越成为最后的胜利者，所幸司马睿与之站在同一个阵营。然而，政局混乱，利益多变，司马越独掌朝政，专权跋扈，朝中不满的声音彼此起伏，世事日新月异，司马越能站至高峰多久，这真的很难预料。

司马越为了获得更大的实权，竟然冒天下之大不韪，将晋惠帝毒杀，真是阴谋四起，不知道哪一刻灾难就会降临到自己身上，司马睿在这样的环境中能否安然，这也是难以预料的。

司马睿的得力助手兼好友王导审时度势，向司马睿进言，中原地区不是久留之地，灾难时刻会降临，而南下却是一个避难的好计谋。司马睿的亲身经历也告诉他，暴风雨在片刻的安静之后必然会到来，离开这是非之地才是长远之策。

司马睿听从了王导的建议，向东海王司马越请命镇守建康，而事前，王导已经想尽办法与东海王王妃裴氏达成意见，让其助司马睿一臂之力。东海王并没有什么利益损失，便一口应允，并任命司马睿为安东将军，司马睿领兵南迁。

到达建康以后，司马睿遇到了难以解决的问题，那就是如何对待江南士族，争取他们的支持。初来乍到，司马睿在江南既无威望也无业绩，来到江东的他备受冷落，这让他意识到在这人生地不熟的地方，不争取江南士族的支持，根本无法站稳脚步。司马睿有向江南士族靠拢之心，却无计谋，便向王导问计，二人这般那般一番，便有了方案。

要让司马睿为人所知，被人尊敬，那就要大摆威风，在气势上压倒江南士族，一枝独秀。这日，司马睿华服出游，身后侍从浩浩荡荡，那局面真可谓是排山倒海，引来无数围观者，这样的阵势，江南士族还真是头一回见，不禁对司马睿有了膜拜之情。

司马睿再接再厉，软硬兼施，招贤纳士，笼络人才，当地名门望族顾荣、贺循等均被他收服。后来又平定了孙弼和杜宣的叛乱，最终在当地站稳了脚跟，此地成为司马睿的大本营，以此为基地建立起了东晋。

心大路难走

石勒在军事上表现出杰出的才能和智慧，战场上，以攻无不克、克无不胜的显赫功绩赢得了匈奴汉国政权的依赖与信任。同时也在军中建立起了无上的威望，为他以后的独立发展奠定了基础。

从永嘉三年（公元309年）到永嘉五年（公元311年），石勒辗转各地，独立作战，可谓是春风得意。随着实力的扩张，石勒的野心也膨胀起来，不再满足于寄人篱下，脱离匈奴汉国的想法渐渐滋长了。

石勒在外作战，牵制西晋兵力，使得匈奴汉国渐渐坐大，刘渊父子对他甚是看重，刘渊在世时封其为镇东大将军。刘聪即位以后，便将其封为征东大将军，可见父子二人对石勒的重视与依赖。

石勒对匈奴汉国的贡献是不容抹杀的，刘渊父子对石勒的拉拢也是显而易见的，但是，二者之间的合作必须有一定的利益基础。所谓强者为王，当石勒的根基扎稳，脱离匈奴汉国自立，对石勒来说，这样的诱惑力更大。

当石勒足以独霸一方，匈奴汉国皇室的指令便一文不值了。刘渊对石勒来说，恩情不浅，但是，刘渊归西后的葬礼上并没有石勒的身影，而之后的石勒也不再出现在匈奴汉国的大殿上，他行动自主，号令自专，石勒这个臣子，可谓是有名无实了。

当匈奴汉国将领士卒忙于敛夺西晋资材之时，石勒已经再次踏上征途，所谓道不同不相为谋，石勒的志向不在于此。石勒在为扩张实力奔波，这年他又吞并了王弥，正式与匈奴汉国政权决裂。石勒踌躇满志，消灭晋朝，建立自己政权的决心更加强烈，眼见目标将要达成，石勒心花怒放，不觉有些自得。然而，并州刺史刘琨的一封信却犹如一盆冷水浇灌而来，石勒顿时清醒了不少。我们且看信是如何写的：

“军发迹河朔，席卷兖豫，饮马江淮，折冲汉沔，虽自古名将，未足为谕。所以攻城而不有其人，略地而不有其土，翕尔云合，忽复星散，将军岂知其然哉？存亡决在得主，成败要在所附；得主则为义兵，附逆则为贼众。义兵虽败，而功业必成；贼众虽克，而终归殄灭。昔赤眉、黄巾横逆宇宙，所以一旦败亡者，正以兵出无名，聚而为乱。将军以天挺之质，威震宇内，择有德而推崇，随时望而归之，勋义堂堂，长享遐贵。背聪则祸除，向主则福至。采纳往诲，翻然改图，天下不足定，蚁寇不足扫。今相授侍中、持节、车骑大将军、领护匈奴中郎将、襄城郡公，总内外之任，兼华戎之号，显封大郡，以表殊能，将军其受之，副远近之望也。自古以来诚无戎人而为帝王者，至于名臣建功业者，则有之矣。今之迟想，盖以天下大乱，当须雄才。遥闻将军攻城野战，合于机神，虽不视兵书，暗与孙吴同契，所谓生而知之者上，学而知之者次。但得精骑五千，以将军之才，何向不摧！……”

刘琨这段话，让石勒醍醐灌顶。刘琨所言不假，石勒这几年辗转战场无数，屡战屡胜，然而，不管走过多少地方，却始终没有一个根据地，就像是黑瞎子掰棒子，掰一个掉一个。如此一来，就只是徒有脚底下这片土地，这样想着，石勒不禁一身冷汗，若不是刘琨这封信，还真是枉费了这么多年来的努力。

石勒虽是羯族人，却也深受汉族儒家文化熏陶，他深知自己的这种作为，就如同游牧民族的首领一样，虽灵活多变，却终究只是小打小闹，成就不了大事。但看历史上的中原政权，哪一个不是首先有了自己的立足地，然后，以此为根据地，逐渐发展而来。

这般想着，石勒对以后发展的道路更加明朗了，想及此，石勒又有几分庆幸，不免将立足点的事情提上日程。天下之大，群雄争夺，哪里才是他石勒的发家之地。

石勒瞅准了江淮与汉江一带，这个地区物产富饶，又处于屏障地带，可北入中原，南攻琅邪王司马睿。石勒对此地段势在必得，似乎眨眼便是囊中之物，然而，事实证明，情况并非如此。

永嘉六年（公元312年），春节的气息还没有散去，石勒已经整装待发。心中有梦想的人，总是能够爆发出无尽的热情与能量，石勒向着他的目标去了。

此时在建康的司马睿已经竖立起了他个人的威望，成为实际意义上的江东首脑。当石勒兴兵南下的消息传来，司马睿有些措手不及，而江东士族也颇为震动。

司马睿紧急应对，商讨相应的防范措施。此时，石勒已经领兵前来，屯兵在葛陂，葛陂是一个方圆三十里的大湖，在现河南省汝南东南。司马睿出于战略考虑，便任命熟稔水性的纪瞻为扬威将军，并将主力部队屯兵寿春。

葛陂乃是江东门户，一旦失守，后果不堪设想。江东形势险恶，司马睿刚刚扎稳根基，兵力有限，只能以守为攻。

石勒在葛陂修堰筑垒，课农造舟，大有不胜不归的架势，然而，天有不测风云，天气说变就变，大雨扑面而来，石勒所领士卒皆北方人，这大雨一下，就更加不适应这里的气候环境。石勒只盼大雨早日停，然而，一日一日的期盼，雨仍然没有要停的意思，雨就这样时停时下，时大时小地下了足足有三个月，而在这三个月中，石勒所率士卒因不适应这里的环境生病的不在少数，更因推延时间太长，粮食供给不上，造成饥饿。

面对饥饿与疾病的折磨，士卒无精打采，根本没有再战的热情了。石勒见情况如此，也不免心中焦急，便召开紧急会议。让谋臣各抒已见，找个能够脱困的万全之策。

首先进言的是投降派长史刁膺，此人认为应该向琅邪王司马睿投降，并以帮助司马睿平定北方来建功赎罪。此话一说，石勒脸色大变，显然是不同意刁膺的看法，刁膺一看形势不对，便闭口不言。

刁膺说罢，是主战派的孔苌进言，孔苌主张大举进攻寿春，占据寿春，夺取粮草，以此为根基，攻取建业，占据江南。石勒听后，脸上露出赞赏的笑容。雄心壮志固然值得嘉奖，但是，分析当前形势，石勒也知道，此举并不容易，至少不是一朝一夕就能完成的，目前困境紧急，不适宜持久战术。

想罢，石勒大叹一口气，转向一言未发的张宾，张宾一口否决了前面二人的看法，认为北攻邺城乃是上策：“邺有三台，西接平阳，四塞山河，有喉衿之势，宜北徙据之。”

石勒所领士卒不善水战，以己之短攻他人之长，这必然是没有前途的，所以北方才是才能发挥之地。邺城地理位置优越，又兼物资富庶，自古是兵家必争之地，攻取邺城确实是上策。

石勒听从了张宾的建议，打算撤军北上，但是，司马睿虎视眈眈，谁能料到他不会在后面插一刀，所以要撤退，还必须要想个万全之策才可以。

石勒令一支军队做好了进攻江南的准备，其实只是做个样子罢了，同时让主力部队北上，等纪瞻有所察觉，石勒主力已经跑远，纪瞻乘势追击一百余里，并无所获。如此一来，石勒安然北撤，同时江东也化险为夷。

死了比活着好

永嘉五年（公元311年），西晋京师被破，刘曜、王弥、石勒相继涌入洛阳，在一番劫掠之后，将司马氏王公贵族基本上杀光殆尽，西晋苟延残喘，距离亡国不远矣。此时位于九五之尊的晋怀帝在想要逃亡长安的路上被捕，成为阶下囚，被禁于端门。

攻陷洛阳以后，刘曜、王弥等引兵入长安，并将晋怀帝与朝中大臣押往平阳，听凭刘聪处置。因为西晋将领的临阵倒戈，长安很快被匈奴汉国攻陷，然而，长安虽被攻陷，经营好长安城却是一个让人伤脑筋的大难题。

长安被攻陷以后，刘聪便任命刘曜为车骑大将军，镇守长安，就是这位颇有能耐的大将军也未能将长安城治理得井井有条。长安城虽破，朝中官员多数投降，但是老百姓不肯归附者却不在少数，再加上西晋残余势力的号召与领导，便形成一股股力量，这些武装力量时不时就向匈奴汉国势力发动进攻，这让刘曜不胜骚扰，刘曜终于把持不住，领兵撤出长安，回平阳去了。

匈奴汉国的另一股力量石勒，此时在外辗转作战，表面上虽然隶属于匈奴汉国，与匈奴汉国的关系却是越来越疏远，就连刘渊的葬礼上也没有看见石勒的身影，直至后来，石勒吞并王弥，这让石勒与匈奴汉国的关系越来越紧张。其实这个时候，石勒脱离匈奴汉国欲自立的想法已经不言而喻了。

刘曜退出长安，王弥归附石勒，此时的匈奴汉国在战事上也算是告一段落，格局基本上定下来了，至此，匈奴汉国的统治区也不过是在河东、西河两郡而已，这应该不算大。况且，石勒的实力日益膨胀，江东司马睿也正日益成长壮大，面临这些威胁，匈奴汉国掌权者刘聪却不思进取，竟然一改往日神勇，贪图享乐起来。

这年是西晋建兴元年（公元313年），刘聪在宫中大摆筵席，宴请群臣，群臣中还有西晋旧臣，看来，这些西晋旧臣在异国他乡过得还不错。席间，觥筹交错，歌舞群起，却见一僮仆身穿青衣立于一旁，轮番为群臣斟酒，细看之下，不禁一惊，此人非同小可，乃是晋怀帝司马炽。

一朝是九五之尊，一朝却沦为僮仆，这真是让人感叹世事无常，福祸难测。这晋怀帝坐过金銮殿，做过阶下囚，这人生大起大落也算是经历过了，此时却在这里忍受刘聪君臣的羞辱，不免悲从中来，脸有怒色。

却说这晋怀帝刚刚被押解到平阳的时候，还颇受礼遇，刘聪将其封为平阿公，后来又将其晋封为会稽郡公，并与之叙旧，聊家常，还有以下一番对白：

“卿为豫章王时，朕尝与王武子相造，武子示朕于卿，卿言闻其名久矣。以卿所制乐府歌示朕，谓朕曰：‘闻君善为辞赋，试为看之。’朕时与武子俱为《盛德颂》，卿称善者久之。又引朕射于皇堂，朕得十二筹，卿与武子俱得九筹，卿赠朕柘弓、银研，卿颇忆否？”

“臣安敢忘之，但恨尔日不早识龙颜。”

“卿家骨肉相残，何其甚也？”

“此殆非人事，皇天之意也。大汉将应乾受历，故为陛下自相驱除。且臣家若能奉武皇之业，九族敦睦，陛下何由得之！”

这段回忆往事的对白，一问一答，但是所处的位置却是调转了，君臣关系的变化，让刘聪洋洋自得。而晋怀帝司马炽却是战战兢兢，小心翼翼来掩饰心中的不愉快。

所幸，刘聪待晋怀帝还算礼遇，见晋怀帝身边无人，又怕他寂寞，便将自己的妃子小刘贵人送给了他。这会，“六刘”在刘聪的后宫最为得宠，而这个小刘贵人乃是其一。这“六刘”乃是太保刘殷的两个女儿和他的四个孙女，当时，这“六刘”同时入宫，刘聪以刘殷的两个女儿为左右贵嫔，以他的四个孙女为贵人，可谓是震撼一时。此时，能够忍痛割爱，将自己宠爱的贵人拱手相让，可见刘聪待晋怀帝还不薄。也正因为刘聪的“宽宏大量”，晋怀帝才能够安然活到今日。

也许是人性反复无常，在今日的宴会上，刘聪一改往日的态度，要求晋怀帝司马炽一身青衣，扮作僮仆，来为在座群臣斟酒。

司马炽昔日是什么身份，哪里受过这样的屈辱，自然心中不悦。然而，人在屋檐下，不得不低头，心中不悦不能发泄，便在脸面上表现了出来。

司马炽缩手缩脚，奴仆一般，在酒宴上穿梭，为群臣斟酒，而匈奴汉国群臣见此，不免要说些犀利话来侮辱晋怀帝，晋怀帝脸色的怒色更加显而易见了。起哄的声音一浪高过一浪，让在座的晋朝旧臣实在看不下去，庾珉、王隽等十几位大臣再也忍不住，悲从中来，不禁掉下眼泪来。

正在兴头上的刘聪见了此情此景，不免扫了兴致，更想起近日来发生的事端，心中便充满了杀意。近日，匈奴汉国军队在作战中屡次被创，吴王司马晏的儿子司马邺在长安被立为皇太子，成为西晋皇室接班人，此事让刘聪甚是气愤。

当年，破洛阳之时，为防止司马氏东山再起，石勒已经尽其可能将司马氏的皇亲国戚杀光。此时却又听闻司马氏再次登上皇位，刘聪不得不心存恨意，斩草除根的想法油然而生。

起先，大怒的刘聪将这些不顺眼的君臣一同赶出了宴席，在这喜庆的日子里，刘聪不想受染血腥。又几日，刘聪听人来报，庾珉、王隽等人与刘琨秘密接触频繁，似乎有起事的端倪。

虽然没有有力的证据，恐有万一，西晋旧臣与刘琨若是来个里应外合，在平阳城内起事，这样的话，后果将不堪设想。想及此，晋怀帝与那些不安分的西晋旧臣必须要铲除，刘聪立即让人将庾珉、王隽等人斩杀。后来，刘聪又赐予晋怀帝司马炽一杯毒酒，将其毒杀，这年，晋怀帝司马炽年仅三十，正是人生的好时候。

晋怀帝在平阳城半年便遭鸩杀，晋怀帝在才能上应该是超出晋惠帝的，黄门侍郎傅宣见晋怀帝，曾经感慨：“今日复见武帝之世矣！”秘书监荀崧也曾经对人说：“怀帝天姿清劭，少著英猷，若遭承平，足为守文佳主。而继惠帝扰乱之后，东海专政，无幽厉之衅，而有流亡之祸。”

不管这些夸赞的言辞是出于拍马屁还是肺腑之言，我们不能不感叹，乱世出英雄，生不逢时或者本身就是一种悲剧。

一起来报仇

洛阳失陷以后，晋怀帝司马炽成为俘虏，被押往平阳城，受尽屈辱。国不可一日无主，晋怀帝在平阳受辱，西晋政权虽苟延残喘，却也还有残余势力，那么问题是，谁才是名正言顺的继承人呢?

凡在京师洛阳的司马氏几乎已经被杀光，能有资格成为皇位继承人的人也是凤毛麟角。不过，还真有这么一个人能担此大任，此人乃是司马邺。司马邺，是晋武帝的孙子，其父是吴王司马晏。

司马邺虽是吴王司马晏之子，却自幼被过继给秦王司马柬，后继承司马柬封号，被封为秦王。洛阳沦陷，所幸司马邺逃得快，没有被杀。司马邺逃亡许昌，后来在雍州刺史贾疋的帮助下，顺利潜回长安，召集西晋残余兵力，占据长安，并被封为皇太子，成为王位的合法继承人。

晋怀帝司马炽在平阳城被害的消息传来，司马邺便登上了皇位，将长安定为都城，改年号建兴。司马邺在内忧外患的情形下登上皇位，石勒游击作战，处处为敌，匈奴汉国政权也是虎视眈眈，所以必须要征召兵力以作为防御和作战。

在物资方面，长安城甚为缺乏，刘曜在长安的时候，已经将长安劫掠一空。战乱之时，鲜有赋税可收，真是一个一穷二白的烂摊子。

面对这个烂摊子，晋愍帝司马邺企图用军事反击来解决。晋愍帝司马邺的目标是，尽其所能征召西晋残余军队，调动能够调动人马进攻刘聪、石勒，以达到解除长安困境，进而，收复洛阳的目的。

晋愍帝司马邺的目标合情合理，但是战略是否可行就难以保障了。晋愍帝司马邺登基后，便将这一计划提上日程。司马邺下达诏书，声称要："扫除鲸鲵，奉迎梓宫"，并以加封晋爵的方式来拉拢有实力者，琅邪王司马睿、秦州刺史南阳王司马保均在被拉拢范围。这二人被任命为左右丞相，均兼职大都督，负责陕东与陕西军务。

在还没有征召来士卒的情况下，晋愍帝司马邺便下令，兵分三路，进攻匈奴汉国，以司马睿领兵二十万收复洛阳，以司马保领士卒三十万守卫长安城，以幽州王浚与并州刘琨领兵三十万往平阳方向去。晋愍帝司马邺这样的口气真可谓是雄心壮志，但是，再大的雄心都是要以实力来说话的。愍帝诏书既出，不知结果如何？

王浚此人，一心做着他的皇帝梦，早就有割据自立的想法。并州刘琨一直靠联姻与鲜卑保持利益关系，才得以有了立足之地。而驻守上邦的南阳王司马保尚可依赖，可是他力量薄弱，根本无法成就大事。琅邪王司马睿在江东尚有些实力，可是这司马睿真的肯受制于西晋政权吗？

这日，司马睿正与王导商讨江东事宜，却接到长安传来的诏书，一股不祥的预感涌上心头，却见那诏书是这样写的：

"朕以冲昧，纂承洪绪，未能枭夷凶逆，奉迎梓宫，枕戈烦冤，肝心抽裂。前得魏浚表，知公率先三军，已据寿春，传檄诸侯，协齐威势，想今渐进，已达洛阳。凉州刺史张轨，乃心王室，连旍万里，已到汧陇，梁州刺史张光，亦遣巴汉之卒，屯在骆谷。秦川骁勇，其会如林，间遣使探悉寇踪，具知平阳虚实。且幽并隆盛，余胡衰破，顾彼犹恃险不服，须我大举，未知公今所到此处，是以息兵秣马，未便进军。今若已至洛阳，则乘舆亦当出会，共清中原。公宜思弘谋猷，勖济远略，使山陵旋返，四海有赖，故遣殿中都尉刘蜀苏马等，具宣朕意。公茂德昵属，宣隆东夏，恢融六合，非公而谁？但洛都寝庙，不可空旷，公宜镇抚以绥山东。右丞相当入辅弼，追踪周召以隆中兴也。东西悬隔，跂予望之！"

读罢，司马睿良久未说话，作为臣子，理应出兵，但是江东初步稳定，一动而动全身，战乱会让江东陷入困境之中，如此一来，这刚刚稳定下来的局势就难以收拾了。况且，司马睿的居心是据江东而自立，建立江南小朝廷，即使偏于一隅，也比受制于人要来的痛快。另一方面，江东拥立他的门阀士族也不愿意北伐，打乱平静的生活。

琅邪王司马睿以"方平定江东，未暇北伐"为由拒绝了晋愍帝司马邺的调兵命令，但是，一兵不出，又难辞其咎。就在琅邪王司马睿进退维谷之时，祖逖主动请缨，请求北伐。

"晋室之乱，非上无道而下怨叛也。由籓王争权，自相诛灭，遂使戎狄乘隙，毒流中原。今遗黎既被残酷，人有奋击之志。大王诚能发威命将，使若逖等为之统主，则郡国豪杰必因风向赴，沈弱之士欣于来苏，庶几国耻可雪，愿大王图之。"

面对这一番诚恳的言辞，司马睿便顺水推舟，任命他为奋威将军、豫州刺史，却只予一千人的粮食和三千匹布作为北伐物资，没有士卒，没有铠甲，也没有兵器，祖逖就这样上路了。无奈，祖逖只有自己招募士卒，自己铸造兵器，自己生产粮草，其艰难可想而知。

祖逖出生于北方的一个官僚家庭，祖上世代为官，出生在这样官僚世家，祖逖却没有贵公子的娇气，他仗义疏财，乐善好施，在乡里颇有名望。

因北方战乱频仍，祖逖率领亲邻避难来到江东。江东稳定，是个让人忘却战乱的地方，但是祖逖目睹中原落于匈奴之手，山河破碎，国土四分五裂，立志要北上恢复中原。

抱着这样的信念，祖逖闻鸡起舞，时刻都在为此准备，此次晋愍帝司马邺下诏攻打匈奴汉国，祖逖便毛遂自荐，以实现他的宏图伟志。

祖逖带着招募的士卒北上，行军过程中又招得一批流民，约有士卒两千余人，等到渡江之时，祖逖中流击楫，信誓旦旦地道："祖逖不能清中原而复济者，有如大江"，中流击楫的故事便流传开来。带着这样的坚定决心与信念，祖逖领兵渡过长江，进入河南境内，在雍丘驻扎下来，雍丘在金河南杞县。

在雍丘驻扎下来以后，祖逖便找来工匠铸造兵器，并入各地招募士卒，河南各地的坞主多有归附者，再加上西晋官府士卒，祖逖的势力也逐渐增强。但是，祖逖并不以此谋私利，也不做伤害百姓的事情，战时打仗，闲时便务农种桑，粮草均是自己生产出来的，祖逖又善于体恤民情，因此这支军队备受百姓爱戴。

凭着严明的纪律，领着这支自己招募来的士卒，拿着自己铸造的兵器，祖逖收复了黄河以南的大部分土地。正当祖逖踌躇满志，意图继续北上，完成北伐大业，收复中原的时候，朝廷内部却是矛盾丛生，搞起内乱来了，祖逖终究未能完成他的梦想。

这个地盘归我了

石勒与司马睿对峙葛坡，却因连下三个月大雨，士卒水土不服，瘟疫横生，粮草供应不足而被困。后石勒召开紧急会议，听从张宾建议，领兵北上，准备进攻邺城。

张宾，字孟孙，是现今河北高邑县人。此人博古通今，学识渊博，又足智多谋，逢人便言自己的计谋可与张良相媲。只是，生不逢时，没有遇到像汉高祖刘邦这样的伯乐，怀才不遇的张宾时刻都在等待伯乐的出现。

这年，石勒攻取冀州，礼贤下士，笼络人才在，重用汉族知识分子，冀州"衣冠人物"皆投入他的旗下。张宾见石勒有成大事的志向，便对人道："吾历观诸将，无如此胡将军者！可与共成大业。"张宾收拾行囊，告别亲友，便提着剑去拜见石勒去了。石勒礼遇待之，张宾也不负所托，"机不虚发，算无遗策"，受到了石勒的重用。

张宾"机不虚发，算无遗策"，所言皆是深思熟虑之后的结果，又兼与石勒志同道合，懂得石勒心中所想，君臣二人形同友人。后来，石勒能够占据中原，张宾的作用不容抹杀。

在北上的途中，仍无粮饷供给，而所过之处，皆是凋零不堪。忍受着饥饿与疾病，士卒士气低落，行军的速度也快不起来，这令石勒头痛不堪。后来，进入河南汲县，才夺得一批军粮，士卒犹如泄了气的气球重新充上了气，顿时振奋了不少。

有了粮草，行军也快了，石勒领兵直入邺城外，但是邺城易守难攻，邺城守卫十分牢固，一时难以攻下，况且长距离的行军之后，士卒疲劳，需要尽早休息。张宾便进言道，"邯郸、襄国，赵之旧都，依山凭险，形胜之国，可择此二邑而都之，然后命将四出……王业可图矣。"

石勒体恤民意，见张宾提议可行，便依计行事，出兵襄国，以此为据点扎稳了根基，石勒终于有了自己的根据地，这里成为石勒发家的开始。石勒占据襄国以后，稍作休整，便领兵占领了周边郡县，实力渐渐增强，为后赵的建立打下了根基。

然而，石勒的到来，引起了幽州刺史王浚的不满。这王浚一心想要做皇帝，本打算在此地割据自立，这下凭空来了个石勒，意欲抢夺他的地盘，这王浚当然不允许。

在石勒还没有扎根于此之前，王浚要先下手为强，抢占先机。这样想着，王浚便与其盟友鲜卑段氏，一同进攻在襄国的石勒。

石勒领兵迎战，生擒鲜卑领袖段末杯，王浚大败而归。如何处置段末杯在军中成为一个有争议的问题，有些将领主张将其杀掉，而石勒与张宾则主张将其放还，并与之讲和。

石勒正处于兴起之时，此时不宜与人结怨。鲜卑段氏在辽西也算小有实力，若是这个时候将段末杯杀掉，无异于与鲜卑结怨，这样虽能解一时怨气，却会因小失大，为以后留下祸患，不如放掉他，以实现“必深德我，不复为浚用矣”的目的。

石勒将段末杯礼遇送还，果如石勒所预料，他的怀柔政策发挥了功效，鲜卑段氏与王浚的结盟形同虚设，却更加倾向石勒。如此一来，王浚的势力就大为削弱。

所谓一山不容二虎，石勒与王浚的较量是迟早的事情。但是饿死的骆驼比马大，王浚毕竟掌握了一方军权，没有了鲜卑段氏的帮助，也有不小的军事实力。若是硬碰硬未必能够取胜不说，另一方面还会大大消耗自身的实力。

如何驱逐王浚，成为石勒面临的一大难题，石勒召集智囊团，商讨对策，最后得出一个智取的方案，那就是先结好王浚，然后出其不意攻其不备，一举将其拿下。然而，若要结好王浚，却是难事，谋臣张宾道：

“浚名为晋臣，实图自立，但患四海英雄，不肯依附，所以迁延至今。将军威震天下，若卑辞厚礼，与彼交欢，犹惧未信，况如羊陆抗衡，能使彼相信不疑乎？”

在大战一场之后，前去结好王浚。这王浚能在此存活至今，想必也不是个等闲之辈，疑心肯定是会有的，那么如何除去王浚的疑心呢？张宾走至石勒身前，眼中散发出无限的光芒，悠然道：

“荀息灭虞，勾践沼吴，俱见《春秋左传》。前策具在，奈何不行？”

石勒、张宾默契如此，石勒怎能不明白张宾所言，当即心中大喜，便要依张宾所言办事，并将此事交予张宾全权处理。

张宾知道王浚一心想要做皇帝，只是苦于依附者甚少，才一直推演至今。张宾便投其所好，派使者王子春携带大批奇珍异宝前去拜访王浚，并送上石勒的亲笔文书，文书是这样写的：

“勒本小胡，遭世饥乱，流离屯厄，窜命冀州，窃相保聚，以救性命。今晋祚沦夷，中原无主，殿下州乡贵望，四海所宗，为帝王者，非公其谁？勒所以捐躯起兵，诛讨暴乱者，正欲为殿下驱除尔。伏愿殿下应天顺人，早登皇祚。勒奉戴殿下，如天地父母，殿下察勒微忱，亦当视之如子也。谨此表闻！”

石勒的这份文书，写得甚是诚恳卑微，又将王浚描绘得如此威武强大，这样的迷魂汤，王浚自然很是受用。王浚读罢，不觉已经飘飘然，对石勒的印象也大为改观。见使者王子春谦恭站在一侧，再见带来的那些奇珍异宝，王浚的心情爽到了极点，这些本是属于皇帝的殊荣如今他王浚却在受用，真是一个特大的惊喜。

王浚心花怒放，理智却是没有丧失的，等欢喜过后，心中不免有了疑惑，便问王子春道：“石公亦当世英雄，据有赵魏。今乃向孤称藩，殊为不解。”

这王子春也不是简单人物，甚是能言善辩，早就料想王浚会如此问，腹中早有答案，只见王子春徐徐答道："石将军兵力强盛，诚如圣论，但因殿下中州贵望，威震华夷，石将军自视勿如，所以愿让殿下。况自古到今，胡人为上国名臣，尚有所闻，从未有突然崛起，得为帝王。石将军推功让美，正是明识过人，殿下亦何必多疑呢？"

这王子春话一说，王浚的几个幕僚便顺着王子春的话应承一番，王浚的怀疑便去了大半。原来，这王子春是个社交高手，来到王浚处，便已经将王浚什么的幕僚贿赂了一番，拿了人家的好处，自然要替人家说好话，也就是张张嘴的，耍耍嘴皮子的功夫，这有何不可呢。可是他们不知，虽是动动嘴的事，后果却很严重。

还有一件事情，让王浚对石勒的好感与信任直线上升，那就是王浚的一个部属游统，因为不得王浚重用，便去投靠了石勒。这石勒若是平时肯定会欣然接受，但是，今日见游统，不免心有一计。

石勒令人将游统杀掉，并将游统首级交给王浚，王浚见石勒如此，便相信了石勒归附的事实。石勒的计划一步步实施着，王浚也一步步走入石勒的陷阱中。

这日，石勒命人送来书信，心中希望王浚能够早登大典，并乞求来幽州参加王浚的登基大典。对于当皇帝，王浚早就迫不及待了，此时又有石勒的支持与幕僚的煽风点火，便再也忍不住，准备起登基事宜。

这年是建兴二年（公元314年），初春，万物复苏的时候，王浚的登基大典将要举行，石勒领兵北上，前往幽州参加大典。

王浚摆下盛宴，准备为石勒接风洗尘，幕僚提醒王浚应当做好两手准备，以免石勒有变，王浚听了愤怒难当，手下人便不敢进言了。当石勒的大军一拥而入，王浚才从皇帝梦中清醒过来，但是，为时已晚，石勒已经领兵进入幽州，来到眼前，王浚皇帝没有做成，却做了俘虏，后被杀害。

安宁只是暂时的

石勒占据襄国，并以此为大本营，逐渐向外扩张，夺取了信都。眼见石勒日益强大，鲜卑、乌桓各部纷纷前来投奔。石勒在此逐步稳定，发展生产，征收赋税，设立太学，建立起了正常的统治秩序。

在石勒忙着扩充实力的时候，匈奴汉国刘聪也没有闲着，对于长安城，他仍然是贼心未死，况且，又听闻秦王司马邺在长安继承皇位，似乎有东山再起的征召，这就更加激发了刘聪的斗志。刘聪以中山王刘曜为将，以降将赵染为前锋，再次攻打长安。

刘曜手握重兵，且才智与武功兼具。刘曜自小父母双亡，是刘渊把他抚养长大，据史书记载，此人"性拓落高亮，与众不群。读书志于广览，不精思章句，善属文，工草隶。雄武过人，铁厚一寸，射而洞之，于时号为神射。尤好兵书，略皆暗诵"。刘曜文武全能，匈奴汉国的江山，他的功劳不容忽视。只是，这一次，这个文武全才却遭遇了重挫。

赵染在前，刘曜领主力浩浩荡荡奔长安而来。晋愍帝自从即位以来，便忙于战争事务，真是心有不甘。晋愍帝令麹允为冠军将军，在黄白城迎战，但是，实力相差悬殊，麹允与赵染大战几个回合，均遭遇失败，便向晋愍帝求救。

麹允，出身凉州世家大族，永嘉之乱之时，麹允任职安夷护军、始平太守。洛阳沦陷不久，南阳王司马模的部属赵染因欲望得不到满足而投奔匈奴，后竟然带着刘曜攻打长安。

在这样里应外合的攻势下，长安很快便沦陷，麹允便与索綝等人领兵投奔了贾疋，贾疋时任安定太守，这几人召集西晋残余，共谋恢复西晋。在他们的号召下，不愿意投降匈奴的州郡均加入到他们的行列中来，统归贾疋领导，一时之间，有众五万。

众人拥戴贾疋为平西将军，领兵前去长安，有了一个统一的号召，一路上又有不少士卒加入，声势更加壮大。而长安城内的百姓也多有不愿意投降匈奴者，便集结起来，共抗匈奴汉国。

刘曜在这样里应外合的攻势下，多次败下阵来，最后，实在不能驾驭长安城，便退兵回了平阳。贾疋收复了长安，不几，秦王司马邺入长安，被立为皇太子。后贾疋夺取雍城，被任命为雍城刺史。麹允一路跟随贾疋，在贾疋死后，继承了雍城刺史的职务。

晋怀帝在平阳被杀后，秦王司马邺便登上皇位，大封有功之臣，麹允因护长安有功，被任命为尚书左仆射、录尚书事。尽管结果不错但当时的战况还是很激烈。

麹允在与匈奴汉国军队大战几个回合以后，皆失败，便退回到黄白城内，筑起高高的壁垒，不肯出来了。赵染领兵督战，奈何易守难攻，根本就攻打不下。赵染本想舍弃黄白城，引兵直接入长安，刘曜却不应允，刘曜憋足了劲要将黄白城拿下。

麹允自知与匈奴汉国军队硬拼不过，便想以守为攻，将黄白城牢牢守住，消耗匈奴汉国有生力量，此法甚是有效，麹允站在城楼之上，对刘曜大喊大叫，骂得甚是难听。刘曜气得抓耳挠腮，却也拿他没有办法，二人对骂一番，刘曜气鼓鼓地败下阵来。

麹允像个缩头乌龟一样不肯出来了，刘曜攻城不下，气愤难当。被惹急了的刘曜被激发起了斗志，便命令士卒搭乘云梯入城。这云梯皆是木头所做，麹允便命令守城士卒，将棉被浇上油，将其点燃，火烧云梯。真是你有张良计，我有过墙梯，云梯上的匈奴汉国士卒被烧伤烧死者无数，就在这慌乱之时，城墙之上，万箭齐发，城外顿时乱作一团，死者伤者无数，匈奴汉国士卒皆不敢前来。

不甘心的刘曜又想出了挖地道的主意，刘曜让士卒趁着夜色暗地里挖地道，通过地道入城。然而，麹允早就有所防备，这挖地道的人刚刚一露头，便被城内士卒抓了去，如此一来，匈奴汉国士卒便不敢前进了。

一计不成，再生一计，这黄白城中粮草有限，麹允总不至于一直躲在城中。刘曜便想以断绝城中粮食供给的方式逼麹允出城迎战，此法不费一兵一卒，却是甚为有效。麹允被困于城中，眼见粮草将尽，将被困死于城中。而出城迎战，兵力不足，必败无疑，这便如何是好，无奈的麹允只有向晋愍帝求救。

却说麹允节节失利的消息传来，晋愍帝心中畏惧，恐抵挡不住，长安城被破便指日可待，便又命索綝为征东大将军，领兵前去援助。此时，长安城中兵力不足一半，若是此时敌军来袭，那真是岌岌可危。

然而，事情就是那么不顺心，害怕什么就来什么。对于长安城的这种情况，赵染看得十分清晰，他便对刘曜道："麹允索綝，先后继至，长安必定空虚，若往掩袭，一鼓可下。"听了赵染的建议，刘曜认为此法可行，便分给他五千精锐，让他从小道绕行，直入长安，刘曜则领兵与麹允、索綝周旋以掩人耳目。

一路上没有受到太多的阻挠，在这天夜里，赵染非常顺利地便来到长安城下，诚如他所预料的，长安城并无兵力可挡。此时正值夜里，夜幕笼罩，长安城内漆黑一片，伸手不见五指。

城外战乱响起，侍卫才知匈奴汉国军队来袭，卫士慌忙将酣睡中的晋愍帝唤起，晋愍帝身侧无人，一时之间也拿不定主意，慌张的他，急令侍卫往外去打探情形。不消一炷香的时间，侍卫来报，长安城尚且安全，城门还未攻破，此时正派兵支援，然而，长安城中留下来守城的士卒本就不多，这支援的士卒却也无处派遣。

晋愍帝以梁肃、竺恢为将出城迎敌，梁素为前锋，前去挑战，与赵染大战十个回合，大败而归。竺恢上前再战仍旧不敌，大败而归。这二人节节败退，退回城中。

晋愍帝心中不安，一夜未睡，命人燃起烽火，向周围求救，并亲临城门，一同抗敌。城外，赵染见城门守卫森严，一时之间也没有办法入城，便在城外留宿一夜，准备天亮攻城。然而，就在第二日，阿城守将麴鉴率领五千骑气势汹汹而来。

赵染一路行军而来，在长安城下又与守军作战多时，士卒不得休息，疲惫不堪，而麴鉴一到，匈奴汉国军队便是腹背受敌，如此一来，便难以逃脱了。想及此，赵染也不恋战，便领兵撤退。

却说刘曜这边只等麴允弹尽粮绝不是长远之策，毕竟拖延时间太长，必定会导致自己粮草供应不足而紊乱军心。刘曜便与部属商讨计谋，引麴允出城迎战。

这日，刘曜在营中大摆筵席，欢声笑语，对酒当歌好不快活，至入夜，三军皆大醉而归，且看那士卒，皆醉醺醺，席地而睡。这样的情形，若是有敌军前来偷袭，如何能迎战。

麴允、索綝二人正在商讨破敌之计，却听闻匈奴汉国营中的欢声笑语，便令人出去打探，这一打探才知，匈奴汉国将领与士卒正大摆筵席。等声音渐渐隐去，麴允又命人去打探，得知匈奴汉国将士均醉酒而睡。

麴允、索綝二人一商议，便要领兵出城，夜袭刘曜。麴允出城却有一股不祥的预感，刘曜素来谨慎，怎会如此大意，莫非这是他的计谋，有了这样的疑惑，麴允又与索綝商议，先派一支队伍前去探个虚实，若真是如此，便大军入敌营，若是有诈，便可来个内外夹击。

麴允令一支军队入敌营，匈奴汉国士卒，突然从醉酒中醒来，大开杀戒，却不知后面还有麴允、索綝率领的大队人马。结果可想而知，刘曜掉进了自己设置的圈套里。

此役让刘曜颜面尽失，攻城不得，却被杀了个措手不及，懊恼不已的刘曜无奈领兵回平阳，有好几个月不敢轻举妄动，关中暂得安宁。

开着羊车去投降

刘曜撤兵回平阳城，匈奴暂不敢再犯关中，关中得一时安宁，然而，在这片刻奢侈的安宁过后，一场更大的战乱袭来。西晋王室经历了一次又一次的动乱，根基一次一次被削弱，终于不堪忍受，走向了灭亡。

建兴四年（公元316年），刘聪以刘曜为大元帅，领兵十万，再次进攻长安。这年蝗灾横生，朝廷无粮可征，长安城可谓是凋零至极。刘聪将刘曜送出平阳城门，君臣各自嘱托一番，恋恋不舍地分开。刘曜领兵南下，一路上攻无不克，战无不胜，刘曜一路来到北地，北地太守麴昌战不过，便向晋愍帝求救。

晋愍帝接到北地急报，便令麴允为大都督，分兵三万，前去支援。却说这麴允领兵三万，前往北地，却在途中遇到一群逃难北地的百姓，打听之下，才知，北地已经沦陷。麴允一听此话，心中不免有些畏惧，刘曜有兵十万，而麴允却只有三万士卒，这样的悬殊，麴允哪里敢前去挑战。

麴允不再前行，掉头回兵。入得长安才知道，中了刘曜的计谋，原来，刘曜前往北地支援，刘曜害怕前后受敌，便传出假消息，让麴允信以为真，不敢前行。就在麴允回军的途中，北地的麴昌因孤立无援战死，全军覆没，北地被刘曜占领。

刘曜一旦攻破北地，便紧追麴允，麴允边退边战，被刘曜打得抱头鼠窜，狼狈逃回长安去了。刘曜一路追赶而来，破泾阳，入渭北，西晋将领不肯投降者皆被杀害。刘曜长驱直入，直奔长安。

长安被困，麴允、索綝无计可施，只能退守内城，等待奇迹的发生。晋愍帝向司马保求救，这司马保迟迟不肯发兵，在朝廷一催再催的情况下，才派胡崧出兵，这个胡崧作战英勇，却是个有心计的小人，为了个人利益，罔顾国家利益。

胡崧领兵在灵台大破刘曜，灵台距离长安只有四十里，若是胡崧能够乘胜追击，必然能够解除长安困境。然而，此人与麴允、索綝向来不和，唯恐长安之围解除以后，麴允、索綝二人再次把持朝政，抱着这样的想法，胡崧没有乘胜追击，反倒是驻守不动，观望起来。

这个胡崧真是个糊涂人，在这样的危难时刻仍想着为个人谋取私利，却不知这唇亡齿寒的道理。长安一旦被攻破，单枪匹马的他，如何与匈奴汉国的十万大军相对抗，那时天下也不会有他的立足之地。

救兵不来，而城中的粮草已尽，在这弹尽粮绝的时刻，晋愍帝只能吃麦饼煮成的粥为生，而这已经是最为奢侈的东西了。朝中大臣只能以挖野菜为生，那些百姓就可想而知了。关于长安城的情境，史书是这样描述的："内外断绝，城中饥荒，米斗值金二两，人相食，死者大半，亡逃不可制。"这样的境况，真是惨不忍睹。

面临这些，仍有人想要从中谋取私利。索綝见长安城被攻破指日可待，便想从中捞取利益，便令他的儿子去见刘曜，对刘曜说："今城中之粮犹足支一年，未易克也，若许索綝为车骑将军、开府仪同三司、万户郡公，便献城以降。"

长安城中境况如此，索綝竟然能够教唆他的儿子如此大言不惭地说出这样的话来，西晋有如此臣子，怎能不亡。

刘曜最看不起的就是这样的人，这个人现在如此，他投降以后，难保不会用同样的方法来对付你，毕竟江山易改本性难移。大怒的刘曜说了一段话，一挥手，便将索綝的儿子杀掉了，并将尸体送还索綝，真是大快人心，对待这样的人，理当如此。至于刘曜的这段话，是这样说的：

"帝王行师，所向惟义，孤将兵十五年，未尝以诡计败人，必待他兵穷势竭，然后取之。今索綝所言如此，天下无论何国，若不讲忠义，乱臣贼子，人人得而诛之。如军粮果未尽者，便当勉力固守；如其粮竭兵微，便应早知天命！"

却说晋愍帝整日吃粥来饱腹，不出几日，却到了连粥都吃不上的地步。这晋愍帝年仅十七岁，不过是刚刚理事的年纪，何时受过这样的委屈与屈辱。更见长安城内凄凉景象，便再也无法忍受这样非人的折磨。

男儿有泪不轻弹，只是未到伤心处，看来，晋愍帝是伤心了，看他哭着对麴允痛诉："今穷厄如此，内无粮草，外无救援，不如忍耻出降，以活士民。"

晋愍帝的这番话，说出了大多数人的心声，多有附和之声。然而，朝中仍有忠义之士，御史中丞冯翊吉朗便是一例，他的想法是："长安内外，尚有兵数万，若势穷力极，祸败必至，便当背城一战，同死社稷，岂可轻弃祖先之业？"

晋愍帝仍然有他的坚持与想法："今守城之兵数日无食，日有饿死之人，虽然有心，也已无力，灞上之兵又观望不进，秦中、江南之兵，朕已不望，死于社稷，是朕事也。然念将士暴离斯酷，今欲因城未陷为羞死之事，庶令黎元免遭屠烂之苦。行矣遣书，朕意已决。"晋愍帝此话一说，既然是为黎民百姓，为将士，哪里还有反对的声音，这样投降的共识便达成了。

在古代，有一套专门的帝王投降仪式，那就是“乘羊车、肉袒，衔璧，舆榇，出东门降”。投降的共识达成以后，晋愍帝亲笔写下了投降文书，令人将其交予刘曜。

这一天，群臣将投降所用礼节备置齐全，晋愍帝乘着羊车，露着胸脯，嘴中含着玉，大开城门，缓缓往刘曜大营而去。身后群臣跟随，皆神色忧郁，这样的场面不能不让人动容。

御史中丞冯翊吉朗性格倔强、有忠义，这么硬朗的一个汉子，竟然也忍不住掩面而泣。情绪稍作稳定，只见他走向晋愍帝，叩首后，便向撞向了城门上的石柱，当即头破血流，不几便气绝身亡，却是死不瞑目，眼中尽是哀伤。

朝臣见此景，皆大惊，不免对吉朗所做充满了敬佩之情，但是，能够效仿吉朗殉国却是做不到的。

刘曜见晋愍帝来降，欣然接受。晋愍帝连同群臣皆被送往平阳，犹如前任皇帝晋怀帝一样，晋愍帝跪在刘聪面前叩头谢不杀之恩，这样的屈辱在旁人看来已经难以忍受了，就不要说晋愍帝心中作何感想了。作为臣子的麴允见晋愍帝如此，再也隐忍不住，自杀而亡。

建兴四年（公元316年），刘聪在光极殿会宴群臣，也像对待怀帝那样，命令愍帝穿上青衣，替大家斟酒、洗怀，甚至在自己小便时，命令愍帝替他揭开便桶盖。陪伴晋愍帝同来的晋朝尚书郎辛宾见皇上如此受辱，失声大哭。事后，刘聪担心如留着愍帝，晋人复国之心不灭，就派人杀死了愍帝。

至此，西晋灭亡，这一年是建兴四年（公元316年）。

第五卷

疯魔东晋：枭雄无数患成灾

第一章　南渡北归：这条路很难走

晋朝有了新生命

愍帝被害的消息很快就传到了建康，晋王司马睿的文武百官都纷纷上书，请司马睿立即称尊。司马睿遂下令大赦，改建武二年为大兴元年。但是，在朝臣的一片劝进声中，周顗的弟弟，奉朝请周嵩却递入一笺，谏阻登基。周嵩以为现在正值多事之秋，不如秣马厉兵，伺机北伐，将刘聪等人逐出中原之后，再称帝不迟。

这话说得义正词严，弄得司马睿也下不来台。王导遂进言替司马睿解围，大意就是先使四海有主，再行北伐。司马睿既然得到了王氏的支持，也不做扭捏之态了，便决意登基，即皇帝位。而对于之前大唱反调的周嵩，司马睿就把他打发出建康，让他担任新安太守，离开了政治中心实际上就是遭到了贬职。

司马睿接受百官朝贺之后，却做出了一件十分突兀的事情：司马睿让王导和他共坐御床。御床是只有皇帝才能坐的，王导推辞再三，说道："若太阳下同万物，苍生何由仰照。"《世说新语·宠礼》中记载王导的话说得更加直接："使太阳与万物同晖，臣下何以瞻仰？"如果太阳跟万物一模一样，没有什么区分，那天下苍生要仰照谁呢？司马睿这才罢议。东晋的开国皇帝如此礼遇王导，不敢以臣僚视之，所以当时有人说道："王与马，共天下。"王导为司马氏在江南奠定了帝业，琅邪王氏由此和东晋皇室司马氏，开启了持续百年的门阀政治的格局。

当时除了"王与马，共天下"这句谚语外，还流传着这么一句童谣："五马浮渡江，一马化为龙。"这五马是琅邪王司马睿、西阳王司马羕、南顿王司马宗、汝南王司马祐和彭城王五人。琅邪王司马睿是司马懿的第五子司马伷之子；西阳王司马羕和南顿王司马宗都是司马懿的第四子汝南王司马亮的儿子；而司马祐的父亲司马矩则是汝南王司马亮的长子。

至于这个彭城王是谁，是有些分歧的，当时的彭城王是司马雄，也有人认为童谣中所指的彭城王是司马雄的弟弟司马纮。但是《晋书·彭城穆王权传》记载："子元王植立……遂以忧薨。子康王释立……薨，子雄立，坐奔苏峻伏诛，更以释子纮嗣。""建兴末，元帝承制，以纮继高密王据。及帝即位，拜为散骑侍郎……雄之诛也，纮入继本宗。"很明显，司马纮在南渡之初是由司马睿做主，过继给了高密王司马据。而在多年后的苏峻之乱时，司马雄因为投降叛军而被处死，司马纮这时才得以成为彭城王。

其实永嘉之乱以后，南渡的司马宗室远远不止这五个人，还有梁王司马翘、河间王司马钦、谯王司马承、通吉侯司马勋和司马流。河间王司马钦是司马释的儿子，和司马雄、司马纮是兄弟。当时在八王之乱，司马释被任命为南中郎将、平南将军，与荆州刺史刘弘同镇荆州。在永兴二年（公元305年），东海王司马越起兵讨伐河间王司马颙时，刘弘将彭城王司马释逐至宛城。司马释在永嘉三年（公元309年）死后，其三子司马雄、司马纮、司马钦可能不久就渡江南下了，《晋书·河间王颙传》中记载："建兴中，元帝又以彭城王释子钦为融嗣。"实际上，司马钦的王爵，正是在这时才获得的。

相似的情况也发生在司马翘的身上。因为梁王司马肜没有儿子，晋廷就让琅邪王司马伷的二儿子司马澹，把他的儿子司马禧过继给司马肜为孙子。后来，司马禧与司马澹都被石勒所俘虏。司马睿在江南时，又改立司马羕的儿子司马悝为司马肜的孙子，但是司马悝却早死。这时司马禧的儿子司马翘却从北方那里逃了出去，南奔建康，司马睿遂立司马翘为梁王。史称，梁王"自石氏归国得立"。

司马承是司马懿的六弟谯王司马进的孙子，在南渡前，谯王承曾"拜奉车都尉、奉朝请，稍迁广威将军、安夷护军，镇安定。从惠帝还洛阳，拜游击将军。永嘉中，天下渐乱，间行依征南将军山简，会简卒，进至武昌。元帝初镇扬州，承归建康。"河间王颙自元康九年（公元299年）至光熙元年（公元306年）一直镇守关中，而谯王承这期间在安定做官，自然是司马颙的属下。司马颙失败后，谯王承就来到了荆州，依附于山涛之子山简。山简死于永嘉六年（公元312年），谯王承不久之后便东下建康了。

而司马睿能够从数"马"之内脱颖而出，一跃成"龙"，更是因为之前他在江东十年的经营，为晋朝保存了半壁江山。若不是当年八王之乱后，司马越派他镇守江南，他也就没有登基称帝的资本。司马睿在王导诸人的辅佐下，取得了大多数江东世族的肯定，使他在江南逐渐站稳了脚跟。但是不愿意和司马睿合作的世族大有人在，义兴周玘就对南下的司马氏宗室抱有怀疑的态度。

周玘的父亲，就是"除三害"的周处。当年武帝在位时，周处和梁王司马肜一起讨伐秃发树机能，梁王公报私仇，令周处孤军抵御强敌，导致周处战死沙场。或许因为这层关系，周处死后，周玘在西晋屡次不应州郡征召。周玘在江南一带声望极高。之前石冰、陈敏作乱，都是周玘联合江东世族一起讨平。还有一个挟持吴国末代皇帝孙皓的儿子孙充造反的钱璯，也被他用乡里义兵平定。这就是有名的"三定江南"。

周玘每次打完仗，就解散部队，从他这一点来看，似乎只是为了安定江东乡土，不是为了晋室办事。因为周玘掌握着一部分武装力量，司马睿对他也颇为忌惮，不敢重用。周玘郁郁不得志。建兴元年时，周玘为吴兴太守，与琅邪王司马睿的亲信刁协又有矛盾。他自思自己对司马睿既无推戴之功，自己又没有得掌朝政，政权反为北人所垄断，于是想发动吴人叛乱，杀掉诸位当朝执政大臣，改用南方人士。

司马睿发觉周玘的密谋后，也不敢采取公开镇压的办法，便改授周玘为建武将军、南郡司马。紧接着，等他动身准备前往南郡之时，又改任为军咨祭酒，撤掉了周玘的实权，只给了他一个闲官。周玘这时候知道自己的密谋已经泄露，遂忧愤而死。临终前，周玘对儿子周勰说："杀我者诸伧子，能复之，乃吾子也。"伧子是南人对北人的蔑称，可见周玘对于北人执掌政权，而南人不得参与政事这点有多愤恨了。

司马睿和王导明知周玘是要造反，但是在他死后，仍然给周玘的谥号为"忠烈"。司马睿和王导希望争端就此收场，但是事情并没有结束。周勰念念不忘父亲的遗言，便令吴兴功曹徐馥诈传自己的叔父，丞相从事中郎周札的命令，起兵讨伐王导、刁协。徐馥家里本来有部曲，加上响应的江东土豪，集结了好几千人。

建兴三年（公元315年）正月，徐馥杀死吴兴太守袁琇，发动事变。吴国末代皇帝孙皓的族人孙弼也在广德起兵，与他呼应。他们打算拥周札为主，周札这时因病待在义兴，听说这个消息后大惊失色，连忙去告诉义兴太守孔侃。周勰见叔父反对，就没敢再进行一下步。

徐馥集结的本来就是乌合之众，此时他们见情况不妙，便倒戈杀死了徐馥，孙弼也被地方官镇压。事变似乎可以结束了，但是周氏族人周续又在阳羡起兵。建康得讯，司马睿想要发兵讨伐，王导认为少发兵是不能平定这场叛乱的，要是多发兵建康就很空虚。

于是王导派周续的族兄周莚带一百名力士，去阳羡平乱。周莚连夜赶路，到了阳羡见到周续后，只说同去见太守，有要事相商。等到了府里，周莚喝令郡吏吴曾，在座上就把周续杀死。这场因义兴周氏而引起的事变才就此结束。司马睿对周勰也不追究，周勰见所谋未遂，“失志归家，淫侈纵恣，每谓人曰：‘人生几时，但当快意耳！’”

司马睿坐稳皇帝位之后，渐渐感觉到王氏的势力过大，“王与马，共天下”的谚语让司马睿觉得很不是滋味。更为重要的是，在长江上游，建康的门户，此时是为王导的族兄王敦控制着。司马睿不满内外皆为王氏左右的局面，他试图收回本应属于他的皇权。

鹿死谁手不一定

王敦起兵前，曾上书朝廷，要求将自己部下在扬州的家属接到荆州。王敦此举分明是为了试探元帝，如果司马睿同意这一要求，自己不仅可以收买人心，而且方便日后起兵时自己的将士没有后顾之忧；如果司马睿拒绝，就可以借此煽动将士的不满，为起兵寻找借口。司马睿在接到了王敦的上书以后，也不知道该怎么办，就召集刘隗、刁协等人紧急磋商，最后认为王敦既然反叛之心已露，不如拒绝王敦的要求，以王敦部下的家属为人质，拖延他的反叛时间。

王敦见朝廷拒绝了自己的上书，就立即与自己的两位亲信钱凤和沈充秘密磋商，决定让沈充在吴兴起兵，骚扰建康东面。吴兴沈氏与义兴周氏都是江南的武力强宗，当时所谓“江东之豪，莫强周、沈”，而沈充家境十分富裕，这也为王敦的起兵奠定了强大的物质基础。《晋书·食货志》记载：“晋自中原丧乱，元帝过江，用孙氏旧钱，轻重杂行，大者谓之比轮，中者谓之四文。吴兴沈充又铸小钱，谓之沈郎钱。”沈充能够自己造钱，足以说明他的经济实力了。义兴周氏周访本来和王敦势不两立，但周访死后，王敦就拉拢了他的两个儿子，让他们成为了自己的爪牙。

但是在王敦集团的内部，并不是没有反对的声音。王敦的参军熊甫料到王敦将有异图，便从容劝说王敦要远离小人，王敦就问道：“小人是谁？”熊甫不答，向王敦告退后就辞官远走了。记室参军郭璞，在大将军掾陈述去世时，郭璞知道王敦将有逆谋，便在吊唁陈述的时候，恸哭失声，边哭边说：“嗣祖嗣祖，谁能知道你这不是福气！”嗣祖是陈述的字。除了熊甫和郭璞，还有王敦的长史羊曼和谢鲲，也都敏锐地觉察出王敦的图谋，因此，两人整天喝得人事不省。等王敦将要起兵时，去问谢鲲的意见，谢鲲说：“刘隗诚然是祸首，但是，城狐社鼠。”意思就是刘隗就像居住在城墙内的狐狸，不能用水去灌，以免城墙塌陷；像是祭坛中老鼠，不能用火熏，以免发生了火灾，如果出兵的话，要顾及皇帝，投鼠忌器。

就是在王氏家族的内部，也对王敦起兵有异议。豫章太守、广武将军王棱，看到自己的从兄王敦渐渐跋扈，就经常劝说王敦，言语切直，王敦就对他怀恨在心。当初在荆州发动叛乱的王如投降王敦以后，王棱因为喜爱王如骁勇，就收到了自己的帐下。后来，王如匪性难改，经常与王棱的部将斗射角力，王棱见此大怒，曾经杖责王如，王如深以为耻。

王敦听说以后，就让人挑拨王如，劝王如找机会杀掉王棱。王如就在一次酒宴中，借机舞剑助兴，慢慢靠近王棱，王棱发觉情况不妙，连呼左右将王如拉出，可是，还没等卫士缓过神来，王如已上前将王棱杀了。听到消息的王敦，假装十分吃惊，命人追捕王如，杀死了王如灭口。

因为王敦的老巢在武昌，为了解除后顾之忧，早在起兵之前，王敦就已经派人与镇守襄阳的甘卓联络好了，甘卓也答应率军与王敦一起，去建康“清君侧”。而在武昌南面的湘州，虽然荒残，王敦也预先将司马承在湘州的船只征调了一半到武昌，但是王敦还是对司马承不放心，就派人说服他。司马承对王敦的使者说道：“吾其死矣！地荒民寡，势孤援绝，将何以济！然死得忠义，夫复何求！”一口回绝了王敦。

王敦见司马承态度坚决，就派自己的表弟，南蛮校尉魏乂率两万精兵进攻长沙，牵制司马承。岭南的陶侃虽然有实力，但是因为离建康较远，鞭长莫及，王敦也不在意。一切准备就绪，王敦遂起兵东下，沈充也在吴兴响应王敦。王敦任沈充为大都督、督护东吴诸军事。王敦的哥哥、光禄勋王含听说王敦起兵，就逃出了建康，投奔王敦。

元帝得讯大怒，立即下诏：“王敦恃宠生骄，敢肆狂逆，疏言无礼，意在幽囚朕躬。是可忍也，孰不可忍！今亲率六军以诛大逆！”并征召戴渊、刘隗率兵入卫建康，封周处之孙、周札侄儿周莚为冠军将军、都督会稽、吴兴、义兴、晋陵、东阳军事，率水军三千人去吴兴讨伐沈充。

这时候先前依附王敦的甘卓老毛病又犯了，开始首鼠两端。当年陈敏之乱时，甘卓与陈敏是儿女亲家。可在顾荣等人的劝说下，他又背叛了陈敏，导致陈敏被杀。王敦出兵之前，曾经派人和甘卓联络，甘卓本来答应得好好的，可是等王敦发布了讨伐刘隗的文书，甘卓却派来参军孙双，劝说王敦不要东下。王敦一听甘卓要退，大怒说此行只是去除掉奸臣刘隗，你赶紧回去跟甘卓说，事成之后，我保他做三公！孙双快马回到襄阳转达了王敦的意思，甘卓思来想去，还是举棋不定。有人向甘卓献计说不如先假装同意王敦，等王敦兵到建康的时候，再起兵讨伐他。甘卓就说：“我过去在陈敏之乱的时候，就是先追随，后来相图，人们就说我反复无常。如果现今我还这样，那谁还能证明我的本心呢？”

司马承见到甘卓犹豫不决，就派主簿邓骞前往襄阳去游说甘卓。邓骞见到甘卓后，就对他说：“刘隗虽然失去人心，但是他不是祸害天下的罪魁祸首。王敦因为一点私人恩怨，就向京师举兵，现在正是忠臣义士尽忠报国之时。你为封疆大吏，如果讨伐叛逆，就可以立下齐桓公、晋文公一样的功业。”

甘卓听后大笑，说齐桓公、晋文公那样的功业，自己的能力是达不到。我再想想该怎么办吧。甘卓的参军李梁向甘卓献策：“不如暂时按兵不动，如果王敦成功了，肯定会委以重任；如果朝廷胜利了，必定会让您代替王敦的位置。”同时举出东汉初年，窦融保河西的例子来。邓骞反驳，说东汉光武帝刘秀创业之初，隗嚣、窦融二人割据一方，尚可以从容观望。但是今非昔比，如果王敦取胜，回到武昌，增加石城的守军，断绝来自荆州和湘州的粮草，该怎么办？况且身为人臣，国家有难，坐视不救，难道就会安心么？

邓骞看甘卓还是满腹狐疑，继续劝说道：您现在既不发动义举，又不接受王敦的指挥，大祸肯定会到来，这一点，不管是聪明人还是傻瓜，都看得出来。如今王敦身边的兵力不过一万多人，留守武昌的不会超过五千，而你现有的部队已经是他的一倍了。况且你是以顺讨逆，留守武昌的王含怎么能是你的对手？王敦部队现在已经顺流而下，没法再逆流而上，进行自救，拿下武昌，易如反掌。武昌一旦拿下，利用他的粮草武器，荆州江州都会平定，再像当年吕蒙攻下关羽的江陵那样，安抚王敦部队的家属，必然会使王敦部队土崩瓦解。

就在此时，王敦为了进一步说服甘卓，使他下定决心追随自己，便派遣自己的参军乐道融前往襄阳。结果这个乐道融却有“国士之风”，虽然身为王敦的幕僚，但是却怀有忠义之心。当乐道融抵达襄阳以后，针对王敦起兵的借口逐一进行了批驳，劝说甘卓不要助逆。在乐道融和邓骞两人的劝说下，甘卓转疑为喜，说道：“君言正合我意，我志决了。”于是，甘卓公开发布了讨伐王敦的文告，数王敦的罪状，派遣巴东监军柳纯、南平郡太守夏侯承、宜都郡太守谭该等十余地方官联名声讨王敦，并率领本部人马东下讨伐王敦。甘卓另派参军司马赞、孙双一起携带奏章，前往建康报告，又派遣罗英到广州约请广州刺史陶侃，同时进军。

广州刺史陶侃接到了甘卓的书信后，立即命令参军高宝领军北上。武昌的守军听到甘卓即将南下的消息大为惊慌，就是王敦听说后方警报，也觉惊心，立即命令王含固守武昌。当时驻守合肥的征西将军戴渊看到了甘卓的奏章后，立即转呈给元帝司马睿。司马睿大喜过望，立即下诏加封甘卓为镇南大将军，侍中，都督荆州、梁州诸军事，荆州牧，陶侃为广州刺史、平南将军、都督交、广二州军事，兼领江州刺史。似乎一瞬之间，情形得以逆转了。

要玩就玩大的

此时身在建康的王导，又是怎么一副情形呢？王导领着自己的堂弟，中领军王邃、左卫将军王廙、王廙的弟弟王彬、被王敦所害的王棱的弟弟王侃等王氏家属二十多人，每天早上都站在皇宫门外等待处罚。顾和很关心王导，但又怕说错什么话惹来麻烦，就写道：“王光禄远避流言，明公蒙尘路次，群下不宁，不审尊体起居何如？”含蓄地表达了对王导的关心。

有天早上，尚书周顗入朝办事，王导在宫门前向他呼喊：“伯仁，我一家老小一百余口的性命都交给你了！”结果周顗连看都不看王导一眼，就径直进了宫。周顗进宫以后，竭力在元帝司马睿面前述说王导的忠诚。此时的司马睿也是很犹豫是否彻底与王氏决裂。周顗最终说服了司马睿。周顗在宫中与司马睿喝得酩酊大醉，一摇一晃地走出宫门，而此时的王导一家还在宫门外等待处分，他再度向周顗呼喊，想询问结果。然而，再次出乎王导意料的是，周顗还是不予理睬。

王导看到周顗竟翻脸不认人，暗暗切齿。周顗回到家中，仍然担心元帝对王氏的态度会动摇，于是，他又给司马睿写上奏疏，言辞恳切地说明王导的无辜，请求司马睿在王敦与王导之间划清界限，不要牵连所有的王氏子弟。司马睿这才打消了对王导的疑虑，命人送还王导朝服，并于宫中召见。王导跪地叩首，说：“逆臣贼子，何代无之，不意今者竟出臣族！”元帝闻言连忙下座，光着脚走到王导身边，扶起王导，表示绝对相信他的忠诚。永昌元年（公元322年）四月，元帝下诏，以王导为前锋大都督，以戴渊为车骑将军，共讨王敦。同时，又下令征虏将军周札守建康石头城，以刘隗统军守金城。元帝身穿甲胄，亲自出城巡示诸军，表示御驾亲征的决心。

王敦这边，他所派遣的南蛮校尉魏乂已经逼近了湘州刺史司马承的治所——长沙。当时长沙的城墙修建尚未完工，粮草也十分缺乏，听闻王敦大军将至，人心惶惶。司马承的手下建议不如南逃到零陵郡或者桂阳郡，暂避魏乂的锐气。司马承回答，自己举起义旗，就是要以死报国，怎能苟且偷生，做望风而逃的败将。即使不能成功，也要让天下人知道自己的忠心。

司马承令手下将士绕城修筑堡垒，严密防守。甘卓本来想将司马承派来的邓骞留作参军，与其一起东下，不过邓骞却以家中尚有老母为由谢绝了，于是，甘卓就派邓骞与参军虞冲一起回到了长沙，让司马承继续坚守，并声称自己将从沔口出兵，断绝王敦的归路，这样，长沙之围自然就解除了。但是，等到魏乂的军队抵达了长沙城下时，依然不见甘卓的援军。司马承就给甘卓回信，说中兴草创艰难，不想恶逆竟然出于宠臣。我司马承贵为宗室，突然承受如此重担，虽然万分艰巨，但是我只想尽我的忠心。如果足下能够立即派兵支援，长沙可能还有救，如果仍然满腹狐疑，那你就到死鱼铺子里去找我去吧。末了，司马承写道："书不尽意，绝笔而已。"这八个字显示了当时长沙的危急情况，透露出了司马承对甘卓的失望和谴责。

魏乂带领的是两万精锐甲士，而司马承身边的多为从湘州各郡赶赴的义从，缺乏训练，没有铠甲兵器，城内军粮也不足。春陵令易雄带来了数千义从，与敌人奋战，"士卒死伤者相枕"。司马承的司马虞望，领兵出城交战，也互有杀伤，连战数次，虞望中箭身亡，长沙城内又陷入了混乱。

司马承看到形势已经到了千钧一发的危急关头，遂派遣从事周崎与宜都内史周级的侄儿周该，一同越城向周级求救。结果两人在城外都被魏乂的巡逻兵抓获，魏乂派人问他们究竟是去何处求救，周崎回答谯王让我们去外面求救，让我们俩自己决定，没安排固定的去处。魏乂怎么能相信，便把周该暂且关押下来，对周崎说让他传话，周崎表面上答应，等魏乂率众牵着周崎来到长沙城下时，周崎大声喊道："敦军惨败，甘安南克武昌，可速解长沙之围！"恼羞成怒的魏乂赶忙把周崎拉回军营，将其杀死。又严刑拷打周该，但是一直到把周该打死，周该也没有说出向周级求援的事，周级也因此未被牵连。

王敦知道拖得越久对自己就越不利，于是他也不顾后方不稳的情况，下决心率兵东下直攻建康。王敦一开始是打算要先进攻驻守在金城的刘隗，王敦的部将杜弘就对王敦建议说，刘隗手下的壮士很多，不容易迅速击败，不如先进攻石头城。周札此人对下属刻薄少恩，部队不愿意为他卖命，如果前去进攻他，肯定能够一举攻下。一旦周札被击败，金城的刘隗自然就退却。

这杜弘是当年杜弢之乱时杜弢的属下，杜弢失败后就投降了王敦。王敦遂采纳了杜弘的建议，任命杜弘为先锋，率领部队前去攻打石头城，两下交兵，周札的部将奋威将军侯礼战死，周札见势不妙，立即打开城门投降了王敦，建康的门户石头城就这样被王敦顺利占领了。王敦军拿下了石头城，建康的西门洞开，攻陷建康只是迟早的事了。

王敦登上石头城，俯瞰着建康，不禁叹息一声。这是王敦与元帝的第一次短兵相接，自己的忤逆行为成为了现实，王敦知道这肯定会遭到后世的唾骂。石头城失陷后，元帝立即乱了阵脚，他命令京师的所有部队全部出动，发誓要夺回石头城。于是，各路部队开始向石头城发起进攻，刁协、刘隗、戴渊各自率领部队与王敦军接战，均被打得大败；接着，王导、周顗、郭逸、虞潭等悉数出战，也均遭败绩，建康城能用之兵几乎损失殆尽。太子司马绍听说以后，不禁怒火中烧，想要率领卫士亲自出战。太子中庶子温峤赶忙劝说，司马绍这才停了下来。

刁协、刘隗被王敦打败后，狼狈逃回，与司马睿在太极殿的东殿相见，司马睿见到二人痛哭流涕，劝令他们赶紧逃难。二人纷纷表示："臣当守死，不敢有贰。"司马睿命令手下给刘隗与刁协二人准备马匹，让他们各自逃命。刁协年事已高，骑不了马，又素无恩信，招募来的随从走到半道，就一哄而散，只剩下刁协一人，走到江乘时，被人所杀，传首王敦。王敦听任刁协的家人将其收葬。司马睿对刁协之死十分痛惜，后来秘密派人将杀死刁协之人捕杀；刘隗则逃到了淮阴防地，遭到了北中郎将、兖州刺史刘遐的袭击，刘隗无奈之下只得带领家属、亲随二百多人向北投奔石勒，石勒就任命他为从事中郎、太子太傅。

元帝司马睿在与王敦的对决中彻底失败了。刁协伏诛，刘隗北走，王敦本该入宫面君才对。但王敦“拥兵不朝，任士卒劫掠，宫省奔散”，元帝身边只有安东上将军刘超率领部下宿卫宫中，和两位侍中陪伴着左右。

刘超是琅邪的旧臣，对司马睿忠心耿耿，他本来在服父丧中，因为王敦之变，司马睿特意下诏让刘超赶到建康。司马睿看到京畿之地，王敦和他的属下为所欲为，既愤怒又无奈地对左右说他王敦想得到皇位，何不早说，何苦这样残害百姓。元帝脱掉戎装，身着朝服，派人向王敦传话：“公若不忘本朝，则天下尚可共安；如其不然，朕当归琅邪以避贤路。”司马睿俨然做好了离开皇帝位的准备，立国仅六年的东晋政权就这样拱手让人了吗？

臣子很跋扈，皇帝很无奈

元帝司马睿既然已经表达了可以退位的意思，王敦这时候完全可以乘势幽禁废掉司马睿，但是他并没有这么做。王敦没有搭理司马睿，司马睿也很无奈，只得命公卿百官齐去石头城拜见王敦。王敦与众臣见礼已毕，居于上座，就戏问前日的手下败将戴渊道：“前日之战，有余力乎？”戴渊坦言：“岂敢有余，但力不足耳！”王敦又问：“吾今此举，天下以为如何？”戴渊不卑不亢，语带讥讽地回答道：“见形者谓之逆，体诚者谓之忠。”王敦笑道：“卿可谓能言之人。”（《晋书·戴若思传》）

戴渊此人，是吴地的数世强宗。“有风仪，性闲爽，少好游侠，不拘细行”。当年陆机带着数船行李去洛阳，戴渊与同行的人看见了，就有意前去抢劫：“戴渊登岸，据胡床，指麾同旅，皆得其宜”。陆机在船上望见，知戴渊非一般人，对戴渊说道：“卿才气如此，怎会做此盗贼之事！”戴渊闻言感悟，遂与陆机成为挚交。

问完戴渊，王敦又转头向周顗埋怨道：“伯仁，卿负我！”周顗依旧一脸不在乎：“公戎车犯顺，下官亲帅六军，不能成功，使王师奔败，以此负公！”这话说得王敦也无从回答。周顗“少有重名，神彩秀彻”，而且好饮酒，在西晋时，能日饮一石，过江后，日日沉醉，略无醒日，时人称周顗为“三日仆射”。有一次，周顗与一位刚从北方逃难来的老友对饮，两人喝掉二石酒，竟把对方活活喝死。初到江南时，王导曾与周顗豪饮，王导乘醉倚枕在他的腿上，指着他的肚子，戏问这里面有什么呢，周顗就豪语道：“此中空洞无物，然足容卿辈数百人！”。

王敦见到王导，埋怨王导道：“过去你不听我的话，非要立这司马睿做皇帝，你看看，咱们王家差点遭到灭门之祸！”元帝随后下诏任命王敦为丞相、都督中外诸军事、录尚书事、江州牧，封武昌郡公。司马睿知道王敦历来对太常荀崧十分敬重，所以就派荀崧去石头城拜王敦。

王敦这时候估计余怒未消，不给元帝丝毫的面子，“并让不受”。司马睿一看王敦不受封官，内心不安，他在广室殿召见周顗，问道：“大事渐息，二宫无恙，诸人平安，王敦无事否？”周顗说一切太平，但做臣子的安危，就不好说了。当时，护军长史郝嘏曾劝周顗避避王敦的风头，周顗慨然答道：“吾备位大臣，朝廷丧败，宁可复草间求活，外投胡、越邪！”我周顗是朝廷大臣，朝廷失败，我怎可在荒草中求活，外逃依附于胡越呢？

王敦在这场政治角逐中大获全胜，虽然没有废黜元帝，刘隗和也是刁协死的死，逃的逃，但是对于这些在建康的朝中大臣，王敦还是很不放心的，毕竟这些人当中大多都是司马睿的羽翼。王敦的参军吕猗，曾经做过尚书郎，戴渊当时为尚书，对此人非常厌恶，因而吕猗一直怀恨在心。吕猗就趁机对王敦进言："周顗、戴渊，这两个人都有很高的名声，足以蛊惑大众。如果不除掉此二人，还让他们执政的话，恐怕日后还要再次起兵，留下后患。"

王敦本来就对这二人颇为忌惮，不过，这二人一个为南人之望，一个是北人领袖，处理起来确实比较棘手。于是，王敦就先找到王导，试探着询问道："戴渊和周顗是南北之望，如果让他们做三公应该可以吧？"王导不答。王敦接着问："尚书令、尚书仆射之类总可以了吧？"王导依然沉默不语。王敦最后说道："如果这也不行的话，那就只有杀掉他们了。"王导还是没有吱声。于是王敦就派遣部将邓岳、缪坦前往逮捕戴渊和周顗。周顗死前大声疾呼："贼臣王敦，颠覆朝廷，枉杀忠良，神明有知，快诛杀此奸贼！"至死仍面不改色。后来王导检阅旧日文书时，方才看到周顗昔日救己的奏疏，王导拿着这些奏疏流涕道："我虽不杀伯仁，伯仁由我而杀，幽冥中负此良友。"

周顗和戴渊的被杀在当时引起了不小的波澜。王敦进驻石头城时曾经跟谢鲲说打算任命周顗为尚书令、戴渊为尚书仆射。在王敦逮捕周、戴二人的当天，王敦问谢鲲近来人心怎么样，此时谢鲲还不知道周、戴二人已经被王敦逮捕，他趁机建言说，如果能重任周顗和戴渊，谣言自然会平息。王敦一听，怒骂道，这俩人已经抓起来了。谢鲲素来敬重周顗，听了这话，不知所措。王敦的参军王峤也苦谏王敦，王敦大怒，要杀了王峤，一时间没人敢站出来为王峤说话。直到谢鲲求情王敦才罢议。

司马睿派去慰劳王敦的王彬，是王敦的堂弟，王彬一向与周顗关系很好，他到石头城以后，先去城外吊唁周顗，恸哭之后才进城去见王敦。王敦看到王彬这幅情形感到奇怪，就问出了什么事，王彬就说因周顗之死而伤心，接着王彬又责备王敦说兄长你起兵冒犯陛下，杀害贤良大臣，图谋不轨，将要给我们整个家族带来灾祸！

王敦闻言大怒，大喊要杀掉王彬，当时，王导也在座，生怕王敦盛怒之下真的杀掉王彬，赶忙起来解劝，让王彬给王敦认个错，赔个礼。王彬说自从我患了脚病以后，见到天子我都不想下跪，更不用说现在了。况且，我说这话，还有什么好道歉的！王敦冷冷地说道你跪下来脚痛总比脖子痛要好些！

镇守襄阳的甘卓本来在乐道融和邓骞的劝谏下，率兵东下，他的军队一直前进到睹口。但是就在这时候，甘卓却命令大军停留在睹口，等待各军会合以后，再一同出击，可是，来自荆州各地的部队有远有近，一时间无法全部到齐，所以，甘卓就在睹口整整停留了几十天之久。这时候王敦已经攻破石头，进驻建康了。

睹口距离沔口不远，王敦的老巢武昌感到的压力也越来越大。王敦让参军甘印前去劝说甘卓。甘印是甘卓的侄子，见到甘卓后转达了王敦的意思。甘卓又一次动摇了。乐道融苦苦相劝，请求甘卓趁机攻下武昌，甘卓就是不听，乐道融不久就忧愤而死。

甘卓的数万大军驻扎在武昌附近，这一点让王敦仍然不放心。等王敦完全控制了建康后，就派人从皇宫中取出用来解斗的"驺虞幡"，命令甘卓退兵。甘卓已经听到了周顗与戴渊被害的消息，向甘印哭着说道自己所忧虑的，正是今日之事。过去每次得到朝中人士的书信，都关注胡人的进犯，不想朝中竟然出现了内乱。好在皇上和太子无恙，自己驻守在王敦的上游，他也不敢恣意危害朝廷。自己如果直接占领了武昌，王敦走投无路，肯定会劫持天子。不如暂时回到襄阳，再作打算。当即就命令回师襄阳。击败王敦的最后一点希望也由此破灭了。

当个皇帝很憋屈

回到襄阳后的甘卓，情绪越来越暴躁，有人劝谏，他就勃然大怒，想要杀掉那个人。有一次甘卓照镜子的时候，突然之间看不见自己的脑袋了，这让甘卓很害怕。主簿何无忌、功曹荣建，还有甘卓的家人都劝说甘卓要加强戒备，以免遭到王敦的暗算，但是甘卓还是不肯听劝，反而解散军士，让他们从事农业生产。

襄阳太守周虑为了讨好王敦，趁着甘卓熟睡之际，对甘卓的护卫亲兵谎称湖中鱼很多，让大家都去捕鱼，然后，率众把甘卓杀死在卧室的床上，将首级传给了王敦，并将甘卓的三个儿子悉数处死。王敦攻下石头城后不足一个月，甘卓就被杀了。甘卓死后，王敦任命自己的亲信，原梁州刺史周访的长子周抚都督沔北诸军事，接替了甘卓的位置。

这时候，湘州刺史司马承仍然率领部众在长沙苦苦支持。继司马虞望战死之后，衡阳太守刘翼也战死了。王敦见司马承不肯屈服，就让朝中的大臣给司马承和长沙城中的其他将领写信，告知建康已经陷落，以瓦解长沙守军的军心。果然，在坚守了近百日之后，长沙军民苦等甘卓援军不得，又得知建康陷落的消息后，都感到没有了希望，士气逐渐低落。很快，长沙城就被魏乂大军攻破。魏乂将司马承打入囚车，送往武昌。

司马承身边的人都四散奔逃，只有主簿桓雄、西曹韩阶、从事武延扮成奴仆，愿意跟随着囚车陪护司马承。与司马承一起被俘还有舂陵令易雄、司马承的长史虞悝。虞悝就是前次战死沙场的虞望的兄长。虞望曾杀死王敦的姐夫湘东太守郑澹，因此，虞悝自知难逃一死。当要被魏乂处死的时候，虞悝慨然答道："人生都有一死，全家能成为忠义之鬼，死而无憾！"

被魏乂所杀的还有司马承的主簿桓雄。魏乂看到桓雄进退有礼，觉得此人绝非奴仆，就把桓雄诛杀。而王敦怕再生意外，就让王廙派人把司马承杀死在送往武昌的途中。司马承死时年五十九岁。韩阶和武延将司马承的尸首收敛好，一直护送到建康，埋葬完毕才回到长沙。只有舂陵令易雄被送到了武昌，王敦派人将司马承起兵时，易雄书写的檄文拿给易雄责备易雄。

王敦当时没有杀掉易雄，而是把他放了。亲朋好友都向易雄道贺，易雄却笑着说昨晚梦见自己坐着车子，车子旁边挂着肉。有肉必有筋，筋就是斤。车旁有斤，那就是个斩字。恐怕自己也将不免了。果然不久之后，王敦就派人将易雄杀掉了。

司马承被杀以后，湘州刺史的位置就空了下来，本来元帝司马睿下诏让陶侃接任，但是王敦不同意。陶侃在王敦之乱中，被司马睿任命为江州刺史，并派高宝出兵，然而，高宝所部直到长沙陷落也没能抵达长沙。王敦知道陶侃有武略，不是司马承这些人可比，于是坚决不能让他在自己的掌控范围内横插一刀。在王敦的要求下，朝廷只好让陶侃继续做他的广州刺史，王敦为了安抚他，给他加了一个散骑常侍的虚衔。

陶侃也知王敦现在势力强盛，遂按兵养晦，徐做计较。而湘州刺史的位置王敦就任命给了南蛮校尉魏乂。魏乂拿下长沙以后，到处派人寻找邓骞的下落，邓骞的家人都为此感到担心，邓骞却主动去见魏乂，魏乂任命邓骞为湘州别驾，没过多久邓骞就托疾引归。

王敦内外事宜都处置完毕，更加跋扈，他最宠信的沈充和钱凤也鸡犬升天，凡有得罪沈、钱的官员，必死无疑，这二人"大起营府，侵人田宅，发掘古墓，剽掠市道"，使得士庶怨恨，皆望其早败为幸。

王敦之乱的影响非常大，可以说一定程度上左右了东晋的政治走向。司马睿企图打压门阀、恢复皇权的努力，付之东流，皇权不振、门阀政治成了东晋一朝的政治特色。而这场内乱也让东晋丧失了短期内进行北伐的基础，让偏安江东逐渐成为现实。“荆扬之争”也逐渐成为门阀世族对抗司马皇权的手段。荆州作为扬州的上游，又是北伐的出发点，重兵多集结在此。后世的世族经常效仿王敦先掌握荆州的权力，进而与东晋朝廷分庭抗礼的做法。

元帝司马睿内迫叛臣，外逼强寇，这时候虽然名为江左天子，实际上号令不出国门。面对跋扈的王敦，元帝无可奈何，遂致忧愤成疾，卧床不起。司马睿在弥留之际召入王导，嘱授遗诏，让他辅佐太子司马绍即位。不久之后，司马睿就病死了。元帝在位五年，年四十七岁，《晋书·元帝纪》说他“恭俭之德虽充，雄武之量不足”，也是确评。

司马睿逝世后，朝臣们先要给他议定庙号。王敦仍对死去的司马睿耿耿于怀，不愿意给予司马睿很高的庙号，就派人对大臣们说祖和宗的称号，就先免了吧。据《晋书·李矩传》的记载，当时匈奴刘汉经历靳准之乱时，司马睿曾经派遣太常韩胤去迎接晋怀帝、晋愍帝的棺材，但是，“未至而准已为石勒、刘曜所没”。可知实际上虽有奉迎之举，但并没有迎接回来，王敦所说就是指这件事。

太常荀崧认为根据礼法规定，祖是有功，宗是有德。元帝开启中兴，功过汉宣帝，因此，应上尊号为中宗。王敦本来对荀崧很敬重，打算加封其为司空，这时候一看看荀崧对司马睿这态度，王敦很恼火，但木已成舟，又不好再说什么，只能听任荀崧的了。而加封荀崧司空的事，王敦也就没再提了。

元帝的长子司马绍即皇帝位，是为明帝，当时司马绍年仅二十四岁。司马绍被立为太子还是经过一定曲折的。司马睿还是为琅邪王的时候，纳妃虞孟母，没有生下儿子，而司马睿一个地位低下的宫人荀氏却为司马睿生下了司马绍和司马裒。兄弟二人都由虞孟母抚养。除了这两个兄弟以外，司马睿的石婕妤为司马睿生下了司马冲，王才人生下了司马晞，郑夫人生下了司马焕和后来的简文帝司马昱。

据《世说新语》记载，司马睿登基以后，宠爱郑夫人，因而十分宠爱自己小儿子司马昱，打算废掉司马绍另立司马昱为太子。以周顗和王导为首的朝廷大臣都以为废长立少是错误的决定，况且司马绍聪明睿智，应该立为太子。而刁协却迎合司马睿的意思。司马睿本来想直接下诏改立太子，但是又担心周顗和王导反对。于是元帝就以商议军国大事为由，将王导、周顗、刁协等重臣招入宫中。

当王导、周顗刚进宫门的时候，却有宦官传话说让二人先到东厢暂且休息。原来司马睿想趁着二位滞留宫中之机，让刁协出宫传达诏书。周顗还不明白，正准备走下台阶回身，可王导却猜透司马睿打的什么算盘，他一把推开传达命令的宦官，直接走到司马睿的御床前质问司马睿，司马睿心里有鬼，被问得哑口无言，只得从怀中取出写好的诏书，狠狠地掷到一旁，自此，司马睿才不再提另立储君的事了。周顗叹息着称赞王导说自己经常说比王导能力强，经过今天这件事以后，才知道自己不如王导。

而这历经曲折，方才继承大统之位的年轻君主，刚一即位，就面临着强臣王敦在自己肘腋之间的情形，他该如何解决司马氏和王氏之间的矛盾呢？他能否夺回本该属于司马氏的皇权，完成父亲的遗愿呢？还是任由王敦在自己头上为所欲为，成为下一个元帝？

第二章　谁家天下：老王家的人笑了

野心家也有怕的时候

明帝司马绍登基后，改元太宁。接着，司马绍就特许王敦奏事不名、入朝不趋、剑履上殿。就是说王敦上表奏事的时候，不用署名，入朝见皇帝的时候，不用快步小跑，上殿的时候，不用解下佩剑，也不用脱下木屐。明帝还加给王敦黄钺、班剑，这些都是皇家仪仗，只有皇帝才能享有的待遇。难道司马绍刚即帝位就向王敦缴械投降，也要步汉献帝、齐王芳的后尘了吗?

实际上，明帝这么做是为了稳住王敦，毕竟自己刚刚上位，羽翼未丰，如果公然和王敦对抗，当然是没有任何胜算的。王敦一看明帝不但没有对己不利，还给予了自己这么多特权，于是，王敦于这年四月出建康，移镇姑熟。

王敦虽然出都了，但实际上并没有放松对中央政府的控制。王敦以前的老巢是武昌，现在改为姑熟，姑熟距离建康比武昌跟建康更近。而且王敦自领任扬州牧。扬州牧以前是王导，王敦虽然把王导由司空提升为司徒，但是却剥夺了他扬州牧的官衔。可见经过上次的叛乱，王敦已经不是很信任王导了。王敦移镇姑熟没多久，又坐不住了，离开了建康始终是不太放心，于是他又“讽朝廷征己”，想试探试探，结果明帝亲自写了封诏书让王敦入京，王敦这时候感到进退两难了。

为了对付王敦，明帝首先拉拢的是流民帅郗鉴。郗鉴是高平金乡人，汉献帝时御史大夫郗虑玄孙。洛阳沦陷时，郗鉴并没有南渡江南，而是和宗族乡党千余家保据邹山，司马睿委任他为兖州刺史。后来石勒逐渐南侵，郗鉴于永昌元年（公元322年）退保合肥。纪瞻就表荐郗鉴，司马睿任命他为尚书，入居建康。

经过王敦之乱，东晋中央政府的兵力状况是十分困难的，握有强兵的大多是诸如王敦这样的强藩。除王敦外，有实力的地方官还有陶侃、祖约等人。但是陶侃被王敦压在广州，不能参与到荆州和扬州的事态。祖逖死后，他弟弟祖约统领着祖逖的军队，屯驻于寿春。祖逖历来和王敦不和，《世说新语·豪爽》就记载：“王大将军始欲下都处分树置，先遣参军告朝廷，讽旨时贤。祖车骑尚未镇寿春，瞋目厉声语使人曰：‘卿语阿黑，何敢不逊！催摄而去！须臾不尔，我将三千兵塑脚令上！’王闻之而止。”

阿黑是王敦的小名，祖逖的意思，如果王敦敢有对朝廷不利的举动，那我就带着手下就和你大战一场。可惜这时候祖逖已死，而他弟弟祖约和他的志趣完全不同，这路兵马司马绍也是依靠不上的。所以，司马绍就将目光投向了郗鉴，因为郗鉴手下的那些流民已经形成一股不可忽视的军事力量，正好可以拿来为自己所用。于是司马绍拜郗鉴为安西将军、兖州刺史，都督扬州江西诸军事、假节，出屯合肥。

王敦当然不愿司马绍在自己身边安排一个钉子，于是他上书给司马绍，要求改任郗鉴为尚书令，征还京师。郗鉴从合肥返回建康时，路过姑熟，就与王敦相见，随便聊聊。结果话不投机，王敦大怒之下竟将郗鉴扣留下来。王敦的亲信钱凤建议王敦不如借机杀掉郗鉴，可王敦却说，郗鉴是儒雅之士，又很有名望，不能就这么杀死了事。于是没过多久，王敦就把郗鉴放回了建康。

从王敦肯放郗鉴回建康这件事来看，似乎现在是无意于颠覆东晋政权的。

郗鉴重回建康后，“与帝谋灭敦”。但是郗鉴和司马绍讨论如何剿灭王敦的计谋，史籍中却无记载，但是可以肯定的是，司马绍是想借助郗鉴流民帅的身份招揽流民和其他流民帅。十一月，王敦就让自己的兄长，征南大将军王含为征东大将军、都督扬州江西诸军事，接替了郗鉴的位置。王敦又将从弟王舒从廷尉调任为荆州刺史、鹰扬将军、领护南蛮校尉，监荆州沔南诸军事，接替王含的职务，任命从弟王彬为江州刺史、前将军。

此时的王氏，掌控着荆州、江州、扬州、徐州、江西，王敦的爪牙沈充占据着三吴地区。王敦对王彬透露了要兵向建康的打算。王彬苦苦相劝，王敦见和己意不合，就想让左右逮捕王彬。王彬愤怒地说前时你害了兄长，现在还要杀弟弟吗？王敦以前曾把王棱杀了，所以王彬才这么说。王敦一听这话也觉不忍心，就打发王彬做豫章太守。

王敦自己没有孩子，恰巧王舒的二儿子王允之，刚十岁左右，非常聪明，王敦很喜欢这孩子。有一次晚上陪侍王敦宴饮，王允之也喝了点，就先进屋睡了。王敦当时还与钱凤等人在谋划废立大事，这些都被王允之听到了。王允之担心王敦多疑，就用手指抠喉咙，吐出了很多吃的，弄得脸和衣服上一塌糊涂，还伪作鼾声，假装睡觉。钱凤等人走后，王敦果然进屋用蜡烛照视，发现王允之身边十分污秽，又喊了几声，王允之只是翻了个身接着睡觉。

王敦以为王允之真的睡着了，才放下心来，自己回去安寝。当时王舒刚刚拜为廷尉，王允之就跟王敦请假，请求回建康看望父亲，王敦答应了。回到了建康，王允之就把王敦的阴谋告诉了王舒，王舒和王导连忙一起将这一情报报告给了明帝司马绍。

王敦还以为自己的逆谋没有泄露，紧接着他又把矛头对准了义兴周氏。会稽内史周札在王敦之乱中，开石头城迎降王敦，为王敦顺利攻入建康立下了大功。王敦后来任命周札为光禄勋，很快又转为尚书，迁右将军、会稽内史。周札长兄周靖之子周懋被封为晋陵太守、清流亭侯，周懋弟周莚为征虏将军、吴兴内史，周莚弟周赞为大将军从事中郎、武康县侯，周赞弟周缙为太子文学、都乡侯，周札次兄周玘子周勰为临淮太守、吴程公。当时周氏一门五侯，贵盛无比。周莚的母亲去世时，前来送葬的人多达千人。这反为王敦所忌。恰好这时候王敦生了病，钱凤也劝王敦早除周氏，王敦深以为然。

周顗的弟弟周嵩被王敦引为从事中郎，每次想到兄长无辜遭殃，心里面常常愤愤不平。王敦没有子嗣，曾把王含的儿子王应过继给自己，还让他统领军队。周嵩又是王应的嫂父，他私下对王敦切齿，就说王应年少难主军事。王敦听说周嵩到处这么跟别人说，就更加对周氏不放心了。

当时有一个叫李脱的道士，自称已经八百多岁了，号称为李八百。从中原一直到建康，有很多信徒。他有个弟子李弘自称应谶当王。于是王敦终于找到了一个灭周氏的借口，就让庐江太守李恒上表建康，告发周札等人与李脱图谋不轨。朝廷接到此表，派人逮捕了李脱等人，枭首示众。王敦也在营中将周莚、周嵩杀死，又命令参军贺鸾通知沈充，率兵前往会稽袭杀周札。周札本人贪财好利，沈充的军队兵临城下时，周札的武器库中有大量的精甲利刃，但是，周札却舍不得发给士兵们用，只给了一些破弊的军械，士卒怎么可能为他所用呢。周札带领着数百人出城拒敌，结果士卒都四散逃跑，周札也被沈充所杀。至此，江南的强宗义兴周氏，被王敦屠灭殆尽了。

打扫屋子要北伐

王敦第二次叛乱平定后，有人觉得王敦滔天作逆，有无君之心，应该效仿春秋时齐景公戮崔杼之尸的例子，刨棺戮尸。于是有司挖开了王敦的坟墓，发掘出王敦的尸首，将王敦的衣冠焚毁，把王敦尸体拉出，让他跪在地上，然后枭首示众，还将王敦和沈充的头颅悬挂在朱雀桥南。尚书令郗鉴听说这件事后，就对明帝司马绍说：前朝诛杀杨骏等逆贼，都是先加官刑，然后听令私家下葬，所谓“王诛加于上，私义行于下”。王敦既然已经伏诛王法，不妨顾全私义，允许王家埋葬，也可以借此展示皇恩浩荡。于是明帝就让人把王敦的首级取下，并让王敦家将王敦的尸首重新埋葬。

对于王敦以前的幕府僚佐，明帝一开始是准备“纲纪除名，参佐禁锢”。纲纪是指综理府事的官员，也就是高级属员。将曾经在王敦手下任职的人全部排斥在朝廷之外，终身禁锢，这一举措，显然打击面过大。因为当时有些人是迫于王敦的淫威，而进入王敦的幕府的，他们内心中并不一定愿意与朝廷为敌。所以温峤就上书明帝，就说王敦刚愎不仁，忍行杀戮，亲任小人，疏远君子，朝廷拿他没办法，骨肉亲戚也不能说服他。

在当时的情况下，人人自危。当时是贤人君子都无计可施、韬光养晦的时候。况且在王敦图谋不轨之日，拘录士人，这些人都是没有办法才去的，比如，陆玩、羊曼、刘胤、蔡谟、郭璞等人就曾经说过当年进入王敦幕府后，内心有多痛苦。如果一些人是本心凶悖，那杀了也是罪有应得，如果是被迫进入奸党，则应从宽处理。像陆玩等人忠心耿耿，众所周知，如今却要受到叛党一般的处罚，实在是辜负了这些人的忠心。

郗鉴也劝明帝不要打击太广，但是对被迫成为王敦下属的官员要严厉谴责。因为古代的圣王都重视对臣下的教化，所以古时候对因忠义而死最为推崇。只有昏君才对那些变节之人特意施恩，进行宽恕。虽然大多数都是被王敦所逼迫，但是身居逆乱之朝，却进不能制止他叛逆的阴谋，退又不能脱身远逃，失去了起码的操守，这是要以大义来谴责的。明帝最终听从了温峤、郗鉴的意见。郗鉴又上书称钱凤的母亲已经八十岁了，应该免除处罚，明帝也同意了。

太宁三年（公元325年）二月，明帝令朝廷大臣商议追赠被王敦所杀的谯王司马承、甘卓、戴渊、周顗、虞望、郭璞、王澄等人的官爵，给这些人平反昭雪。经过商议，明帝下诏追赠谯王司马承为车骑将军，谥号为闵；追赠甘卓为骠骑将军，谥号为敬；追赠戴渊为右光禄大夫、仪同三司，谥号为简；追赠周顗为左光禄大夫、仪同三司，谥号为康，祭祀以少牢；追赠虞悝为襄阳太守、虞望为荥阳太守，祭祀以少牢；追赠郭璞为弘农太守。王澄的旧将，佐著作郎的桓稚上书，要求追赠王澄。朝廷研究后，便追赠王澄为荆州刺史，谥号为宪。而对于周札和刁协的追赠问题却有了分歧。

周札在王敦第一次叛乱的时候，曾开石头城门以迎王敦，完全是站在了朝廷的对立面。就给不给周札追赠的问题，王导与郗鉴和卞敦还有一番争论，王导主张给周札追赠，而郗鉴和卞敦都坚决不同意。王导还搬出春秋时，齐桓公即位前，召忽死，管仲不死，又举出西汉刘邦死后，吕后执政，吕后封吕氏为王，周勃、陈平听从吕后的行为，而王陵廷争，坚决不让吕后封吕氏子弟为王的例子，来说明虽然行为不同，但双方都是忠于朝廷的道理。

明帝或许是为了照顾王导的面子，就听从了王导的意见，追赠周札为卫尉，遣使者祠以少牢。至于刁协，明帝虽然没有像他以前给王敦的诏书中，认定刁协为佞臣，但是因为刁协在关键时刻出逃，也就不予追赠。

叛党都已剿灭，明帝论功行赏，封司徒王导为始兴郡公，邑三千户，赐绢九千匹；丹阳尹温峤为建宁县公，尚书卞壶为建兴县公，中书监庾亮为永昌县公，北中郎将刘遐为泉陵县公，奋武将军苏峻为邵陵县公，邑各一千八百户，绢各五千四百匹；尚书令郗鉴为高平县侯，护军将军应詹为观阳县侯，邑各千六百户，绢各四千八百匹；建威将军赵胤为湘南县侯，右将军卞敦为益阳县侯，邑各千六百户，绢各三千二百匹。十月，又加司徒王导为太保、领司徒，太宰、西阳王司马羕领太尉，应詹为使持节、平南将军、都督江州诸军事、江州刺史，刘遐为散骑常侍、监淮北诸军事、北中郎将、徐州刺史、假节，代王邃镇淮阴，庾亮为护军将军。

经历了王敦的两次叛乱，明帝对王氏自然有了戒备之心。虽然当时有人称王彬和安成太守王籍之等是敦之亲族，皆当除名，王导也在其中，明帝也下诏，称司徒王导以大义灭亲，犹将百世宽恕，何况王彬等人是王导的近亲。但是实际上，王导逐渐在朝中让出了一部分政权，庾亮取代王导，为明帝信任。《太平御览》卷五九三引裴启的《语林》记载的一件事充分说明了这点："明帝函封诏与庾公，信误致与王公。王公开诏，末云：'勿使冶城公知。'导既视，表答曰：'伏读明诏，似不在臣，臣开臣闭，无有见者。'明帝甚愧，数日不能见王公。"

冶城公指的就是王导。明帝写给庾亮的信，却误送给了王导，信的末尾还特别注明，别让王导知道了。王导看后的心情可想而知。不过王导也清楚因为王敦的叛乱使王氏逐渐失去了在朝中的威信，对于明帝疏远自己这点，倒也看得开，遂上表回答说这诏书好像不是给我王导下的，我只能看了又封好，我也什么都没看见。这让明帝有点尴尬了。

《世说新语·尤悔》记载，当时明帝召见王导和温峤二人，并且询问西晋兴亡的原因，王导就详细叙述了司马懿创业之初，诛杀名族，拉帮结派，以及司马昭末年诛杀高贵乡公的故事。明帝听到这里，爬在床上捂着脸说道："真像公所说，国祚如何能长久！"王导抢在温峤之前说，也许是不想让温峤说出其西晋之所以亡国，是因为空谈误国、诸王争权、大族骄恣这些原因。而且，王导或许也是在暗示明帝不要像宣帝司马懿那样心狠手辣，诛杀大族。

后来，明帝下诏恢复过去施行的诛杀三族的刑法，惟不及曹魏初年，族诛包括全家男女，西晋惠帝年间，曾有不及妇人之议，到永嘉元年，司马越表除三族之刑，但是并没有完全禁绝。司马睿为丞相时，"朝廷草创，议断不循法律，人立异议，高下无状"，司马睿即位后，曾经讨论过恢复肉刑，在王敦的反对下，才没有施行。此时，晋明帝恢复了三族之刑，也是鉴于王敦再叛的教训，加重对谋反罪行的惩罚。虽然温峤曾提出反对，但明帝并没有采纳。

随后，明帝又对王氏在朝中的职务进行了调整。其实这种调整在太宁二年十月就已经开始了。明帝将王导进位为太保的同时，罢免了王导从弟王邃的职务，改任刘遐为监淮北诸军事、北中郎将、徐州刺史，镇守淮阴；征召王彬为没有实权的光禄勋，又转为度支尚书，任命应詹为使持节、都督江州诸军事、平南将军、江州刺史，彻底将王彬和王邃的军权夺了回来。

对于荆州刺史王舒，就有点棘手了，毕竟王舒将王含、王应沉于江中，是对朝廷有功的。明帝便先封王舒为都督荆州诸军事、平西将军、假节。本来临近荆州的江州刺史是王彬，明帝已经改派应詹为江州刺史了，这当然是有防备王舒的意思。太宁三年（公元325年）五月，司马绍任命征南大将军陶侃为征西大将军、荆州刺史、都督荆州、湘州、雍州、梁州四州诸军事，直接就把王舒从荆州拿下，改任王舒为安南将军、都督广州诸军事、广州刺史。此时应詹在江州，陶侃在荆州，即使王舒再生叛心，也难有作为了。王舒自己也不大乐意去广州，就称自己有病，推托不愿去岭南上任。王导也在明帝面前做思想工作，于是明帝就改任王舒为湘州刺史、都督湘州诸军事，而让原来的湘州刺史刘顗去了广州。

此时的东晋可谓百废待兴，明帝也正要有所作为的时候，太宁三年（公元325年）八月，明帝却染了重疾。没过多久，明帝就病逝了，年仅二十七岁，在位不到三年。这时候的东晋王朝也才仅仅建立了八年。明帝在遗诏中说："自古有死，贤圣所同，寿夭穷达，归于一概，亦何足特痛哉！"对于英年早逝，明帝坦然面对，"大耻未雪，百姓涂炭，所以有慨耳"。

在明帝之世，未能北伐规复中原，晋朝仍偏安江左，明帝对此甚为遗憾。明帝还遵从晋朝自宣帝司马懿以来立下的规矩，施行薄葬，"敛以时服"、"务从简约"。接着，又将五岁的幼子托孤，要求众臣不分内外，齐心协力，辅佐幼主，"百辟卿士，其总已以听于冢宰"。即朝廷的最终决定权由太宰、西阳王司马羕负责。司马绍托孤时，将庾亮引到自己的御床之上，以示尊崇，又让自己的儿子，未来的皇帝司马衍，要对司马羕给予特殊的待遇，即依照西晋初年，武帝司马炎拜安平献王司马孚的规矩，在大殿之上设置专门的床帐，皇帝亲自迎拜。明帝的这一安排，是考虑到幼主继位，庾亮权力很大，而由皇室元老司马羕加以掣肘，平衡一下权力。但在明帝去世不久，东晋的政权就又回到了"祭由司马，政在世族"的轨道了。

要做大事要有谋略

司马衍即位后，是为成帝。就在成帝举行即位大典的时候，司徒王导却借口生病请假。这是因为在明帝的遗诏中，王导没有得到顾命大臣的位置，这让王导内心十分不爽，所以就借故没有去。尚书令卞壶得知后，厉声说王公这种做法难道能被人称为是社稷之臣吗？大行皇帝的灵柩还停在朝堂之上，皇太子还没有继位，这是臣子该称病请假的时候吗？王导一听这话，赶紧坐车去参加成帝的即位大典了。

按照明帝的遗诏，司马羕本该成为顾命大臣之首，但是庾亮并不想让司马羕站在自己的头上，因为庾亮与司马羕的弟弟南顿王司马宗的关系不好。庾亮，字元规，《世说新语》称其"风仪伟长，不轻举止"，相貌出众，而且很注意自己的行为举止，以至于当时的人们都以为他有点作秀的意味。后来，人们看到他的长子庾彬也是如此以后，才知道原来庾亮天性就是如此。

明帝曾经问谢鲲和周顗，觉得庾亮怎么样。谢鲲的回答是："端委庙堂，使百僚准则，臣不如亮；一丘一壑，自谓过之。"而周顗的回答几乎与谢鲲一模一样："萧条方外，亮不如臣；从容廊庙，臣不如亮。"两人都认为，庾亮在政治方面均高过自己。

明帝病重时，其舅虞胤为右卫将军，与左卫将军南顿王司马宗同掌禁卫军权。这两人的私人关系也不错，庾亮就对二人有所猜忌。王导也是出于公心，与庾亮一起向明帝提醒，怕司马宗会与虞胤在明帝死后拥立司马宗的哥哥西阳王司马羕为帝。明帝不信，反而更加信任虞胤、司马宗。而且，有一次庾亮半夜想入见明帝，被南顿王司马宗呵止，说皇家宫廷大门岂是像你们庾家自己的家门一样想进就进的。

明帝弥留之际，庾亮说为了防备日后司马宗、司马羕和虞胤三人有逆谋，希望明帝马上处理他们。明帝不纳，反而让人把时任太宰的司马羕、太保王导、尚书令卞壶、车骑将军郗鉴、丹阳尹温峤以及庾亮等人叫在一起，共受遗诏辅政。

于是，庾亮就和王导一起上表，称天子年纪还小，皇太后庾文君应该依照汉朝邓太后临朝承制的故事，请求皇太后庾文君临朝听政。庾文君经过四次假意的推让，“不得已”就接受了群臣的劝进，临朝听政。接着，庾太后就置明帝的遗诏于不顾，任命王导为录尚书事，即“录公”，让王导成为了东晋政权中的最终决策者，并与中书令庾亮两人辅佐朝政，直接把司马羕等人架空了。为了安抚司马羕一党，庾太后加封司马宗为骠骑将军，进汝南王司马祐为卫将军，虞胤为大宗正。转瞬之间，司马羕就从首席顾命大臣的位置上被庾亮拉了下来。

庾亮削弱了司马羕一派的权力后，并没有停止在政治上对司马羕的攻击。晋成帝咸和元年（公元326年）十月，御史中丞钟雅先上书称南顿王司马宗企图谋反。得到钟雅的奏疏以后，庾亮立即命令右卫将军赵胤派兵前去捉拿，司马宗领兵拒战，被赵胤所杀。接着，被庾氏所控制的东晋朝廷贬司马宗一家为马氏，司马宗的三个儿子，司马绰、司马超、司马演都废为百姓。

庾太后又下诏，免去太宰西阳王司马羕的职位，降封为弋阳县王，大宗正虞胤也贬为桂阳太守，秩中二千石，后来还多次被调到琅邪、卢陵做太守，以示惩罚。司马羕和司马宗的侄子汝南王司马佑，在事变前几天就去世了，受到此事的牵连，司马佑的儿子司马统也被废黜。

司马宗的亲信卞阐逃奔投靠苏峻，而此时的苏峻也对庾亮擅自废黜司马羕感到不满。此时，庾亮命令苏峻将卞阐送归朝廷处理，但苏峻将其藏匿，拒不交出。这让庾亮耿耿于怀，也为后来更大的叛乱埋下了伏笔。

司马宗被杀、司马羕被废，年仅六岁的成帝司马衍并不知情。

司马衍好长时间没看到司马宗露面，有一天，就问庾亮道：“平常那个白头老爷爷怎么不见了，现在在哪里？”庾亮就称南顿王司马宗已经因谋反被杀。司马衍听说后，就哭道：“舅舅你说人家谋反，就杀掉了人家，如果别人说你谋反，那又该怎么办呢？”庾亮一听成帝这么说，也觉变色。一旁的庾太后就拿着一把牙尺，照着成帝的头上打了一下，斥责道：“孩儿怎么能说这样的话呢？”司马衍不敢说了，只能愣愣地看着庾太后和庾亮。

庾亮既已迅速从司马羕手中夺回了执政大权，接下来他要处理的就是已经成为气候的流民帅势力了。明帝时基于巩固皇权、对付王敦的需要，曾经拉拢过诸如苏峻、祖约这些流民帅。而王敦之乱平定后，明帝英年早逝，流民帅像失去了靠山一样，地位十分尴尬。流民帅面前只有两条出路，要么像郗鉴那样暂时放下手中的军权，到建康任职，并在与门阀世族的交往中不断磨合，逐渐合流，成为新兴的世族；要么就据守一方，拥兵自重。而苏峻这个流民帅，还与司马宗等人有些联系。更为重要的是，明帝生前因为重用苏峻，而将他安置在了建康附近的历阳。这无疑让庾亮感到如坐针毡。

除了建康附近的苏峻，对于庾亮来说，让他们担心的还有荆州的陶侃和寿春的祖约。陶侃和祖约二人，陶侃在两晋之交屡立战功，祖约凭恃兄长祖逖的声望，也在寿春站住了脚跟，他们目前都是坐拥强兵。但是明帝去世前，二人都没有被任命为顾命大臣，这让二人对此耿耿于怀，而且都怀疑是庾亮暗中改了诏书，把他们拒之于顾命大臣的门外，他们对庾亮也是有不满的。陶侃倒还罢了，祖约却直接向晋廷伸手要权，请求朝廷授予宰相级别的开府仪同三司，庾亮怎么可能会答应，这更令祖约不满。

不过，这两个人毕竟距离建康稍远，朝廷尚需要他们驻守边境，应对外侮。此时，北方的石勒势力已经延伸到了豫州大部。就在成帝继位的当年四月，石勒进攻汝南，生擒汝南内史祖济。十一月，也就是在庾亮刚刚诛杀司马宗后，石勒部将石聪南下，进攻退守寿阳的祖约。

祖约接二连三地上书朝廷，请求发兵相救，但是，庾亮就是不发兵。不过，这次石聪南下并没有攻破寿春，他继续南下到逡遒，并一直进抵到长江北岸的阜陵，杀死、俘虏五千多人，建康大为震动。庾太后下诏以司徒王导为大司马、假黄钺、都督中外诸军事，率军驻守江宁。最终，还是历阳的苏峻派将军韩晃领兵出击，才击退了石聪。

石聪退却以后，朝廷大臣们商议在阜陵附近的涂水上建设大坝，让河水泛滥，以阻止后赵以后可能的南下进攻。因为祖约的驻地寿春在此以北地区，祖约闻讯以后，怒道这显然是要置自己于不顾。后来庾太后专门派出侍中蔡谟，到祖约的军中进行安抚，祖约见到蔡谟以后，是“瞋目攘袂，非毁朝政”。

对于陶侃，庾亮也需要他在荆州应对来自北方的压力。此时，刘曜和石勒都瞄准了荆州与豫州的交界地区——南阳。南阳是北方势力向荆州渗透的跳板，又是南方北上和西进的基点。如果让北方占领了南阳，将直接威胁到襄阳。咸和元年（公元326年）十月，刘曜就派遣黄秀等将进攻东晋顺阳的治所酂，顺阳太守魏该无力抵抗，率众南撤到了襄阳。此时，庾亮更需要陶侃镇守荆州了。

庾亮深知，现在主幼臣强，北有强敌，东晋政权依然是不稳定的，他希望能实现江左政权的中兴。但是，攘外必须安内，错综复杂的朝廷政局已经让庾亮很棘手了，而以苏峻、祖约为首的流民帅，现在也不听朝廷的号令，这让庾亮感觉必须迅速处理这些异己势力，只有这样才能重新树立起朝廷的威信。

第三章　兴衰废立：让我们玩点更狠的

我要做老大

东晋大兴元年（公元318年），汉主刘聪病死，太子刘粲继位。没多久，刘粲就被国丈靳准杀死。石勒得知消息后，就以讨伐靳准为名，率精兵五万五千，进据襄陵北原。刘汉宗室刘曜自立为帝，封石勒为赵公、大司马、大将军，加九锡。不久，靳准为其堂弟靳明所杀。靳明后来派人把传国玉玺送给了刘曜，石勒进攻平阳，靳明从平阳突围，率众归于刘曜。石勒攻入平阳后，就把宫室烧成了灰烬。

刘曜不久便把国号从汉改为赵，史称“前赵”。石勒派王修为使，前去奉贺。刘曜刚称帝，也需要得到石勒的支持，就封石勒为太宰，晋爵赵王。石勒以前的一个从官曹平乐，现在是刘曜的属下，他对刘曜说要提防石勒。刘曜当时初登大位，加上匈奴刘氏骨肉相残，以及靳准的屠戮，刘氏宗室所剩无几，而且当时刘曜的军事状况也不太乐观。听了曹平乐一席话，刘曜忙追还前去加封石勒为赵王的使者，并派人追上王修，把他杀了。

王修的随从逃了回去，向石勒细述了王修被杀的原因，石勒大怒，遂公然与刘曜反目了。于是，石勒的属下一起上书，劝石勒称尊号。石勒便于东晋元帝大兴二年称赵王，改称赵王元年。

石勒称王后，立即减百姓一半的田租，严禁欺侮衣冠华族士人，并在襄国都城内立小学十余所，实行劝学。因为石勒自己是羯族出身，便以羯人为“国人”，严禁国内百姓蔑称羯人为“胡”，违者处斩首。当然，石勒也并非以此杀人。有一次，一个羯人喝醉了酒，骑马闯入王宫，石勒大怒，怒问王宫的守门人汉人冯翥。惶惧之间，冯翥也忘了忌讳，就直说“那个醉胡乘”如何如何，话音刚落，冯翥忽然意识到自己刚才犯了“国讳”，连忙叩头，以求宽恕。石勒见此，笑着原谅了他。

还有一次，石勒闻知汉人樊垣清贫有操守，便让他为章武内史。樊垣上任前，向石勒请辞，石勒见他衣冠破旧，很惊讶。樊垣顺口就说这是被羯贼抢了。石勒闻言大笑。樊垣忽然意识到自己也犯了忌讳，遂叩头泣谢。石勒不仅原谅他，还赏赐樊垣车马衣服钱三百万。

当时河北厌次的邵续、段匹磾，是石勒一直想吞并的对象。大兴三年（公元320年）春，邵续派兵与段匹磾合力进攻段末杯，大破段末杯，并乘胜追击，将段末杯前来的部队“斩获略尽”。邵续的主力部队与段匹磾一起北上幽州，段匹磾另派弟弟段文鸯深入蓟县。石勒这时候趁着邵续主力北上、后方空虚之机，派遣石虎率大军包围了厌次，另派大将孔苌攻下邵续附近的十一处别营。邵续率众出城迎敌，石虎将邵续诱出城后，设下伏兵，截断了邵续的归路，邵续苦战不胜，结果被石虎生擒。石虎抓获了邵续后，将邵续押到城下，令其劝降厌次守军。但是邵续让城上的侄子邵竺等人坚持固守，并奉段匹磾为主。

段匹磾听说了厌次被围的消息，便舍弃蓟县，火速南下回救。当离厌次还有八十里时，传来了邵续被俘的消息，跟随段匹磾的原邵续的部众，都觉得大势已去，一时奔散。此时，石虎也听到了段匹磾从幽州回师的消息，便率兵挡住了段匹磾回城的道路。段文鸯亲率手下数百亲兵，奋力苦战，杀出一条血路，才保护着段匹磾进入了厌次城中。段匹磾进入城内以后，与邵续的儿子邵缉、邵续的兄子邵竺、邵存等固守厌次城。

石虎见段匹磾入城坚守，就回师襄国，顺便也把邵续带了回去。石勒派徐光责问邵续说为何抗命不降，邵续的回答让他很惭愧。于是命属下张宝将邵续请到宾馆安置，不久任命邵续为从事中郎。并下令，以后凡是攻克敌人，抓获的士大夫都要送归襄国，不得擅自加害。

在石虎大举进攻厌次的时候，原来邵续的部下、现为司马睿尚书吏部郎的刘胤请求司马睿援救邵续。当时司马睿正与王敦较劲，遂无暇顾及。邵续被俘的消息传到建康后，司马睿下诏，任命邵续的儿子邵缉继承邵续的官职和爵位，又任命邵续的侄子邵存为扬武将军、武邑太守。

石虎虽然率大军回到了襄国，但是他留下孔苌率领一部分军队继续围攻厌次。大兴三年（公元320年）六月，孔苌攻下了厌次周围十几座营垒。段文鸯趁孔苌得胜以后不设守备，就在深夜率军从城中杀出，大破孔苌。孔苌狼狈而还，厌次之围也暂时解了。但是，石勒不可能就此善罢甘休，不会让嘴边的肉就此飞走，也不会让驻守在厌次的段匹磾有休养生息的机会。

大兴四年（公元321年）春，石虎领大军前来，又把厌次围住。段文鸯登城望见石虎耀武扬威的在城下来回驰马飞奔，不禁大怒，请求允许自己出城与石虎一战，但是段匹磾不同意。段文鸯不听，亲自率领数十名壮士，突袭石虎的阵营。段文鸯虽然勇猛，但毕竟手下人少，而石虎却有数万大军，段文鸯左右突击，但他所骑的战马终因筋疲力尽，倒在了地下。石虎看到后要其投降。

段文鸯一听石虎让自己投降，厉声喝骂，并下马步战，激战一天终因力竭而被石虎的手下抓获。看到弟弟被抓，城内的段匹磾也预感到厌次守不住，他计划南逃到江南，投靠司马睿。但是，邵续的弟弟乐安内史邵洎这时候想投降石勒，他准备把元帝派来的使者王英抓了送交给石虎。段匹磾听说后，怒骂其人，又对王英表明了自己的忠心，并把他送回了江东。

段匹磾换了一身晋朝的朝服，手持节杖，抬着棺材，向石虎投降。厌次就这样被石虎攻占，邵续的儿子、侄子都被俘虏，只有邵存溃围南奔，但在逃跑的路途中被土匪所杀。段匹磾被送到襄国后，石勒任命他为冠军将军，段文鸯为左中郎将。段匹磾也不按照礼节去拜见石勒，而是经常穿着晋朝的朝服，手持晋廷的节杖。一年多后，有人要推段匹磾为主，进行叛乱，段匹磾因此受到牵连被杀，段文鸯、邵续等人也随之遇害。同时遇难的还有当年从廪丘逃奔到段文鸯军中的前兖州刺史、刘琨的侄子刘演。

至此，北方东部除辽东的鲜卑慕容廆、宇文部以外，尽归石勒所有，石勒终于要将矛头指向已经和自己决裂的前赵刘曜了，二赵之间的对决一触即发。

当了皇帝埋了祸根

东晋成帝咸和二年（公元327年），刘曜使凉州的张骏达归附，石勒大败拓跋纥，双方都各自消除了后患。咸和三年（公元328年），正当东晋的联军和苏峻交锋之时，刘曜与石勒也将展开一场殊死决斗。

石勒的原计划还是先拿下河东地区，将其作为进攻关中的跳板。毕竟如果从洛阳西进，将面对易守难攻的潼关。而河东的蒲坂，更是争夺的焦点。因为如果刘曜占据蒲坂，可以配合潼关的作用，将石勒的军队阻挡在外；如果石勒占据了蒲坂，那潼关也就失去了应有的防御作用，河东唾手可得，进军关中指日可待。

咸和三年（公元328年）七月，石勒令石虎率领四万大军从轵关出发，向刘曜的河东郡发起进攻。前赵在河东地区的五十余县纷纷叛降石虎。石虎大军随即推进到黄河岸边，开始进攻蒲坂。刘曜深知蒲坂对于关中的重要性，他打算御驾亲征，但是又担心凉州的张骏和仇池的杨难敌乘虚突袭长安，于是，刘曜令河间王刘述征发氐羌部众屯驻在秦州，以防不测。

安顿好后方，刘曜便亲领大军，起倾国之兵从卫关北上渡过黄河，前去支援蒲坂。石虎见刘曜兵多，便向后撤。刘曜率军追击，大败石虎，石虎的副将石瞻战死，后赵阵亡士兵的尸体绵延二百多里，石虎败逃到朝歌。刘曜乘势南下洛阳，挖开洛阳城西北的大堤，用水灌金墉城，另遣别将进攻洛阳东面的荥阳等地，后赵的荥阳太守尹矩、野王太守张进等都纷纷投降了刘曜，襄国大震。

自从谋主张宾死后，石勒最亲信的谋士就是世子石弘的舅舅徐遐。但是徐遐的谋略远不及张宾，石勒也是不满意。这时候刘曜已经进攻到洛阳，石勒决定亲征。但徐遐、郭敖等大臣都一致反对，他们认为刘曜现在气势正盛，难于争锋。况且金墉城内粮食充足，刘曜也难以一时攻下。前赵的大军悬军千里之外，必定不能持久。万万不能轻动，如果有了一点意外则大势去矣。

石勒闻言大怒，喝令徐遐等人退下。这时候石勒忽然想到了自己曾经的记室参军徐光。徐光之前因在工作岗位上消极怠工，而被石勒下了狱，不过，石勒深知徐光的才能。于是石勒下令将徐光释放，问他对自己要亲征的看法。徐光同意亲征，石勒听后大喜。

石勒又亲自到佛图澄的寺庙里去拜访，想听听他的意见。佛图澄就说："寺庙里的铃声说：'秀支替戾冈，仆谷劬秃当。'"这句话是羯语，秀支是指军队，替戾冈是出的意思，仆谷是刘曜的职位，劬秃当是捉的意思。连起来就是如果部队出征，就能够活捉刘曜。佛图澄又让一个小孩斋戒七天，亲自用麻油调和胭脂，在自己的手上研磨，然后将手掌让小孩看有什么，小孩就说有很多军队，其中一个高大白皙的人被红绳绑着。佛图澄告诉石勒这个人就是刘曜。石勒听后大喜，于是下令亲征，有敢劝谏者斩。

咸和三年（公元328年）十一月，石勒命令在淮河沿岸的石堪、石聪率兵北上，与石勒的主力会合，令豫州刺史桃豹等人率领中原地区的留守部队全部调往洛阳前线，又令石虎从淇县率军进据石门。而石勒本人则亲率步骑四万支援金墉城。十二月，石勒的大军全部在虎牢关集结完毕，共有步兵六万，骑兵两万七千人。

此时的刘曜，因为一直没能攻下金墉城，逐渐懈怠了下来，整日与周围的佞臣喝酒、赌博。刘曜年轻时就酗酒成性，现在更加厉害。臣下有胆敢劝谏的，刘曜便以妖言惑众的理由，一律斩首。等到听到石勒已经率军渡过黄河，石虎屯兵石门时，刘曜才想到派兵增援虎牢关。而此时的石勒早已顺利拿下了虎牢关，接着，石勒命令全军卷铠衔枚，迂回到虎牢关的西南，准备日夜兼程，突袭在洛阳附近的刘曜。守在洛水的刘曜部队与石勒的前锋发生了小规模的战斗，抓获了一些羯人俘虏，刘曜就询问这些俘虏石勒有没有亲自来？他的兵力如何？俘虏回答说："石勒亲征，军容甚盛。"刘曜一听，赶紧命令全军撤掉金墉城之围，将部队在洛阳西面列阵。

石勒率领四万步骑，从洛阳南边的宣阳门进入洛阳城，命中山公石虎率领本部三万步兵，从洛阳城北进攻刘曜的中军，石堪、石聪等各率八千精锐骑兵，从洛阳城的西面攻击刘曜的前锋，而石勒亲统大军，从洛阳西城北边出洛阳城，从背后夹击刘曜部队。

刘曜临战，喝了数斗酒，将要上马的时候，他平常所骑的战马却无故抽筋，无法骑乘，只好又换了一匹小马。等出营的时候，刘曜又喝了一斗酒。刘曜率主力列阵之时，石聪、石堪立即率领骑兵突袭刘曜，前赵大军措手不及，瞬间崩溃。而喝醉了的刘曜任凭小马带着自己往后狂奔。但是因为刘曜身体强壮，小马不堪重负，马腿又卡到石缝中，顺势就将刘曜摔了下来。随后赶到的石勒士兵刀枪并举，刘曜身中十几处创伤，刘曜就这样被石堪生擒，送到了石勒帐下，石勒命令将其传示三军。此战后赵共斩首五万多级。

石勒先将刘曜安置在河南丞的府邸，由于刘曜的伤情十分严重，石勒就命令征东将军石邃专门负责护送，带着刘曜一起返回襄国。北苑市的三老孙机请求去见刘曜，石勒就同意了。孙机呈上美酒，对刘曜唱道："仆谷王，关右称帝皇。当持重，保土疆。轻用兵，败洛阳。祚运穷，天所亡。开大分，持一觞。"

石勒将刘曜安置在襄国的永丰城内，又送给他妓妾，派兵严密看管，并派遣刘曜旧将的刘岳、刘震等人去拜见刘曜。石勒为了能尽快灭亡前赵，就让刘曜给他的太子刘熙写信劝降，刘曜只在信中让刘熙不要因为自己轻易投降。石勒看到刘曜的信，心里十分不快，没过多久就把刘曜杀了。

数年前，长安人刘终在终南山上拾得一块白玉，白玉上写着："皇亡，皇亡，败赵昌。井水竭，构五梁，咢酉小衰困嚣丧。呜呼！呜呼！赤牛奋靷其尽乎！"当时前赵的大臣都以为是石勒灭亡的吉兆，只有中书监刘均解释说这实际上是前赵灭亡的征兆，并指出咢应指咢酉之年，即酉年，困是指困敦，嚣是玄嚣，都是酉年的名号，这一年恐怕当有败军杀将之事。而赤牛奋靷，赤是赤奋若，牛是指牵牛，都是丑年的名号，意思是这一年前赵就要灭亡了。后来果如刘均所言。

前赵太子刘熙决定放弃长安，退保陇西的秦州。实际上长安城内尚有数十万部队，尚书胡勋也提出异议，劝刘熙不要出走，刘熙不从，以胡勋扰乱人心为由，将其斩首。刘熙撤走后，前赵的将领蒋英、辛恕拥众十余万，占据了长安，并派出使者向石勒投降。于是，石勒命令驻守在洛阳的石生率领洛阳的部队，占领了长安。陇山的氐王苻洪也归降石勒。

石勒拜苻洪为冠军将军，监六夷军事。羌族头领姚弋仲也从陇上投降石勒，石勒任姚弋仲为安西将军，六夷左都督。接着，石勒命石虎率大军进攻退保上邽的刘熙，石虎率众猛攻，上邽城破，刘熙、前赵的宗室及大臣共三千多人，全部被俘，石虎下令将他们全部杀掉。自刘曜登基称帝至今，前赵仅十一年就灭亡了。

石虎攻克上邽之后，派主簿赵封将缴获的传国玉玺、金玺、太子玉玺送到了襄国，咸和五年（公元330年）二月，后赵群臣认为石勒功业既隆，宜上尊号，于是，以石虎为首奉皇帝印绶，请求石勒即位称帝，石勒不从。经过群臣的力请，石勒同意称赵天王，代行皇帝职权。九月，群臣再次请求石勒即皇帝位，石勒也不推辞了，正式即皇帝位，大赦境内，改元建平，立妻子刘氏为皇后，以太子石弘为大单于。但是就是这个决定却让以有大功于后赵的石虎不满，为后赵日后的祸乱埋下了伏笔。

第四章　权利并立：我要我的世界

新的大哥上台

东晋王朝终究是一个偏安政权，一直没有什么大的作为，你又能指望这些平常养尊处优惯了的亲王大夫们有什么好的作为呢？因为其逃不开自己身为一个豪强士族阶级政权的性质。这种性质就决定了东晋王朝的整个架构就是一个用牛拉动的破车，累得牛直叫唤，叫的声音比马大多了，但就是没有马跑得快。

东晋的军事事业和北伐大计也确确实实就是如此始终像一个累得叫唤的老牛，光声音大但是始终是不见成效。另一方面，有时候所谓的北伐也往往就只是为了向朝廷邀功并不是真心想进行北伐，庸才再加上并不是真心实意让东晋的北伐战争一次次的失败，一次次成为他人眼中的笑柄。庾亮的北伐也同样是这样的一个例子。

前文中叙述道庾亮心中一直有个愿望，他一直希望能够带领东晋王朝重新回到北方，回到中原当中。于是咸康五年（公元339年）他也确实为这一梦想做出了相当大的努力。当时北方的情况发生了相当的变化。一代传奇的从奴隶成为帝王的后赵皇帝石勒去世，无疑让庾亮看到了收复北方领土重建华夏的梦想有机会实现。于是庾亮请求解任豫州刺史而改授给征虏将军毛宝，毛宝于是以监扬州江西诸军事、豫州刺史的身份与西阳太守樊峻领一万精兵守邾城。庾亮又派军进攻占据蜀地的成汉，捕成汉荆州刺史李闳和巴郡太守黄植；庾亮及后上书北伐，求领十万兵众进据石城，作为诸军的声援。

这时候庾亮可谓是到达了自己的全盛时期，并且在朝中又得到了王导的支持。但是可以看到，这些所谓的功绩并不是通过北伐得来的。庾亮一个人正在兴头上看不出自己究竟有多少斤两，但不代表别人看不出来，这些门阀士族别的不会，要说给一把热火上马上浇上一盆冷水那可是比谁都拿手。在朝中商议庾亮的提议的时候，郗鉴以物资不够而反对大规模军事行动，而太常蔡谟也认为后赵兵强而且后赵主石虎是优秀将领，认为庾亮不足以对付石虎，建议当时应该据有长江天险防御，反对北伐。应该说这些意见尤其是第二个意见是相当中肯的，因为后边的情况恰恰说明了石虎并不比石勒差。于是移镇石城的计划被下诏阻止。

尽管东晋并没有冒失地进行军事行动，但是他们的一举一动石虎可是看在了眼里，刚刚登基正愁没有谁来给自己树立功绩，东晋的这帮老牛就自己送上门来。于是庾亮的北伐计划非但没能实行反而招致了石虎的主动攻击。庾亮苦心经营的邾城也就此陷落，这样的结果是庾亮根本不可能想到的。

庾亮就是庾亮，他仅仅是依靠着自己外戚的身份从而可以干预朝政，但是他又确实没有应该有的雄才大略。从导致苏峻之乱再到这次北伐的失败处处都体现了庾亮的志大才疏。终究只是一书生，对于政治和军事实在是不太清楚怎么操作。虽然庾亮是士门望族，但是恰恰东晋王朝不缺的就是士门望族，所以这就造就了一个矛盾，又希望体现自己的地位，又没有真正的才干，所以做的事情通常只能够导致自身评价的降低。而这次北伐彻底地将庾亮给指到了鬼门关。

从庾亮得知邾城被攻陷之后，就一蹶不振，史书上记载他“忧慨发疾”。想必是这次战败对他的内心产生了极大的冲击。而这种时候帮助东晋王朝在江东地区建立基础的王导又去世。失去了这样一个曾经支持过他的人物，想必庾亮内心也是十分悲哀的。在这种心理条件下庾亮的状态越来越不好，在咸康六年（公元340年）去世，享年五十二岁，追赠太尉，谥文康。

庾亮去世之后，接替他的是他的弟弟庾翼，庾家的羽翼直到这一刻也还算是丰满。庾翼咸曾经帮助过他的哥哥进行那场无疾而终的北伐战争。当时正值庾亮打算北伐，便加封庾翼为辅国将军，并转任南蛮校尉，假节领南郡太守，镇守江陵。当时这江陵可是边防重镇。

本来在三国时期江陵就处在一个兵家必争之地的位置，现在南北分裂，原先的中央枢纽城市一下子变成了东晋的边防重镇，这实在是莫大的讽刺。重镇邾城被后赵军攻陷后，便围困原本庾亮想移镇的石城。这时候庾翼充分发挥了自己的才干，显示出庾家还是有人的。他屡设奇兵，偷偷将粮食军需送入石城支援城内。兵马未至，粮草先行这条铁律在这一刻便又发挥了自己的作用，有了粮饷也就有了希望，这大大增强了守城将士们的战斗意志，后来一直采取坚守的战略一直等到竟陵太守李阳拒击后赵军，为石城解围。庾翼因为这次出色的表现，完美地协助了石城固守不失因此被加封为都亭侯。

庾亮逝世后，庾翼便接替庾亮获授都督江荆司雍梁益六州诸军事，安西将军、荆州刺史，假节，镇守武昌。庾翼与庾亮有着本质上的差别，这差别就是一个有才一个无才。庾翼在接手重任之后便十分注重当地的政治建设，让当地的士兵得到了充分的训练军，纪严明并且在地方上也抓紧了管理，仅仅用了数年的时间就让官府和地方的人民都获得了充分的发展，生活过得富足殷实，当时几乎是所有在当地的人们都对庾翼大加称赞。

各地的百姓听说这里有这样好的一位地方官员，于是纷纷前往武昌，一时间大有天下归心的架势。而且在这些归心投奔的人当中不光有东晋自己的百姓，甚至连北方后赵黄河以南领地的人民都有归附之心。这在东晋王朝是十分罕见的事情。其中最大的一个案例是在建元元年（公元343年），后赵汝南太守戴开率数千人请降，这可谓是不战而屈人之兵，用仁义感化敌人的最好例子。

在形势一片大好的情况之下，庾翼也像自己的兄长一样动起了北伐的心思。庾翼以平灭成汉和后赵为己任。更派使者联结前燕和前凉预备一起出兵。

建元二年（公元344年），东晋康帝以及庾翼的又一位兄长庾冰先后逝世，这又给了庾翼继续扩大权势的机会。于是庾翼回镇夏口并接管庾冰的部众。不久之后朝廷便下诏庾翼再督江州并加领豫州刺史，庾翼便开始修缮兵器军备，储备粮食，准备开始他的北伐征程。

本来一切都已经准备停当，就等着一声令下就可以出兵北方收复失地，谁想到天妒英才，或者说老天根本就不想让庾家能够在历史当中有太大的作为。庾翼在永和元年（公元345年）患上了十分严重的背疽，这病来得十分突然也十分急促，在庾翼病重的时候，只能向朝廷上表次子庾爰之行辅国将军、荆州刺史，代替自己的职位；又表司马朱焘为南蛮校尉，以一千人守巴陵。希望借此来保全庾家已经取得的权势，在做完了这些准备工作之后。七月庚午日，庾翼逝世，享年仅四十一岁。朝廷追赠车骑将军，谥肃侯。

庾冰庾翼的相继逝世，再加上之前庾亮的去世，对庾家来讲可谓是惊天霹雳，因为这些去世的人物恰恰都正值中年，正是有所作为的时候。他们一旦去世，庾家就处在了青黄不接的状态之中，这是作为世家大族最忌讳的事情。

本来士族之所以可以成为士族就是因为他们能够有无穷无尽的子嗣来继承他们一辈辈所传承下来的事业。一旦没有人能够继续巩固这些已经得到手的职位，那么这个士族就只能是被称为没落的士族了，事实情况就是如此，经过这接连的去世之后，曾经声名显赫的庾家从此便沉寂在了历史的长河之中。

但是，一个士族的没落往往就意味着另外一个士族的崛起。这是在东晋王朝政治当中最常见的士族更替。由于荆州是东晋重镇，关于庾翼的继承人选在朝臣中引起争论，有人认为诸庾在荆州人情所归，应依庾翼所请，以庾爰之镇守荆州。但时任宰辅的侍中何充认为“荆楚国之西门，户口百万，北带强胡，西邻劲蜀，经略险阻，周旋万里。得贤则中原可定，势弱则社稷同忧……桓温英略过人，有文武识度，西夏之任，无出温者”。

丹杨尹刘惔认为桓温确有奇才，但亦有野心，“不可使居形胜之地，其位号宜常抑之”。因此他劝会稽王司马昱自己出镇荆州，又请以自己为军司，司马昱不听。于是桓温出任安西将军，持节，都督荆、司、雍、益、梁、宁六州诸军事，领护南蛮校尉、荆州刺史。从此，荆楚这一重要地区的管辖权就落到了桓温手里，一代名将终于出山。

北方我吃定了

冉闵在拥有了中原地区的主导权之后，伴随着对羯族余人的大肆杀戮开始准备建立自己的王朝了。当然，这其中也缺少不了群臣拥戴，主上拒绝，三拥三拒的老一套做法。

石鉴死后由于国中无主，总不能再去找个羯族人来做皇帝，这个皇帝当然要由冉闵自己来做。为此，冉闵的司徒申钟等人就联名上书，请冉闵称帝。史书上记载：“（冉）闵固让李农，（李）农以死固请。”又来进行互相谦让的游戏，对面是全国称颂的大英雄，李农又怎么敢接受这样的假惺惺的谦让呢？于是立马表明了立场支持冉闵成为这个北方地区的汉族朝廷的皇帝。

但是冉闵仍旧假惺惺地表示犹豫：“吾属故晋人也，今晋室犹存，请与诸君分割州郡，各称牧、守、公、侯，奉表迎晋天子还都洛阳，何如？”这话实际上是一个试探，因为当时毕竟晋室才是正统，虽然冉闵自己一时掌权，但是他毕竟也就是个刚刚上位的新人而已，正统这东西平时不重要，一旦自己要夺正统了就显示出它的重要性了，因为冉闵毕竟不知道他的这帮手下当中到底还有多少还在忠心于那个偏安于江南的小朝廷。所以他在试探，他想知道究竟有多少人能够支持他建立一个新的朝廷。

他们手下们当然知道他的用意，于是尚书胡睦首先发言：“陛下圣德应天，宜登大位。晋室衰微，远窜江表，岂能总驭英雄，混壹四海乎？”这话其实并没有错误，因为东晋朝廷并不可能向北方派出一些代表，这基本上属于一种空谈。更何况，如果东晋王朝信以为真，那么恐怕他们自己的位置就成了问题。

经过了这么虚伪的仪式之后，冉闵再也不需要去看别人的眼色了。于是禁不住众人进劝，即皇帝位，国号采用了曹操所使用的大魏，体现了正统性，甚至要比东晋王朝更具正统性，改元永兴。立其子冉智为皇太子，以李农为太宰，封齐王。在称帝之后，冉闵也没忘了向东晋示好，他遣使临江告东晋：“胡逆乱中原，今已诛之。若能共讨者，可遣军来也。”但是，冉闵此时已经是皇帝的身份，如果东晋真正按照这句话所说的那就等于变相承认了冉闵的地位，这对于东晋来说，简直要比死还难受，所以东晋对于这句话根本就没有回应，这样冉闵首先就少了来自南方的支持。另外，在其后冉魏的内政外交方面都出了不少的问题。

在内政方面，史书上记载：“魏主（冉）闵杀李农及其三子，并尚书令王谟、侍中王衍、中常侍严震、赵升等。”这就更加证明了原先冉闵让位于李农是虚情假意。这对于冉闵来说简直是自断手臂的行为，因为国家刚刚建立，更何况现在并不是一个统一王朝的状态，还没怎么样就如此地大加屠戮功臣，这明显是会让自己的统治失分的。

在对外方面，后赵石虎的小儿子石祗逃到了原先襄国的旧都并且称帝，一时间也算是成为了一个不大不小的势力。他们心中一直有个重新回到邺城，重新控制中原的美梦。于是他派相国石琨和镇南将军刘国率十万大军进攻邺城。双方战于邯郸，石琨大败，万余军士被杀。刘国等人又与后赵将军张贺度等人联军，在昌城集结准备再次大举攻邺。

冉闵先派王泰等三大将率步骑十二万于黄城屯扎，他本人亲统八万精卒为后继。双方大战于苍亭。后赵大将张贺度虽是沙场老将，但在战场上仍不敌冉闵，十来万人的军队被杀近三万，除主要战将骑快马逃跑外，其余军士皆被冉闵所俘。

虽然这次危机被冉闵给化解掉了，但这仍旧是他个人力量的体现，完全没有展现出一个政权集合起来的实力。而他的敌人也仅仅是早就被打散的后赵，根本没有办法体现出他们的真实实力。但是我们的英雄已经不是当初那个虚心考虑事情的英雄了。他已经犯了所有英雄经常犯的毛病——骄傲。他完全地沉溺在自己过往所取得的胜利之中，根本没有料到真正的大敌已经开始把他列入计划之中了。

这虎视眈眈望着冉魏的不是别人正是前燕。传承到这个时候，前燕的国主已经换成了慕容儁。慕容儁本人具有相当的才干，从小就饱览诗书，充分了解了汉文化的传统。因此，在治国策略上不像一个鲜卑人而更像是汉人。由于前燕一直没有称帝，并且在形式上和东晋保持着相当的君臣关系，这让东晋并不像对待其他的少数民族政权那样歧视和防备它，相反，由于冉魏的过早称帝，虽然同是汉族政权，东晋却对这个北方的汉族朝廷没有一点儿的好感。这样就给了前燕伺机灭掉冉魏的机会。

永和六年（公元350年），伴随着冉闵在邺城称帝的动作，几乎是在同时慕容儁亦乘机兵分三路向着冉魏的方向扑去，自己亲自率中军出兵卢龙，攻下了蓟城也就是今天的北京，并迁都至蓟。自古以来只要是迁都北京的少数民族基本上都有夺取天下的雄心，但是直到这时候冉魏以及东晋还没有反应过来，天下将要出现另外一次巨变了。

慕容儁毕竟比其他的那些少数民族统治者多吸收了点汉文化，他知道在战争当中民心的重要性。这么一个简单的道理石赵的统治者即便死到临头也没有悟出来。因为慕容儁听从了慕容垂不要坑杀蓟城士卒的劝言，故得中原士民归附。这在十六国的历史上是极为少见的，可见中原地区的百姓已经在内心深处承认了慕容儁是一个“文化汉人”的身份。

在良好的势头之下，其他幽州郡县都被慕容儁轻易地夺取，慕容儁于是开始设置幽州诸郡县的官员。后来慕容儁意图进攻后赵幽州刺史王午和征东将军邓恒所守的鲁口，不过被其将鹿勃早夜袭，虽然最终成功击退对方，不过军队锋锐已因这次突袭而受挫，只得暂缓战事，返回蓟城。不久代郡人赵榼率三百余家叛归后赵，慕容儁于是迁广宁、上谷二郡人到徐无，代郡人到凡城，以防其再次叛归后赵。不过，慕容儁亦南攻冀州，攻下了章武、河间二郡。这样，慕容儁就在北方地区站稳了脚跟，时刻等待着时机开始对冉魏进行征伐。果不其然，机会来了。

正如前文所述，在原先后赵襄国的石祗自永和六年起就被冉闵所围攻。围困百多日后，石祗被迫于永和七年（公元351年）向前燕求援，并许以传国玺作交换。这对于一直想进入中原的慕容儁来说简直是天大的好消息，而传国玉玺则更是对深习汉族文化的慕容儁来说意义非常。慕容儁便欲得传国玺，二话不说就向残存的后赵襄国派了悦绾前去进行营救，其实也就是利用这样的一个机会进入中原。

在慕容儁的帮助之下，原先得意洋洋的冉闵终于被击败，襄国之围解除，但慕容儁并没有获得传国玺。后赵的这着棋下得太差，自己明明已经是很虚弱了，又怎么敢再去招惹出另外的一个敌人来？简直是自寻死路。慕容儁于是杀掉当日前来求援的后赵太尉张举。后又派兵夺取中山和赵郡，进攻鲁口，击败王午派来迎击的军队。干脆就把残存的后赵势力消灭得干干净净。

永和八年（公元352年），四月甲子日，慕容儁命慕容恪等人开始攻伐冉魏的战役，并在最终击败冉闵并将其俘虏。一代英雄终于因为自己的自傲而落得个虎落平阳的下场。己卯日，冉闵被押送到蓟城，慕容儁指责冉闵："汝奴仆下才，何自妄称天子？"冉闵却说："天下大乱，尔曹夷狄，人面兽心，尚欲篡逆，我一时英雄，何为不可作帝王邪！"慕容儁听后大怒，鞭打他三百下并送到龙城处死。

随后，慕容儁命慕容评等进攻还在冉魏太子手中所控制的都城邺城，冉魏太子冉智与将领蒋干闭城门自守，得晋将戴施率百余人入邺助守，并以传国玺向东晋请粮。东晋这时候才醒悟过来，但是为时已晚了。慕容评于八月庚午日攻下了邺城，并且将冉智等人俘至中山。冉魏亡后，当时拥兵据守州郡的后赵官员都派使者向前燕请降。就这样，北方出现的一个汉族政权如昙花一现一般消失在了历史的长河之中。

攻下邺城后，慕容儁开始为自己的称帝进行准备，他假称冉闵皇后董氏献传国玺予他，并且赐董氏号"奉玺君"。到了十一月丁卯日，慕容儁置百官，次日即位为皇帝，改年号为"元玺"，并且追尊慕容廆为高祖武宣皇帝、慕容皝为太祖文明皇帝。当时东晋使者到了前燕，慕容儁就对他说："汝还白汝天子，我承人之乏，为中国所推，已为帝矣。"

于是，中原地区就成了鲜卑人的天下，但这是终结吗？当然不是，乱世还远远没有结束。

我就是要北伐

晋永和五年（公元349年），石虎病死。由于桓温曾经取得了在西蜀征伐当中的胜利，所以一时间名声大噪。他开始琢磨着怎么才能进一步体现自己的实力。北伐永远是桓温的第一目标。石虎的死讯无疑给桓温打了一针强心剂。于是，桓温开始为即将到来的北伐进行准备。

他从自己的驻地江陵出发在安陆屯兵备战（今湖北安陆），并且派遣诸将经营北方，与此同时向朝廷上书请求北伐。由于东晋王朝的政权性质，自然不能够允许这样一个新立军功的人再次立大功，并且东晋的士族们已经长期习惯了江南安静的生活，实在不想为了什么北伐给自己找麻烦。与其把钱投给得不偿失的北伐，还不如给自己多买几头牛车来得实在。所以面对桓温的上书，朝廷并不加以理睬。

但是，石虎去世毕竟是一个天赐的良机，朝廷不能让自己的人民在后边戳脊梁骨，于是在这年七月，以征北大将军褚裒为征讨大都督、督徐、兖、青、扬、豫五州诸军事，命其北伐后赵。这充分体现出了朝廷"反正就是不能让桓温北伐"的精神。这对于桓温来讲，是一件非常懊恼的事情。

桓温北伐之举虽然多次被搁置。但是他心中还是不能忘怀这个理想，之后，桓温又屡次上表要求北伐，但是朝廷一直认为他想北伐一定是为了自己的私利因此都未曾批准。这在历史上，是一个非常正常不过的现象，许多重要决定，或者是能够改变历史进程的大事，就这样在臣下与朝廷的不断磨合之中给磨没了。但好在桓温不是一般人，既然朝廷愿意跟他磨那么也就只好继续磨下去。

于是，时间一直到了永和七年（公元351年），桓温为了求一次北伐的机会足足地求了两年的时间。在这年年底的时候，桓温再次拜表辄行，并且做出了一定的行动，他亲率大军四五万自江陵顺流而下，一直到了武昌（今湖北鄂城）而止。这样的行为非但没有得到朝廷的鼓励，反而让那些平常习惯平静生活的士大夫们局促不安，他们以为桓温是前来逼宫的。于是，这次类似于兵谏的行为还是失败了。而这失败的原因跟一个人不无关系，这个人就是殷浩。

褚裒北伐失败之后，晋廷又欲以殷浩北伐。殷浩，字深源，从他之后的经历来看他完全配得上这“深源”二字。史书上说他是“弱冠有美名，尤善玄言”，是位谈吐不凡的大清谈家。其实说白了就是要嘴皮子的。晋朝的时候，这种人很多，大多是饱读诗书的书生，其实并没有什么真本事，只不过有着一张好嘴皮子，加上一个不知道成天在想什么的脑子。

这些所谓的清谈家经常会谈论一些跟社会实际联系十分不紧密的东西。正是因为飘飘在上有清澈的感觉所以才被称为是“清谈”，这样的人物当然是不能够去打仗的。在任何朝代都是如此，但是他偏偏就在这病入膏肓的东晋出现了，于是这种“人才”非但没有被世人嘲笑，反而还获得了一定的名声。更得到了当时官府的青睐。

但是既然是清谈家，就要有一些清谈家的架子才对。他在年轻的时候一直称疾不做官，当时的名流人士却嗟叹：“深源不出，奈苍生何！”（谢安不出，大家也说：“安石不出，奈苍生何！”）简直就是当时南阳卧龙岗的卧龙翻版，架子上是够了，才能上差得可不是一星半点。但就是这样的举动，才能够引起当时统治者的注意。

史书上记载会稽王司马昱“哀求”了多次，才能有这个面子把殷浩请出来做官，而且一做就是扬州刺史这样的大官。其实，早在庾翼还在世的时候，他就曾对人讲过：“（殷浩）此辈应束之高阁，候天下太平，然后议其任耳。”这番话真实地说出了这种人的用途，安定的时候放着摆摆可以，但是在战场上就不要拿出来吓唬人了，哪怕你拿出来也只是给他人当笑柄而已。

眼看着中原闹了个一团糟，志大才疏的殷浩一下子发现了这个可以让自己成名立万的机会。更是由于不着四六的司马昱支持，他很想一显身手，博他个青史流芳，便兴冲冲提兵北伐。这时候恰巧赶上桓温带着士兵到了武昌。当时殷浩有着一大串的名头，他为中军将军、假节、都督扬、豫、徐、兖、青五州诸军事。这样的官职简直是一名东晋的军事大员，但是正是这样的军事大员。刚刚听到消息说桓温陈兵而下，一下子就变得十分狂躁，他以为是桓温来造反了，早知道还不如不当这个破官，自己在家胡思乱想多好，现在简直是要把自己的命给搭上。于是马上就提出辞职想马上回老家清谈去，结果这个奇葩经过了吏部尚书王彪的百般安慰之后才战战兢兢的继续留在这个位置上。

与此同时，会稽王司马昱也写信给桓温，极力劝阻他的军事计划。他对桓温说北伐尚非其时，应先“思宁国而后图外”，这意思就是说好好管理好国内的事情不要再想着出去的事情了，那些事情跟你没关系。并且又“好心”地劝桓温说行此“异常之举”，容易引起非议，希望桓温深思熟虑。

桓温毕竟在名义上是东晋的臣子，王爷的话自然他是要听的。桓温虽然手握重兵但是还不敢公开对抗朝廷，见信后便马上率军还镇，并且马上上书解释说，此次率军东来，是要北伐扫灭赵、魏（冉魏），历年多次上疏要求北伐都是想为国家“静乱”，恢复中原，自己并无私心。朝廷还忠实地实行了“巴掌和甜枣”的战略想给桓温太尉的官职，但是桓温本来也就没计较自己能当多大官，于是便请辞回去了。

殷浩终于赢得了本应该属于桓温的北伐机会。永和八年（公元352年），殷浩自寿春率晋军北伐。史书上对这朵奇葩出征的时候是这样描述的“将发，坠马，时咸恶之。”这也就是说出发时飞跨上战马，殷浩就摔了个大马趴，军中上下皆以为是不吉之兆。这跟封建迷信已经没有什么关系了，一个连马都骑得有困难的人怎么能够指望他北伐成功？这样的事情放在哪一个朝代都是不敢想象的事情，但是这里是东晋，一切皆有可能！

这样的人带着这样的一支部队明摆着就是去送死的，而这支部队偏偏又人数众多，起码有七八万之众，这下子他要害的人可就不是他自己一个了，这罪过太大了。他本身根本就没有多少才能，一切的事情几乎都是他自己用那张嘴吹出来的。有时候就是这样，一个人没什么本事但是事还不少，殷浩硬是靠着这一张破嘴一下子逼反了本来降晋的羌酋姚襄（姚弋仲之子。后赵灭亡后，姚氏父子向东晋投降）。

这下子可闯了大祸了，这支军队本来就要比晋国的正规部队彪悍，而这次的倒戈行动又是极其意外的情况之下发生的，这让毫无准备的晋军一下子就面对了如此凶悍的敌人。所以殷浩手下多员大将被杀，士卒亡叛，器械军储也多为姚襄所获。殷浩的这次北伐真真地不知道是伐人家还是伐自己，这让殷浩终于也知道了羞耻，灰溜溜不知如何下台。同样下不来台的还有那个东晋的小朝廷，北伐这点事情前前后后忙活了半天，最后来一个人财两空实在是有负于司马氏先祖。

就这样，一场北伐闹剧最终以“名士”殷浩的失败而最终结束。从这场荒唐到极点的战役之中可以看到，东晋王朝已经腐化堕落到了何等令人发指的地步。竟然连北伐这么重要的事情都交给一个只会清谈的清谈家来做，这样的政权又有什么希望！

听闻殷浩兵败，桓温感觉到这回朝廷批准自己北伐的机会很大，于是便立刻上疏弹劾，请朝廷废掉殷浩。朝廷没有办法了，毕竟事实摆在那了，殷浩不但让自己蒙羞同时还让整个朝廷蒙羞，朝廷没有必要再陪着这么一个奇葩熬下去了，于是殷浩被免为庶人，徙居信安。从此之后，朝廷内外大权渐归于桓温，朝中已没有人再能阻止桓温北伐。

不能说的秘密

殷浩被废，桓温面前没有了北伐的阻碍。扳倒了殷浩，桓温心情轻松，在谈到这些事情的时候他曾对左右说：“少时吾与浩共骑竹马，我弃去，浩辄取之，故当出我下也。”这是一种幽默的表达方式，显示出了殷浩只能跟在桓温后头并不能有多少建树的尴尬境地，这样的一番话也引出了一个成语——竹马之友。现在用来形容童年时期的朋友。

实际上，东晋王朝利用殷浩也并不是因为不知道殷浩到底有多少才能，而实在是因为桓温“功高震主”一定要给他树立起一个敌人来牵制他。这种自古就传下来的御人之术，东晋的皇帝们还是非常喜欢用的。但是这样的情况就带来个十分严重的问题——效率问题。

当石虎暴亡，北方一片大乱的时候是北伐的最好时机。当时的中国北方四分五裂，羯族、鲜卑、冉魏、姚襄、苻健等人相互攻杀，而南方则在东晋的统治之下一直保持着相对平静。在这样的一个时刻，哪怕是再有问题的东晋大臣也看得出这是出兵北方收复失地，光复晋国的最好机会。可是，谁都这么想也具有了麻烦。

当时光禄大夫蔡谟是个明白人，他说："胡灭，诚大庆也，然将贻王室之忧。"这话让旁人十分不解，毕竟这种良好的局面是晋廷南迁以来前所未见的最好局势，蔡谟慢条斯理地回答道："夫能顺天奉时，济六合于草昧，若非上哲，必由英豪。度今诸人，皆不办此。必将经营分表，疲人以逞。才不副意，徒使财殚力竭，终将何所至哉！吾见韩卢、东郭，俱毙而已矣。"这样的看法在当时万马齐喑的东晋可以说是一盏明灯。他清楚地说明了，东晋未来政治的走向。后来果不其然，桓温殷浩相争仅仅是为了争夺一个大功而已，但是他们忽略了北方的不稳定只是暂时的，一旦北方重新统一将对东晋又是一个负担。

桓温和殷浩之间的争夺足足耗费了宝贵的四年时间。在这四年之中，不但耗费了大量的人力物力，与此同时北方的局势已经发生了深刻的变化。等到当桓温能够清除一切障碍独揽大权，全力北伐的时候，前秦和前燕已经在北方有了一定的基础，北伐的难度加大了。

当北方混乱的局势渐渐稳定后，东晋所面临的主要敌人是占据关中的前秦和已经平定了河北挺进到河南的前燕。一时间形成了类似于三国鼎立的态势。前燕的慕容儁在灭掉冉魏之后便不再把东晋放在眼里自己称帝。已经明显不能把它当做是一个友好的政权看待了。前秦则是由在关中称天王的氐酋苻健所建立的一个小的地方政权，长期盘踞在关中地区。桓温在独揽大权以后，要推进北伐的事业，前燕刚刚灭亡了冉魏，兵势很盛，而前秦由于遭遇之乱，关中有不少人起兵反秦，而在前秦的背后，还有凉州的人马可以策应东晋。于是，桓温选择了前秦作为这次北伐的目标。

东晋永和十年（公元354年），桓温统率步骑兵四万从江陵出发。水军从襄阳入均口，到达南乡，而步兵则从淅川直取武关。桓温又命令梁州刺史司马勋出子午谷攻击前秦，作为偏师，策应主力的进攻。桓温的部队精锐，来势十分凶猛。桓温的部将首先攻取了上洛，生擒前秦荆州刺史郭敬，又攻破了青泥。司马勋攻掠前秦西部边境，而凉州方面的秦州刺史王擢也进攻陈仓呼应桓温的北伐。

这样在战场上就形成了三面夹攻的态势，这样的局势对前秦来讲可以用"岌岌可危"来形容。事已至此，唯有英勇迎战没有别的办法了。这秦主苻健也不是什么无能的君主，与此相反，他正在年轻有为的时期。面对如此棘手的情况，他并没有慌张。而是沉着地派遣太子符苌、丞相符雄、淮南王符生、平昌王符菁、北平王符硕率领五万大军在蓝田迎击桓温。苻健的战略意图十分清楚，就是企图先一举击破桓温的主力军。桓温碰上了这样的一个对手可以说是棋逢对手。

晋军和前秦军在蓝田展开了一场大战。这蓝田也是关中兵家必争之地，早在战国的时候这里就是秦楚两国的古战场。大战之时，前秦淮南王符生表现得骁勇异常，单骑突阵，并且在晋军中来回冲杀了十几次，杀伤了很多晋军将士。这样的做法能够吓得住别人但是吓不倒桓温。面对如此战况桓温毫不示弱，亲自督阵，率领晋军力战，最后秦军大败，太子符苌也被流矢射中，负了重伤，最后伤重而死。

与此同时，桓温的弟弟将军桓冲在白鹿原也击败了符雄统帅的部队。这样两支军队都达到了自己先前所制定的战略目标。后来，桓温经过一路转战，一直推进到了灞上，直逼长安城下。有众上万的呼延毒也与桓温取得联系。光复长安似乎指日可待了。听到有自己的队伍来到关中的消息，当地的人民兴奋异常。史书上记载：“三辅郡县皆来降。（桓）温抚谕居民，使安都复业，民争持牛酒迎劳，男女夹路观之。”一派大好景象。关中耆老纷纷垂泣，哽咽说：“不图今日复睹官军！”似乎一切形势都表明，这次的北伐马上就能获得成功。

然而如此形势下，桓温却出人意料地徘徊灞上，迟迟不去进攻近在咫尺的长安。这个决定后来成为了桓温所犯的最大的错误。正是由于桓温的犹豫不决，才让秦军趁机利用其骑兵之机动优势，突袭司马勋于子午谷，司马勋被迫退屯秦岭北麓的女娲堡。而桓冲所部偏师也为秦军击破。只有桓温部将薛珍径自率所部渡灞水，颇有斩获。形势一下子急转直下，本来有利于桓温的局势成了桓温最大的难题。

本来桓温打算因地就粮，但是苻健抢先一步，尽数割光田间小麦，所谓“坚壁清野”这个成语就是这样由来的。面对局势判断失常的桓温，关中豪杰实在是摸不透他心里究竟在想些什么。就这样随着时间的流逝，疑惑、失望的情绪开始在军中蔓延。刚刚得到的民心也开始涣散，由此导致了关中居民对晋军的粮草支援逐渐停止。两军相持日久，晋军乏粮，身处危地，军心开始动摇。虽然还没有进行主力决战，但是这个状态的晋军又怎么能够夺取最终的胜利？这样的情形就几乎已经决定了败局。

晋军缺乏粮草，不能不后退。关中的反秦势力呼延毒也率领部众一万多人随桓温一起撤退。苻苌率领秦军在后面不断追击。等晋军退到潼关，又损失了上万人。而苻雄也在陈仓击败了司马勋和王擢，司马勋撤退到汉中，王擢退到略阳。这样，桓温对前秦的北伐行动最终失败了，这也就是桓温所进行的所谓第一次北伐战争。

第五章　苻坚称霸：我来我看到我征服

名帝名臣齐登场

谈完了桓温的第一次北伐，让我们再来看看桓温没有打倒的对手的情况。桓温的对手，是前秦的创始人苻洪的儿子苻健。

前秦应该说也是一次意外所出现的产物，原本这里是属于后赵的管辖范围。咸和八年（公元333年），后赵主石虎徙关中豪杰及氐、羌于关东，以氐族酋长苻洪为流民都督，率氐、汉各族百姓徙居枋头（今河南卫辉市东北）。由此就形成了前秦的最初地盘。

因为苻洪对石虎多有战功，所以又被封为西平郡公，他的部下也有2000余人赐封关内侯。苻洪就担任了关内侯的领侯将。石虎死后，北方局势大乱，一时间苻洪就如同是失去了信仰，一心期盼着能够让局势赶紧稳定下来，自己好继续享有已经获得的爵位。谁想到石遵即位之后，竟然免去了苻洪都督的官职。有些人看重的是自己手中的实力，而有些人看中的则是那些虚有其表的官职。恰恰苻洪就属于这第二类人。感觉受到了后赵侮辱的苻洪非常气愤，于是他投降晋朝廷，从此在名义上，关中的这块土地应该属于东晋朝廷，但是这个地方的情况跟前凉非常相似，所以也可以看做是一个独立的政权。

苻洪的死也跟当时进攻前凉的那个匈奴名将麻秋有关系。当初麻秋进攻前凉失败之后，开始返回邺城，谁想到半道上被苻洪的部队伏击，麻秋也就因此被擒。这只“麻雀”并不安分，在一次酒宴上轻易地就毒倒了苻洪，苻洪的长子苻健就把麻秋杀掉，苻洪在临终之际对苻健说：“所以未入关者，言中州可指时而定。今见困竖子，中原非汝兄弟所能办。关中形胜，吾亡后便可鼓行而西。”这样的安排实际上就确定了未来前秦的战略，即固守关中。

后来苻健也是按照这样的要求去做的，这样的战略达到了一定的效果，任凭北方怎么纷乱，前秦自岿然不动。等到把桓温击退之后，前秦的形势已经相当稳定了。苻健也开始考虑继承人的问题。

原本苻健在桓温北伐之前所订立的太子是苻苌，但是苻苌在战争当中不幸牺牲了，这样谁能成为继承人成为了让苻健十分头疼的事情。后来实在没有办法，苻健相信了一个最不应该相信的东西——谶文。其实也就相当于算命说的话，基本上就是一些摸不着头脑的话让你拿现实中的东西与谶文进行比对。在这次的谶文之中有三羊五眼的话，于是苻健怀疑自己的苻生应谶，于是立苻生为太子。那么为什么苻生能够应谶呢？

其实这个谶文再简单不过，所谓三羊五眼那就是说有一只羊是个独眼龙。而这个苻生自幼就瞎了一只眼。是一个名副其实的独眼龙，也难怪苻健能够选择他作为太子。但是这个儿子可着实不善，除了和谶文相应之外根本没办法把这个人和大位联系到一块。

早在苻生的祖父苻洪活着的时候，就十分不喜欢苻生，曾经有一次苻洪想戏弄一下苻生便当着苻生的面对左右说：“吾闻瞎儿一泪，信乎？”左右都说是。结果让苻洪没想到的是幼小的苻生竟拔佩刀，刺瞎眼出血，然后指示苻洪说：“此亦一泪也。”苻洪极为惊骇，用鞭子抽打苻生。苻生不觉得痛苦，反而狠狠说：“性耐刀槊，不宜鞭捶。”苻洪叱道：“汝为尔不已，吾将以汝为奴。”苻生冷笑说：“可不如石勒也。”听到这样的回答苻洪便再一次震惊了，他没有想到自己会有一个以石勒为偶像的孙子，于是对苻健说：“此儿狂勃，宜早除之，不然，长大必破人家。”但是，家长始终是护犊子的，甭管这个孩子怎么样，好歹是自己的亲生骨肉，苻健又怎么舍得杀了他。可后来的事实证明，一切如苻洪所料，这个孩子果真就暴虐无常。

随着时间的推移，苻健也终于到了寿终正寝的时候，病得越来越严重。苻生如许多暴君一样凶暴嗜酒，苻健在临死前怕不能保全家业，同时可能也是为了仿效自己的父亲于是对苻生说：“六夷酋帅及贵戚大臣，如不从命，宜设法早除，毋自贻患！”说完这通话之后三日，苻健病死，年仅三十九岁应当算做是英年早逝。

应当说，早立太子让前秦的权力交接得十分顺利，但是所用非人再怎么顺利对于整个国家来讲也是灾难。光从继位这一件事情上就体现出了苻生的暴虐。父亲刚刚去世，苻生便马不停蹄地继位，忙着在当日就改元寿光，并且立即尊其母强氏为皇太后，立其妻梁氏为皇后，整个是一副等不及要当皇帝的感觉。大臣们实在是看不下去了，于是进谏说：“先帝刚晏驾，不应当日改元。”结果苻生勃然大怒，斥退群臣，并且令嬖臣追究出议主是右仆射段纯，立处将他处死。从此，前秦宛如成了后赵，一个暴虐的主子在朝堂之上随意发号施令，让大臣和百姓都苦不堪言。

苻健如果当时没有听信谶文，恐怕这个帝位断不会传到这个暴君手里。对于前秦来说，苻健的另外一个儿子苻坚可以说是最好的选择。更何况苻坚也有着利用谶文来称帝的理由。传说他背后有谶文曰：“草付臣又土王咸阳”，“草付”是“苻”；“臣又土”是繁体的“坚”，也就是说，他将来就要在咸阳称王立国了，这条谶文在迷信的古人看来是非常吉利的事，于是就为他取名“苻坚”。如果这条记载是真实的，那么要比那个什么六羊五眼要靠谱得多了。

面对暴君的倒行逆施，朝中人人自危，都希望苻坚取而代之。其中薛伽、权翼私下对苻坚说：“今主上昏虐，天下离心。有德者昌，无德受殃，天之道也。神器业重，不可令他人取之，愿君王行汤、武之事，以顺天人之心。”这样的说辞可以说是说出了当时臣子们的心声，本来伴君就如伴虎，谁又希望自己天天陪着一只说不好什么时候就发疯的老虎呢？

苻坚当然想马上把这个暴君给除掉，但是一直没有寻找到好的机会来对付他。毕竟，苻生虽然疯癫但是却并不是傻子。他也十分清楚自己的兄弟可能会对自己不利。于是在一天夜晚对一位侍女说：“阿法兄弟亦不可信，明当除之。”同时在同一天晚上苻法也梦到了神仙对他说：“旦将祸集汝门，惟先觉者可以免之。”

这一切都好像是神话故事一般，但其实有可能这不过是后来写史书的人所杜撰的。后来侍女等苻生熟睡后，便把刚刚苻生对他所说的话秘密报告了苻坚。苻法也把自己梦见的事情告诉了苻坚。所以苻坚兄弟才不得不立即采取行动，于是召集亲兵，分两路冲进苻生的王宫，把睡懵懵的苻生拉到另外一个房间杀掉了。此后，在朝臣的一致拥戴下，苻坚在太极殿登位，号称“大秦天王”，改年号永兴，实行大赦。就这样，在东晋十六国时期难得一见的一位明君就此登上了历史的舞台。但是，这样的明君手中还缺乏一样东西，或者说是一个人物，能够帮助他取得天下的一个人物。这个人便是号称“功盖诸葛第一人”的王猛。

王猛，字景略，太宁三年（公元325年）生于青州北海郡剧县（今山东昌乐西）。他被比作诸葛亮也确实和诸葛亮有许多相近的地方。在乱世之中，他并没有放弃对于整个天下的观察。而是时刻在关中一带等待着一个出山的时机。

桓温第一次北伐的时候，曾经被王猛认为是一个时机。他和桓温曾经见过一面并且相谈甚欢，但是最终由于桓温的失败让王猛看到桓温心中潜藏的那股野心。于是王猛回到山中重新等待着出山的机会。

苻坚由于在小时候就拜汉人为师，因此他的行事作风已经很像是一个汉人了。与其他的少数民族领袖不同，苻坚心中所怀揣的不止是要在中原扎下根去，更是要让自己成为整个天下的霸主。因此他十分清楚一个谋士对于自己图谋天下的重要性。当他向尚书吕婆楼请教除去苻生之计时，吕力荐王猛。苻坚即派吕恳请王猛出山。

当他和王猛相见之后，两人便觉得一见如故。简直就像是当年刘备与诸葛亮隆中对时的感觉。王猛也觉得这是一个可以托付的君王。这样，一代名相再加上一代明君，这两个人的组合势必会在整个天下掀起不小的波澜。

枭雄死了，坏事来了

再回头说说桓温。经历了又一次失败的北伐之后，桓温知道自己的岁数一天比一天见长，恐怕未来的时日无多了。因此，他的处境就像晚年的曹操一样，也动起了在政治上夺得头筹的心思。他首先要做的就是要废掉现在的皇帝，换上一个便于控制的人来抬高自己在朝中的名望。

桓温本来是想借着第三次北伐为自己赢得更大的功勋与威名，谁想到在枋头一役当中遭受了他这么多年南征北战当中的最大耻辱。这让桓温的心理受了重大的打击，整天郁郁不欢。在这个时候，他的手下看出了桓温的心思。

于是曾经提过中肯意见的参军郗超再次成为了桓温的智囊。这个人测才谋足，称得上是桓温手下的第一谋士。他对桓温说：“明公既居重任，天下之责将归于公矣。若不能行废立之事，为伊、霍之举者，不足镇压四海，镇服宇内，岂可不深思哉！”意思就是要让桓温用废立的办法，转移朝廷当中对他打败仗这件事情的非议，从而可以效仿以往的那些权臣达到控制朝廷的目的。

郗超的这个提议可以说是会掉脑袋的事情，但是他之所以敢跟桓温这么说，是因为他实在是太了解桓温的为人了。既然桓温能够说出“既不能流芳百世，不足复遗臭万载邪”这种话来，就一定能做出这样的事情来。桓温早就想这样去做了，他有一次外出经过了权臣王敦的墓大声地说：“可人，可人。”这明摆着就是赞扬王敦的所作所为。所以，当听到郗超这样说的时候，可以想见桓温内心是十分高兴的。别看在战场上郗超的提议总是不能够被桓温所采纳，但这回郗超总算是说到了桓温的心坎里面去。桓温便开始准备实行废立之举，开始了这个权臣最后的疯狂。

历史上被权臣所废的废帝普遍都有一个规律，就是这个皇帝一定没有什么雄才大略，是个老实人，一个守成之君。我们的晋废帝后来被称作海西公的司马奕十分清楚自己目前的处境，所以平常的所作所为特别谨慎，根本就没有办法抓到他的辫子，这让桓温十分头疼。毕竟要废掉一个皇帝总需要一定的由头。

桓温与郗超计划出了一个相当下三滥的把戏，他们说海西公有“痿疾”，什么叫“痿疾”？实际上就是说海西公根本就生不出孩子，这还不算，还说海西公使嬖人相龙、计好、朱灵宝等与美人私通，生下二子，将要冒充皇子建储为王，改变皇家血统，倾移皇基。这种诬陷可以说是阴毒之极，如果按照这样的说法，不光海西公自己要被废，就连海西公的儿子也都成了“野种”。这样荒唐的说法自然是不能在朝堂之上言明的，史书上记载：“密播此言于民间，时人莫能审其虚实。”这样，桓温就为废掉海西公完成了舆论准备。

太和六年（公元371年）十一月，桓温带领大军利用刚刚所说的荒唐的理由逼褚太后废海西公帝位，立那个只会追求所谓名士的会稽王司马昱为帝。褚太后在逼迫之下最终同意了这个让皇室蒙受屈辱的提议。于是将司马奕降为东海王，原会稽王司马昱即帝位，改年号为咸安，司马昱是为简文帝。

桓温在废掉海西公之后，权势已经达到了顶点。简文帝成为了他铲除异己的工具。于是，桓温对自己的几个老对手都施以颜色，庾家、殷家都受到了不小的冲击。就连谢安在见到桓温的时候也要“遥拜”，桓温俨然已经成为了东晋王朝的权力中心。

桓温本以为自己可以就这样慢慢地代晋自立，谁想到半路又出现了变故。咸安二年，刚刚登上帝位的简文帝司马昱驾崩，这让桓温措手不及。原本简文帝已经写好了一份诏书上面的内容就是要让位于桓温，可是让大臣王坦之当着简文帝的面给撕毁了。这个简文帝确实是一个庸人，看到王坦之这样的举动十分惊讶，说：“天下，傥来之运，卿何所嫌！”王坦之回答：“天下，宣元之天下，陛下何得专之！”（《晋书·王坦之传》）这样，原先诏书当中关于桓温的内容全部被更改成为了辅政。简文帝驾崩之后王坦之等人立太子做皇帝，也就是孝武帝。本以为简文帝会禅位给自己的桓温又变得不淡定了，于是他决定亲自到京城去“讨讨说法”。

孝武帝宁康元年（公元373年）三月，桓温决定提军入朝建康。几乎所有的人都认为晋室会被桓温所取代，各个忧心忡忡的。都城之中更是传播着各种传言，说桓温此行是来诛杀王、谢两家的。听说这些传闻之后，王坦之非常惊恐，因为毕竟是自己直接坏了桓温的好事，他怕自己性命难保。谢安却坦然自若。

桓温将至，朝廷命令百官到郊外去迎接大司马桓温。王坦之实在是害怕桓温会找他的麻烦于是便想逃走。可是谢安劝道：“晋祚存亡，决于此行。”王坦之虽然害怕但是好歹还是对晋室忠心耿耿的大臣，听到谢安这样说自己也就“舍命陪君子”了。桓温到了新亭，朝廷的“百官拜于道侧”。桓温于是依次接见百官，简直就像是轮番审讯，史书上记载“有位望者皆战慄失色”，王坦之更是“流汗沾衣，倒执手版”。还是谢安成为全场最为淡定的人物，“从容就席”。

等到众人坐定，谢安语出惊人，没有那么多的谄媚之词，只见他笑着对桓温说：“安闻诸侯有道，守在四邻，明公何须壁后置人邪？”桓温听到谢安这样说面子上也就过不去了，毕竟是自己把谢安给请出山的，桓温到底对谢安还是有一些敬佩之意，于是他便笑着回答说：“正自不能不尔耳。”说着就命令左右撤去壁后手持利刃的军兵。通过这次会面，桓温已经隐隐地感觉到谢安和王坦之二人的实力，有这样的臣子在保卫着晋廷，自己根本没有办法。便打消了兵变的主意。在建康停留了十四天之后，桓温的旧疾复发，所以只能带兵返回。从此之后，桓温便再也没有踏上建康的土地。

随着时间的流逝，桓温的病一天比一天重，桓温清楚，到了自己跟这个世界说再见的时候了。但是他还是不能够忘怀权力给他的感觉。所以桓温在病重期间，还不忘提醒朝廷给他加九锡，贪恋权力到如此程度也真是难为桓温了。请求到了建康，谢安、王坦之两人不敢直接回绝，便让袁宏起草加桓温九锡的诏命。袁宏是当时的名士，写得一手好文章，这种事情对他来讲太简单了，他首先写了一稿给王坦之看。

王坦之叹其文笔华美，但表示：“卿固大才，安可以此示人！”这样前后矛盾的表态实在是让袁宏摸不着头脑，于是又把草诏给谢安看，谢安看了之后也鸡蛋挑骨头地挑出一堆的毛病，改来改去。袁弘慢慢就明白了这二位是根本不想让这诏书发出去。于是便去直接问王坦之到底要怎么样。王坦之说：“闻彼病日增，亦当不复支久，自可更小迟回。”这意思就说，把桓温给拖死就好了，这诏书就这么拖着吧。结果，宁康元年（公元373年）阴历七月乙亥日，一代枭雄桓温就这样在等待九锡的美梦当中离开人世，时年六十二岁。东晋朝廷逃过了一劫，这个大功要算在谢安和王坦之身上，但是无论他们再怎样努力，已经改变不了东晋王朝走下坡路的事实了。对东晋来说，一场恶战即将展开。

自信心爆棚

在南方，桓温终于咽下了最后一口气。桓温死后，东晋朝野再也没有人敢说北伐之事。一是因为确实都没有那样的才能，二是北方的局势已经没有办法再让东晋北伐了。前秦灭掉了前燕，这对于东晋来说绝不是一个好消息。北方第一次有了一个足以和东晋分庭抗礼的王朝。而造就这个王朝的不单单是前秦的国主苻坚，还有他的宰相王猛。

王猛自从完成苻坚交给他的进攻前燕的任务之后，便一直忙碌内政的事情。苻坚一直想把相位交给他，但是他却一直请辞不受。最终，还是熬不过苻坚的请求出任前秦的丞相一职。

史书上记载王猛作为宰相施政公平，将一些玩忽职守的官员流放，而且铲除了一些在政府部门当中的闲人。与此同时，王猛还提拔了一些真正有才干的人来参与到幕府当中。“外修兵革，内综儒学，劝课农桑，教以廉耻，无罪而不刑，无才而不任，庶绩咸熙，百揆时叙。”经过了这番整治之后，前秦的国力显著增强，百姓安居乐业，这完完全全都是王猛的功劳。

苻坚也对王猛十分满意，并且也十分敬佩。曾经对王猛说：“卿夙夜匪懈，忧勤万机，若文王得太公，吾将优游以卒岁。”这意思就是说只要有王猛，我直到死也不会为了国事发愁。并且把王猛比作了姜子牙。能做到这一步对于一个少数民族领袖来说是很困难的。因为王猛是汉人，姜子牙和周文王的故事完完全全也是汉人的故事，苻坚身为一个氐族领袖竟然能够这样地夸奖他的大臣，这说明苻坚的汉化程度已经相当之高，这也就是为什么只有前秦政权才是让东晋朝廷真正害怕的少数民族政权的原因。

王猛听到苻坚这样夸奖他自然也有所推辞，说：“不图陛下知臣之过，臣何足以拟古人！”但苻坚还是认为“以吾观之，太公岂能过也”。苻坚这绝对不是为了收买王猛的心才这样说的，他是从心底敬佩王猛。他经常对太子苻宏以及一些皇子说：“汝事王公，如事我也。”这很明显是把王猛当成了一位朋友看待而并不是臣子。这样的君臣关系恐怕只有刘备和诸葛亮之间的恩情才可相提并论。

王猛由于全部身心扑到了治国上，他不顾自己的健康，更不私肥自己的家庭亲戚，他最后留给子孙的遗产仅是十头耕牛，为众儿孙务农作为衣食之资本。为了国家为了苻坚也为了全国的百姓，能够牺牲自己到如此之地步，在当时是十分罕见的。王猛，确实像诸葛亮一般为前秦耗尽了毕生的精力，甚至连自己的生命也都贡献给了前秦。

王猛平时忙于国务，辛苦非常，终于导致积劳成疾，在前秦建元十一年（公元375年）六月病倒了。原本苻坚并不信鬼神那一套说辞，但是为了王猛苻坚也不得不攥住这也许能够救王猛生命的最后一根稻草。为了王猛，苻坚竟然亲自为其祈祷，并且派侍臣遍祷于名山大川。苻坚重视王猛的程度可以略见一番。

皇天不负有心人，苻坚对老天的祈祷，老天应该听得到，于是就又让王猛在这世上多待了一段时间。王猛的病情在这段时间有过转好的迹象。苻坚知道这个消息之后，非常兴奋，于是下令大赦天下。这种事情应该是新皇帝登基或者是皇帝大婚等等国家重要时刻才有可能发生的，为了一个臣子的健康能做到如此地步实在是世所罕见。为了报答苻坚对自己的恩情，王猛上书表示感谢。

在上书当中王猛写道："不图陛下以臣之命而亏天地之德，开辟已来，未之有也。臣闻报德莫如尽言，谨以垂没之命，窃献遗款。伏惟陛下，威烈振乎八荒，声教光乎六合，九州百郡，十居其七，平燕定蜀，有如拾芥。夫善作者不必善成，善始者不必善终，是以古先哲王，知功业之不易，战战兢兢，如临深谷。伏惟陛下，追踪前圣，天下幸甚！"苻坚看到这样言辞恳切的文字不禁痛哭流涕，想必也是对王猛的生命即将终结十分感慨

到了这年七月，王猛终于还是没能逃过病情的纠缠，病情日益严重岌岌可危。苻坚得知这个消息，急忙去看望王猛询问后事。王猛睁开双眼，望着苻坚说："晋虽僻陋吴、越，乃正朔相承。亲仁善邻，国之宝也。臣没之后，愿不以晋为图。鲜卑、羌虏，我之仇也，终为人患，宜渐除之，以便社稷。"王猛的这句遗言实际上是在为前秦的未来指明方向，他希望苻坚能够克制自己进攻东晋的欲望，而首先把北方的少数民族制服再图难进。王猛为了前秦可谓是鞠躬尽瘁死而后已，足以和诸葛亮相提并论。

在说完这些话之后一代贤相便停止了呼吸。苻坚三次临棺祭奠恸哭，并且对太子苻宏说："天不欲使吾平一六合邪？何夺吾景略之速也！"于是，按照汉朝安葬大司马大将军霍光那样的最高规格，隆重地安葬了王猛，并且按照原蜀汉政权追谥诸葛亮的办法追谥王猛为"武侯"，丧训发布，整个前秦国上下哭声震野，三日不绝。

如果说前秦以前的事业是由苻坚和王猛共同推进的，那么从此之后苻坚再也没有像王猛这般能够重心辅佐他的贤相了。从此之后，苻坚必须要靠自己的能力，在这乱世之中开辟出自己的一片天地。王猛在生前已经为苻坚做好了全盘的计划和打算，可是一个人一旦独立了，你就很难帮助他决定到底应该做什么。苻坚在王猛死后并没有贯彻落实王猛的方针，没过多久就开始计划攻打东晋王朝，这完全背离了王猛的临终方略。这是苻坚唯一一次没有按照王猛的话去做，结果就将自己的基业完全葬送掉。

前秦建元十八年（公元382年），王猛去世已经过了七年的时间，前秦国力充实，人民安定，一切都让苻坚觉得自己有能力跟所谓的"正朔王朝"较量一番了。于是苻坚在太极殿召见群臣说："自吾承业，垂三十载，四方略定，唯东南一隅，未沾王化。今略计吾士卒，可得九十七万，吾欲自将以讨之，何如？"秘书监硃彤马上说道："陛下返中国士民，使复其桑梓，然后回舆东巡，告成岱宗，此千载一时也！"这让苻坚很是欣喜，满意地说："是吾志也。"但是朝廷之中反对的声音明显更多。尚书左仆射权翼说："昔纣为无道，三仁在朝，武王犹为之旋师。今晋虽微弱，未有大恶。谢安、桓冲皆江表伟人，君臣辑睦，内外同心。以臣观之，未可图也。"听到权翼这么说，其他的大臣也急忙附和。史书上这样记载："于是群臣各言利害，久之不决。"

在这次朝廷的议论上，苻坚说出了一句名言："今以吾之众，投鞭于江，足断其流，又何险之足恃乎！"充分了苻坚内心当中的自信。苻坚根本就没想让大臣们讨论这个事情，只不过是想让大臣们附和一下罢了，谁想到却招致了这么多的反对之声。如果这个时候王猛还在，恐怕苻坚就得想想自己的做法是否正确，就有可能回心转意。但是此刻的朝堂之上，没有任何一名臣下能够控制住苻坚。于是苻坚很生气地说："此所谓

筑室道旁，无时可成。吾当内断于心耳！”

苻坚虽然是这样说，其实内心当中听到群臣这样说，心里多多少少还是有一些疑虑的。于是在群臣退朝后，苻坚又留下弟弟苻融商议。他想听听自己的亲人对自己的计划有什么看法，当然苻坚是希望苻融能够鼓励他几句说几句好听的。

没想到苻融也给苻坚泼了一盆冷水。他对自己的哥哥说：“今伐晋有三难：天道不顺，一也；晋国无衅，二也；我数战兵疲，民有畏敌之心，三也。群臣言晋不可伐者，皆忠臣也，愿陛下听之。”苻坚仍然是不为所动：“汝亦如此，吾复何望！吾强兵百万，资仗如山；吾虽未为令主，亦非暗劣。乘累捷之势，击垂亡之国，何患不克，岂可复留此残寇，使长为国家之忧哉！”

看到苻坚的态度如此坚决，并且严厉，苻融只得哭谏说：“晋未可灭，昭然甚明。今劳师大举，恐无万全之功。且臣之所忧，不止于此。陛下宠育鲜卑、羌、羯，布满畿甸，此属皆我之深仇。太子独与弱卒数万留守京师，臣惧有不虞之变生于腹心肘掖，不可悔也。臣之顽愚，诚不足采；王景略一时英杰，陛下常比之诸葛武侯，独不记其临没之言乎！”这下子苻融搬出了最后的杀手锏——王猛的遗言。但是一个死王猛又怎么能挡得住一个活苻坚？苻坚心中既然已经下了决定那就无法再改变了。

虽然众多的臣下都劝苻坚不要这样去做，但同时另有一些人却在纵容苻坚的这种行为。那就是前燕的移民慕容垂。他对苻坚说道，前秦已经很强大了，况且陛下英明神武，威加海内，只要您下了决心就可以，根本用不着去询问朝中大臣。苻坚听了之后大喜。

慕容垂之所以这样说，实际上他明白苻坚的这次行动失败率很高，如果前秦失败，他就可以借机夺取前秦的江山！苻坚等于是中了慕容垂的圈套但自己还浑然不知。前秦建元十九年（公元383年）五月下达了进攻东晋的命令。轰轰烈烈的在中国历史上赫赫有名的淝水之战就这样仓促的发动了。

这个巨人不抗打

前秦建元十九年（公元383年）苻坚开始为他的灭亡东晋的战争进行准备，这是在魏晋南北朝时期少数民族统治者第一次进行统一中国的尝试。为了能够确保这次战争的胜利，苻坚改变了以前的仁政，整个国家的政策开始转向为战争服务。原来前秦的大好经济形势几乎被这些政策毁于一旦。

苻坚下诏要求大肆征兵，户籍在册的民众每十个人中就要出一人当兵。那些从军不在七科谪内者或非医、巫、商贾、百工之子女（后世以奴仆及娼优隶卒为贱民，以平民为良民，遂用以称良民子女）的年纪二十以下，既勇敢又体壮的孩子，都任命为羽林郎（禁卫军军官）。这样的政策无异于全民皆兵，严重地打击了农业生产。并且所谓良家子的兵员质量也实在堪忧，这样的乌合之众其实很难取得战争的胜利。

当时苻融就警告过苻坚，他说：“鲜卑、羌虏，我之仇雠，常思风尘之变以逞其志，所陈策画，何可从也！良家少年皆富饶子弟，不闲军旅，苟为谄谀之言以会陛下之意耳。今陛下信而用之，轻举大事，臣恐功既不成，仍有后患，悔无及也！”但是苻坚早就被慕容垂给忽悠得团团转，连自己亲弟弟的话都不听了。

这一年的八月初二，苻坚派遣阳平公苻融统率张蚝、慕容垂等步骑兵二十五万为前锋；以兖州刺史姚苌为龙骧将军，统率益、梁州诸多军事。苻坚对姚苌说：“昔朕以龙骧建业，未尝轻以授人，卿其勉之！”可是左将军窦冲却给苻坚泼了又一盆冷水回答道：“王者无戏言，此不祥之征也！”苻坚于是不再言语。

苻坚是志得气满地要开始南征，这个时候慕容一家子却在暗自盘算着自己的计划。慕容垂的侄子慕容楷、慕容绍对慕容垂说：“主上骄矜已甚，叔父建中兴之业，在此行也！”慕容垂也毫不避讳地对这两个后辈说：“然。非汝，谁与成之！”正所谓是螳螂捕蝉黄雀在后，苻坚万万没有想到在这一片繁荣之下实际上是暗流涌动。

苻坚从长安发兵，开始了淝水之战的征程。他的兵员配置包括步兵六十余万，骑兵二十七万。将近百万的大军浩浩荡荡地向南方开去。旗帜、战鼓交相辉映，前后绵延上千余里。到了这年的九月，苻坚到达了项城，凉州的军队到达咸阳，蜀、汉的军队正顺流而下，幽、冀的军队达到彭城，东西万里，水陆并进，运粮船上万艘。阳平公苻融等军队三十万，先达颍口。于是在长江北岸形成了一道长达整个长江中下游的战线。

在南方东晋方面，这时候桓温早已死去，朝廷基本上被谢安所代表的谢家所把持。接到前线战报后，东晋孝武帝下诏以尚书仆射谢石为征虏将军、征讨大都督，以徐、兖二州刺史谢玄为前锋都督，与辅国将军谢琰、西中郎将桓伊等众人共领八万将士抵挡前秦军；派遣龙骧将军胡彬以水军五千增援寿阳。在这名单之中，几乎就找不到别家的人物，谢家已经成东晋朝廷当中最重要的力量。所以也可以说这场淝水之战是苻坚与东晋谢家军的战争。

看到前秦军队强盛，东晋的都城建康感受到了很大的压力，满朝文武震动恐惧。面临这样的情况，刚刚履新的谢玄向谢安询问计策。谢安再次表现出了标准的淡定的样子坦然无事，一点也不着急。谢安慢条斯理地回答说：“已别有旨。”随后就一言不发了。谢玄看到自己的叔叔这样的表现，也就不敢再多问了。

谢安接着命令预备车马出游城外的别墅，亲戚朋友全都聚集，与谢玄把别墅作为赛棋的赌注。谢安的棋术通常劣于谢玄，但是在这一次由于谢玄时刻在担心着前线的局势根本不能专心下棋，两人竟然打成了平手。下完这盘棋淡定的谢安接着登山游玩，到了夜里才回来。

十月，苻融等人即将开始攻打守阳。到了十月十八日，苻融攻下了守阳，并且捉获平虏将军徐元喜等人。苻融任命他的参军河南郭褒为淮南太守。另一方面，慕容垂攻取了郧城。胡彬听说寿阳陷落，退兵坚守硖石。前秦卫将军梁成等率领众兵五万驻扎在洛涧，在淮河上设置栅栏作为障碍物，用以阻拦从东面来增援的晋军。

谢石、谢玄等离开洛涧二十五里而驻扎，畏惧梁成而不敢前进。等到胡彬粮食耗尽，秘密地遣派信使报告谢石等说：“今贼盛，粮尽，恐不复见大军！”但是这封关系到军事机密的信件被前秦的士兵所获得，并且交到了苻融那里。苻融马上派人飞马前去报告苻坚说：“贼少易擒，但恐逃去，宜速赴之！”于是苻坚就留大军在项城，自己亲自带领装备轻便的骑兵八千人，以加倍的速度赶路靠近苻融于寿阳。并且派遣尚书朱序来劝降谢石等人，并且说道：“强弱异势，不如速降。”但这时候朱序已经看出前秦只不过是虚张声势而已，私下对谢石等人说：“若秦百万之众尽至，诚难与为敌。今乘诸军未集，宜速击之；若败其前锋，则彼已夺气，可遂破也。”

谢石听说苻坚已经到了寿阳，想到东晋最大的敌人就离自己如此之近十分害怕，于是就想先避战等秦军的锐气消退了再进行作战。这其实是天方夜谭，本来自己的粮草就不足，拖得时间越久只会对自己越不利。于是谢琰劝说谢石听从朱序的话。

到了十一月，谢玄派遣广陵相刘牢之率领精兵五千前往洛涧，进行援助。没有到十里，梁成以涧为阻列阵等着他。刘牢之向前渡水，攻击成功，大破对方，斩梁成及弋阳太守王咏；又分兵截断他们归途中必经的渡口，前秦的步骑崩溃，争着赶往淮水，士兵死去一万五千人。东晋捉获前秦扬州刺史王显等，全部收缴对方军用器械及粮草之类。这是东晋的第一次胜利。这次胜利一下子让谢石等人看见了希望，于是各路军队，从水路继续前进。

这时候苻坚和苻融在寿阳城上眺望他们，发现晋兵布阵严整，又望见八公山上草木，都以为是晋兵，回头看苻融说："此亦劲敌，何谓弱也！"惆怅失意开始有恐惧的神色。这就是成语"草木皆兵"的由来了。实际上在这会苻坚的内心已经开始动摇了，他不能确定自己究竟会不会赢得这场战争的胜利。心慌意乱的情况之下才会把草木看成是军队。

前秦军队紧靠淝水摆开阵势，这样的情况使得晋军不能渡河。于是谢玄派遣使臣对平阳公苻融说："君悬军深入，而置陈逼水，此乃持久之计，非欲速战者也。若移陈小却，使晋兵得渡，以决胜负，不亦善乎！"这实际上是一条奸计，谢安之所以泰然自若恐怕一直在想这个主意。但是前秦人并没有看出来，自信的前秦的众将都说："我众彼寡，不如遏之，使不得上，可以万全。"苻坚更是想当然地说："但引兵少却，使之半渡，我以铁骑蹙而杀之，蔑不胜矣！"连一直保持头脑清醒的苻融这时候也没有看出谢安这条所谓的"建议"当中的玄机，也答应了。苻坚的大军浩浩荡荡，古代又没有发达的通讯设备，轻易撤退后方的士兵并不知道前方出了什么事情只会一股脑地往后退。这样一来什么阵形什么命令就统统不起作用了，谢安脑子里盘算的正是这样的一种效果。

等到前秦军队真的实行撤退，便如谢安所料再也不能制止了。于是谢玄、谢琰、桓伊等人马上率领军队渡过淝水进击前秦军。大惊失色的苻融骑马在阵地上飞跑巡视，想约束那些退却的士兵，但在乱军之中谁又去管你怎么说？在大军之间苻融的战马倒了，于是苻融被晋兵所杀，前秦军队看到自己的王爷被杀掉更是加速溃败。于是谢玄等人乘胜追击，到达青冈。

经过了这样一场荒唐的"撤退"，秦兵大败，自己互相践踏而死的士兵不计其数，他们的尸体遮蔽了田野，堵塞了河流。而那些活下来的败逃的秦兵听到风声和鹤叫声，都以为是东晋的追兵即将赶到，白天黑夜不敢歇息，在草野中行军，露水中睡觉，加上挨饿受冻，死去的人十之七八。这就是成语"风声鹤唳"的来历。晋军随后势如破竹又攻占寿阳，捉获前秦的淮南太守郭褒。

苻坚也在战斗当中中了流矢，慌忙之间单骑向淮北逃跑，又累又饿，当地的百姓给了他一些食物，苻坚吃了之后，赏赐帛十匹，绵十斤。

谢安得到了战报之后，知道秦兵已经战败，当时他正在与客人下围棋，把驿书收叠起来放在床上，还是一副淡定的模样毫无欣喜之色，照旧下棋。客人问他刚才是什么事情，他才慢慢地回答说："小儿辈遂已破贼。"这盘棋下完之后，他返回屋内，经过门槛时，木屐底上的齿被门槛碰断也没觉察到。《资治通鉴》对于这块的描写可以说是绝世之笔，从大战之初谢安的下棋再到大战之后谢安的下棋，让我们感觉到了谢安心理的变化过程。喜怒不形于色的谢安终于让自己的一个小疏忽暴露了他的内心。东晋胜利了，天下的局势还将继续变化。

淝水之战是中国历史上少见的南胜北的战役，这场战争完全葬送了前秦统一中国的可能。将乱世的时间进一步拉长了。这场战争的直接受益者并不是东晋更不是前秦，而是隐藏在前秦之中的鲜卑人慕容氏，淝水之战后，只有慕容垂手底下的三万士兵并没有受到多大的损伤，在淝水之战后，慕容垂便找了个借口离开了苻坚，等到慕容垂再次回来的时候，前秦就要被灭亡。

第六章　野心乱政：权力就是身份证

道子同志心眼坏

比起一场胜利，东晋实际上更需要的是一场失败。这场失败不是发生在北方国土上的失败，而应该是在东晋领土上的失败。只有这样东晋朝廷才能够知道什么叫做危机感。什么又叫做北伐复国的理想。晋廷自从南迁之后，南方几乎没有发生什么大的战乱。这样相对安稳的环境让东晋的政治风气十分腐化堕落。而淝水之战的胜利不但没有让东晋警醒过来，奋发图强，反而在某种意义上助长了这种腐化堕落的作风。这个王朝算是没救了。

淝水之战后，东晋的孝武帝就沉迷在胜利带来的喜悦之中，一直疏于政事。皇帝一般在这样的一个状态，总会有一个臣子陪着他一块胡闹。对于孝武帝而言那个人就是司马道子。

司马道子是谁呢？这个司马道子就是原先的会稽王后来成了简文帝的那个只图虚名的糊涂的司马昱的儿子。也就是说他跟孝武帝是兄弟的关系。司马道子在小时候很受谢安的赞誉。史书上记载“少以清澹为谢安所称”。这也就是说谢安觉得这个小孩很聪明。只可惜一辈子没犯过什么大错误的谢安在这件事情上算是彻底看错了，虽然司马道子很聪明，但是他根本就没把这聪明用在正经地方。等长大了，彻彻底底地成了东晋王朝末期的一大祸害。

刚才说到过，晋孝武帝因沉迷酒色而疏于政事。作为兄弟的司马道子理应该像苻坚的弟弟苻融一样提一些中肯的建议，为自己的兄弟保驾护航才对。可是这个司马道子不但没有那样去做，反而经常陪着晋孝武帝一块喝酒。

司马道子既然地位尊贵，在东晋这样一个以门第来决定官职的朝代必定是高官厚禄。司马道子时任扬州刺史亦录尚书事，权倾天下。而且他还有个毛病，有个信仰，别看他名字里是道子，但是他实际上信仰的是佛教。有信仰原本无可厚非，但是他把自己的信仰完全跟自己的政治决策给联系到了一块，这就让人实在无法忍受了。

他亲近僧尼、宠信小人，并且尤其宠信时任侍中的王国宝。这王国宝就是当时和谢安共同抵抗桓温的王坦之的儿子，谁能想得到这样一个忠心耿耿的大忠臣最后竟会有这样的一个不孝子，天天跟着在朝中作乱的司马道子混。在这种情况下，司马道子宠信的人又都趁机玩弄朝权，贿赂买官，朝中被他们搞得乌烟瘴气。又因为司马道子信仰佛教所以各地大兴寺院，寺院的产业越来越多严重干扰东晋的经济，所以在司马道子掌权的时候，东晋出现了民不聊生的社会状况。

但是，国家毕竟不在司马道子的手里，孝武帝也绝非是什么政务都不处理的真正的昏君。更何况司马道子在朝中的倒行逆施引起了许多大臣的不满。由于实在是看不过去司马道子的所作所为，于是中书郎范宁向晋孝武帝陈述朝政得失，孝武帝听到这些报告难免会对司马道子心生怨恨，但是毕竟是自己的兄弟，表面上的关系还是要维持的。

另外一方面，王国宝对司马道子是百般阿谀奉承，这让当时著名的经学家范宁十分看不惯。顺带一提，这个范宁就是以后写出《匈奴汉国书》的范晔的祖父。于是范宁便希望孝武帝能够贬黜他，但是这个王国宝却反诬陷范宁。毕竟王家也是大族，孝武帝只得无奈贬范宁为豫章太守。其实这对于范宁来说也许应该算是一个解脱，毕竟不用天天在朝堂之上看令人作呕的阿谀奉承了。

范宁被贬黜后，司马道子一党的权势就更盛了，整个国家就被司马道子和他的一些亲信把持着。其中因为贿赂而得亲近司马道子的赵牙和茹千秋，一个耗费巨资为司马道子宅第建筑山水设施，另一个更卖官贩爵，聚敛了过亿钱财。

除了有这些小弟们，司马道子还有一张王牌就是皇太妃李陵容。司马道子之所以能够多次因酒意而有失礼之事，而孝武帝能够忍下来没有废黜他完全是看皇太妃的面子。

孝武帝后来清醒了，他认为司马道子不是治国之能臣，当时又因王国宝与孝武帝亲近的王珣等人不和，所以孝武帝以外戚王恭为青兖二州刺史、殷仲堪为荆州刺史、郗恢为雍州刺史，以他们作为外援抗衡司马道子的势力，同时留王珣及王雅在朝。在朝中搞朋党竞争，有时候是大臣自己结党营私，有时候却是皇帝的御人之术。

孝武帝的本意是希望通过这样的朋党竞争来恢复自己的权势。谁想到他根本就没有这么大的能力把握司马道子。结果司马道子升王国宝为中书令、中领军，又引王国宝堂弟王绪为心腹，让朝政更加混乱不堪。

到了晋太元十七年（公元392年），东晋孝武帝以其子司马德文为琅邪王，司马道子于是徙封会稽王。接替了他父亲原先的岗位。

四年之后的晋太元二十一年（公元396年），朝廷发生了一件相当荒唐的事情。孝武帝竟然被自己后宫的张贵人所杀，甚至民间有传言说孝武帝是因为说了要废张贵人于是就被张贵人用被子给捂死了！

孝武帝死后，长子司马德宗继位，是为晋安帝。这个司马德宗也同样是跟西晋惠帝一样的皇帝。史书上记载他："帝不惠，自少及长，口不能言，虽寒暑之变，无以辩也。凡所动止，皆非己出。"

也就是说，连冷热都不知道，说话也不会说。这样的人竟然能够当皇帝，这明显是司马道子和他的那些手下们从中作梗的结果。朝廷于是下诏内外事务皆要咨询司马道子，行辅政之责。因为孝武帝突然死亡，故此未及写下遗诏，所以孝武帝在生前安置朝中王珣和王雅便都没有实权，所以自此司马道子完全掌握了东晋的权力，并且加紧宠信王国宝及王绪，让他们参与到朝权当中。

这样一来，晋朝可以说是到了自南迁以来最为黑暗的一个时期。当然有压迫的地方就会有反抗，司马道子以前就不乏反对者，现在到了如今这种状况，反抗必然就会更加激烈。这个时候就出了一个叫王恭的人公开跟司马道子作对。

王恭，字孝伯，是光禄大夫王蕴的儿子，定皇后之兄长。史书上记载他："少有美誉，清操过人，自负才地高华，恒有宰辅之望。"也是一位清流雅士。谢安对王恭的评价也非常之高，他常说："王恭人地可以为将来伯舅。"王恭本身也十分地清廉简率，他曾经跟从自己的父亲从会稽来到建康，同族的王忱来访问他，看见王恭所坐的簟席很好，于是便问王恭有没有多余的可以给他一个。于是王恭马上就送给了他，结果自己就只能坐草席了。王忱知道这件事情之后很不好意思，王恭却说："吾平生无长物。"这便是成语"身无长物"的由来，同时也可以看出王恭确实是道德品质十分高尚的人。

正因如此，他才对司马道子在朝中的所作所为无法忍受。曾经在朝堂之上与司马道子多次发生冲突。并且对司马道子说："主上谅暗，冢宰之任，伊周所难，愿大王亲万机，纳直言，远郑声，放佞人。"把矛头完全指向了趋炎附势的王国宝。这让司马道子也怕他三分。后来，王国宝竟然还不思悔改，连皇帝的东宫都给占了。这让王恭愤怒到了极点，连忙联系带兵在外的殷仲堪和桓玄，相约一起起兵诛杀王国宝。

王恭写了一道檄文："后将军国宝得以姻戚频登显列，不能感恩效力，以报时施，而专宠肆威，将危社稷。先帝登遐，夜乃犯阖叩扉，欲矫遗诏。赖皇太后聪明，相王神武，故逆谋不果。又割东宫见兵以为己府，谗疾二昆甚于仇敌。与其从弟绪同党凶狡，共相扇动。此不忠不义之明白也。以臣忠诚，必亡身殉国，是以谮臣非一。赖先帝明鉴，浸润不行。昔赵鞅兴甲，诛君侧之恶，臣虽驽劣，敢忘斯义！"

在这条檄文之中王恭列数了王国宝的罪行，这让司马道子也十分慌乱，因为这上边的条条罪状无不跟自己有关系，如果这件事情不能够平息下去，势必会威胁到他自己。于是，他只得使出了丢车保帅的这一招，随便给王国宝安了个罪名，直接处斩。只可惜王国宝趋炎谄媚了这么半天，竟然被自己的主子给出卖了。见到王国宝已经被斩。王恭也就暂时放下了起兵的念头。

因为有了这样一件事情，司马道子对自己的安全越发地担心。在谯王司马尚之的说服之下，他开始将异姓封疆大吏的土地进行削减，从而加强司马氏刺史的土地。这招致了庾家后人庾楷的不满。庾楷联络王恭说："尚之兄弟专弄相权，欲假朝威贬削方镇，惩警前事，势转难测。及其议未成，宜早图之。"

王恭原本就看司马道子不顺眼，现在既然有人能够请他一块造反，且是个有实力的封疆大吏，又有什么不能接受的理由呢？于是王恭便欣然同意了这个要求。后来庾楷又联络了殷仲堪、桓玄。他们几人共同推举王恭作为"盟主"相约共同起事。如果说前一次王恭确实是因为自己的义愤填膺才有所行动的话。那么这次王恭可是彻彻底底地被这些士族贵族给利用了。他们起事的原因根本就不是为了国家朝政，而完完全全是为了自己的私利。至于推选王恭作为"盟主"也是因为不敢承担责任，找到替死鬼。

司马道子听到这样的消息大为恐惧，尽管他知道这是不可避免的事情，但事情的起因他完全没想到会是因为自己招惹了庾楷。他慌忙把军权交给十六岁的儿子司马元显，而自己只顾酗酒，活在那个酒精所创造的迷幻世界里面去了。本来一切顺利，谁想到中间却出现了变故。

这时，曾经参与过淝水之战的北府兵名将刘牢之被司马元显所收买，刘牢之于是倒戈，王恭就这样被叛军所杀。庾楷也兵败，投奔桓玄。刘牢之率北府兵抵御荆州军，桓玄、杨佺期只得回军蔡洲。同时这个司马道子毕竟也是老谋深算，为了分化荆州军，他采纳了桓冲之子桓脩的建议，任命桓玄为江州刺史，杨佺期为雍州刺史，桓脩为荆州刺史，而贬黜殷仲堪为广州刺史。这样一来原先本来是铁板一块的利益集团一下子就被分裂开来。

说到底，这些军阀起兵的目的完全是为了一己私利，没有任何人是像王恭一样真正为了家国天下着想的。殷仲堪一听诏命，大为恼怒，催促桓玄、杨佺期进兵。但是桓玄、杨佺期得到好处，不想出兵。殷仲堪一气之下只得回军荆州，临回去之前还不忘遣使告谕蔡洲兵众说："若不各散而归，大军至江陵，当悉戮余口。"桓玄等人非常害怕，于是都赶快撤退，至寻阳才赶上殷仲堪。

殷仲堪虽然这样说，但是毕竟诏命已经下达。他从此之后便只能依靠桓玄，但两人因为这场战争心里已经有了猜忌。这样的组合不会长久下去了。

经历了这样一场大乱，东晋朝廷的统治基础已经出现了动摇。但司马道子还在朝上，这个人一日不除，天下一日不安。

一场大乱引出一个权臣

任何事情都是有联系的，这个道理在政治上更是绝对正确。当初为了剿灭王恭等人发动的内乱，司马道子的儿子司马元显深感兵力不足，而且当时的“北府兵”也就是东晋最为精锐的近卫部队，也不是十分听司马元显的掌控。为了缓解这样尴尬的状况。司马元显只得强制性地征发浙东诸郡“免奴为客”的壮丁。所谓“免奴为客”就是一些改变了原先在西晋的奴隶身份南迁为“客民”的一些民众。司马元显将召集的这些人集中在东晋的首都建康，担任兵役。建康的防卫工作本来应该由北府兵进行负责。司马元显这样去做实际上是想架空原先的北府兵，而建立一支专属于自己的亲卫部队。这些人随后被司马元显称之为为“乐属”。

虽然司马元显认为这个举措既能帮助自己树立在朝廷当中的威望，又能够缓解朝廷现在缺兵员的现实。他自己本身是很“快乐”的，所以才命名这些人是“乐属”。但是底下的民众可不这么想，尤其是那些常常使用“免奴为客”者的基层士族地主们。因为本来“免奴为客”者的绝大多数是这些基层地主所使用的劳力，司马元显现在把这些人征收成了士兵，势必会影响基层地主手中的劳动人口的数量。再进一步影响到基层地主的经济利益。

对于“免奴为客”者来说，原本自己就是奴隶的身份，现在好不容易能够以一名农民的身份安安心心地过日子，谁想到又被征用去做随时都有可能面临生命威胁的士兵，这势必会影响到他们自身的利益。因此这些“免奴为客”者也对这项所谓的“乐事”多有不满。因此这一命令一颁布，就搞得“东土嚣然，人不堪命，天下苦之矣”。

随着民众不满的加剧，在东南民间已经储存了相当的反抗朝廷的能量，时时刻刻准备爆发出来，现在仅仅缺一根导火线，或者说缺一个能够领导这些愤怒的民众推翻朝廷的人。于是一个叫做孙恩的人粉墨登场了。

这个孙恩属于琅邪孙氏，同广为熟知的琅邪王氏一样也同样是世家大姓。但是他们家族有个跟其他士族显著的区别。他们家几辈人都信奉由东汉末年张鲁他们一家所开创的所谓“五斗米道”。在古代，宗教往往会充当政治的补充角色，一旦政治上暴露什么缺陷宗教就会及时地补上。这种补充有时候会缓解社会矛盾，有时候则会激化社会矛盾。

孙恩的叔叔孙泰一直以钱塘人杜子恭为师，在“学习”的过程当中学了不少“方术”，所谓方术实际上就是今天类似于魔术的玩意。但是现在的魔术是为了艺术欣赏，以前的“方术”却实实在在是为了骗钱。孙泰精于此道经常干这样坑人的勾当。但是当时的民众普遍没有什么文化，对于什么鬼神之类的事情深信不疑。乡里出了这样一位奇人，自然受到了人们的关注。史书上记载“愚者敬之如神，皆竭财产，进献子女，以祈福庆”。

作为中央政府的东晋朝廷自然不会允许这样的人在经济十分重要的东南地区乱转，这会影响到朝廷在当地的权威。于是王珣向司马道子陈说孙泰以妖术惑人，当时司马道子认为这个孙泰不过是个方士，对自己也没有什么用途流放就流放了吧，于是就把此人流放广州。

别看现在的广州是座大城市，在东晋的时候也就是个小渔村的样子，属于极其偏远的地方。当地的百姓比东南地区的更加愚昧。因此把孙泰流放到这个地方反而起了反效果，这回不单单是民众，连广州当地的地方官都被孙泰的“幻术”迷惑住，竟然派这个流放犯作为郁林（今广西贵县）太守。东晋地方政权的荒谬可见一斑。

到了孝武帝末年，孝武帝已经日益衰老颇想长生壮阳，于是亲自下诏把孙泰召还京师。一直谄媚孝武帝的司马道子连忙封他做徐州主簿，并且给钱给地给人让这个妖道天天“炼丹”。到了王恭起事的时候，孙泰更是以为自己抓到了一个绝好的敛财机会，于是假借讨伐王恭为名，眩惑士庶，私聚徒众，渐渐地有了一支属于自己的武装。到了司马元显掌权后，更是为了自己的淫欲向孙泰求所谓的“壮阳秘药”。由于司马道子对待下属的态度，所以让孙泰这个本是流放犯的大骗子在朝中也能骄横不堪。

后来孙泰的胆子越来越大，竟然认为晋朝运祚将终，于是就在吴地广诱百姓，用“五斗米道”的名义召开密会，阴谋作乱。当时朝廷当中的大臣都知道他所干的这些勾当，但是慑于他跟司马元显的交情深厚，因此就没有人敢揭发他的所作所为。这样反而让孙泰更加猖狂。最后忍无可忍的会稽内史交出真凭实据，向晋廷告发孙泰要造反。

这个孙泰确实是被自己所受到的宠爱冲昏了头，你安心地伺候好主子就能保你一生荣华富贵，但是他偏偏要自己当这个朝廷的家。原本司马道子只是想把这个孙泰当做一个宠臣给养起来，谁想到他势力做大之后竟然想威胁自己的位置，于是司马道子便下令杀掉了这个孙泰和他的六个儿子。由此，孙恩就算跟朝廷结下了仇恨，时刻在等待着完成他叔叔未能完成的“事业”。

“免奴为客”令的发布恰好满足了孙恩在盼望着的时机。于是，他便利用长期秘密传教的优势，发动自己的教徒进行起义，这种起义的形式跟东汉末年张角所发动的“黄巾之乱”极为相似。孙恩发动起义的原因实际上很简单，就是报仇，但是他聪明地利用了当时的社会矛盾，于是这场大乱一下子风起云涌，箭镞直指建康的东晋政权。

在这场大乱中，许多东晋地方官员和士家大族都遭受到了不小的打击。会稽内史王凝之、世族吴兴太守谢邈、永嘉太守司马逸、嘉兴公顾胤、南康公谢明慧、黄门郎谢冲、张琨、中书郎孔道等人都被孙恩的乱军所杀。吴国内史桓谦、临海太守新秦王王崇、义兴太守魏隐等人都因为害怕乱军而弃郡逃走，孙恩一下子就占据了东晋的东南八郡。可以说东晋的半壁江山都被孙恩夺取。这样的形势发展完全出乎了东晋王朝的预料。

这场大乱在人数上和速度上也堪称是农民运动的典范。起事不到十天的时间，孙恩便发动了数十万人参与到他的乱军当中。孙恩的徒党号称“长生人”，这有点像是对“食死徒”的称呼。这帮人根本就是一群亡命无赖，孙恩自己就是个骗子，骗子加无赖的组合究竟会对国家造成什么也就不难想象了。

孙恩和这群人专事屠杀掳掠，破坏不遗余力。孙恩起事的会稽地区是江南地区的重镇，也是王羲之、谢安等北方士族聚居的名郡，吴郡、吴兴（包括义兴）是南方士族的中心居地，这三郡号称三吴，是东晋朝经济文化发达的地区。孙恩等人的作乱对当地的经济产生了十分严重的破坏作用。整个东南地区满目疮痍，再也看不到曾经兴盛时候的模样。

为了平定这场大乱，东晋朝廷派出谢琰和在王恭起义当中倒戈的北府兵名将刘牢之进行平乱的行动。刘牢之从京口起兵，在这军中有一名叫刘裕的人。这个刘裕本来是京口地位十分卑微的普通百姓，史书上记载他“仅识文字，以卖履为生”，小名叫“寄奴”。从这个小名也可以看得出来刘裕确实出身不是那么高贵。但是他身上又偏偏有点富家子弟的习气，好赌博、斗鸡和走马，这样一个人当时在乡里是极为不受欢迎的。刘牢之为了讨伐孙恩，于是便四处招人，根本就不问这些人的出处，也不管这些人以前曾经做过些什么。他的要求只有一条，只要这个士兵的身体足够健壮能够提枪射箭就行。

就这样，刘裕加入了晋军，在刘牢之的军中做一名小小的军官。有一次，刘裕外出执行巡逻任务，突然在路途当中遇到了孙恩的所谓“长生人”大致有数千之人。正常的士兵见到这种兵力悬殊的架势恐怕早就逃跑了，何况刘裕才刚刚参军不久。但是刘裕却表现得出人意料地镇静。他没有丝毫畏惧，仅仅带着自己身边的十几个人就敢冲着那些“长生人”过去了。

尽管刘裕他们也算是装备齐全的东晋正规军，但毕竟人数差距太大，没支持多长时间其他人就都死了。刘裕自己也被这些乱军用枪捅到了河岸之下。这些疯狂的“长生人”冲上去想杀了刘裕争功。谁想到刘裕在这样的危急情况用自己身上的长矛，仰头乱捅，竟然又挑死数名乱军，并且一下子跃起重新跳上岸，大叫冲杀。

面对这样一个近乎疯狂的人物，所有人都不敢继续向前，只得仓皇逃走。刘裕看见乱军退了便继续边叫边杀，在追击过程中又杀掉了上百人。这时候恰恰赶上刘牢之的儿子刘敬宣来寻找刘裕的侦察队，于是他完整目睹了刘裕的英雄壮举。刘敬宣和他的手下们看见这样的场景都吓傻了，甚至都忘了冲上去帮刘裕。就这样刘裕一战成名，马上成为了刘牢之军中的重要将领。

后来，随着战事的进展，谢琰被杀，刘牢之的军队不断地进攻孙恩。在这其中的三次战役当中刘裕都有着十分出色的表现。到了东晋安帝元兴元年（公元402年）孙恩终于穷途末路投海自杀，这个疯子的徒党和姬妾说他成了水仙，于是跟着投水的多至百余人。在大乱当中，平民百姓被孙恩掳去的达二十余万人，在这三四年间，他们不是战死就是溺死，还有的被贩卖作奴隶，到孙恩死时只剩下数千人。孙恩连年从海岛入寇，前后数十战，又杀死民众数万人。

孙恩之乱直接打击了当时的东晋政权，从此之后东晋朝廷的权威一天比一天衰落。孙恩之乱无意中扮演了东汉末年黄巾之乱的角色，并且引出了一个新的权臣刘裕，这一切都表明，东晋王朝的丧钟已经开始敲响。

这个皇帝自己封

王恭起兵让东晋朝廷对于地方势力的控制力一天天地在缩小。又恰逢孙恩之乱的爆发，于是地方上的一些人便开始蠢蠢欲动，想仿效桓温的所作所为行废立之事。什么事情都有个遗传，连篡位这件事情也能遗传，现在有这个念头的不是别人正是桓温的儿子桓玄。

王恭起兵失败之后，原本地位平等的殷仲堪和桓玄两人因为司马道子的任命出现了失衡。殷仲堪在这次事件之后只能栖身于桓玄营中。所谓一山不能容二虎，桓玄长期在外并且自己又有一个曾经不可一世的父亲，他时刻打算着追随自己的父亲去建立不朽的功勋。桓玄既然有此志，那么在其营中的殷仲堪就成了桓玄必须要清除的一个障碍了。

于是在东晋安帝隆安三年（公元399年），桓玄可算是找到了这样的机会。这一年荆州地区发大水，平地水深达三尺，这时身为地方官的殷仲堪为了赈恤饥民，导致了自身的兵粮仓库枯竭。谁曾想到这样一个养民安民的举措竟给殷仲堪自己招致了大祸。

桓玄早就想着吞并殷仲堪的军队，现在对他来说正是天赐良机。于是他率军乘机西上，袭取了殷仲堪囤积粮草的巴陵，并且继而进兵杨口。慌乱的殷仲堪派侄子殷道护进行防御结果大败。桓玄随后占领了距江陵二十里的零口。殷仲堪没有想到桓玄竟然会在自己的背后插上一刀，于是急忙召同为当地将领的杨佺期相救，但是终归是因为粮草的缺乏而惨败，结果最后双双为桓玄所杀。

通过这场阴谋，桓玄一举夺得荆、雍二州，于是便上表朝廷，要求任领荆、江二州刺史，因为江州地域过为重要，朝廷便授以桓玄都督荆、司、雍、秦、梁、益、宁七州，后将军，荆州刺史，假节，并且以桓脩为江州刺史。这样几乎把整个西部地域都给了桓玄。但是桓玄不满意，上书坚持要求领江州，朝廷迫于桓玄的压力，不得已加桓玄为都督江州及扬豫八郡，并领江州刺史。之后桓玄又得寸进尺，提出以兄伟为冠军将军，雍州刺史，以侄子桓振为淮南太守，朝廷都不敢不从。

从根本上讲是东边的孙恩帮助的桓玄。西边桓玄在吆五喝六地对东晋朝廷说着各种各样的要求，东边孙恩所领导的乱军正在风起云涌，东晋朝廷一下子被两场乱局给夹了中间，动弹不得。至此，东晋的州郡几乎都被桓玄和桓玄的亲信所控制，地方已经彻底成为桓家的天下，只不过建康的朝廷还是姓司马而已。

桓玄势力的上升，让司马道子甚为恐慌。因为桓玄借着孙恩作乱的由头不停地在上诏说朝中的人无能要亲自除之。而这个无能的人很明显就是司马道子自己。于是司马道子开始决定讨伐桓玄。元兴元年（公元402年）一月，司马元显派大将镇北将军刘牢之作为前锋都督，以前将军谯王司马尚之为后部，称诏举兵伐玄。

就在官军将要出发的时刻，桓玄的堂兄时为太傅长史的桓石生，及时送来了一封十分紧急的秘密报告。战场上拥有情报就拥有了一切，何况得到情报的这个人还是桓玄。本来按照桓玄的设想，扬州一带因为孙恩之乱正闹得不可开交饥荒严重，朝廷根本就顾不上这边的事情，这种时候正是待机积蓄力量、观衅而动的良好机会。但是桓石生的报告却表明朝廷不但是腾得出手脚，并且已经集中了相当的精锐力量准备讨伐自己。其实这个道理很明白，那边孙恩的所谓“农民起义”即便再闹也兴不起什么太大的风浪，因为基本上已经被剿灭得差不多了，而桓玄才是当时朝廷的真正的最大敌人。

桓玄面对这样的状况，心中一点准备都没有。在得知司马元显即将兴师问罪的时候，桓玄心中也没有底自己是不是能够打败官军，因此想法上就变得十分保守。他打算固守江陵。其实这对于桓玄来说是一个保险的办法。

正当桓玄决定这样做的时候，长史卞范之献计说：“公英略威名振于天下，元显口尚乳臭，刘牢之大失物情，若兵临近畿，示以威赏，则土崩之势可翘足而待，何有延敌入境自取蹙弱者乎！”桓玄本来心中十分没底，听到了卞范之的这番表态之后一下子来了劲头，马上把桓伟留下固守江陵，自己上表朝廷，率师沿江东下。当大军到达寻阳，也像当初的王恭一样发布檄文，在檄文上大肆列举了司马元显的种种罪行。

当檄文传到建康的时候，司马元显吓得不敢下令开船。这一下子就胜负立判了。司马道子和司马元显虽然在朝堂之上能够作威作福，但是在军事上的较量自然是比不过桓温的儿子桓玄。原本桓玄兴兵的理由就不够充分，所以他经常担心士兵不会听自己的号令，并且自己也一直在想着万一出了事情怎么撤退的计策。也就是说直到这个时候桓玄自己心里还是不确定的。可是大军到达寻阳，仍然不见官军的身影，这让桓玄不禁大喜过望，将士们也个个精神振奋，沿路如入无人之境。原本司马元显能够借用自己官军的势头最起码在士气上压倒桓玄。但是，这个人实在是太没用，桓玄仅仅靠着一封檄文就把他给吓到了。东晋王朝的最终命运竟然被这种人物把持着实在是一种悲哀。

等到桓玄大军抵达姑熟，击败了谯王司马尚之，襄城太守司马休之也弃城而逃。当时，身为朝廷最后希望的刘牢之兵屯洌洲，桓玄十分了解刘牢之这个人行事反复，当时王恭起兵的时候，正是刘牢之的倒戈让桓玄差点死在战场上。但这个时候桓玄已经不是以前的那个桓玄了。桓玄遣使劝降，刘牢之马上便敛手归降。随后，桓玄挥兵直驱建康城外的新亭，早就已经吓坏了的司马元显便不战自溃，弃船逃回京城，与其父司马道子在相府相对而泣，最终被桓玄所擒。

桓玄进入建康之后，大肆贬谪原先司马道子掌权时候的大臣，并且给自己的亲信进行升迁，并且给自己加以剑履上殿，入朝不趋，赞奏不名的殊礼。东晋朝廷已经彻底地成为了桓玄手中的一个傀儡，一个通过命令的图章而已。桓玄想取得天下便只差一步。

东晋元兴二年（公元403年）十一月，桓玄终于步他父亲的后尘迈出了他父亲一直想迈而生生被谢安和王坦之给拖死的那一步。在这之前桓玄已经加封自己为楚王，并且给自己加了他父亲梦寐以求的九锡。到了现在桓玄加自己的冠冕至皇帝规格的十二旒，并且又加车马仪仗及乐器，以楚王妃为王后，楚国世子为太子。

到了这一年的十一月丁丑日，由桓玄的重要幕僚卞范之写好禅让诏书，并且命令临川王司马宝逼晋安帝进行抄写。到了庚辰日，由兼太保、司徒王谧奉玺绶，将晋安帝的帝位禅让给桓玄，随后迁晋安帝至永安宫，又迁太庙的晋朝诸帝神主至琅邪国。随后便又是令人作呕的三劝三让的把戏。

百官到桓玄的驻地姑熟进行劝进，桓玄又假意辞让，官员又坚持劝请，桓玄于是筑坛告天，在十二月壬辰日正式登位为帝，并改元“永始”，改封晋安帝为平固王，不久迁于寻阳。这个篡夺东晋王朝的政权后来被命名为“桓楚”，但这个桓楚并没有延续多长时间。因为随着桓玄登上所谓的“帝位”，便开始整日的骄奢荒侈，游猎无道，游乐从夜至昼。开国之君做的却是亡国之君才应该做的事情。桓楚从一开始建立就充满着不祥的气息。

这时候，在建康的一片虚假繁荣之外，刘裕正在望着建康的动静。他就等着桓玄篡位的那一刻，因为那是对他来讲至关重要的机会，顷刻间夺取整个天下的机会。

第七章　宋武出山：丧钟为东晋响起

你们乱着我夺权

桓家本来是清流雅士之家，桓温自己虽然晚年有篡逆谋反的心思，但是毕竟还算得上是一个英雄式的人物。但是桓玄确完全是靠着父辈给自己留下的遗产来征战的，更何况还有一点点的运气成分在里面，如果当时孙恩没有那么巧在东南地区发动叛乱，如果朝廷不是被只会喝酒带小弟的司马道子父子所把持，那么也许桓玄根本就没办法取得权臣的位置更别提称帝了。要知道当时桓温的对手可是谢安和王坦之。正是因为桓玄的这个帝位来得实在是太容易了，所以他一点也不知道珍惜。在称帝之后更是顽劣不堪，根本没有做到一个开国君主应该做的事情。

在桓玄刚开始有篡晋的想法的时候，他的兄长桓谦曾经就这个问题问过刘裕的态度，因为当时刘裕通过讨伐孙恩，迅速蹿升成为了当时东晋的又一名封疆大吏。刘裕这个人不光英勇而且鬼主意也很多，史书上记载当时刘裕已经“志欲图玄”，也就是说刘裕在暗中已经在想着取代桓玄的位置。

他认为，如果桓玄不反反而对他不利，因为他没有攻击桓玄的由头。如果桓玄果真是反了的话，那么这是刘裕的重要机会，能够借此作为借口讨伐桓玄。当然，桓玄并不知道刘裕心中真实的想法，还把刘裕当做了“股肱之臣”予以依赖。刘裕听到桓谦这样问，心中其实是在黯然欣喜。于是平静地说道：“楚王，宣武之子，勋德盖世。晋室微弱，民望久移，乘运禅代，有何不可？”从面子上表达了对于桓玄这种行为的纵容和支持。只可惜桓玄根本就没能看出这个人包藏祸心，外表憨厚内藏奸诈，实在是东晋王朝中最具野心的人物。

在刘裕这样一番怂恿之后，桓玄终于篡晋称帝。这时候高兴的不但有桓玄自己，还有在暗中的刘裕。但是刘裕在桓玄面前还是表现得非常谦卑。有一次桓玄见到刘裕，想起了他以前支持自己的言行，于是便对左右的人说：“昨见刘裕，风骨不恒，盖人杰也。”桓玄只看出了刘裕是人杰，却没看出刘裕有真命天子的命。桓玄只把刘裕当做是一个普通的将才加以利用。在每次出巡的时候，都对刘裕优礼有加，赠赐甚厚，想用这种方式让刘裕为自己所用，但刘裕在内心当中已经打定了主意就是要夺桓玄的位置，又怎能因为桓玄这样对他就放弃这样的一个野心呢?

桓玄身边也不是没有明白人。在这种时刻通常都会出现几个旁观者清的角色来为当局者指清方向，就看那个当局者是听还是不听了。他们劝桓玄说：“刘裕龙行虎步，视瞻不凡，恐不为人下，宜早为其所。”桓玄显然是不听的那类当局者，在他心中刘裕是个“好孩子”十分听自己的话。于是他不以为然地回答道：“我方欲平荡中原，非刘裕莫可付以大事，关、陇平定，然后当别议之耳。”从此之后对刘裕是多加褒奖。

其实桓玄也不一定是看不出来刘裕的心思，再加上有人提醒他，内心当中肯定会对刘裕有一些芥蒂出现，但是桓玄这个人还有另外一个特点，就是对自己的极度自信，他相信自己能够利用和平的方式来解决刘裕的问题。于是便下诏说：“刘裕以寡制众，屡摧妖锋。汎海穷追，十殄其八。诸将力战，多被重创。自元帅以下至于将士，并宜论赏，以叙勋烈。”桓玄心想我作为皇帝能够这么褒奖你这个将领，你还不得给我感恩戴德？桓玄彻彻底底地把刘裕的为人给想错了，从刘裕在战场上能够如此拼命的情况看，刘裕这个人对自己的要求极严，同时又极度阴险。就在桓玄百般讨好刘裕的时候，刘裕在暗中做了大量准备工作，时刻准备着起兵平灭桓玄。

等到一切准备停当，到了元兴三年（公元404年）二月，刘裕组织了一次所谓的“游猎”，这实际上是一个借口，真正的目的在于有一个集结部队的理由。刘裕在暗中与何无忌等人集结部众，并且在暗中联合了魏咏之、檀道济、周道民、田演等一批对桓玄的所作所为不满的将领率众起兵，在京口、广陵杀死了桓玄的亲信桓修和桓弘。刘裕真可以说得上是一个影帝，在桓修被杀之后，作为罪魁祸首的刘裕竟然会痛哭流涕，表示要厚葬桓修。

刘毅的兄弟刘迈原来也在建康。当刘裕起兵之后讨伐桓玄不到几天，派遣同谋周安穆前去通报刘迈，要他作为内应。但是刘迈这个人平生胆小怕事，他在表面上敷衍周安穆，但内心当中却并不敢应允。这个人同时也是一个心里有什么事情都藏不住的人。他的表现轻易就被周安穆给看穿了，周安穆担心这件事情会因此泄露，于是急忙赶回报告刘裕。

这个时候，桓玄任命刘迈为竟陵太守。这样刘迈就一下子被夹在了桓玄和刘裕两人的中间。刘迈便不知该怎么办才好，后来他认为只能是躲开朝廷当中的争斗自己去享清闲去，于是准备船只走马赴任。在一天夜里，刘迈接到了一封桓玄给他的信。信中问道：“北府人情云何？卿近见刘裕何所道？”这说明桓玄在内心当中对于刘裕是有一定的防范的。并且桓玄对于自己的下属也不是十分信任。

这封信实际上仅仅是一封试探信，因为桓玄心中毕竟是不太相信刘裕能够反叛自己。刘迈在看到这封信之后惊恐万分，他以为桓玄已经知道刘裕的阴谋了，于是急忙想赶紧脱身。在第二天一早就把事情全盘托出。桓玄在这时候才如梦方醒，确认了刘裕确实有反叛自己的阴谋，于是便封刘迈为重安侯。但是桓玄这个人也是个犹犹豫豫的人，这种犹豫是他最大的问题。本来已经封了刘迈为重安侯，这就等于昭示世人我已经原谅刘迈以前的所作所为了。更何况刘迈原本就没有真正的反叛意愿，反而还告诉了桓玄真实的情况。但桓玄在这之后却认为刘迈不抓住周安穆，使周安穆得以逃出，这对他来讲是不能忍受的，于是又把刘迈给杀了。这样等于在朝中失去了诚信，把朝廷当中的大臣弄得是人人自危。自然让人对桓玄失去了信心。

桓玄在杀掉刘迈之后便开始准备对付刘裕，连忙召桓谦、卞范之等人进行商讨。桓谦认为应马上出兵攻击刘裕。但桓玄并不同意这个建议，说：“彼兵速锐，计出万死。若行遣水军，不足相抗，如有蹉跌，则彼气成而吾事败矣。不如屯大众于覆舟山以待之。彼空行二百里，无所措手，锐气已挫，既至，忽见大军，必惊惧骇愕。我按兵坚阵，勿与交锋，彼求战不得，自然散走。此计之上也。”于是派顿丘太守吴甫之、右卫将军皇甫敷北拒刘裕。

应该说桓玄的这个战略是有着一定的道理的。也许在对待其他人的时候能够有效果，但是他的对手是刘裕，是当初那个以一当千的刘裕，又怎么会“忽见大军，必惊惧骇愕”？桓玄还是对于自己的实力过于自信了。但同时桓玄也承认刘裕确实是一个对手，曾经有人宽慰他说：“刘裕等众力甚弱，岂办之有成？陛下何虑之甚。”桓玄听了之后回答：“刘裕是为一世之雄。”（事见《宋书·武帝本纪》）

到了元兴三年（公元404年）三月，刘裕和桓玄手下的勇将吴甫之会战于江乘。吴甫之的军队是桓玄阵营当中的一支精锐部队。但是刘裕要比他更加勇猛，刘裕在这场战争当中又拿出了他的看家本事——喊。刘裕手执长刀，大声呼叫着，身先士卒。看到主帅的表现，刘裕的军队一下子就士气高涨，结果最终吴甫之被杀。接着，双方军队又战于罗落桥，桓玄的部下皇甫敷率数千人迎战。宁远将军檀凭之与刘裕各率一队人马，但是在这当中檀凭之战败被杀，他手下的士兵便纷纷逃散。虽然失去了一个重要的支援力量，但刘裕却愈战愈勇，前后奋击，所向披靡，最后皇甫敷兵败被斩。

听说皇甫敷战败后桓玄便更加恐惧。急忙派出桓谦屯兵东陵口，让卞范之在覆舟山西屯兵，这时候双方兵力总共约有二万余众。不久之后，刘裕让自己的士兵全部都吃饱肚子，把所有的余粮全部扔掉，轻装上阵。这种做法类似于当时项羽的破釜沉舟，一方面减轻了自己士兵的负重，另一方面也让士兵有了必死的决心，极大地提高了士兵的士气。

刘裕率领军队前进到覆舟山东，命令手下将旗帜遍插在周围山上，他的目的在于让桓玄的军队误认为他的主力在这里。桓玄又增派武骑将军身为庾家后代的庾祎之前往增援。刘裕面对强敌镇定自若，总是冲杀在最前阵，这样一招百试百灵。士兵受他鼓舞，士气十分旺盛。恰巧在这时候，老天刮起了东北风，刘裕抓准了这样的时机马上下令纵火，这时候火烟张天铺地，史书上记载“鼓噪之音震京邑”。桓玄的最后一道防线就这样土崩瓦解。桓玄看到大势已去，只得让殷仲文守住建康，自己率子弟沿长江南下逃走了

刘裕的部队马上直奔建康，不久之后建康城被攻下。当刘裕的部队刚刚攻克建康的时候，桓修的司马刁弘率文武佐吏前来救援。于是刘裕登上城楼对他说：“我等并被密诏，诛除逆党，同会今日。贼玄之首，已当枭于大航矣。诸君非大晋之臣乎？今来欲何为？”这实在是一个现场版的“空城计”，刘裕在城中根本就没有准备好足够的士兵进行守城作战，于是便想出了这个主意。这个刁弘也是个无能之辈，轻易地就被刘裕唬住，只能撤退。不久之后刘毅等人率部众赶到，刘裕急命他杀了刁弘。

刘裕并没有直接代晋自立，而是打着恢复晋朝的名号，这绝对是聪明之举。因为当时的天下形势还不够稳定，跟随刘裕起兵的人也都是为了铲除桓玄奸党。如果这个时候刘裕代桓玄自立那么难免会引起新的一轮混乱，也许刘裕会步桓玄后尘。所以刘裕并没有在攻进建康之后就自立而是在建康立留台官，并且将原先桓玄所立的宗祠彻底烧毁，重立晋新主在太庙中，这个举动向世人表明我刘裕是为了重振晋室才这样去做的，是为了天下而不是为了我刘裕个人，我刘裕跟桓玄不同。

通过这样一番宣誓之后，他摇身一变成了东晋的大功臣。于是朝廷派尚书王嘏率百官迎接刘裕，朝廷命刘裕都督扬、徐、兖、豫、青、冀、幽、并八州诸军事，领军将军，徐州刺史。地位比当初桓玄的地位还要高，几乎掌握了全国的军事权力。

在这之后，刘裕又派人去追击苟延残喘的桓玄，最终在峥嵘洲大败桓玄。桓玄继续逃窜。到了义熙元年正月（公元405年），刘毅等人到达江津，攻破了桓玄的亲族桓谦、桓振，将桓玄的老巢江陵攻下，桓玄仍旧坐船逃走。听闻江陵被攻陷，晋安帝司马德宗被刘裕给接到江陵，下诏历数桓玄罪状，竭力称赞刘裕平定桓玄之乱中所立下的功绩，并封刘裕侍中、车骑将军，都督中外诸军事，使持节、徐青二州刺史如故。至此，刘裕已经是全天下官职最高的人物，成为了东晋朝廷的新主心骨，或者说是“新主子”。

至于桓玄则仓皇向西逃亡蜀中，当初自己的父亲是志得气满地前去攻伐成汉，现在桓玄却只能是向着蜀中逃命了。最终在逃命的路上，被益州刺史的部队截杀，享年仅仅

三十六岁。他的堂弟桓谦为其上谥为武悼皇帝。这位皇帝的头颅最后被送到建康，挂在一个大杆子上示众，百姓看到之后竟然都十分欣喜，可见桓玄的篡逆之举是多么不得民心。

刘裕掌握了中央权力之后，对于桓玄时期的种种弊端予以改革。史书上记载："先以威禁内外，百官皆肃然奉职，二三日间，风俗顿改。"原先因为几场战乱而萧条的东晋终于出现了一些和缓的迹象。当然，看见刘裕最后把风头都给抢了，当初那些跟随他的人之中也必定会有不满的人，刘裕随后就都把他们给清理掉。巩固了自己在朝中地位。

这时候，北方的局势也发生了变化。苻坚的前秦已经被消灭。但慕容垂所建立的后燕也没有长久，被后魏政权所打败，被截成了两个部分。南边靠近东晋的一部分就成为了慕容德所创立的南燕政权。

刘裕为了进一步巩固自己的地位，又用出了当初桓温所用过的老招数，兴师北伐。北伐的目标就是这个小小的南燕政权。原本这个南燕就是个落败而形成的残余政权，因此并没有什么真正的实力，轻易就被刘裕所打败，南燕的领土就成为东晋的疆域。

正在刘裕忙于北伐的时候，孙恩之乱的余党卢循自以为抓住了朝廷空虚的机会，于是便蠢蠢欲动准备在合适的时刻给刘裕的背后插上一刀。

卢循败死

卢循是范阳的大族，同时也是东晋的士族之一。但是卢循并没有继承士族的高贵血统去当官，反而跟假道士孙恩扯上了关系，成为了孙恩的妹夫。孙恩被剿灭后，剩下的一批人便跟随卢循继续进行他们所谓的"事业"。桓玄篡位之后，他为了稳定国内的局势，命这个原先的亡命之徒为永嘉太守。这样卢循的身份就算是洗白了，而且彻彻底底继承了这个士族的称谓。

卢循从此就当上了朝廷命官，到了刘裕掌权的时候，朝中的各种事情十分忙碌，根本没有空去管当时桓玄所封的这些地方官员，同时也是为了稳定地方，便又给这些桓玄时候的地方官员一些新的官职。卢循也在这批人当中，被任命为征虏将军、广州刺史、平越中郎将。面对着相对稳定的生活，卢循心中也就不再去想那些造反的事情，想安安稳稳地就这样过下去。但还是那句话"树欲动而风不止"，有时候在历史的滚滚洪流之中有些事情明明知道自己不想去做，但最终还是得被迫而做。对卢循来说，徐道覆就是吹动他这棵树的风。

徐道覆在卢循的手下做始兴太守，他原本就是孙恩乱军当中的一员，同时也是卢循的姐夫。东晋义熙五年（公元409年），刘裕领兵北伐南燕，围困南燕都城广固数月，造成了南方兵力严重空虚。面对这样的一个局势，刘道覆敏锐地察觉到这里面的机会。于是便派人去联络卢循劝他马上造反，但是已经一心一意当一个顺民的卢循根本不想再去打打杀杀了，便没有同意。刘道覆还不死心，结果自己亲自到了卢循的治所番禺也就是今天的广州劝卢循起兵伐晋。

刘道覆对卢循说："朝廷恒以君为腹心之疾，刘公未有旋日，不乘此机而保一日之安，若平齐之后，刘公自率众至豫章，遣锐师过岭，虽复君之神武，必不能当也。今日之机，万不可失。既克都邑，刘裕虽还，无能为也。君若不同，便当率始兴之众直指寻阳。"

其实这话有夸张之嫌，因为东晋朝廷怎么也不可能"恒以君为腹心之疾"。对东晋来说，卢循还远算不上是心腹之疾。卢循当然也清楚自己的位置，并且已经安定的他并不想再冒风险。但是卢循又不能自己拿主意，虽然觉得刘道覆的做法他不同意，可是他又想不出什么办法能让自己的生活过得更好。史书上这样描绘：“循甚不乐此举，无以夺其计，乃从之。”可以感觉到卢循作出这个决定的时候的无奈。

刘道覆得到了卢循的“肯定”，便开始为了起事进行准备。由于南方多水，如果想马上攻取建康势必需要造一些船舰。但是如果大兴旗鼓的收集木材建造船只，必定会引起朝廷的注意。这时候刘道覆想到了一个好点子。他先派人在南康山进行伐木，对当地的百姓说他要把这批木材运到京城卖掉，让当地人都知道有这么个木材商在这个村子里。

等到造船的材料齐备，他便放出消息说自己没有那么多的人力把这些木头运走了，只能在当地贱价处理掉。当地的百姓认为有利可图，再赶上当时水流湍急，行船困难，于是便都到刘道覆那里“进货”储备。这样刘道覆就很好地解决了这批将用于起事的木材的储备问题。到了起事的时候，便拿出当时的凭证按照比原先价格稍高一点的价格再给买回来，于是在十日之内，所有起事需要用到的船只都装备完成。从这个事例可以看出，这个刘道覆还是有着相当的才干与胆识的，只可惜后来的事情证明刘道覆是跟错了主子。

有了船只之后，刘道覆和卢循便开始进行他们的计划。因为事前准备充足，再加上东晋当时在南方的兵力确实空虚，所以他们的进展很快，马上就向着南康、庐陵、豫章诸郡开动，当地的官员都四处逃窜。

东晋朝廷方面一直在等着刘裕的捷报，根本没想到南方已经发生了大事。面对迅速壮大的造反派，东晋再一次陷入到了危机状态。朝廷急忙派人去往北方通知刘裕赶紧回京。这时徐道覆的军队已经到了豫章附近，在倒桓之战中立下大功的何无忌此时正驻守在寻阳，面对乱党，他十分自信地以为自己能够解决他们，于是便想着主动出兵与刘道覆决战。

在搞不清楚敌人底细的情况下，左右都劝他固守寻阳、豫章，以逸待劳，但何无忌也是一个自负的人，完全不听下面人的意见。结果在豫章城外与徐道覆的水军相遇。由于徐道覆为了这场战争进行了相当充分的准备，而且徐道覆的水军都是新建造出来的大型战船，何无忌却设备陈旧兵力缺乏，结果最终何无忌为自己的自负付出了代价，战死在了这场战斗之中。

何无忌的死对朝廷来讲，是一个比得知南方叛乱还让朝廷担心的消息。因为当时东晋的大部分精锐将领都随刘裕去了北边。朝廷当中可用的将领少得可怜，向何无忌这样的将军更是几乎没有。因此，何无忌的死在朝廷当中掀起了轩然大波。由于东晋朝廷已经彻彻底底成为刘裕个人的附庸，朝中的官员甚至动了放弃京城，向北奔逃找寻刘裕的念头。

在北方的刘裕已经得到了朝廷传来的消息。得到消息之后刘裕马上让南燕降将韩范、封融等人守住已经获得的土地，自己率领急急忙忙向着建康回师。

刘裕回到山阳后，由于前方的战局并不明朗，便担心京城失守。刘裕派出自己的精锐骑兵昼夜兼行，并带着几十个人微服来到淮上，向南来的行人打听京城的最新情况。行人说：“贼尚未至，刘公若还，便无所忧也。”刘裕这时候应该非常高兴，为的是两件事情，第一是建康还没有攻陷，第二则是刘裕自己在民间的威望竟然到了这样的一个程度。刘裕在得到了这样的消息之后，便昼夜兼程地赶往京口进行驻防。

当初刘裕占据消灭桓玄的绝大部分功劳，许多的将领并不服气。这在这场平乱战争当中也有所体现。刘裕本来想着和当时消灭桓玄的另外一名重要将领刘毅一起起兵去攻打叛军。但是刘毅心里头赌着口气，他表示：“我以一时之功相推耳，汝便谓我不及刘裕也！”坚决不听刘裕的安排。这个表态可谓是充满了负气之感，这样的统帅所率领的军队又怎么不会失败呢？结果这支军队最后和卢循碰了头被杀得是干干净净，不光把命丢了，自己的所有装备也都归了卢循。

这下子形势就对东晋和刘裕更加不利了，原本刘毅的军队是守卫京城的一个重要屏障，只要刘毅能够顾全大局听刘裕的话，两个人相互配合一定没有问题，可是他偏偏要自己出击弄个惨败。卢循的军队现在直接就能杀向建康。这时候连刘裕都没办法左右朝中的形势了，恐慌的情绪在朝中蔓延开来，一帮大臣又重提迁都的方案。当时任长史的孟昶更是认为刘裕根本没有办法阻挡卢循，劝他赶紧想办法带着晋室逃离都城。但是刘裕跟他们的想法都不一样，他对孟昶说：“今重镇外倾，强寇内逼，人情危骇，莫有固志。若一旦迁动，便自瓦解土崩，江北亦岂可得至！设令得至，不过延日月耳。今兵士虽少，自足以一战。若其克济，则臣主同休；苟厄运必至，我当以死卫社稷，横尸庙门，遂其由来以身许国之志，不能远窜于草间求活也。我既决矣，卿勿复言！”

这可谓真真正正是大丈夫的言论，分析得极为精到。并且从这里可以看出刘裕成功的秘诀就在于一个搏字。但是刘裕的这番表态并没有让孟昶放下心，结果自己服毒自杀了。儒生到底是儒生，将领就是将领。自己自杀完全是逃避责任，真的猛士敢于直面惨淡的人生。

在卢循方面，一直作为卢循计划制订者的刘道覆已经看破整个战场的玄机。他们已经获得了绝对的优势，无论是在装备兵力和士气都远远超过了刘裕。现在最重要的任务就是找一次能够决战的机会，一下子把刘裕给拍死，那么他们就能获得最终的胜利了。于是他向卢循建议，从新亭、白石烧船上岸，分几路进攻建康，与刘裕决战。但是这个卢循从他起兵之初的犹犹豫豫就可以看出，他实在是优柔寡断，性格软弱根本成不了大事。听到刘裕回师的情报之后，便心生恐惧，完全作不出任何的决策，也不让别人帮他作决策。

卢循长期下不定主意便只与刘裕对峙，这样就给了刘裕恢复自己的机会，对于卢循方面来说无疑是耽误了最为重要的战机。结果最后卢循的想法竟然还是小家子气地攻取江陵退而守之。明明自己是叛军，明明自己是进攻方，明明对自己来讲越快结束战争越好，他竟然就这样下决定实在是个庸才。难怪徐道覆长叹一声说：“我终为卢公所误，事必无成；使我得为英雄驱驰，天下不足定也。”徐道覆真的是看错人了。

就在卢循犹犹豫豫的期间，刘裕在建康城建筑了许多工事，做好了十足的守城准备。等卢循再想起来进攻建康的时候便没有那么容易了。卢循的军队竟然攻建康攻了长达两个月的时间。一支乱军竟然能够维持这么长时间的攻城战，这得有多少兵力？又能干多少事情？可卢循这个庸主把这样好的机会完全放弃了。如果当时卢循听了刘道覆的话，那刘裕又怎么能最终篡晋登上皇位？卢循如果泉下有知，非得后悔死。

胜败之势逆转之后，刘裕开始造大船，训练水军，组建起一支强大的军队。自此在装备上超过卢循的军队。同时他派孙处与沈田子等率领三千士兵抄后路偷袭卢循的后方老巢番禺。卢循的军队北上，几乎是倾巢出动，番禺的防守早被忽略，孙处等人来到番禺，碰上大雾天，便猛攻人数极少的守军，一举成功。

老巢被端，这让北面的卢循各部陷入了“有家不能回”的尴尬境地，对于他们来说只能进攻了。但是已经是强弩之末的他们又怎么可能成功？徐道覆攻江陵不下，卢循本人又在雷池战败，便想要逃往豫章，在左里一带（今江西都昌西北）筑起栅栏，但是最终也挡不住刘裕新建水军的强大攻势，死伤惨重，卢循只坐了一条小艇仓皇逃跑。

最终，卢循与徐道覆退到了广州境内，还想负隅顽抗。一直到了义熙七年（公元

411年）初，徐道覆的始兴城被晋军攻破，被埋没的徐道覆就此战死。卢循攻不下孙处固守的番禺，继续退入交州，最终被逼到龙编（今越南北部）的一条河边，投河自尽。这样，根源从孙泰开始的这长达十几年的不断的国内变乱，最终在刘裕的英勇奋战之下得以解决。刘裕还有更加重要的事情需要去完成。

这回轮到我坐庄了

平定了卢循之乱后，刘裕终于可以把自己的精力再放到北伐上边。因为卢循之乱让刘裕看到了许多威胁自己的问题，尤其是刘毅在那种危机的情况之下竟然还会想着去和自己争功。刘裕已经明显感觉到，自己虽然已经是一人之下万人之上，但是毕竟当时共同讨伐桓玄的许多重臣都在。他们对于刘裕这个明明出身卑微却又占尽了“便宜”的人，从内心来讲是十分瞧不起，也是十分不服气的。刘裕需要给自己证明，同时也让天下看到自己能做到别人没有办法做到的事情。他需要一个机会让他的功劳和其他人的分开。只有这样他在实行自己未来计划的时候才能敢于施展，才能施展开。

原本，刘裕就要成功了，他通过对南燕的北伐已经帮助东晋扩充了疆域。可是由于卢循之乱，让刚刚得到的领土并不是十分地稳固。于是刘裕便又开始有了北伐的想法，不过这一次他换了一个对手，目标瞄准了在关中地区的后秦。

前秦苻坚受到了鲜卑人进攻和他自己属下姚苌的背叛，最终亡国。在此之后姚苌以长安为中心，建立了又一个国号为秦的国家，称之为后秦。这是一个属于羌族的政权。姚苌就是当初投降东晋后又反叛东晋的姚弋仲所部的后代。

这个政权跟东晋的恩怨可以说很深。他所统治的地域包括了关中的绝大部分地区还有原先凉国所统治的地域，是当时中国西北方最大的一个政权。在东晋义熙十二年（公元416年）秦国主姚兴病死，太子姚泓继位。由于国家突然发生了这样的重大变故，后秦的宗室们为了争夺帝位导致自相残杀。这样的惨剧在东晋十六国时期已经不知道上演了多少回了。这样，就给了刘裕一个绝好的机会进攻后秦。

东晋义熙十二年（公元416年）八月，刘裕再一次出征北伐。这次北伐，对于刘裕来说是志在必得。大军被分成了五路：新野太守朱超石、宁朔将军胡藩攻打阳城；龙骧将军王镇恶、冠军将军檀道济前往许、洛；建威将军傅弘之、振武将军沈田子攻打武关；冀州刺史王仲德，由巨野入河；建武将军沈林子、彭城内史刘遵考，自汴入河；九月，刘裕自己率所部驻扎彭城，加领徐州刺史。

刘裕这次北伐可以说是风头做足，之所以派出五路大军进行讨伐，就是为了壮军威，到时候跟朝廷汇报的时候有的说有的夸赞。更何况后秦在这个时候已经进入了衰落期，所以对于身经百战的刘裕来说，这是一个软得不能再软的软柿子。刘裕之所以这么兴师动众完全是做样子给朝廷看。

由于上述的原因，刘裕的各路大军进展都十分顺利。反观后秦这边，根本没有作出什么有成效的抵抗。史书上用四个字来形容当时后秦对于刘裕北伐军的态度——“望风降服”。到了十月，军队就已经到达了晋的故都洛阳，并且包围了洛阳周围的军事重镇金墉，姚泓的弟弟平南将军姚洸在万不得已的情况下归降了刘裕。为了宣誓自己的重新归来，晋军在洛阳简单修缮了已经阔别了许多年的晋室王陵。这也是刘裕宣扬自己是晋朝忠臣的一个重要举措。通过这个动作让外界知道，自己才应该是晋朝正统的继任者。

由于这次的北伐对于刘裕来讲是过于顺利了，刘裕认为他的这个举措可以让文武百官都看到他的功绩。尤其是自己重新修缮晋陵的举措一定会赢得朝中许多人的欢心。于是刘裕便再也不能按捺住心中早已经有的意图。像当年的桓温和桓玄一样派左长史王弘还建康，“讽朝廷求九锡”。

一代枭雄，终于在这一刻露出了他的本来面目。刘裕的这个决定应该说是相当草率的，因为无论当时刘裕是有多么高的威望，有多么强的实力，或者说是有多大的信心保证这次北伐一定成功。他毕竟人在远离建康的关中地区。朝廷在江南，他却在西北，这时候请求这种明显带有篡位意味的东西，如果朝中有人反对，趁着刘裕不能返京再来个卢循叛乱，又或者朝中又出现一两个谢安王坦之之类的人物，那刘裕接下来的日子恐怕不会太好过。东晋朝廷虽然已经依附于他，但朝廷终究是朝廷，臣子也终究是臣子。刘裕的这个决定实际上是他人生当中的又一次赌博。

那边刘裕要求加赐九锡，在建康刘裕的心腹刘穆之得到了这个消息。刘穆之在当初刘裕讨伐桓玄的时候被任命为刘裕的主簿，相当于刘裕的秘书。应该说他是刘裕身边最值得信任的人。因此像当初的曹操将荀彧留在许都自己南征一样，刘裕北伐的时候便将刘穆之留在了建康，帮助他处理国内的事情，更重要的是帮助他看管住已经取得的权力。

在刘穆之主政的这段时间，史书上记载：“外供军旅，决断如流，事无拥滞。宾客辐辏，求诉百端，内外咨禀，盈阶满室，目览辞讼，手答笺书，耳行听受，口并酬应，不相参涉，皆悉赡举。又数客昵宾，言谈赏笑，引日亘时，未尝倦苦。”可见，刘穆之是一个颇有政治才能的人物。但是，跟刘裕不同的是，他这样尽心尽力为的是东晋朝廷而不是为了刘裕。当初他之所以加入到刘裕的阵营当中，也是为了能够剿灭桓玄乱党。所以从刘穆之的内心来讲他是坚决要保卫晋室的。他们二人的关系实在是和荀彧与曹操的关系太过相似了。

刘穆之得到主公这个消息之后，曾经他对刘裕的所有幻想都破灭了。原来刘裕跟桓玄没什么两样，都是想篡位夺权的权臣罢了。因此刘穆之顿感国家无望十分忧愁，最后竟然就这样因为过度担心发病而死。

刘穆之死后，东晋朝廷因为实在没有办法回绝刘裕的要求，便只好下诏以刘裕“为相国，总百揆、扬州牧，封十郡为宋公，备九锡之礼，位在诸侯王上，领征西将军，司、豫、北徐、雍四州刺史”。这样，刘裕就等于重新走上了那些篡权前辈们所走上的道路，而封公这步正是由东汉末年的枭雄曹操所作而来，受到后代权臣的纷纷效仿。刘裕可能根本没打算朝廷真能给他。这回朝廷动了真格的，他自己倒是犹豫起来，毕竟自己离京城实在是太远了，万一出了什么事情实在是不好控制。于是，他便没有接受朝廷的这次封赏。

义熙十三年（公元417年）正月，刘裕以儿子彭城公刘义隆镇守彭城，自己则率水军入河。这时候北方的另外一个政权北魏参与到了这场战争当中，准备夺一杯羹，于是派出步骑十万，占据了河津地区。刘裕便命诸军渡河击之。七月，刘裕由洛阳到达陕城。八月，扶风太守沈田子大破姚泓于蓝田，王镇恶也攻占了长安，活捉了姚泓。后秦就此灭亡。九月，刘裕也到了长安。

当时长安城内物资丰富，币藏盈积。刘裕将一部分浑仪、土圭等献给朝廷，其余珍宝珠玉则分给将帅。长安是西汉的故都，而汉朝的皇帝又是刘姓，这可真是风水轮流转。因此，刘裕便大肆谒拜在长安的汉高祖刘邦的陵寝，这实际上是在宣誓自己的正统地位，不但承接了晋还承接了汉。他还大会文武于未央殿，隐隐地已经有了帝王之相。

本来，刘裕完全可以乘胜前进，平定陇右，恢复晋疆域，可是就在这紧要关头，他却宁愿功亏一篑，留下十二岁的儿子刘义真为安西将军，镇守长安，自己却匆匆返回建康。结果后来这些刚刚得到的领土被夏政权的赫连勃勃所攻取，可谓是得而复失。

为什么刘裕会在形势一片大好的时候返回建康呢？史书上是这样分析的：“辛未，刘穆之卒，太尉裕闻之，惊恸哀惋者累日。始，裕欲留长安经略西北，而诸将佐皆久役思归，多不欲留。会穆之卒，裕以根本无托，遂决意东还。”这也就是说，刘裕最主要的是因为刘穆之的去世让他在朝中失去了“看守内阁”，权力有丧失的危险。

另外，已经出兵了很长时间，将士们普遍思念故土士气低落。另外还有一种看法认为“关中形胜之地，而以弱才小儿守之，非经远之规也。狼狈而还者，欲速成篡事耳，无暇有意于中原”。也就是说刘裕的北伐原本就是一个幌子，他真正的目的在于加大声势之后好进行篡位的行动。而刘穆之的去世给了他这样的一个机会马上回京。但无论怎么样，套用当初评价桓温的话，可能只有刘裕才知道自己是怎么想的。也无论刘裕是怎么想的，反正大晋朝的末日马上就要来临。

东晋至此呜呼哀哉了

刘裕生于东晋隆和二年（公元363年），到了他回到建康的时候是公元417年，刘裕已经是将近六十岁的人了。如以前的枭雄们一样，刘裕在朝中虽然没有敌人了，但是他现在最大的敌人就是时间。因此再回到建康之后他便加快了篡位的步伐。

天赐良机流传谶言说晋朝最起码还要经历两位皇帝国祚才能够消失殆尽，这对于刘裕来说简直是天方夜谭。他怎么可能让这个傻子安帝司马德宗一直对他指手画脚？况且当时安帝尽管傻但是毕竟还年轻，说不准自己就会被一个傻子给熬死。因此刘裕不得不想办法让安帝的生命变得“短一些”。

但是当时，安帝周围总有一位司马氏的王爷琅邪王司马德文。安帝虽然傻，但是司马德文不傻。司马德文一定是已经预料到了什么，因此为了保住大晋的江山，一直在安帝的左右不离开守着这个傻哥哥。这样就为刘裕一伙人暗杀安帝增添了很大的难度。

这时候司马德文患病了，只得回府修养。刘裕他们就抓住了这个机会，王韶之用衣带把晋安帝活活地缢死于东堂，安帝这时候年仅三十七岁。这个王韶之也是王家大族之后，“王与马共天下”有他们家的一分子，最后竟然是王家的人杀了司马家的皇帝，这实在是让人唏嘘不已。

晋安帝死后，刘裕为了附和谶文当中的内容，并没有急着就篡位当皇帝。于是他选择立一直陪在安帝左右的琅邪王司马德文为帝，是为晋恭帝。晋恭帝时期完全就是刘裕建立自己宋朝的过渡时期。刘裕夺权的许多重要节点都发生在这一时期。

恭帝元熙元年（公元419年）八月，刘裕进位成为宋王，移镇寿阳。这时刘裕距称帝仅一步之遥。元熙二年（公元420年）三月，刘裕想试探一下群臣们对自己称帝这件事情的想法，就大集朝臣在寿阳欢宴。酒桌有时候能够完成许多重要的事情，现代人可能需要搞调查问卷搞评估才能够知道别人的想法，古代仅凭一桌酒席就能决定家国大事。

在觥筹交错之中，刘裕为了试探诸人反应，便说：“桓玄篡位，鼎命已移。我首倡大义，兴复帝室，南征北伐，平定四海，功成业著，遂荷九锡。今年将衰暮，崇极如此，物忌盛满，非可久安。今欲奉还爵位，归老京师。”

但是当时参加酒宴的大臣大多根本没有对这么重要的信息有什么反应，史书上记载：“群臣唯盛称功德，莫谕其意。”宴会结束之后。中书令傅亮已经从刘裕的王府往家走了老远，在路途当中他反复思索着刘裕在酒桌上说的话，想着想着终于明白了刘裕的意思。于是他连夜赶回刘裕王府，要求觐见刘裕。刘裕心想终于有个聪明人明白他的意思了，便马上开门召见。等到傅亮进门行礼毕，先开口说话："臣暂宜还者。"这意思就是说我现在应该回到建康去为您的大殿进行准备了。刘裕心里也明白傅亮说的是什么，也就不再多讲，问："须几人自送？"傅亮回答："数十人可也。"于是傅亮便告别刘裕向着京城的方向出发。

在途中，由于是夜晚，傅亮看到天空当中有彗星下落。古时候这样的天象都预示着有大事即将发生。当然这原本是一个巧合，也或许是后代的史家为了宣扬刘裕的神性而故意这样去写的。但无论怎样，傅亮看到这样的天象内心还是一惊，拍着自己的大腿说："我常不信天文，今姑验矣。"

带着这样的预示，傅亮回到建康之后，便马上操办禅让典礼的事情，他让朝廷诏命"征"刘裕"入辅"，也就是让刘裕能够前往建康来，刘裕上表将自己的孩子义康作为都督豫、司、雍、并四州诸军事、豫州刺史，镇寿阳。义康尚且年幼，便以相国参军南阳刘湛为长史，决府、州事。刘裕自己受了朝廷的"诏命"前往建康。这样可谓是万事俱备只欠东风，就等着刘裕前来称帝了

元熙二年（公元420年）六月壬戌日，刘裕大队人马到达建康。傅亮马上入宫，"讽晋恭帝禅位于宋"，让晋恭帝司马德文照着早就已经写好的退位诏书抄了一遍，史书上记载"帝欣然操笔，谓左右曰：'桓玄之时，晋氏已无天下。今日推国与宋王，本所甘心！'"于是自书赤诏，"禅让"天下。

这"欣然"和"甘心"是多么地无奈！司马德文可能在自己登上这个所谓的"皇帝"位的时候，心里面就已经有了这种觉悟。毕竟，他的哥哥晋安帝，一个傻子最后都会招致那样的祸端。他这样一个正常的皇帝又怎么能够被刘裕所容忍。自己不过是一个刘裕请来暂时帮着看看江山的人罢了。"桓玄之时，晋氏已无天下"这一点也没错，因此晋恭帝这时候的"欣然"绝不是厚着脸皮而做出来的，而是真真正正的累了，不想再这样被利用了，恭帝心里想的仅仅是赶紧离开这个危险的地方，自己能够过过几天平平淡淡的日子。

禅位诏书一经下达，就标志着自晋元帝南迁建立小朝廷共一百零三年的东晋王朝彻底灭亡了。这一年的六月丁卯日，刘裕南郊登上高坛，继皇帝位，是为宋武帝，并改元为永初。同时刘裕封晋恭帝为零陵王，徙至秣陵县，派重兵禁守。尽管司马德文已经不再是皇帝的身份了，但是他仍旧没有放下心，时时刻刻小心警惕生怕自己得罪了刘裕而招致杀身之祸。他更是怕被刘裕悄悄地下毒杀掉，于是常常和自己的妻子褚皇后自己煮食吃饭。

一个皇帝为了保命竟然要自己去做饭，落魄至此不知道在地下有知的司马氏的先祖们将作何感想。尽管司马德文已经很小心了，但是还是不能够让刘裕放过他。一年多后，刘裕派褚皇后的兄弟携毒酒去弑恭帝。褚淡之和褚叔度两兄弟先把姐姐叫出来说要拉家常，引开褚皇后。皇后离开之后，恭帝心里已经是有所觉悟了。三个兵士跳墙入室，像当初张贵人刺杀孝武帝一样用被子把恭帝活活闷死，时年三十六岁。

自此，东晋王朝伴随着最后一位皇帝的死亡消失在了历史之中。我们的故事也就暂时将告一段落了。三国两晋时期是一段伴随着短暂统一和长久混乱的时期，更是北方少数民族全面南下，民族融合迅速加强的时期。随着北方北魏王朝的建立，和南方刘宋政权的建立，中国开始出现了一南一北两个朝廷分治的时期，南北朝时期就此开始。大混乱还在继续着，士族还在消亡着，历史还在继续着。